本教材第6版获首届全国教材建设奖全国优秀教材二等奖
普通高等教育"十一五"国家级规划教材
住房和城乡建设部"十四五"规划教材
高等学校交通运输与工程类专业教材建设委员会规划教材

路基路面工程

（第8版）

黄晓明　**主编**

郑健龙　冯德成　**主审**

人民交通出版社

北京

内 容 提 要

本教材第 6 版获首届全国教材建设奖全国优秀教材二等奖,是普通高等教育"十一五"国家级规划教材、住房和城乡建设部"十四五"规划教材、国家级精品课程建设核心教材。全书共分为十二章,主要内容包括:路基土的特性及设计参数、路基设计、路基防护与支挡结构设计、路基施工、交通荷载与路面材料设计参数、路面基层、沥青路面设计、水泥混凝土路面设计、路基路面排水设计、路面施工、路基路面养护与管理。本版教材在修订过程中,融入最新的标准、规范和方法,并在加强基础理论和明确基本概念的同时,突出课程的工程性和实践性。

本教材可作为高等学校土木工程、道路桥梁与渡河工程、港口航道与海岸工程、交通工程等专业的路基路面工程课程教材,也可供从事公路、城市道路、机场铺面建设的人员及其他交通行业相关人员学习参考。

图书在版编目(CIP)数据

路基路面工程 / 黄晓明主编. — 8 版. — 北京:人民交通出版社股份有限公司,2025. 5. — ISBN 978-7-114-20333-6

Ⅰ. U416

中国国家版本馆 CIP 数据核字第 2025NU3011 号

审图号:GS 京(2024)1655 号

本教材第 6 版获首届全国教材建设奖全国优秀教材二等奖
普通高等教育"十一五"国家级规划教材
住房和城乡建设部"十四五"规划教材
高等学校交通运输与工程类专业教材建设委员会规划教材
Luji Lumian Gongcheng

书　　名:路基路面工程(第 8 版)
著 作 者:黄晓明
责任编辑:孙　玺　李　瑞　李　晴　王　涵
责任校对:赵媛媛
责任印制:张　凯
出版发行:人民交通出版社
地　　址:(100011)北京市朝阳区安定门外外馆斜街 3 号
网　　址:http://www.ccpcl.com.cn
销售电话:(010)85285911
总 经 销:人民交通出版社发行部
经　　销:各地新华书店
印　　刷:北京市密东印刷有限公司
开　　本:787×1092　1/16
印　　张:34.5
字　　数:850 千
版　　次:2000 年 2 月　第 1 版　2005 年 8 月　第 2 版
　　　　　2008 年 5 月　第 3 版　2014 年 8 月　第 4 版
　　　　　2017 年 8 月　第 5 版　2019 年 6 月　第 6 版
　　　　　2023 年 7 月　第 7 版　2025 年 5 月　第 8 版
印　　次:2025 年 5 月　第 8 版　第 1 次印刷　总第 71 次印刷
书　　号:ISBN 978-7-114-20333-6
定　　价:69.00 元

(有印刷、装订质量问题的图书,由本社负责调换)

第8版前言

课程特点

"路基路面工程"是高等院校土木与交通类专业——公路工程、交通工程、城市道路工程、桥梁与隧道工程、机场工程等专业方向的必修课。本课程涉及内容广泛,本课程的学习须在土木工程材料、土质学与土力学、材料力学等课程基础上进行。同时,本课程是一门理论与实践并重的课程,需强化工程思维训练并安排足够的实习实训环节。

教材传承与改版

本教材最初由方福森教授编写的《路面工程》和方左英教授编写的《路基工程》两本教材组成,出版了 2 版。2000 年,在前者基础上,由邓学钧教授主编的《路基路面工程》出版,至 2008 年共出版了 3 版。本教材自第 4 版起,由黄晓明教授担任主编,基本每 3 年改版一次,其间对教材重印本也做必要的增补修正。历经传承改版,本教材已成为全国土木与交通领域最有影响力的本科教材之一。

本教材第 4 版对原结构体系作了较大调整,其修编工作由东南大学黄晓明教授、杨军教授、马涛教授、李昶博士、顾兴宇博士共同完成,于2014 年出版。

本教材第 5 版修订由黄晓明教授和马涛教授执笔完成,于 2017 年出版。

本教材第 6 版修订由黄晓明教授执笔完成,于 2019 年出版。

本教材第 7 版修订由黄晓明教授执笔完成,于 2023 年出版。

本教材第 8 版修订由黄晓明教授执笔完成,于 2025 年出版。

第8版的变化

本教材第8版是在总结、吸收第7版各方意见和最新规范的基础上,对基本概念和方法进行了校正,重新复核修改了所有算例,并删减了部分内容。具体修订内容如下:

第一章,增加了路基路面设施韧性的性能要求。

第二章,修订了路基工作区深度和路基工作区、路基干湿类型确定的算例。

第三章,修订了边坡稳定性分析的几个算例。

第四章,修订了重力式挡土墙设计实例。

第五章,修正部分文字错误。

第六章,结合《汽车、挂车及汽车列车的术语和定义 第一部分:类型》(GB/T 3730.1—2022)、《公路工程无机结合料稳定材料试验规程》(JTG 3441—2024)对相关术语和方法进行了修改。

第七章,修正部分文字错误。

第八章,修订了无机结合料基层沥青路面结构设计计算和级配碎石基层沥青路面结构设计计算两个算例。

第九章,修订了温克勒地基板温度翘曲应力计算、水泥路面单层板设计实例等四个算例。

第十章,修正部分文字错误。

第十一章,修正部分文字错误。

第十二章,结合《公路路基养护技术规范》(JTG 5150—2020)、《公路养护技术标准》(JTG 5110—2023)对相关内容进行了修改。

同时,将每章中原小组讨论模块修改为 AI 辅助讨论模块。

可与本教材配合使用的教学资源

• 慕课资源

爱课程

中国大学 MOOC

本课程经过"十一五"国家级精品课程、"十二五"国家级精品资源共享课和"十三五"国家精品在线开放课程(MOOC)的建设,形成了完整的讲课视频、讲课PPT等课程资源,其成果详见爱课程网站(https://www.icourses.cn/sCourse/course_2658.html)和中国大学 MOOC(https://www.icourse163.org/course/SEU-1001753401),可配套本教材作为教学参考(可扫描右侧二维码登录)。

● 教学课件

本教材有配套的多媒体课件,供相关任课教师教学参考,需求者可通过加入道路工程教学研讨群(QQ:328662128,亦可扫描右侧二维码加入)向人民交通出版社编辑索要。

教学研讨群

● 道路工程数字化教学资源库

该资源库由人民交通出版社联合多所高校制作,内含《路基路面工程》若干关键知识点的数字化教学资源,包括动画、视频、图片、文本等,相关资源目录及内容介绍可扫描右侧二维码了解。有需要者可垂询人民交通出版社张敬源编辑(QQ:23765970,电话:010-65290641)。本教材节选了17个知识点的动画,读者扫描封面二维码完成注册,即可观看。

资源库介绍

资源库目录

致谢

本教材的历次修编,我和东南大学"路基路面工程"课程教学团队的同事们都在尽力使之不断完善。本次修订,长沙理工大学李强老师复核计算了所有算例,同时认真吸收了来自全国各高校任课教师对于教材的建设性意见,并在"道路工程教学研讨群"与广大教师的互动交流中受到了启发,在此谨向他们表示感谢。同时,也向人民交通出版社为教材出版和配套工作所付出的努力表示感谢。

最后,希望有关院校师生及读者对本教材多提宝贵意见(联系邮箱:737146181@qq.com),以便及时修订完善。

黄晓明

2025 年 3 月

目录
CONTENTS

———————————

※为选学内容。

第一章

概 论

【本章提要】

本章主要介绍路基路面工程的发展概况、工程特点和性能要求、结构分层及层位功能、影响因素和公路自然区划。

【学习要求】

通过国内外路基路面研究成果综述,了解路基路面工程取得的成就及路基路面工程与各学科的关联性;通过对我国道路交通发展历程、工程特点、结构类型的分析,学习路基路面工程结构特点、结构分层和结构层主要功能等,掌握路基路面结构特点与分层要求;通过路基路面结构的主要影响因素、环境特点分析,学习公路自然区划的概念及不同自然区划的特点,掌握路基路面结构的环境特点与公路自然区划的划分方法。

第一节 路基路面工程发展概况

一、我国道路交通发展概况

中国是一个有 5 000 多年文明史的国家。在历史的长河中,我国勤劳、智慧的各族人民,在道路、桥梁的修建和车辆制造以及交通管理等方面,都取得过辉煌的成就,这是我国古代灿烂文化的一部分。道路交通对于繁荣经济和交流文化,对于维护民族团结和国家统一,都作出了巨大贡献。中国古代道路和桥梁建筑,在世界上曾处于领先地位,在世界道路交通史上谱写了光辉的篇章。

根据《史记》记载,早在 4 000 多年前,中国就有了车和行车的路。商代(约公元前 1600—公元前 1046 年)开始有驿道。西周(公元前 1046—公元前 771 年)开创了以都市为中心的道路体系,还建立了比较完善的道路管理制度。秦代(公元前 221—公元前 206 年)修建了驰道、直道,建立了规模宏大的道路交通网,总里程约 1.2 万多千米。西汉时期(公元前 206—公元 25 年)设驿亭 3 万处,道路交通呈现出更加繁荣的景象,特别是连接亚欧大陆的"丝绸之路"的开通,为东西方经济文化交流作出了贡献。唐代(公元 618—907 年)是中国古代经济和文化的昌盛时期,建成了以长安城(今西安)为中心约 2.2 万 km 的驿道网;到了宋、元、明、清各代(公元 960—1911 年),道路交通得到了进一步的发展。

尽管中国曾经创造了领先于世界的古代道路文化,但是由于长期的封建统治和近百年帝国主义列强的侵略和掠夺,束缚了生产力的发展,通行汽车的公路于 20 世纪初才开始兴建,且在旧中国发展十分缓慢。

清朝末年,开始出现一些在原有驿道上修建的简陋公路。中华民国时期(1912—1949年),我国公路有了初步发展,先后共修建了 13 万 km 公路。这些公路大多标准很低,设施简陋,路况很差。到 1949 年能够维持通车的仅有 8 万 km,全国有 1/3 的县不通公路,西藏地区没有一条公路。汽车运输从 1901 年由国外输入第一辆汽车开始,到 1949 年我国汽车保有量约 5 万辆,且大多数已破旧不堪,全国大部分地区主要还是依靠人力和畜力运输。

1949 年中华人民共和国成立以来,我国进入了社会主义建设的伟大时代。由于工农业生产迅速发展,人民生活水平逐步提高,尤其是汽车工业和石油工业的发展,使我国公路交通事业得到了迅速的发展。特别是 1978 年以后,国家坚持以经济建设为中心,进入了建设中国特色社会主义的新时期,包括公路建设在内的交通基础设施建设取得了巨大成就,公路运输已渗入经济建设和社会生活的各个方面,在国民经济中占有越来越重要的地位。

20 世纪 80 年代中期,我国开始兴建高速公路,至今已形成了连接重要城市及地区的高速公路通道,许多经济发达地区高速公路干线网络基本形成。高速公路的建设和使用,为汽车快速、高效、安全、舒适地运行提供了良好的条件,标志着我国的公路运输事业和交通科技水平进入了一个崭新的时代。

二、路基路面建设理论与技术概览

图 1-1 古罗马道路的表面

路基路面直接承受行驶车辆和环境的作用,是道路工程的重要组成部分,根据车辆行驶和环境的特点,通常选用优质材料建成。如我国古代曾以条石、块石或石板等铺筑道路路面,以供人、畜以及人力车、畜力车通行。公元前 3 500 年,在美索不达米亚(Mesopotamia),发明了车轮后不久,用石料修筑了第一条硬质路面的道路。大约公元前 3 000 年前,闪族人(Sumerians)开始使用沥青胶结贝壳或石料作为行车路面。在古罗马的范·阿派(Via Appia),公元前 312 年修筑的道路(图 1-1)目前仍然在使用。

进入20世纪后，随着汽车工业和交通运输行业的发展，现代化公路的路基路面工程逐步形成了新的学科分支。它主要研究公路、城市道路和机场跑道路基路面的合理结构、设计原理、设计方法、材料及结构性能要求，以及施工、养护、维修和管理技术等。

我国广大道路工程科技工作者，基于我国实际和建设需要，从引进消化到自主创新，在路基路面工程建设和科学研究中，取得了许多突破性的系列成果，现作如下简要介绍。

公路自然区划 我国幅员辽阔，各地自然条件和道路的工程性质差异很大。为此将自然条件大致相近者划分为区，在同一区划内从事公路规划、设计、施工、管理时，有许多共性因素可以相互参照。我国现行的《公路自然区划标准》(JTJ 003—86)分三级区划，一级区划是根据地理、地貌、气候、土质等因素将我国划分为七个大区，二级区划以气候和地形为主导因素，三级区划由各地根据当地具体情况自行划分。

土的工程分类 土是填筑公路路基的主要材料，由于天然成因的差异，不同的路基土表现出截然不同的工程特性。我国依据土的颗粒组成特征、土的塑性指标(塑限、液限和塑性指数)、土中有机质含量，将公路用一般土按不同的工程特性划分为巨粒土、粗粒土、细粒土，又可细分成漂石土、卵石土等七类，特殊土分为黄土、膨胀土等六类，具体见《公路土工试验规程》(JTG 3430—2020)。土的类别需应用标准的仪器，按统一的规程进行测试界定。为了在野外勘察中能对不同土类作鉴别，规范中系统总结了"简易鉴别、分类和描述"的具体方法。

路基强度与稳定性 路基作为路面结构的基础，应具有足够的强度和稳定性。我国较早就确定以回弹模量作为评价路基强度与稳定性的力学指标，并建立了成套的室内外试验标准方法。为了在施工中以物理量指标控制工程质量，从而保证路基达到规定的强度指标，广泛开展了不同土的最佳含水率与最大密实度相关关系的研究，并且统一以重型击实试验法作为基本控制标准。为了提高路基的强度与稳定性，根据不同类别土的特性，研究了粒料加固、石灰加固、水泥加固、专用固化剂加固等行之有效的技术措施。在多年冻土地区、膨胀土地区、沙漠地区、黄土地区、盐渍土地区等特殊地区，通过研究采用各种有效技术修建公路路基，取得了十分宝贵的经验。

高路堤修筑技术与支挡结构 为了提高高路堤路基的稳定性，研究提出的技术措施包括减轻路堤自重，采用轻质粉煤灰或轻质塑料块修筑路基；修筑轻型路基支挡结构，特别是加筋土挡墙的研究和工程建设在我国取得了许多成果，例如条带加筋、网络加筋、土工织物加筋等均取得了良好效果。

软土地基稳定技术 在软土地基上修筑路基路面，天然地面的自然平衡状态将发生改变，在很长时间内路基将处于不稳定状态。为此，广泛开展了软土的调查与判别方法研究，提出了改变软土性质的技术措施，如砂井或塑料板排水固结法、砂层排水加载预压法、无机结合料深层加固法、真空预压法、薄壁管桩法等。在力学分析的研究方面，通过现场跟踪观测与建立预测分析模型来预估与控制软土地基加固后的工后沉降，从而提高路基的稳定性。

岩石路基爆破技术 利用爆破技术开山筑路在我国有悠久的历史。在最近几十年中，我国的山区筑路工程技术有新的发展，创造了系统的大爆破技术，每次总装炸药量多达数十吨，一次爆破可清除岩石数十万立方米。大爆破以现代爆破理论为基础，事先进行周密的勘测与调查。经过精心设计的大爆破不仅能降低造价,缩短工期,而且能够使爆破后形成的坡面状况十分接近路基横断面的设计要求。

沥青路面结构 20世纪60年代初,随着我国石油资源的大规模开发,揭开了使用国产沥青筑路的序幕。早期的沥青路面主要采用薄层表面处治层,以改善行车条件。20世纪70年代末,逐步形成了以贯入式沥青路面为主的沥青路面承重结构。20世纪80年代末,开始兴建高速公路,沥青路面成为高速公路主要的路面形式。尤其是通过30多年的集中攻关,对无机结合料稳定类基层(也称半刚性基层)沥青路面进行了系统的研究,形成了我国沥青路面的主要结构及我国半刚性基层沥青路面设计、施工及管理成套技术,包括:沥青原材料的生产工艺、装备;沥青材料的技术指标与标准、试验设备及方法;沥青混合料的技术指标与标准、混合料设计技术、混合料性能检测设备及方法;沥青路面现代化施工整套设备、施工技术与施工管理等。我国也对粒料类基层和沥青结合料类基层(也称柔性基层)、水泥混凝土类基层(也称刚性基层)沥青路面的设计与使用性能进行研究,逐步形成了适合我国特点的沥青路面结构与材料设计方法。

水泥混凝土路面结构 20世纪70年代中期,交通运输发展加快,部分干线公路、城市道路及厂矿道路为提高承载能力,相继采用水泥混凝土路面结构。随后,针对水泥混凝土路面存在的各种问题,开展了系统且具有相当规模的科学研究,从而在我国形成了修筑水泥混凝土路面的成套技术,包括:水泥的性能、指标、标准以及生产工艺;水泥混凝土路面基层的作用,水泥混凝土路面结构性能与设计方法;接缝构造、工作原理以及接缝设计方法;水泥混凝土路面小规模施工和大规模现代化施工成套装备及施工方法、施工组织管理等。在20世纪80年代中期,东南大学负责在江苏盐城修筑了我国第一条连续配筋水泥混凝土路面;20世纪90年代中期又在江苏镇江修筑了更大规模的连续配筋水泥混凝土路面;2001年在南京修筑了连续配筋水泥混凝土+沥青混凝土的路面结构,首次进行了长久性沥青路面的尝试,为我国连续配筋水泥混凝土路面的使用奠定了一定的基础。对钢纤维混凝土路面、碾压混凝土路面、复合结构混凝土路面等新型路面结构,亦开展了系统研究并取得了一批实用性研究成果。

沥青路面设计理论与方法 中国道路科技工作者,通过广泛的调查研究和理论探索,形成了符合我国实际的沥青路面设计理论与方法体系,它吸取了世界上各种流派的学术思想,以及各个国家设计方法的优点。在力学基础理论方面,建立了弹性力学多层结构承受多个圆形荷载的分析系统及相应的计算机程序;提出了以沥青层底拉应变、无机结合料稳定材料基层层底拉应力、沥青路面车辙及路基顶面压应变等为控制设计指标,通过调查或试验得到了相应的标准控制值;形成了符合我国交通状况的荷载模式及交通分析方法;提出了相应的设计参数、标准、测试仪器与方法。近年来,在路面功能设计、多指标控制、可靠度设计等方面的研究均取得了明显的进展。

水泥混凝土路面设计理论与方法 20世纪70年代起,我国道路科技工作者对水泥混凝土路面设计进行了较系统且具有相当规模的研究。在力学基础理论方面,运用解析法及有限元法建立了弹性力学层状结构、弹性地基板体结构模型,形成了整套分析计算方法与计算机程序;建立了以弹性力学为基础,考虑混凝土弯拉疲劳应力和温度疲劳应力综合作用的设计体系与方法;研究并建立了地基支承、疲劳效应、动力效应等一整套设计参数的取值与测试方法。通过系统的水泥混凝土路面参数变异性分析、可靠度设计方法等研究,为现行的以可靠度为指标的水泥混凝土路面设计方法奠定了基础。

无机结合料稳定材料设计与施工 利用石灰、水泥、工业废料等无机结合料修筑路面基层的沥青路面始于20世纪60年代初。60多年来,对无机结合料稳定材料的强度发展规律、强度机理、路用性能等进行了广泛的研究。通过对无机结合料稳定材料的深入研究,提出了无机结合料稳定材料的组成设计方法及控制指标和标准,同时提出了完整的施工控制技术要求,保证了无机结合料稳定材料基层的耐久性。无机结合料稳定材料基层沥青路面是我国公路与城市道路的主要结构形式。

路面使用性能与表面特性 路面的平整度、破损程度、承载能力及抗滑性能是路面使用性能的重要方面。目前,我国已对这些性能对行车的影响,这些性能与路面结构设计、材料、施工的关系,量测方法,评价指标与标准,在车辆的反复作用下性能的衰减及恢复等开展了广泛的研究。对沥青混合料组成设计提出了完整的技术指标与标准,通过沥青的合理优选、集料的严格控制和施工过程的严格把关,提高了沥青路面的使用耐久性。开展了低噪声沥青路面技术、高性能沥青路面(Superpave)技术、排水性(抗滑、抗水漂)沥青表面层技术、开级配抗滑磨耗层(OGFC)技术等的研究,提高了沥青路面的表面使用性能,提高了沥青路面的使用安全性、舒适性。结合我国国情,形成了高黏沥青正纹理碎石封层、多孔薄层罩面等抗滑功能恢复技术,推广使用了沥青玛蹄脂碎石混合料路面(SMA)、橡胶沥青路面、高模量沥青路面、密级配沥青稳定碎石基层(ATB)、排水性沥青稳定碎石基层(ATPB)、排水性沥青面层(PAC)、永久性沥青路面、沥青混凝土+连续配筋水泥混凝土路面结构等技术。

绿色道路路面建设技术 绿色交通是21世纪资源节约型交通建设的主题。近年来,结合碳达峰、碳中和国家战略,围绕温拌技术,开展了温拌沥青路面设计与施工技术、温拌橡胶沥青的设计与施工等系列技术研究,以减少热拌沥青混凝土施工过程中对能源的消耗。围绕再生技术,进行了沥青路面厂拌热再生和厂拌冷再生技术、沥青路面就地热再生技术和就地冷再生技术、全厚式再生技术等系列再生技术的应用研究;结合水泥混凝土路面旧路改造,进行了水泥混凝土路面就地碎石化技术和水泥混凝土路面材料再生利用等技术研究,形成了成套的绿色路面建养技术。

路面检测技术与养护管理 路面使用性能的检测技术也有了很大的进步,路面弯沉(应变)、抗滑性能、平整度、路面破损等检测方式也由过去的人工检测向现代化的检测系统发展,有路面多功能检测车、自动弯沉检测车、落锤式弯沉仪(FWD)、路面雷达测试车、图像智能识别等,可为路面管理系统提供完整的路面使用状况数据。将系统工程、人工智能技术、大数据技术、建筑信息模型(BIM)和数字孪生等理论与方法用于协调路面养护,形成全新的路面管理系统(或资产管理系统)。多年来,我国在路面性能的非破损快速检测、路面性能预估模型、路面管理网络系统以及项目级和路网级优化管理决策等方面取得了系列研究成果。

三、面向未来的路基路面工程研究

综上所述,随着我国交通运输的发展,路基路面工程作为一个学科分支,正在以较快的发展速度逐步接近国外同类学科的前沿水平。进入21世纪,交通运输不论是在我国还是在发达国家,仍然是一个重要的科技领域。我国道路科技工作者从中国的实际出发,不断吸取交叉学科的新成就以及世界各国的先进经验,全面推动路基路面工程学科的发展,为我国交通运输现代化作出贡献。根据当前路基路面工程科学技术的发展趋势,应特别重视以下几方面学科的交叉与发展。

1. 材料科学

回顾历史,路基路面工程每一项新技术的出现,首先在材料方面有所突破。如路基土的改良与稳定路基的技术措施,沥青材料、水泥材料的改性研究,路用塑料等,都与材料科学有关。材料微观结构、微观力学、复合材料、温拌材料技术、再生材料技术等研究成果,也正在被引入路基路面工程。

2. 岩土工程学

路基路面作为地基结构物依托天然地表的岩石与土质构筑而成。因此,路基路面工程在诸多方面借鉴了岩土工程学的科技成果,如土力学、岩石力学、地质学、土质学、水文地质学等,都是路基路面工程学科的重要基础理论。

3. 结构分析理论

路基路面设计由以经验为主的方法演变成以结构分析理论为主的方法是一次飞跃。由于结构的复杂性以及车辆荷载与环境因素变化的复杂性,目前多数国家的设计方法所依据的静力线弹性力学分析理论还不能完全满足要求,许多学者仍致力于路基路面结构分析的力学基础研究,如动力荷载与结构动力效应,非线性、黏弹性等力学模型的建立以及适用于各种要求、各种边界条件的数学分析方法、数值解方法、离散元技术。今后,随着结构分析理论的进一步发展,有可能使宏观结构分析与材料的组成、材料的特性以及材料的微观结构与微观力学相融为一体,成为路基路面工程设计的重要理论基础。

4. 人工智能技术

现代化道路与机场路基路面工程的固有性能及使用品质越来越多地依赖于施工装备的性能与施工工艺。如振动压路机的吨位、频率与振幅,对于各种结构层产生的压实效果截然不同。基于现代人工智能技术的发展,路面智能压实技术的发展方兴未艾。许多专用施工设备就是根据结构强度形成理论和工艺要求而进行专门设计的。因此,有些国家在研究一项路面工程新技术时,将施工工艺与施工装备也列入研究计划,作同步开发研究。随着人工智能技术的发展,路基路面的智能预估与决策、自动驾驶车辆与智能道路技术(车路协同、车网协同、车星协同)将会得到迅速发展。

5. 自动控制与量测技术

为确保路基路面的工程质量和良好的使用品质,必须在施工过程中严格控制各项指标,如材料用量、加热温度、碾压吨位、碾压质量等,竣工后以及使用过程中需要做长期跟踪监测。所有这些控制与量测都在逐步采用新技术,以达到较高的精确度,如配料自动控制、平整度自动控制等。在量测技术方面,将信息技术与量测技术结合,形成在道路检测和预警中的应用技术,如使用北斗定位、高速摄影、激光装置、5G(第五代移动通信技术)、光纤设备、红外线装置量测各项质量指标及性能指标等。

6. 现代管理科学

从现代管理科学的角度来看,路基路面工程在一个区域范围内属于一个大系统,而且从规划、设计、施工、养护、维修、管理全过程来看,延续数十年之久。通过大型的现代化管理系统,可实现对区域范围内路基路面工程各个阶段的信息进行跟踪、采集、存储、处理、定期作评估和预测,必要时做出维修决策,投放资金进行维修养护,使路基路面始终具有良好的使用性能。通过引入材料耐久性、建设与养护费用等经济学相关模型,建立全寿命费用分析模型(Life Cycle Cost Analysis,LCCA),可对节约维修养护投资、提高运输效率起到重要作用。

第二节 路基路面工程的特点与性能要求

一、路基路面工程的特点

路基和路面是道路的主要工程结构物。路基是在天然地表面按照道路的设计线形(位置)和设计横断面(几何尺寸)要求开挖或堆填而成的岩土结构物。路面是在路基顶面用各种混合料铺筑而成的层状结构物。路基是路面结构的基础,坚固均匀而又稳定的路基为路面结构长期承受行车荷载提供了重要的保证,而路面结构层的存在又保护了路基,使之避免了直接经受车辆和大气的破坏作用,长久处于稳定状态。路基和路面相辅相成,是不可分离的整体,应综合考虑它们的工程特点,解决两者的强度、稳定性等工程技术问题。

路基与路面工程是道路工程的主要组成部分。路基工程的土方量很大;而路面结构造价在道路工程造价中所占比重很大,一般可达到30% ~ 50%。因此精心设计,精心施工,使路基路面能长期具备良好的使用性能,对节约投资,提高运输效益,具有十分重要的意义。

路基路面工程是一项线形工程,有的公路延续数百千米,甚至上千千米。公路沿线地形起伏,地质、地貌、气象条件多变,再加上沿线城镇经济发达程度与交通繁忙程度不一,因此决定了路基与路面工程复杂多变的特点。工程技术人员必须掌握足够的知识,精确研判各种变化的环境和地质因素,恰当运用先进合理的技术,才能建造出理想的路基路面工程结构物。

现代化公路运输,不仅要求道路能全天候通行车辆,而且要求车辆能以合理的运行速度,安全、舒适地在道路上运行。这就要求路面应具有良好的使用性能,提供良好的行驶条件和服务水平。

二、路基路面工程的性能要求

为了保证公路与城市道路最大限度地满足车辆运行的要求,提升运行车速、增强行车安全性和舒适性,降低运输成本和延长道路使用年限,路基路面应具有下述一系列基本性能。

1. 承载能力(Bearing Capacity)

承载能力是路基路面结构承受荷载的能力。行驶在路面上的车辆,通过车轮把荷载传给路面,由路面传给路基,在路基路面结构内部产生应力、应变及位移。如果路基路面结构整体或某一组成部分的强度或抗变形能力不足以抵抗这些应力、应变及位移,则路面会出现断裂,路基路面结构会出现沉陷,路面表面会出现波浪或车辙,使路况恶化,服务水平下降。因此要求路基路面结构整体及其各组成部分都应具有与行车荷载相适应的承载能力。

路基路面结构的承载能力主要体现在:应具有足够的强度以抵抗车轮荷载引起的各个部位的各种应力,如压应力、拉应力、剪应力等,使路面各个部位的各种应力在容许的范围内,保证路面结构不发生压碎、拉断、剪切等各种破坏;或者路基路面结构应能抵抗车轮荷载引起的各个部位的各种应变,如压应变、拉应变、剪应变等,使路面各个部位的各种应变在容许的范围内,在车轮荷载作用下不发生过量的应变或变形,不产生车辙、沉陷或波浪等各种病害。

2. 稳定性(Stability)

路基路面结构的稳定性是在降水、高温、低温等恶劣环境条件下结构仍能保持其原有特性的能力,包括路面高温稳定性、低温抗裂性、水稳定性和路基稳定性。

在天然地表面建造的道路结构物改变了自然的平衡,在达到新的平衡状态之前,道路结构物处于一种暂时的不稳定状态。新建的路基路面结构暴露在大气之中,经常受到大气温度变化、降水与湿度变化的影响,结构物的物理、力学性质将随之发生变化,处于另外一种不稳定状态。路基路面结构能否经受这种不稳定状态,而保持工程设计所要求的几何形态及物理力学性质是路基路面结构稳定的重要保障。

在地表上开挖或填筑路基,必然会改变原地面地层结构的受力状态,原来处于稳定状态的地层结构,有可能由于填挖筑路而引起不平衡,导致路基失稳。如,在软土地层上修筑高路堤,或者在岩质或土质山坡上开挖深路堑时,有可能由于软土层承载能力不足,或者由于坡体失去支承,而出现路堤沉陷或坡体坍塌破坏。路线如经过不稳定地层,则填筑或开挖路基会引起滑坡或坍塌等病害。因此在道路选线、勘测、设计、施工中应密切注意,并采取必要的工程措施,以确保路基有足够的稳定性。

大气降水使得路基路面结构内部的湿度状态发生变化,严重时会导致病害。如:低洼地带路基排水不良,长期积水,会使矮路堤软化,失去承载能力;山坡路基因排水不良,会引发滑坡或边坡滑塌;水泥混凝土路面如果不及时将水分排出结构层,会产生唧泥现象,冲刷基层,导致结构层提前破坏;沥青路面中水分的侵蚀,会引起结构层中沥青剥落,导致结构松散;砂石路面在雨季会因雨水冲刷和渗入结构层,导致结构强度下降,产生沉陷、松散等病害。因此,防水、排水是确保路基路面稳定的重要方面。

大气温度周期性的变化对路面结构的稳定性也有重要影响,同样会导致病害发生。高温季节沥青路面会软化,在车轮荷载作用下会产生永久性变形。水泥混凝土结构在高温季节因结构变形产生过大内应力,可导致路面压曲破坏。北方冰冻地区,在低温冰冻季节,水泥混凝土路面、沥青路面、半刚性基层由于低温收缩产生大量裂缝,最终失去承载能力。在严重冰冻地区,低温引起路基的不稳定是多方面的:低温会引起路基产生收缩裂缝;在地下水源丰富的地区,低温会引起冻胀,路基上面的路面结构也会随之发生断裂;春天融冻季节,在交通繁重的路段,有时会引发翻浆,路基路面发生严重的破坏。

3. 耐久性(Durability)

路基路面的耐久性是指路基路面能否长时间保持优良使用品质的性能,其研究的是路基路面在车辆荷载的反复作用与大气水温周期性的重复作用下的性能变化特性。

路基路面工程投资费用大,从规划、设计、施工至建成通车需要较长的时间,对于这样的大型工程都应有较长的使用年限,一般的道路工程使用年限至少数十年,承重并经受车辆直接碾压的路面部分要求使用年限15年以上,因此路基路面工程应具有耐久的性能。

路基路面在车辆荷载的反复作用与环境因素周期性的重复作用下,路面使用性能将逐年下降,强度与刚度将逐年衰变,路面材料的各项性能也可能由于老化衰变,而引起路面结构的损坏。路基的耐久性也可能在长期经受自然因素作用下逐年削弱。因此,提高路基路面的耐久性,保持其强度、刚度、几何形态"经久不衰",除了精心设计、精心施工、精选材料之外,还需要将养护、维修等恢复路用性能的工作放在重要的位置。

4. 表面平整度(Surface Roughness)

路面表面平整度是指路面表面相对于理想平面的竖向偏差,通常以最大间隙、颠簸累积值、国际平整度指数表征,它是影响行车安全、行车舒适性以及运输效益的重要因素。特别是高速公路,对路面平整度的要求更高。不平整的路表面会增大行车阻力,并使车辆产生附加的振动作用。这种振动作用会造成行车颠簸,影响行车的速度和安全性、驾驶的平稳性和乘客的舒适性。同时,振动作用还会对路面施加冲击力,从而加剧路面、汽车机件的损坏和轮胎的磨损,并增大油料的消耗。而且,不平整的路面还会积滞雨水,加速路面破坏。因此,为了减少振动冲击力,提高行车速度和增进行车舒适性、安全性,路面应保持一定的平整度。

优良的路面平整度,要依靠优良的施工装备、精细的施工工艺、严格的施工质量控制以及经常和及时的养护来保证。同时,路面的平整度与路面结构组合(尤其是软土地基和冻土地基路段)、路基顶面的强度和抗变形能力有关,与结构层所用材料的强度、抗变形能力以及均匀性也有很大关系。强度和抗变形能力差的路基路面结构组合和面层混合料,经不起车轮荷载的反复作用,极易出现沉陷、车辙和推挤破坏,从而形成不平整的路面表面。

5. 路面抗滑性(Skid Resistance)

路面抗滑性是指路面表面抗滑能力的大小,是事关行车安全的重要指标,通常以路表摩阻系数或粗糙度表示。路面表面要求平整,但不宜光滑。汽车在光滑的路面上行驶时,车轮与路面之间缺乏足够的附着力或摩擦力,雨天高速行车、紧急制动、突然起动或爬坡、转弯时,车轮易产生空转或打滑,致使行车速度降低,油料消耗增多,甚至引起严重的交通事故。通常可以用摩擦系数表征抗滑性能,摩擦系数小,则抗滑能力低,容易引起滑溜。对于城市道路的交叉口,由于车辆经常需要在此处制动,一般要求路面具有较高的抗滑性能。对于高速公路,由于高速行驶的车辆在雨天更容易产生滑溜或水漂,需要路面有较大的纹理深度和连通空隙排出轮胎与路面间积水,以减少车辆在制动时出现的水漂现象。

路面的抗滑性能,在低速行车时,主要取决于集料表面的微观纹理;在高速行车时,主要取决于路面表面的宏观纹理。路面表面的抗滑能力可以通过采用坚硬、耐磨、表面粗糙的粒料形成路表磨耗层来实现,有时也可以采用一些工艺措施来实现,如水泥混凝土路面的刷毛或刻槽等。此外,路面上的积雪、浮冰或污泥等,也会降低路面的抗滑性能,必须及时予以清除。

6. 韧性(Resilience)

2002 年,在联合国可持续发展全球峰会上最早将"韧性"概念引入到城市建设与防灾减灾领域,但不同领域的韧性概念也不同。在材料科学领域,韧性表示材料在塑性变形和破裂过程中吸收能量的能力,通常分为断裂韧性和冲击韧性,其定义为材料在断裂前所能吸收的能量与体积的比值,其单位是焦耳每立方米(J/m^3)。在经济学领域,韧性是指经济体在面对各种内外部冲击(如经济危机、贸易摩擦、自然灾害等)时,能够保持经济稳定增长、就业稳定、金融稳定等关键经济指标相对稳定,或者在遭受冲击后能够快速恢复到正常发展轨道的能力。

在交通基础设施领域,韧性是指在各种自然灾害(如地震、洪水、台风、地质灾害等)或突发事件(如爆炸、火灾、撞击等)等因素作用下抵御灾害、吸收冲击,并快速恢复正常运行的能力。韧性特征包括:鲁棒性(承受灾难的能力)、冗余性(通过调用备份组件在一定程度上维持线路性能的能力）、快速性（在受损后迅速恢复其功能的能力）、智慧性（在应对灾难时优化决策和合理分配资源的能力）和适应性（从过去的灾难和事故中学习，提高适应灾难的能力），涉及韧性度量、韧性评价、韧性提升等方面，包括灾前预警、灾中承受、灾后恢复等能力。路基路面工程属于交通基础设施的一部分，尤其是多雨及地质复杂的山区边坡，同样需要重视工程韧性及其提升技术。

第三节　路基路面结构及层位功能

我国在路基设计时，路基的内涵是道路整个横断面，包含路堤或路堑，高于原地面高程的填方路基称为路堤（Embankment），低于原地面高程的挖方路基称为路堑（Cutting）；而在路面设计时，路基的内涵是路面的承载平台，即路面以下的部分，英文为 Subgrade。

一、路基横断面

路基横断面包含路基和路面结构两部分，路基宽度沿横断面方向由行车道、中间带、硬路肩和土路肩所组成。各部分的宽度与道路等级、设计行车速度等有关。路面以下部分的路基根据材料和使用要求又可分为上路床、下路床、上路堤和下路堤。填方路基结构 0~30cm 范围称为上路床。交通荷载等级为轻、中及重时，30~80cm 称为下路床，80~150cm 称为上路堤，150cm 以下称为下路堤；当交通荷载等级为特重或极重时，30~120cm 称为下路床，120~190cm 称为上路堤，190cm 以下称为下路堤。不同范围对填料有不同要求（见第二章表 2-8）。图 1-2 和图 1-3 是典型的路基横断面及其构造，图 1-4~图 1-7 是高速公路和城市道路的典型路基横断面。

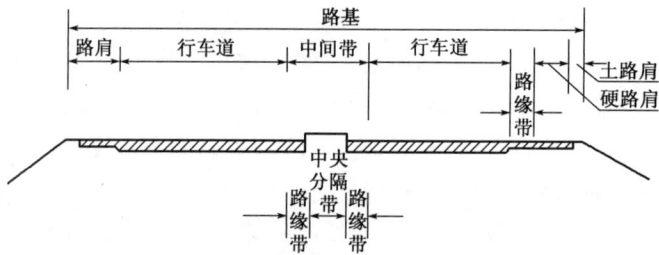

图 1-2　路基横断面图

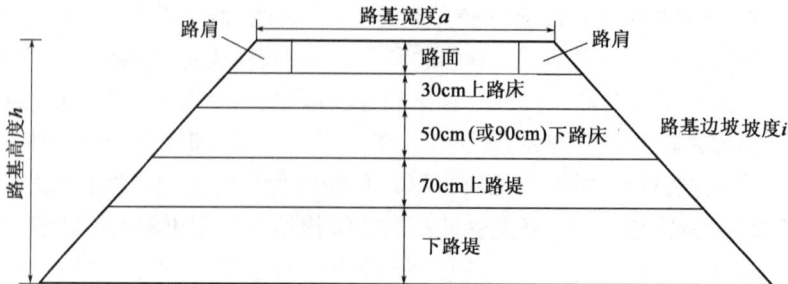

图 1-3　路基横断面构造示意图

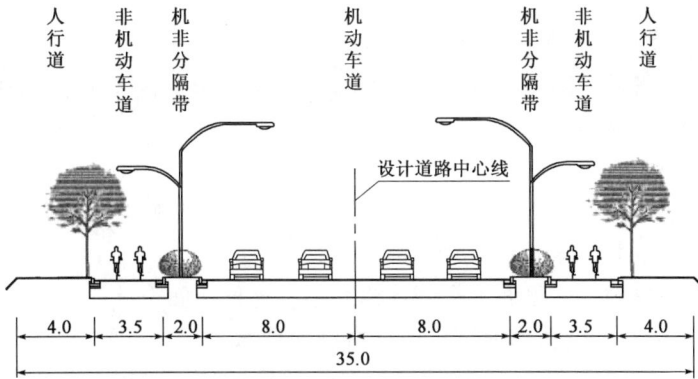

人行道 非机动车道 机非分隔带 机动车道 机动车道 机非分隔带 非机动车道 人行道

设计道路中心线

| 4.0 | 3.5 | 2.0 | 8.0 | 8.0 | 2.0 | 3.5 | 4.0 |

35.0

图1-4 城市道路典型路基横断面(尺寸单位:m)

图1-5 路基横断面构造示意图(H_0 为路基临界高度,B 为路基宽度,h 为路基高度)

图1-6 挖方路基横断面构造示意图(B 为路基宽度,n_1、n_2 为坡度系数;尺寸单位:m)

图1-7 填挖结合型路基横断面构造示意图(B 为路基宽度)

11

二、路面横断面

路面横断面通常指道路铺装部分的断面结构。随道路等级的不同,路面横断面可选择不同的形式,通常分为槽式横断面和全铺式横断面,如图1-8所示。

（1）槽式横断面[图1-8a)]

按路面行车道及路肩设计要求填筑相应的材料,形成类似槽式的横断面。

（2）全铺式横断面[图1-8b)]

在路基全部宽度内均铺筑路面为全铺式横断面。这种断面设计一是为了将路面结构内部的水分迅速排出,需在全宽范围内铺筑基层材料以保证水分由横向排入边沟。二是考虑到道路交通的迅速增长和扩建的需要,需将硬路肩及土路肩的位置全部按行车道标准铺筑面层。在盛产石料的山区或较窄的路基上,也可全宽铺筑中、低级路面。

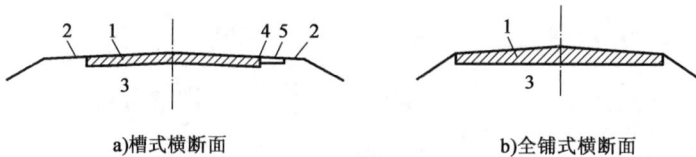

a)槽式横断面　　　　　　　　b)全铺式横断面

图1-8　路面横断面形式

1-路面;2-路肩;3-路基;4-路缘石;5-加固路肩

三、路拱横坡度

为了保证路面上雨水及时排出,减少雨水对路面的浸润和渗透,保持路面结构强度,路面表面应做成直线形或抛物线形的路拱。高等级道路路面,平整度和水稳定性较好,透水性也小,通常采用直线形路拱和较小的路拱横坡度。低等级道路路面,为了迅速排除路表积水,一般采用抛物线形路拱和较大的路拱横坡度。表1-1列出了不同类型路面的路拱平均横坡度。

各类路面的路拱平均横坡度　　　　　　　　　　　　　　　表1-1

路面类型	路拱平均横坡度（%）
沥青混凝土、水泥混凝土	1～2
厂拌沥青碎石、路拌沥青碎（砾）石、沥青贯入碎（砾）石、沥青表面处治、整齐石块	1.5～2.5
半整齐石块、不整齐石块	2～3
碎（砾）石等粒料路面	2.5～3.5
炉渣土、砾石土、砂砾土等	3～4

选择路拱横坡度,应充分考虑有利于行车平稳和横向排水两方面的要求。在干旱和有积雪、浮冰地区,应采用低值,多雨地区采用高值;当道路纵坡较大或路面较宽,或行车速度较高,或交通量和车辆载重较大,或常有拖挂汽车行驶时,应采用平均横坡度的低值;反之则应取用高值。

高速公路和一级公路整体式路基的路拱宜采用双向路拱坡度,由分隔带向两侧倾斜;分离式路基的路拱,宜采用单向横坡,并向路基外侧倾斜。

四、路面结构分层及层位功能

行车荷载和自然因素对路面的影响,随深度的增加而逐渐变化。因此,对路面材料的强度、抗变形能力和稳定性的要求也随深度的增加而逐渐变化。通过沥青路面结构应力计算结果可以发现,荷载作用下垂直应力 σ_z 随着深度的增加而变小,水平应力 σ_r 一般为表面受压和底面受拉(图1-9),剪切应力 τ_{zr} 先增大后减小。

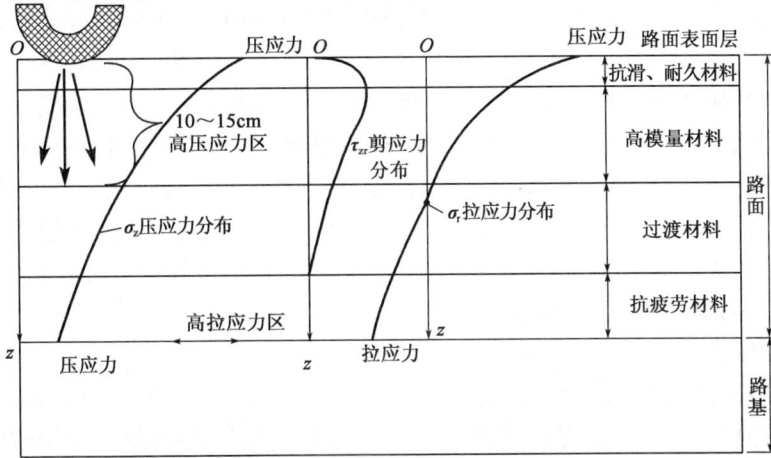

图1-9 路面结构受力与材料要求

为了适应这一特点,路面结构通常是分层铺筑的,按照使用要求、受力状况、土基支承条件和自然因素影响程度的不同,分成若干层次。通常,路基路面结构层由面层、基层(底基层)、功能层(根据需要设置)和路基组合而成,如图1-10所示。

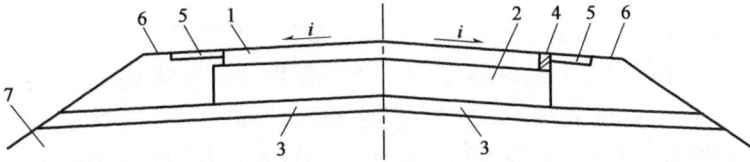

图1-10 路基路面结构层次划分示意图

1-面层;2-基层(有时包括底基层);3-功能层;4-路缘石;5-硬路肩;6-土路肩;7-路基;i-路拱横坡度

1. 面层

面层是直接与车辆和大气接触的表面层,它承受较大行车荷载的垂直力和水平剪切力的作用,同时还受到降水的侵蚀和气温变化的影响。因此,同其他层次相比,面层应具备较高的结构强度以抵抗垂直应力作用,较高的抗变形能力以抵抗剪切作用,较好的水稳定性以抵抗水损害,很好的温度稳定性以抵抗车辙,以及良好的表面抗滑性和平整度。

修筑面层所用的材料主要有:沥青混合料、水泥混凝土、沥青碎(砾)石混合料、砂砾或碎石掺土或不掺土的混合料以及块料等。

沥青路面可分两层或多层铺筑,如高速公路沥青面层总厚度 $18\sim20\mathrm{cm}$,可分为上、中、下三层铺筑,并根据各分层的要求采用不同的材料级配。由图1-9可以看出,沥青上面层主要承受垂直应力和剪切应力,因此沥青上面层材料设计主要考虑抗车辙、抗剪切和抗滑性能;中面层设计主要考虑抗车辙和抗剪切性能;下面层设计主要考虑抗车辙性。

水泥混凝土路面一般单层铺筑。水泥混凝土路面上可加铺 $4\sim10\mathrm{cm}$ 沥青面层形成复合式结构。

沥青表处层是砂石路面上铺筑的 $2\sim3\mathrm{cm}$ 厚的磨耗层或 $1\mathrm{cm}$ 厚的保护层。该沥青层不能作为一个独立的层次,应看作是面层的一部分。

2. 基层

基层主要承受由面层传来的车辆荷载的作用力(包括垂直力和水平力),将垂直力扩散到下面的路基土中去;承受拉应力作用并维持良好的耐久性。因此,基层是路面结构中的承重层,应具有一定的强度和刚度,并具有良好的抵抗疲劳破坏的能力。基层遭受大气因素的影响虽然比面层小,但是仍然有可能经受地下水和通过面层渗入雨水的侵蚀,所以基层结构应具有足够的水稳定性。基层表面虽不直接供车辆行驶,但仍然要求有较好的平整度,这是保证面层平整性的基本条件。由于基层还主要受到拉应力的作用,因此,必须保证基层的疲劳寿命满足设计要求。由图1-9可以看出,基层或底基层主要承受拉应力或拉应变,因此基层或底基层材料主要应考虑其抗疲劳特性。如果基层或底基层采用粒料类材料,则必须考虑垂直力作用产生的永久变形。

修筑基层的材料主要有各种结合料(如石灰、水泥或沥青等)稳定土或稳定碎(砾)石、贫水泥混凝土、各种工业废渣(如煤渣、粉煤灰、矿渣、石灰渣等)和土、砂、石所组成的混合料等,可以天然砂砾、各种碎石或砾石、片石、块石或圆石作为底基层材料,以提高基层的整体抗冰冻、抗水侵害和承载能力。

基层可分为两层或多层铺筑,当采用不同材料修筑基层(或底基层)时,可根据基层(或底基层)的受力特点和结构要求,合理选用当地材料修筑。

3. 功能层

为保证面层和基层不受路基水温状况变化所造成的不良影响,必要时应设置功能层,它的主要功能是加强路面结构层之间的联结、改善路基的湿度和温度状况。

修筑功能层的材料,强度要求不一定高,但水稳定性和隔温性能要好。常用的功能层材料:一类是由松散粒料(如粗砂、砂砾、碎石等)组成的透水性材料层或防冻层;另一类是用水泥或石灰稳定土等修筑的稳定类材料层;还有由石油沥青或乳化沥青组成的封层、黏层、透层及应力吸收层。

五、路面面层类型及适用范围

通常按路面面层的使用品质、材料组成类型以及结构强度和稳定性,将路面面层分为沥青混凝土路面、水泥混凝土路面、沥青贯入式路面、沥青碎石路面、沥青表面处治路面和砂石路面,如表1-2所示。

路面面层类型及适用范围　　　　　　　　　　　　　　　　表1-2

面层类型	适用范围
沥青混凝土路面	高速公路、一级公路、二级公路、三级公路、四级公路
水泥混凝土路面	高速公路、一级公路、二级公路、三级公路、四级公路
沥青贯入式、沥青碎石、沥青表面处治路面	三级公路、四级公路
砂石路面	四级公路

1. 沥青混凝土和水泥混凝土路面

沥青混凝土和水泥混凝土路面的特点是路面平整度好、强度高、稳定性好、使用寿命长,能保证高速行车,能适应繁重的交通量。该类路面养护费用少,运输成本低,但初期建设投入大,需要用质量高的材料来修筑。

2. 沥青贯入式、沥青碎石、沥青表面处治路面

沥青贯入式、沥青碎石、沥青表面处治路面与等级高的路面相比,强度和刚度较差,使用寿命较短,所适应的交通量较小,其初期建设投资虽较沥青混凝土和水泥混凝土路面少,但需要定期养护,养护费用和运输成本均较高。

3. 砂(碎)石路面

砂(碎)石路面的强度和刚度低,使用期限短,易扬尘,仅适应较小的交通量。砂(碎)石路面的初期建设投资虽然较低,但养护工作量大,需要经常维修才能延长使用年限,运输成本高。

六、路面分类

路面类型可以从不同角度来划分,一般按面层所用的材料区分,如水泥混凝土路面、沥青路面、砂石路面等。但是在工程设计中,主要从路面结构的力学特性的相似性角度,将路面结构划分为沥青路面、复合式路面和水泥混凝土路面(也称刚性路面)三类。根据基层材料类型及组合的不同,又将沥青路面划分为柔性基层沥青路面、半刚性基层沥青路面、组合式基层沥青路面、刚性基层沥青路面。国外一般将水泥混凝土路面和沥青混凝土路面称为有铺装路面;表面处治、沥青碎石、沥青贯入式路面称为简易铺装路面;砂石路面等归入未铺装路面。砂石路面是以砂、石为集料,以土、水、灰为结合料,通过一定的配合比铺筑而成的路面,包括级配砂(砾)石路面、泥结碎石路面、水结碎石路面、填隙碎石路面及其他粒料路面。

（1）沥青结合料类基层、粒料类基层(也称柔性基层)沥青路面

柔性基层沥青路面的总体结构刚度较小,在车辆荷载作用之下产生的表面变形较半刚性基层沥青路面大。虽然路面结构某一层的抗拉强度较低,但通过合理的结构组合和厚度设计,可以保证路面结构整体具有很强的抵抗荷载作用的能力。同时通过各结构层将车辆荷载传递给路基,可使路基承受的压应力控制在一定的范围内。路基路面结构主要靠抗压强度和抗剪强度承受车辆荷载的作用。柔性基层沥青路面主要包括各种未经处理的粒料基层和各类沥青层组成的路面结构。

（2）无机结合料类基层(也称半刚性基层)沥青路面

用水泥、石灰等无机结合料处治的土或碎(砾)石及含有水硬性结合料的工业废渣修筑的基层称为无机结合料类基层,在前期具有柔性基层的力学性质,而后期的强度和刚度均有较大幅度的增长,但是最终的强度和刚度仍小于水泥混凝土。由于这种材料的刚度处于柔性基层与刚性基层之间,因此把这种基层和铺筑在它上面的沥青面层也称为半刚性基层沥青路面。

（3）组合式基层沥青路面

沥青路面的基层含有无机结合料稳定材料、水泥混凝土材料等刚度较大或刚度相对较大的材料,但是在沥青层与刚度相对较大的材料之间夹有柔性材料,如沥青混凝土层 + 级配碎石 + 无机结合料稳定材料层的路面结构、沥青混凝土层 + 级配碎石 + 普通水泥混凝土材料层的路面结构、沥青混凝土层 + 级配碎石 + 碾压式水泥混凝土材料层的路面结构等。

（4）水泥混凝土基层(也称刚性基层)沥青路面

复合式路面是用水泥混凝土[包括普通混凝土(JPCP)、钢筋混凝土(JRCP)、连续配筋混凝土(CRCP)、钢纤维混凝土、预应力混凝土、装配式混凝土、碾压混凝土]做基层,沥青混凝土

做面层的路面结构。水泥混凝土具有强度高、稳定性好等特点,沥青混凝土具有行车舒适、噪声小等特点,这种复合式路面可以避免各自的缺点,具有良好的使用性能和耐久性。普通混凝土(JPCP)、钢筋混凝土(JRCP)基层沥青路面,由于接缝处的反射裂缝,对使用性能有一定的影响;连续配筋混凝土基层(CRCP)沥青路面由于连续的配筋将水泥混凝土的裂缝宽度约束在一定的范围内(一般要求小于1mm),故其有良好的使用性能和耐久性,但必须采取措施保证沥青层与沥青层、沥青层与水泥混凝土层之间有良好的黏结状态。

(5)水泥混凝土路面

水泥混凝土路面主要指用水泥混凝土[包括普通混凝土(JPCP)、钢筋混凝土(JRCP)、连续配筋混凝土(CRCP)、钢纤维混凝土、预应力混凝土、装配式混凝土、碾压混凝土]做面层的路面结构。水泥混凝土的强度高,与其他筑路材料相比,抗弯拉强度高,并且有较高的弹性模量,故呈现出较大的刚性。在车辆荷载作用下,水泥混凝土结构层处于板体工作状态,竖向弯沉较小,路面结构主要靠水泥混凝土板的抗弯拉强度承受车辆荷载,通过板体的扩散分布作用,传递给基础上的单位压力较柔性路面小得多。

第四节　路基路面结构的影响因素

一、路基路面稳定性影响因素

路基路面暴露在大气中,其稳定性在很大程度上由当地自然条件所决定。因此,需要深入调查公路沿线的自然条件,从总体到局部,从大区域到具体路段的自然情况,掌握其规律及对路基路面稳定性的影响,因地制宜地采取有效的工程措施,以确保路基路面具有足够的强度和稳定性。路基路面的稳定性与下列因素有关。

1. 地理条件

公路沿线的地形、地貌和海拔高度不仅影响路线的选定,也影响路基与路面的设计。平原、丘陵、山岭各区地势不同,路基的水温情况也不同。平原区地势平坦,排水困难,地表易积水,地下水位相应较高,因而路基需要保持一定的最小填土高度,路面结构层应选择水稳定性良好的材料,并采取一定的结构排水设施;丘陵区和山岭区,地势起伏较大,路基路面排水设计至关重要,否则会导致稳定性下降,出现破坏现象,影响路基路面的稳定性。

2. 地质条件

沿线的地质条件,如岩石的种类、成因、节理,风化程度和裂隙情况,岩石走向、倾向、倾角、层理和岩层厚度,有无夹层或遇水软化的夹层以及有无断层或其他不良地质现象(岩溶、冰川、泥石流、地震等),都对路基路面的稳定性有一定的影响。

3. 气候条件

气候条件,如气温、降水、湿度、冰冻深度、日照、蒸发量、风向、风力等,都会影响公路沿线地面水和地下水的状况,并且影响到路基路面的水温情况。

在一年之中,气候有季节性的变化,因此路基路面的水温情况也随之变化。气候还受地形的影响,例如山顶与山脚、山南坡与山北坡气候有很大的差别。这些因素都会严重影响路基路面的稳定性。

4.水文和水文地质条件

水文条件包括公路沿线地表水的排泄条件、河流洪水位和常水位、有无地表积水和积水时期的长短、河岸的淤积情况等。水文地质条件包括地下水位、地下水移动的规律、有无层间水、裂隙水、泉水等。所有这些地面水及地下水都会影响路基路面的稳定性，如果处理不当，常会引起各种病害。

5.土的类别

土是修筑路基和路面的基本材料，不同类别的土具有不同的工程性质，因而将直接影响路基和路面的强度与稳定性。

不同类别的土含有不同粒径的土颗粒。砂粒成分多的土，强度构成以内摩擦力为主，强度高，受水的影响小，但施工时不易压实；较细的砂土，在渗流情况下，容易流动，形成流沙。黏粒成分多的土，强度形成以黏聚力为主，其强度随密实程度的不同，变化较大，并随湿度的增大而降低。粉质土毛细现象强烈，路基路面的强度和承载力随着毛细水上升、湿度增大而下降，尤其在季节性冰冻地区，受负温度坡差作用，水分通过毛细作用向负温度区移动并积聚，使局部土层湿度大幅度增加，造成路基冻胀，最后导致路基翻浆、路面结构层断裂等各种破坏。

6.路基路面上的作用

路面交通荷载的作用、路基填筑或挖方对路基稳定性均有很大的影响。进行路基稳定性分析时需要考虑交通荷载对稳定性和路基自重力的影响。如交通荷载作用产生荷载应力使路面结构产生车辙和拥包，路基自重作用引起路基沉降，并对边坡稳定性产生影响。

二、路基路面工程的环境影响因素

路基路面结构直接处于自然环境中，经受着环境因素的影响。温度和湿度是对路基路面结构有重要影响的环境因素，路基路面结构的温度和湿度状况随周围环境的变化而变化，路基路面体系的性质与状态也随之发生变化。

路基土和路面材料的强度与刚度随路面结构内部温度和湿度的变化，有时会有大幅度的增减。图1-11给出了沥青混凝土的动弹性模量随温度升高而降低的情况。图1-12所示为路基回弹模量随湿度增长而急剧下降的情况。

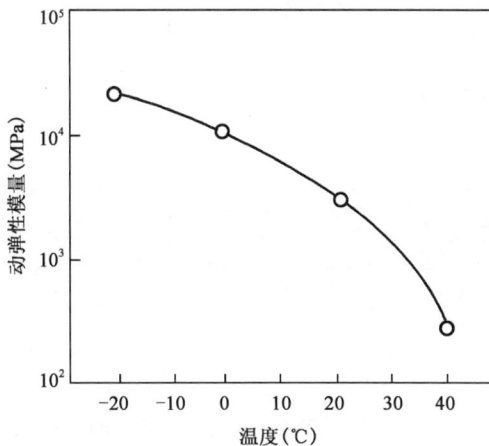

图1-11　温度对沥青混凝土动弹性模量的影响

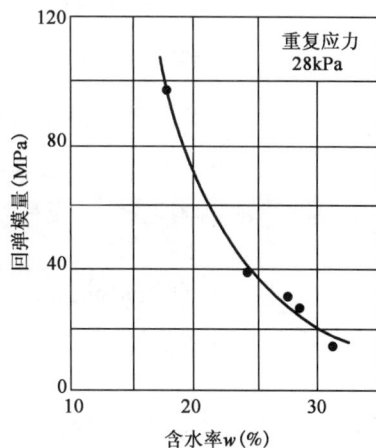

图1-12　湿度对路基刚度的影响

路基土和路面材料的体积随路基路面结构内温度和湿度的升降而膨胀和收缩。由于温度和湿度是随环境而变化的,而且沿着结构的深度呈不均匀分布,因此在不同时期和不同深度处,胀缩的变化也是不相同的。当这种不均匀的胀缩因某种原因受到约束而不能实现时,路基和路面结构内便会产生附加应力,即温度应力和湿度应力。

路基土和路面材料的几何性质和物理性质随温度与湿度产生的变化,将使路基路面结构设计复杂化。如不能充分估计这种因自然环境因素变化产生的后果,则路基路面结构在车轮荷载和自然因素共同作用之下,将提前出现损坏,缩短路面的使用年限。因此,在分析和设计路基路面结构时,除了充分考虑车轮荷载可能引起的各种损伤之外,还应考虑自然因素的影响。

1. 温度影响

大气的温度在一年四季和一昼夜之间发生着周期性的变化。受大气直接影响的路面温度也相应地在一年之间和一日之间发生着周期性的变化。图 1-13 和图 1-14 分别显示了在夏季晴天条件下,沥青面层和水泥混凝土面层内温度的昼夜变化观测结果。由图可见,路表面温度变化与气温变化大致是同步的,但是由于部分太阳辐射热被路面所吸收,路表面的温度较气温高,尤其是沥青路面,由于吸热量大,温度增加的幅度超过水泥混凝土路面。面层结构内不同深度处的温度同样随气温的变化呈周期性变化,升降的幅度随深度的增加而减小。其峰值的出现也随深度的增加而越来越滞后。

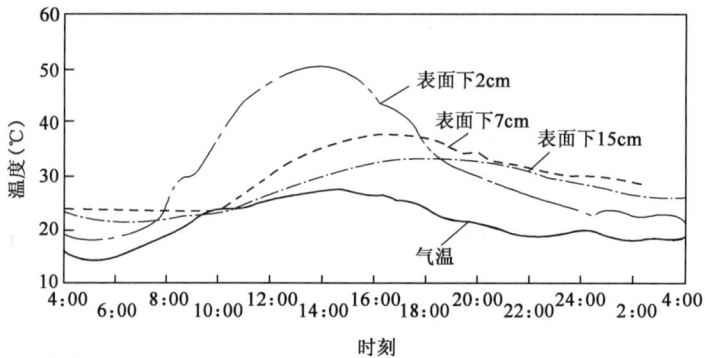

图 1-13　沥青面层温度日变化曲线

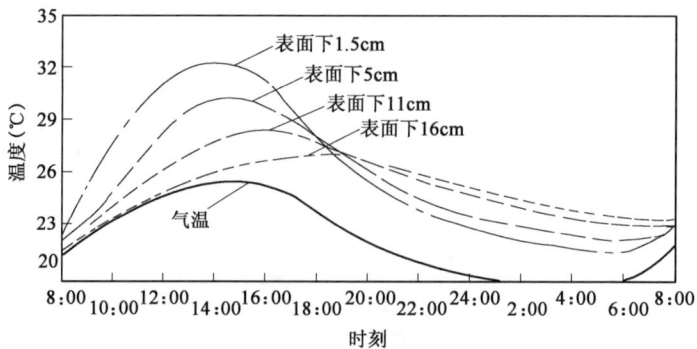

图 1-14　水泥混凝土面层温度日变化曲线

路面结构内温度随深度的分布状况,可以从一天内不同时刻的路面温度随深度的分布曲线图中看到,图 1-15 即为水泥混凝土面层的一个实例。由图可见,顶面与底面之间的温差,在一天内经历了由负(顶温低于底温)到正(顶温高于底温),再由正到负的循环变化。如果以单位深度内的平均温度坡差作为温度梯度,则由图 1-16 所示的曲线可以看出,温度梯度的变化与气温的变化大致是同步的,具有周期性特点。

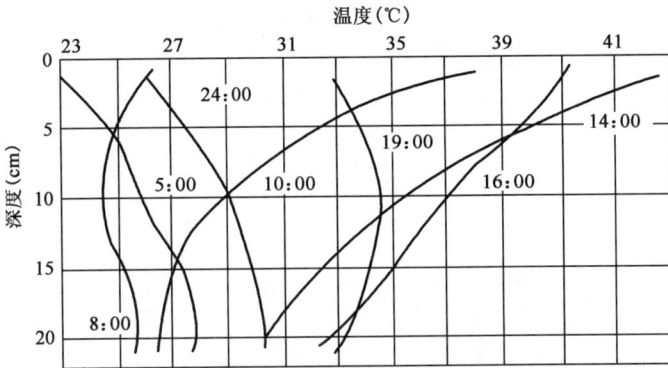

图 1-15 一天内不同时刻沿水泥混凝土面层深度的温度变化曲线

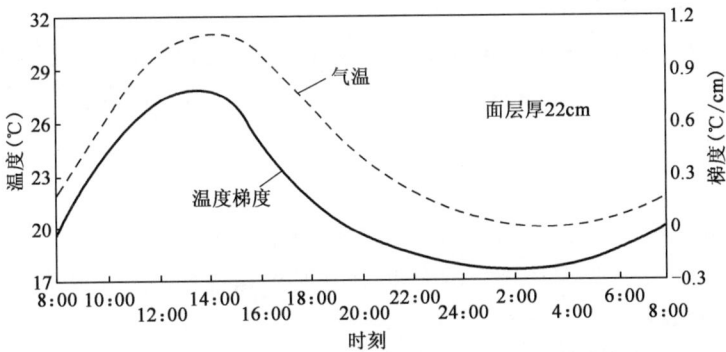

图 1-16 水泥混凝土面层温度梯度与气温的日变化曲线

除了日变化之外,一年四季面层不同深度处的温度还随气温的变化而经历着年变化,图 1-17 所示为沥青面层不同深度处的月平均气温变化的情况。由图 1-17 可以看出,平均气温最高的 7 月份和最低的 1 月份,面层的平均气温也相应为最高值和最低值。

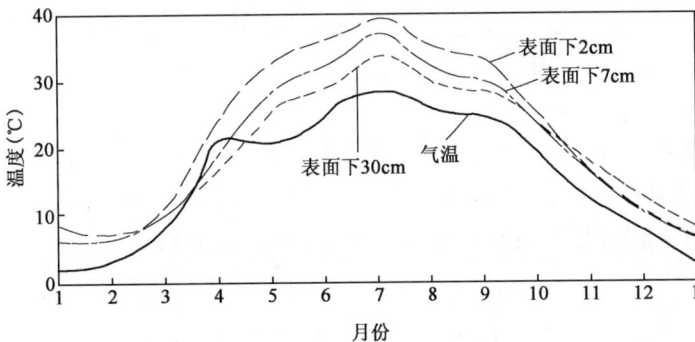

图 1-17 沥青面层月平均温度的年变化曲线

影响路面结构内温度状况的因素很多,可分为外部和内部两类。外部因素主要是气象条件,如太阳辐射、气温、风速、降水量和蒸发量等,而其中太阳辐射和气温是决定路面温度状况的两项最重要的因素。内部因素则为路面各结构层材料的热物理特性参数,如热传导率、热容量和对辐射热的吸收能力等。

路面结构内的温度状况，可通过在外部和内部影响因素之间建立联系的方法来预估。这种方法有两类，即统计方法和理论方法。

统计方法就是在路面结构层的不同深度处埋设测温元件，连续观测年循环内不同时刻的温度变化，同时收集当地的气象资料，包括对应的气温和辐射热等，对记录的路面温度和气象因素进行逐步回归分析，选择符合显著性检验要求的因素，分别建立不同深度处各种路面温度指标的回归方程式，见式（1-1）：

$$T_{\max} = a + bT_{a \cdot \max} + cQ \tag{1-1}$$

式中：$T_{\max}$——路面某一深度处的最高温度（℃）；

$T_{a \cdot \max}$——相应的日最高气温（℃）；

Q——相应的太阳日辐射热（J/m^2）；

a、b、c——回归常数。

由于统计方法不可能包含所有的复杂因素，所以计算的精确度有地区局限性，其结果可以在条件相似的地区参考使用。

理论方法是应用热传导理论方程，推演出各项气象资料和路面材料热物理特性参数组成的温度预估方程。通常，由于参数确定的难度较大和理论假设的理想化，预估的结果与实测结果有一定的差距。

2. 湿度影响

大气湿度的变化以及降水、地面积水和地下水侵入路基路面结构，是自然环境影响的另一个重要方面，它除了影响路基土湿度的变化，使路基产生各种不稳定状态之外，对路面结构层也有许多不利的影响。

路基路面结构的强度、刚度及稳定性，在很大程度上取决于路基的湿度变化。例如在北方季节性冰冻地区，冰冻开始时，路基水分向冻结线积聚形成冻胀，春暖融冻初期形成翻浆的现象较普遍。而在南方非冰冻区，当雨季来临时，未能及时排除的地面积水和离地面很近的地下水将使路基土浸润而软化。

面层的透水性对路基路面的湿度有很大影响，若采用不透水的面层结构，将减少降水和蒸发的影响。在道路完工两三年内，路面结构与路基上部中心附近的湿度逐渐趋向稳定。对于透水的面层结构，若不做专门处理，则路面结构和上层路基的湿度状况将受到降水和蒸发的影响而产生季节性的变化。

路肩以下路基湿度的季节性变化，对路面结构及以下的路基也有影响。通常在路面边缘以内 1m 左右，湿度开始增大，直至路面边缘与路肩下的湿度相当；路肩如果经过处治，防止雨水渗入，则路面下的土基湿度将趋向于稳定，与路基中心湿度相当。

第五节　公路自然区划

我国地域辽阔，又是一个多山国家，从北向南跨越寒带、温带和热带。从青藏高原到东部沿海高程相差 4 000m 以上，因此自然因素变化极为复杂。不同地区自然条件的差异同公路建设有密切关系。为了区分各地自然区域的筑路特性,合理设计道路结构物设施和合理选择材料与组成设计,我国经过长期研究,根据全国不同地理区域气候、水文、地质、地形、地貌等条件对公路工程的影响程度,于1986年制定了《公路自然区划标准》(JTJ 003—86),见图1-18,该区划是根据以下三个原则制定的:

(1)道路工程特征相似的原则。即在同一区划内,在同样的自然因素条件下筑路具有相似性。例如,北方不利季节主要是春融时期,有翻浆病害;南方不利季节在雨季,有冲刷、水毁等病害。

(2)地表气候区划差异性的原则。地表气候是地带性差异与非地带性差异的综合结果。通常,地表气候随着当地纬度而变,如北半球,北方寒冷,南方温暖,此称为地带性差异。除此之外,还与高程的变化有关,即沿垂直方向的变化,如青藏高原,由于海拔高,与纬度相同的其他地区相比,气候更加寒冷,此称为非地带性差异。

(3)自然气候因素既有综合又有主导作用的原则。即自然气候的变化是各种因素综合作用的结果,但其中又有某种因素起着主导作用。例如,道路冻害是水和热综合作用的结果,但是在南方,只有水而没有寒冷气候的影响,不会有冻害,说明温度起主导作用;西北干旱区与东北潮湿区,同样都有负温度区(指0℃以下地区),但前者冻害轻于后者,说明水起主导作用。

一、一级区划的主要指标

"公路自然区划"分三级进行区划,根据我国地理、地貌、气候等因素,以均温等值线和三阶梯的两条等高线作为一级区划的标志。

(1)全年均温 -2℃等值线。在一般情况下,地面大气温度达到 -2℃时,地面土开始冻结。因此,它大体上是区分多年冻土区和季节冻土区的界线。

(2)一月份均温0℃等值线,是区分季节冻土区和全年不冻区的界线。

(3)我国地势的三级阶梯的两条等高线。

①1 000m等高线:走向北偏东,自大兴安岭,南下太行山、伏牛山、武当山、雪峰山、九万山、大明山至友谊关而达国境。

②3 000m等高线:走向自西向东,后折向南。西起帕米尔高原,沿昆仑山、阿尔金山、祁连山,南下西倾山、岷山、邛崃山、大小相岭、锦屏山、雪山、云岭而达国境。

由于三级阶梯的存在,通过地形的高度和阻隔,使其气候具有不同的特色,这也成为划分一级区划的主要标志。

一级区划首先将全国划分为多年冻土、季节冻土和全年不冻三大地带,然后根据水热平衡和地理位置,划分为冻土、温润、干湿过渡、湿热、潮暖、干旱和高寒7个大区(图1-18):

Ⅰ区——北部多年冻土区;

Ⅱ区——东部温润季冻区;

Ⅲ区——黄土高原干湿过渡区;

Ⅳ区——东南湿热区;

Ⅴ区——西南潮暖区;

Ⅵ区——西北干旱区;

Ⅶ区——青藏高寒区。

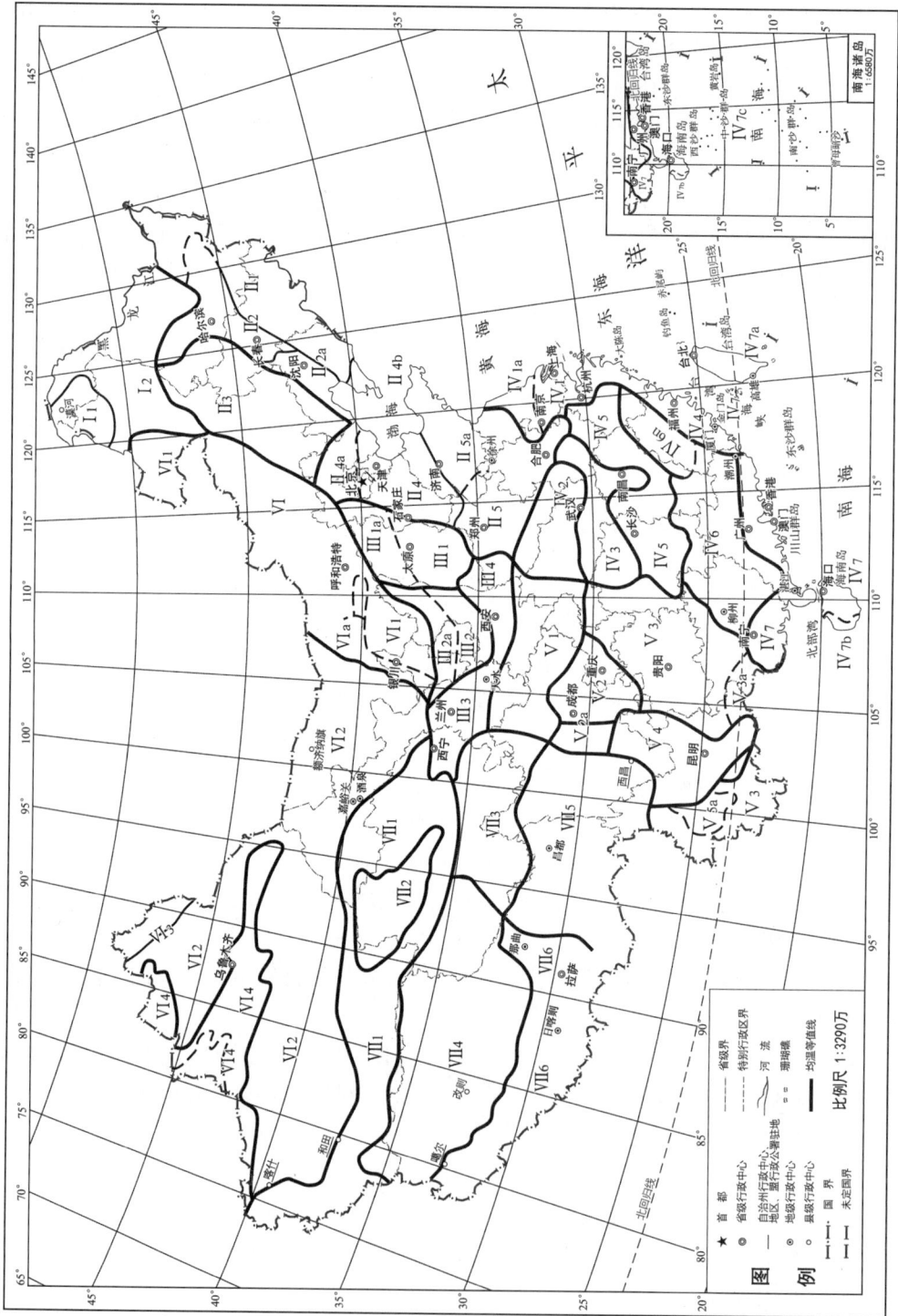

图1-18 全国公路自然区划分图

我国7个一级自然区的路面结构设计重点各有不同,根据各地区经验,可大致归纳如下:

Ⅰ区——北部多年冻土区

该区北部为连续分布的多年冻土,南部为岛状分布的多年冻土。对于泥沼地多年冻土层,最重要的道路设计原则是维持其冻稳性(保温),不可轻易挖去覆盖层,使路堤下保持冻结状态,若受大气热量影响融化,后患无穷。对于非多年冻土层的处理方法则不同,须将泥炭层全部或局部挖去,排干水分,然后填筑路堤。该区主要是林区道路,路面等级为中级。林区山地道路,因表土湿度高,地表径流大,极易翻浆,应采取换土、稳定土、砂垫层等处理方法。

Ⅱ区——东部温润季冻区

该区路面结构的突出问题是翻浆和冻胀。翻浆程度取决于路基的潮湿状态,可根据不同的路基潮湿状态采取相应措施。该区缺乏砂石材料,目前采用稳定土稳定基层已取得一定的成效。

Ⅲ区——黄土高原干湿过渡区

该区特点是干燥土基强度高、稳定性好,但黄土对水分的敏感性高,在河谷盆地的潮湿路段以及灌区耕地,土基稳定性差,强度低,必须认真处理。

Ⅳ区——东南湿热区

该区雨量充沛集中,雨型季节性强,台风暴雨多,水毁、冲刷、滑坡是该区道路的主要病害。该区路面结构应结合排水系统进行设计。同时,该区水稻田多,土基湿软,强度低,必须认真处理。并且由于该区气温高、热季长,要注意沥青面层材料的热稳定性和防透水性。

Ⅴ区——西南潮暖区

该区山多,筑路材料丰富,可充分利用当地筑路材料,但对于水文不良路段,必须采取措施,稳定路基。

Ⅵ区——西北干旱区

该区大部分地下水水位很低,虽然冻深多在 $100\sim150\text{cm}$ 以上,但一般道路冻害较轻。个别地区,如河套灌区、内蒙古草原的洼地,地下水位高,翻浆严重。丘陵区1.5m以上的深路堑冬季积雪厚,雪水易侵入路面造成危害,所以沥青面层材料应具有良好的防透水性,路肩也应做防水处理。由于气候干燥,该区砂石路面经常出现松散、搓板和波浪现象。

Ⅶ区——青藏高寒区

该区局部路段有多年冻土,须按保温原则设计。由于该区地处高原,气候寒冷,昼夜气温相差很大,日照时间长,沥青老化很快,又因为年平均气温相对偏低,路面易遭受冬季雪水渗入而破坏。

二、二级区划的主要指标

二级区划仍以气候和地形为主导因素,但具体标志与一级区划有显著差别。二级区的划分因区而异,将一级区划指标具体化或加以补充,分为6个等级,主要指标是潮湿系数 K。

潮湿系数 K 为年降雨量 R 与年蒸发量 Z 之比,即:

$$K = \frac{R}{Z} \tag{1-2}$$

1级:$K > 2.0$,过湿区;

2级:$2.0 \geq K > 1.5$,中湿区;

3 级:$1.5 \geq K > 1.0$,润湿区;

4 级:$1.0 \geq K > 0.5$,润干区;

5 级:$0.5 \geq K > 0.25$,中干区;

6 级:$0.25 \geq K$,过干区。

除了这 6 个潮湿等级外,还结合各个大区的地理、气候特征(如雨季、冰冻深度),地貌类型,自然病害等因素,在全国 7 个一级自然区划内又分为 33 个二级区和 19 个副区(亚区),共有 52 个二级自然区。它们的区界与名称如下。

Ⅰ北部多年冻土区中有:$Ⅰ_1$ 连续多年冻土区,$Ⅰ_2$ 岛状多年冻土区。

Ⅱ东部温润季冻区中有:$Ⅱ_1$ 东北东部山地润湿冻区,$Ⅱ_{1a}$ 三江平原副区,$Ⅱ_2$ 东北中部山前平原重冻区,$Ⅱ_{2a}$ 辽河平原冻融交替副区,$Ⅱ_3$ 东北西部润干冻区,$Ⅱ_4$ 海滦中冻区,$Ⅱ_{4a}$ 冀北山地副区,$Ⅱ_{4b}$ 旅大丘陵副区,$Ⅱ_5$ 鲁豫轻冻区,$Ⅱ_{5a}$ 山东丘陵副区。

Ⅲ黄土高原干湿过渡区中有:$Ⅲ_1$ 山西山地、盆地中冻区,$Ⅲ_{1a}$ 雁北张宣副区,$Ⅲ_2$ 陕北典型黄土高原中冻区,$Ⅲ_{2a}$ 榆林副区,$Ⅲ_3$ 甘东黄土山地区,$Ⅲ_4$ 黄渭间山地、盆地轻冻区。

Ⅳ东南湿热区中有:$Ⅳ_1$ 长江下游平原润湿区,$Ⅳ_{1a}$ 盐城副区,$Ⅳ_2$ 江淮丘陵、山地润湿区,$Ⅳ_3$ 长江中游平原中湿区,$Ⅳ_4$ 浙闽沿海山地中湿区,$Ⅳ_5$ 江南丘陵过湿区,$Ⅳ_6$ 武夷南岭山地过湿区,$Ⅳ_{6a}$ 武夷副区,$Ⅳ_7$ 华南沿海台风区,$Ⅳ_{7a}$ 台湾山地副区,$Ⅳ_{7b}$ 海南岛西部润干副区,$Ⅳ_{7c}$ 南海诸岛副区。

Ⅴ西南潮暖区中有:$Ⅴ_1$ 秦巴山地润湿区,$Ⅴ_2$ 四川盆地中湿区,$Ⅴ_{2a}$ 雅安、乐山过湿副区,$Ⅴ_3$ 三西、贵州山地过湿区,$Ⅴ_{3a}$ 滇南、桂西润湿副区,$Ⅴ_4$ 川、滇、黔高原干湿交替区,$Ⅴ_5$ 滇西横断山地,$Ⅴ_{5a}$ 大理副区。

Ⅵ西北干旱区中有:$Ⅵ_1$ 内蒙古草原中干区,$Ⅵ_{1a}$ 河套副区,$Ⅵ_2$ 绿洲—荒漠区,$Ⅵ_3$ 阿尔泰山地冻土区,$Ⅵ_4$ 天山—界山山地,$Ⅵ_{4a}$ 塔城副区,$Ⅵ_{4b}$ 伊犁河谷副区。

Ⅶ青藏高寒区中有:$Ⅶ_1$ 祁连—昆仑山地区,$Ⅶ_2$ 柴达木荒漠区,$Ⅶ_3$ 河源山原草甸区,$Ⅶ_4$ 羌塘高原冻土区,$Ⅶ_5$ 川藏高山峡谷区,$Ⅶ_6$ 藏南高山台地区,$Ⅶ_{6a}$ 拉萨副区。

三、三级区划的主要指标

三级区划是对二级区划的进一步划分。三级区划的方法有两种:一种是按照地貌、水温和土质类型将二级区进一步划分为若干类型单位;另一种是以水热、地理和地貌等为标志将二级区进一步划分为若干更低级区域。各地可根据当地的具体情况选用。

【练习与讨论】

1. 路基路面的工程特点主要包括哪几个方面?

2. 路基路面的性能要求包括哪几个方面?

3. 为什么要特别重视路基的稳定性?路基稳定性受哪些因素影响?

4. 请说明路面横坡度的定义,如何确定路面横坡度?

5. 路面结构为什么要分层设计?水泥混凝土路面和沥青路面如何分层设计?

6. 柔性基层(沥青结合料类基层、粒料类基层)、刚性基层、无机结合料稳定材料基层沥青路面各有何特点？如何选择路面结构类型？

7. 路面结构稳定性的影响因素有哪些？为什么路面结构设计要十分重视温度的影响？

8. 我国公路自然区划设置的目的和划分的原则是什么？各自然区划的道路设计重点有何差别？

AI 辅助讨论(三选一)

请采用 AI 工具(如 DeepSeek、Kimi 等),根据要求生成讨论提纲和演示文稿(PowerPoint,PPT),提交讨论报告和汇报文件(PPT)。

讨论题(1):路基路面结构与温度关系密切,通过分析沥青路面和水泥混凝土路面与温度的关系,请结合不同路面的破坏特征,介绍沥青路面和水泥混凝土路面的功能要求与层位布置特点。

要求:结合个人理解,给出由 20~40 个关键词(中英文各一半)组成的提问句,然后利用 AI 工具完成中英文讨论报告和汇报文件(PPT)。

讨论题(2):公路是一种线状构造物,沿线环境和地质变化复杂。请通过选择一条典型道路(如 312 国道上海—霍尔果斯、104 国道北京—福州)介绍其沿线的特点,说明公路自然区划的意义和必要性。

要求:结合个人理解,给出由 10~30 个关键词组成的提问句,然后利用 AI 工具完成讨论报告和汇报文件(PPT)。

讨论题(3):现代科技日新月异,北斗定位、人工智能、现代通信、精准检测等已融入路基路面工程的设计、施工和管理,请举例讨论现代新科技在路基路面工程中的应用。

要求:结合个人理解,给出由 20~40 个关键词组成的提问句,然后利用 AI 工具完成"请介绍路基路面工程领域的研究现状和发展趋势"的讨论报告和汇报文件(PPT)。

第二章

路基土的特性及设计参数

【本章提要】

本章主要介绍路基土的分类及工程特性、路基干湿类型划分方法、路基力学强度特性及工作区、路基抗变形能力参数和路基稳定性验算主要参数。

【学习要求】

通过路基土颗粒和性能特点的描述,学习路基土的分类方法和分类,掌握路基土的颗粒分布和主要工程特点;通过路基土湿度和温度状况的变化分析,了解路基中水的来源和路基干湿类型划分方法,了解路基土稠度指标,掌握由土的基质吸力确定的饱和度指标;掌握由毛细水上升高度、地下水位高度、路基工作区确定路基干湿类型的方法;学习路基承载力参数指标和测定方法、路基稳定性验算主要参数。

第一节　路基土的分类及工程特性

路基一般由土填筑而成,由于土的颗粒组成不同导致路基土的基本性能也有很大差别。为了保证路基的强度与稳定性,必须选择合适的路基填料。

一、路基土的分类

1.土的粒组划分

世界各国公路用土的分类方法虽然不尽相同,但是分类的依据大致相近,一般都根据土颗粒的粒径组成、土颗粒的矿物成分或其余物质的含量、土的塑性指标等进行区分。根据《公路土工试验规程》(JTG 3430—2020),我国公路用土依据土的颗粒组成特征、土的塑性指标和土中有机质含量的情况,一般土分为巨粒土、粗粒土、细粒土,特殊土分为黄土、膨胀土等六类(图2-1)。土的颗粒组成特征用不同粒径粒组在土中的百分含量表示,即土的颗粒级配。表2-1所列为不同粒组的划分界限及范围,表2-2给出了土的基本代号。

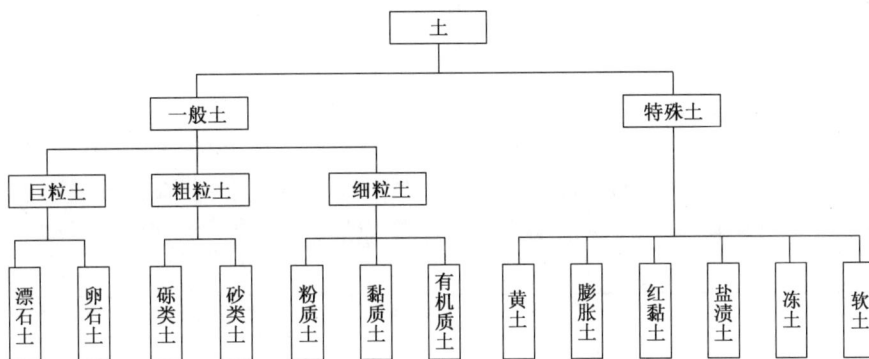

图2-1　土分类总体系

粒组划分表　　　　　　　　　　　　　　　　　　　　　表2-1

粒径	200	60	20	5	2	0.5	0.25	0.075	0.002(mm)
巨粒组		粗粒组							细粒组
漂石(块石)	卵石(小块石)	砾(角砾)			砂			粉粒	黏粒
		粗	中	细	粗	中	细		

土的基本代号表　　　　　　　　　　　　　　　　　　　表2-2

名称	代号	名称	代号	名称	代号
漂石	B	粉土质砾	GM	含砂低液限粉土	MLS
块石	B_a	黏土质砾	GC	高液限黏土	CH
卵石	Cb	级配良好砂	SW	低液限黏土	CL
小块石	Cb_a	级配不良砂	SP	含砾高液限黏土	CHG
漂石夹土	BSl	粉土质砂	SM	含砾低液限黏土	CLG
卵石夹土	CbSl	黏土质砂	SC	含砂高液限黏土	CHS
漂石质土	SlB	高液限粉土	MH	含砂低液限黏土	CLS
卵石质土	SlCb	低液限粉土	ML	有机质高液限黏土	CHO
级配良好砾	GW	含砾高液限粉土	MHG	有机质低液限黏土	CLO
级配不良砾	GP	含砾低液限粉土	MLG	有机质高液限粉土	MHO
含细粒土砾	GF	含砂高液限粉土	MHS	有机质低液限粉土	MLO

土颗粒组成特征分别采用土的级配指标的不均匀系数 C_u 和曲率系数 C_c 来表示。C_u 反映了粒径分布曲线上的土粒分布范围，C_c 反映了粒径分布曲线上的土粒分布形状。不均匀系数 C_u 和曲率系数 C_c 定义为：

$$C_u = \frac{d_{60}}{d_{10}} \tag{2-1}$$

$$C_c = \frac{d_{30}^2}{d_{60} \times d_{10}} \tag{2-2}$$

式中：d_{10}、d_{30}、d_{60}——土的特征粒径（mm），采用颗粒分析试验（T 0115—1993）得到的粒径分布曲线，在土的粒径分布（级配）曲线上，分别表示小于某粒径的土粒质量占总土质量的 10%、30%、60% 所对应的粒径。

2. 巨粒土

试样中大于 60mm 的颗粒质量大于总质量 15% 的土称为巨粒土。巨粒组质量大于总质量 75% 的土称漂（卵）石；巨粒组质量为总质量 50% ~75%（含 75%）的土称漂（卵）石夹土；巨粒组质量为总质量 15% ~50%（含 50%）的土称漂（卵）石质土；巨粒组质量小于或等于总质量 15% 的土，可扣除巨粒，按粗粒土或细粒土的相应规定分类定名。巨粒土分类见表 2-3。

巨粒土分类表

表 2-3

土组		土组代号	漂石粒组和卵石粒组质量的相互关系
漂（卵）石 （大于 60mm 颗粒 >75%）	漂石	B	漂石粒组 > 卵石粒组
	卵石	Cb	漂石粒组 ≤ 卵石粒组
漂（卵）石夹土 （大于 60mm 颗粒 >50% 且 ≤75%）	漂石夹土	BSl	漂石粒组 > 卵石粒组
	卵石夹土	CbSl	漂石粒组 ≤ 卵石粒组
漂（卵）石质土 （大于 60mm 颗粒 >15% 且 ≤50%）	漂石质土	SlB	漂石粒组 > 卵石粒组
	卵石质土	SlCb	漂石粒组 ≤ 卵石粒组

3. 粗粒土

试样中巨粒组土粒质量小于或等于总质量 15%，且巨粒组土粒与粗粒组土粒质量之和大于总土质量 50% 的土称为粗粒土，粗粒土分砾类土和砂类土两种，同时根据细粒组（小于等于 0.075mm）颗粒占总质量的比进行细分。砾粒组质量大于砂粒组质量的土称为砾类土，分类见表 2-4。砾粒组质量小于或等于砂粒组质量的土称为砂类土，分类见表 2-5。

砾类土分类表

表 2-4

土组		土组代号	细粒组（≤0.075mm 颗粒） 含量 F（%）	级配状况
砾	级配良好砾	GW	F ≤ 5	级配：$C_u \geq 5, 1 \leq C_c \leq 3$
	级配不良砾	GP		级配：不同时满足上述要求
含细粒土砾		GF	5 < F ≤ 15	
细粒土质砾	粉土质砾	GM	15 < F ≤ 50	细粒土位于塑性图（图 2-2）A 线以下
	黏土质砾	GC		细粒土位于塑性图（图 2-2）A 线或 A 线以上

砂类土分类表　　　　　　　　　　　　　　　表2-5

土组		土组代号	细粒组（≤0.075mm 颗粒）含量 F（%）	级配状况
砂	级配良好砂	SW	$F \leq 5$	级配:$C_u \geq 5$,$1 \leq C_c \leq 3$
	级配不良砂	SP		级配:不同时满足上述要求
含细粒土砂		SF	$5 < F \leq 15$	
细粒土质砂	粉土质砂	SM	$15 < F \leq 50$	细粒土在塑性图（图2-2）A 线以下
	黏土质砂	SC		细粒土在塑性图（图2-2）A 线或 A 线以上

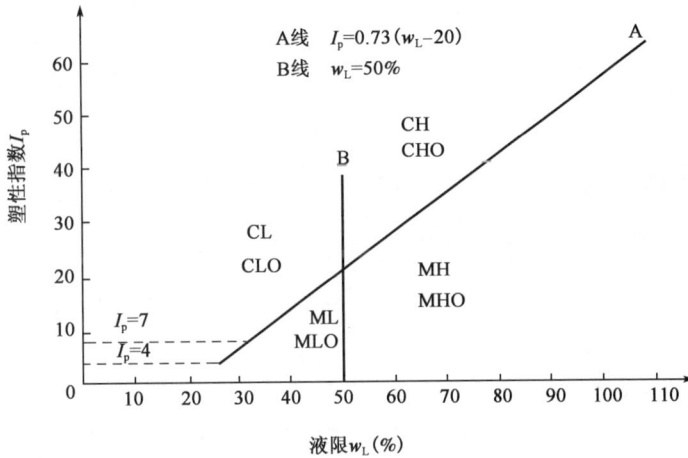

图2-2　塑性图

4. 细粒土

试样中细粒组土粒(小于或等于0.075mm 的颗粒)质量大于或等于总质量50%的土称为细粒土。

细粒土应按下列规定划分:①细粒土中粗粒组质量小于或等于总质量25%的土称为粉质土或黏质土;②细粒土中粗粒组质量为总质量25% ~ 50%(含50%)的土称为含粗粒的粉质土或含粗粒的黏质土;③试样中有机质含量大于或等于总质量5%的土称为有机质土;试样中有机质含量大于或等于总质量10%的土称为有机土。

细粒土应按其在塑性图(图2-2,低液限 $w_L < 50\%$;高液限 $w_L \geq 50\%$)中的位置确定土的名称:

①当细粒土位于塑性图 A 线或 A 线以上时,如果在 B 线或 B 线右侧,称为高液限黏土,记为 CH;如果在 B 线左侧,$I_p = 7$ 线以上,称为低液限黏土,记为 CL。

②当细粒土位于塑性图 A 线以下时,如果在 B 线或 B 线右侧,称为高液限粉土,记为 MH;如果在 B 线左侧,$I_p = 4$ 线以下,称为低液限粉土,记为 ML。

③黏质土和粉质土过渡区(CL ~ ML)的土可按相邻土层的类别考虑定名。

细粒土分类体系见图2-3。

土中有机质,包括未完全分解的动植物残骸和完全分解的无定形物质。后者多呈黑色、青黑色或暗色,有臭味,有弹性和海绵感,可以借目测、手摸及嗅感判别。当不能判别时,可将试样放在 105～110℃ 的烘箱中烘烤,若烘烤 24h 后试样的液限小于烘烤前的 75%,则该试样为有机质土。当需要测有机质含量时,按有机质含量试验(T 0151—1993)进行测定。

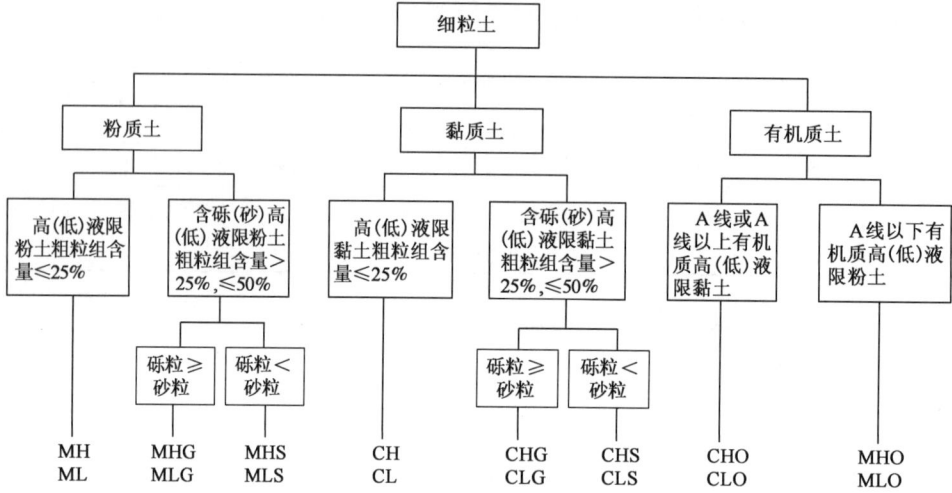

图 2-3　细粒土分类体系

有机质土应按其在塑性图(图 2-2)中的位置确定土的名称:

①当有机质土位于塑性图 A 线或 A 线以上时,如果在 B 线或 B 线右侧,称为有机质高液限黏土,记为 CHO;如果在 B 线左侧,$I_p = 7$ 线以上,称为有机质低液限黏土,记为 CLO。

②当有机质土位于塑性图 A 线以下时,如果在 B 线或 B 线右侧,称为有机质高液限粉土,记为 MHO;如果在 B 线左侧,$I_p = 4$ 线以下,称为有机质低液限粉土,记为 MLO。

③黏土和粉土过渡区(CL～ML)的土可按相邻土层的类别考虑定名。

5.特殊土

特殊土是指有特殊成分、特定状态和结构特征的土,它是在特定年代、物理环境或人为条件下形成的,具有独特的工程特性,主要有黄土、膨胀土、红黏土、盐渍土、冻土和软土等。特殊土的分类比较复杂,目前只有盐渍土的工程分类较成熟,其他特殊土的工程分类方法不统一。如膨胀土的分类指标有自由膨胀率、膨胀性矿物含量、胀缩总率、标准吸湿含水率和液塑性等,有的根据单项指标确定,也有的根据多项指标确定;黄土的分类可根据湿陷性、成因、地质年代等划分;冻土的分类指标有冻结持续时间、空间状态、含冰量等。

盐渍土根据含盐性质和盐渍化程度按表 2-6 和表 2-7 分类。

盐渍土按含盐性质分类　　　　　　　　　　　　　　表 2-6

盐渍土名称	离子含量比值	
	Cl^-/SO_4^{2-}	$(CO_3^{2-} + HCO_3^-)/(Cl^- + SO_4^{2-})$
氯盐渍土	>2.0	—
亚氯盐渍土	1.0～2.0	—
亚硫酸盐渍土	0.3～1.0	—
硫酸盐渍土	<0.3	—
碳酸盐渍土	—	>0.3

注:离子含量以 1kg 土中离子的毫摩尔数计(mmol/kg)。

盐渍土按盐渍化程度分类　　　　　　　　　　　　表 2-7

盐渍土类型	细粒土的平均含盐量 (以质量百分数计)		粗粒土通过 1mm 筛孔土的平均含盐量 (以质量百分数计)	
	氯盐渍土 及亚氯盐渍土	硫酸盐渍土 及亚硫酸盐渍土	氯盐渍土 及亚氯盐渍土	硫酸盐渍土 及亚硫酸盐渍土
弱盐渍土	0.3 ~ 1.0	0.3 ~ 0.5	2.0 ~ 5.0	0.5 ~ 1.5
中盐渍土	1.0 ~ 5.0	0.5 ~ 2.0	5.0 ~ 8.0	1.5 ~ 3.0
强盐渍土	5.0 ~ 8.0	2.0 ~ 5.0	8.0 ~ 10.0	3.0 ~ 6.0
过盐渍土	>8.0	>5.0	>10.0	>6.0

注:离子含量以100g 干土内的含盐总量计。

二、路基土的工程性质及选择与处理

(一)路基土的工程性质

各类公路用土具有不同的工程性质,在选择路基填筑材料以及修筑稳定土路面结构层时,应根据不同的土类分别采取不同的工程技术措施。

1. 巨粒土

巨粒土,包括漂石(块石)土和卵石(块石)土,有很高的强度和稳定性,是良好的路基填筑材料,亦可用于砌筑边坡。

2. 粗粒土

粗粒土分为砾类土和砂类土。

砾类土级配良好时,密实程度高,强度和稳定性均能满足要求,除可填筑路基之外,还可铺筑路面的基层、底基层。

砂类土无塑性,透水性强,毛细水上升高度小,具有较大的内摩擦系数,强度和水稳定性均较好。砂类土级配较好时,既含有一定数量的粗颗粒,又含有一定数量的细颗粒,强度、稳定性等均能满足要求,是理想的路基填筑材料。如细粒土质砂,其粒径组成接近最佳级配,遇水不黏着、不膨胀,雨天不泥泞,晴天不扬尘,还便于施工。但砂类土同时有黏结性小,易松散,压实困难等缺点。因此,砂类土路基应经充分压实后使用,其压缩变形小,稳定性好。为提高压实度和稳定性,可以采用振动法压实,并可掺加少量黏质土,以改善级配组成。

3. 细粒土

细粒土包括粉质土、黏质土和有机质土。

粉质土含有较多的粉土颗粒,干时虽有黏性,但易于破碎,浸水时容易呈流动状态。粉质土毛细作用强烈,毛细水上升高度大(可达 1.5m),在季节性冰冻地区容易造成冻胀、翻浆等病害。粉质土属于不良的公路用土,如必须用粉质土填筑路基,则应采取改良土质并加强排水或隔离水等技术措施。

黏质土中细颗粒含量多,土的内摩擦系数小而黏聚力大,透水性小而吸水能力强,毛细现象显著,有较强的可塑性。黏质土干燥时较坚硬,施工时不易破碎。浸湿后能长期保持水分,不易挥发,因而承载力小。对于黏质土,如在适当含水率时加以充分压实,并设置良好的排水设施,筑成的路基稳定性也能满足要求。

高液限黏土含黏土矿物成分不同时,其工程性质有很大差别。黏土矿物主要包括蒙脱土、高岭土、伊利土。蒙脱土主要分布在东北地区,其塑性大,吸湿后膨胀强烈,干燥时收缩大,透水性极低,压缩性大,抗剪强度低。高岭土分布在南方地区,其塑性较低,有较高的抗剪强度和透水性,吸水和膨胀量较小。伊利土分布在华中和华北地区,其性质介于上述两者之间。很高液限的黏土不透水,黏聚力特别强,塑性很大,干燥时很坚硬,施工时难以挖掘与破碎。

4. 特殊土

软土(淤泥及淤泥质土):具有高含水率、高孔隙性、低渗透性、高压缩性、低抗剪强度、较显著的触变性和蠕变性等特性。

黄土:在天然含水率时一般呈坚硬或硬塑状态,具有较高的强度和低或中等偏低的压缩性,但遇水浸湿后,强度迅速降低,有的在自重作用下也会发生剧烈的沉陷。

红黏土:呈现较高的强度和较低的压缩性,不具有湿陷性。尽管天然含水率高,一般仍处于坚硬或硬可塑状态,甚至饱水的红黏土也是坚硬状态的。

膨胀土:含有大量的强亲水性黏土矿物成分,具有显著的吸水膨胀和失水收缩特性,且胀缩变形往复可逆。

因黄土属大孔和多孔结构,有湿陷性;膨胀土浸水会膨胀,失水则收缩;红黏土失水后体积收缩量较大,如用黄土填筑路基必须采取相应技术措施。

总之,土作为路基建筑材料,宜选用级配好的砾类土、砂类土等粗粒土。粉质土不宜直接用于填筑二级及二级以上公路的路床,不得直接用于冰冻地区的路床及浸水部分的路堤。含草皮、生活垃圾、树根、腐殖质的土严禁作为填料。

(二)路基填料的选择与处理

路基填料是指路堤施工中的填方筑路材料。它可以是经检测合格的路线纵向土石方调配土、半填半挖横断面上的挖方土,也可以是取土坑内获取的土。在没有合适的天然土源的情况下,需要对获取的天然土填料进行改性,常用的改性方法有:掺配粗颗粒土改善物理级配;掺入石灰等无机结合料,或掺配专用的改性剂进行化学改性。

路基填料,应选择强度高、水稳性好、压缩性小,且运输便利、施工方便的天然土源。公路工程中常见的填料类型有以下几种。

(1)漂石、卵石(巨粒土)与粗砾石

这类材料的施工不受季节限制,填石路堤(用粒径大于 40mm、含量超过 70% 的石料填筑的路堤)的残余下沉量小,荷载作用下塑性变形小,一般用于路堤的填筑,不用于路床的填筑。填石路堤的单层填筑厚度根据其层位不同在 30 ~ 60cm,上路堤单层填筑厚度要比下路堤小,填料最大颗粒粒径应不超过填筑层厚的 2/3,为增加稳定性,需要考虑其级配组成,单一大粒径颗粒的填料要掺加小粒径颗粒以便压实稳固。填石路堤对压实设备有特殊要求,且损耗较大,其施工质量控制方式也与普通填料路堤有差异。这类填料的使用性能评定为优,施工性评定为中。

(2)土石混合料

土石混合料是由石块(粒径大于 40mm,含量小于 70%)与土混合在一起形成的混合料。其力学性质与土、石含量有关。石块中砾石含量高时,其渗水性、水稳定性和强度好;反之,若土(粉质土、黏质土)含量多,则较松散,遇水易造成边坡坍塌。土石混合料一般用于路填的填筑。在土石级配合理的情况下,土石混合料填筑的路堤强度优良、稳定性好。这类填料的使用性能评定为优,施工性评定为良。

(3)砾类土、砂类土

这类材料既适用于填筑路堤,也适用于填筑路床。但这类材料中黏质砾、砂含量过多时,水稳定性将下降很多。且细砂土易松散,对流水冲刷、风蚀的抵抗能力差,可能需要掺配黏质土,以加强稳定性。这类填料的使用性能评定为优,施工性评定为优。

(4)粉质土

不得已要用粉质土时应掺配其他填料,并加强排水,采取隔离措施。这类填料的使用性能评定为差,施工性评定为良。

(5)黏质土

黏质土不得用于多年冻土地区路堤填筑。并且冬期路堤施工时,不得用含水率大的黏质土。黏质土如在适当含水率时充分压实,并有良好排水的条件,筑成的路堤也较稳定。高液限黏土不宜作路基填料。这类填料的使用性能评定为良,施工性评定为良。

(6)特殊土

这类材料必须深入了解其工程特性,慎用或经过处治后选用,满足要求后才能在工程中使用。

(7)建筑垃圾及工业废渣

建筑垃圾中含有较多的有机质成分,在路基填方高度很大时(如峡谷内高填时),在填方下部可酌情使用,但应利用特殊设备充分压实。工业废渣特别是矿渣在粒径上属于巨粒土,且级配较好,在保证压实的情况下性能较好,可以使用。如果用矿渣填筑路堤,需进行相应试验研究。这类土的成分及特性往往不具有一般性,需要特殊问题特殊对待。

在具体工程中,路基填料的选择余地不大,根据以上原则初步选择可能的填料后,最终须根据其试验指标决定是否可用。选择路基填料依据的指标是加州承载比(CBR)值,试验方法参照《公路土工试验规程》(JTG 3430—2020)中的 T 0134—2019。路基填料最小承载比要求见表2-8。

路基填料最小承载比要求 表2-8

路基部位		路面底面以下深度(m)	填料最小承载比(CBR)(%)		
			高速公路、一级公路	二级公路	三、四级公路
上路床		0~0.3	8	6	5
下路床	轻、中等及重交通	0.3~0.8	5	4	3
	特重、极重交通	0.3~1.2	5	4	—
上路堤	轻、中等及重交通	0.8~1.5	4	3	3
	特重、极重交通	1.2~1.9	4	3	—
下路堤	轻、中等及重交通	1.5 以下	3	2	2
	特重、极重交通	1.9 以下			

注:1. CBR 试验条件应符合现行《公路土工试验规程》(JTG 3430)的规定。
    2. 年平均降雨量小于 400mm 地区,路基排水良好的非浸水路基,通过试验论证可采用平衡湿度状态的含水率作为 CBR 试验条件,并应结合当地气候条件和汽车荷载等级,确定路基填料 CBR 控制标准。
    3. 当路基填料 CBR 值达不到表列要求时,可掺石灰或其他稳定材料处理。
    4. 当三、四级公路铺筑沥青混凝土和水泥混凝土路面时,应采用二级公路的规定。

第二节　路基的力学强度特性

一、路基受力状况

路基承受着路基自重和车轮荷载,在这两种荷载的共同作用下,在一定深度范围内,路基土处于受压状态。路基设计应使路基所受的力在弹性限度范围内,当车辆驶过后,路基能恢复原状,以保证路基相对稳定,不致引起路面破坏。

路基土在车轮荷载作用下所引起的垂直应力 σ_Z 可以用近似公式[式(2-3)]计算(注:用层状弹性体系理论更加准确)。计算时,假定车轮荷载为一垂直集中荷载,路基为弹性均质半空间体(图2-4),则:

$$\sigma_Z = K \frac{P}{Z^2} \tag{2-3}$$

式中:K——系数,$K = \dfrac{3}{2\pi}$,一般取 0.5;

P——一侧车轮荷载(kN),标准轴载取 50kN;

Z——垂直集中荷载下应力作用点的深度(m)。

路基土自重在路基内深度为 Z 处所引起的垂直压应力 σ_B 按下式计算:

$$\sigma_B = \gamma Z \tag{2-4}$$

式中:γ——土的重度(kN/m³);

Z——应力作用点深度(m)。

路基内任一点处的垂直应力包括由车轮荷载引起的 σ_Z 和由路基自重引起的 σ_B,两者的共同作用如图2-4所示。

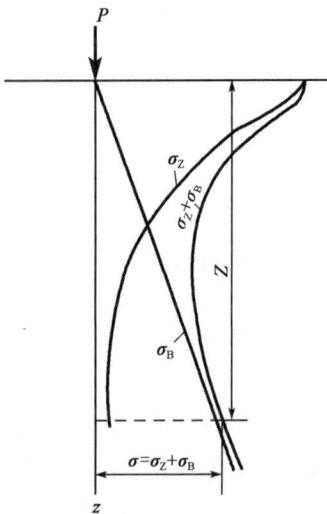

图2-4　土基中应力分布图

二、路基工作区

在路基某一深度 Z_a 处,车轮荷载引起的垂直应力 σ_Z 与上覆层自重引起的垂直压应力 σ_B 之比大于 0.1 的深度称为路基工作区深度。而路基工作区则是路基工作区深度除去路面结构层厚度的区域。路面结构和车轮荷载对工作区范围内的路基影响较大,对工作区范围以外的路基影响较小。

对于土路,路基工作区深度 Z_a 可以用式(2-5)计算:

$$Z_a = \sqrt[3]{\frac{KnP}{\gamma}} \tag{2-5}$$

式中:Z_a——路基工作区深度(m);

K——系数,$K = \dfrac{3}{2\pi}$,一般取 0.5;

n——系数,$n = 10$;

P——一侧车轮荷载(kN),标准轴载取 50kN;

γ——土的重度(kN/m³),一般为 16~20kN/m³。

由式(2-5)可见,路基工作区深度随车轮荷载的加大而加深。

对于常规的路面结构,由于路基路面不是均质体,路面的刚度和重度较路基土更大,路基工作区的实际深度随路面刚度和厚度的增加而减小。因此,如果采用应力简化式(2-3),需要将路面折算为与路基同一性质的整体,得到沥青路面的当量厚度 h_e,可采用下式计算:

$$h_e = \sum h_i \sqrt[3.5]{\frac{E_i}{E_0}} \qquad (2-6)$$

式中:h_i——沥青路面各结构层的厚度(cm);

E_i——沥青路面各结构层模量(MPa);

E_0——路基顶面的回弹模量(MPa)。

在路基工作区内,路基的强度和稳定性对保证路面结构的强度和稳定性极为重要,因此对路基工作区深度范围内的土质选择、路基的压实度应提出较高的要求。

当路基工作区深度 Z_a 大于路基高度 H 时(图2-5),行车荷载的作用不仅施加于路堤,而且施加于天然地基的上部土层,因此,天然地基上部土层和路堤应同时满足工作区的要求,均应充分压实。

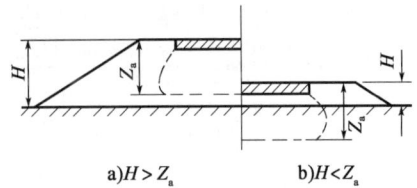

图 2-5 路基工作区深度和路基高度的关系

a)$H > Z_a$ b)$H < Z_a$

[例 2-1] 已知某道路路面结构为 4cm AC-13 + 6cm AC-20 + 8cm AC-25 + 38cm 水泥稳定碎石 + 20cm 二灰土,抗压模量分别为 10 000MPa、9 000MPa、8 000MPa、10 000MPa 和 3 000MPa,路基顶面回弹模量为 60MPa,路基高度为 3.0m,请计算路基工作区深度。

解:根据式(2-6),各层当量厚度为 $h_{e1} = 17.25$cm,$h_{e2} = 25.11$cm,$h_{e3} = 32.38$cm,$h_{e4} = 163.91$cm,$h_{e5} = 61.16$cm,利用式(2-3)和层状体系计算方法分别计算荷载应力,计算结果见表2-9。

荷载垂直应力和自重应力计算结果　　表2-9

结构层名称	结构层参数			层底应力计算结果		
	厚度(cm)	模量(MPa)	重度(kN/m³)	按式(2-3)计算的荷载应力(MPa)	按层状体系计算的荷载应力(MPa)	自重应力(MPa)
沥青层 AC-13	4	10 000	24.5	0.802 387	0.693 326	0.000 980
沥青层 AC-20	6	9 000	24.3	0.133 075	0.581 890	0.002 438
沥青层 AC-25	8	8 000	24.1	0.042 757	0.381 697	0.004 366
水泥稳定碎石	38	10 000	23.1	0.004 194	0.020 984	0.013 144
二灰土	20	3 000	21.5	0.00 265 7	0.003 044	0.017 444
路基土	28.8①	60	16.2	0.002 212	—	0.022 120
	32.2②			—	0.002 264	0.022 664

注:①为按集中力公式计算荷载应力的路基工作区位于路基土内的深度;

　　②为按层状体系计算荷载应力的路基工作区位于路基土内的深度(单圆荷载模式下的荷载中心垂直应力,圆形均布荷载 $p = 0.707$MPa,荷载直径 $D = 30$cm)。

表2-9 中的计算结果表明,如果采用简化式(2-3)计算荷载应力,通过内插法得到荷载应

力/自重应力等于0.1的位置在路床顶面下28.8cm处；如果采用层状体系计算荷载应力，通过内插法得到荷载应力/自重应力等于0.1的位置在路床顶面下32.2cm处。因此，虽然两者有一定差异，但一般场合可采用简化公式计算得到路基工作区，同时由于路面结构种类多，建议实际工程设计时采用层状体系程序计算荷载应力再计算路基工作区。

三、路基土的受力特性

路基是路面结构的支承体，车轮通过路面结构将力传至路基，所以路基土的应力-应变特性对路基路面结构的整体强度和刚度有很大影响。路基变形过大是导致路面结构损坏的重要原因之一。路基土的变形，包括弹性变形和塑性变形两部分。弹性变形过大将使得沥青面层或水泥混凝土面板产生疲劳开裂。塑性变形过大将导致各种沥青路面产生车辙和纵向不平整。对于水泥混凝土路面，路基土过大的塑性变形将引起板块断裂。在路面结构总变形中，路基土的变形占很大部分，所以提高路基土的抗变形能力是提高路基路面结构整体强度和刚度的关键。

理想的线性弹性体在一定的应力范围内，应力与应变关系呈线性特性，而且当应力消失时，应变随之消失，恢复到初始状态。路基土的内部结构十分复杂，由固相、液相和气相三部分组成。所以，路基土在应力作用下呈现的变形特性同理想的线性弹性体有很大差别。

压入承载板试验是研究路基土应力-应变特性最常用的一种方法。这种方法是以一定尺寸的圆形刚性承载板置于路基顶面，逐级加荷卸荷，记录施加于承载板上的荷载及由该荷载所引起的沉降变形。根据试验结果，可绘出路基顶面压应力与回弹变形的关系曲线。图2-6a)是典型的路基顶面应力与回弹变形关系曲线。

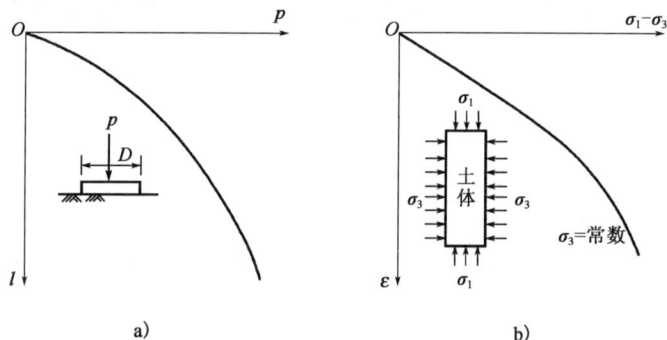

图2-6　土的应力-应变(回弹变形)关系曲线

根据弹性力学理论，可通过试验测得回弹变形后，用下式计算路基土的回弹模量：

$$E = \frac{\pi p D (1 - \mu^2)}{4l} \tag{2-7}$$

式中：E——路基土的回弹模量(kPa)；

p——承载板压强(kPa)；

D——承载板的直径(m)；

μ——路基土的泊松比；

l——承载板的回弹变形(m)。

假如路基土体为理想的线性弹性体，则E应为一常量，施加的荷载p(应力$\sigma_1 - \sigma_3$)与回

弹变形 l(应变 ε)之间应呈直线关系。但是实际上如图 2-6a)、b)所示的 p(应力 $\sigma_1 - \sigma_3$)与 l(应变 ε)之间的曲线关系十分普遍。因此,路基土的回弹模量 E 并不是常数。

路基土在车轮荷载作用下产生的应变,不仅与荷载应力的大小有关,而且与荷载作用的持续时间有关。这是由于土颗粒之间力的传递以及土颗粒与土颗粒之间的相对移动都需要一定的时间。通常在施加荷载的初期,变形量随荷载持续时间的延长而增大,以后逐渐趋向稳定,这称为土的流变特性。试验表明,回弹应变与荷载的持续时间关系不大,路基土的流变特性主要与塑性应变有关。

汽车在道路上行驶时,车轮对路基土作用的时间很短,在一瞬间,产生的塑性应变比之于静荷载长期作用下的塑性应变小得多。因此,一般情况下,路基土的流变影响可以不予考虑。

四、重复荷载对路基土的影响

通常,路基土承受着车轮荷载的多次重复作用。每一次荷载作用之后,回弹变形即时消失,而塑性变形则不能消失,残留在路基土之中。随着作用次数的增加,塑性变形不断积累,总变形量逐渐增大,最终会导致两种不同的情况:一种情况是土体逐渐压密,土体颗粒之间进一步靠拢,每一次加载产生的塑性变形量愈来愈小,直至稳定,停止增长,这种情况不致形成路基土的整体性剪切破坏;另一种情况是荷载的重复作用造成土体的破坏,每一次加载作用在土体中产生了逐步发展的剪切变形,形成能引起土体整体破坏的剪裂面,最后达到破坏。

路基土在重复荷载作用下产生的塑性变形积累,最终将导致何种状况,主要取决于以下几个因素:

(1)土的性质(类型)和状态(含水率、密实度、结构状态)。

(2)重复荷载的大小,以重复荷载与一次静载下达到的极限强度之比来表示,即相对荷载。

(3)荷载作用的性质,即重复荷载的施加速度、每次作用的持续时间以及重复作用的频率。

在重复应力低于临界值的范围内,总应变(ε)的累积规律在半对数(或对数)坐标上一般呈线性关系,可表示为:

$$\varepsilon = a + b\lg N \qquad (2\text{-}8)$$

式中:a——应力一次作用下的初始应变;

b——应变增长回归系数;

N——应力重复作用次数。

正是因为路基承受着车轮荷载的重复作用,为适应这一特点,采用重复加载的三轴压缩试验来确定路基土的回弹模量值。

第三节 路基水温状况及干湿类型

路基的强度与稳定性,在很大程度上与路基的湿度以及大气温度引起的路基的水温状况有密切关系。

一、路基湿度的影响源

路基在使用过程中,受到各种外界因素的影响,使湿度发生变化。路基湿度的影响源可分为以下几方面:

（1）大气降水——大气降水通过路面、路肩边坡和边沟渗入路基。

（2）地表水——边沟的流水、地表径流因排水不良，形成积水，渗入路基。

（3）地下水——路基以下一定范围内的地下水侵入路基。

（4）毛细水——路基下的地下水通过毛细作用，上升到路基。

（5）水蒸气凝结水——在土的空隙中流动的水蒸气，遇冷凝结成水。

（6）薄膜移动水——在土的结构中，水以薄膜的形式从含水率较高处向较低处流动，或由温度较高处向冻结中心周围流动。

上述各种导致路基湿度变化的水源，其影响程度随当地自然条件和气候特点以及所采取的工程措施不同而异。

二、大气温度及其对路基水温状况的影响

路基湿度除了水的来源之外，另一个重要因素是受当地大气温度的影响。湿度与温度变化对路基产生的共同影响称为路基的水温状况。沿路基深度出现较大的温度梯度时，水分在温差的影响下以液态或气态由热处向冷处移动，形成湿度积聚。这种现象在季节性冰冻地区尤为严重。

我国华北、东北和西北地区为季节性冰冻地区。这些地区的路基在冬季冻结的过程中会在负温度坡差的影响下，出现湿度积聚现象。气温下降到0℃以下，路面和路基结构内的温度也随之由上而下地逐渐降到0℃以下。在负温度区内，自由水、毛细水和弱结合水随温度降低而相继冻结，于是土粒周围的水膜减薄，剩余了许多自由表面能，增加了土的吸湿能力，促使水分由高温处向上移动，以补充低温处失去的部分。但由试验得知，在温度下降到 -3℃以下时，土中未冻结的水分在负温差的影响下实际上已不可能向温度更低处移动，因此，负温度区的水分移动一般发生在 -3~0℃等温线之间。在正温度区内，因0℃等温线附近土中自由水和毛细水的冻结，形成了与深层次土层之间的温度坡差，从而促使下面的水分向0℃等温线附近移动。而这部分上移的水分便又成了负温度区水分移动的补给来源。这就造成了上层路基中水分的大量积聚。

积聚的水分冻结后体积增大，使路基隆起而造成面层开裂，即冻胀现象。春暖化冻时，路面和路基结构由上而下逐渐解冻，而积聚在路基上层的冰冻层先融解，水分难以迅速排除，造成路基上层的湿度增加，使路面结构的承载能力大大降低。若是在交通繁重的地区，此时重车荷载反复作用，路基路面结构会产生较大的变形，严重时，路基土会以泥浆的形式从胀裂的路面缝隙中冒出，形成翻浆。冻胀和翻浆的出现，将使路面遭受严重损坏。

当然，并不是在季节性冰冻地区的所有道路都会产生冻胀与翻浆，对于渗透性较高的砂类土以及渗透性很低的黏质土，水分都不容易积聚，因此不易发生冻胀与翻浆，而对于粉质土和极细砂，由于毛细水活动力强，则极易发生冻胀与翻浆。

三、路基土的饱和度与基质吸力

1. 饱和度

采用平均稠度指标 w_c $\left(w_c = \dfrac{w_L - w}{w_L - w_P}\right)$ 作为路基湿度评价指标，虽然综合了土的塑性特性，

包含了液限(w_L)与塑限(w_p),也能反映土的软硬程度,但是对于塑性指数为零或接近于零的土组,土的平均稠度不能全面反映路基土的工作状态。

若土的相对密度 G_s 和土的干密度 γ_d 已经确定,根据质量含水率 w、饱和度 S 和体积含水率 w_v 之间的相互关系,只要测定 w、S 和 γ_d 变量中任何一个,就可得出另外两个。如果吸湿过程或干燥过程中土样体积没有变化或者变化较小,则采用其中任何一个变量表征土体湿度状况已经足够。但是大多数情况下,土体体积随着湿度变化而变化,这样即使质量含水率不变,体积含水率和饱和度都会变化,因而表征湿度时,需要考虑土体密度和质量含水率两个因素,而饱和度和体积含水率均包含了含水率和密度两个参数,故可以选择饱和度和体积含水率中的任一个来表征土体湿度状况。

饱和度可用下式表示:

$$S = \frac{w_v}{1 - \dfrac{\gamma_d}{G_s \gamma_w}} \quad \text{或} \quad S = \frac{w}{\dfrac{\gamma_w}{\gamma_d} - \dfrac{1}{G_s}} \tag{2-9}$$

式中:S——饱和度(%);

    w——土的质量含水率(%);

    w_v——土的体积含水率(%),$w_v = w\dfrac{\gamma_d}{\gamma_w}$;

    γ_d、γ_w——土的干密度和水的密度(kg/m^3);

    G_s——土的相对密度,$G_s = \dfrac{\gamma_s}{\gamma_w}$;

    γ_s——土的密度(kg/m^3)。

2. 基质吸力

路面工程竣工后,路基在整个使用期内处于非饱和状态,其湿度状况主要由基质吸力所决定。基质吸力(h_m)定义为孔隙气压力与孔隙水压力的差值,即:

$$h_m = u_a - u_w \tag{2-10}$$

式中:u_a——孔隙气压力(kPa);

    u_w——孔隙水压力(kPa)。

基质吸力主要受地下水、土组类型、气候等因素影响。表征气候因素的参数有降雨量、蒸发量、降雨天数、相对湿度、年均温度、日照时间及湿度指数 TMI 等;土组表征参数主要有 $P_{0.075}$ 和塑性指数(PI)。根据土力学理论,非饱和状态土的含水率与基质吸力的关系可表示为土-水特性曲线,只要知道路基土的基质吸力,就可以由图 2-7 土-水特性曲线预估路基湿度状况(饱和度)。

我国《公路路基设计规范》(JTG D30—2015)采用湿度指数(Thornthwaite Moisture Index,TMI)来描述基质吸力。湿度指数值考虑各月降雨量及降雨天数、蒸发量、温度、典型土组参数、纬度等因素,而且包含地理位置因素,从而能量化一个地区干旱或者潮湿的程度。

某年度湿度指数 TMI 由式(2-11)计算。

$$\text{TMI}_y = \frac{100R_y - 60\text{DF}_y}{\text{PE}_y} \tag{2-11}$$

式中:R_y——y 年的水径流量(cm);

DF_y——y 年的缺水量（cm）；

PE_y——y 年的潜在蒸发量（cm）。

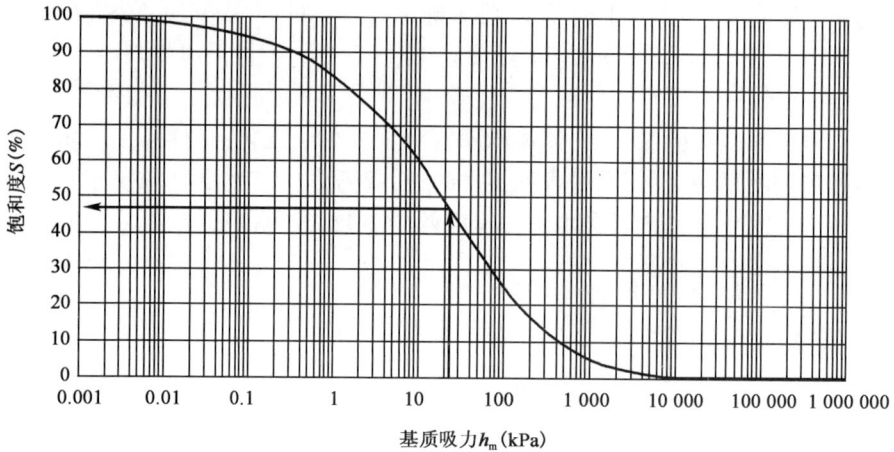

图 2-7　土-水特性曲线预估含水率方法图

路基土的基质吸力 h_m 预估模型见式（2-12）。

$$\begin{cases} h_m = y \cdot \gamma_w & \text{地下水位控制的基质吸力预估模型} \\ h_m = \alpha \left\{ e^{\left[\beta / (TMI + \gamma) \right]} + \delta \right\} & \text{气候因素控制的基质吸力预估模型} \end{cases} \tag{2-12}$$

式中：　y——计算点与地下水位之间的距离（cm）；

　　　　γ_w——水的密度（kg/m³）；

　　　　TMI——湿度指数；

α、β、γ、δ——回归参数（表 2-10），与加权后的塑性指数 $PI_w = P_{0.075} \times PI$ 有关，$P_{0.075}$ 为 0.075mm 筛的通过率，PI 为塑性指数。

路基土的基质吸力预估模型回归参数　　　　　　　　表 2-10

PI_w	α	β	γ	δ
0	0.300	419.07	133.45	15.0
0.5	0.300	521.50	137.30	16.0
5	0.300	663.50	142.50	17.5
10	0.300	801.00	147.60	25.0
20	0.300	975.00	152.50	32.0
50	0.300	1 171.20	157.50	27.8

利用预估的路基土基质吸力结合土-水特性曲线，就可以预估路基土饱和度。

四、毛细水上升高度

毛细水上升的最大高度与毛细管的直径成反比。不同类型的土由于其颗粒组成的差异，形成的毛细孔径也有较大差别，因而毛细水上升的最大高度与土的类型有密切关系。

毛细水在不同土质条件下的上升高度可采用海森公式［式（2-13）］进行估算。

$$h_0 = \frac{C}{e d_{10}} \tag{2-13}$$

式中：h_0——毛细水上升高度（m）；

e——土的孔隙比;

d_{10}——土的有效粒径(mm);

C——系数(m^2),与土粒形状及表面洁净情况有关,一般取 $1 \times 10^{-5} \sim 5 \times 10^{-5} m^2$。

由于影响毛细水上升高度的因素复杂,用于计算的土质物理参数往往不准确,由经验公式计算得到的毛细水上升高度与现场实测结果有时相差较大。因此不少学者根据现场测试或室内试验的结果,对于不同类型的土质,分别给出了相应的毛细水上升高度推荐值。

根据野外观测资料,针对不同土质给出了相应的毛细水上升高度推荐值,其中黏性土约为4m,黏土质砂或粉土质砂约为3m,砂土约为0.9m。

按粒径不同,分别给出了砾石、砂和粉土的毛细水上升高度推荐值,见表2-11。

不同土质毛细水上升高度　　　　　　　　　　　　　　　　表2-11

土组名称	颗粒粒径 d_{10} (mm)	孔隙比 e	毛细水(cm)	
			上升高度	饱和毛细水头
粗砾	0.82	0.27	5 ~ 10	6
砂砾	0.20	0.45	10 ~ 50	20
细粒质砾	0.30	0.29	20 ~ 80	20
粉质土砾	0.06	0.45	50 ~ 150	68
粗砂	0.11	0.27	60 ~ 160	60
中砂	0.03	0.36	80 ~ 200	112
细粒土质砂	0.02	0.48 ~ 0.66	100 ~ 250	120
粉质土	0.006	0.93 ~ 0.95	200 ~ 400	180
黏质土	0.002	0.94 ~ 0.96	300 ~ 800	190

五、路基平衡湿度状况和路基平衡湿度预估方法

1.路基平衡湿度状况

路基设计时依据路基工作区(Z_a')、路床顶面至地下水位的相对高度(h)、地下水位高度(h_w)、毛细水上升高度(h_0)及路基填土高度(h_t)的关系确定湿度状况类型,如图2-8所示。

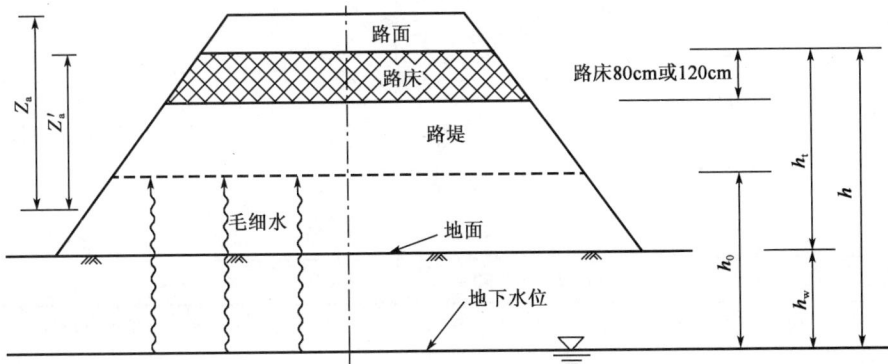

图2-8 路基湿度划分示意图

h_t-路基填土高度,$h_t \geq 0$ 时为路堤,$h_t < 0$ 为路堑;h_w-地下水位高度;h_0-毛细水上升高度;h-路基相对高度;Z_a'-路基工作区;Z_a-路基工作区深度

　　路基平衡湿度（用饱和度来表示）状况可依据路基的湿度来源分为潮湿、中湿、干燥三类。潮湿类路基的湿度由地下水控制，即地下水或地表长期积水的水位高，路基工作区均处于地下水毛细润湿影响范围内，路基平衡湿度由地下水或地表长期积水的水位升降所控制。干燥类路基的湿度由气候因素控制，即地下水位很低，路基工作区处于地下水毛细润湿面之上，路基平衡湿度完全由气候因素所控制。中湿类路基的湿度兼受地下水和气候因素影响，即地下水位较高，路基工作区被地下水毛细润湿面分为上、下两部分，下部受毛细水润湿的影响，上部则受气候因素影响。

　　[例2-2]　已知某道路路面结构为 4cm AC-13 + 6cm AC-20 + 8cm AC-25 + 38cm 水泥稳定碎石 + 20cm 二灰土，抗压模量分别为 10 000MPa、9 000MPa、8 000MPa、10 000MPa 和 3 000MPa，路基顶部回弹模量为 60MPa，路基高度为 2.5m，填筑材料为粉土质砂（SM），地下水位距原地面深 80cm，请确定路基干湿类型。

　　解：根据例 2-1 计算结果，采用层状体系程序计算的路基工作区深度在路基顶部以下 32.2cm 处。查表 2-11 取粉土质砂毛细水上升高度为 $h_0 = 249$cm。由于地下水位距原地面深 $h_w = 80$cm，毛细水上升高度在原地面上 $h_0 - h_w = 169$cm。路面结构厚度为 76(= 4 + 6 + 8 + 38 + 20)cm，所以路基土填筑高度 $h_t = (250 - 76)$cm = 174cm。按计算的路基工作区深度 32.2cm，有 174 - 169 = 5(cm) 处于地下毛细水影响范围以上，27.2cm 处于地下毛细水影响范围内。因此，路基工作区部分受毛细水润湿的影响，路基属于中湿类型。

　　2. 路基平衡湿度

　　潮湿类路基的平衡湿度（饱和度）可根据路基土组类别及地下水位高度，按表 2-12 确定距地下水位不同高度处的饱和度。

各路基土组距地下水位不同高度处的饱和度（单位：%）　　　表 2-12

土组	计算点距地下水位或地表长期积水水位的距离（m）						
	0.3	1.0	1.5	2.0	2.5	3.0	4.0
粉土质砾（GM）	69 ~ 84	55 ~ 69	50 ~ 65	49 ~ 62	45 ~ 59	43 ~ 57	—
黏土质砾（GC）	79 ~ 96	64 ~ 83	60 ~ 79	56 ~ 75	54 ~ 73	52 ~ 71	—
砂（S）	80 ~ 95	50 ~ 70	—	—	—	—	—
粉土质砂（SM）	79 ~ 93	64 ~ 77	60 ~ 72	56 ~ 68	54 ~ 66	52 ~ 64	—
黏土质砂（SC）	90 ~ 99	77 ~ 87	72 ~ 83	68 ~ 80	66 ~ 78	64 ~ 76	—
低液限粉土（ML）	94 ~ 100	80 ~ 90	76 ~ 86	73 ~ 83	71 ~ 81	69 ~ 80	—
低液限黏土（CL）	93 ~ 100	80 ~ 93	76 ~ 90	73 ~ 88	70 ~ 86	68 ~ 85	66 ~ 83
高液限粉土（MH）	100	90 ~ 95	86 ~ 92	83 ~ 90	81 ~ 89	80 ~ 87	—
高液限黏土（CH）	100	93 ~ 97	90 ~ 93	88 ~ 91	86 ~ 90	85 ~ 89	83 ~ 87

　　注：1. 对于砂（含级配好的砂 SW、级配差的砂 SP），D_{60}（D_{60} 表示土的特征粒径）大时，平衡湿度取低值，D_{60} 小时，平衡湿度取高值。

　　　2. 对于其他含细粒的土组，通过 0.075mm 筛的颗粒含量大和塑性指数高时，取低值；反之，取高值。

　　干燥类路基的平衡湿度（饱和度）可根据路基所在自然区划的湿度指标 TMI 和路基土组类别确定。即先根据不同自然区划由表 2-13 查取相应的 TMI 值，再按路基所在地区的 TMI 值和路基土组类别，根据表 2-14 插值得到该地区的路基饱和度。

不同自然区划的 TMI 值范围 表 2-13

区划	亚区		TMI 范围	区划	亚区	TMI 范围
I	I_1		-5.0 ~ -8.1		V_1	-25.1 ~ 6.9
	I_2		0.5 ~ -9.7		V_2	0.9 ~ 30.1
II	II_1	黑龙江	-0.1 ~ -8.1		V_{2a}	39.6 ~ 43.7
		辽宁、吉林	8.7 ~ 35.1		V_3	12.0 ~ 88.3
	II_{1a}		-3.6 ~ -10.8	V	V_{3a}	-7.6 ~ 47.2
	II_2		-7.2 ~ -12.1		V_4	-2.6 ~ 50.9
	II_{2a}		-1.2 ~ -10.6		V_5	39.8 ~ 100.6
	II_3		-9.3 ~ -26.9		V_{5a}	24.4 ~ 39.2
	II_4		-10.7 ~ -22.6		VI_1	-15.3 ~ -46.3
	II_{4a}		-15.5 ~ 17.3		VI_{1a}	-40.5 ~ -47.2
	II_{4b}		-7.9 ~ 9.9		VI_2	-39.5 ~ -59.2
	II_5		-1.7 ~ -15.6	VI	VI_3	-41.6
	II_{5a}		-1.0 ~ -15.6		VI_4	-19.3 ~ -57.2
III	III_1		-21.2 ~ -25.7		VI_{4a}	-34.5 ~ -37.1
	III_{1a}		-12.6 ~ -29.1		VI_{4b}	-2.6 ~ -37.2
	III_2		-9.7 ~ -17.5		VII_1	-3.1 ~ -56.3
	III_{2a}		-19.6		VII_2	-49.4 ~ -58.1
	III_3		-19.1 ~ -26.1	VII	VII_3	-22.5 ~ 82.8
	III_4		-10.8 ~ -24.1		VII_4	-5.1 ~ -5.7
	IV_1		21.8 ~ 25.1		VII_5	-20.3 ~ 91.4
	IV_{1a}		23.2		VII_{6a}	-10.6 ~ -25.8
	IV_2		-6.0 ~ 34.8			
	IV_3		34.3 ~ 40.4			
IV	IV_4		32.0 ~ 67.9			
	IV_5		45.2 ~ 89.3			
	IV_6		27.0 ~ 64.7			
	IV_{6a}		41.2 ~ 97.4			
	IV_7		16.0 ~ 69.3			
	IV_{7b}		-5.4 ~ -23.0			

各路基土组在不同 TMI 值时的饱和度（单位:%） 表 2-14

土组	TMI					
	-50	-30	-10	10	30	50
砂（S）	20 ~ 50	25 ~ 55	27 ~ 60	30 ~ 65	32 ~ 67	35 ~ 70
粉土质砂（SM）	45 ~ 48	62 ~ 68	73 ~ 80	80 ~ 86	84 ~ 89	87 ~ 90
黏土质砂（SC）						
低液限粉土（ML）	41 ~ 46	59 ~ 64	75 ~ 77	84 ~ 86	91 ~ 92	92 ~ 93

土组	TMI					
	-50	-30	-10	10	30	50
低液限黏土(CL)	39~41	57~64	75~76	86	91	92~94
高液限粉土(MH)	41~42	61~62	76~79	85~88	90~92	92~95
高液限黏土(CH)	39~51	58~69	85~74	86~92	91~95	94~97

中湿类路基的平衡湿度(饱和度)可参照图2-9,先分路基工作区上部和下部分别确定其平衡湿度,再以厚度加权平均计算路基的平衡湿度。毛细润湿面以上的路基工作区称为路基工作区上部,按路基土组类别和TMI值确定其平衡湿度;毛细润湿面以下的路基工作区称为路基工作区下部,按路基土组类别和距地下水位的距离确定毛细润湿面最上部(图2-9中 A 点)及毛细润湿面最下部(图2-9中 B 点)各自平衡湿度的平均值,作为路基工作区下部的平衡湿度。

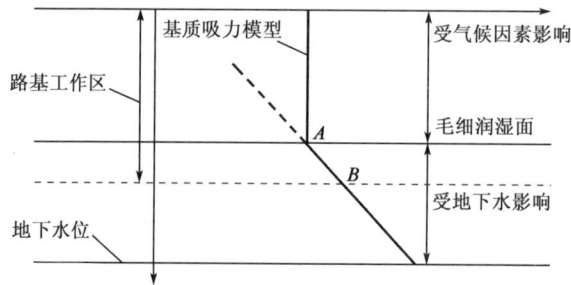

图2-9 中湿类路基的湿度状况

3.路基填土高度要求

路堤高度应满足下列要求:满足公路等级所对应的路基设计洪水频率及其设计洪水位;不含路面厚度的路基高度不宜小于中湿状态路基临界高度;不含路面厚度的路基高度不宜小于路基工作区深度;季节性冰冻地区,不含路面厚度的路基高度不宜小于道路冻结深度。

路堤合理高度宜按式(2-14)计算确定。

$$H_{op} = \max\{(h_{sw} - h_0) + h_w + h_{bw} + \Delta h, h_1 + h_p, h_{wd} + h_p, h_f + h_p\} \quad (2\text{-}14)$$

式中:H_{op}——路堤合理高度(m);

$\quad h_{sw}$——设计洪水位(m);

$\quad h_0$——地面高程(m);

$\quad h_w$——波浪侵袭高度(m);

$\quad h_{bw}$——壅水高度(m);

$\quad \Delta h$——安全高度(m);

$\quad h_1$——中湿状态路基临界高度(m);

$\quad h_p$——路面厚度(m);

$\quad h_{wd}$——路基工作区深度(m);

$\quad h_f$——季节冻土区道路路基冻结深度(m)。

第四节 路基的抗变形能力及材料参数

在车轮荷载作用下,路基路面结构的强度与刚度大小,除了与路面材料的品质有关外,路基的支承起着决定性的作用。路基作为路面结构的基础,它抵抗车轮荷载能力的大小,主要取决于路基顶面在一定应力级位下抵抗变形的能力。用于表征路基抗变形能力的参数有路基回弹模量、路基反应模量和加州承载比(CBR)等。

一、路基抗变形能力参数

1. 路基回弹模量(Resilient Modulus of Subgrade)

路基回弹模量能较好地反映路基所具有的部分弹性性质,所以,在以弹性半空间体地基模型表征路基的受力特性时,可以用回弹模量表示路基在瞬时荷载作用下的可恢复变形能力。我国公路水泥混凝土路面、沥青路面设计方法中,均以回弹模量作为路基的刚度指标。为了模拟车轮印迹的作用,常用圆形承载板加载卸载法测定路基回弹模量。

用于测定路基回弹模量的承载板可分为柔性与刚性两种。

用柔性承载板测定路基回弹模量时,路基与承载板之间的接触压力为常量,如图 2-10a)所示,即:

$$p(r) = \frac{P}{\pi a^2} \tag{2-15}$$

式中:$p(r)$——接触压力(MPa);

$\quad$ P——总压力(MN);

$\quad$ a——承载板的半径(m)。

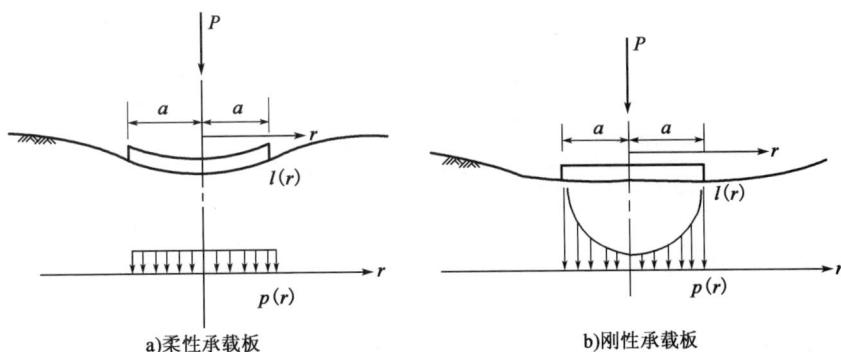

a)柔性承载板　　　　　　　　　　b)刚性承载板

图 2-10　路基在圆形承载板下的压力与挠度分布曲线

柔性承载板的挠度 $l(r)$ 与坐标 r 有关,在承载板中心处($r=0$),挠度为:

$$l_{r=0} = \frac{2pa(1 - \mu_0^2)}{E_0} \tag{2-16}$$

式中:p——承载板上的单位压力,$p = \dfrac{P}{\pi a^2}$,式(2-17)~式(2-19)同;

$\quad$ μ_0——泊松比;

E_0——路基回弹模量（MPa）。

在柔性承载板边缘处（$r = a$），其挠度可以按下式计算：

$$l_{r=a} = \frac{4pa(1 - \mu_0^2)}{\pi E_0} \tag{2-17}$$

因此，当测得承载板中心或边缘处的挠度之后，假如路基土的泊松比 μ_0 为已知值，即可通过式（2-16）或式（2-17）反算得到路基回弹模量 E_0 值。

用刚性承载板测定路基回弹模量时，承载板下路基顶面的挠度为等值，不随坐标 r 而变化。但是板底接触压力则随 r 值而变化，呈鞍形分布，如图 2-10b）所示，其挠度 $l(r)$ 值和接触压力 $p(r)$ 值可分别按式（2-18）与式（2-19）计算。

$$l(r) = \frac{2pa(1 - \mu_0^2)}{E_0} \cdot \frac{\pi}{4} \tag{2-18}$$

$$p(r) = \frac{1}{2} \frac{pa}{\sqrt{a^2 - r^2}} \tag{2-19}$$

测得刚性承载板的挠度之后，即可按式（2-18）反算路基回弹模量 E_0 值。

在实际测定中，刚性承载板用得较多，因为它的挠度较易量测，压力较易控制。承载板直径通常采用标准车辆轮印当量圆直径。

同时，由于路基土在内部应力作用下表现出的变形，从微观的角度看，是土颗粒之间的相对移动。当相对移动的距离超出一定限度时，即使将应力解除，土颗粒也已不再能恢复原位。从宏观角度看，路基土将产生不可恢复的残余变形。因此，路基土的应力-应变关系除了出现非线性特性之外，还表现出弹塑性性质。由图 2-11a）可以看出，当荷载卸除，应力恢复到零时，曲线由 A 回到 B，OB 即为塑性或残余变形。

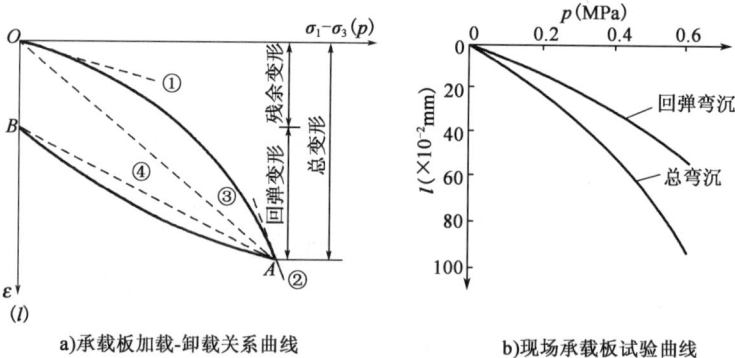

a)承载板加载-卸载关系曲线　　　　　b)现场承载板试验曲线

图 2-11　荷载-总弯沉和回弹弯沉曲线

尽管路基土的应力-应变关系如此复杂，但是在评定路基土应力-应变状态以及设计路面时通常仍然用模量值 E 来表征。最简单的方法是采用局部线性化的方法，即在曲线的某一个微小线段内，近似地将它视为直线，以它的斜率作为模量值。按照应力-应变曲线上应力取值方法的不同，路基土模量有以下几种：

（1）初始切线模量——应力值为零时的应力-应变曲线的斜率，如图 2-11a）中的①所示。

（2）切线模量——某一应力级位处应力-应变曲线的斜率，如图 2-11a）中的②所示，反映该级应力处应力-应变变化的精确关系。

（3）割线模量——以某一应力值对应的曲线上的点同起始点相连的割线的斜率，如

图 2-11a)中③所示,反映路基土在工作应力范围内的应力-应变的平均状态。

(4)回弹模量——应力卸除阶段,应力-应变曲线的割线模量,如图 2-11a)中④所示。

前三种模量中的应变值包含残余应变和回弹应变,而回弹模量则仅包含回弹应变,它部分地反映了土的弹性性质。

因此,采用刚性承载板法测定回弹模量时宜采用逐级加载-卸载法,每级增加 0.05MPa,待卸载稳定 1min 后读取回弹弯沉值,再加下一级荷载。回弹弯沉值超过 1mm 时,则停止加载。如此,即可绘出荷载-总弯沉和回弹弯沉曲线,如图 2-11b)所示。

在多数情况下,试验曲线呈非线性。在确定模量时,可以根据实际可能出现的最大压应力级位,或可能出现的最大弯沉范围,在曲线上选取合适的量值按式(2-20)进行计算:

$$E_0 = \frac{\pi a}{2}(1 - \mu_0^2) \cdot \frac{\sum p_i}{\sum l_i} \qquad (2\text{-}20)$$

式中:E_0——路基回弹模量(MPa);

$\quad a$——承载板半径(m);

$\quad \mu_0$——泊松比;

$\quad p_i$、l_i——分别为各级荷载的单位压力(MPa)和对应的实际回弹弯沉(m)($l_i \leq 1mm$)。

承载板直径的大小对测定结果也有影响,通常用车轮的轮印当量圆直径作为承载板的直径。但是对于刚性路面下的土基,有时采用较大直径承载板进行测定,因为荷载通过刚性路面板施加于地基表面的压力范围比柔性路面大。

用刚性承载板或柔性承载板在路基顶面或路面结构层顶面可以测定其下的回弹模量,一般称为路基顶面回弹模量。

2.路基土动态回弹模量标准试验方法

路面结构在车辆重复荷载作用下所产生的变形可分为两部分:一部分为可恢复的回弹变形;另一部分为不可恢复的塑性变形。路基土动态回弹模量是施加于试件的重复应力峰值与试件相应方向回弹应变峰值之比。由于重复应力峰值与回弹应变峰值并不同步,因此动态回弹模量是个近似意义上的概念。

路基土动态回弹模量标准试验,现场应采用薄壁试管取样。对于最大粒径大于 19mm 的路基土与粒料,应筛除大于 26.5mm 的颗粒,采用振动或冲击压实成型,试件尺寸应符合直径 150mm ± 2mm、高 300mm ± 2mm 的要求。对于最大粒径不超过 9.5mm,且 0.075mm 筛通过百分率小于 10% 的路基土,应采用振动压实成型;对于最大粒径不超过 9.5mm,且 0.075mm 筛通过百分率不小于 10% 的路基土,应采用冲击或静压压实成型,试件尺寸都应符合直径 100mm ± 2mm、高 200mm ± 2mm 的要求。室内压实成型试件含水率应符合目标含水率值 ±0.5%,压实密度应符合目标压实密度值 ±1.0%,并在试件上套装橡皮膜,确保密封不透气。

试验步骤为:首先对试件施加 30.0kPa 预载围压,并对试件施加至少 1 000 次、最大轴向应力为66.0kPa 的半正矢脉冲荷载,要求试件总的垂直永久应变小于 5%。然后调整围压和半正矢脉冲荷载至目标设定值,以 10Hz 的频率重复加载 100 次。试验采集最后 5 个波形的荷载及变形曲线,记录并计算试验施加荷载、试件轴向可恢复变形、动态回弹模量。加载过程中,若试件总的垂直永久应变超过 5%,应停止试验并记录结果。

（1）应力幅值按下式计算确定：

$$\sigma_0 = \frac{P_i}{A}$$ (2-21)

式中：σ_0——轴向应力幅值（MPa）；

P_i——最后5次加载循环中轴向试验荷载平均幅值（N）；

A——试件径向横截面面积（可取试件上下端面面积均值）（mm^2）。

（2）应变幅值按下式计算确定：

$$\varepsilon_0 = \frac{\Delta_i}{l_0}$$ (2-22)

式中：ε_0——可恢复轴向应变幅值（mm/mm）；

Δ_i——最后5次加载循环中可恢复轴向变形平均幅值（mm）；

l_0——位移传感器的量测间距（mm）。

（3）动态回弹模量按下式计算：

$$M_R = \frac{\sigma_0}{\varepsilon_0}$$ (2-23)

式中：M_R——路基土或粒料的动态回弹模量（MPa）。

3. 路基反应模量（Reaction Modulus of Subgrade）

用温克勒（E. Winkler）路基模型描述路基工作状态时，用路基反应模量 K 表征路基的抗变形能力。根据温克勒地基假定，路基顶面任一点的弯沉 l，仅同作用于该点的垂直压力 p 成正比，而同其相邻点处的压力无关。符合这一假定的路基如同由许多各不相连的弹簧所组成（图2-12）。压力 p 与弯沉 l 之比称为路基反应模量 K，即：

$$K = \frac{p}{l}$$ (2-24)

式中：K——路基反应模量（MPa/m 或 MN/m^3）；

p——单位压力（MPa）；

l——加载时的总弯沉值（m）。

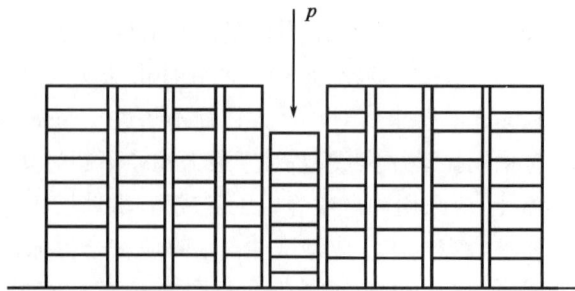

图2-12　温克勒地基模型

温克勒地基又称为稠密液体地基。路基反应模量 K 值相当于该液体的相对密度，路面板受到的路基反力相当于液体产生的浮力。

路基反应模量 K 值用承载板试验确定。承载板直径的大小对 K 值有一定影响，直径越小，K 值越大。由试验得知，当承载板直径大于76cm 时，K 值的变化很小，如图2-13 所示。因此规定以直径为76cm的承载板为标准测定路基反应模量,承载板试验测定方法与回弹模量测定方法相类似,当采取一次加载到位的方法时,施加荷载的量值根据不同的工程对象有两种方法供选用。当路基土较为软弱时,用0.127cm的弯沉量控制承载板的荷载;当路基土较为坚实,弯沉值难以达到0.127cm时,则采用以单位压力$p = 70$kPa控制承载板的荷载。

当采用直径为30cm的承载板测定时,可按下式进行修正:

$$K_{76} = 0.4K_{30} \qquad (2-25)$$

式中,下标76和30代表承载板直径(cm)。

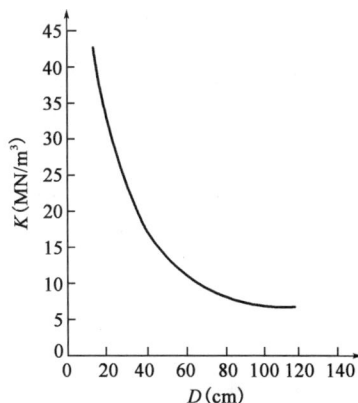

图2-13 路基反应模量K与承载板直径D的关系

按上述方法确定的K值是一定荷载或弯沉条件下的荷载应力与总弯沉之比,其中包含回弹弯沉和残余弯沉。如果只考虑回弹弯沉,则可以得到路基回弹反应模量K_R,通常K_R与总弯沉对应的路基反应模量K之间有如下关系:

$$K_R = 1.77K \qquad (2-26)$$

4. 加州承载比(California Bearing Ratio,CBR)

加州承载比是20世纪30年代由美国加利福尼亚州(California)公路局提出的一种评定路基及路面材料抗变形能力的指标。抗变形能力以材料抵抗局部荷载压入的能力表征,并以高质量标准碎石为标准,以它们的相对比值表示CBR值。

试验时,用一个端部面积为19.35cm²的标准压头,以0.127cm/min的速度压入土中。记录每贯入0.25cm时的单位压力,直至压入深度达到1.27cm时为止。标准压力值是用高质量标准碎石由试验求得,其值见表2-15。

不同贯入值时的标准压力 表2-15

贯入值(cm)	0.25	0.5	0.75	1.00	1.25
标准压力p_s(kPa)	7 000	10 500	13 400	16 200	18 300

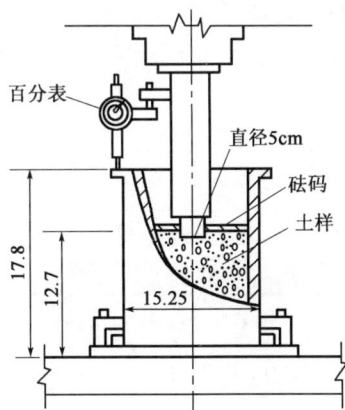

图2-14 CBR室内试验装置
(尺寸单位:cm)

CBR值按下式计算:

$$\text{CBR} = \frac{p}{p_s} \times 100\% \qquad (2-27)$$

式中:p——对应于某一贯入深度的荷载单位压力(kPa);

p_s——相应贯入深度的标准压力(表2-15)(kPa)。

计算CBR值时,取贯入深度为0.25cm,但是当贯入深度为0.25cm时的CBR值小于贯入深度为0.5cm时的CBR值时,应以后者为准。

CBR试验设备有室内试验与室外试验两种。室内用CBR试验装置如图2-14所示。试件按路基施工时的含水率及压实度要求在试筒内制备,并在加载前浸泡在水中,泡水4昼夜。为了模拟路面结构对路基的附加压力,在浸水过程中以及压入试验时,在试件顶面施加环形砝码,其重力应根据预计的路面结构重力来确定。

CBR 野外试验方法基本上与室内试验相同,但其压入试验直接在路基顶面进行。有时,野外试验结果与室内试验结果不完全相同,这主要是由于土的含水率不一样,室内试验时,试件处于饱水状态;野外试验时,路基处于施工时的湿度状态。所以对野外试验结果必须加以修正,换算成饱水状态的 CBR 值。表 2-16 所列为常用路基土的 CBR 值。

常用路基土的 CBR 值 表 2-16

土类	CBR（%）
级配良好的砾石,砾石-砂混合料	60 ~ 80
级配差的砾石,砾石-砂混合料	35 ~ 60
均匀颗粒的砾石和砂质砾石; 粉质砾石,砾石-砂-粉土混合料	40 ~ 80
黏土质砾石,砾石-砂-黏土混合料; 级配良好的砂,砾石质砂;粉质砂,砂-粉土混合料	20 ~ 40
级配差的砂或砾石质砂	15 ~ 25
黏土质砂,砂-黏土混合料	10 ~ 20
粉土,砂质粉土,砾石质粉土;贫黏土,砂质黏土,砾石质黏土,粉质黏土	5 ~ 15
无机质粉土,贫有机质黏土,云母质黏土或硅藻土	4 ~ 8
有机质黏土,肥黏土,有机质粉土	3 ~ 5

5. 路基模量参数及路基材料 CBR 要求

我国现场测定路基土回弹模量时,采用直径 30cm 的刚性承载板用加载卸载的试验方法由式(2-20)确定,室内测定路基土和粒料回弹模量则采用动三轴试验由式(2-23)确定。

新建公路路基设计参数是路基顶面回弹模量,以路基顶面竖向压应变为验算指标。路面结构设计的路基顶面回弹模量设计值 E_0 应符合下列规定:路基在平衡湿度状态下,并考虑干湿与冻融循环后,路基顶面的回弹模量不应低于现行《公路沥青路面设计规范》(JTG D50—2017)和《公路水泥混凝土路面设计规范》(JTG D40—2011)的有关规定(表 2-17)。沥青路面路基顶面竖向压应变的计算值应满足沥青路面永久变形的控制要求;水泥混凝土路面路基顶面竖向压应变可不作控制。

路基顶面回弹模量要求(不小于)(单位:MPa) 表 2-17

交通荷载等级	极重	特重	重	中等	轻
沥青混凝土路面	70	60	50	40	
水泥混凝土路面	80			60	40

新建公路路基顶面回弹模量设计值 E_0 可由标准状态下的路基动态回弹模量 M_R 按式(2-28)通过湿度调整系数和模量折减系数确定,并应满足式(2-29)的要求。

$$E_0 = K_s K_\eta M_R \tag{2-28}$$

$$E_0 \geq [E_0] \tag{2-29}$$

式中：E_0——平衡湿度状态下路基回弹模量设计值（MPa）；

$[E_0]$——路面结构设计的路基回弹模量要求值（MPa）（表2-17）；

M_R——标准状态（最佳含水率、最大干密度）下路基动态回弹模量值（MPa），按表2-18和表2-19确定；

K_s——路基回弹模量湿度调整系数，为平衡湿度（含水率）状态下的回弹模量与标准状态下的回弹模量之比，根据平衡湿度饱和度 S 和最佳饱和度 S_{opt} 由计算公式式（2-30）确定；

K_η——干湿循环或冻融循环条件下路基土模量折减系数，通过试验确定。初步设计时，非冰冻地区可根据土质类型、失水率确定，季节性冰冻区可根据冻结温度、含水率确定，折减系数可取 0.7～0.95。

标准状态下路基土动态回弹模量参考值（单位：MPa） 表2-18

土组	取值范围（MPa）	土组	取值范围（MPa）
砾（G）	110～135	粉土质砂（SM）	65～95
含细粒土砾（GF）	100～130	黏土质砂（SC）	60～90
粉土质砾（GM）	100～125	低液限粉土（ML）	50～90
黏土质砾（GC）	95～120	低液限黏土（CL）	50～85
砂（S）	95～125	高液限粉土（MH）	30～70
含细粒土砂（SF）	80～115	高液限黏土（CH）	20～50

注：1. 对于砾和砂，D_{60}（通过率为60%时的颗粒粒径）大时，模量取高值，D_{60} 小时，模量取低值。

2. 对于其他含细粒的土组，小于0.075mm颗粒含量大和塑性指数高时，模量取低值，反之，取高值。

3. 同等条件下，轻、中等及重交通荷载时路基土回弹模量取较小值，特重、极重交通条件下取较大值。

标准状态下粒料动态回弹模量参考值（单位：MPa） 表2-19

粒料类型	取值范围（MPa）	粒料类型	取值范围（MPa）
级配碎石	180～400	级配砾石	150～300
未筛分碎石	180～220	天然砂砾	100～140

路基回弹模量湿度调整系数 K_s 也可根据式（2-30）确定。

$$\lg K_s = \frac{\lg M_S}{\lg M_R} = a + \frac{b-a}{1 + \exp\left[\ln\left(-\frac{b}{a}\right) + K_m(S - S_{opt})\right]} \qquad (2\text{-}30)$$

式中：a、b、K_m——回归系数，$a = -0.6563$，$b = 0.2548$，$K_m = 6.4604$；

M_S、M_R——对应于平衡湿度饱和度 S 的模量（MPa）和最佳饱和度 S_{opt} 的模量（MPa）。

标准状态下路基动态回弹模量值应综合考虑公路等级和设计阶段，根据路床深度范围内路基土（或粒料）的回弹模量，按下列方法确定：路基土及粒料的回弹模量应根据路基结构应力水平，采用重复加载三轴压缩试验方法，通过试验获得；当受试验条件限制时，可按土组类别或粒料类型由表2-18和表2-19查取回弹模量参考值；初步设计阶段，也可参照式（2-31）、式（2-32）由路基土或粒料的 CBR（%）值估算标准状态下路基土或粒料的动态回弹模量值。

$$M_R = 17.6CBR^{0.64} \qquad (2 < CBR \leq 12) \qquad (2-31)$$

$$M_R = 22.1CBR^{0.55} \qquad (12 < CBR < 80) \qquad (2-32)$$

由于直接用式(2-30)确定 K_s 比较复杂，《公路路基设计规范》(JTG D30—2015)给出了确定 K_s 的推荐方法。对潮湿类(地下水控制类)路基的回弹模量湿度调整系数 K_s 可参照表2-20查路基工作区上部和下部的 K_s 值，然后求平均值得到总的 K_s 值；对干燥类(气候因素控制类)路基的回弹模量湿度调整系数 K_s 可参照表2-21查取；对中湿类(兼受地下水和气候因素影响类)路基的回弹模量湿度调整系数 K_s，可按路基工作区内两类湿度来源的上部和下部分别确定其湿度调整系数，对下部潮湿区，可查得其上部和下部的 K_s 值，然后求其平均值可得到下部的 K_s 值，并用路基工作区上、下部的厚度加权计算路基总的回弹模量湿度调整系数。

潮湿类路基的回弹模量湿度调整系数 K_s　　　　表2-20

土质类型	砂	细粒土质砂	粉质土	黏质土
路基工作区顶面	0.8 ~ 0.9	0.5 ~ 0.6	0.5 ~ 0.7	0.6 ~ 1.0
路基工作区底面	0.5 ~ 0.6	0.4 ~ 0.5	0.4 ~ 0.6	0.5 ~ 0.9

注：1. 砂的回弹模量调整系数，D_{60} 大时取高值，D_{60} 小时取低值。

2. 细粒土质砂的回弹模量调整系数，细粒含量大、塑性指数高时取低值，反之取高值。

3. 粉质土和黏质土的回弹模量调整系数，路基高度低时取低值，反之取高值。

干燥类路基的回弹模量湿度调整系数 K_s　　　　表2-21

土组	TMI					
	−50	−30	−10	10	30	50
砂(S)	1.30 ~ 1.84	1.14 ~ 1.80	1.02 ~ 1.77	0.93 ~ 1.73	0.86 ~ 1.69	0.80 ~ 1.64
粉土质砂(SM)	1.59 ~ 1.65	1.10 ~ 1.26	0.83 ~ 0.97	0.73 ~ 0.83	0.70 ~ 0.76	0.70 ~ 0.76
黏土质砂(SC)						
低液限粉土(ML)	1.35 ~ 1.55	1.01 ~ 1.23	0.76 ~ 0.96	0.58 ~ 0.77	0.51 ~ 0.65	0.42 ~ 0.62
低液限黏土(CL)	1.22 ~ 1.71	0.73 ~ 1.52	0.57 ~ 1.24	0.51 ~ 1.02	0.49 ~ 0.88	0.48 ~ 0.81

我国《公路路基设计规范》(JTG D30—2015)和《公路路基施工技术规范》(JTG/T 3610—2019)对路基土作为路基填料的CBR值提出了最低值要求(表2-8)。

当路基填料CBR值、路床顶面回弹模量和竖向压应变、路基湿度状态等不能满足要求时，应根据气候、土质、地下水赋存和料源等条件，经技术经济比选后，采取换填、处治、排水、加筋等措施。换填可选用粗粒土、粒料或低剂量无机结合料稳定土等，并合理确定换填深度；细粒土处治可采用物理处治或化学处治。物理处治可采用砂、砾石、碎石等进行掺和；化学处治可采用石灰、水泥、粉煤灰等无机结合料进行稳定或综合稳定。细粒土路基的处治设计应通过相关物理力学试验，确定处治材料及其掺量、处治后的路基性能指标等。水文地质条件不良的土质挖方路基或者潮湿状态填方路基，应采取设置排水垫层、毛细水隔离层、地下排水渗沟(或盲沟)等措施。冰冻区各级公路的中湿、潮湿路段，应结合路面结构进行路基结构的防冻验算，必要时，应对路基结构设置防冻垫层或保温层。

二、路基稳定性验算的材料参数

为确定合理的边坡坡度，进行路基稳定性分析时需要通过试验确定相应参数。《公路路基设计规范》(JTG D30—2015)规定,一般路堤、高路堤、陡坡路堤、深路堑等边坡稳定性分析的强度参数应根据填料来源、场地情况及分析工况的需要,选择有代表性的土样进行室内试验,并结合现场情况确定。试验方法应符合下列要求:

(1)路基填土的强度参数黏聚力 c 值和内摩擦角 φ 值,可采用直剪快剪或三轴不排水剪试验获得。不同工况下试样制备要求见表2-22。当路基填料为粗粒土或填石料时,应采用大型三轴试验仪或大型直剪试验仪进行试验。

路堤填土强度参数试验试样制备要求 表2-22

分析工况	试样要求		适用范围
正常工况	采用填筑含水率和填筑密度;当难以获得填筑含水率和填筑密度时,或进行初步稳定分析时,密度采用要求达到的密度,含水率采用击实曲线上要求密度对应的较大含水率		用于新建路堤
	取路基原状土		用于已建路堤
非正常工况Ⅰ	同正常工况试样要求,但要预先饱和		用于降雨入渗影响范围内的填土
非正常工况Ⅱ	同正常工况试样要求		—

注:1.正常工况:路基投入运营后经常发生或持续时间长的工况。
　　2.非正常工况Ⅰ:路基处于暴雨或连续降雨状态下的工况。
　　3.非正常工况Ⅱ:路基遭遇地震等荷载作用的工况。

(2)地基土的强度参数 c、φ 值,宜采用直剪固结快剪或三轴固结不排水剪试验获得。

(3)分析高路堤沿斜坡地基或软弱层带滑动的稳定性时,应结合场地条件,选择控制性层面的土层试验获得强度参数 c、φ 值。可采用直剪快剪或三轴不固结不排水剪试验。当存在地下水影响时,应采用饱水试件进行试验。

(4)分析岩体边坡时,岩体和结构面抗剪强度指标宜根据现场原位试验确定。试验应符合现行国家标准《工程岩体试验方法标准》(GB/T 50266)的规定。当无条件进行试验时,可采用现行《工程岩体分级标准》(GB/T 50218)、表2-23和反分析等方法综合确定。岩体结构面的结合程度可按表2-24确定。边坡岩体性能指标标准值可按地区经验确定。对于重要边坡应通过试验确定。岩体内摩擦角可由岩块内摩擦角标准值按岩体裂隙发育程度与表2-25所列的折减系数的乘积确定。

结构面抗剪强度指标标准值 表2-23

结构面类型		结构面结合程度	内摩擦角 $\varphi(°)$	黏聚力 c(MPa)
硬性结构面	1	结合好	>35	>0.13
	2	结合一般	35~27	0.13~0.09
	3	结合差	27~18	0.09~0.05
软弱结构面	4	结合很差	18~12	0.05~0.02
	5	结合极差(泥化层)	根据地区经验确定	

注:1.表中数值已考虑结构面的时间效应。
　　2.极软岩、软岩取表中低值。
　　3.岩体结构面连通性差时,取表中的高值。
　　4.岩体结构面浸水时取表中的低值。

结构面的结合程度

表 2-24

结合程度	结构面特征
结合好	张开度小于1mm,胶结良好,无充填;张开度1~3mm,硅质或铁质胶结
结合一般	张开度1~3mm,钙质胶结;张开度大于3mm,表面粗糙,钙质胶结
结合差	张开度1~3mm,表面平直,无胶结;张开度大于3mm,岩屑充填或岩屑夹泥质充填
结合很差、结合极差(泥化层)	表面平直光滑,无胶结;泥质充填或泥夹岩屑充填,充填物厚度大于起伏差;分布连续的泥化夹层;未胶结的或强风化的小型断层破碎带

边坡岩体内摩擦角折减系数

表 2-25

边坡岩体特性	内摩擦角的折减系数	边坡岩体特性	内摩擦角的折减系数
裂隙不发育	0.90~0.95	裂隙发育	0.80~0.85
裂隙较发育	0.85~0.90	碎裂结构	0.75~0.80

（5）粉煤灰等其他路基填筑材料应通过试验确定其黏聚力 c 和内摩擦角 φ 值,同时应通过试验确定其他材料参数,满足材料选用要求。

【练习与讨论】

1. 我国公路用土如何进行类型划分？土的粒组如何区分？

2. 不同路基土有何工程特点？如何根据因地取材的原则选择路基填料？

3. 何谓路基工作区？当工作区深度大于路基填土高度时应采取何种措施？为什么？

4. 什么是路基平衡湿度？如何确定路基的平衡湿度状态？

5. 有一土路修筑在 IV_4 区,中等交通,黏质土（CH）,地下水位距原地面0.8m,请确定当路基高度分别为3.5m、1.5m时路基的湿度状态以及路基工作区1/2位置和距地下水位1.5m处的路基平衡湿度（假定荷载 $P=50$kN,黏质土,毛细水上升高度为4.0m,路基土重度取16.4kN/m^3）。

6. 已知某一道路修筑在 V_1 区,轻交通,路面结构为4cm AC-13 +6cm AC-20 +18cm级配碎石,抗压模量分别为9500MPa、8000MPa、300MPa,路基模量为40MPa,砂类土（SM）,地下水位距原地面0.4m,请确定当路基高度分别为2.0m、1.0m时路基的湿度状态以及路基工作区1/2位置和距地下水位0.4m处的路基平衡湿度（假定荷载 $P=50$kN,砂类土毛细水上升高度为0.8m,路基土重度取17.2kN/m^3）。

7. 已知某道路路面结构为4cm AC-13 +6cm AC-20 +18cm水泥稳定碎石+20cm二灰土,极重交通,抗压模量采用11 500MPa、10 000MPa、10 000MPa和3 000MPa,路基模量为60MPa,路基高度为2.5m,地下水位距原地面2m,如路基土分别为黏质土（CL）时,交通荷载等级为重,公路修筑在 V_2 区,请计算路基工作区、路基平衡湿度及路基回弹模量湿度调整系数（荷载规定:黄河JN150后轴100kN,压力0.707MPa,一侧当量轮印直径30cm,各层材料的重度请查相关资料）。

8. 已知某道路路面结构为4cm AC-13 + 6cm AC-20 + 8cm AC-25 + 38cm水泥稳定碎石+

20cm 二灰土,抗压模量分别为 11 500MPa、10 000MPa、9 000MPa、10 000MPa 和 3 000MPa,路基模量为 60MPa,路基高度为 3.0m,地下水位距原地面 1m,修筑在Ⅵ区,砂类土(SC),请计算路基工作区、路基平衡湿度及路基回弹模量湿度调整系数(荷载规定:黄河 JN150 后轴 100kN,压力 0.707MPa,一侧当量轮印直径 30cm,各层材料的重度请查相关资料)。

9. 何谓路基顶面综合模量 E 和路基反应模量 K? 什么是 CBR?

10. 请说明路基顶面综合模量 E 和路基反应模量 K 的测试要求。

11. 如何确定新建公路路基回弹模量设计值 M_R?

AI 辅助讨论(三选一)

请采用 AI 工具(如 DeepSeek、Kimi 等),根据要求生成讨论提纲和 PPT,提交讨论报告和汇报文件(PPT)。

讨论题(1):路基土的应力应变关系(本构方程)十分复杂,请结合当前黏性土的本构关系的研究现状,分析路基土的受力特征和重复荷载的影响。

要求:结合个人理解,给出由 20~40 个关键词(中英文各一半)组成的提问句,然后利用 AI 工具完成"请总结路基路面工程领域的特点及重点研究方向"的中英文讨论报告和汇报文件(PPT)。

讨论题(2):请讨论路基顶面综合模量 E 和路基反应模量 K 的意义及其在路面设计中的作用,如何结合路基湿度的变化选择路基顶面综合模量 E 或路基反应模量 K。

要求:结合个人理解,给出由 10~20 个关键词组成的提问句,然后利用 AI 工具完成讨论报告和汇报文件(PPT)。

讨论题(3):土的分类现行规范有《公路土工试验规程》(JTG 3430)、《公路工程地质勘察规范》(JTG C20)、《土的工程分类标准》(GB/T 50145)等,请参阅相关规范,讨论土的分类特点和意义。

要求:结合个人理解,给出由 10~20 个关键词组成的提问句,然后利用 AI 工具完成讨论报告和汇报文件(PPT)。

第三章

路基设计

【本章提要】

本章主要介绍路基的构造、一般路基设计方法与内容、路基边坡的稳定性分析方法，以及特殊地区修筑路基的一般原则和整体方法。

【学习要求】

通过路基概念的学习及主要病害的分析，掌握路基构造要求和路基产生病害的基本原因；掌握路基设计三要素的基本内涵；掌握路基稳定性分析的几种方法：直线滑动面、折线形滑动面的不平衡推力法和传递系数法，圆弧滑动面的瑞典法和简化的 Bishop 法；了解软土地基稳定性分析、浸水路基稳定性分析及路基抗震稳定性分析的方法；熟悉特殊路基设计、路基填料的选择与压实等内容。

第一节　路基概念及构造

一、路基基本概念

公路路基是按照路线位置和一定技术要求修筑的带状构造物，是路面的基础。它承受由路面传来的行车荷载和路基与路面结构的自重并将其扩散至地基，是公路的承重主体。

路基承受行车荷载作用,路基工作区一般在路基顶面以下0.8m(或1.2m)范围以内,即路基结构的路床部分,其强度与稳定性要求应根据路基路面综合设计的原则确定。坚固的路基,不仅是路面强度与稳定性的重要保证,而且能为延长路面使用寿命创造有利条件,所以路基路面的综合设计至关重要。

为了确保路基的强度与稳定性,使路基在外界因素作用下,不致产生过量的变形,在路基的整体结构中还必须包括各项附属设施,其中有路基排水、路基防护与加固,以及与路基工程直接相关的设施,如弃土堆、取土坑、护坡道、碎落台、堆料坪及错车道等。

由于路基高程与原地面高程有差异,且各路段岩土性质的变化,各处附属设施的布置不尽相同,因此,各路段的路基横断面形状差别很大。路基横断面形式的选定和各项附属设施的设计,是路基设计的基本内容。

一般路基通常指在良好的地质与水文等条件下,填方高度和挖方深度在1.5～18m的路基。特殊路基是指修建在不良地质、特殊地形地质,某些特殊气候因素等不利条件下的道路路基。通常认为一般路基可以结合当地的地形、地质情况,直接选用典型断面图或设计规定,不必进行单独论证和验算。对于高路堤与陡坡路堤、深挖路堑,以及地质和水文等条件特殊的路基如滑坡地段路基、软土地区路基,为确保其具有足够的强度与稳定性,需要进行单独设计和验算。

二、路基的类型与构造

通常根据公路路线设计确定的路基高程与天然地面高程是不同的,路基设计高程低于天然地面高程时,需进行挖掘;路基设计高程高于天然地面高程时,需进行填筑。由于填挖情况的不同,路基横断面的典型形式有路堤、路堑和填挖结合三种类型。路堤全部用岩土填筑而成,路堑则全部在天然地面上开挖而成。当天然地面横坡大,且路基较宽,需要一侧开挖而另一侧填筑时,为填挖结合路基。在丘陵或山区的公路,填挖结合是路基横断面的主要形式。

1. 路堤

图3-1所示为路堤的几种常见横断面形式。按路堤的填土高度不同,一般路堤又可以划分为低路堤和高路堤。填土高度小于路基工作区深度的路堤,属于低路堤;填土高度大于20m的路堤属于高路堤;修筑在地面坡度陡于1:2.5地段的路基属于陡坡路基。随路堤所处的地质与水文条件和加固类型的不同,还可分为浸水路堤、护脚路堤及挖沟填筑路堤等形式,非以上特殊情况的路段是普通路堤。

低路堤常在平坦地区取土困难时选用。平坦地区地势低,水文条件较差,易受地面水和地下水的影响,设计时应注意满足最小填土高度的要求,力求不低于规定的临界高度,使路基处于干燥或中湿状态。路基两侧均应设边沟。

低路堤的高度通常接近或小于路基工作区的深度,除填方路堤本身要求满足规定的施工要求外,对天然地面也应按规定进行压实,达到规定的压实度,必要时进行换土或加固处理,以保证路基路面的强度和稳定性。

填方高度不大,低于3m时,填方数量较少,全部或部分填方可以在路基两侧设置取土坑,使之与排水沟渠结合。为保护填方坡脚不受流水侵害,保证边坡稳定性,可在坡脚与沟渠之间预留1～2m甚至大于4m宽度的护坡道。地面横坡较陡时,为防止填方路堤沿山坡向下滑动,应将天然地面挖成台阶或设置石砌护脚。

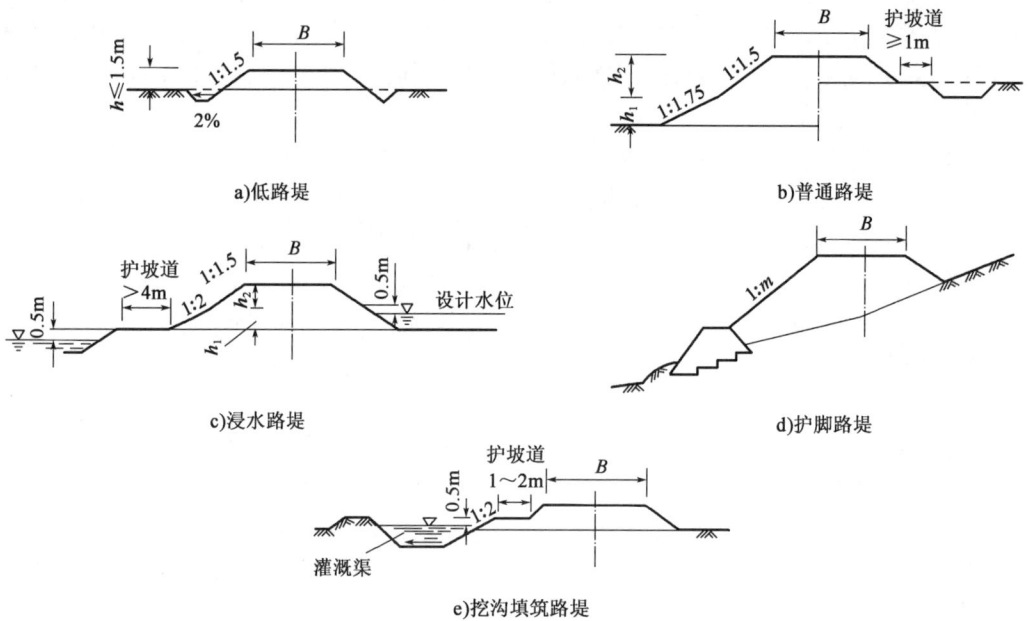

a)低路堤

b)普通路堤

c)浸水路堤

d)护脚路堤

e)挖沟填筑路堤

图 3-1　路堤的几种常用横断面形式

B-路基宽度;h-路基高度;m-坡度系数

高路堤的填方数量大,占地多,为使路基稳定和横断面经济合理,需针对其稳定性进行单独设计。高路堤和浸水路堤的边坡,可采用上陡下缓的折线形式或台阶形式,如在边坡中部设置护坡道。为防止水流侵蚀和冲刷坡面,高路堤和浸水路堤的边坡须采取适当的坡面防护和加固措施,如铺草皮、砌石等。

2. 路堑

图 3-2 所示为路堑的几种常见横断面形式,有全挖路基、台口式路基及半山洞路基。土质挖方边坡高度大于 20m 或岩质挖方边坡高度大于 30m 的路堑称为深路堑。挖方边坡可视高度和岩土层情况设计成直线或折线。挖方边坡的坡脚处应设置边沟,以汇集和排除路基范围内的地表径流。路堑的上方应视情况设置截水沟,以拦截和排除流向路基的地表径流。挖方弃土可堆放在路堑的下方。边坡坡面易风化时,在坡脚处设置 0.5 ~ 1.0m 的碎落台,同时可对坡面采取防护措施。

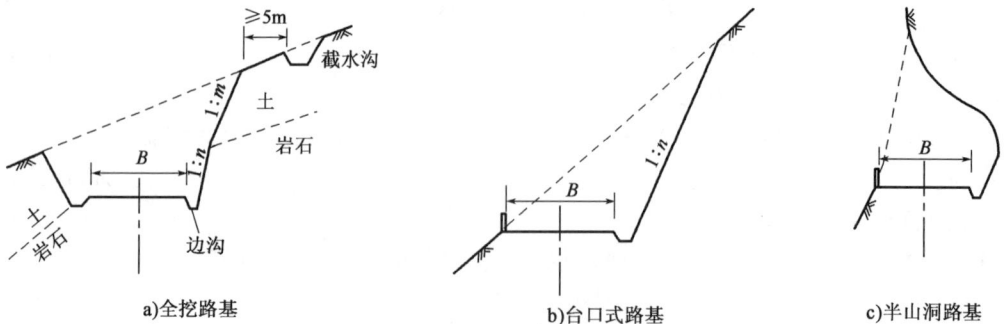

a)全挖路基

b)台口式路基

c)半山洞路基

图 3-2　路堑的几种常用横断面形式

B-路基宽度;m、n-坡度系数

陡峻山坡上应尽量采用台口式路基[图3-2b)]，避免填挖结合路基。遇有整体性的坚硬岩层，为节省石方工程，可采用半山洞路基[图3-2c)]。

挖方路基的土层地下水文状况不良时，可能导致路面的破坏，所以对路堑以下的天然地基要压实至规定的压实度，必要时还应超挖，重新分层填筑、换土或进行加固处理，加铺隔离层，设置必要的排水设施。

3. 填挖结合路基

图3-3所示为填挖结合路基的几种常见横断面形式。位于山坡上的路基，通常取路中心的高程接近原地面高程，以减少土石方数量，并使得土石方数量横向平衡，形成填挖结合路基。若处理得当，路基稳定可靠，可减少土方调运量，是比较经济的断面形式。

填挖结合路基兼有路堤和路堑两者的特点，上述对路堤和路堑的要求均应满足。填方部分的局部路段，如遇原地面的短缺口，可采用砌石护肩。如果填方量较大，也可就近利用废石方，砌筑护坡或护墙，石砌护坡和护墙相当于简易式挡土墙，承受一定的侧向压力。有时填方部分需要设置路肩(或路堤)式挡土墙，确保路基稳定，进一步压缩用地宽度。砌石护肩、护坡与护墙以及挡土墙等路基，参阅图3-3c)~f)。如果填方部分悬空，而纵向又有适当的基岩时，则可以沿路基纵向建成半山桥路基，如图3-3g)所示。

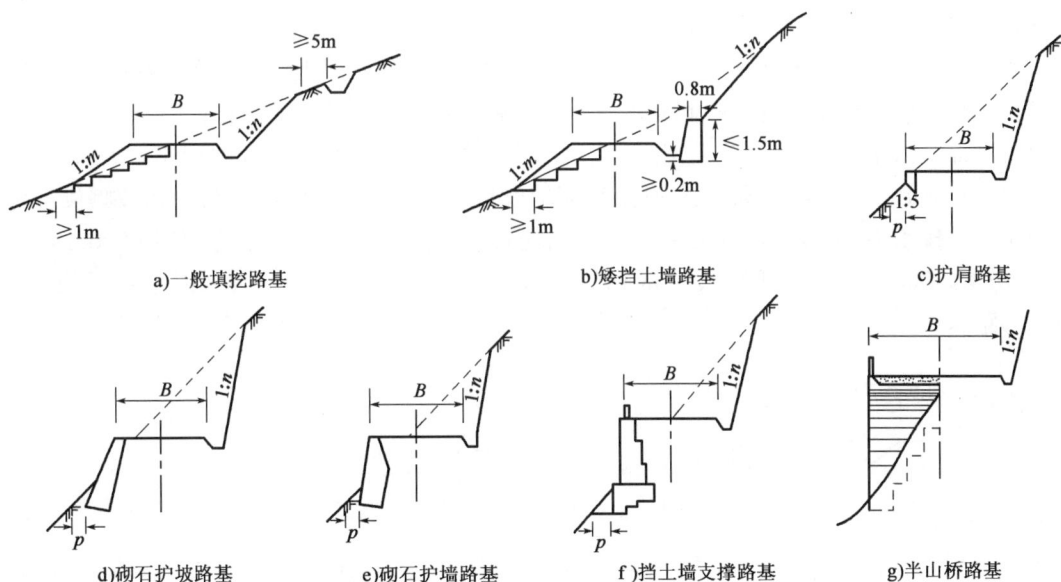

图3-3　填挖结合路基的几种常见横断面形式
B-路基宽度；m、n-坡度系数；p-距地表水平距离

路堤、路堑、填挖结合三类典型路基横断面形式各具特点，分别在一定条件下使用。由于地形、地质、水文等自然条件差异性很大，且路基位置、横断面尺寸应服从于路线、路面及沿线结构物的要求，所以路基横断面类型的选择，必须因地制宜，综合设计。

三、路基附属设施

与一般路基工程有关的附属设施有取土坑、弃土堆、护坡道、碎落台、堆料坪及错车道等。这些设施是路基设计的组成部分，为了确保路基的强度、稳定性和行车安全，正确合理地设置路基附属设施十分重要。

1.取土坑与弃土堆

路基土石方的填挖平衡是公路路线设计的基本原则，但往往难以做到完全平衡。土石方数量经过合理调配后，仍然会有部分借方和弃方（又称废方）。路基土石方的借弃，首先要合理选择地点，即确定取土坑或弃土堆的位置。选点时要兼顾土质、数量、用地及运输条件等因素，还必须结合沿线区域规划，因地制宜，综合考虑，维护自然平衡，防止水土流失，做到借之有利、弃之无害。借弃所形成的坑或堆，要求尽量结合当地地形，充分加以利用，并注意外形规整，弃堆稳固。对高等级公路或位于城郊附近的干线公路，尤应注意。

平坦地区，如果用土量较少，可以沿路两侧设置取土坑，与路基排水和农田灌溉相结合。路旁取土坑如图3-4所示，深度为1.0m或稍大一些，宽度依用土数量和用地允许范围而定。为防止坑内积水危害路基，当堤顶与坑底高差不足2.0m时，在路基坡脚与坑之间需设宽度不小于1.0m的护坡平台，坑底设纵横排水坡及相应设施。

被河水淹没地段的桥头引道近旁，一般不设取土坑，如设取土坑要距河流中水位边界10m以外，并与导治结构物位置相适应。此类取土坑要求排水畅通，不得长期积水危及路基或构造物的稳定。

路基开挖的废方，应尽量加以利用，如用以加宽路基或加固路堤，填补坑洞或路旁洼地，亦可兼顾农田水利或基建等所需，做到变废为用，弃而不乱。

废方一般选择路旁低洼地，就近弃堆。原地面倾斜坡度小于1:5时，路旁两侧均可设弃土堆，地面较陡时，弃土堆宜设在路基坡脚。沿河路基爆破后的废石方，往往难以远运，条件许可时可以部分占用河道，但要注意河道压缩后，不致壅水危及上游路基及附近农田等。

图3-5所示为路旁弃土堆示意，弃土堆应堆放平整，顶面具有适当横坡，并在坡脚设平台、三角土块及排水沟，宽度 d 与地面土质有关，最小3.0m，最大可按路堑深度 H 加5.0m计算，即 $d \leq H + 5.0$m。积沙或积雪地段的弃土堆，宜有利于防沙防雪，可设在迎风面一侧，并距路基有足够距离。

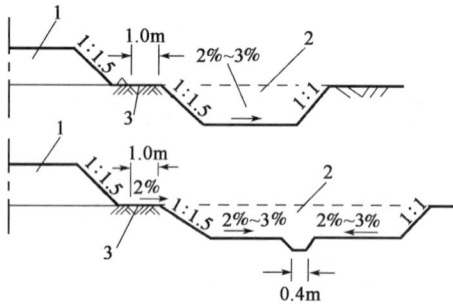

图3-4 路旁取土坑示意图
1-路堤；2-取土坑；3-护坡平台

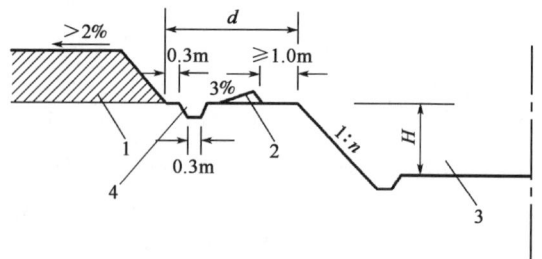

图3-5 路旁弃土堆示意图
1-弃土堆；2-平台与三角土块；3-路堑；4-排水沟

2.护坡道与碎落台

护坡道是保证路基边坡稳定性的措施之一（图3-6），它的作用是加宽边坡横向距离，减小边坡平均坡度。护坡道越宽，越有利于边坡稳定，其最小宽度为1.0m。护坡道宽度越大，则工程数量亦随之增加，为此应兼顾边坡稳定性与经济合理性。通常护坡道宽度（d）视边坡高度（h）而定，$h < 3.0$m 时，$d = 1.0$m；$h = 3 \sim 6$m 时，$d = 2$m；$h = 6 \sim 12$m 时，$d = 2 \sim 4$m。

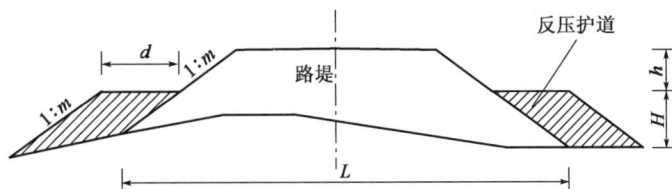

图 3-6　护坡道示意图

护坡道一般设在路基坡脚处,边坡较高时亦可设在边坡上方及挖方边坡的变坡处。浸水路基的护坡道,可设在浸水线以上的边坡上。

碎落台设于土质或石质土的挖方边坡坡脚处,主要供零星土石碎块下落时临时堆积,以保护边沟不致阻塞,亦有护坡道的作用。碎落台宽度一般为 1.0 ~ 1.5m,如兼有护坡作用,可适当放宽。碎落台上的堆积物应定期清理。

3. 堆料坪与错车道

路面养护用矿质材料,可就近选择路旁合适地点堆置备用,亦可在路肩外缘设堆料坪,其面积可结合地形与材料数量而定,例如每隔 50 ~ 100m 设一个堆料坪,长 5 ~ 8m,宽 2m。采用机械化养护的路段,可以不设堆料坪,或另设集中备用料场,以保证公路外形的视觉平顺和景观优美。

单车道公路,由于双向行车会车和相互避让的需要,通常应每隔 200 ~ 500m 设置错车道一处。按规定错车道的长度不得短于 20m,两端各有长度为 5m 的出入过渡段,中间 10m 供停车用。单车道的路基宽度为 4.5m,而错车道地段的路基宽度为 6.5m。错车道是单车道路基的一个组成部分,应与路基同时设计和施工。

第二节　路基的主要病害类型及原因

路基建成后使用过程中,在自然环境因素影响及行车荷载作用下,会产生相应的变形。其中,不可恢复的变形发展到一定程度将产生路基病害,严重的甚至会导致路基滑塌,连带部分路面结构层从路基路面整体分离,使其丧失使用功能。因此,了解路基主要病害类型及原因,及时进行路基病害处治,提早做好病害防护,对于保证路基的强度和稳定性极为重要。

一、路基沉陷

路基沉陷指路基在垂直方向产生较大的沉落(图 3-7)。沉陷分两种情况:路基本身的压缩沉降及路基下部天然地面承载力不足引起的沉陷。

产生路基沉陷的原因有:

(1)路基填料(主要指填土)选择不当。

(2)路基压实不足。

(3)填筑方法不合理:包括不同土混杂,未分层填筑压实,土中含有未经打碎的大土块或冻土块等;填石路堤亦因石料规格不一、性质不匀或就地爆破堆积,乱石中空隙很大,在一定期限内亦可能产生局部的明显下沉。

（4）原地面比较软弱：如泥沼、沉沙或垃圾堆积等，填筑前未经换土或压实，或软土地基未经处治或处治不充分等。

1. 路基沉陷示意

a)路基均匀沉陷　　　　b)路基不均匀沉陷

c)土基沉陷

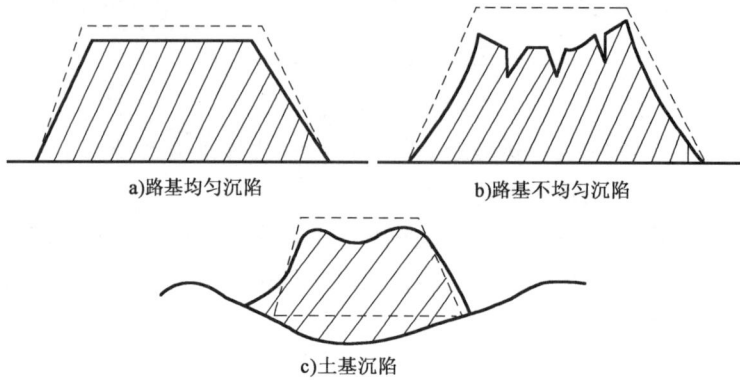

图3-7　路基沉陷示意图

二、路基边坡塌方

路基边坡的塌方是指天然或人工的边坡因其本身的构造特点，在受到雨水与地震等外部自然环境因素、挖掘与扰动等工程因素和交通荷载等外部作用力因素的综合影响时，产生表面风化、侵蚀、冲刷、崩解，并最终导致边坡土（石）方从原边坡上剥离的现象。路基边坡塌方是最常见的路基病害，亦是水毁的普遍现象。

按照破坏规模与原因的不同，路基边坡塌方可以分为：剥落、碎落、滑塌、崩塌及坍塌，如图3-8所示。

2. 路基边坡塌方示意

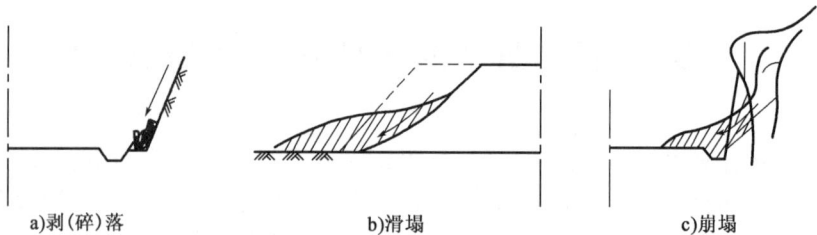

a)剥（碎）落　　　　b)滑塌　　　　c)崩塌

图3-8　路基边坡塌方示意图

剥落是指在边坡表土层或风化岩层表面，在大气的干湿或冷热的循环作用下，表面发生胀缩现象，使零碎薄层成片状从边坡上剥落，且老的脱离，新的又不断产生。剥落易发生于填土不均匀和易溶盐含量大的土层及松软岩层。

碎落是指边坡上岩石碎块剥落的现象，其规模与危害程度比剥落严重。其产生的主要原因是路堑边坡较陡（大于45°），岩石破碎和风化严重，在胀缩、振动及水的侵蚀与冲刷作用下，块状碎屑沿坡面向下滚落。如果落下的岩块较大（直径在40cm以上）、以单个或多块落下，此种碎落现象称为落石或坠落。

滑塌是指路基边坡土体或岩石，沿着一定的滑动面成整体状向下滑动，其规模与危害程度较碎落更为严重，有时滑动体可达数百立方米以上。其产生的主要原因是原山坡具有倾向公路的软弱构造面，由于施工以及水的侵蚀、冲刷改变了原山体平衡状态，使山坡在重力作用下沿软弱面整体滑动。滑塌易发生在岩层倾向公路、层间又有软弱夹层或风化层,且地下水影响显著处。

崩塌是指整体岩块在重力作用下倾倒、崩落。其产生的主要原因是岩体风化破碎且边坡较高,其危害较大,较常见。

坍塌(亦称堆塌)的成因和形态与崩塌相似,但坍塌主要是土体(或土石混杂的堆积物)遇水软化,在45°~60°较陡边坡无支撑情况下,由自身重力所产生的剪切力过大而形成。

崩塌与滑塌的主要区别在于:崩塌一般针对岩体,而滑塌一般针对土体或土石混合体;崩塌无固定滑动面,坡脚线以下地基无移动现象,崩塌体的各部分相对位置在移动过程中完全打乱,其中较大石块翻滚较远,边坡下部形成倒石堆或岩堆。滑塌一般有固定滑动面,滑动速度较慢,整体移动且翻滚现象较少。

三、路基沿坡面滑动

较陡的山坡上,如果原地面未清除杂草、凿毛或人工挖台阶,坡脚也未进行必要的支撑,特别是又受水的润湿时,填方与原地面之间的抗剪力很小,填方在自重和荷载作用下,有可能整体或局部沿原地面向下移动(图3-9)。

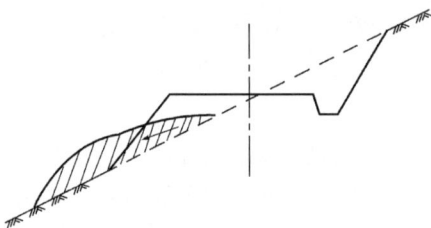

3.路基边坡
滑动示意

图3-9 路基沿原地面坡面滑动示意图

四、其他病害

在季节性冰冻地区,因路基土质不良、路基高度过小、路面抗冻厚度过小等原因,路基土含水率过高,在冬季负温影响下,路基中的水分不断向上迁移、积聚而冻结,导致路基体积膨胀,引起路面开裂,称为冻胀;春季气温升高时,路基上部冻土先融化,因水分无法及时排出而使路基土饱水稀软,在行车荷载作用下,泥浆沿路面裂缝被挤出,称为翻浆。

除此之外,公路通过不良地质和水文地带,或遇较大的自然灾害(如滑坡、岩堆、错落、泥石流、雪崩、岩溶、地震及特大暴雨等)时,均能导致路基结构的严重破坏。这些破坏是一种牵连性的病害,且具有一定的重现频率特征,在进行路基设计时需根据公路等级和重要性确定其设计抵御能力等级。

五、路基病害的防治原则

为防止以上路基病害发生,需要遵循以下路基设计与施工原则。

(1)设计:正确设计路基横断面(如路基高度、宽度和边坡坡度等),并与路线设计相结合,绕避危险地质构造、避免深挖高填,无法避免时应进行稳定性分析,检验其安全性;正确进行排水设计,地下水位较高的路段应适当提升路基高度,设置隔离层(隔断地下水)、隔温层(减少水分积聚,减小冰冻深度)和砂垫层(排水)。

(2)施工:选择良好的路基填料,必要时进行稳定处理,按正确的填筑方式(一般是水平分层填筑法)施工,保证压实度达到要求。

在以上技术措施无法保障特殊工况路段路基的安全稳定时,需要考虑设置路基防护与支挡结构。

第三节　路基横断面设计

在工程地质和水文地质条件良好的地段进行一般路基设计包括以下内容:

(1)选择路基横断面形式,确定路基宽度与路基高度。

(2)选择路基填料与压实标准。

(3)确定边坡形状与坡率。

(4)确定路基排水系统布置和排水结构设计。

针对特殊工况的路基还可能需要进行:

(5)坡面防护与支挡结构设计。

(6)附属设施设计。

其中,第(5)部分涉及的内容较多,将在下一章单独介绍。

一、路基宽度

路基宽度为行车道路面及其两侧路肩宽度之和,对于设有中间带、变速车道、爬坡车道、紧急停车带等的道路,这些宽度均应包括在路基宽度范围内。车道宽度根据设计通行能力及交通量大小而定,一般每个车道宽度为 $3.50 \sim 3.75\mathrm{m}$,技术等级高的公路及城镇近郊的一般公路,路肩宽度尽可能增大,一般取 $1 \sim 3\mathrm{m}$,并铺筑硬质路肩,以保证路面行车不受干扰。

各级公路路基宽度按现行《公路工程技术标准》(JTG B01)各部分的规定进行设计,如图 3-10 所示,路基宽度为各部分宽度之和。

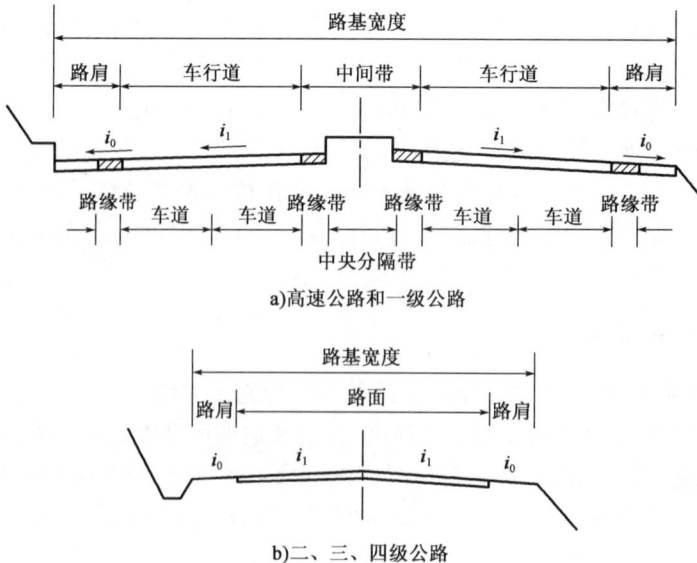

a)高速公路和一级公路

b)二、三、四级公路

图 3-10　公路路基宽度示意图

路基占用土地是公路通过农田或用地受限制地区确定路基宽度时需重点考虑的问题。公路建设占地必须综合规划,统筹兼顾,讲究经济效益,农业与交通相互促进。公路建设应尽可能利用非农业用地,少占农田。高速公路局部路段可选用高架道路,以桥代路。山坡路基应尽量使填挖平衡,扩大和改善林业用地,保护林区绿地,防止水土流失,维护生态平衡,减少高填深挖,利用植物防护,绿化与美化路基。以上原则在路基设计与施工过程中,应予综合考虑。

二、路基高度

路基高度指的是路堤的填筑高度和路堑的开挖深度,是路基设计高程(标高)和原地面高程(标高)之差。由于原地面沿横断面方向往往有倾斜,因此在路基宽度范围内,两侧的高差一般有差别。路基中心高度是指路基中心线处设计高程与原地面高程之差。而路基两侧边坡的高度是指填方坡脚或挖方坡顶与路基边缘的相对高差。所以路基高度有中心高度与边坡高度之分。

我国《公路路线设计规范》(JTG D20—2017)中规定如下。

新建公路的路基设计高程:高速公路和一级公路宜采用中央分隔带的外侧边缘高程;二级、三级、四级公路宜采用路基边缘高程,在设置超高、加宽路段为设超高、加宽前该处边缘高程。改建公路的路基设计高程:宜按新建公路的规定执行,也可视具体情况而采用中央分隔带中线或行车道中线高程。

对路基设计高程定义上的差异会造成路基高度理解上的歧义,综合而言:

(1)对于设置超高、加宽的路基断面,其路基高度不应考虑这些因素的影响,以设置超高、加宽前的断面为准。

(2)在剔除路拱横坡影响后,如果原地面在横断面上水平,则路基的中心高度与两侧的边坡高度相等,其区别无须强调。

(3)在原地面单向倾斜较大、需开挖台阶的情况下,路基中心高度与两侧的边坡高度各不相同,此时应明确说明路基高度是中心高度还是某一侧的边坡高度。

路基的填挖高度是在路线纵断面设计时,综合考虑路线纵坡要求、路基稳定性和工程经济等因素确定的。从路基的强度和稳定性要求出发,路基上部土层应避免毛细水过大的影响使其处于相对干燥的状态(如使其处于干燥、中湿状态或考虑基质吸力的影响)。而填方路基填料的土质不同时,毛细水上升高度也不同,因此,应根据公路路基填料性质、沿线具体条件和排水及防护措施综合确定路堤的最小填土高度,并与路线纵坡设计相协调,保证填方路段的路基主体高度大于最小填土高度。

路堤填方的高低和路堑挖方的深浅按《公路路基设计规范》(JTG D30—2015)的规定,使用常规的边坡高度值。高路堤和深路堑的土石方数量大,占地多,施工困难,边坡稳定性差,行车不利,应尽量避免,不得已采用时,应进行特殊设计。

为保证路基稳定,应尽量满足路基最小填土高度的要求,若路基高度低于按地下水位及毛细水上升高度计算的最小填土高度,可视为广义上的低路堤。低路堤通常整体处于行车荷载应力作用区范围内,同时经受着地面和地下水不利水温状况影响。有时为了增强路基路面的综合强度与稳定性,需要综合考虑加强路面结构或增设地下排水设施。

沿河及可能受水浸淹的路基,其高度应根据技术标准所规定的设计洪水频率(表3-1),求得设计水位,再增加0.5m的余量。如果河道因设置路堤而压缩过水面积,致使上游有壅水或河面宽阔而有风浪,应再增加壅水高度和波浪冲上路堤的高度(即波浪侵袭高度)。所以沿河浸水路堤的高度,应高出上述各值之和,以保证路基不致被淹没,并据此进行路基的防护与加固。

路基设计洪水频率   表 3-1

公路等级	高速公路	一级公路	二级公路	三级公路	四级公路
设计洪水频率	1/100	1/100	1/50	1/25	视具体情况而定

注:区域内唯一通道的公路路基设计洪水频率可采用高一个等级公路的标准。

三、路基边坡坡率

路基边坡坡率对路基稳定十分重要,确定路基边坡坡率是路基设计的重要任务。公路路基的边坡坡率用边坡高度 H 与边坡宽度 b 的比值表示,并按 $1:m$(路堤)或 $1:n$(路堑)的形式表示(m、n 称为坡度系数),如图 3-11 所示。

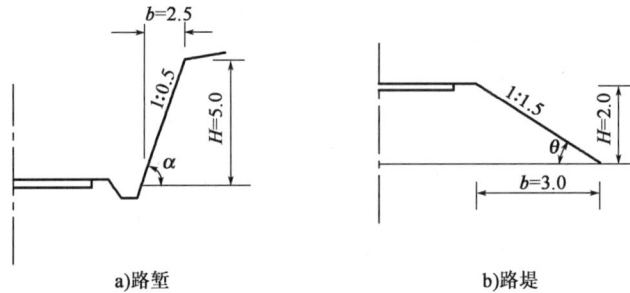

a)路堑   b)路堤
图 3-11   路基边坡坡率示意图(尺寸单位:m)

路基边坡坡率的大小,取决于边坡的土质、地质构造(路堑)及水文条件等自然因素和边坡高度。在陡坡或填挖较大的路段,边坡坡率不仅影响到土石方工程量和施工的难易程度,而且是路基整体稳定性的关键。因此,确定边坡坡率对路基的稳定性和工程的经济合理性至关重要。一般路基的边坡坡率可根据多年工程实践经验和设计规范推荐的数值确定。

(1)路堤边坡

路堤边坡坡率可根据填料种类和边坡高度按表 3-2 所列的坡率选用。

路堤边坡坡率   表 3-2

填料类别	边坡坡率	
	上部高度 ($H \leqslant 8m$)	下部高度 ($H \leqslant 12m$)
细粒土	1:1.5	1:1.75
粗粒土	1:1.5	1:1.75
巨粒土	1:1.3	1:1.5

沿河浸水路堤的边坡坡率,在设计水位以下视填料情况可采用 $1:1.75 \sim 1:2.0$,在常水位以下部分可采用 $1:2.0 \sim 1:3.0$。

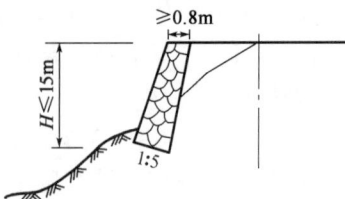

图 3-12   砌石示意图

当公路沿线有大量天然石料或从路堑中开挖的废石方时,可用以填筑路堤。填石路堤可采用与土质路堤相同的断面形式,边部可采用码砌方式;边坡较高时,可在边坡中部设置宽度 $1 \sim 3m$ 的平台,边坡坡率根据岩质确定。

陡坡上的路基填方可采用砌石,如图 3-12 所示,砌石应用当地不易风化的开山片石砌筑。砌石顶宽不应小于0.8m,基底面以1:5的坡率向路基内侧倾斜,砌石高度 H 一般为2～15m,墙的内外坡率依砌石高度,按表3-3选定。

砌石边坡坡率   表3-3

序号	高度 H(m)	内坡坡率	外坡坡率
1	≤5	1:0.3	1:0.5
2	≤10	1:0.5	1:0.67
3	≤15	1:0.6	1:0.75

在地震地区,应参照《公路工程抗震规范》(JTG B02—2013)的有关规定。该规范规定,公路路堤或路堑的高度大于表3-4规定时,应采取放缓边坡或加固等措施。

路基高度限值(单位:m)   表3-4

填土类别	设计基本地震动峰值加速度				
	高速公路、一级公路		二级公路	三级、四级公路	
	0.20g(0.30g)	0.40g	0.40g	0.30g	0.40g
岩块和细粒土(粉土和有机质土除外)路基	15	10	15	—	
粗粒土(细砂、极细砂除外)路基	6	3	6	—	
黏质土路堑	15	15	10	15	20

(2)路堑边坡

路堑是从天然地层中开挖出来的路基结构。设计路堑边坡时,首先应从地貌和地质构造上判断其整体稳定性。在遇到工程地质或水文地质条件不良的地层时,应尽量使路线避绕;而对于稳定的地层,则应考虑开挖后,是否会由于减少支承、坡面风化加剧而引起失稳。

影响路堑边坡稳定的因素较为复杂,除了路堑深度和坡体土石的性质之外,地质构造特征、岩石的风化和破碎程度、土层的成因类型、地面水和地下水的影响、坡面的朝向以及当地的气候条件等都会影响路堑边坡的稳定性,在边坡设计时必须综合考虑。

土质(包括粗粒土)路堑边坡,应根据边坡高度、土的密实程度、地下水和地面水的情况、排水防护措施、施工方法、土的成因及生成年代等因素,参照表3-5、表3-6选定。

土质路堑边坡坡率   表3-5

土的类别		边坡坡率
黏土、粉质黏土、塑性指数大于3的粉土		1:1
中密以上的中砂、粗砂、砾砂		1:1.5
卵石土、碎石土、圆砾土、角砾土	胶结和密实	1:0.75
	中密	1:1

注:土的密实程度的划分见表3-6。

土的密实程度划分表　　　　　　　　　　　　　　　表 3-6

分级	试坑开挖情况
较松	铁锹很容易铲入土中,试坑坑壁容易坍塌
中密	天然坡面不易陡立,试坑坑壁有掉块现象,部分需用镐开挖
密实	试坑坑壁稳定,开挖困难,土块用手使力才能破碎,从坑壁取出大颗粒处能保持凹面形状
胶结	细粒土密实度很高,粗颗粒之间呈弱胶结,试坑用镐开挖很困难,天然坡面可以陡立

岩石路堑边坡,一般根据地质构造与岩石特性,对照相似工程的成功经验选定边坡坡率。岩石的种类、风化程度、排水防护措施、施工方法及边坡的高度是决定坡率的主要因素,设计时可根据这些因素参照表 3-7 ~ 表 3-9 选定。

岩质路堑边坡坡率　　　　　　　　　　　　　　　表 3-7

边坡岩体类型	风化程度	边坡坡率	
		$H < 15\mathrm{m}$	$15\mathrm{m} \leqslant H < 30\mathrm{m}$
Ⅰ 类	未风化、微风化	1:0.1 ~ 1:0.3	1:0.1 ~ 1:0.3
	弱风化	1:0.1 ~ 1:0.3	1:0.3 ~ 1:0.5
Ⅱ 类	未风化、微风化	1:0.1 ~ 1:0.3	1:0.3 ~ 1:0.5
	弱风化	1:0.3 ~ 1:0.5	1:0.5 ~ 1:0.75
Ⅲ 类	未风化、微风化	1:0.3 ~ 1:0.5	—
	弱风化	1:0.5 ~ 1:0.75	—
Ⅳ 类	弱风化	1:0.5 ~ 1:1	—
	强风化	1:0.75 ~ 1:1	—

注:1. 有可靠的资料和经验时,可不受本表限制。
　　2. Ⅳ类强风化包括各类风化程度的极软岩。
　　3. H 为边坡高度。

岩质边坡的岩体分类　　　　　　　　　　　　　　　表 3-8

边坡岩体类型	判定条件			
	岩体完整程度	结构面结合程度	结构面产状	直立边坡自稳能力
Ⅰ	完整	结构面结合良好或一般	外倾结构面或外倾不同结构面的组合线倾角大于 75°或小于 35°	30m 高边坡长期稳定,偶有掉块
Ⅱ	完整	结构面结合良好或一般	外倾结构面或外倾不同结构面的组合线倾角 35° ~ 75°	15m 高的边坡稳定,15 ~ 30m 高的边坡欠稳定
	完整	结构面结合差	外倾结构面或外倾不同结构面的组合线倾角大于 75°或小于 35°	
	较完整	结构面结合良好或一般或差	外倾结构面或外倾不同结构面的组合线倾角小于 35°,有内倾结构面	边坡出现局部塌落

边坡岩体类型	判定条件			
	岩体完整程度	结构面结合程度	结构面产状	直立边坡自稳能力
Ⅲ	完整	结构面结合差	外倾结构面或外倾不同结构面的组合线倾角35°~75°	8m 高的边坡稳定，15m 高的边坡欠稳定
	较完整	结构面结合良好或一般	外倾结构面或外倾不同结构面的组合线倾角35°~75°	
	较完整	结构面结合差	外倾结构面或外倾不同结构面的组合线倾角大于75°或小于35°	
	较完整（碎裂镶嵌）	结构面结合良好或一般	结构面无明显规律	
Ⅳ	较完整	结构面结合差或很差	外倾结构面以层面为主，倾角多为 35°~75°	8m 高的边坡不稳定
	不完整（散体、碎裂）	碎块间结合很差	—	

注:1. 边坡岩体分类中未含由外倾软弱结构面控制的边坡和倾倒崩塌型破坏的边坡。

2. Ⅰ类岩体为软岩、较软岩时，应降为Ⅱ类岩体。

3. 当地下水发育时，Ⅱ、Ⅲ类岩体可视具体情况降低一档。

4. 强风化岩和极软岩可划分为Ⅳ类岩体。

5. 表中外倾结构面系指倾向与坡向的夹角小于30°的结构面。

岩体完整程度划分 表 3-9

岩体完整程度	结构面发育程度	结构类型	完整性系数 K_V
完整	结构面 1~2 组，以构造节理或层面为主，密闭型	巨块状整体结构	>0.75
较完整	结构面 2~3 组，以构造节理或层面为主，裂隙多呈密闭型，部分为微张型，少有充填物	块状结构、层状结构、镶嵌碎裂结构	0.35~0.75
不完整	结构面大于 3 组，在断层附近受构造作用影响较大，裂隙以张开型为主，多有充填物，厚度较大	碎裂状结构、散体结构	<0.35

注:完整性系数 $K_V = \left(\dfrac{v_R}{v_P}\right)^2$，$v_R$ 为弹性纵波在岩体中的传播速度，v_P 为弹性纵波在岩块中的传播速度。

由于地表岩层和自然条件以及路基构造要求与形式变化极大，岩石路堑适宜的边坡坡率难以确定，表列数值为一般条件下的经验数值，运用时应结合当地的工程地质和水文条件，参考各地现有自然稳定的山坡和人工成型稳定的山坡，加以对比选用。必要时应进行单独设计和稳定性验算，还必须采用排水和护坡与加固等技术措施。

在地震地区的岩石路堑边坡坡率应参考《公路工程抗震规范》(JTG B02—2013)的规定。该规范规定，当岩石路堑边坡高度超过 10m 时，边坡坡率应按表 3-10 采用。

边坡高度超过 10m 的岩石路堑参考边坡坡率 表 3-10

岩石种类	设计基本地震动峰值加速度	
	0.20g(0.30g)	0.40g
风化岩石	1:0.6~1:1.5	1:0.75~1:1.5
一般岩石	1:0.1~1:0.5	1:0.2~1:0.6
坚石	1:0.1~直立	1:0.1~直立

第四节　路基边坡稳定性分析

路基边坡的稳定性涉及岩土性质与结构、边坡高度与坡度、工程质量与经济等多种因素。一般情况下,对于边坡不高的路基,如不超过8.0m的土质边坡、不超过12.0m的岩质边坡,可按一般路基设计,采用规定的坡率值,不做稳定性分析计算。对地质与水文条件复杂、高填深挖或有特殊使用要求的路基,应进行边坡稳定性的分析计算,据此选定合理的边坡坡率及相应的工程技术措施。

岩土质路基边坡的稳定是土力学与岩体力学的重要研究课题,长期以来各国已经提出多种计算原理与方法。计算机技术的发展,为边坡稳定性计算开辟了新的途径。

土质边坡稳定性分析方法,按失稳土体的滑动面特征,大体可归纳为直线、折线和曲线三大类,而且均以土的抗剪强度为理论基础,按力的极限平衡原理建立相应的计算式。

岩质路堑边坡的稳定性,很大程度上取决于岩石产状与结构,边坡失稳岩体的滑动面主要是地质构造上的软弱面。边坡稳定性分析应首先进行定性分析,确定失稳岩体的范围和软弱面(滑动面),然后进行定量力学计算。

路基边坡稳定性的分析计算方法,还可以分成工程地质法(比拟法)、力学分析法和图解法。工程地质法属于实践经验的对比,力学分析法是数解方法,对于某些比较复杂的数解方法,亦可运用图解法加以简化。任何一种方法,都带有某种针对性和局限性,为了便于工程上实际运用,设定某些假定条件,将主要因素加以简化,次要因素忽略不计,因此广义上现有的各种方法均属于近似解。相较于选择何种计算方法,合理地选定岩土计算参数,如黏聚力、内摩擦角及单位体积重力等更为重要,所以在路基设计前,要加强地质勘察与试验测试工作。

路堤稳定性分析,包括路堤堤身的稳定性、路堤和地基的整体稳定性、路堤沿斜坡地基或软弱层带滑动的稳定性等内容,而路堑稳定性分析主要针对路堑边坡。虽然在填挖方式上有区别,但两者在稳定性分析的基本原理上基本相同,有所区别的是失稳危险滑动面的预期、选用的计算指标、容许的安全系数大小等方面。本节将先对各种不同形状滑动面的分析原理进行介绍,然后结合现行规范中的计算要求,从实际操作角度给出具体的方法选用规则、参数确定及安全系数控制标准。

路基边坡稳定力学计算的基本方法是分析失稳滑动体沿滑动面上的下滑力 T 与抗滑力 R,按静力平衡原理,取两者之比值为稳定系数 K,即:

$$K = \frac{R}{T} \tag{3-1}$$

$K = 1$ 时,表示下滑力与抗滑力相等,边坡处于极限平衡状态;$K < 1$ 时,边坡不稳定;$K > 1$ 时,边坡稳定。考虑到一些不可预见因素的影响,为安全可靠起见,工程上一般规定采用 $K \geqslant 1.15 \sim 1.45$ 作为路基边坡稳定性分析的界限值。

行车荷载是边坡稳定性分析的主要作用力之一,计算时将行车荷载换算成相当于路基岩土层的厚度,计入滑动体的重力中。换算时可按荷载的最不利布置条件,取单位长度路段,如图3-13所示,计算式如下:

$$h_0 = \frac{NQ}{BL\gamma} \tag{3-2}$$

式中:h_0——行车荷载换算高度(m);

L——前后轮最大轴距,按《公路工程技术标准》(JTG B01—2014)规定,对于标准车辆荷载为12.8m;

Q——一辆重车的重力(标准车辆荷载为550kN);

N——并列车辆数,双车道$N=2$,单车道$N=1$;

γ——路基填料的重度(kN/m³);

B——荷载横向分布宽度(m),表示如下:

$$B = Nb + (N-1)m + d$$

其中:b——后轮轮距,取1.8m;

m——相邻两辆车后轮的中心间距,取1.3m;

d——轮胎着地宽度,取0.6m。

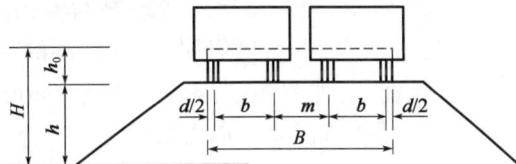

图3-13 计算荷载换算示意图

行车荷载对较高路基边坡的稳定性影响较小,换算高度可以近似分布于路基全宽上,以简化滑动体的重力计算。采用近似方法(如图解或表解等)计算时,亦可以不计算行车荷载。

边坡稳定性验算的其他参数见第二章第四节中的路基材料参数。

一、直线滑动面的边坡稳定性分析

砂类土路基边坡渗水性强、黏性差,边坡稳定主要靠其内摩擦力,失稳土体的滑动面近似呈直线形态,当黏聚力为零时,滑动面为直线。原地面为近似直线的陡坡路堤,如果接触面的摩擦力不足,整个路堤亦可能沿原地面呈直线形态下滑。所以,直线滑动面稳定性分析方法主要适用于黏结力较小的砂类土路堤的堤身稳定性分析和路堤有可能沿斜坡地基表面或已知软弱层带滑动情况下的稳定性分析。前一种情况下,需要确定最危险的滑动面位置(过坡角点的一簇直线之一);后一种情况下,危险滑动面的位置已经确定(沿地基表面或软弱层带)。

如图3-14所示,取单位长度路段,假定AD为直线滑动面,并通过坡脚点A,土质均匀,不计沿路线纵向滑移时土基的作用力,则可简化成平面问题求解。需要指出的是,滑动面的位置在开始分析时难以直接确定,根据滑动面确定方式的不同,演化出"试算法"和"解析法"。

1. 试算法

由图3-14,按静力平衡可得:

$$K = \frac{R}{T} = \frac{Nf + cL}{T} = \frac{W\cos\omega\tan\varphi + cL}{W\sin\omega} \tag{3-3}$$

式中:T——滑动面的切向分力(kN);

N——滑动面的法向分力(kN);

f——摩擦系数，$f = \tan\varphi$；

c——滑动面的黏聚力（kN）；

L——滑动面$\overline{AD}$的长度（m）；

W——滑动体的重力（kN）；

ω——滑动面的倾角（°）；

φ——内摩擦角（°）。

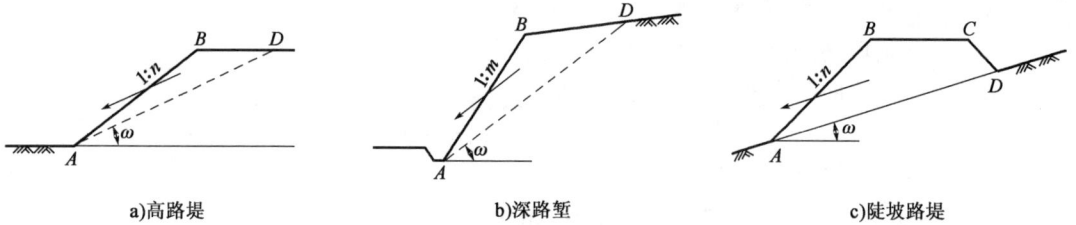

a)高路堤　　　　　　　b)深路堑　　　　　　　c)陡坡路堤

图 3-14　直线滑动面示意图

滑动面位置不同，K 值亦随之而变，边坡稳定与否的判断依据，应是稳定系数的最小值 K_{min}，相应的最危险滑动面的倾角为 ω_0。式(3-3)表明，K 值是 ω 的函数，为此可选择 4 ~ 5 个滑动面，计算并绘制 K 与 ω 的关系曲线，如图 3-15、图 3-16 所示，即可确定 K_{min} 及其相应的 ω_0。当 K_{min} 值符合规定时，路基边坡稳定，否则路基断面需另行设计与验算，直到符合要求为止。

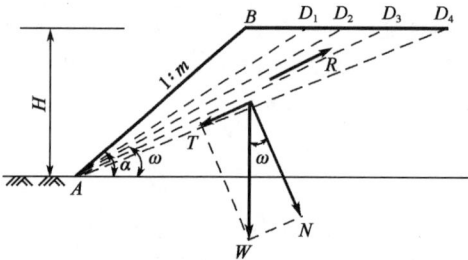

图 3-15　直线滑动面上的力系示意图

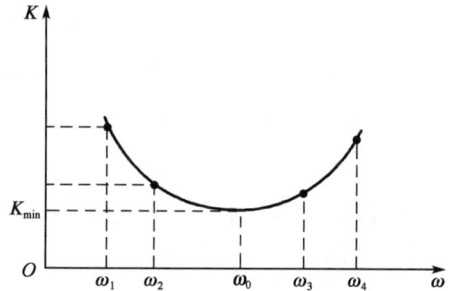

图 3-16　K 与 ω 的关系曲线示意图

对于砂类土，可取 $c = 0$，式(3-3)可简化为：

$$K = \frac{\tan\varphi}{\tan\omega} \tag{3-4}$$

若取稳定系数 $K = 1.25$，则 $\tan\omega = 0.8\tan\varphi$。不难看出，用松散性填料修建的路堤，其边坡角的正切值，不宜大于填料摩擦系数的 0.8 倍。

例如，当填料的内摩擦角 $\varphi = 40°$ 时，$\tan\omega = 0.8 \times \tan40° = 0.6713$，得 $\omega = 33°52'$。如果采用 1∶1.5 的路基边坡，相应于边坡角 $\alpha = 33°41'$。由于 $\alpha < \omega$，该边坡稳定。由此类推，如果 $\varphi < 40°$，路基边坡应相应放缓。

2. 解析法

利用 $K = f(\omega)$ 的函数关系，对式(3-3)求导数，可得边坡稳定系数最小值的表达式，用以代替试算法，计算过程可以大为简化。

以路堑边坡为例，不计行车荷载，计算图式如图 3-17 所示，分析如下：

令滑动面 $\overline{AD} = L$，式（3-3）可改写为：

$$K = f \cdot \cot\omega + \frac{cL}{W \cdot \sin\omega} \qquad (3-5)$$

由图 3-17 可知，单位长度路基边坡滑动体 $\triangle ABD$ 的重力 W 的表达式为：

$$W = \frac{1}{2}\gamma L \frac{H}{\sin\alpha}\sin(\alpha - \omega) \qquad (3-6)$$

图 3-17 直线滑动面的计算图示

由此可得：

$$K = f \cdot \cot\omega + \frac{2c}{\gamma H} \cdot \frac{\sin\alpha}{\sin(\alpha - \omega) \cdot \sin\omega} \qquad (3-7)$$

令 $\dfrac{2c}{\gamma H} = a$，而 $f = \tan\varphi$，当进行边坡稳定性计算时，a、f 及 α 均为已知值。

为便于求导数，式（3-7）最末项改写成：

$$\frac{\sin\alpha}{\sin(\alpha - \omega) \cdot \sin\omega} = \frac{\sin[(\alpha - \omega) + \omega]}{\sin(\alpha - \omega) \cdot \sin\omega} = \cot\omega + \cot(\alpha - \omega)$$

据此，式（3-7）可简化为下式：

$$K = (f + a) \cdot \cot\omega + a \cdot \cot(\alpha - \omega) \qquad (3-8)$$

欲求 K_{min} 值，对式（3-8）求导数，取 $\mathrm{d}K/\mathrm{d}\omega = 0$，则最危险滑动面的倾角 ω_0 表达式如下：

$$\frac{\mathrm{d}K}{\mathrm{d}\omega} = -(f + a)\frac{1}{\sin^2\omega} + a\frac{1}{\sin^2(\alpha - \omega)} = 0$$

因为：

$$\frac{\sin^2(\alpha - \omega)}{\sin^2\omega} = \left(\frac{\sin\alpha \cdot \cos\omega - \sin\omega \cdot \cos\alpha}{\sin\omega}\right)^2 = (\sin\alpha \cdot \cot\omega - \cos\alpha)^2 = \frac{a}{f + a}$$

所以：

$$\cot\omega_0 = \cot\alpha + \sqrt{\frac{a}{f + a}} \cdot \csc\alpha \qquad (3-9)$$

ω_0 的界限为 $\dfrac{\alpha}{2} \leqslant \omega_0 < \alpha$。

将式（3-8）中 $\cot(\alpha - \omega)$ 展开，并以 ω_0 代替 ω，得：

$$\cot(\alpha - \omega_0) = \frac{\cot\omega_0 \cdot \cot\alpha + 1}{\cot\omega_0 - \cot\alpha} = \frac{\cot\alpha\left(\cot\alpha + \sqrt{\dfrac{a}{f + a}} \cdot \csc\alpha\right) + 1}{\left(\cot\alpha + \sqrt{\dfrac{a}{f + a}} \cdot \csc\alpha\right) - \cot\alpha} = \cot\alpha + \frac{\csc\alpha}{\sqrt{\dfrac{a}{f + a}}}$$

$$(3-10)$$

将式（3-9）与式（3-10）代入式（3-8），最后得：

$$K_{min} = (2a + f) \cdot \cot\alpha + 2\sqrt{a(f + a)} \cdot \csc\alpha \qquad (3-11)$$

式（3-11）可绘成图式，使计算工作更为简化，也可用来求路基边坡角 α 的 K_{min} 值，亦可在其他条件固定时，反求稳定的坡角 α（确定边坡）或计算路基的限制高度 H。

[例 3-1] 判断直线滑动面边坡稳定性

某挖方边坡，已知 $\varphi = 25°$，$c = 14.7\mathrm{kPa}$，$\gamma = 17.64\mathrm{kN/m^3}$，$H = 6.0\mathrm{m}$。现拟采用 $1:0.5$ 的边坡，假定 $[K] = 1.25$，试验算其稳定性。

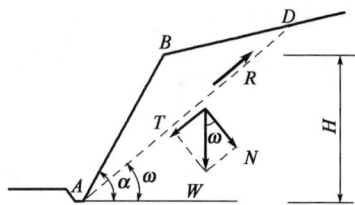

解: 由 $\cot\alpha = 0.5$，$\alpha = 63°26'$，$\csc\alpha = 1.1181$，$f = \tan25° = 0.4663$，$a = \dfrac{2c}{\gamma H} = 0.2778$，代入式(3-11)得：

$$
\begin{aligned}
K_{\min} &= (2a + f)\cot\alpha + 2\sqrt{a(f + a)}\csc\alpha \\
&= (2 \times 0.2778 + 0.4663) \times 0.5 + 2\sqrt{0.2778 \times (0.4663 + 0.2778)} \times 1.1181 \\
&= 1.022 \times 0.5 + 0.9093 \times 1.1181 \\
&= 1.53
\end{aligned}
$$

由于 $K_{\min} > [K] = 1.25$，因此该路基边坡稳定。

[例3-2] 计算容许边坡坡率

例3-1 已知数据不变，假定 $[K] = 1.25$，试求容许的边坡坡率。

解: 令 $[K] = 1.25$，并将各已知数值代入式(3-11)得：

$$
1.25 = 1.022 \times \frac{\cos\alpha}{\sin\alpha} + 0.9093 \times \frac{1}{\sin\alpha}
$$

上式两边同乘 $\sin\alpha$，并以 $\cos\alpha = \sqrt{1 - \sin^2\alpha}$ 代入，整理得：

$$
2.6070\sin^2\alpha - 2.2733\sin\alpha - 0.2177 = 0
$$

解方程得：

$$
\sin\alpha = 0.959 \Rightarrow \alpha \approx 73.55° \Rightarrow \cot\alpha \approx 0.2953
$$

因此，路基边坡可以改陡，坡率采用 $1:0.3$。

[例3-3] 计算容许最大边坡高度

例3-1 主要数据不变，求容许的路基最大边坡高度 H。

解: 令 $[K] = 1.25$，并将各已知数值代入式(3-11)得：

$$
1.25 = (2a + 0.4663) \times 0.5 + 2\sqrt{a(a + 0.4663)} \times 1.1181
$$
$$
0.8a^2 + 0.873a - 0.207 = 0
$$

解方程得：
$$
a = 0.20
$$

$$
H_{\max} \leqslant \frac{2c}{\gamma a} = \frac{2 \times 14.7}{17.64 \times 0.20} = 8.33(\text{m})
$$

因此，容许路基边坡最大高度为 8.33m。

式(3-11)中，如果 $c = 0$，可得：

$$
K_{\min} = \frac{\tan\varphi}{\tan\alpha}
$$

结果与式(3-4)一致(取 $c = 0$)。

二、折线滑动面的边坡稳定性分析

沿斜坡地基表面或已知软弱层带滑动情况下的边坡稳定性分析中，如果已知的滑动面在路基横断面上可简化为直线，则可以用直线滑动面分析方法来分析。但实际工程中，这些滑动面也有可能不是直线，而是一条折线，这时就需要采用折线滑动面的边坡稳定性分析方法，常用的方法有不平衡推力法和传递系数法。

其原理是：当滑动面为多个坡度的折线倾斜面时，可按折线滑动面考虑。将滑动面上土体按折线段划分成若干条块，自上而下分别计算各土体的剩余下滑力(剩余下滑力 = 下滑力 −

抗滑力),根据最后一块土体剩余下滑力值的正负性确定整个路堤的整体稳定性。运用该方法分析边坡安全性问题时,为避免过大误差,要求做到条分合理或对某些滑面作局部调整,以确保每一条块下滑面夹角小于10°。

1. 力的传递关系

按已知的折线形危险滑动面的坡度分界情况,把路基划分成多个土条,图3-18a)中划分了1、2、3、4共4个土条。其中土条2的受力情况如图3-18b)所示。

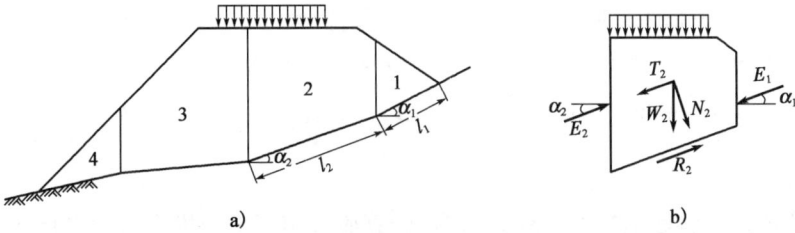

图3-18 折线滑动面示意图

不平衡推力法和传递系数法是一种平面分析方法,其计算过程中有如下假定:

(1)危险滑动面的位置、形状已知,是由一组倾角已知的线段构成的一条折线。

(2)沿折线折点将滑动土体划分的各个土条具有竖直边界,编号顺序由高到低。

(3)当前 $i-1$ 个土条的总体抗滑力不足时,第 i 土条与第 $i-1$ 土条的竖直边界上受到 $i-1$ 土条传递来的剩余下滑力 E_{i-1},作用方向与水平线夹角为 α_{i-1},倾斜向下,如果前 $i-1$ 个土条的总体抗滑力足够,则 $E_{i-1}=0$。

基于以上假定,对第 i 土条,沿其底部滑动面(与水平方向夹角为 α_i)建立力的平衡方程,计算 E_i,计算图式如图3-19所示。图中 C 点为土条重心,O 点为坐标轴原点,W_{Qi} 为土条受到的重力与外加荷载的竖向合力。

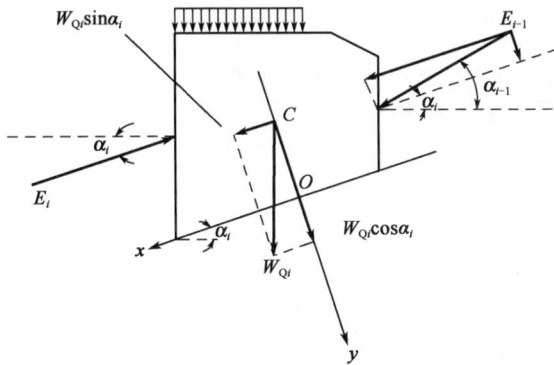

图3-19 第 i 土条的静力平衡计算图示

按图3-19建立 x、y 两个轴向力的平衡关系式:

$$\begin{cases} \sum X = 0 \Rightarrow -E_i + W_{Qi} \cdot \sin\alpha_i + E_{i-1} \cdot \cos(\alpha_{i-1} - \alpha_i) - R_i = 0 \\ \sum Y = 0 \Rightarrow W_{Qi} \cdot \cos\alpha_i + E_{i-1} \cdot \sin(\alpha_{i-1} - \alpha_i) - N_i = 0 \end{cases} \tag{3-12}$$

式中,W_{Qi} 为土条的重力与外加竖向荷载之和;R_i 和 N_i 分别是土条 i 的底部滑动面上的抗滑力(平行于 x 轴)和支持力(平行于 y 轴),没有在图3-18中标出。两者存在以下关系:

$$R_i = c_i l_i + f N_i = c_i l_i + N_i \tan\varphi_i \tag{3-13}$$

式中,c_i、φ_i 和 l_i 分别为第 i 土条底部滑动面上土体的黏聚力、内摩擦角和长度。

将式(3-13)代入式(3-12),可以得出 N_i 和 E_i 的表达式:

$$N_i = W_{Qi} \cdot \cos\alpha_i + E_{i-1} \cdot \sin(\alpha_{i-1} - \alpha_i)$$

$$\begin{aligned} E_i &= W_{Qi} \cdot \sin\alpha_i + E_{i-1} \cdot \cos(\alpha_{i-1} - \alpha_i) - R_i \\ &= W_{Qi} \cdot \sin\alpha_i + E_{i-1} \cdot \cos(\alpha_{i-1} - \alpha_i) - c_i l_i - N_i \tan\varphi_i \\ &= W_{Qi} \cdot \sin\alpha_i + E_{i-1} \cdot \cos(\alpha_{i-1} - \alpha_i) - c_i l_i - [W_{Qi} \cdot \cos\alpha_i + E_{i-1} \cdot \sin(\alpha_{i-1} - \alpha_i)]\tan\varphi_i \\ &= W_{Qi} \cdot \sin\alpha_i - c_i l_i - W_{Qi} \cdot \cos\alpha_i \tan\varphi_i + E_{i-1} \cdot \cos(\alpha_{i-1} - \alpha_i) - E_{i-1} \cdot \sin(\alpha_{i-1} - \alpha_i)\tan\varphi_i \\ &= W_{Qi} \cdot \sin\alpha_i - (c_i l_i + W_{Qi} \cdot \cos\alpha_i \tan\varphi_i) + E_{i-1}[\cos(\alpha_{i-1} - \alpha_i) - \sin(\alpha_{i-1} - \alpha_i)\tan\varphi_i] \end{aligned}$$

令 $\psi_{i-1} = \cos(\alpha_{i-1} - \alpha_i) - \sin(\alpha_{i-1} - \alpha_i)\tan\varphi_i$,则上式可简化为:

$$E_i = W_{Qi} \cdot \sin\alpha_i - (c_i l_i + W_{Qi} \cdot \cos\alpha_i \tan\varphi_i) + E_{i-1}\psi_{i-1} \tag{3-14}$$

2. 不平衡推力法

如果路基填筑在斜坡地基上,路基稳定性验算应采用不平衡推力法。考虑到安全系数 K,则将所有的抗滑力项 R_i 除以安全系数 K,代入式(3-12),经重新推导得到以下公式:

$$E_i = W_{Qi} \cdot \sin\alpha_i - \frac{1}{K}(c_i l_i + W_{Qi} \cdot \cos\alpha_i \tan\varphi_i) + E_{i-1}\psi_{i-1} \tag{3-15}$$

其中,$\psi_{i-1} = \cos(\alpha_{i-1} - \alpha_i) - \dfrac{1}{K}\sin(\alpha_{i-1} - \alpha_i)\tan\varphi_i$。

式(3-15)即为不平衡推力法分析的基本公式。

3. 传递系数法

当路堑边坡覆土层与基岩间有软弱层,滑坡地段的稳定性验算采用传递系数法。考虑安全系数 K,则将下滑力 $W_{Qi}\sin\alpha_i$ 放大 K 倍,代入式(3-12),经重新推导可得:

$$E_i = K \cdot W_{Qi}\sin\alpha_i + E_{i-1}\psi_{i-1} - (c_i l_i + W_{Qi} \cdot \cos\alpha_i \tan\varphi_i) \tag{3-16}$$

其中,$\psi_{i-1} = \cos(\alpha_{i-1} - \alpha_i) - \sin(\alpha_{i-1} - \alpha_i)\tan\varphi_i$。

式(3-16)即为传递系数法的基本公式。

[例3-4] 折线滑动面边坡稳定性分析

已知断面参数如图3-20所示。

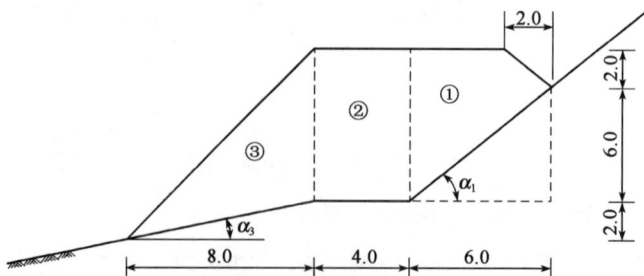

图3-20 折线滑动面算例断面图(尺寸单位:m)

折线倾角为:$\alpha_1 = 45° = 0.785\ 4\text{rad}$,$\alpha_2 = 0° = 0\text{rad}$,$\alpha_3 = 14°02' = 0.246\ 4\text{rad}$。滑动面上土的黏聚力、内摩擦角不变,都是 $c = 10\text{kPa}$,$\varphi = 15° = 0.261\ 8\text{rad}$,土体重度 $\gamma = 18\text{kN/m}^3$,安全系

数 $[K]$ 取 1.25。用不平衡推力法判断折线陡斜坡地基上路基的稳定性。

解: 取单位厚度 1.0m 计算

(1)先计算土块①产生的剩余滑动力 E_1

土块①的截面积计算: $A_1 = (4+6) \times 2/2 + 6 \times 6/2 = 28(\text{m}^2)$

土块①的重力: $W_1 = \gamma A_1 \times 1.0 = 18 \times 28 \times 1.0 = 504(\text{kN})$

$$E_1 = W_1 \cdot \sin\alpha_1 - \frac{1}{[K]}(c_1 l_1 + W_1 \cdot \cos\alpha_1 \tan\varphi_1)$$

$$= 504 \times \sin0.7854 - \frac{1}{1.25}(10 \times 6.0 \times \sqrt{2} + 504 \times \cos0.7854 \times \tan0.2618)$$

$$= 212(\text{kN})$$

(2)计算土块②产生的剩余滑动力 E_2

土块②的截面积: $A_2 = 4 \times 8 = 32(\text{m}^2)$

土块②的重力: $W_2 = \gamma A_2 \times 1.0 = 18 \times 32 \times 1.0 = 576(\text{kN})$

$$\psi_1 = \cos(\alpha_1 - \alpha_2) - \frac{1}{[K]}\sin(\alpha_1 - \alpha_2)\tan\varphi_2$$

$$= \cos(0.7854 - 0) - \frac{1}{1.25}\sin(0.7854 - 0) \cdot \tan0.2618$$

$$= 0.707 - 0.8 \times 0.707 \times 0.268$$

$$= 0.555$$

$$E_2 = W_2 \cdot \sin\alpha_2 - \frac{1}{[K]}(c_2 l_2 + W_2 \cdot \cos\alpha_2 \tan\varphi_2) + E_1\psi_1$$

$$= 576 \times \sin0 - \frac{1}{1.25}(10 \times 4.0 + 576 \times \cos0 \times \tan0.2618) + 212 \times 0.555$$

$$= -38(\text{kN})$$

因为 $E_2 < 0$,因此可认为土块②将不会传递滑动力至土块③。

(3)计算土体③的剩余滑动力 E_3

土块③的截面积: $A_3 = \frac{1}{2} \times (8 \times 10 - 8 \times 2) = 32(\text{m}^2)$

土块③的重力: $W_3 = \gamma A_3 \times 1.0 = 18 \times 32 \times 1.0 = 576(\text{kN})$

因为 $E_2 < 0$,因此无须计算 ψ_2,直接计算 E_3。

$$E_3 = W_3 \cdot \sin\alpha_3 - \frac{1}{[K]}(c_3 l_3 + W_3 \cdot \cos\alpha_3 \tan\varphi_3)$$

$$= 576 \times \sin0.2464 - \frac{1}{1.25}\left(10 \times \frac{8.0}{\cos0.2464} + 576 \times \cos0.2464 \times \tan0.2618\right)$$

$$= -45(\text{kN})$$

$E_3 < 0$ 表示不会产生未平衡的推力。因此,按 1.25 的安全系数考虑,该折线滑动面路基安全稳定。

通过以上算例可知,不平衡推力法在划分土块后,其计算针对每一土块分别进行,将上一土块计算出的剩余滑动力施加在下一土块上,如果计算出的剩余滑动力小于零,则认为前面的所有土块已能自平衡,取剩余滑动力为零,进行下一土块的分析。

该分析方法也可以用于求出实际安全系数 K,可以用试算法,步骤与上述例题的相同,以

上计算表明 $K > 1.25$,增大该值迭代计算,直到最后土块 $E_3 = 0$,此时对应 K 值即为所求。按此方法计算上例的安全系数 $K = 1.529$。

三、曲线滑动面的边坡稳定性分析

一般来说,土均具有一定的黏结力,因此边坡滑动面多数呈现曲面,前文介绍的两种方法在实际应用中局限性较大。从实际工程对象来看,在路基填筑或开挖后,其边坡稳定性分析难点在于:

(1)因土的工程性质的复杂性,其最危险滑动面的位置和形状是无法预知的。

(2)滑动土体的形状较为复杂,且可能由多种土质构成,其物理力学指标存在差异,是非均质、不规则的分析对象,在滑动面上的情况也类似。

(3)路基土不是刚体,而是一个弹塑性体,按刚体力学方法求解,具有局限性。

(4)即使在同一土质构成的体积内,受含水率、压实度、固结程度、扰动等因素影响,其物理力学参数也不是处处相同的。

理想情况下,分析某一给定边坡的稳定性的核心是一个"搜索"过程:首先建立边坡土参数的分布场;然后列举所有可能的滑动面形位;再计算每一个滑动面的安全性指标(如安全系数);最后比较得到最危险的滑动面及其对应的安全性指标。上述难点使得这一"搜索"实现起来非常困难,为解决稳定性分析实际问题,针对以上难点,人们提出了多种假定以简化问题。

(1)圆弧滑动面假定及其圆心的辅助线法

通过总结以往工程中边坡失稳的实例发现,其滑动面虽是曲线形状,但与标准的圆弧的差异不大,特别是土质较单一、均匀时。为此,提出了圆弧滑动面假定,最经典的方法就是瑞典法和毕肖普(Bishop)法等;同时提出 $4.5H$ 法、36°线法等圆心辅助线法。该假定使得滑动面的搜索过程得以大大简化。

理想的圆弧滑动面并不完全符合实际情况,为此也有运用复合曲线的计算方法,如对数曲线、对数螺旋线及组合曲线等。由于计算繁杂,一般应用有限单元法和计算机完成分析计算工作。

(2)条分法简化

滑动土体形状及构成复杂时,求解难度大,可通过将其划分为多个土条进行离散化,每一土条的性质相对简单,通过计算有限土条间及各土条在滑动面上的力和力矩,建立平衡关系,能够简化计算过程。

(3)刚体假定

将滑动土体或条分后的土体看作刚体,力与力矩平衡关系建立在刚体基础上,不考虑土的弹塑性,引入极限平衡的思路来分析,从而避免了对滑动土体内部复杂的受力状态的分析。

(4)确定性分析方法

土的参数在空间上分布的不均匀使得边坡分析成为一个不确定性问题,理论上应采用基于概率或可靠度的不确定性分析方法。虽然不确定性分析方法是目前的研究热点之一,但为简化起见,工程上常用的仍是确定性分析方法。

下面主要介绍基于圆弧滑动面假定的圆心辅助线确定方法,以条分和刚体假定为主要模型、以确定性的极限平衡理论为分析方法的瑞典圆弧法和简化 Bishop 法等。后者是我国路基设计规范中应用的主要方法之一。

1. 基于圆弧滑动面假定的圆心辅助线确定方法

（1）4.5H 法

图 3-21 为采用 4.5H 法计算圆弧滑动面的计算图式，首先确定圆心 O 和半径 OA。一般情况下，圆心的位置是在圆心辅助线 EF 的延长线上移动，E 点和 F 点的位置可用 4.5H 法确定。

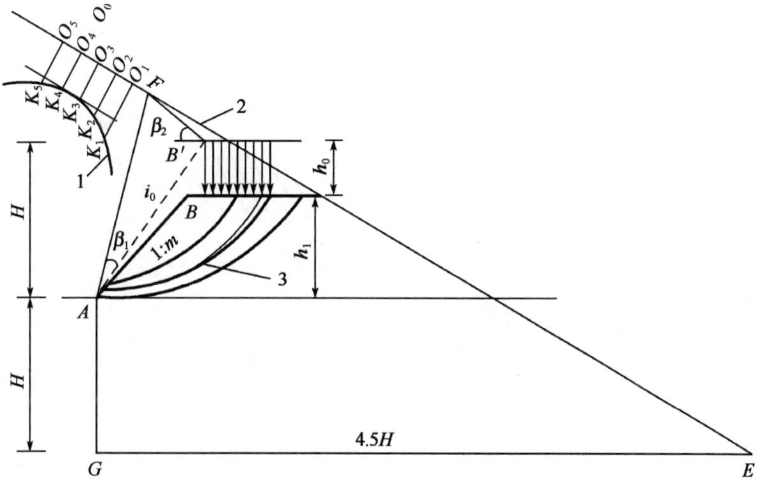

图 3-21　4.5H 法确定圆心位置图示

1-K 值曲线；2-圆心辅助线；3-最危险滑动面

图 3-21 中边坡计算高度 $H = h_1 + h_0$，由 A 点向下作垂直线，取深度为 H 确定 G 点，由 G 点作水平线，取距离为 4.5H 确定 E 点，即 4.5H 法。F 点的位置由角度 β_1 和 β_2 的边线相交而定，其中 β_1 以 AB' 平均边坡线为准，β_2 以 B' 点的水平线为准，如果不计荷载，则 $h_0 = 0$，B' 由 B 代替。β_1 和 β_2 取决于路基的边坡坡度，见表 3-11。

辅助线的作图角值表　　　　　　表 3-11

边坡坡率	边坡角	β_1	β_2	边坡坡率	边坡角	β_1	β_2
1:0.5	63°26′	29°46′	40°38′	1:2.5	21°48′	25°	35°
1:1	45°00′	28°00′	37°12′	1:4	14°02′	24°47′	36°39′
1:1.5	33°41′	26°28′	35°24′	1:5	11°04′	24°29′	37°13′
1:2	26°34′	26°08′	35°00′				

大量计算证明，如果路基边坡为单斜线，坡顶水平，当 $\varphi = 0$ 时，最危险滑动面的圆心就在 F 点上。当 $\varphi > 0$，圆心在辅助线上向左上方向移动，φ 值越大，OF 间距越大，通常取 4~5 个点为圆心，分别求 K 值，并绘制 K 值曲线，据以解得 K_{min} 值及相应的圆心 O_0。

（2）36°线法

圆心辅助线亦可用 36°线法绘制，如图 3-22 所示。36°线法比较简便，但计算结果误差较大，可在试算中使用。

2. 基于条分的极限平衡法原理

极限平衡法指的是岩土力学中，依据一定的屈服标准（如剪切破坏理论）和关联流动法则（塑性变形），分析岩土材料的稳定性极限状态的一类分析方法。极限平衡法则特指在给定圆弧滑动面后,以条分滑动土体为基础,通过分析滑动土体的刚体力与力矩平衡,以库仑强度理论为基础,检验滑动面上抗滑力(矩)与滑动力(矩)间关系的分析方法。

按照圆弧滑动面假定和条分法原理,作用于土条上的力如图 3-23 所示。

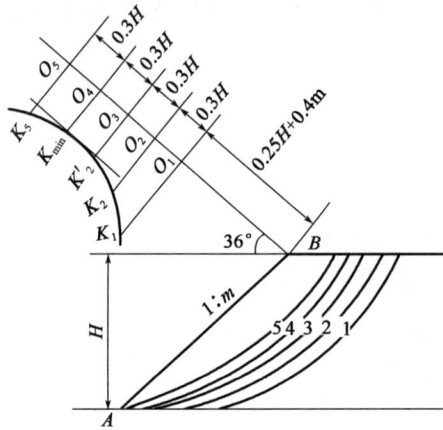

图 3-22 36° 线法确定圆心位置图示

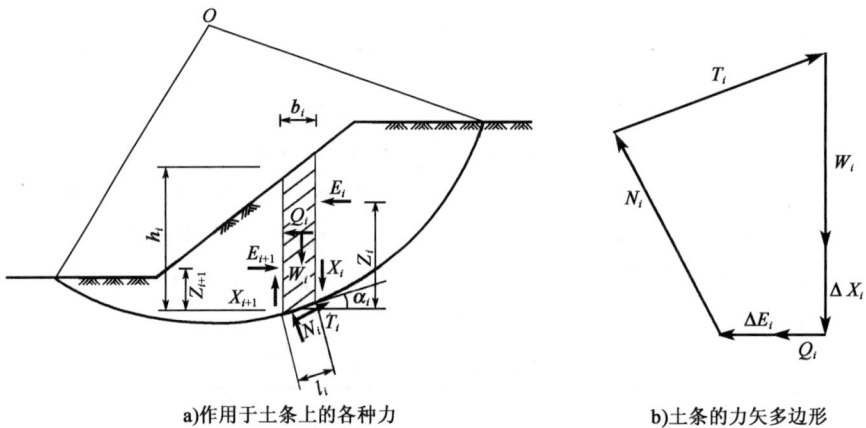

a)作用于土条上的各种力   b)土条的力矢多边形

图 3-23 条分后土条 i 上的作用力

图 3-23 中,假定滑动土体被竖直分割为 n 个土条,土条 i 的受力分为以下两大类。

(1)土体自身重力与荷载相关的力

包括土条本身重力 W_i(可包括外荷载作用)和水平作用力 Q_i(如地震产生的水平惯性力等)。

(2)相邻土条及滑动面上的作用力

水平方向两侧土条作用力 E_i 和 E_{i+1},竖直方向作用力 X_i 和 X_{i+1};滑动面支持力 N_i(垂直于 i 土条底部滑动面中点的切线)和与 N_i 大小有关的抗滑力 T_i($T_i = c_i l_i + N_i \tan\varphi$,$\varphi$ 为滑动面土条的内摩擦角)。

当滑动面形状确定后,土条的几何尺寸即确定,滑动面上的土体强度参数也可确定,假定滑动土体处于极限平衡状态,可建立各土条水平向及竖直向力的平衡、滑动面上的极限平衡及土条的力矩平衡方程。因未知数个数多于方程数,无法直接求解,有必要追加一些假定,根据追加假定的不同,衍生出多种具体方法。

①瑞典法:不考虑条间力的相互作用,土条间的合力 S_i 和 S_{i+1} 大小相等,方向平行于滑动面。

②毕肖普法(Bishop):假定 $n-1$ 个 X_i 值,简化毕肖普法则更简单地假定所有 $X_i=0$。

③斯宾塞(Spencer)法、摩根斯坦-普赖斯(Morgenstern Price)法、沙尔玛(Sarma)法等:假定 X_i 与 E_i 的交角或土条间力合力的方向。

④简布(N. Janbu)法:假定条间力合力的作用点位置,提出普遍条分法。

除瑞典法以外,大部分条分法都考虑土条间力的作用,一般情况下这可以使稳定安全系数计算结果的精度和大小都得到提高,但基于土的性质特点,有两点必须注意:①在土条分界面上不能违反土体破坏准则,即条间切向力折算的平均剪应力应小于分界面土体的平均抗剪强度;②不允许土条间出现拉应力。如果这两点不能满足,就必须修改原来的条间力假定,或采用其他计算方法。

研究表明,为减少未知量所做的各种假设,在满足合理性要求的条件下,求出的安全系数差别都不大。因此,从工程实用观点来看,在计算方法中无论采用何种假定,并不显著影响最后求得的稳定安全系数值(有研究认为安全系数差异小于12%)。进行边坡稳定性分析的目的,就是要找出所有既满足静力平衡条件,同时又满足合理性要求的安全系数的集合。其中最小的安全系数即边坡稳定安全系数。

由于极限平衡法没有考虑土体自身的应力-应变关系和实际工作状态,所求出土条之间的内力或土条底部的反力与边坡在实际工作条件下真实内力和反力有一定误差,更不能求出变形,只是利用这种通过人为假定的虚拟状态来求出安全系数。由于在求解中做了许多假定,不同的假定求出的结果是不相同的,但由于长期在工程中使用,各行业应用不同的方法,都积累了大量的经验,工程界就用这种虚拟状态来近似模拟实际工作状态,再结合工程经验,从而做出工程设计判断。

3. 瑞典(Fellenius)圆弧法

1927 年,瑞典人 Fellenius 提出对均质边坡圆弧形滑面的分析方法,即瑞典圆弧法,其核心思想是假定条块间没有相互作用力。其基本假定为:

(1)滑动面为圆弧滑裂面,将滑动土体分为 n 条竖向土条,并假定每个土条为不变形的刚体。

(2)土条间作用力的合力 S_{i+1} 和 S_i 大小相等,方向平行于滑动面,同时不考虑土条间合力的相互作用。

(3)将土条重力分解为平行及垂直土条底面方向的两个力 $W_i\sin\alpha_i$ 和 $W_i\cos\alpha_i$。

由于不考虑土条间的相互作用,静力简图见图 3-24,首先建立土条垂直于滑动面的静力平衡方程得:

$$N_i = W_i\cos\alpha_i \qquad (3\text{-}17)$$

然后,通过整体对圆心的力矩平衡确定安全系数:

$$\sum_{i=1}^{n}\left(-T_i + W_i\sin\alpha_i\right)R = 0 \qquad (3\text{-}18)$$

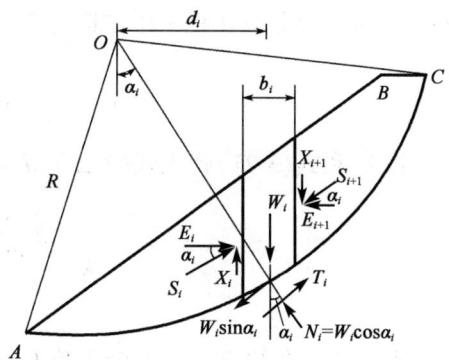

图 3-24 瑞典条分法静力简图

其中：$T_i = \dfrac{c_i l_i + N_i \tan\varphi_i}{K}$。

将 T_i 和式(3-17)代入式(3-18)可得边坡稳定的安全系数：

$$K = \frac{\sum\limits_{i=1}^{n}(c_i l_i + W_i \cos\alpha_i \tan\varphi_i)}{\sum\limits_{i=1}^{n} W_i \sin\alpha_i} \tag{3-19}$$

瑞典条分法是所有条分法的雏形。在它的假定中，滑裂面为圆弧面，忽略土条间的相互作用力，将土条底部法向应力简单地看作是土条重力在法线方向的投影。因此该法向力通过滑裂面的圆心，对圆心取矩时为零，从而使计算工作大大简化。

4. 简化毕肖普(Bishop)法

1955 年，毕肖普(Bishop)在瑞典条分法基础上提出了该简化方法。这一方法仍然保留了滑裂面的形状为圆弧形和通过力矩平衡条件求解这些特点，但是在确定土条底部法向力时，考虑了条间力的作用。静力简图见图 3-25。其基本假定为：

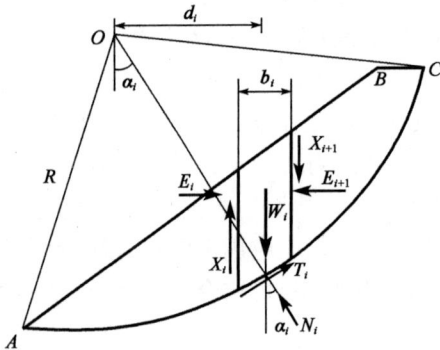

图 3-25　毕肖普法静力简图

(1)滑动面为圆弧滑裂面，将滑动土体分为 n 条竖向土条，每个土条是不变形的刚体。

(2)条块间作用力只有法向力，而不存在切向力。即 $X_i = X_{i+1} = 0$。

(3)忽略成对条间力(E_i)产生的力矩。

首先，对每个土条建立竖直方向静力平衡方程：

$$W_i - N_i \cos\alpha_i - T_i \sin\alpha_i = 0 \tag{3-20}$$

将 $T_i = \dfrac{c_i l_i + N_i \tan\varphi_i}{K}$ 代入式(3-20)可确定 N_i 的表达式：

$$N_i = \frac{1}{m_{\alpha i}}\left(W_i - \frac{c_i l_i}{K}\sin\alpha_i\right) \tag{3-21}$$

其中：$m_{\alpha i} = \cos\alpha_i + \dfrac{\sin\alpha_i \tan\varphi_i}{K}$。

然后，通过整体对圆心的力矩平衡确定安全系数，由于相邻土条之间侧壁作用力的力矩相互抵消，而土条滑面上的有效法向力 N_i 的作用通过圆心，得到平衡方程式：

$$\sum_{i=1}^{n} W_i d_i - \sum_{i=1}^{n} T_i R = 0 \tag{3-22}$$

将 T_i 和式(3-21)代入式(3-22)，$d_i = R\sin\alpha_i$，可得计算边坡稳定的安全系数公式：

$$K = \frac{\sum\limits_{i=1}^{n} \dfrac{1}{m_{\alpha i}}(c_i l_i \cos\alpha_i + W_i \tan\varphi_i)}{\sum\limits_{i=1}^{n} W_i \sin\alpha_i} \tag{3-23}$$

式(3-23)右侧也含有安全系数 K($m_{\alpha i}$ 中含有 K)，不能直接解出 K 值，需要采用迭代法计算。首先，先假定 K 等于 1，代入式(3-23)的右侧，计算出一个新的 K 值；如果算出的 K

不等于 1，则用此 K 值再代入式（3-23）的右侧，计算出另一个 K 值；如此反复迭代，直至前后两次的 K 值非常接近。通常迭代 3～4 次，就可以得到满足精度要求的解，而且迭代通常能够收敛。

简化的毕肖普法假定所有的 $X_i = 0$，减少了 $n-1$ 个未知量，又利用每一个土条竖直方向力的平衡及整个滑动土体的力矩平衡，避开了计算 E_i 及其作用点的位置，求出安全系数 K。但是它仍旧不能满足所有的平衡条件，还不是一个严格的方法。

5. 极限平衡法的综合比较

根据对滑动土条间力和滑裂面形状的假定以及对平衡条件选取的不同，提出了多种不同的简化分析方法，除前文介绍的瑞典圆弧法、简化 Bishop 法外，还有简化 Janbu 法、罗厄法、Spencer 法、Sarma 法、Morgenstern-Price 法等，各种条分法的简化假定的比较见表 3-12。

各种条分法的简化假定比较 表 3-12

方法名称	滑动面形状假定	条间力假定	平衡条件选取
瑞典圆弧法	圆弧	条间力和土条底面平行	土条底面法线方向静力平衡和整体对圆心力矩平衡
简化 Bishop 法	圆弧	条间力方向水平（条间力倾角 $\alpha = 0$）	垂直方向静力平衡和整体对圆心力矩平衡
简化 Janbu 法	任意形状	条间力方向水平（$\alpha = 0$）	水平和垂直静力平衡
罗厄法	任意形状	α 等于该土条底面倾角和顶面倾角的平均值	水平和垂直静力平衡
Spencer 法	任意形状	α 为某一常数	水平和垂直静力平衡及整体对土条底中点的力矩平衡
Sarma 法	任意形状	条间力为一分布函数	水平和垂直静力平衡及整体对土条底中点的力矩平衡
Morgenstern-Price 法	任意形状	条间力为一分布函数	水平和垂直静力平衡及整体对土条底中点的力矩平衡

四、软土地基的路基稳定性分析

软土是由天然含水率大、压缩性高、承载能力低的淤泥沉积物及少量腐殖质所组成的土，主要有淤泥、淤泥质土及泥炭。软土按沉积环境不同，分为河海沉积、湖泊沉积、江滩沉积和沼泽沉积四类。

软土的抗剪强度低，填土后受压，可能产生侧向滑动或较大的沉降，从而导致路基的破坏，一般要求采取适当的稳定措施。对于薄层软土，原则上应清除换土；软土层较厚时，如果填土高度 H 超过软土所容许的填筑临界高度 H_c，换土量较大，这时应采取加固措施。

下面以瑞典圆弧法为例，介绍软土地基上路基稳定性分析的基本原理，采用简化 Bishop 等其他方法时，可按类似的参数选用规则操作。

1. 临界高度的计算

软土区路基的临界高度 H_c 是指天然地基状态下,不采取任何加固措施,所容许的路基最大填土高度。

（1）均质薄层软土地基

此时圆弧滑动面与软土层底面相切,则:

$$H_c = \frac{c}{\gamma} \cdot N_w \tag{3-24}$$

式中: H_c——容许填土的临界高度(m);

$\quad\quad$ c——软土的快剪黏聚力(kPa);

$\quad\quad$ γ——填土的重度(kN/m³);

$\quad\quad$ N_w——稳定因数,其值与路堤坡角 α 及深度因素 λ 值有关,可查图 3-26 确定,查图时路堤高度 H 为待定值,需用试算法,先假定 H,计算 $\lambda = \frac{d+H}{H}$,据以查图。

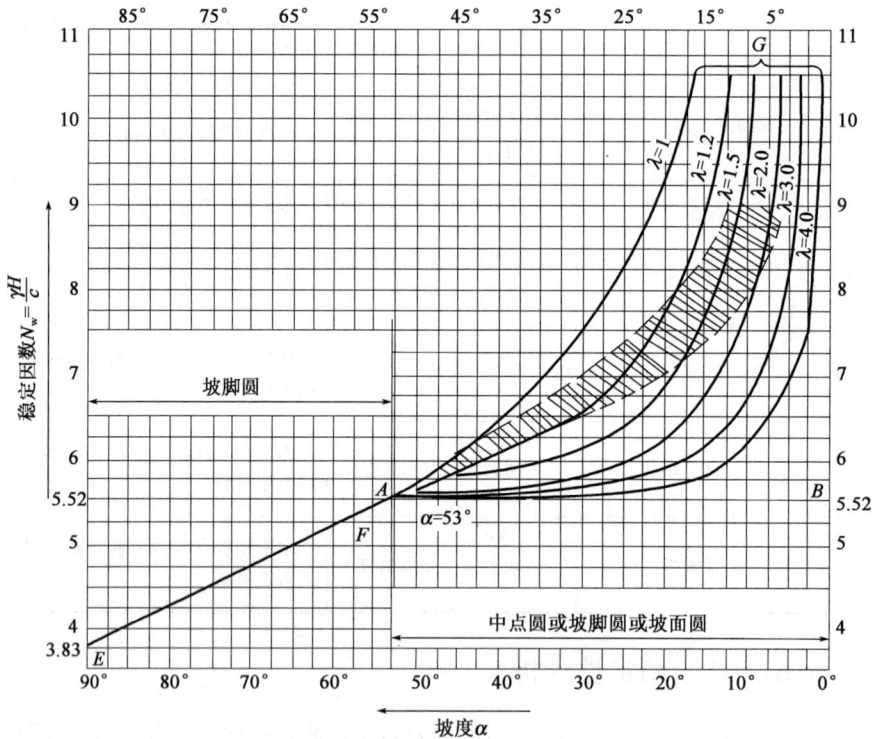

图 3-26 α 与 $\frac{\gamma H}{c}$ 及 λ 关系图($\varphi=0$)

[**例 3-5**] 软土路基容许填土高度计算

已知某软土层厚 $d=2.0\text{m}$,路基坡角 $\alpha=33°41'(1:1.5)$,$c=3.0\text{kPa}$,$\gamma=17.0\text{kN/m}^3$。试求容许填土高度。

解: 假定 $H=1.0\text{m}$,则

$$\lambda = \frac{d+H}{H} = \frac{2.0+1.0}{1.0} = 3.0$$

查图 3-26 得：$N_w = 5.65$。

由式(3-24)得：

$$H_c = \frac{c}{\gamma} \cdot N_w = \frac{3.0}{17.0} \times 5.65 = 0.997(\text{m})$$

结论：由于计算值与假定值相差小于 1%，H_c 定为 1.00m。如果假定值与计算结果相差较大，应重新假定，直到偏差符合要求为止。

（2）均质厚层软土地基

由于土层厚度 d 值很大，λ 值向无穷大接近，由图 3-26 可知取 $N_w = 5.52$，故：

$$H_c = 5.52 \frac{c}{\gamma} \tag{3-25}$$

鉴于填土的重度一般为 $17.5 \sim 19.5 \text{kN/m}^3$，所以实际工程中可近似取 $H_c = 0.3c$。

对于非均质软土地基的填土临界高度，涉及因素较多，实际计算时可直接根据稳定性分析结果而定。

2. 路基稳定性的计算方法

因软土地基的路堤滑动呈圆弧滑面，故稳定验算方法可采用瑞典圆弧条分法。根据计算过程中参数选择不同，可分为改进总强度法、有效固结应力法和简化 Bishop 法等。

（1）改进总强度法

改进总强度法是以 $\varphi = 0°$ 法为基础发展而来的，它是基于 $\varphi = 0°$ 法利用原位测试资料[采用静力触探试验的贯入阻力（单桥探头）或锥尖阻力（双桥探头）换算的十字板抗剪切强度或直接由十字板试验得到的抗剪强度]，借用有效固结应力法计算地基强度随固结增加的原理，采用强度增长系数计算固结过程中强度的增量。该方法与静力触探试验相结合，为软土地基路堤稳定性验算提供了一种高效可靠的途径，软土地基稳定性验算示意图如图 3-27 所示。

改进总强度法稳定安全系数 K 的计算公式为：

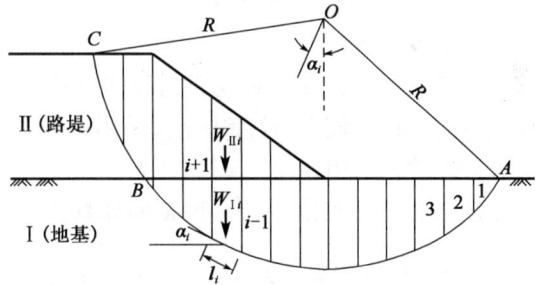

图 3-27 软土地基稳定性验算示意图

$$K = \frac{\sum\limits_{A}^{B}(S_{ui} + W_{II i}\cos\alpha_i U_i m_i)l_i + \sum\limits_{B}^{C}(c_{qi}l_i + W_{II i}\cos\alpha_i \tan\varphi_{qi})}{\sum\limits_{A}^{B}(W_1 + W_{II})_i \sin\alpha_i + \sum\limits_{B}^{C} W_{II i}\sin\alpha_i} \tag{3-26}$$

式中：S_{ui}——由静力触探试验的贯入阻力（单桥探头）或锥尖阻力（双桥探头）换算的十字板抗剪强度或直接由十字板试验得到的抗剪强度（kPa）；

m_i——地基土层强度增长系数，见表 3-13。

地基土层强度增长系数 m_i　　　　　　　　　　　　　　　　表 3-13

土名	描述	m_i
泥炭	在潮湿和缺氧条件下，由未充分分解的喜水植物遗体堆积而形成的泥沼覆盖层。呈纤维状，深褐色至黑色。有机质含量大于 60%，含水率大于 300%，孔隙比大于 10	0.35
泥炭质土	喜水植物遗体大部分完全分解后形成的有臭味、呈黑泥状的细粒土。有机质含量在 10%～60% 之间（尚可细分为弱泥炭质土、中泥炭质土、强泥炭质土），含水率不超过 300%，孔隙比大于 3	0.20

续上表

土名	描述	m_i
有机质土	在多水环境下由不同的植被植物分解所组成的细粒土,其中混有矿物颗粒。有机质含量在3%～10%之间,淤泥、淤泥质土属于此类	0.25
黏质土	塑性指数(76g 锥)大于 17 的土	0.30
粉质土	塑性指数(76g 锥)大于 10,但小于或等于 17 的土	0.25

（2）有效固结应力法

有效固结应力法考虑了软土地基路堤施工的实际情况,即路堤并非瞬间填到设计高度,而是按照一定的施工速率逐渐填筑。当需要在强度很低的地基上修筑高路堤时,可以按照这一计算模式,采用分期加载的方法对地基固结强度逐渐提高后的安全系数进行验算,以保证路堤填筑过程中的稳定性满足要求。

有效固结应力法稳定安全系数 K 的计算公式为:

$$K = \frac{\sum_{A}^{B}(c_{qi}l_i + W_{\mathrm{I}i}\cos\alpha_i\tan\varphi_{qi} + W_{\mathrm{II}i}\cos\alpha_i U_i\tan\varphi_{cqi}) + \sum_{B}^{C}(c_{qi}l_i + W_{\mathrm{II}i}\cos\alpha_i\tan\varphi_{qi})}{\sum_{A}^{B}(W_{\mathrm{I}} + W_{\mathrm{II}})_i\sin\alpha_i + \sum_{B}^{C}W_{\mathrm{II}i}\sin\alpha_i} \tag{3-27}$$

式中:c_{qi}、φ_{qi}——第 i 土条地基土或路堤填料采用快剪试验测得的黏聚力(kPa)和内摩擦角(°);

φ_{cqi}——第 i 土条地基土采用固结快剪试验测得的内摩擦角(°);

U_i——地基平均固结度。

（3）简化 Bishop 法

简化 Bishop 法虽是一种比较精确的方法,但是由于计算中需要采用有效抗剪强度指标,取样试验的工作量较大,设计中全部采用这种方法有困难,因此,建议在试验工程或路堤重点部位有选择性地采用。

简化 Bishop 法稳定安全系数 K 的计算公式为:

$$K = \frac{\sum_{A}^{B}\left\{c_i'b_i + \left[(W_{\mathrm{I}} + W_{\mathrm{II}})_i - u_ib_i\right]\tan\varphi_i'\right\}\big/m_{\mathrm{I}\alpha i} + \sum_{B}^{C}(c_{qi}b_i + W_{\mathrm{II}i}\cos\alpha_i\tan\varphi_{qi})\big/m_{\mathrm{II}\alpha i}}{\sum_{A}^{B}(W_{\mathrm{I}} + W_{\mathrm{II}})_i\sin\alpha_i + \sum_{B}^{C}W_{\mathrm{II}i}\sin\alpha_i} \tag{3-28}$$

$$m_{\mathrm{I}\alpha i} = \cos\alpha_i + \tan\varphi_i'\sin\alpha_i/K \tag{3-29}$$

$$m_{\mathrm{II}\alpha i} = \cos\alpha_i + \tan\varphi_{qi}\sin\alpha_i/K \tag{3-30}$$

式中:c_i'、φ_i'——第 i 土条地基土采用三轴试验测得的有效黏聚力(kPa)和有效内摩擦角(°);

b_i——第 i 土条的水平宽度(m),即 $b_i = l_i\cos\alpha_i$;

u_i——第 i 土条滑动面上的孔隙水压力(kPa)。

五、浸水路堤的稳定性分析

浸水路堤除承受自重和行车荷载作用外,还受到水浮力和渗透动水压力的作用。水的浮力取决于浸水深度,渗透动水压力则视水的落差(坡降)而定。

水位变化对路堤的影响如图 3-28、图 3-29 所示。其中对路基边坡安全不利的状况是路堤内的水向边坡外渗流,如果落水迅猛,渗透流速高,坡降大,则易带出路堤内的细土粒,动水压力使边坡失稳。

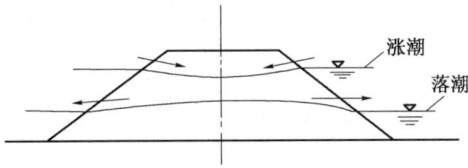

图3-28 双侧渗水路堤水位变化示意图

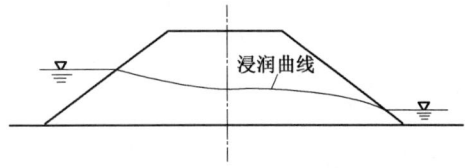

图3-29 单侧浸水路堤水位变化示意图

透水性强的砂质土路堤,动水压力较小;黏质土路堤经人工压实后,透水性差,动水压力亦不大。介于两者之间的土质路堤,如粉质亚砂或粉质亚黏土等,浸水时的边坡稳定性较差。遇水膨胀及易溶或严重风化的岩土,浸水路堤边坡的稳定性更差。

浸水路堤的设计中,一般按设计洪水位并考虑壅水和浪高等因素,选定路堤高程。浸水部分采用较缓边坡(1:2 或更缓),必要时设置护坡道,流速较大时予以防护加固,或设置导流结构物。为使设置更加合理,对浸水路堤的边坡需进行稳定性计算。

浸水路堤的边坡稳定性计算,通常亦假定滑动面为圆弧,最危险的滑动面通过坡脚,其圆心位置的确定与条分法相似。稳定性计算方法有多种,常用方法有假想摩擦角法、悬浮法和条分法。

1.渗透动水压力计算

凡用黏质土填筑的浸水路堤(不包括渗透性极小的纯黏土),必须进行渗透动水压力计算。如图3-30所示,渗透动水压力 D 可按下式计算:

$$D = I\Omega_B \gamma_0 \tag{3-31}$$

式中:I——渗流水力坡降,取用浸润曲线[浸润曲线为图3-30a)中的 MD 线]的平均坡降;

Ω_B——浸润曲线以下部分的土体面积(m^2);

γ_0——水的重度,γ_0 取 $9.8kN/m^3$。

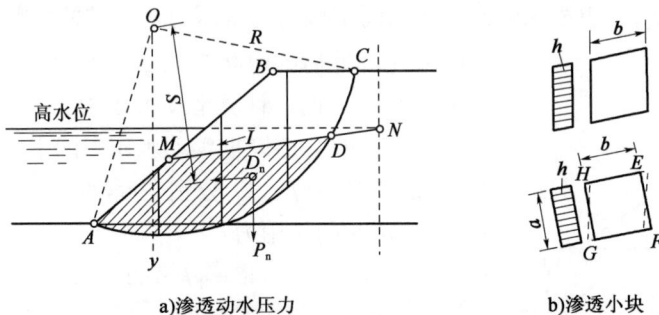

a)渗透动水压力   b)渗透小块

图3-30 浸水路堤边坡稳定性与渗透动水压力

式(3-31)的推导过程如下:按前述分段法将滑塌土体分块,如图3-30b)所示,图中 EFGH 表示渗流所经的一小块。假定土具有均匀同向性,EH 及 FG 为流线,相邻断面 EF 与 HG 之间(即由 E 至 H 与由 F 至 G)的水头落差(或水头损失)同为 h,故 EF 与 HG 的相互关系是位差面。设土块边长为 a 及 b,垂直图面方向的厚度为 $l(l=1m)$,则水由 EF 流至 HG 所损失的压力 D 为:

$$D = al\gamma_0 h = alL\gamma_0 \frac{h}{b} = \Omega_B\gamma_0 I \tag{3-32}$$

损失压力由水传至土粒,即成为渗透动水压力,因 $\frac{h}{b}$ 为水力坡降 I,alb 为土的体积,故施于土体的单位渗透动水压力为 $\gamma_0 I$,总的渗透动水压力见式(3-32)(该堤长为1m)。由此得出结论:在均匀同向性的土体中,渗透动水压力沿水流方向作用,与位差面正交,并通过形心。

2. 假想摩擦角法

此方法的基本思路是,适当改变填料的内摩擦角,利用非浸水时的常用方法,进行浸水时的路堤稳定性计算。

根据库仑定律,滑动土体的总强度为:

$$S = Q\tan\varphi + cL \tag{3-33}$$

路堤浸水时,土基的抗剪强度有所降低,表示为 S_B,其中部分原因是浮力作用下重力减轻,Q 降为 Q_B,假设相当于 φ 减小为 φ_B。此时如果其他条件不变,浸水后的土基总强度有两种数值相等的表示方法,即:

$$Q_B\tan\varphi + cL = Q\tan\varphi_B + cL$$

得:

$$\tan\varphi_B = \frac{Q_B}{Q}\tan\varphi \tag{3-34}$$

同一滑动体浸水前后的重力之比,实际上相当于干重度 $\gamma_{\text{干}}$ 与浮重度 γ_W 之比。

所以:

$$\tan\varphi_B = \frac{\gamma_W}{\gamma_{\text{干}}}\tan\varphi \tag{3-35}$$

以 φ_B 代替 φ 值,代入有关圆弧滑动面的稳定性计算式,即可求得稳定安全系数。此法适用于全浸水路堤,是一种简易方法,可供粗略估算时参考。

3. 悬浮法

此法的基本点是,假想用水的浮力作用间接抵消动水压力对边坡的影响,即在计算抗滑力矩中,用降低后的内摩擦角 φ' 反映浮力的影响(抗滑力矩相应减小)。而在计算滑动力矩中,不考虑浮力作用,滑动力矩没有减小,用以抵偿动水压力的不利影响。

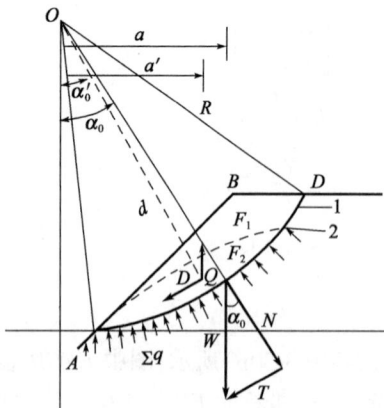

图3-31 悬浮法计算图示
1-滑动面;2-降水曲线

图 3-31 中 F_1、F_2 分别是浸润线上下两部分的面积,路堤未浸水时的作用力:

$$W = \gamma F = \gamma(F_1 + F_2)$$

$$N = W \cdot \cos\alpha_0, \quad T = W \cdot \sin\alpha_0, \quad \alpha_0 = \arcsin\frac{a}{R}$$

路堤浸水后的附加作用力:

$$\text{浮力} \quad \sum q = Q = F_2 \cdot \gamma_0$$

水重的法向力:

$$N' = Q \cdot \cos\alpha'_0, \quad \alpha'_0 = \arcsin\frac{a'}{R}$$

浸水后抗滑力矩 M_y 由两部分组成：

浸水前：

$$M_{y1} = (W \cdot \cos\alpha_0 \tan\varphi + cL)R$$

浸水后附加：

$$M_{y2} = -(Q\cos\alpha_0\tan\varphi + c'L)R$$

水的浮力作用向上，M_{y2} 取负值，近似取 φ、c 及 α_0 不变，所以：

$$M_y = [(W-Q)\cos\alpha_0\tan\varphi + cL]R$$

对于滑动力矩 M_0：

浸水前：

$$M_{01} = (F_1 + F_2)\gamma a$$

浸水后附加浮力作用和动水压力作用，前者为负值：

$$M_{02} = D \cdot d - F_2 \cdot \gamma_0 \cdot a'$$

为简化计算，取 $M_{02} = 0$，即假设相互抵偿，则稳定安全系数 K 为：

$$K = \frac{M_y}{M_{01}} = \frac{[(W-Q)\cos\alpha_0\tan\varphi + cL]R}{(F_1 + F_2)\gamma \cdot a} \tag{3-36}$$

因为式 (3-36) 中 M_{01} 亦即 $W \cdot \sin\alpha_0 R$，所以与式 (3-19) 不同的仅仅是在 M_y 的 W 中扣除水重 Q 而已。此法亦较粗略，适用于方案比较时估算参数。

4. 条分法

条分法的基本原理和计算步骤与非浸水时的条分法相同，但土条分成浸水与干燥两部分，并直接计入浸水后的浮力和动水压力作用。这样显然比上述两种方法更符合实际情况，当需要比较精确的计算时，可采用条分法。

图 3-32 为滑动体的某一部分浸水土条，其重力 W_i 由上干和下湿两部分组成。

$$W_i = S_{i1} \cdot \gamma_\mp + S_{i2} \cdot \gamma_w \tag{3-37}$$

全浸水时，$S_{i1} = 0$；未浸水时，$S_{i2} = 0$。$\gamma_\mp$ 与 γ_w 分别为填土的干、湿重度。

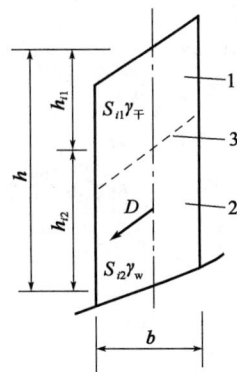

图 3-32 浸水土条示意图
1-未浸水部分；2-浸水部分；
3-浸润线

法向力 N_i：　　$W_i\cos\alpha_i$（近似取 $\alpha_i = \alpha_i'$）

摩擦力：　　$N_i \cdot f_x$

黏聚力：　　$c_x \cdot l_i$

其中，f_x 与 c_x 分为未浸水 (f_1, c_1) 与有浸水 (f_2, c_2) 两种情况，未浸水时取 f_2 与 c_2 为零，全浸水时取 f_1 与 c_1 为零，部分浸水时 $f_1 > f_2$ 及 $c_1 > c_2$。l_i 为土条的滑动圆弧长，不论浸水与否，近似取同一数值。

切向力：

$$T_i = W_s\sin\alpha_i（有正、负之分）$$

动水压力：

$$D = S_2 \cdot \gamma_0 \cdot I$$

其中，γ_0 为水的重度，I 为浸水线的水力坡降。

已知填土的饱和渗透系数 $K_w(m/s)$ 时：

$$I = \frac{1}{3\,000\sqrt{K_w}}$$

浸水路堤的边坡稳定安全系数：

$$K = \frac{\sum N_i f_x + \sum c_x l_i}{\sum T_i + D\left(\dfrac{d}{R}\right)} \tag{3-38}$$

其中，d 为动水压力的力臂。

[**例3-6**] 浸水路堤边坡稳定性分析（瑞典法）

某公路浸水路堤 $H_0 = 13.0\mathrm{m}$，堤顶路基宽度为 $10.0\mathrm{m}$，拟定横断面见图3-33。试验得知：土颗粒的重度 $\gamma = 25.48\mathrm{kN/m^3}$，土的干重度 $\gamma_{\mp} = 18.13\mathrm{kN/m^3}$，孔隙率 $n = 31\%$，天然状态 $\varphi_1 = 26°$、$c_1 = 14.7\mathrm{kPa}$，饱水状态 $\varphi_2 = 22°$、$c_2 = 7.84\mathrm{kPa}$，交通荷载换算土柱高 $h_0 = 1.0\mathrm{m}$。设计最大水深为 $h_w = 7.0\mathrm{m}$，水力坡降 $i = 8\%$。试用瑞典法计算其边坡稳定安全系数。

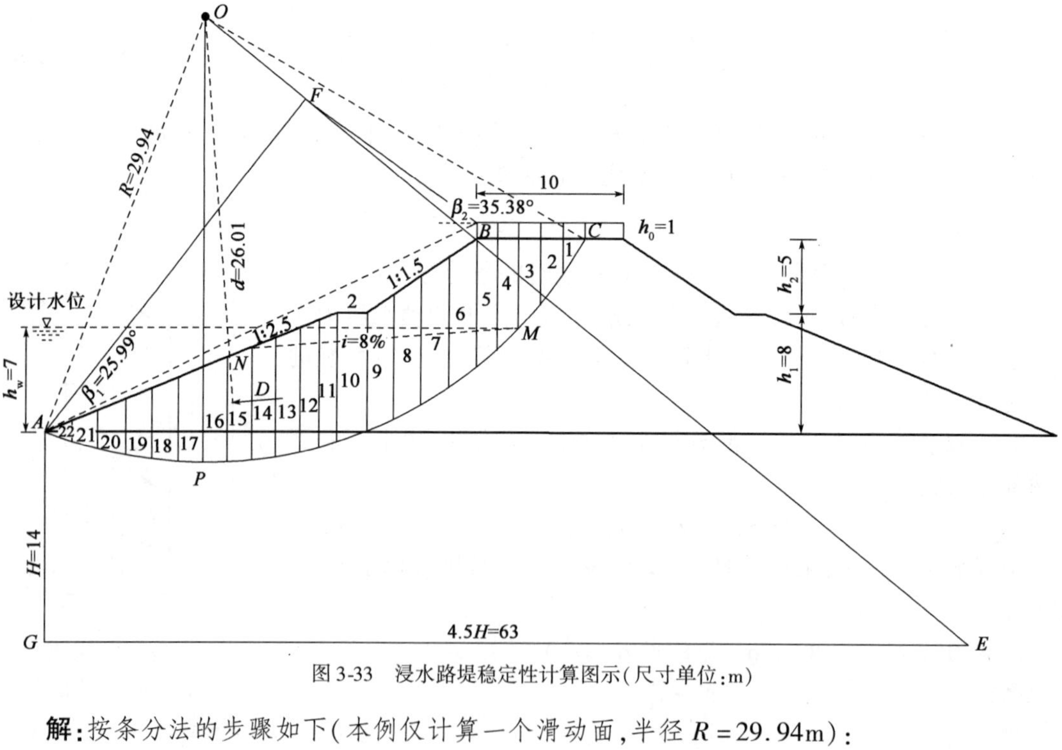

图3-33 浸水路堤稳定性计算图示（尺寸单位：m）

解：按条分法的步骤如下（本例仅计算一个滑动面，半径 $R = 29.94\mathrm{m}$）：

(1)按比例绘制边坡，确定辅助角 β_1、β_2，用 $4.5H$ 法绘制圆心辅助线。

连接路基坡脚 A 与荷载内边缘顶部，获得的坡度线坡比为 $1:2.107$，相应的坡角为 $25.388°$；查表插值计算辅助角 $\beta_1 = 25.99°$，$\beta_2 = 35.38°$，采用 $4.5H$ 法确定圆心辅助线 E 和 F 点，滑动圆弧圆心辅助线为 EF 外延线 FO。

(2)确定潜在滑动圆弧圆心 O 和半径 R，绘制潜在圆弧滑动面。

过坡脚作半径 $R = 29.94\mathrm{m}$ 的圆弧交圆心辅助线 EF 于 O 点；以 O 为圆心、$R = 29.94\mathrm{m}$ 为

半径作滑动圆弧交路基顶部于 C 点，C 点与圆心水平距离为 25.959m；设计最大水深 7m 水位线交滑动圆弧于 M 点，按 $i=8\%$ 水力坡降线交边坡于 N 点。

（3）划分土条。

先划分区域，以边坡变坡点、圆弧与不同土层交点、圆弧与水位线交点、圆心铅直线等作为分界点。在区域划分基础上，每一个区域的土条宽度以保证土条间角度变化不大于 $10°$ 为宜，宽度一般不大于 $R/10$。本例土条宽度按最大 2m 控制，共划分为 22 个土条，如图 3-33 所示。

（4）计算各土条参数。

量取计算每一土条宽度 b_i、中心高度 h_i 以及土条中心至圆心的水平距离 X_i，计算各土条的夹角 α_i、底长 l_i、面积 A_i、土条重量 W_i、下动力 T_i 和抗滑力 S_i。以第 3 土条为例：

$$R=29.94\text{m}, b_i=1.513\text{m}, h_i=6.165\text{m}, X_i=25.959-2\times1.513-1.513/2=22.178(\text{m})$$

$$\alpha_i=\arcsin\left(\frac{X_i}{R}\right)=\arcsin\left(\frac{22.178}{29.94}\right)=0.834\,16\text{rad}=47.794°$$

$$l_i=\frac{b_i}{\cos\alpha_i}=\frac{1.513}{\cos47.794°}=2.252(\text{m})$$

$$A_i=b_i\cdot h_i=1.513\times6.163=9.325(\text{m}^2)$$

$$W_i=1.0\times A_i\cdot\gamma_i=9.325\times18.13=169.06(\text{kN})$$

$$T_i=W_i\sin\alpha_i=169.06\times\sin47.794°=125.23(\text{kN})$$

$$S_i=c_il_i+W_i\cos\alpha_i\tan\varphi_i=14.7\times2.252+169.06\times\cos47.794°\tan26°=88.49(\text{kN})$$

以上所有计算结果，列于表 3-14 中。

瑞典条分法浸水路堤稳定性验算表

表 3-14

土条编号	土条宽度 b_i(m)	土条中心高度(m)	重度 γ_i(kN/m³)	黏聚力 c_i(kPa)	内摩擦角 φ_i(°)	土条中心与圆心水平距离 X_i	夹角 α_i(°)	土条底长 l_i(m)	土条重力 W_i(kN)	下滑力 T_i(kN)	抗滑力 S_i(kN)
1	1.513	2.184	18.13	14.7	26	25.203	57.329	2.802	59.89	50.41	56.96
2	1.513	4.349	18.13	14.7	26	23.690	52.304	2.474	119.25	94.36	71.93
3	1.513	6.163	18.13	14.7	26	22.178	47.794	2.252	169.06	125.23	88.49
4	1.370	7.658	17.50	7.84	22	20.736	43.836	1.899	183.62	127.18	68.40
5	1.370	8.898	16.57	7.84	22	19.367	40.304	1.796	202.00	130.66	76.32
6	1.875	8.545	15.42	7.84	22	17.744	36.346	2.328	247.03	146.40	98.64
7	1.875	8.572	14.34	7.84	22	15.869	32.007	2.211	230.45	122.14	96.29
8	1.875	8.405	13.32	7.84	22	13.994	27.866	2.121	209.92	98.12	91.61
9	1.875	8.066	12.29	7.84	22	12.119	23.877	2.050	185.92	75.26	84.76
10	2.000	8.218	11.71	7.84	22	10.182	19.881	2.127	192.47	65.45	89.80
11	1.250	8.517	11.46	7.84	22	8.557	16.606	1.304	122.04	34.88	57.48
12	1.250	8.361	11.04	7.84	22	7.307	14.125	1.289	115.36	28.15	55.31
13	1.670	8.100	10.82	7.84	22	5.846	11.260	1.703	146.40	28.59	71.36
14	1.670	7.716	10.82	7.84	22	4.176	8.018	1.687	139.46	19.45	69.02
15	1.670	7.236	10.82	7.84	22	2.506	4.800	1.676	130.78	10.94	65.79

续上表

土条编号	土条宽度 b_i(m)	土条中心高度(m)	重度 γ_i (kN/m³)	黏聚力 c_i (kPa)	内摩擦角 φ_i(°)	土条中心与圆心水平距离 X_i	夹角 α_i (°)	土条底长 l_i(m)	土条重力 W_i(kN)	下滑力 T_i (kN)	抗滑力 S_i (kN)
16	1.670	6.661	10.82	7.84	22	0.835	1.599	1.671	120.39	3.36	61.72
17	1.803	5.963	10.82	7.84	22	−0.902	−1.726	1.804	116.32	−3.50	61.12
18	1.803	5.132	10.82	7.84	22	−2.705	−5.183	1.810	100.13	−9.04	54.48
19	1.803	4.192	10.82	7.84	22	−4.508	−8.659	1.824	81.78	−12.31	46.96
20	1.803	3.139	10.82	7.84	22	−6.311	−12.168	1.845	61.24	−12.91	38.65
21	1.803	1.969	10.82	7.84	22	−8.114	−15.724	1.873	38.42	−10.41	29.63
22	1.803	0.677	10.82	7.84	22	−9.917	−19.343	1.911	13.21	−4.38	20.02
合计						—	—	—	—	1 108.03	1 454.74

注：土块重度按水位线上下面积加权平均；土条中心与圆心水平距离 X_i，圆心铅垂线左侧为负，右侧为正。

其中土的浮重度：

$$\gamma_W = (\gamma - \gamma_0)(1 - n) = (25.48 - 9.80) \times (1 - 0.31) = 10.82(\text{kN/m}^3)$$

(5)计算渗透动水压力 D

水力坡降线 MN 与边坡面、滑动圆弧围成的封闭图形 $APMN$ 面积 $F = 151.28\text{m}^2$，所以渗透动水压力 D 为：

$$D = i \cdot \gamma_0 \cdot F = 0.08 \times 9.8 \times 151.28 = 118.6(\text{kN})$$

渗透动水压力作用点为封闭图形 $APMN$ 中心，方向与水力坡降线平行，作用线与圆心的垂直距离 $d = 26.01\text{m}$。

(6)计算浸水路堤边坡稳定安全系数

采用瑞典条分法稳定系数计算公式(3-38)计算浸水路堤边坡稳定安全系数：

$$K = \frac{\sum_{i=1}^{n}(c_i l_i + N_i f_i)}{\sum_{i=1}^{n} T_i + D \cdot \dfrac{d}{R}} = \frac{\sum_{i=1}^{22}(c_i l_i + W_i \cos\alpha_i \tan\varphi_i)}{\sum_{i=1}^{22} W_i \sin\alpha_i + D \cdot \dfrac{d}{R}} = \frac{1454.74}{1108.03 + 118.6 \times \dfrac{26.01}{29.94}} = 1.201$$

为了减少计算工作量，本例计算土条夹角时采用土条宽度中心线代替重心线计算，用土条底部斜长代替弧长计算，这样引起的计算误差通常比较小。若采用重心线和弧长计算，本例的稳定安全系数 $K = 1.198$，即简化计算引起的相对误差小于 0.3%。

[例3-7] 路堤边坡稳定性分析(瑞典法)

用瑞典条分法对例3-6进行不考虑浸水工况的边坡稳定安全系数计算。

解：本例仅计算一个滑动面，半径 $R = 30.72\text{m}$。

圆心辅助线绘制同例3-6，以半径 $R = 30.72\text{m}$ 绘制滑动圆弧，滑动圆弧和路基顶部交点与圆心水平距离为 25.996m；土条宽度按最大 2m 控制，划分方法同例3-6，共划分为 19 个土条，各土条的计算参数见表3-15。

瑞典条分法路堤稳定性验算表　　　　　　　表 3-15

土条编号	土条宽度 $b_i(m)$	土条中心高度(m)	重度 γ_i (kN/m^3)	黏聚力 c_i (kPa)	内摩擦角 $\varphi_i(°)$	土条中心与圆心水平距离 X_i	夹角 α_i $(°)$	土条底长 $l_i(m)$	土条重力 $W_i(kN)$	下滑力 T_i (kN)	抗滑力 S_i (kN)
1	1.836	2.303	18.13	14.7	26	25.078	54.720	3.179	76.64	62.57	68.32
2	1.836	4.670	18.13	14.7	26	23.242	49.164	2.808	155.44	117.60	90.85
3	1.836	6.628	18.13	14.7	26	21.406	44.172	2.560	220.61	153.73	114.80
4	1.875	6.671	18.13	14.7	26	19.551	39.525	2.431	226.77	144.32	121.05
5	1.875	6.856	18.13	14.7	26	17.676	35.127	2.293	233.05	134.09	126.67
6	1.875	6.829	18.13	14.7	26	15.801	30.954	2.186	232.13	119.40	129.23
7	1.875	6.619	18.13	14.7	26	13.926	26.957	2.104	224.99	101.99	128.73
8	2.000	6.895	18.13	14.7	26	11.988	22.970	2.172	250.01	97.56	144.20
9	1.831	7.271	18.13	14.7	26	10.073	19.140	1.939	241.41	79.16	139.73
10	1.831	7.111	18.13	14.7	26	8.241	15.561	1.901	236.12	63.34	138.89
11	1.831	6.829	18.13	14.7	26	6.410	12.044	1.873	226.76	47.31	135.69
12	1.831	6.430	18.13	14.7	26	4.578	8.571	1.852	213.51	31.82	130.20
13	1.831	5.918	18.13	14.7	26	2.747	5.130	1.839	196.50	17.57	122.49
14	1.831	5.295	18.13	14.7	26	0.916	1.708	1.832	175.81	5.24	112.65
15	1.802	4.569	18.13	14.7	26	-0.901	-1.681	1.803	149.31	-4.38	99.30
16	1.802	3.742	18.13	14.7	26	-2.703	-5.049	1.809	122.28	-10.76	86.01
17	1.802	2.808	18.13	14.7	26	-4.506	-8.434	1.822	91.75	-13.46	71.05
18	1.802	1.764	18.13	14.7	26	-6.308	-11.850	1.842	57.65	-11.84	54.59
19	1.802	0.607	18.13	14.7	26	-8.110	-15.308	1.869	19.84	-5.24	36.80
合计					—	—	—	—	—	1 130.04	2 051.23

注:土条中心与圆心水平距离 X_i,圆心铅垂线左侧为负,右侧为正。

采用瑞典条分法稳定系数计算公式[式(3-19)]计算路堤边坡稳定安全系数:

$$K = \frac{\sum_{i=1}^{n}(c_i l_i + N_i f_i)}{\sum_{i=1}^{n} T_i} = \frac{\sum_{i=1}^{19}(c_i l_i + W_i \cos\alpha_i \tan\varphi_i)}{\sum_{i=1}^{19} W_i \sin\alpha_i} = \frac{2\,051.23}{1\,130.04} = 1.815$$

[例 3-8]　路堤边坡稳定性分析(简化 Bishop 法)

用简化 Bishop 法对例 3-6 进行不考虑浸水工况的边坡稳定安全系数计算。

解:本例仅计算一个滑动面,半径 $R = 31.09m$。

圆心辅助线绘制同例 3-6,以半径 $R = 31.09m$ 绘制滑动圆弧,滑动圆弧和路基顶部交点与圆心水平距离为 26.048 m;土条宽度按最大 2m 控制,划分方法同例 3-6,共划分为 19 个土条,各土条的计算参数见表 3-16。

简化 Bishop 条分法路堤稳定性验算表 表 3-16

土条编号	土条宽度 b_i(m)	土条中心高度(m)	内摩擦角 φ_i(°)	土条中心与圆心水平距离 X_i	夹角 α_i (°)	土条底长 l_i(m)	土条重力 W_i(kN)	下滑力 T_i (kN)	抗滑力 S_i (kN)	$m_{\alpha i}$	抗滑计算
1	1.603	2.118	26	25.247	54.298	2.746	61.54	49.98	53.57	0.786 2	68.14
2	1.603	4.177	26	23.644	49.510	2.468	121.35	92.29	82.74	0.839 1	98.61
3	1.603	5.923	26	22.042	45.151	2.272	172.10	122.01	107.49	0.882 1	121.86
4	1.875	5.915	26	20.303	40.772	2.476	201.06	131.30	125.63	0.920 2	136.51
5	1.875	6.165	26	18.428	36.351	2.328	209.57	124.22	129.77	0.953 3	136.14
6	1.875	6.196	26	16.553	32.170	2.215	210.62	112.14	130.29	0.979 3	133.04
7	1.875	6.038	26	14.678	28.172	2.127	205.27	96.91	127.68	0.999 3	127.77
8	2.000	6.365	26	12.741	24.192	2.193	230.81	94.59	141.97	1.014 4	139.96
9	1.957	6.785	26	10.762	20.253	2.086	240.71	83.32	146.16	1.024 5	142.66
10	1.957	6.653	26	8.806	16.453	2.040	236.01	66.84	143.87	1.029 7	139.72
11	1.957	6.380	26	6.849	12.726	2.006	226.34	49.86	139.16	1.030 4	135.05
12	1.957	5.974	26	4.892	9.053	1.981	211.95	33.35	132.14	1.026 8	128.69
13	1.957	5.440	26	2.935	5.417	1.966	193.01	18.22	122.90	1.019 1	120.60
14	1.957	4.781	26	0.978	1.803	1.958	169.63	5.34	111.50	1.007 4	110.68
15	1.652	4.069	26	−0.826	−1.522	1.652	121.85	−3.24	83.71	0.993 0	84.30
16	1.652	3.320	26	−2.478	−4.571	1.657	99.42	−7.92	72.77	0.976 9	74.49
17	1.652	2.482	26	−4.130	−7.633	1.667	74.34	−9.87	60.54	0.958 0	63.19
18	1.652	1.554	26	−5.782	−10.717	1.681	46.55	−8.66	46.99	0.936 2	50.19
19	1.652	0.534	26	−7.433	−13.833	1.701	15.99	−3.82	32.08	0.911 3	35.20
迭代分析计算						抗滑力累加 = 1 046.85			抗滑力累加 = 2 046.82		
						假设 K = 1.955			计算 K = 1.955		

注：土条中心与圆心水平距离 X_i，圆心铅垂线左侧为负，右侧为正。

简化 Bishop 法边坡稳定安全系数计算公式如下：

$$K = \frac{\sum\limits_{i=1}^{n} \dfrac{1}{m_{\alpha i}}(c_i l_i \cos\alpha_i + W_i \tan\varphi_i)}{\sum\limits_{i=1}^{n} W_i \sin\alpha_i}, \text{其中 } m_{ai} = \cos\alpha_i + \frac{\sin\alpha_i \tan\varphi_i}{K}$$

滑动面稳定安全系数采用迭代法计算，分析步骤如下：

①首先假设初始稳定系数 $K_{假设}$ =1，代入公式计算该滑动圆弧各土条的 $m_{\alpha i}$ 以及抗滑力和下滑力。

②将各土条的抗滑力和下滑力累加，并计算稳定系数 $K_{计算}$。

③判断：$K_{计算} - K_{假设}$ <0.001。若否，则将 $K_{假设} = K_{计算}$，重复上述步骤①～②。

④计算该滑动面稳定安全系数 $K_i = (K_{计算} - K_{假设})/2$

假设 $K = 1.955$，计算各 m_{ai} 值并列于表 3-16。则有：

$$K = \frac{\sum_{i=1}^{n} \frac{1}{m_{\alpha i}}(c_i l_i \cos\alpha_i + W_i \tan\varphi_i)}{\sum_{i=1}^{n} W_i \sin\alpha_i} = \frac{2\,046.82}{1\,046.85} = 1.955$$

计算 K 值与假设 K 值一致。因此，简化 Bishop 法计算路堤边坡稳定安全系数为 1.955。

[**例 3-9**] 用简化 Bishop 法对例 3-6 的情况进行不考虑浸水的稳定性分析计算。

解：利用表 3-17 数据及式 (3-23)，计算结果见表 3-18。

条分法非浸水路基稳定性验算表　　　　　　表 3-17

号码	x_i(m)	α_i	$\sin\alpha_i$	$\cos\alpha_i$	F_i(m²)	l_i(m)	W_i(kN)	$N_i = W_i\cos\alpha_i$(kN)	$T_i = W_i\sin\alpha_i$(kN)
1	24.1	54°31′	0.814 2	0.580 7	20.0	7.3	362.6	210.6	295.2
2	19.3	40°41′	0.652 0	0.758 3	63.0	6.45	1 142.2	866.2	744.6
3	14.5	29°20′	0.489 9	0.871 8	43.0	4.3	779.6	679.6	381.9
4	10.8	21°24′	0.364 9	0.931 1	35.6	4.3	645.4	600.9	235.5
5	8.0	15°40′	0.270 3	0.962 8	30.4	2.15	551.2	530.7	148.8
6	5.5	10°42′	0.185 8	0.982 6	49.2	5.375	892.0	876.5	165.6
7	−0.5	−0°58′	−0.016 9	0.999 9	40.0	5.375	725.2	725.1	−12.2
8	−4.5	−8°44′	−0.152 0	0.988 4	27.5	5.375	498.6	492.8	−75.7
9	−8.7	−17°05′	−0.293 8	0.955 9	10.0	5.375	181.3	173.3	−53.3
合计					318.7	46.0	5 778.1	5 155.7	1 830.4

简化 Bishop 法迭代算法表　　　　　　表 3-18

$m_{\alpha i} = \cos\alpha_i + \sin\alpha_i\tan\varphi/K$		$(c_i l_i \cos\alpha_i + W_i\tan\varphi)/m_{\alpha i}$	
$K = 1.9$	$K = 1.93$	$K = 1.9$	$K = 1.93$
0.789 7	0.786 4	302.855 6	304.109 6
0.925 7	0.923 1	679.461 6	681.376 5
0.997 6	0.995 6	436.386 7	437.243 5
1.024 8	1.023 3	364.587 7	365.106 5
1.032 2	1.031 1	289.919 4	290.222 7
1.030 3	1.029 6	497.593 0	497.951 3
0.995 6	0.995 6	434.613 4	434.584 0
0.949 4	0.950 0	338.391 2	338.157 2
0.880 5	0.881 7	186.201 7	185.954 2
		$\Sigma = 3\,530.01$	$\Sigma = 3\,534.72$

先假设 $K=1.9$，算出各土条的 $m_{\alpha i}=\cos\alpha_i+\sin\alpha_i\tan\varphi/K$：

$$K=\dfrac{\sum\dfrac{1}{m_{\alpha i}}(c_il_i\cos\alpha_i+W_i\tan\varphi)}{\sum W_i\sin\alpha_i}=\dfrac{3\,530.01}{1\,830.4}=1.93$$

再设 $K=1.93$：

$$K=\dfrac{\sum\dfrac{1}{m_{\alpha i}}(c_il_i\cos\alpha_i+W_i\tan\varphi)}{\sum W_i\sin\alpha_i}=\dfrac{3\,534.72}{1\,830.4}=1.93$$

六、路基边坡抗震稳定性分析

1. 地震与地震力

地震会导致软弱地基沉陷、液化，会使挡土墙等结构物破坏，还会造成路基边坡失稳。路基边坡遭受地震破坏的程度，除了与地震烈度有关之外，主要取决于岩土的稳定状况，其中包括岩土的结构与组成等，同时亦与路基的形式与强度有关，其中包括路基的高度、边坡坡率及土基的压实程度等。

《公路工程抗震规范》(JTG B02—2013)规定，应根据工程所在地的地震动峰值加速度进行路基的抗震稳定性验算，需进行验算的情况如表3-19所示。峰值加速度取值根据《中国地震动参数区划图》(GB 18306—2015)规定的工程所在区域地震烈度按表3-20确定。

路基抗震稳定性验算范围 表3-19

项目			基本地震动峰值加速度			
			高速公路、一级公路、二级公路			三、四级公路
			$0.10g(0.15g)$	$0.20g(0.30g)$	$\geq0.40g$	$\geq0.40g$
岩石、非液化土及非软土地基上的路堤	非浸水	用岩块及细粒土(粉性土、有机质土除外)填筑	不验算	$H>20m$ 验算	$H>15m$ 验算	$H>20m$ 验算
		用粗粒土(极细砂、细砂除外)填筑	不验算	$H>12m$ 验算	$H>6m$ 验算	$H>12m$ 验算
	浸水	用渗水性土填筑	不验算	$H_w>3m$ 验算	$H_w>2m$ 验算	水库地区 $H_w>3m$ 验算
	地面横坡度大于1:3的路基		不验算	验算	验算	验算
路堑	黏质土、黄土、碎石类土		一般不验算	$H>20m$ 验算	$H>15m$ 验算	$H>20m$ 验算

注：H 为路基高度(m)；H_w 为浸水常水位的深度(m)。

地震基本烈度和设计基本地震动峰值加速度对应表 表3-20

地震基本烈度	6	7		8		9
水平向	$\geq0.05g$	$0.10g$	$0.15g$	$0.20g$	$0.30g$	$\geq0.40g$
竖向	0	0		$0.10g$	$0.17g$	$0.25g$

　　地震波在地球内部传播分为纵波和横波,振动方向与传播方向一致的波为纵波(P波),纵波引起地面上下颠簸振动。振动方向与传播方向垂直的波为横波(S波),横波能引起地面的水平晃动。纵波在地球内部传播速度大于横波,横波是造成破坏的主要原因。

　　设计基本地震动峰值加速度大于或等于 0.2g 地区的高速公路、一级公路,挖方超过 20m 的路堑,填方高度超过 15m 路堤,处于滑坡地段的路基,宜对路基抗震稳定性进行专门研究与设计。

　　当路堤高度大于 20m,且位于设计基本地震动峰值加速度大于或等于 0.2g 地区时,进行路基抗震稳定性验算应考虑垂直路线走向的水平地震作用和竖向地震作用,其余情况只考虑垂直路线走向的水平地震作用。

　　对于路基可采用静力法进行抗震稳定性验算,验算中考虑地震产生的水平和竖向加速度的影响,在路基边坡抗震稳定系数 K_c 的计算中,将地震力施加在条分后各土条的重心位置。验算时,高速公路和一级、二级公路路基的边坡高度大于 20m 时,路基边坡抗震稳定系数不应小于 1.15,路基边坡高度小于或等于 20m 时,不应小于 1.1;三级、四级公路的路基边坡抗震稳定系数不应小于 1.05。

2. 地震力的计算

作用于各土体条块重心处的地震作用应按下式计算。

水平地震作用:

$$E_{hsi} = \frac{C_i C_z A_h \psi_j W_{si}}{g} \tag{3-39}$$

竖向地震作用:

$$E_{vsi} = \frac{C_i C_z A_v W_{si}}{g} \tag{3-40}$$

式中:E_{hsi}——作用于路基计算条块 i 重心处的水平地震作用(kN);

　　　E_{vsi}——作用于路基计算土体条块 i 重心处的竖向地震作用(kN);

　　　C_i——抗震重要性修正系数,按表 3-21 采用;

　　　C_z——综合影响系数,取 0.25;

　　　A_h——路基所处地区的水平向设计基本地震动峰值加速度,按表 3-20 采用;

　　　W_{si}——路基计算第 i 条土体重力(kN);

　　　A_v——路基所处地区的竖向设计基本地震动峰值加速度,根据表 3-20 确定,作用方向取不利于稳定的方向;计算时向上取负,向下取正;

　　　ψ_j——水平地震作用沿路堤边坡高度增大系数,取值:

$$\psi_j = \begin{cases} 1.0 & (H \leqslant 20\text{m}) \\ 1.0 + \dfrac{0.6}{H-20}(h_i - 20) & (H > 20\text{m}) \end{cases} \tag{3-41}$$

　　　h_i——路基计算第 i 条土体的高度(m);

　　　H——路基边坡高度(m)。

表 3-21

路基抗震重要性修正系数表

公路等级	构筑物重要程度	抗震重要性修正系数 C_i
高速公路、一级公路	抗震重点工程	1.7
	一般工程	1.3
二级公路	抗震重点工程	1.3
	一般工程	1.0
三级公路	抗震重点工程	1.0
	一般工程	0.8
四级公路	抗震重点工程	0.8

注:抗震重点工程指隧道和破坏后抢修困难的路基、挡土墙工程。

3. 土质路基边坡抗震稳定系数计算(图 3-34)

$$K_c = \frac{\sum_{i=1}^{n} \left\{ c_i b_i \sec\alpha_i + \left[(W_{si} + E_{vsi})\cos\alpha_i - E_{hsi}\sin\alpha_i \right]\tan\varphi_i \right\}}{\sum_{i=1}^{n} \left[(W_{si} + E_{vsi})\sin\alpha_i + M_{hi}/R \right]} \tag{3-42}$$

式中:K_c——抗震稳定系数;

R——圆弧半径(m);

b_i——滑动体条块 i 宽度(m);

α_i——条块 i 底面中点切线与水平线的夹角(°);

M_{hi}——作用在条块 i 重心处的水平向地震惯性力代表值 E_{hsi}(kN/m)对圆心的力矩(kN·m),E_{hsi} 作用方向取不利于稳定的方向 $M_{hi} = E_{hsi} \cdot d_i$;

c_i——土石填料在地震作用下的黏聚力(kPa);

φ_i——土石填料在地震作用下的内摩擦角(°)。

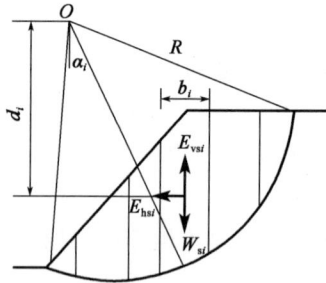

图 3-34 瑞典圆弧滑动法计算示意图

4. 路基抗震措施

地震产生的地震波将使路基产生路基纵向开裂、路堤崩塌或沉陷、边坡滑动和波浪,因此,必须采取一定措施减少地震对路基的影响。

在选择路基填料时,宜选用抗震性能较好的碎石土、黏质土、卵石土和不易风化的石块等材料;当采用砂类土填筑路基时,应对边坡坡面采取适当防护措施;路堤浸水部分的填料,宜选用抗震稳定性较好的渗水性土;位于设计基本地震峰值加速度大于或等于 $0.20g$ 地区的高速公路和一级公路用粉砂、细砂做填料时,应采取防止液化措施。或者在自然坡率大于 1:5 的稳定斜坡上修筑路堤时,应在原地面挖宽度大于或等于 2m 的台阶,在自然坡率大于1:3的稳定斜坡上修筑路堤时,应保证抗滑稳定性验算的稳定系数大于1.1。

公路路堤或路堑高度大于表3-22规定时,应采取放缓边坡或加固等措施。

路基高度限值(单位:m)   表3-22

填土类别	设计基本地震动峰值加速度				
	高速公路、一级公路		二级公路	三级公路、四级公路	
	$0.20g(0.30g)$	$0.40g$	$0.40g$	$0.30g$	$0.40g$
岩块和细粒土 (粉土和有机质土除外)路基	15	10	15	—	
粗粒土(细砂、极细砂除外)路基	6	3	6	—	
黏质土路堑	15	15	10	15	20

在软土地基区修筑高度大于6m的路堤时,应通过降低填土高度、置换软土、设置反压护道,取土坑和边沟浅挖、远离路基,保护取土坑与路基之间的地表植被或加固、修筑高速公路和一级公路时可以在地表设置碎石或卵石等措施,保证路基抗震稳定性。

边坡高度大于10m的岩质路堑参考边坡坡率宜满足表3-23的要求。

边坡高度大于10m的岩质路堑参考边坡坡率   表3-23

岩石分类	设计基本地震动峰值加速度	
	$0.20g(0.30g)$	$0.40g$
风化岩石	1:0.6~1:1.5	1:0.75~1:1.5
一般岩石	1:0.1~1:0.5	1:0.2~1:0.6
坚石	1:0.1~直立	1:0.1~直立

七、路基稳定性分析方法选择与参数确定

在进行边坡稳定性分析时,需要根据路基的不同情况选用不同的分析方法,且每种方法应用中还有其参数取值问题,这些因素都会影响最终计算出的安全系数大小,因此需明确各种方法及其参数的适用条件。这里主要介绍我国《公路路基设计规范》(JTG D30—2015)中的要求。

1.高路堤与陡坡路堤稳定性分析方法

路堤稳定性分析包括路堤的堤身稳定性、路堤和地基的整体稳定性、路堤沿斜坡地基或软弱层带滑动的稳定性等内容。

(1)高路堤稳定性分析方法

路堤的堤身稳定性、路堤和地基的整体稳定性,宜采用简化Bishop法进行分析计算,稳定安全系数K按式(3-43)计算,计算图式如图3-35所示。

$$K = \frac{\sum [c_i b_i + (W_i + Q_i)\tan\varphi_i]/m_{\alpha i}}{\sum (W_i + Q_i)\sin\alpha_i}$$ (3-43)

式中:W_i——第i土条重力(kN);

α_i——第i土条底滑面的倾角(°);

Q_i——第i土条垂直方向外力(kN);

b_i——第 i 土条宽度(m)，$b_i = l_i\cos\alpha_i$；

c_i、φ_i——第 i 土条滑弧所在土层的黏聚力和内摩擦角，依据滑弧所在位置，取相应土层的黏聚力(kPa)和内摩擦角(°)；

$m_{\alpha i}$——系数，由式(3-44)计算：

$$m_{\alpha i} = \cos\alpha_i + \frac{\sin\alpha_i\tan\varphi_i}{K} \qquad (3\text{-}44)$$

其余符号意义同前。

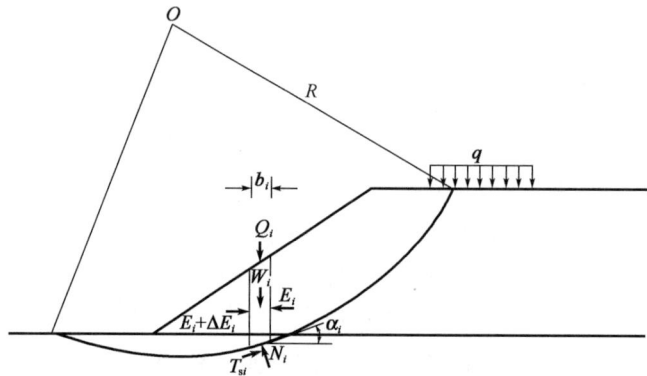

图 3-35　简化 Bishop 法计算图示

（2）路基沿斜坡地基或沿软弱层带滑动的稳定性分析

路基沿斜坡地带或软弱层带滑动的稳定性可采用不平衡推力法进行分析计算。

①计算斜坡推力时，应考虑的荷载有滑体重力、斜坡体上建筑物产生的附加荷载、地下水产生的荷载(包括静水压力和动水压力)、动荷载(如汽车荷载)等永久荷载，以及地震水平作用力、作用在滑体上的施工临时荷载。

②下滑力可采用式(3-14)计算。

③当滑坡体最后一个条块的下滑力 E_i 小于或等于 0 时，滑坡稳定；E_i 大于 0 时，滑坡不稳定。此 T_i 值可作为设计支挡工程结构所承受的推力。

（3）稳定安全系数 K 的取值

进行路堤稳定性分析时，应考虑以下三种情况：①正常工况：路基投入运营后经常性或持续时间长的工况。②非正常工况 I：路基处于暴雨或连续降雨状态下的工况。③非正常工况 II：路基等遭遇地震等荷载作用的工况。路堤稳定性计算分析得到的稳定安全系数，不得小于表 3-24 所列值。对于非正常工况 II，路基稳定性分析方法及稳定性安全系数应符合现行《公路工程抗震规范》(JTG B02)的规定。

高路堤与陡坡路堤稳定安全系数 K　　　　　　　　　　　表 3-24

分析内容	地基强度指标	分析工况	稳定安全系数 K	
			二级及以上公路	三、四级公路
路堤的堤身稳定性、路堤和地基的整体稳定性	采用直剪的固结快剪或三轴固结不排水剪指标	正常工况	1.45	1.35
		非正常工况 I	1.35	1.25
	采用快剪指标	正常工况	1.35	1.30
		非正常工况 I	1.25	1.15

续上表

分析内容	地基强度指标	分析工况	稳定安全系数 K	
			二级及以上公路	三、四级公路
路堤沿斜坡地基或软弱层带滑动的稳定性	—	正常工况	1.30	1.25
		非正常工况Ⅰ	1.20	1.15

注:区域内唯一通道的三、四级公路重要路段,高路堤与陡坡路堤稳定安全系数可采用二级公路的标准。

2. 软土地基路堤的稳定性分析

我国软土分布面积较广,在进行软土地区路基设计时,必须特别重视路基稳定性分析,并在路基施工中和施工后进行变形观测,以控制施工期软土地基稳定性及工后沉降等指标。软土地基一般高程较低,路基形式以路堤为主,当路堤高度大于 5m 时,就要进行稳定性分析。

软土地基路堤的稳定验算可采用瑞典圆弧滑动法中的有效固结应力法或改进总强度法,有条件时也可采用简化 Bishop 法或 Janbu 普遍条分法。验算时应按施工期和运营期的荷载分别计算稳定安全系数。施工期的荷载只考虑路堤自重,运营期的荷载应包括路堤自重、路面的增重及行车荷载。软土地基上路堤稳定安全系数应符合表 3-25 的要求。当计算的稳定安全系数小于表 3-25 中的规定值时,应针对稳定性进行地基处理设计。

软土地基路堤的稳定安全系数容许值   表 3-25

指标	固结应力法		改进总强度法		简化 Bishop 法、Janbu 法
	不考虑固结	考虑固结	不考虑固结	考虑固结	
直接快剪指标	1.1	1.2	—	—	—
静力触探、十字板剪切指标	—	—	1.2	1.3	—
三轴有效剪切指标	—	—	—	—	1.4

注:当需要考虑地震力时,表列稳定安全系数减小0.1。

软土地基的沉降分析与监测、路基稳定性分析相关理论等已在前面介绍,以下简要介绍软土地区路基设计的要点和原则。

(1)首先需要通过地质钻探等勘探方式,查明软土的类型、层厚、深度、含水率,并现场或取样进行物理力学指标测试,以便进行稳定性分析时使用。

(2)根据软土分布形态,结合公路等级与重要性、路堤高度等因素,综合考虑是否需要进行软土地基处治,一般情况下软土地基是需要进行处治的,基于技术经济性比选合理的加固处治措施。

(3)在进行路基横断面设计时适当增大路基底宽、减小路基高度,进行路基稳定性分析。

(4)按设计的路基断面进行路基变形分析。

(5)根据软土的强度指标与固结特性,拟定软土地基上路基的填筑施工方案,并设计相应的沉降和侧向位移监测方案。

(6)施工中监测沉降速率,控制填筑速度,直至施工完成,此后监测工后沉降。

3. 滑坡地段路基的稳定性分析

当路堑边坡覆土层与基岩间有软弱层,覆土层可能滑动失稳时,必须进行单独验算,如果出现滑动,应立即处理。

对于规模较大、性质复杂的滑坡区,由于整治工程量大,且性质不明、工程可靠度低,一般应进行绕避与整治的方案比选,以绕避为主。

验算方法采用传递系数法。

滑坡稳定性分析应考虑的荷载:滑体重力、滑坡体上建筑物等产生的附加荷载、地下水产生的静水压力和动水压力、汽车荷载等永久荷载,以及地震作用力、作用在滑体上的施工临时荷载。滑坡剩余下滑力可采用传递系数法,按式(3-16)进行分析设计。

土体的抗剪强度指标应尽量选用岩体直剪试验方法采集。当滑坡为首次滑动时,可采用峰值强度;当为经常滑动或滑动位移量很大时,应进行多次剪切或环剪试验,可采用残余强度;当滑带滞水时,应做饱和快剪试验或控制含水率下的快剪试验;当滑带的灵敏度较高时,应在原位进行试验,反之可在室内进行试验;当滑带物质中粗颗粒的含量超过30%时,应做大尺寸直剪试验,反之可用小试样做。

滑坡稳定性计算应考虑的三种工况,同路堤边坡稳定性分析采用的工况。

滑坡稳定安全系数不得小于表3-26所列稳定安全系数值。对非正常工况Ⅱ,路基稳定性分析方法及稳定安全系数应符合现行《公路工程抗震规范》(JTG B02)的规定。

滑坡稳定安全系数　　　　　　　　　　　　　　　　表3-26

公路等级	滑坡稳定安全系数	
	正常工况	非正常工况Ⅰ
高速公路、一级公路	1.20 ~ 1.30	1.10 ~ 1.20
二级公路	1.15 ~ 1.20	1.10 ~ 1.15
三、四级公路	1.10 ~ 1.15	1.05 ~ 1.10

注:1.滑坡地质条件复杂或危害程度严重时,稳定安全系数可取大值;地质条件简单或危害程度较轻时,稳定安全系数可取小值。

2.滑坡影响区域内有重要建筑物(桥梁、隧道、高压输电塔、油气管道等)、村庄和学校时,稳定安全系数可取大值。

3.水库区域公路滑坡防治,周期性库水位升降变化频繁、高水位与低水位间落差大时,稳定安全系数可取大值。

4.临时工程或抢险应急工程、滑坡防治工程设计按照正常工况考虑,稳定安全系数可取1.05。

4.路堑边坡稳定性分析参数与方法

路堑边坡岩体抗剪强度指标宜根据现场原位试验确定。试验应符合我国现行国家标准《工程岩体试验方法标准》(GB/T 50266)的规定,当无条件进行试验时,可采用《工程岩体分级标准》(GB/T 50218—2014)及表2-25和反算分析等方法综合确定。岩体结构面的结合程度可按表2-26确定。边坡岩体性能指标标准值可按地区经验确定,对于重要边坡应通过试验确定。岩体内摩擦角可由岩块内摩擦角标准值按岩体裂隙发育程度乘以表2-27所列折减系数确定。土体力学参数宜采用原位剪切试验、原状土室内剪切试验及反算分析等方法综合确定。土质边坡按水土合算原则计算时,地下水位以下的土宜采用三轴试验土的自重固结不排水抗剪强度指标;按水土分算原则计算时,地下水位以下的土宜采用土的有效抗剪强度指标。

路堑边坡稳定性评价宜综合采用工程地质类比法、图解分析法、极限平衡法和数值分析法进行。边坡稳定性计算应考虑边坡可能的破坏形式,可按下列方法确定:

(1)规模较大的碎裂结构岩质边坡和土质边坡宜采用简化Bishop法计算。

(2)对可能产生直线形破坏的边坡宜采用平面滑动面解析法进行计算。

(3)对可能产生折线形破坏的边坡宜采用不平衡推力法进行计算。

(4)对结构复杂的岩质边坡,可配合采用赤平面投影法和实体比例投影法分析及楔形滑动面法进行计算。

(5)当边坡破坏机制复杂时,宜结合数值分析方法进行。

路堑边坡稳定性分析采用同路堤边坡稳定性分析一样的三种工况。

边坡稳定性验算时,其稳定安全系数应满足表3-27的规定,否则应进行边坡支护。

路堑边坡稳定安全系数 表3-27

分析工况	路堑边坡稳定安全系数	
	高速公路、一级公路	二级及二级以下公路
正常工况	1.20 ~ 1.30	1.15 ~ 1.25
非正常工况 I	1.10 ~ 1.20	1.05 ~ 1.15

注:1.路堑边坡地质条件复杂或破坏后危害严重时,稳定安全系数取大值;地质条件简单或破坏后危害较轻时,稳定安全系数可取小值。

2.路堑边坡破坏后的影响区域内有重要建筑物(桥梁、隧道、高压输电塔、油气管道等)、村庄和学校时,稳定安全系数取大值。

3.施工边坡的临时稳定安全系数不应小于1.05。

高速公路、一级公路挖方高边坡及不良地质、特殊岩土地段的挖方边坡设计应采用施工监测、信息化动态设计方法,应提出对施工方案的特殊要求和监测要求,应掌握施工现场的地质情况、施工情况和变形、应力监测的反馈信息,及时对原设计进行校核、修改和补充。监测内容包括:对边坡的不稳定范围、移动方向、移动速度及地下室、爆破振动等取得定量数据,供设计分析使用;对锚固系统、挡土墙等加固措施的受力、变形等进行量测,验证其是否达到预期的作用,如未达到,应采取补救措施。具体监测内容可参考规范选定,监测周期应根据公路等级、支挡结构特点、地质条件确定,对于高速公路重点高边坡,监测周期应为边坡开挖至公路建成运营后不少于一年。

5.路堤边坡取值

对含有不同边坡坡率的路堤边坡可采用综合坡率,也可采用坡脚与坡顶的连续作为综合坡率(图3-36)。

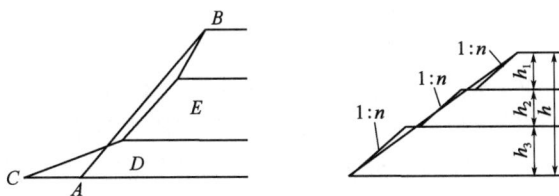

图3-36 综合边坡坡率取值

※第五节 特殊路基设计

特殊路基指位于特殊土(岩)地段、不良地质地段及受水、气候等自然因素影响强烈,需要进行特殊设计的路基。对于特殊路基,首先是"能避则避",实在无法避开时,应进行综合地质勘察,查明特殊地质体的性质、成因类型、规模、稳定状况及发展趋势;特殊路基设计所需要的物理力学参数,应采用原位测试的数据,并结合室内试验资料综合分析确定。

特殊路基设计应考虑地质、气候环境、水等因素对路基的影响，以及这些因素的发展变化规律，对可能造成的路基病害，应遵循以防为主、防治结合的原则，通过综合技术经济比较，因地制宜，采取合理的整治方案和有效的工程处理措施。如果分期整治，应保证在各种因素的变化过程中不降低路基的安全度。对存在多种特殊土（岩）或特殊地质条件路基的断面应进行综合设计。

特殊路基的理论计算方法大部分在本章前文中已有介绍，本节主要从各种特殊路基在设计中应注意的基本原则和技术要点的角度进行概略介绍，具体应用中还需根据实际工程情况，结合具体的规范指标要求进行设计。

另外，采空区路基的设计原则与岩溶地区类似，滨海、水库地区路基以防水、防冲刷为主要设计原则，雪害与涎流冰路段路基以导、防措施为主，与泥石流地区路基设计有一定相似性，本节都不再介绍。

一、滑坡地段路基

滑坡是山区公路的主要病害之一，对山区公路建设及交通设施危害较大。因此应重视滑坡的调查工作，通过工程地质综合勘察，查明滑坡的形成原因及性质，判断滑坡的稳定程度以及对工程建设的危害性，提供滑坡防治措施与计算参数。

滑坡整治，原则上应一次根治，不留后患。对规模大、性质复杂、变形缓慢以及短期内难以查明其性质的滑坡，在确保路线安全的前提下，采取"全面规划、分期整治"的原则，先修建有利于稳定滑坡的应急工程，建立必要的观测系统，掌握滑坡的变化规律资料，达到根治的目的。

滑坡的形成与发展是多种因素造成的结果，其治理应考虑各种因素，分清主次，有针对性，综合整治。水是导致滑坡的首要因素，应防止水进入滑动带和排除滑坡体的水。减载，对减缓滑坡的变形，保证施工期间安全，减少支挡工程十分有效。滑坡类型较多，即使是同一种类型，其情况也各不相同，因此应具体分析各种情况，运用各种技术，综合治理。

在我国西南地区和多雨地区，对松散岩堆深路堑、破碎软质岩高边坡、具有不利软弱层面的路堑高边坡、斜坡软土等容易产生滑坡的工程路段，应采取预防措施，采取预加固工程措施，避免产生滑坡。

对于滑坡地段路基，应从以下三个方面入手保证其安全稳定。

(1)防水排水：与路基排水设施设计相协调，使滑坡体水分渗入通道，设立地面排水与地下排水设施，减少降雨、地下水等改变滑坡土体含水率的外在因素的影响，保证滑坡体及滑裂面物理力学指标稳定。

(2)减载反压：根据滑坡体构造特征，采用滑坡前缘减重、后缘反压的技术措施，减小滑坡体自重，增大抗滑力，但要充分论证，不能增加新的滑动风险。

(3)抗滑支挡：考虑采用挡墙、锚固、抗滑桩等支挡结构。

在施工过程中要跟踪监测，必要时调整设计方案，通过以上措施的综合应用，保障滑坡地段路基在使用期的安全性。

二、崩塌与岩堆地段路基

崩塌地段路基防治措施如下：

(1)边坡或自然坡面比较平整、岩石表面风化呈零星坠落时，宜进行坡面防护。

（2）崩塌岩块体积不大时，可全部清除并放缓边坡。

（3）岩体严重破碎，经常落石路段，宜采用柔性防护系统或拦石墙与落石槽等拦截构造物，并应考虑崩塌冲击荷载的影响。

（4）边坡上局部悬空的岩石，但岩体仍较完整的，可视具体情况采用钢筋混凝土立柱、浆砌片石支顶或柔性防护系统。

（5）易引起崩塌的高边坡，宜采用边坡锚固。

（6）当崩塌体较大、发生频繁且距离路线较近而设拦截构造物有困难时，可采用明洞、棚洞等遮挡构造物处理。洞顶应有缓冲层，并应考虑石块荷载的堆积和冲击。

岩堆地段路基防治措施如下：

（1）处于发展中的岩堆地段路基，应尽量减少开挖，采取挡土墙、坡面封闭等防护措施，也可采用拦石墙与落石槽或修建明洞、棚洞等遮挡构造物。

（2）岩堆地段路基，根据其在岩堆的不同位置应采取不同的处治策略：位于岩堆上部时，宜采用台口式路基，并放缓边坡或沿基岩面清除路基上方的岩堆堆积物；位于岩堆中部时，挖方边坡应设置挡土墙；位于岩堆下部时，宜采用填方路基通过岩堆。

（3）对活跃的岩堆补给区，应根据其面积、岩体类型和规模，采取拦截或加固工程措施。

（4）岩堆地段路基稳定性不足时，宜设置抗滑挡土墙或抗滑桩。

三、泥石流地段路基

1. 跨越措施

桥梁适用于跨越流通区的泥石流沟或者洪积扇区的稳定自然沟槽。设计时应综合分析，采用合理的跨度及形式。

隧道适用于路线穿过规模大、危害严重的大型或多条泥石流沟。隧道方案应与其他方案作技术、经济比较后确定。

泥石流地区不宜采用涵洞，在活跃的泥石流洪积扇上禁止采用涵洞。对于三、四级公路，当泥石流规模不大、固体物质含量低、不含较大石块，并有顺直的沟槽时，方可采用涵洞。

过水路面适用于穿过小型坡面泥石流沟的三、四级公路。过水路面的路基横断面应为全封闭式，可与桥梁、涵洞等联合使用。路基坡脚设抑水墙以防止冲刷。

2. 排导措施

排导沟适用于有排沙地形条件的路段。其出口应与主河道衔接，出口高程应高出主河道20年一遇的洪水水位。排导沟纵坡宜与地面坡度一致。排导沟的横断面应根据流量计算确定。排导沟应进行防护。

渡槽可用于排泄流量小于 $30\mathrm{m}^3/\mathrm{s}$ 的泥石流，且地形条件应能满足渡槽设计纵坡及行车净空要求，路基下方有停淤场地。渡槽应与原沟顺直平滑衔接，纵坡不小于原沟纵坡，出口应满足排泄泥石流的需要。渡槽设计荷载按泥石流满载计算，并考虑冲击力，冲击系数取1.3。

当在堆积扇的某一区间内，需要控制泥石流的走向或限制其影响范围时，可设置导流堤以防止泥石流直接冲击路堤或壅塞桥涵。导流堤的高度应为设计使用年限内的淤积厚度与泥石流的沟深之和；在泥石流可能受阻的地方或弯道处，还应加上冲起高度和弯道高度。

3. 拦截措施

拦挡坝适用于沟谷的中上游或下游没有排沙或停淤的地形条件、需控制上游产沙的河道，以及流域来沙量大,沟内崩塌、滑坡较多的河段。其位置应根据设坝目的,结合沟谷地形及基础的地质条件综合考虑确定,并注意坝的两端与岸坡的衔接和基础埋置深度。坝体的最大高度不宜超过 5m,坝顶宜采用平顶式;当两端岸坡有冲刷可能时,宜采用凹形。

格栅坝适用于拦截流量较小、大石块含量少的小型泥石流。格栅间隔按拦截大石块、排除细颗粒的要求布置,其过水断面应满足下游安全泄洪的要求。坝的宽度应与沟槽相同。坝基应设在坚实的地基上。

四、岩溶地区路基

岩溶地区路基设计时,首先应采用遥感、物探、钻探及其他有效方法查明岩溶地质详情及地表水、地下水活动规律。

1. 无需处治的情况

在溶洞与路基相对位置较远或溶洞上保护层(顶板)较厚时,可不进行处治。

当溶洞顶板岩层未被节理裂隙切割或虽被切割但胶结良好时,其溶洞顶板的安全厚度可按厚跨比法确定。当顶板的厚度与路基跨越溶洞的长度之比大于 0.8 时,溶洞的顶板岩层可不作处理。

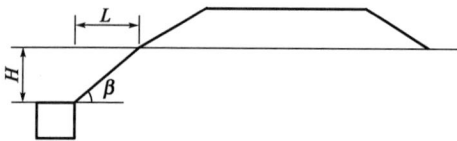

图 3-37 溶洞安全距离计算图式

当岩溶地貌位于路基两侧时,应判定岩溶对路基的影响。对于开口的岩溶地貌,可参照自然边坡来判别其稳定性及其对路基的影响。对于地下溶洞,可按坍塌时的扩散角计算其影响范围,其计算图式如图 3-37 所示,公式如下:

$$L = H \cdot \cot\beta \qquad (3-45)$$

$$\beta = \frac{45° + \varphi/2}{K} \qquad (3-46)$$

式中:L——溶洞距路基的安全距离(m);

　　　H——溶洞顶板厚度(m);

　　　β——坍塌扩散角(°);

　　　K——安全系数,取 1.10~1.25(高速公路、一级公路取大值);

　　　φ——岩石内摩擦角(°)。

如在顶板岩层上有覆盖土层,则自土层底部用45°角向上绘制斜线,求出与地面的交点,路基坡角应在交点范围以外。路基坡角处于溶洞坍塌扩散的影响范围之外时,该溶洞可不作处理。

2. 处治措施

对于路基范围内的溶洞,应先判明溶洞是否仍在发展。对于已停止发展的溶洞可按一般地基进行评价,需加固时宜采用注浆、复合地基等方法进行处理;对于还在发展中的溶洞,宜采用构造物跨越。

(1)排水:路基上方的岩溶泉和冒水洞,宜采用排水沟将水截流至路基外。对于路基基底的岩溶泉和冒水洞,宜设置集水明沟或渗沟,将水排出路基。如需保持溶洞内流水通畅时,应设置排水通道。

(2)填充:对于稳定路堑边坡上的干溶洞,洞内宜采用干砌片石填塞。位于路基基底的开口干溶洞,当溶洞的体积不大、深度较浅时,宜予以回填夯实;对于有顶板但顶板强度不足的干溶洞,可炸除顶板后进行回填。

(3)加固与支护:通过溶洞围岩分级或计算判断下伏溶洞有坍塌可能时,对于洞径大、洞内施工条件好的无充填溶洞,宜采用浆砌片石或钢筋混凝土的支撑墙、支撑柱进行加固;对于有填充物且深而小的溶洞,宜采用注浆、旋喷等技术加固。

(4)跨越:深而小的溶洞且不便于洞内加固时,宜采用石盖板或钢筋混凝土盖板跨越可能的破坏区;当路基基底的开口干溶洞体积较大或深度较深时,宜采用构造物跨越;对于顶板强度不足炸开的大型干溶洞可设构造物跨越;此外,跨越还适用于其他不适宜填充、加固与支护的情况。

以上技术措施要根据其经济性和有效性综合对比分析后采用。

五、多年冻土地区路基

多年冻土指的是冻结状态持续两年或两年以上的温度低于0℃且含冰的土(岩)。多年冻土地区路基设计应以"保护"为主要原则,避免改变冻土的温度状况,冻土融化后其强度将大幅度降低且产生大变形,对路基安全稳定非常不利。

1. 一般设计原则

路基位于少冰冻土、多冰冻土地段,可按一般路基设计;位于富冰冻土、饱冰冻土、含土冰层地段,以及冰丘、冰锥、多年冻土沼泽、热融湖(塘)、地下水路堑地段,应进行特殊设计。路基设计应与路面结构设计综合考虑,减少路基过大变形或不均匀沉降引起的路面结构性破坏。

路基填料设计应考虑冻结层上水的发育情况及填料的冻胀敏感性,有条件时应优先采用卵石土或碎石土作为填料。严禁使用塑性指数大于12、液限大于32%的细粒土和富含腐殖质的土及冻土作填料。保温护道填料,应就地取材,可采用泥炭、草皮、塔头草或细粒土。

冻土沼泽(沼泽化湿地)、热融湖(塘)地段,应以路堤通过,路堤高度应高出沼泽暖季积水水位、毛细水上升高度、有害冻胀高度之和0.5m,且满足保温厚度的要求;通过较大的热融湖(塘),还需考虑波浪壅水的影响。

按工程环境特点和工程建设不同阶段采用区段设计和场地设计相结合的原则。根据冻土的类型及年平均地温采用保护、一般保护和一般路基的设计原则。

2. 高含冰量冻土地段路基

进行路堤设计时,应计算地基的融化沉降量和压缩沉降量,并按竣工后的沉降量确定路基预留加宽与加高值。按保护或一般保护多年冻土的原则设计时,路堤最小填土高度不仅要满足防止冻胀翻浆的要求,而且必须保证冻土上限不下降。路堤也不宜过高,以防止路堤纵裂等次生病害。

路堤较高时,可采用土工格栅或土工格室等加强措施。路堤高度不能满足保护冻土上限不变的最小高度要求时,可设置工业保温材料层。

填挖过渡段、低填方地段应进行基础换填,换填厚度经热工计算确定,换填基底与挖方地段换填基底应顺接。采用卵砾石作为换填材料时,应在地面上设置复合土工膜防渗层,防止地表水渗入,防渗层顶面横坡不应小于4%。

路堑边坡、基底根据冻土层的分布、坡面朝向、地温情况及填料的来源采用全部或部分换填处理,换填厚度应通过计算确定,边坡坡率不宜陡于1:1.75。路堑堑顶应采用包角式断面形式,堑顶包角高程一般高出原地面0.8m,宽度为1.0m,外侧边坡坡率为1:1.75,内侧边坡坡率与路堑边坡一致。

当填方基底为饱冰细粒土或含土冰层,且地下冰层较厚时,可在边坡坡脚设置保温护道及护脚,并在填方基底设置保温层。保温设施可利用当地苔藓、草皮、塔头草、泥炭或黏质土等材料。

不稳定多年冻土区的路基应根据冻土的分布、填料、路基填挖及地温情况采用冷却地基、设置保温层等措施综合处理。保温层设置应根据热工计算确定。

高含冰量冻土厚度较小、埋藏较浅的地段,经技术经济比较后,也可采用清除高含冰量冻土的措施。以上措施仍不能保证路基稳定时,宜采用桥梁代替填土路基。

不稳定多年冻土地段高含冰量冻土路基,宜采用土工合成材料加筋结构。

3. 不良冻土工程地段路基

位于冰锥、冻胀丘下方地段的路堤,在其上方设排水沟,以截排冰锥、冻胀丘附近涌出的水流。在常年性融区,并有较大的地下水流时,应设保温渗沟,将地下水引到路堤以外,必要时设桥通过。

位于冰锥、冻胀丘上方地段的路线通过方案应慎重采用。必须通过时,应在路堤上方坡脚外不小于20m处,设较深的排水沟和冻结沟。若存在冻结层下水,应设保温渗沟将地下水引排至路基以外。若积冰量很大,或有大量地下水横穿路基,且截排有困难时,宜设桥通过。

路基通过融穿性湖塘,当湖塘面积不大时,可抽干积水,换填砂砾或抛石挤淤;若湖塘面积较大,可设围堰抽干水,挖除基底松软土层,换填透水性材料。路堤宽度与高度应考虑预留沉落量,沉落量除考虑路基本体填土压实影响外,还需考虑基底土层压密沉降的影响。

沼泽地段的路堤,应根据沼泽特点、积水深度、多年冻土类型,按照保护多年冻土的原则,采取加强排水、预留沉降、消除冻害的综合措施。

4. 路基排水

高含冰量冻土地段应避免修建排水沟、截水沟,宜修建挡水埝。挡水埝断面尺寸应通过计算确定,并采取防渗和保温措施,必要时应采取加固措施。

在高含冰量冻土地段设计排水沟、截水沟时,应充分考虑冻土及冰层的埋藏深度,采用宽浅的断面形式,断面尺寸通过计算确定。富冰冻土、饱冰冻土地段,排水沟、截水沟、挡水埝内侧边缘至保温护道坡脚、堑顶或路堤坡脚(无保温护道)的距离不得小于5m;含土冰层地段不得小于10m。

应根据地下水类型、水量、积水和地层情况,采用冻结沟、积冰坑、挡冰堤、挡冰墙或渗沟等措施,排除对路基有危害的地下水。

采用渗沟排除地下水时,渗沟及检查井均应采取保温措施。出水口的位置应选在地势开阔、高差较大、纵坡较陡、向阳、避风处,并采用掩埋式锥体或其他形式的保温措施。路堑边坡有地下水出露时,必须将水引排,并应在边坡上采取保温措施。

5. 取土坑和弃土堆

取土坑(场)应符合多年冻土地区环境保护要求,适当远离路线,分段集中取土。应考虑减少取土后取土坑对周围地层的热平衡影响,避免造成天然上限下降,引起热融沉陷与滑坍等新的不良地质病害,影响路基稳定。应选择在路堤上侧植被稀疏的少冰、多冰冻土山坡或融区、河滩谷地取土,饱冰、富冰冻土及含土冰层地段不得取土。

路堑挖方为高含冰冻土时,不得作为路基或保温护道填料。

六、风沙地区路基

1.一般设计原则

在风沙地区筑路,应调查当地治沙经验,结合不同的沙漠类型和公路工程的特点,确定有利于风沙流顺畅通过的路线线位和路基横断面形式及防止路基被风沙吹蚀和积沙掩埋的工程或生物防护措施。

在风沙地区,应根据不同区域沙漠地貌类型设防。在风沙流比较严重的过干沙漠地区,应按照就地取材、因地制宜、综合治理的原则,除对路基采取防护措施外,还应在路基两侧建立完善的综合防沙体系;对干旱沙漠地区宜采用工程和生物相结合的防护措施;对于微湿和半干旱沙地地区宜采用生物防治或生态恢复措施。

对于沙漠地区路基,在重点做好综合防沙设计的同时,也应注意路基填料、整体强度和稳定性问题,同时还应考虑今后养护维修和管理方便等问题。

干旱流动沙漠地区路基可不设置边沟等排水设施,但对于有浇灌要求的路段也应考虑排水设计,宜设置宽浅形边沟和大孔径桥涵。

沙漠公路修筑不得随意破坏当地脆弱的生态,取弃土不得随意堆放,在防止形成沙害的同时,应注重环境保护。保护路基两侧地表原有植被和地表硬壳。

2.填方路基

风沙地区路基应以低路堤为主,填土高度应根据路堤上的风向、风速变化等情况确定,一般路堤高度宜比路基两侧 50m 范围内沙丘的平均高度高出 0.5～1.0m。当路线通过高大复合型沙垄或复合型沙丘链地段时,路基高度以填方略大于挖方或接近平衡为宜。

风沙地区填方路基应采用缓边坡或流线型横断面,高速公路、一级公路可采用分离式缓边坡路基形式,不宜采用凸形中央分隔带。路肩与边坡相交处宜设计成圆弧形。

风沙地区一般路堤边坡坡度应根据填料、填土高度、风向、路侧地形及防护情况确定;对于微湿和半干旱沙地地区的高速公路和一级公路,路堤边坡坡度宜采用 1:3。

风沙地区路基填料应满足一般路基填料的要求。纯风积沙地区可采用土工布等材料进行加固修筑路基,水源缺乏地区的沙基可采用振动干压实技术。

路基取土宜取自挖方断面,或取自上风侧阻风沙丘,以减少沙害。当纵向调运较远,采用路侧取土时,取土坑应设在背风侧坡脚 5m 以外,并设计成弧形的浅槽。必要时,对取土坑应采取防护措施。平沙地路段不宜取土,应加以保护。

应根据公路等级、材料来源、风力、风向等对路肩及边坡进行防护。在气候条件容许的情况下,宜采用生物防护。各种工程防护设施应坚固可靠。

3.挖方路基

风沙地区路基应避免采用长度大于 200m 的路堑。

风沙地区路堑宜采用敞开式、缓边坡路基横断面,挖方边坡坡率应根据挖方深度、风力、风向、路侧地形及防护措施确定;深路堑边坡坡脚应设置积沙平台,以便于养护;对于微湿和半干旱沙地地区的高速公路和一级公路,路堑边坡坡率宜缓于 1:3。

路线与主导风向正交时,应使路堑顶宽与路堑深度的比值接近 20～30,二级及二级以下公路可适当降低,但不得低于 12。

挖方弃土宜用于填方路基，多余弃土应置于背风一侧的低洼处，距离路堑坡顶不应小于10m，必要时，应采取防护措施。

路堑应根据公路等级及筑路材料，在路肩、边坡坡面和坡顶外20~50m范围内进行防护。

填挖结合路基应将挖方侧路基适当加宽，上下两侧宜采用缓边坡，边坡变坡点处宜设计成圆弧形，同时对上下边坡进行加固。

4.路侧防沙工程

防沙工程应根据公路等级采取固、阻、输、导等工程或生物措施，总体布置，形成完善的综合防护系统。其设置范围和部位应根据风沙活动特征、风况、输沙量、地形、防护材料性质、当地气象、土壤地质、自然生态环境及公路使用要求等确定。

在适宜植物生长的微湿和半干旱沙地地区，应优先选用灌、草等植物固沙。在干旱沙漠地区宜采用工程和植物相结合、先工程后植物的固沙方法。固沙植物应选用根系发达、耐旱、固沙能力强，适应当地生长条件的植物品种，固沙带宽度可参照工程固沙宽度适当减小。在无条件栽种植物的过干沙漠地区，可利用当地材料、土工格室等材料固沙。

在路基迎风侧，可利用柴草类材料在路基迎风侧设置立式沙障固沙，有条件时可采用乔、灌结合的植物沙障。低立式沙障距离路基应大于20m，高立式沙障距离路基应大于50m。

在沙源极为丰富的风沙地区，应在路基迎风侧100m以外设置墙式、堤式、栅式、带式或植物等类型的阻沙障，以拦截风沙和限制积沙移动。

在平坦的流动沙地和风沙流地区以及路线与主导风向交角为45°~90°的流动沙丘地段，可采取必要的输沙措施，如设置浅槽、聚风板等，以使流沙顺利越过路基而不产生堆积。

路线与主导风向交角为25°~30°时，可采取改变风沙流或沙丘运动方向的导流方法，宜在路基迎风侧50~100m以外设置导沙墙、导沙板等措施。有条件时可种植乔、灌结合的植物，形成导沙屏障。

在流沙危害严重的路段，路基两侧20~30m范围内的地面应保持平顺，地上的突起物均应铲除，并予以整平，形成平整带。

综合植物防护系统的设置应与当地治沙规划相结合。当采用防护林带时，宜采用种草、灌木和乔木相结合、先期树种和后期树种相结合，以及乡土树种和引进树种相结合的原则进行栽植。设置宽度应根据沙源、风沙流活动强度和沙丘移动特征等因素确定，迎风侧不宜小于200m；背风侧如为单向风时，可不设。如有反向风时，则应设置宽度不小于50m的防护带。

有条件时应在两侧防护林带之外，根据风沙严重程度设置植被保护带。植被保护带宽度一般在路基的迎风侧不应小于300m，在路基的背风侧不应小于100m。

采用植物防沙措施时，应结合当地植物立地条件，选择适宜的植物种类，确定合适的植物结构和种植方式，同时建立完善的灌溉措施和管理组织。

在缺乏筑路或固沙材料的干旱沙漠地区，可在试验验证可行的前提下采用化学方法加固沙漠公路路基或进行防护。

七、其他特殊土质路基

其他特殊土质路基包括湿陷性黄土、红黏土、膨胀土、高液限土和盐渍土等。

湿陷性黄土是指在自重或一定压力下受水浸湿后，土体结构迅速破坏，并产生显著下沉现象的黄土。红黏土是指碳酸盐类岩石在温湿气候条件下经风化后形成的褐红色粉土或黏质土。膨胀土是含亲水性矿物并具有明显的吸水膨胀与失水收缩特性的高塑性黏土。高液限土是液限(100g 锥试验)超过 50% 的细粒土。盐渍土是易溶盐含量大于规定值的土。需要指出的是,不良土质的工程性质变化往往伴随含水率的变化,因此排水设计在不良土质地区路基设计中需特别注意。

在上述不良土质地区进行路基设计时,有可能面临两类技术问题:不良土质地基与不良土质路基填料。实际工程中需根据原地基情况,决定是否要对不良土质地基进行处治,而作为路基填料时,大部分情况下,不良土质都必须进行专门的处治才能使用。

进行以上特殊土质地区的路基设计时,主要从以下五个方面进行有针对性的处理。

(1)地基处理

对不良土质路基的处治方法主要有:夯实、超挖换填、石灰桩、碎石桩等,其处治方法与软土地基处理在技术上具有一定相似性。

(2)横断面设计

进行不良土质路基的填、挖方断面设计时,根据需要可放缓边坡坡率以保证路基的稳定性。

(3)填料处治

①物理改性。

物理改性是在不良土中按一定的比例掺入无机料(如风积土、非活性矿渣、砂砾石等或其混合物)来改善不良土质工程性质的一种方法。特别是掺入粗颗粒土,其改良效果是行之有效的,其本质是改变了路基填料的粒度组成,其可行性取决于粗颗粒土的土源和运距。

②化学改性。

化学改性是利用有机或无机改性剂改变不良土质的化学组成,从而改善其工程性质的一种方法。依据化学改性剂的性质可以分为无机改性法、有机改性法两种。通过石灰与不良土质产生阳离子的交换、凝聚与结块、碳化作用与凝聚等反应,可使土的强度和稳定性得到提高。这是目前最常用的不良土质改性处治方法。

③隔离保湿

通过稳定不良土质路基施工后的含水率,避免其受到水的影响而产生工程性质变化的一种不良土质路基填料处治方法。目前比较成功的保湿方法有暗沟保湿、预湿和帷幕保湿等。采用此方法的路基构造复杂,施工困难,在降雨量大的地区,实施后效果可能有限。

(4)排水、隔水与反滤

与隔离保湿的目的相同,通过在地基表面设置隔水层(如碎石、卵石等粒料层),在路基顶面或坡面设置反滤层(如反滤土工布等),同时设置截水沟、渗井等排水设施,维持不良土质路基使用期含水率稳定,避免其工程性质的显著变化。

(5)加固与支挡

在上述技术措施不能保证特殊土质路基安全时,要考虑设计加固与支挡结构。

【练习与讨论】

1. 滑动面的形状与边坡土质有何关系? 不是直线、折线和圆弧状的滑动面应采用什么方法分析其稳定性?

2. 不平衡推力法和传递系数法的区别在哪里,各方法分别适用于什么场合?

3. 什么是一般路基? 什么是特殊路基? 什么是高填深挖路基? 什么是低路堤?

4. 路基病害防治的主要原则是什么?

5. 路基变形分析的主要内容是什么? 在什么情况下进行路基变形分析才是必要的? 为什么监控沉降速率可以保证软土地基的施工期稳定性?

6. 确定滑动面圆心的方法主要有哪些?

7. 瑞典圆弧法和简化 Bishop 法各自有何假定? 两者的主要区别在哪里?

8. 浸水路堤动水压力如何计算? 作用点在哪里?

9. 特殊土质路基设计的主要原则是什么?

10. 确定路基边坡坡率时需要考虑哪些条件?

11. 用瑞典条分法对例 3-6 进行不考虑浸水但考虑地震力的稳定性分析计算(地震烈度、公路等级、构筑物重要程度自定)。

12. 用简化 Bishop 法对例 3-6 进行不考虑浸水但考虑地震力的稳定性分析计算(地震烈度、公路等级、构筑物重要程度自定),并与 11 题的分析计算结果进行对比分析。

AI 辅助讨论

请采用 AI 工具(如 DeepSeek、Kimi 等),根据要求生成讨论提纲和 PPT,提交讨论报告和汇报文件(PPT)。

讨论题:路基使用期的整体稳定性对道路基础设施的韧性(Resilience)有很大的影响,而影响道路路基稳定性的主要因素是降雨和地震,请结合近年来南方因强降雨引起的边坡地质灾害,分析道路路基韧性提升的基本考虑要素及对策。

要求:结合个人理解,给出由 10~20 个关键词组成的提问句,然后利用 AI 工具完成"请结合南方因强降雨引起的边坡地质灾害,分析道路路基韧性提升的研究现状及技术对策"的讨论报告和汇报文件(PPT)。

第四章

路基防护与支挡结构设计

【本章提要】

本章主要介绍路基防护的主要形式；支挡结构的类型和适用条件、布置和构造；各种边界条件下的土压力计算，挡土墙稳定性验算和设计；轻型挡土墙设计及其他形式支挡结构。

【学习要求】

了解路基防护的主要形式和作用；掌握典型挡土墙的类型、适用条件、布置和构造；掌握各种边界条件下的土压力计算、挡土墙稳定性验算和断面设计；了解轻型挡土墙和其他形式支挡结构的构造。

第一节　路　基　防　护

由岩土筑成的路基直接暴露于大气之中，长期受自然因素的影响，在水温变化作用下，岩土的物理、力学性质将发生变化——浸水后湿度增大，土的强度降低；岩性差的岩体，受水温变化影响，会加剧风化；路基表面在温差作用下经受胀缩循环，在湿差作用下经受干湿循环，导致强度衰减和表面剥蚀；地表水流冲刷，地下水侵入，使岩土表层失稳，易加剧路基的水毁病害；沿河路堤在水流冲击、淘刷和侵蚀作用下，易遭破坏。

为此，一方面需要合理的路基设计，应从路基位置、横断面尺寸、岩土组成等方面作综合考虑。与此同时，为确保路基的强度与稳定性，路基防护也是不可缺少的工程技术措施。随着公路等级的提高，为保证正常的交通运输，减少公路病害，确保行车安全，保持公路与自然环境协调，路基防护尤为重要。实践证明，在公路建设中，防护工程对保证公路使用品质、提高投资效益均具有重要的意义。

路基防护主要有坡面防护和沿河路基的冲刷防护等。

一、坡面防护类型与要求

1. 坡面防护类型

坡面防护主要是保护路基边坡表面免受雨水冲刷，减缓温差及湿度变化的影响，防止或延缓软弱岩土表面的风化、碎裂、剥蚀演变进程，从而保护路基边坡的整体稳定性，并在一定程度上兼顾路基美化和自然环境协调。坡面防护设施虽不承受外力作用，但也必须保证坡面整体稳定牢固。简易防护的边坡高度与坡度不宜过大，土质边坡坡率一般不陡于1:1～1:1.5，地表水径流速度一般不超过2.0m/s且无集中汇流。当雨水集中或汇水面积较大时，应与排水设施相配合，如在挖方边坡顶部设截水沟，高填方的路肩边缘设拦水埂等。

常用的坡面防护措施有植物防护（种草、铺草皮、植树等）、骨架植物和工程防护（抹面、喷浆、勾缝、石砌护面等）。前两者可视为有"生命"（成活）防护，后者属于无机物防护。有"生命"防护多用于土质边坡，无机物防护适用于石质路堑边坡。在某种程度上，有"生命"防护在稳定边坡和改善路容方面，优于无机物防护。

我国《公路路基设计规范》（JTG D30—2015）规定，对受自然因素作用易产生破坏的边坡坡面，应根据气候条件、岩土性质、边坡高度、边坡坡率、水文地质条件、施工条件、环境保护、水土保持要求等，按照表4-1经技术经济比较后选择适宜的防护措施。

坡面防护工程类型及适用条件 表4-1

防护类型	亚类	适用条件
植物防护	植草或喷播植草	可用于坡率不陡于1:1的土质边坡防护。当边坡较高时，植草可与土工网、土工网垫结合防护
	铺草皮	可用于坡率不陡于1:1的土质边坡或全风化、强风化的岩石边坡防护
	种植灌木	可用于坡率不陡于1:0.75的土质、软质岩石和全风化岩石边坡防护
	喷混植生	可用于坡率不陡于1:0.75的砂类土、碎石土、粗粒土、巨粒土及风化岩石边坡防护，边坡高度不宜大于10m
骨架植物防护	—	可用于坡率不陡于1:0.75的土质和全风化、强风化的岩石边坡防护
工程防护	喷护	可用于坡率不陡于1:0.5的易风化但未遭强风化的岩石边坡防护，高速公路、一级公路和环境景观要求高的公路不宜采用
	挂网喷护	可用于坡率不陡于1:0.5的易风化、破碎的岩石边坡防护，高速公路、一级公路和环境景观要求高的公路不宜采用
	干砌片石护坡	可用于坡率不陡于1:1.25的土质边坡或岩石边坡防护
	浆砌片石护坡	可用于坡率不陡于1:1的易风化的岩石和土质边坡防护
	护面墙	可用于坡率不陡于1:0.5的土质和易风化剥落的岩石边坡防护

当土质和气候条件适宜时，宜采用植物防护。当植物防护强度不足可能产生冲刷时，应设置浆砌片石或水泥混凝土骨架，形成骨架植物防护；对不宜采用植物防护的坡面，应采用工程防护。

2.坡面防护要求

1)植物防护

植物防护可美化路容,协调环境,调节边坡土的湿度与温度,起到固结和稳定边坡的作用。它对于坡高不大、边坡比较平缓的土质坡面而言,是一种简易有效的防护设施。其方法包括种草、铺草皮、种植灌木和喷混植生。当植物防护的坡面有可能被冲刷时,可采用骨架植物防护。骨架植物防护一般用于坡率不陡于1:0.75的土质和全风化、强风化的岩石边坡防护,可采用拱形、人字形或方格形浆砌片石或水泥混凝土骨架,也可采用多边形水泥混凝土空心坎,骨架内植草或喷播植草。多雨地区的骨架宜增设拦水带和排水槽。风化岩石挖方边坡,可在骨架中增设锚杆。

植草适用于边坡率不陡于1:1、土质适宜种草、不浸水或短期浸水且地表径流速度不超过0.6m/s的边坡。草的品种要适应当地自然条件,最好是根系发达,中茎低矮,多年生长,几种草籽混种。植草的最小土层厚度不应小于0.15m。当边坡较高时,植草可与土工网、土工网垫结合防护。

拉伸网草皮是指在土工网或土工垫等土工合成材料上铺设3~5cm厚的种植土层,经过撒种、养护后形成的人工草皮。固定草种布(也称植生带)是指在土工织物纺织时将草种固定于土工织物中,然后在现场铺筑以促使草皮生长的一种土工合成材料草皮制品。网格固定撒种是指先将土工网固定于需防护的边坡上,然后撒播草种形成草皮的一种边坡防护方法。

当坡面冲刷比较严重,边坡较陡,径流速度大于0.6m/s,容许最大速度为1.8m/s时,应根据具体条件(坡度与流速等),分别采用平铺(平行于坡面)、水平叠铺。垂直坡面或与坡面成一半坡角处倾斜叠铺草皮,还可采用片石铺砌成方格或拱式边框,方格或框内再铺草皮,如图4-1所示。

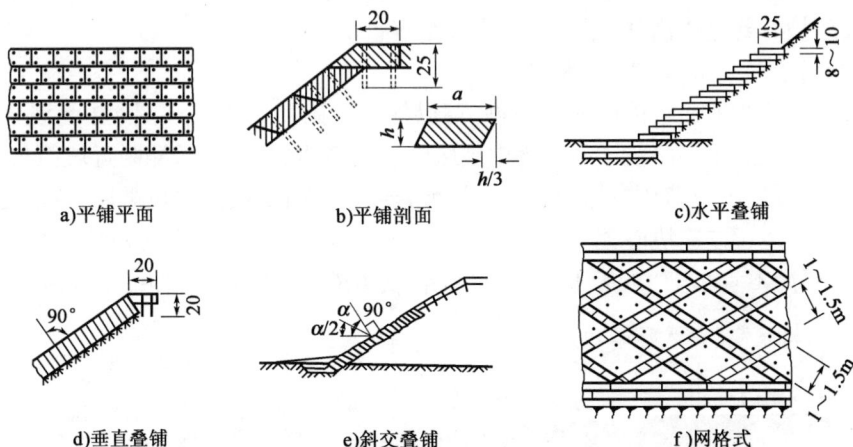

a)平铺平面　　　b)平铺剖面　　　c)水平叠铺

d)垂直叠铺　　　e)斜交叠铺　　　f)网格式

图4-1　草皮防护示意图(除已注明尺寸单位外,其余尺寸单位为cm)

注:图中 h 为草皮厚度,其值为5~8cm;a 为草皮边长,其值为20~25cm。

铺草皮需预先备料,草皮可就近培育,切成整齐块状,然后移铺在坡面上。铺草皮时应自下而上,并用竹木小桩将草皮钉在坡面上,使之稳固。草皮根部土应随草切割,坡面要预先整平,必要时还应加铺种植土,草皮应随挖随铺,注意相互贴紧。

植树主要用在堤岸边的河滩上,用来降低河水流速,促使泥沙淤积,防止水直接冲刷路堤。

多排林堤岸,若与水流方向斜交,还可起到挑水、改变水流方向的作用。在沙漠与雪害地区,防护林带还可起阻沙防雪作用。树木的品种与种植位置及宽度,应根据防护要求、流水速度等因素,结合当地经验确定。城市或风景区的植物防护,应与有关部门协调配合确定方案。

2)工程防护

当不宜使用植物防护或考虑就地取材时,采用砂石、水泥、石灰等矿质材料进行坡面防护是常用的防护形式。主要包括砂浆抹面、勾缝或喷涂以及石砌护坡或护面墙等形式,它们各自适合于一定条件。

(1)抹面防护

抹面防护适于石质挖方坡面,岩石表面易风化,但比较完整,尚未剥落,如页岩、泥砂岩、千枚岩的新坡面。对此应及时予以封面,以预防风化成害。常用的抹面材料有石灰浆等,其中石灰为胶结料,要求精选。混合料(如加纸筋或竹筋)可提高强度,防止开裂;掺加适量制盐副产品卤水,因含有氯化钙与氯化镁,可使抹面加速硬化和预防开裂。抹面厚度视材料与坡面状况而定,一般为2~10cm。操作前,应清理坡面风化层、浮土与松动碎块,填坑补洞,洒水润湿。抹面后,应拍浆、抹平和养护。

(2)喷护和挂网喷护

喷护和挂网喷护的水泥用量较大,重点工程可选用。喷护材料可采用砂浆或水泥混凝土,喷浆防护厚度不宜小于50mm,喷射混凝土防护厚度不宜小于80mm。锚杆挂网喷浆或喷射混凝土的喷护厚度不小于0.10m,且不应大于0.25m,钢筋保护层厚度不应小于20mm。喷护坡面应设置泄水孔和伸缩缝,应结合碎落台和边坡平台种植攀缘植物。

比较坚硬的岩石坡面,为防水渗入缝隙成害,视缝隙深浅与大小,分别予以灌浆、勾缝或嵌补等。

上述防护方法可以局部处治,综合使用,并与放缓边坡等方法加以比较,力求实用和经济。如果在坡面防护时着色或修饰,还有助于改善路容。

(3)干砌片石护坡和浆砌片石护坡

路基坡面为防止地面水流或河水冲刷,可以使用干砌片石护坡。图4-2为浸水路堤单层或双层护坡示意图。重要路段或暴雨集中地区的土质高边坡,以及桥涵附近坡面与岩坡、地面排水沟渠等,亦可使用干砌片石加固。片石护坡,要求坡面稳固,先垫以砂层,然后自下而上平整地铺砌片石。片石应逐块嵌紧且错缝,厚度一般不小于25cm,干砌要勾缝。必要时改用浆砌片石护坡,厚度不宜小于25cm,护面顶部封闭,以防渗水,并应设置伸缩缝和泄水孔。

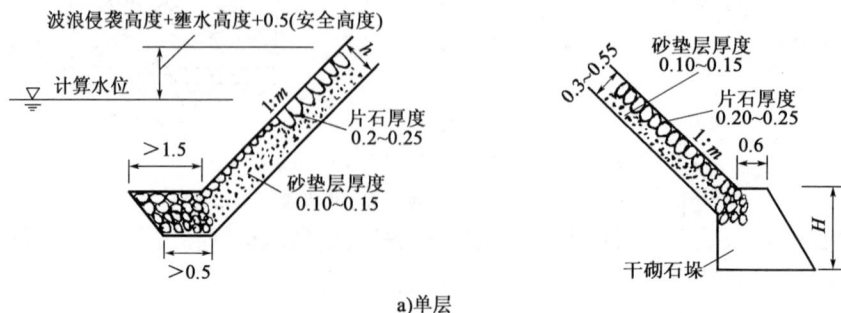

图 4-2

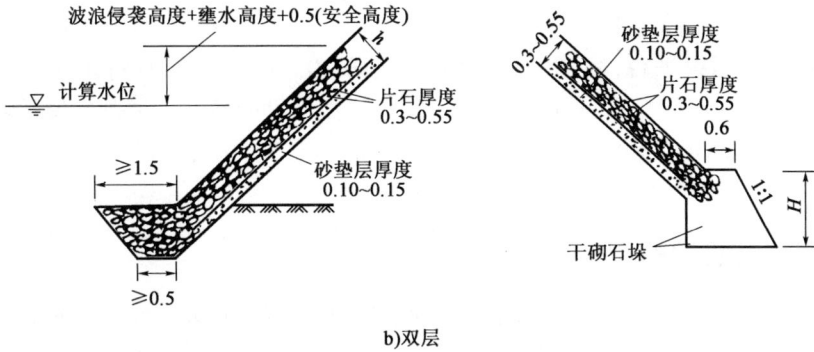

b)双层

图 4-2 片石护面示意图(尺寸单位:m)

注:图中 H 为干砌石垛高度,其值为 $0.2 \sim 0.3\text{m}$;h 为护面厚度,不宜小于 25cm。

(4)护面墙

护面墙是浆砌片石的坡面覆盖层,用于封闭各种软质岩层和较破碎的挖方边坡;要求墙面紧贴坡面,表面砌平,厚度可不一。护面墙石料尺寸应符合规格要求。护面墙除自重外,不承受其他荷载,亦不承受墙背土压力,其构造与布置如图 4-3 所示。其墙高与厚度及路堑边坡的关系,参见表 4-2。

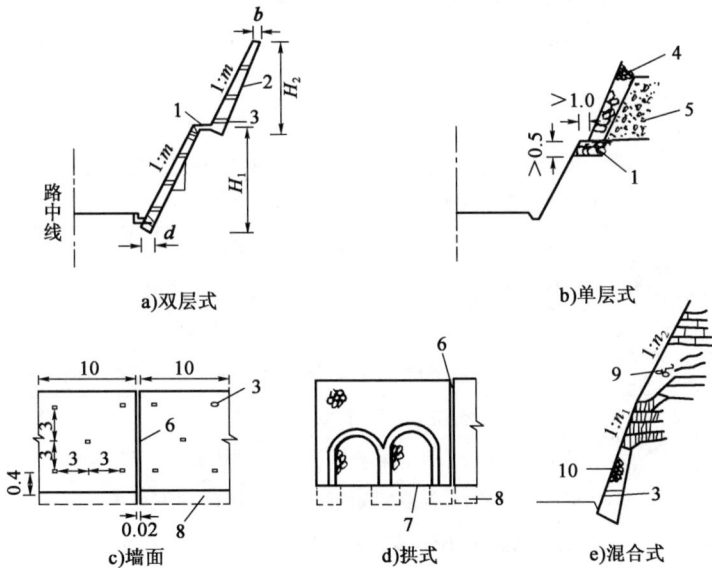

a)双层式 b)单层式

c)墙面 d)拱式 e)混合式

图 4-3 护面墙示意图(尺寸单位:m)

1-平台;2-耳墙;3-泄水孔;4-封顶;5-松散夹层;6-伸缩缝;7-软地基;8-基础;9-支补墙;10-护面墙

护面墙厚度 表 4-2

护面墙高度 H (m)	路堑边坡坡率	护面墙厚度(m)	
		顶宽 b	底宽 d
$H \leq 2$	1:0.5	0.40	0.40
$H \leq 6$	陡于 1:0.5	0.40	$0.40 + 0.10H$
$6 < H \leq 10$	1:0.5 ~ 1:0.75	0.40	$0.40 + 0.05H$
$10 < H \leq 15$	1:0.75 ~ 1:1	0.60	$0.60 + 0.05H$

护面墙高度一般不超过10m，并应设置伸缩缝和泄水孔；若超过10m，可以分级砌筑，每一级高度6～10m，中间设平台，墙背可设耳墙，纵向每10m设置一条伸缩缝，墙身应预留泄水孔，基础要求稳固，顶部应封闭，护面墙前趾应低于边沟铺砌的底面。墙基软硬不均匀时，可设拱跨过软弱地基。坡面常有各种不同地质现象，开挖后形成凹陷，应以石砌圬工填塞平整，称为支补墙。

二、沿河路基防护的类型与要求

沿河路基防护主要是对沿河滨海路堤、河滩路堤及水泽区路堤，亦包括桥头引道，以及路基边坡堤岸等的防护。此类堤岸常年或季节性浸水，受流水冲刷、拍击和淘洗，易造成路基浸湿、坡脚淘空，或水位骤降时路基内细粒填料流失，致使路基失稳，边坡崩坍。所以堤岸的冲刷防护与加固，主要针对水流的破坏作用而设，起防治水害和加固堤岸的双重功效。

沿河路基防护可分为直接防护和间接防护两类。直接防护主要包括植物防护、砌石防护、抛石与石笼防护等。间接防护主要包括丁坝、顺坝、防洪堤、拦水坝等导流构造物以及改移河道。

我国《公路路基设计规范》（JTG D30—2015）规定沿河路基受水流冲刷时，应根据河流特性、水流性质、河道地貌、地质等因素，结合路基位置，按表4-3经技术经济比较后，选用适宜的防护工程类型或采取改移河道等措施。

冲刷防护工程类型及适用条件　　　　表4-3

防护类型		适用条件
植物防护		可用于允许流速为1.2～1.8m/s、水流方向与公路路线近似平行、不受洪水主流冲刷的季节性水流冲刷地段防护。经常浸水或长期浸水的路堤边坡，不宜采用
砌石或混凝土护坡		可用于允许流速为2～8m/s的路堤边坡防护
土工织物软体沉排、土工膜袋		可用于允许流速为2～3m/s的沿河路基冲刷防护
石笼防护		可用于允许流速为4～5m/s的沿河路堤坡脚或河岸防护
浸水挡墙		可用于允许流速为5～8m/s的峡谷急流和水流冲刷严重的河段
护坦防护		可用于沿河路基挡土墙或护坡的局部冲刷深度过大、深基础施工不便的路段
抛石防护		可用于经常浸水且水深较大的路基边坡或坡脚以及挡土墙、护坡的基础防护
排桩防护		可用于局部冲刷深度过大的河湾或宽浅性河流的防护
导流	丁坝	可用于宽浅性河段，保护河岸或路基不受水流直接冲蚀而产生破坏
	顺坝	可用于河床断面较窄、基础地质条件较差的河岸或沿河路基防护，以调整流水曲度和改善流态

1. 直接防护措施

为了防止水流直接危害沿河、滨海路堤以及有关海、河堤坝护岸的堤岸边坡和坡脚，必须采取一定的防冲刷措施。

堤岸防护的直接措施，包括植物防护、石砌防护或抛石与石笼防护，以及必要时设置的支挡结构物（驳岸等）。其中植物防护与石砌防护，同坡面防护所述基本类同，但堤岸的冲刷主要是因为洪水急流，水位变迁不定，水流速度较大，相应的防护要求更高。在盛产石料的地区，当水流速度达到3.0m/s或更高，植树与石砌防护无效时，可采用抛石防护。当水流速度达到或超过 5.0m/s 时,则改用石笼防护,也可用竹笼防护,必要时还可以采用土工织物软体沉排护坡。

抛石防护,类似在坡脚处设置护脚,亦称抛石垛,如图 4-4 所示。抛石不受气候条件限制,路基沉实以前均可施工,季节性浸水或长期浸水均可用。抛石垛的边坡坡度,不应陡于抛石浸水后的天然休止角,边坡坡率的 m_1 一般为 $1.5 \sim 2.0$, m_2 一般为 $1.25 \sim 3.0$;石料粒径视水深与流速而定,一般为 $15 \sim 50cm$。

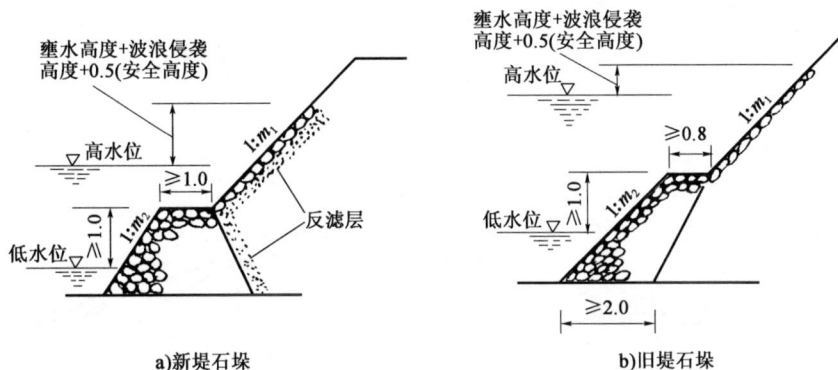

图 4-4　抛石防护示意图(尺寸单位:m)

石笼防护,石笼用铁丝编织成框架,内填石料,设在坡脚处,以防急流和大风浪破坏堤岸,也可用来加固河床,防止淘刷。铁丝框架可以是箱形或圆柱形,如图 4-5a)、b) 所示。笼内填石的粒径,最小不小于 4cm,一般为 $5 \sim 20cm$,外层应用棱角突出的大石料,内层可用较小石块填充。石笼在坡脚处排列,用于防止冲刷淘底,应平铺并与坡脚线垂直,而且堤岸一端固定,另一端不必固定,淘刷后可以向下沉落贴于底面;用于防止堤岸边坡冲刷时,则垒码平铺成梯形,如图 4-5c)、d) 所示。单个石笼的大小,以不被相应速度的水流冲动为宜,铺设时须用碎(砾)石垫层铺平,底层各角可用铁棒固定于基底。

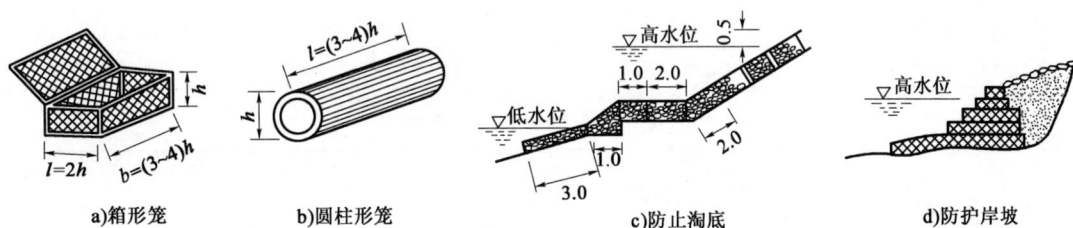

图 4-5　石笼防护示意图(尺寸单位:m)

土工织物软体沉排是一种在土工织物上以块石或预制混凝土块体为压重的护坡结构。土工织物软体沉排一般适用于水下工程及预计可能发生冲刷的河床和岸坡土面上,主要有单片垫和双片垫两种结构形式。

单片垫是利用土工织物拼接成大面积的排体;双片垫是将两块单片垫重叠后按一定距离和形式将两片垫连接在一起而构成管状或格状空间,其中再填充透水性砂石料(如砂卵石等),以起到防冲与反滤的作用,双片垫的结构形式如图 4-6 所示。

土工膜袋是一种双层织物袋,袋中充填流动性混凝土或水泥砂浆或小粒径石料混凝土,充填物凝固后形成高强度和高刚度的硬结板块。其主要应用场合及铺设形式如图 4-7 所示。土工膜袋材料应满足表4-4的技术要求。充填混凝土时,粗集料最大粒径应符合表4-5的要求,其坍落度不宜小于20mm,强度等级不低于C10;充填砂浆时,其强度等级不低于M2.5。

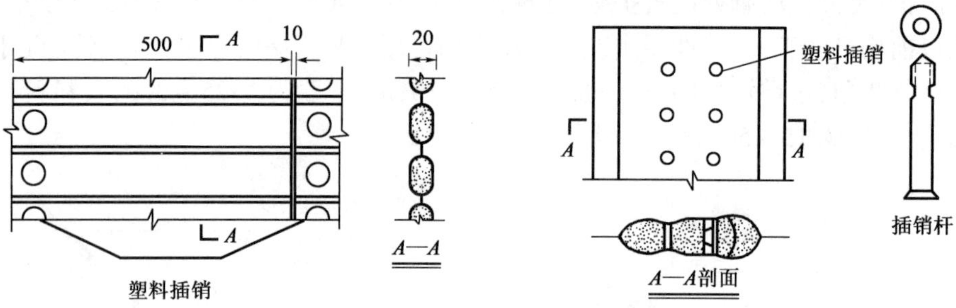

图4-6 双片垫形式(尺寸单位:cm)

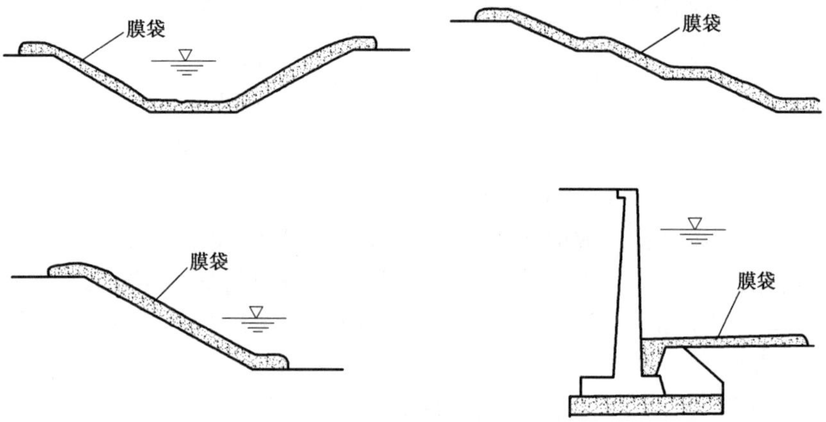

图4-7 土工膜袋的应用及铺设

土工膜袋材料要求   表4-4

指标内容	指标要求	指标内容	指标要求
顶破强度(N)	≥1 500	等效孔径D_{95}(mm)	0.07 ~ 0.15
渗透系数(10^{-3}cm/s)	0.86 ~ 10	延伸率(%)	≤15

混凝土集料的最大粒径要求   表4-5

土工膜袋厚度(mm)	集料最大粒径(mm)	土工膜袋厚度(mm)	集料最大粒径(mm)
150 ~ 250	≤20	≥250	≤40

采用土工膜袋护坡的坡率不得陡于1:1。如在水下施工,水流速度不宜大于1.5m/s。膜袋选型应根据工程要求和当地土质、地形、水文、经济与施工条件等确定。应根据流水量选定膜袋滤水点分布数量。当选用无滤水点膜袋时,应增设渗水滤管。膜袋应采用尼龙绳缝制。

2. 间接防护措施

间接防护主要是指设置导治结构物,也包括必要的河道改移。设置导治结构物可改变水流方向,消除或减缓水流对堤岸的直接破坏,同时可防止水流对局部堤岸的损害,起到安全保护作用。导治结构物是桥涵和路基的重要附属工程,由于涉及水流方向的改变,影响范围较大,工程费用较高,务必慎重选用。用于防护堤岸的改河工程,一般限于小型工程,如裁弯取直、挖滩改道、清除孤石等,可在小河的局部段落上进行。

导治结构物主要是设坝,按其与河道的相对位置,一般可分为丁坝、顺坝或格坝。图4-8所示为桥梁附近设置导治结构物的总体布置示例之一。导治结构物的布置,应综合考虑河道宽窄、水流方向、地质条件、防护要求、材料来源、施工条件和工程经济等因素,全面治理,避免河床过多压缩,或因水位提高和水流改向,从而危害河对岸或附近地段的农田水利、地面建筑及堤岸等。

顺坝大致与堤岸平行,其主要作用为导流、束水、调整流水曲度、改善流态。格坝在平面上呈网格状,设于顺坝与堤岸之间,防止高水位时水流溢出,冲刷坝内岸坡和坡脚,并促进格间的泥沙淤积。丁坝大致与堤岸垂直或斜交,将水流挑离堤岸,束河归槽,改善流态。顺坝亦称导流坝,丁坝亦称挑水坝。

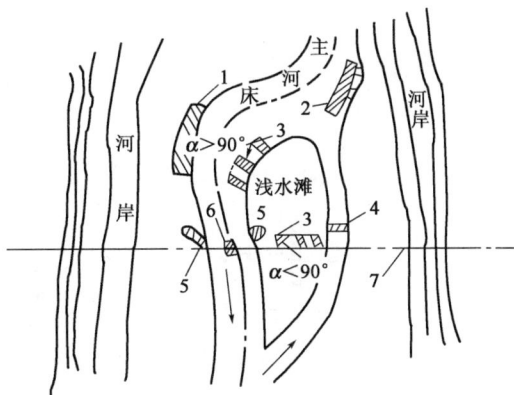

图4-8 导治结构物综合布置示例
1-顺坝;2-格坝;3-丁坝(挑水坝);4-拦水坝;5-导流坝;
6-桥墩;7-路中线

导治结构物的布置是工程成败的关键。布置恰当能收到预期效果,布置不当反而恶化水流,造成水毁。其关键在于合理设计导治线,使之符合预定的河轴线和河岸线要求,亦取决于导治水位选择,确保不致出现不利的冲刷情况。导治线与导治水位,应根据水流和河岸、河床地形、地质情况、水流对上下游堤岸的影响等因素,通过综合分析和设计计算而定。

顺坝与丁坝均用石块修建成梯形横断面,坝体分为坝头、坝身和坝根三个组成部分,横断面尺寸根据构造要求、施工条件和使用需要而定,并应进行稳定性计算。

公路工程中的改河,其主要目的是将直接冲刷路基的水流引向旁处;路基占用河槽后,需要拓宽河道;挖滩改河,清除孤石,改移河道,以保护路基;裁弯取直,有利于布置路线或桥涵。这些措施如经过论证可行,通过设计计算,确有必要且效益高时,方可实施。

第二节　路基支挡结构

为了满足公路线形和路基稳定性的要求,在地形起伏较大的丘陵及山岭地区修建公路将会用到大量的支挡结构。支挡结构的整体稳定性和局部稳定性分析与设计是支挡结构形式优选和设计的关键,它不仅与断面结构设计有关,还与填料类型、排水方式、地基条件等有关。本节主要介绍路基支挡结构的用途和类型。

一、支挡结构的用途

为保证边坡稳定与安全,需对边坡采取支挡、加固与防护措施,即形成支挡结构。支挡结构包括挡土墙、抗滑桩、预应力锚索等支撑和锚固结构。目前,支挡结构不仅被广泛应用于公路、铁路、城市建设,同时还被应用于水坝建设、河床整治、港口工程、水土保持、山地规划、山体滑坡及泥石流防治等领域,如图4-9所示。随着人们对环境景观等方面要求的日益提高,支挡结构除发挥其保持土体结构稳定的基本功能外,在景观美化等方面的应用也日渐广泛。

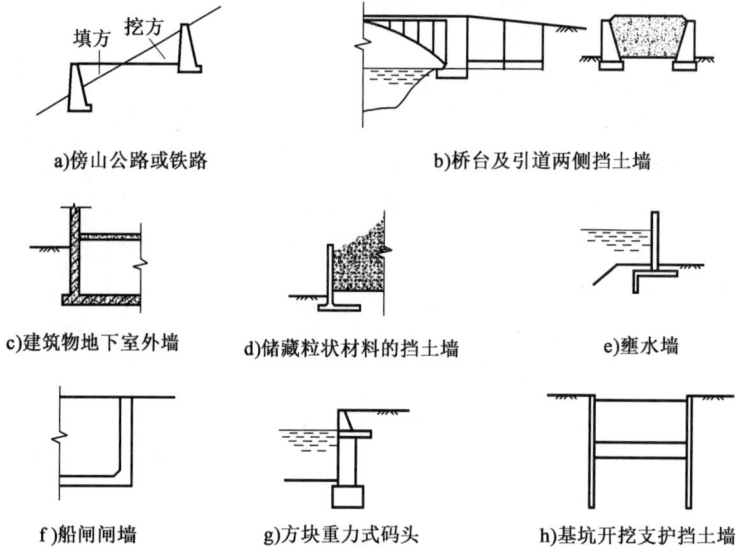

a)傍山公路或铁路   b)桥台及引道两侧挡土墙

c)建筑物地下室外墙 d)储藏粒状材料的挡土墙 e)壅水墙

f)船闸闸墙   g)方块重力式码头   h)基坑开挖支护挡土墙

图4-9　支挡结构的常用场合

在路基工程中，支挡结构可用于稳定路基和路堑边坡，减少土石方工程量和占地面积，防止水流冲刷路基，并经常用于整治塌方、滑坡等路基病害。支挡结构的采用一定要根据工程需要而设。路基在遇到下列情况时可考虑修建支挡结构：

（1）陡坡路堑边坡薄层开挖、路堤边坡薄层填方地段，或为加强路堤本体稳定地段。

（2）为避免大量挖方、降低高边坡或加强边坡稳定性的路堑地段。

（3）不良地质条件下，为加固地基、边坡、山体、危岩或拦挡落石地段。

（4）水流冲刷影响路堤稳定的沿河、滨海路堤地段。

（5）为节约用地、少占农田或为保护重要的既有建筑物地段。

（6）其他特殊情况的需要，如环境景观等方面的要求等。

二、支挡结构的类型和适用范围

支挡结构的类型有很多，在路基工程中，一般可按设置位置、结构材料和结构形式划分。

按支挡结构的设置位置不同，分为路堑挡土墙、路堤挡土墙、路肩挡土墙和山坡挡土墙等，见表4-6。

按支挡结构的墙体材料不同，分为石砌挡土墙、混凝土挡土墙、钢筋混凝土挡土墙、砖砌挡土墙、木质挡土墙和钢板墙等。

支挡结构根据其结构形式与作用机理，可分为重力式挡土墙、悬臂式挡土墙、扶壁式挡土墙、锚杆式挡土墙、抗滑桩、土钉墙、预应力锚索等多种结构形式。各类支挡结构的特点及其适用范围，见表4-7。

路基工程中，各类支挡结构物的建造费用较高，故进行路基设计时，应与其他可能的工程方案进行经济比较，择优选定。支挡结构类型的选择应根据与所支挡土体的稳定平衡条件，考虑荷载的大小和方向、地形、地质状况、冲刷深度、基础的埋置深度、基底的承载力设计值和不均匀沉降、可能的地震作用、与其他构造物的衔接、墙面的外观美感、施工难易、造价高低、环境特点等因素综合比较确定。

路基支挡结构的设置位置与功能

表4-6

名称	示意图	设置位置与功能
路堑挡土墙	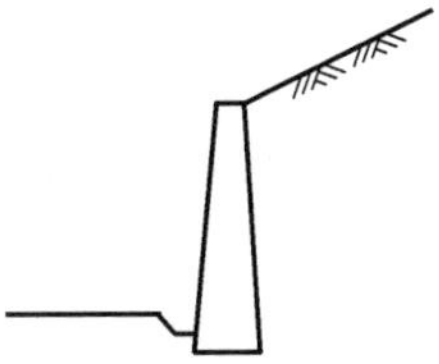	1. 在山坡陡峻处,用以减少挖方数量,降低边坡高度,避免山坡因开挖而失去稳定; 2. 在地质不良地段,用以支挡可能滑坍的山坡坡体
路堤挡土墙	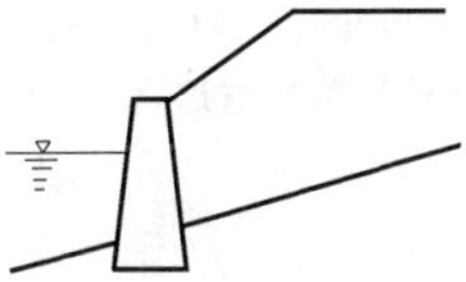	1. 在陡山坡上填筑路堤时,用以支挡路堤,防止下滑; 2. 收缩坡脚,避免与其他建筑物相互干扰,减少填方量; 3. 保证沿河路堤不受水流冲刷
路肩挡土墙	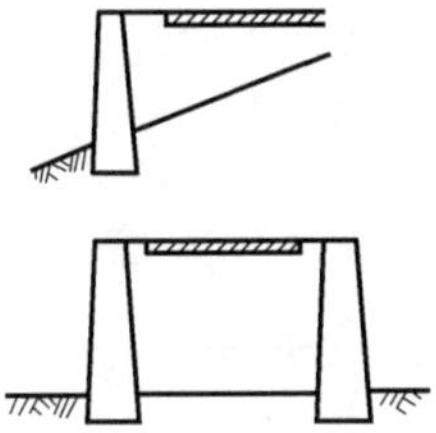	1. 支挡陡坡路堤,防止下滑; 2. 抬高公路路基高程; 3. 收缩坡脚,减少占地,减少填方量
山坡挡土墙	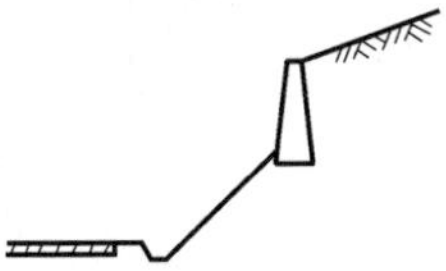	支挡山坡覆盖层或滑坡,防止下滑
桥头挡土墙	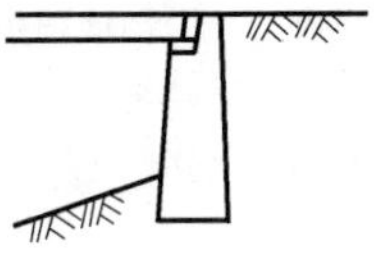	支承桥梁上部建筑及保证桥头填土稳定

支挡结构的特点及适用条件　　　　　　　　　　　　　　表 4-7

名称	结构示意图	特点及适用条件
重力式挡土墙		依靠墙身自重承受土压力,结构简单、施工简便,由于墙身重,对地基承载力的要求也较高。 墙身一般用浆砌片石或块石砌筑。在墙身不高时,也可用干砌;在缺乏石料地区或条件许可时,也可用混凝土浇筑
衡重式挡土墙		设置衡重台使墙身重心后移,并利用衡重台上的填土,增加墙身稳定。上墙背俯斜而下墙背仰斜,可降低墙身、减少基础开挖,以及缩小墙身断面尺寸。 适用于陡坡的路肩墙、路堤墙和路堑墙(兼有拦挡落石作用)
混凝土半重力式挡土墙		在墙背设少量钢筋,并将墙趾展宽(保证基底必要的宽度),以减薄墙身,节省圬工。 一般适用于低墙
悬臂式挡土墙		墙身及基础均采用钢筋混凝土浇筑,断面尺寸较小。由立壁、墙趾板和墙踵板三部分组成。立壁下部弯矩较大,特别是墙高时,需设置的钢筋较多。 适用于缺乏石料地区及挡土墙高度不大于7m的情况
扶壁式挡土墙		相当于沿悬臂式挡土墙的墙长,每隔一定距离设置一道扶壁,增强墙面板(立壁)与墙踵板的连接,以承受较大的弯矩作用。 当墙高时较悬臂式挡土墙经济

续上表

名称	结构示意图	特点及适用条件
锚杆式挡土墙		由肋柱、挡板和锚杆组成,靠锚杆锚固在山体内拉住肋柱。肋柱、挡板可预制。 一般常用于墙身较高的路堑墙或路肩墙
拱式挡土墙		由拱板、立柱组成,必要时可设锚杆拉住立柱。拱板可预制。 常用于路肩墙
锚定板式挡土墙		类似于锚杆式,仅锚杆的固定端用锚定板固定在山体内。 适用于路堤墙与路堑墙
桩板式挡土墙		由桩柱和挡板组成。利用深埋的桩柱前土层的被动土压力来平衡墙后主动土压力。 适用于土压力大、要求基础埋深地段,可用于路堑墙、路肩墙
垛式挡土墙		用钢筋混凝土预制杆件,纵横交错装配成框架,内填土石,以抵挡土压力。 适用于缺乏石料地区的路肩墙或路堤墙

续上表

名称	结构示意图	特点及适用条件
加筋土式挡土墙		由面板、拉筋和填料三部分组成，依靠拉筋与填料之间的摩擦力来抵抗侧向土压力，面板可预制。 适用于缺乏石料地区及在较软弱地基上修筑路肩墙与路堤墙
竖向预应力锚杆式挡土墙		锚杆竖向锚固在地基中，并砌筑于墙身内，最后张拉锚杆，利用锚杆的弹性回缩对墙身施加预应力来提高挡土墙的稳定性。一般一根 16Mnφ22 的锚杆可替代 5m³ 的浆砌片石圬工。施工中可用轻型钻机或人工冲孔，灌浆及预应力张拉较简易。 适用于岩质地基，多用于抗滑挡土墙
土钉式挡土墙		由土体、土钉和护面板三部分组成。利用土钉对天然土体就地实施加固，并与喷射混凝土护面板相结合，形成类似于重力式挡土墙的加强体，从而使开挖坡面稳定。对土体适应性强、工艺简单、材料用量与工程量较少，可随挖方施工逐步推进，自上而下分级施工。 常用于稳定挖方边坡，也可作为挖方工程的临时支护

三、挡土墙类型及适用条件

挡土墙是最常用的路基支挡结构。我国《公路路基设计规范》(JTG D30—2015)规定应根据路基横断面、地形、地质条件和地基承载能力,合理确定挡土墙位置、起讫点、长度和高度,并按表4-8进行技术经济比较后,选择适宜的挡土墙类型。

挡土墙类型及适用条件 表4-8

挡土墙类型	适用条件
重力式挡土墙	适用于一般地区、浸水地段和高烈度区的路堤和路堑等支挡工程。墙高不宜超过 12m,干砌挡土墙的高度不宜超过 6m
半重力式挡土墙	适用于不宜采用重力式挡土墙的地下水位较高或较软弱的地基上。墙高不宜超过 8m
石笼式挡土墙	可用于地下水较多的土质、风化破碎岩石路段
悬臂式挡土墙	宜在石料缺乏、地基承载力较低的填方路段采用。墙高不宜超过 5m

续上表

挡土墙类型	适用条件
扶壁式挡土墙	宜在石料缺乏、地基承载力较低的填方路段采用。墙高不宜超过15m
锚杆挡土墙	宜用于墙高较大的岩质路堑地段。可用作抗滑挡土墙。可采用肋柱式或板壁式单级墙或多级墙。每级墙高不宜大于8m,多级墙的上、下级墙体之间应设置宽度不小于2m的平台
锚定板挡土墙	宜使用在缺少石料地区的路肩墙或路堤式挡土墙,但不应建筑于滑坡、坍塌、软土及膨胀土地区。可采用肋柱式或板壁式,墙高不宜超过10m。肋柱式锚定板挡土墙可采用单级墙或双级墙,每级墙高不宜大于6m,上、下级墙体之间应设置宽度不小于2m的平台。上下两级墙的肋柱宜交错布置
加筋土挡土墙	可分为有面板加筋土挡土墙和无面板土工格栅加筋土挡土墙。有面板加筋土挡土墙可用于一般地区的路肩式挡土墙、路堤式挡土墙,无面板土工格栅加筋土挡土墙可用于一般地区的路堤式挡土墙,但均不应修建在滑坡、水流冲刷、崩塌等不良地质地段;高速公路、一级公路墙高不宜大于12m,二级及二级以下公路墙高不宜大于20m;当采用多级墙时,每级墙高不宜大于10m,上、下级墙体之间应设置宽度不小于2m的平台
桩板式挡土墙	用于表土及强风化层较薄的均质岩石地基,挡土墙可较高,也可用于地震区的路堑或路堤支挡或滑坡等特殊地段的治理

第三节　挡土墙的一般构造与总体设计

作为最主要的路基支挡结构的挡土墙,一般由墙身、基础、排水设施与伸缩缝等构成。

一、墙身

挡土墙靠近回填土的一面称为墙背,暴露在外侧的一面称为墙面或墙胸,墙的顶面称为墙顶,墙的底面称墙底。挡土墙的底部称为基础或基脚(有时没有基础),根据需要可与墙身分开建造,也可整体建造成为墙身的一部分。基础的底部称为基底,基底的外侧前缘部分称为墙趾,基底的内侧后缘部分称为墙踵(图4-10)。

1. 墙背

根据墙背倾斜方向的不同,墙身断面形式可分为仰斜、垂直、俯斜、凸形折线式和衡重式等几种,如图4-11所示。

通过分析仰斜、垂直和俯斜三种不同墙背所受的土压力可知,仰斜墙背所受的压力最小,垂直墙背次之。因此仰斜式的墙身断面较经济,且当用作路堑墙时,墙背与开挖的边坡较贴合,所以开挖与回填量均较小;但当墙趾处地面横坡较陡时,采用仰斜式墙背会使墙高增加,断面增大,因此仰斜式墙背不宜用于地面横坡较陡

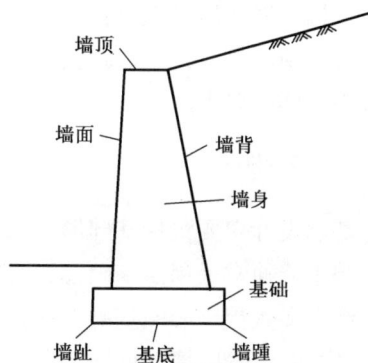

图4-10　挡土墙组成示意图

处。对于仰斜式挡土墙,墙背越缓,所受土压力越小,但施工也越困难,故仰斜式墙背不宜过缓,一般常控制 $\alpha < 14°$ (即墙背的斜度最大为1:0.25)。

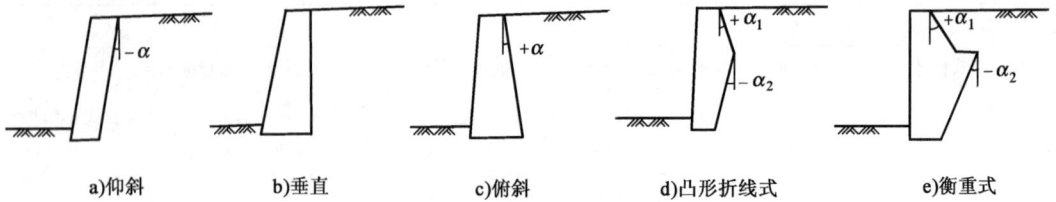

| a)仰斜 | b)垂直 | c)俯斜 | d)凸形折线式 | e)衡重式 |

图 4-11　石砌挡土墙断面形式图

俯斜墙背所受的土压力较大，因此墙身断面比仰斜式要大。但当地面横坡较陡时，俯斜式挡土墙可采用陡直的墙面，从而减小墙高。俯斜墙背的坡度减缓固然对施工有利，但所受土压力亦随之增加，致使断面增大，因此墙背坡度不宜过缓，通常控制 $\alpha < 21°48'$（即墙背的斜度最大为 1:0.4）。

凸形折线式墙背的上部俯斜、下部仰斜，故其断面较为经济。

衡重式墙背可视为在凸形折线式的上下墙之间设一衡重台，并采用陡直墙面。上墙墙背的坡度通常为 1:0.25~1:0.45，下墙墙背的坡度通常为 1:0.25 左右，上下墙的墙高比通常采用 2:3。

2. 墙面

通常，基础以上的墙面均为平面，墙面坡度除应与墙背的坡度相协调外，还应考虑墙趾处地面的横坡度。当地面横坡较陡时，墙面可直立或外斜，一般外斜坡度为 1:0.05~1:0.2，以减小墙高；当地面横坡平缓时，墙面可放缓，一般采用 1:0.20~1:0.35 较为经济，但不宜缓于 1:0.4，以免过多增加墙高。

3. 墙顶

对于石砌挡土墙墙顶的最小宽度，浆砌的不小于 50cm，干砌的不小于 60cm。当用作路肩墙时，一般用粗料石或低强度等级混凝土做成帽石，帽石厚度约为 40cm。对于路堑墙与路堤墙通常可不做帽石，墙顶选用大块石砌筑，并用砂浆抹平。

4. 护栏

当挡土墙高度较大时，为增加驾乘人员心理上的安全感，保证行车安全，墙顶应设置护栏。护栏所采用的材料，护栏高度、宽度，应符合有关规范规定。护栏距路面边缘的距离，应满足路肩最小宽度的要求。

二、基础

基础设计主要包括基础形式的选择和基础埋置深度的确定。

挡土墙通常采用浅基础，只有在特殊情况下，才使用桩基。

绝大多数挡土墙的基础直接设置在天然地基上。当地基软弱，墙身较高时，为减少基底压应力，增加稳定性，墙趾可伸出台阶，以拓宽基底，台阶宽度不小于 20cm，高宽比可采用 3:2 或 2:1。

地基为较弱土层时，可采用砂砾、碎石、矿渣或石灰土等质量较好的材料换填，以提高地基承载力。

基础埋置深度取决于地质条件、水文情况、冻结深度、邻近建筑物的基础影响等。为保证挡土墙的稳定,基础埋置深度应满足下列要求:

(1)当冻结深度小于或等于1m时,基底应在冻结线以下不小于0.25m,并符合基础最小埋置深度不小于1m的要求。

(2)当冻结深度超过1m时,基底最小埋置深度应不小于1.25m,还应将基底至冻结线以下0.25m深度范围的地基土换填为弱冻胀材料。

(3)受水流冲刷时,应按路基设计洪水频率计算冲刷深度,基底应置于局部冲刷线以下不小于1m。

(4)路堑式挡土墙基础顶面应低于路堑边沟底面,且不小于0.5m。

(5)在风化层不厚的硬质岩石地基上,基底一般应置于基岩表面以下0.15~0.6m;在软质岩石地基上,基底最小埋置深度不小于1m。

建筑在斜坡地面上的挡土墙基础前趾埋入地面的深度和距地表的水平距离,应不小于表4-9的规定。当挡土墙采取倾斜基底时,其倾斜度则应符合表4-10的规定。

斜坡地面基础埋置条件　　　　　　　　　　　　　　　　表4-9

土层类别	最小埋入深度 h(m)	距地表水平距离 L(m)	图式
较完整的硬质岩石	0.25	0.25~0.50	
一般硬质岩石	0.60	0.60~1.50	
软质岩石	1.00	1.00~2.00	
土层	≥1.00	1.50~2.50	

基底倾斜度　　　　　　　　　　　　　　　　表4-10

地层类别		基底倾斜度($\tan\alpha_0$)
一般地基	岩石	≤0.3
	土质	≤0.2
浸水地基	$\mu<0.5$	0.0
	$0.5\leq\mu\leq0.6$	≤0.1
	$\mu>0.6$	≤0.2

注:α_0-基底倾斜角,为基底面与水平线的夹角;μ-基底与地基间的摩擦系数。

三、排水设施

挡土墙的排水处理是否得当,直接影响到挡土墙的安全与否及使用效果的好坏。因此,挡土墙应设置完善的排水设施,以疏干墙后填料中的水分,防止地表水下渗造成墙后积水,使墙身承受额外的静水压力;消除黏质土填料因含水率增加而产生的膨胀压力;减小季节性冰冻地区填料的冻胀压力。

挡土墙的排水设施通常由地面排水设施和墙身排水设施两部分组成。

地面排水,主要是防止地表水渗入墙背填料或地基。因此,可设置地面排水沟,以截留地表水。夯实回填土顶面和地表松土,以减少雨水和地面水下渗,必要时应加设铺砌,进行封闭处理。为防止地表水渗入地基,可夯实墙前回填土及加固边沟等。

墙身排水,主要是为了迅速排除墙后积水。通常在非干砌的挡土墙身的适当高度处设置一排或数排泄水孔,如图 4-12 所示。泄水孔尺寸可视泄水量大小分别采用 5cm × 10cm、10cm × 10cm、15cm × 20cm 的方孔,或直径为 5 ~ 10cm 的圆孔。对于重力式、悬臂式、扶壁式等整体式墙身的挡土墙,应沿墙高和墙长设置泄水孔,泄水孔应具有向墙外倾斜的坡度,其间距一般为 2.0 ~ 3.0m;浸水挡土墙泄水孔间距为 1.0 ~ 1.5m,上下交错设置。折线式墙背可能积水处,也应设置泄水孔。干砌挡土墙可不设泄水孔。最下排泄水孔的底部应高出地面 0.3m,若为浸水挡土墙,应设于常水位以上 0.3m 处。泄水孔的进水侧应设反滤层,厚度不应小于0.3m。在最下排泄水孔的底部,应设置隔水层。当墙背填料为非渗水性土时,应在最底排泄水孔至墙顶以下 0.5m 高度内,填筑不小于 0.3m 厚的砂、砾石竖向反滤层,反滤层的顶部应以0.3 ~ 0.5m 厚的不渗水材料做封闭,如图 4-12c) 所示。当泄水量大时,可在排水层底部加设纵向渗沟,配合排水层把水排至墙外。

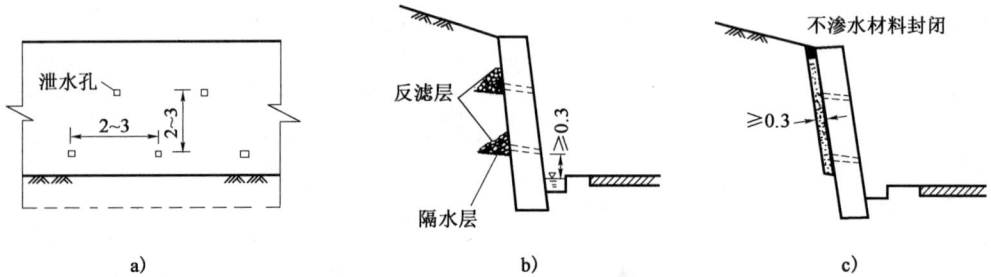

图 4-12　挡土墙的排水设施示意图(尺寸单位:m)

一般情况下,墙身可不设防水层,但在严寒地区或附近环境水有侵蚀性时,应做防水处理。通常,做防水处理时,对石砌挡土墙先抹一层水泥砂浆,再涂以热沥青;对混凝土挡土墙则直接涂以热沥青。

四、沉降缝与伸缩缝

为防止因地基不均匀沉陷而引起墙身开裂,应根据地基地质条件及墙高、墙身断面的变化情况,设置沉降缝。为了减少圬工砌体因硬化收缩和温度变化作用而产生的裂缝,须设置伸缩缝。

通常,把沉降缝与伸缩缝结合在一起,统称为沉降伸缩缝或变形缝。各类挡土墙应根据构造特点,设置应对构件收缩、膨胀及适应不均匀沉降情况的变形缝构造。

重力式、半重力式、悬臂式、扶壁式等具有整体式墙身的挡土墙,一般沿墙长 10 ~ 15m 或与其他建筑物连接处应设置伸缩缝;挡土墙高度突变或基底地质、水文情况变化处,应设沉降缝;平曲线路段挡土墙按折线布置时,转折处宜设沉降缝。伸缩缝与沉降缝可全高设置,其宽度宜取 0.02 ~ 0.03m,缝内沿墙内、外、顶三边填塞沥青麻筋或沥青木板,塞入深度不应小于0.15m。当墙背为填石且冻害不严重时,可仅留空隙,不塞填料。钢筋混凝土挡土墙表面须设置垂直的 V 形槽,间距不大于 10m,设槽处钢筋不截断;在沉降缝或伸缩缝处水平钢筋应截断,接缝可做成企口或前后墙面槽口式。干砌挡土墙可不设伸缩缝与沉降缝。位于岩石地基上的整体式墙体的挡土墙,设缝间隔可适当增大,但不应大于 20m。加筋土挡土墙的分段设缝距离可适当加长,但不应大于 25m。

五、挡土墙结构布置

挡土墙的结构布置是挡土墙设计的一项重要内容,通常是在路基横断面图和墙趾纵断面图上布设。个别复杂的挡土墙尚应做平面布置。

1. 挡土墙的横向布置

挡土墙的横向布置主要是在路基横断面图上进行,其内容为确定断面形式、选择挡土墙的位置。

挡土墙的断面形式和位置,均应根据实际情况经分析计算后确定。例如,若路肩墙与路堤墙的墙高与圬工数量相近,基础情况亦相仿时,宜做路肩墙,因为采用路肩墙可减少填方和占地;但若路堤墙的墙高或圬工数量比路肩墙显著降低,且基础也可靠时,则宜做路堤墙。不论是路肩墙还是路堤墙,当地形陡峻时,可采用俯斜式或衡重式;当地形平坦时,则可采用仰斜式。对于路堑墙,宜用仰斜式或折线式。

2. 挡土墙的纵向布置

挡土墙纵向布置在墙趾纵断面图上进行,布置后绘成挡土墙正面图,如图 4-13 所示。

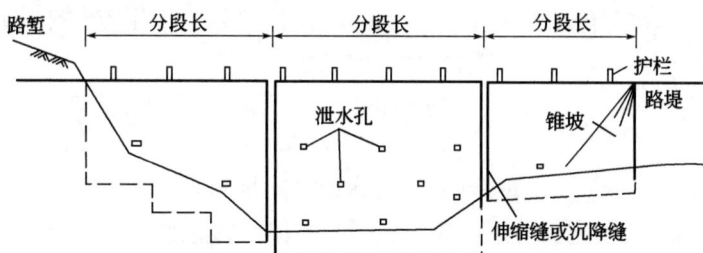

图 4-13 挡土墙正面图

纵向布置的内容如下:

(1)确定挡土墙的起讫点和墙长,选择挡土墙与路基或其他结构物的衔接方式。

路肩挡土墙端部可嵌入石质路堑中,或采用锥坡与路堤衔接;与桥台连接时,为了防止墙后回填土从桥台尾端与挡土墙连接处的空隙中溜出,需在台尾与挡土墙之间设置隔墙及接头墙。

路堑挡土墙在隧道洞口处应结合隧道洞门、翼墙的设置做到平顺衔接;与路堑边坡衔接时,一般将墙高逐渐降低至 2m 以下,使边坡坡脚不致伸入边沟内,有时也可与横向端墙连接。

(2)按地基及地形情况进行分段,确定伸缩缝与沉降缝的位置。

(3)布置各段挡土墙的基础。墙趾地面有纵坡时,挡土墙的基底宜做成不大于 5% 的纵坡。但地基为岩石时,为减少开挖,可沿纵向做成台阶。台阶尺寸视纵坡大小而定,但其高宽比不宜大于 1∶2。

(4)布置泄水孔的位置,包括数量、间隔和尺寸等。

在布置图上注明各特征点的桩号,以及墙顶、基础顶面、基底、冲刷线、冰冻线、常水位线或设计洪水位的高程等。

3. 挡土墙的平面布置

对于个别复杂的挡土墙,例如高或长的沿河挡土墙和曲线挡土墙,除了横、纵向布置外,还应做平面布置,并绘制平面布置图。

在平面图上,应标示挡土墙与路线平面位置的关系,与挡土墙有关的地物、地貌等情况。对于沿河挡土墙,还应标示河道及水流方向,以及其他防护、加固工程等。

挡土墙的布置,往往需要在横、纵、平三面上多次反复比较,方能取得技术上可靠、经济上合理且施工简便的最佳方案。

第四节　挡土墙结构的土压力计算

一、作用在挡土墙上的力系

作用在挡土墙上的力系,按力的作用性质分为主要力系、附加力和特殊力。

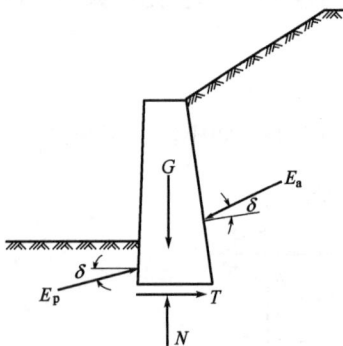

图4-14　作用在挡土墙上的主要力系

主要力系是指经常作用于挡土墙的各种力,如图4-14所示,包括:

(1)挡土墙自重力 G 及位于墙上的恒载。

(2)墙后土体的主动土压力 E_a(包括作用在墙后填料破裂棱体上的荷载,简称超载),作用点位于距墙底1/3墙高的位置,作用方向见图4-14。

(3)基底的法向反力 N 及摩擦力 T。

(4)墙前土体的被动土压力 E_p,作用点位于距墙底1/3埋深的位置,作用方向见图4-14。

对浸水挡土墙而言,在主要力系中还应包括常水位时的静水压力和浮力。

附加力是季节性作用于挡土墙的各种力,例如洪水时的静水压力和浮力、动水压力、波浪冲击力、冻胀压力以及冰压力等。

特殊力是偶然出现的力,例如地震力、施工荷载、水流漂浮物的撞击力等。

在一般地区,挡土墙设计仅考虑主要力系,在浸水地区应考虑附加力,而在地震区应考虑地震对挡土墙的影响。各种力的取舍,应根据挡土墙所处的具体工作环境,按最不利的组合作为设计依据。

二、一般条件下库仑(Coulomb)主动土压力计算

土压力是挡土墙的主要设计荷载。挡土墙的位移情况不同,可以形成不同性质的土压力(图4-15)。当挡土墙向外移动时(移动或倾覆),土压力随之减小,直到墙后土体沿破裂面下滑而处于极限平衡状态,此时作用于墙背的土压力称为主动土压力 E_a;当墙向土体挤压移动时,土压力随之增大,土体被推移向上滑动处于极限平衡状态,此时土体对墙的抗力称为被动土压力 E_p;墙处于原来位置不动,土压力介于两者之间,称为静止土压力 E_0。采用哪种性质的土压力作为挡土墙设计荷载,要根据挡土墙可能的位移分析而定。

路基挡土墙一般都可能有向外的位移或倾覆,因此,应按墙背土体达到主动极限平衡状态进行设计,且设计时取一定的安全系数,以保证墙背土体的稳定。对于墙趾前土体的被动土压力 E_p,在挡土墙基础一般埋深的情况下,各种自然力和人畜活动的作用均不计,以偏于安全。

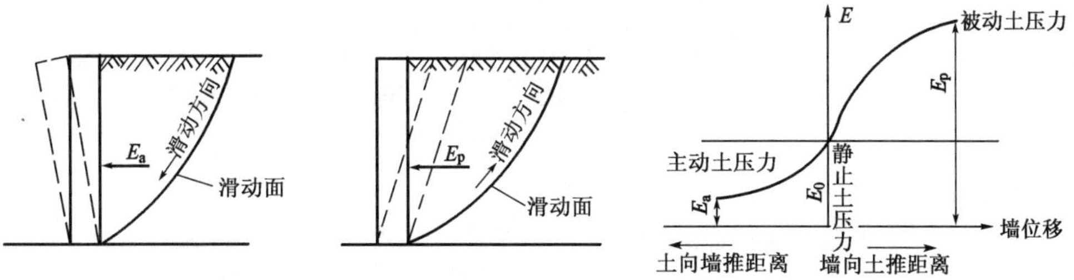

图 4-15 三种不同性质的土压力

主动土压力计算的理论和方法,在"土力学"课程中已有专门论述,这里仅结合路基挡土墙的设计,介绍库仑土压力计算方法的具体应用。

路基挡土墙因路基形式和荷载分布的不同,土压力有多种计算图式。以路堤挡土墙为例,按破裂面交于路基面的位置不同,可分为 5 种计算图式:破裂面交于内边坡,破裂面交于荷载的内侧、中部和外侧,以及破裂面交于外边坡,分述如下。

1. 破裂面交于内边坡(图 4-16)

图 4-16 适用于路堤式或路堑式挡土墙。图中 AB 为挡土墙墙背,BC 为破裂面,BC 与铅垂线的夹角 θ 为破裂角,ABC 为破裂棱体。棱体上作用着三个力,即破裂棱体自重力 G、主动土压力的反力 E_a 和破裂面上的反力 R。E_a 的方向与墙背法线成 δ 角,且偏于阻止棱体下滑的方向;R 的方向与破裂面法线成 φ 角,且偏于阻止棱体下滑的方向。取挡土墙延伸长度为 1m 计算,依据正弦定理,由作用于棱体上的平衡力三角形 abc 可得:

$$E_a = \frac{\sin(90° - \theta - \varphi)}{\sin(\theta + \psi)}G = \frac{\cos(\theta + \varphi)}{\sin(\theta + \psi)}G \tag{4-1}$$

其中:

$$\psi = \varphi + \alpha + \delta$$

因

$$G = \frac{\gamma AB \cdot BC\sin(\alpha + \theta)}{2}$$

而

$$AB = H\sec\alpha$$

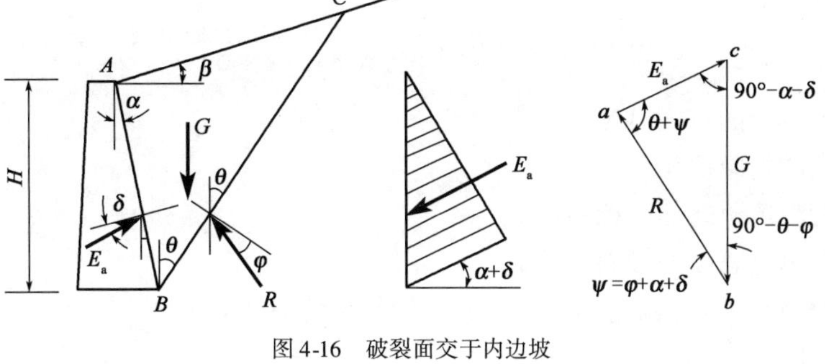

图 4-16 破裂面交于内边坡

4. 挡土墙抗倾覆稳定性验算及失稳示意

$$BC = \frac{\sin(90° - \alpha + \beta)}{\sin(90° - \theta - \beta)}AB = H\sec\alpha\frac{\cos(\alpha - \beta)}{\cos(\theta + \beta)}$$

$$G = \frac{1}{2}\gamma H^2\sec^2\alpha\frac{\cos(\alpha - \beta)\sin(\theta + \alpha)}{\cos(\theta + \beta)} \tag{4-2}$$

将式(4-2)代入式(4-1),得:

$$E_a = \frac{1}{2}\gamma H^2\sec^2\alpha\frac{\cos(\alpha - \beta)\sin(\theta + \alpha)}{\cos(\theta + \beta)} \cdot \frac{\cos(\theta + \varphi)}{\sin(\theta + \psi)} \tag{4-3}$$

令

$$A = \frac{1}{2}H^2\sec^2\alpha\cos(\alpha - \beta)$$

则

$$E_a = \gamma A\frac{\sin(\theta + \alpha)\cos(\theta + \varphi)}{\cos(\theta + \beta)\sin(\theta + \psi)} \tag{4-4}$$

当参数 γ、φ、δ、α、β 固定时,E_a 随破裂面的位置而变化,即 E_a 是破裂角 θ 的函数。为求最大土压力 E_a,首先要求对应于最大土压力时的破裂角 θ。取 $\mathrm{d}E_a/\mathrm{d}\theta = 0$,得:

$$\gamma A\left[\frac{\cos(\theta + \varphi)}{\sin(\theta + \psi)} \cdot \frac{\cos(\theta + \beta)\cos(\theta + \alpha) + \sin(\theta + \beta)\sin(\theta + \alpha)}{\cos^2(\theta + \beta)} - \right.$$

$$\left.\frac{\sin(\theta + \alpha)}{\cos(\theta + \beta)} \cdot \frac{\sin(\theta + \psi)\sin(\theta + \varphi) + \cos(\theta + \psi)\cos(\theta + \varphi)}{\sin^2(\theta + \psi)}\right] = 0$$

整理化简后得:

$$P\tan^2\theta + Q\tan\theta + R = 0$$

$$\tan\theta = \frac{-Q \pm \sqrt{Q^2 - 4PR}}{2P} \tag{4-5}$$

其中:
$$P = \cos\alpha\sin\beta\cos(\psi - \varphi) - \sin\varphi\cos\psi\cos(\alpha - \beta)$$
$$Q = \cos(\alpha - \beta)\cos(\psi + \varphi) - \cos(\psi - \varphi)\cos(\alpha + \beta)$$
$$R = \cos\varphi\sin\psi\cos(\alpha - \beta) - \sin\alpha\cos(\psi - \varphi)\cos\beta$$

将式(4-5)求得的 θ 值代入式(4-4),即可求得最大主动土压力 E_a 值。最大主动土压力 E_a 也可用式(4-6)表示:

$$E_a = \frac{1}{2}\gamma H^2 K_a$$

$$= \frac{1}{2}\gamma H^2\frac{\cos^2(\varphi - \alpha)}{\cos^2\alpha\cos(\alpha + \delta)\left[1 + \sqrt{\dfrac{\sin(\varphi + \delta)\sin(\varphi - \beta)}{\cos(\alpha + \delta)\cos(\alpha - \beta)}}\right]^2} \tag{4-6}$$

式中: γ——墙后填土的重度($\mathrm{kN/m^3}$);

φ——填土的内摩擦角(°);

δ——墙背与填土间的摩擦角(°);

β——墙后填土表面的倾斜角(°);

α——墙背倾斜角(°),俯斜墙背 α 为正,仰斜墙背 α 为负;

H——挡土墙高度(m);

K_a——主动土压力系数。

土压力的水平和垂直分力为：

$$E_x = E_a\cos(\alpha + \delta) \atop E_y = E_a\sin(\alpha + \delta)$$ (4-7)

2. 破裂面交于路基顶面(图 4-17)

破裂面交于路基顶面不同位置主要涉及路基顶面交通荷载等效土柱作用与破裂棱体的断面面积的计算关系。

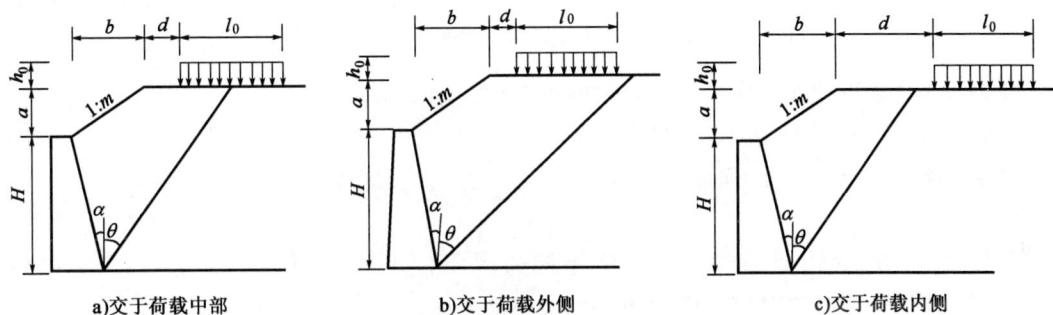

图 4-17 破裂面交于路基面

(1)破裂面交于荷载中部[图 4-17a)]

由于破裂面交于荷载中部时路基顶面交通荷载等效土柱作用是一个变量,因此重点是破裂棱体的断面面积的计算。

破裂棱体的断面面积 S 为：

$$S = \frac{1}{2}(a + H)^2(\tan\theta + \tan\alpha) - \frac{1}{2}(b + a\tan\alpha)a + [(a + H)\tan\theta + H\tan\alpha - b - d]h_0$$

$$= \frac{1}{2}(a + H + 2h_0)(a + H)\tan\theta - \frac{1}{2}ab - (b + d)h_0 + \frac{1}{2}H(H + 2a + 2h_0)\tan\alpha \quad (4\text{-}8)$$

令

$$A_0 = \frac{1}{2}(a + H + 2h_0)(a + H)$$

$$B_0 = \frac{1}{2}ab + (b + d)h_0 - \frac{1}{2}H(H + 2a + 2h_0)\tan\alpha$$

则

$$S = A_0\tan\theta - B_0$$

因此,破裂棱体的重力为：

$$G = \gamma(A_0\tan\theta - B_0)$$

将 G 代入式(4-1)得：

$$E_a = \gamma(A_0\tan\theta - B_0)\frac{\cos(\theta + \varphi)}{\sin(\theta + \psi)}$$ (4-9)

令

$$\frac{\mathrm{d}E_a}{\mathrm{d}\theta} = 0$$

即

$$\gamma \left[(A_0\tan\theta - B_0) \frac{-\sin(\theta+\psi)\sin(\theta+\varphi) - \cos(\theta+\psi)\cos(\theta+\varphi)}{\sin^2(\theta+\psi)} + \frac{A_0\cos(\theta+\varphi)}{\sin(\theta+\psi)\cos^2\theta} \right] = 0$$

经整理化简,得：

$$\tan^2\theta + 2\tan\psi\tan\theta - \cot\varphi\tan\psi - \frac{B_0}{A_0}(\cot\varphi + \tan\psi) = 0$$

故

$$\tan\theta = -\tan\psi \pm \sqrt{(\cot\varphi + \tan\psi)\left(\frac{B_0}{A_0} + \tan\psi\right)} \tag{4-10}$$

将式(4-10)求得的 θ 值代入式(4-9),即可求得主动土压力 E_a。

必须指出,式(4-9)和式(4-10)具有普遍意义。因为无论破裂面交于荷载中部,还是荷载的内侧或外侧,破裂棱体的断面面积 S 都可以归纳为一个表达式,即：

$$S = A_0\tan\theta - B_0$$

式中, A_0 和 B_0 为边界条件系数。将不同边界条件下的 A_0 和 B_0 值代入式(4-10)和式(4-9)中,即可求得与之对应的破裂角和最大主动土压力。

（2）破裂面交于荷载外侧[图4-17b)]

破裂面交于荷载外侧时,路基顶面交通荷载等效土柱作用是一个常量,破裂棱体的断面面积的计算公式为：

$$\left. \begin{aligned} S &= \frac{1}{2}(a+H)^2(\tan\theta+\tan\alpha) - \frac{1}{2}(b+a\tan\alpha)a + l_0h_0 \\ &= \frac{1}{2}(a+H)^2\tan\theta + \frac{1}{2}H(H+2a)\tan\alpha - \frac{1}{2}ab + l_0h_0 \\ A_0 &= \frac{1}{2}(a+H)^2 \\ B_0 &= \frac{1}{2}ab - l_0h_0 - \frac{1}{2}H(H+2a)\tan\alpha \end{aligned} \right\} \tag{4-11}$$

则 $\qquad\qquad\qquad S = A_0\tan\theta - B_0$

（3）破裂面交于荷载内侧[图4-17c)]

破裂面交于荷载内侧时,不用考虑路基顶面交通荷载等效土柱作用。在式(4-8)或式(4-11)中,令 $h_0 = 0$,则

$$\left. \begin{aligned} S &= A_0\tan\theta - B_0 \\ A_0 &= \frac{1}{2}(a+H)^2 \\ B_0 &= \frac{1}{2}ab - \frac{1}{2}H(H+2a)\tan\alpha \end{aligned} \right\} \tag{4-12}$$

3. 破裂面交于外边坡(图4-18)

破裂面交于外边坡时,需要重点考虑破坏棱体的面积的计算方法。

根据图4-18中破坏棱体的相对关系可知：

$$AB = b + L + (H+a)\cot\beta_1 - H\tan\alpha$$

$$BC =]AB \frac{\sin(90° - \theta)}{\sin(90° + \theta - \beta_1)} = AB \frac{\cos\theta}{\cos(\theta - \beta_1)}$$

$$CD = BC\sin\beta_1 = AB \frac{\cos\theta\sin\beta_1}{\cos(\theta - \beta_1)}$$

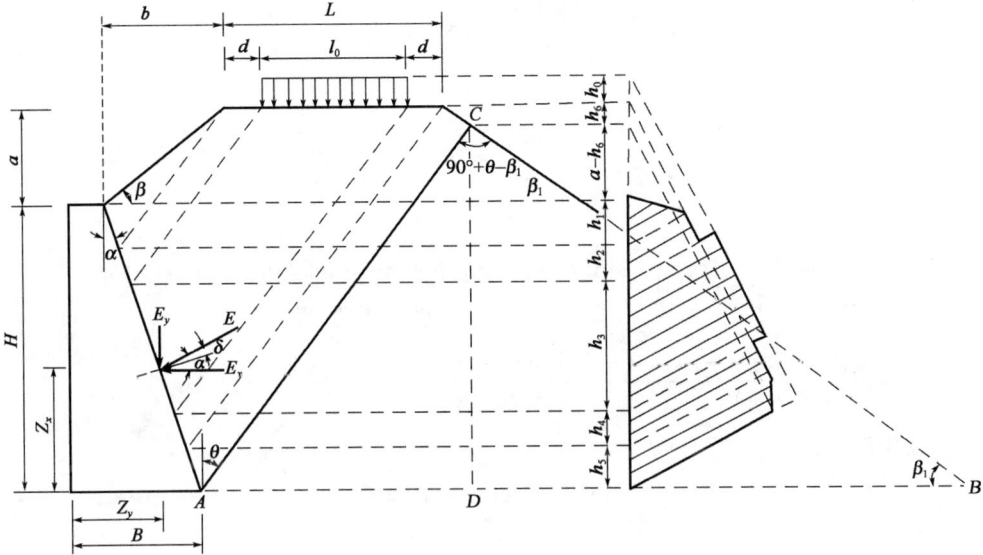

图 4-18 破裂面交于外边坡

三角形 ABC 的面积为：

$$S_{\triangle ABC} = \frac{1}{2}AB \cdot CD = \frac{1}{2}[b + L + (H + a)\cot\beta_1 - H\tan\alpha]^2 \frac{\cos\theta\sin\beta_1}{\cos(\theta - \beta_1)}$$

因此，破坏棱体的面积 S 为：

$$S = (H + a)(b + L) + \frac{1}{2}(H + a)^2\cot\beta_1 - \frac{1}{2}ab - \frac{1}{2}H^2\tan\alpha + l_0 h_0 -$$

$$\frac{1}{2}[b + L + (H + a)\cot\beta_1 - H\tan\alpha]^2 \frac{\cos\theta\sin\beta_1}{\cos(\theta - \beta_1)}$$

$$= -\frac{1}{2}[b + L + (H + a)\cot\beta_1 - H\tan\alpha]^2 \frac{\cos\theta\sin\beta_1}{\cos(\theta - \beta_1)} +$$

$$\frac{1}{2}\{(H + a)[2(b + L) + (H + a)\cot\beta_1] - ab - H^2\tan\alpha\} + l_0 h_0$$

令

$$A_0 = -\frac{1}{2}[b + L + (H + a)\cot\beta_1 - H\tan\alpha]^2 \sin\beta_1$$

$$B_0 = \frac{1}{2}\{(H + a)[2(b + L) + (H + a)\cot\beta_1] - ab - H^2\tan\alpha\} + l_0 h_0$$

则

$$S = A_0 \frac{\cos\theta}{\cos(\theta - \beta_1)} + B_0$$

$$G = \gamma S = \gamma \left[A_0 \frac{\cos\theta}{\cos(\theta - \beta_1)} + B_0 \right]$$

代入式(4-1)，得：

$$E_a = \gamma \left[A_0 \frac{\cos\theta}{\cos(\theta - \beta_1)} + B_0 \right] \frac{\cos(\theta + \varphi)}{\sin(\theta + \psi)} \tag{4-13}$$

令

$$\frac{\mathrm{d}E_a}{\mathrm{d}\theta} = 0$$

即

$$\gamma \left[\left(A_0 \frac{\cos\theta}{\cos(\theta - \beta_1)} + B_0 \right) \frac{-\sin(\theta + \psi)\sin(\theta + \varphi) - \cos(\theta + \psi)\cos(\theta + \varphi)}{\sin^2(\theta + \psi)} + \right.$$

$$\left. A_0 \frac{\cos(\theta + \varphi)}{\cos(\theta + \psi)} \frac{-\cos(\theta - \beta_1)\sin\theta + \sin(\theta - \beta_1)\cos\theta}{\cos^2(\theta - \beta_1)} \right] = 0$$

经整理化简，得：

$$P\tan^2\theta + Q\tan\theta + R = 0$$

$$\tan\theta = \frac{-Q \pm \sqrt{Q^2 - 4PR}}{2P} \tag{4-14}$$

其中：

$$P = -A_0 \sin\beta_1 \sin\varphi \cos\psi + B_0 \cos(\psi - \varphi)\sin^2\beta_1$$

$$Q = 2A_0 \sin\beta_1 \cos\varphi \cos\psi + B_0 \cos(\psi - \varphi)\sin(2\beta_1)$$

$$R = \cos\beta_1 \cos(\psi - \varphi)(A_0 + B_0 \cos\beta_1) + A_0 \sin\beta_1 \cos\varphi \sin\psi$$

以上是路堤挡土墙俯斜墙背的几种计算图式，荷载布置在行车道上。这些公式也可以应用于其他类型的挡土墙：①当为路肩墙时，式中 $a = b = 0$。②对于俯斜墙背，α 取正值；垂直墙背 α 为零；仰斜墙背，α 取负值。③当荷载沿路肩边缘布置时，取 $d = 0$。

计算挡土墙压力 E_a，首先要确定产生最大土压力的破裂面，求出破裂角 θ。但是这在事先并不知道，必须进行试算。试算时，通常先假定破裂面位置通过荷载中心，按此图式及相应的计算公式算出 θ 角，与原假定的破裂面位置做比较，看是否相符。如与假定不符，应根据计算的 θ 角重新假定破裂面。重复以上计算，直至相符为止，最后根据此破裂角计算最大主动土压力。

三、黏质土土压力计算

经典库仑理论只考虑不具有黏聚力的砂类土的土压力问题。当墙背填料为黏质土时，土的黏聚力对主动土压力的影响很大，因此应考虑黏聚力的影响。下面介绍以库仑理论为基础计算黏质土主动土压力的近似方法。

1. 等效内摩擦角法

由于目前对黏质土黏聚力 c、内摩擦角 φ 值的确定还存在一些问题，尤其是土的流变性质及其对墙的影响尚不十分清楚，因此在设计黏质土挡土墙时，通常将内摩擦角 φ 与单位黏聚力 c 换算成比实际 φ 值大的"等效内摩擦角 φ_D"，按砂类土的公式来计算土压力。

可以按换算前后土的抗剪强度相等的原则或土压力相等的原则来计算 φ_D 值。通常把黏质土的内摩擦角值增大 5° ~ 10°，或采用等效内摩擦角 φ_D 为 30° ~ 35°。

但是，由于影响土压力数值的因素是多方面的，包括墙高、墙型、墙后填料表面荷载情况等，不可能用上述方法确定一个固定的换算关系或固定的换算值。用上述方法换算的内摩擦角，只与某一特定的墙高相适应，对于矮墙偏于安全，对于高墙则偏于危险。因此在设计高墙时，应按墙高酌情降低 φ_D 值。最好是按实际测定的 c、φ 值，采用力多边形法来计算黏质土的主动土压力。

2. 力多边形法（数解法）

当墙身向外有足够位移时，黏质土土层顶部会出现拉应力，产生竖向裂缝，裂缝从地面向下延伸至拉应力趋于零处。裂缝深度 h_c 按式（4-15）计算：

$$h_c = \frac{2c}{\gamma}\tan\left(45° + \frac{\varphi}{2}\right) \tag{4-15}$$

式中：c——填料的单位黏聚力（kPa 或 kN/m²）。

在垂直裂缝区 h_c 范围内，竖直面上的侧压力等于零，因此在此范围内不计土压力。

根据库仑理论，假设破裂面为一平面，沿破裂面的土的抗剪强度由土的内摩擦力 $\sigma\tan\varphi$ 和黏聚力 c 组成。至于墙背和土之间的黏聚力 c'，由于影响因素很多，为简化计算及使用安全，可忽略不计。

下面以路堤墙后破裂面交于荷载内的情况为例，介绍公式的推导方法。

图 4-19 为路堤式挡土墙，填土表面有局部荷载，其裂缝假定在荷载作用面以下产生。BD 为破裂面，破裂棱体为 $ABDEFMN$。在主动极限平衡状态下，棱体在自重力 G、墙背反力 E_a、破裂面反力 R 和破裂面黏聚力 $\overline{BD} \cdot c$ 四个力的作用下保持静力平衡，构成力多边形。从力多边形可知，作用于墙背的主动土压力应为：

$$E_a = E' - E_c \tag{4-16}$$

式中：E'——当 $c = 0$ 时的土压力，由公式（4-1）得：

$$E' = \frac{\cos(\theta + \varphi)}{\sin(\theta + \psi)}G$$

G——棱体 $ABDEFMN$ 的自重力，在图 4-19a）所示的情况下：

$$G = \gamma(A_0\tan\theta - B_0)$$

其中：

$$A_0 = \frac{1}{2}(H + a)^2 - \frac{1}{2}h_c^2 + h_0(H + a - h_c)$$

$$B_0 = \frac{1}{2}ab + (b + d)h_0 + \frac{H}{2}(H + 2a + 2h_0)\tan\alpha$$

将 G 的表达式代入 E' 得：

$$E' = \gamma(A_0\tan\theta - B_0)\frac{\cos(\theta + \varphi)}{\sin(\theta + \psi)}$$

$$= \gamma A_0(\tan\theta + \tan\psi)\frac{\cos(\theta + \varphi)}{\sin(\theta + \psi)} - \gamma A_0\tan\psi\frac{\cos(\theta + \varphi)}{\sin(\theta + \psi)} - \gamma B_0\frac{\cos(\theta + \varphi)}{\sin(\theta + \psi)}$$

$$= \gamma A_0\frac{\sin(\theta + \psi)}{\cos\theta\cos\psi} \cdot \frac{\cos(\theta + \varphi)}{\sin(\theta + \psi)} - \gamma(A_0\tan\psi + B_0)\frac{\cos(\theta + \varphi)}{\sin(\theta + \psi)}$$

$$= \frac{\gamma A_0}{\cos\psi} \cdot \frac{\cos(\theta + \varphi)}{\cos\theta} - \gamma(A_0\tan\psi + B_0)\frac{\cos(\theta + \varphi)}{\sin(\theta + \psi)} \tag{4-17}$$

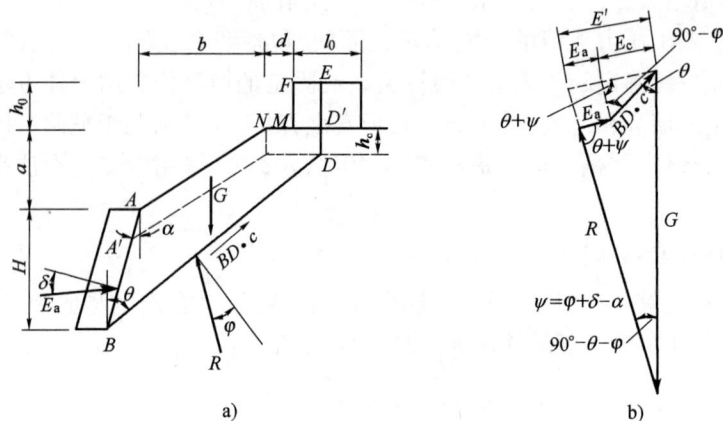

图 4-19　路堤墙黏质土主动土压力计算

式(4-16)中的 E_c 是由于 $\overline{BD} \cdot c$ 黏聚力的作用而减少的土压力,从图 4-19b)中可得:

$$E_c = \frac{c \cdot \cos\varphi \cdot \overline{BD}}{\sin(\theta + \psi)} = \frac{c(H + a - h_c)\cos\varphi}{\cos\theta\sin(\theta + \psi)} \tag{4-18}$$

令

$$\frac{\mathrm{d}E_a}{\mathrm{d}\theta} = \frac{\mathrm{d}E'}{\mathrm{d}\theta} - \frac{\mathrm{d}E_c}{\mathrm{d}\theta} = 0$$

得

$$\frac{\mathrm{d}E_a}{\mathrm{d}\theta} = -\frac{\gamma A_0}{\cos\psi} \cdot \frac{\sin\varphi}{\cos^2\theta} + \frac{\gamma(A_0\tan\psi + B_0)\cos(\varphi - \psi)}{\sin^2(\theta + \psi)} +$$

$$c(H + a - h_c)\cos\varphi \frac{\cos\theta\cos(\theta + \varphi) - \sin\theta\sin(\theta + \psi)}{\cos^2\theta\sin^2(\theta + \psi)} = 0$$

将上式整理化简即可得到计算破裂角 θ 的公式:

$$\theta = \arctan(-\tan\psi \pm \sqrt{\sec^2\psi - D}) \tag{4-19}$$

其中:

$$D = \frac{A_0\sin(\varphi - \psi) - B_0\cos(\varphi - \psi)}{\cos\psi\left[A_0\sin\varphi + \dfrac{c}{\gamma}(H + a - h_c)\cos\varphi\right]}$$

将 θ 代入 E_a 的表达式,即可求得主动土压力 E_a。

对于其他边界条件下的黏质土土压力公式,可查有关设计手册。

四、被动土压力计算

根据库仑理论,按照推导主动土压力公式的原理[参见式(4-6)],由图 4-20 可得当地面为平面时的被动土压力公式:

$$E_p = \frac{1}{2}\gamma H^2 K_p \tag{4-20}$$

$$K_p = \frac{\cos^2(\varphi + \alpha)}{\cos^2\alpha\cos(\alpha - \delta)\left[1 - \sqrt{\dfrac{\sin(\varphi + \delta)\sin(\varphi + \beta)}{\cos(\alpha - \delta)\cos(\alpha - \beta)}}\right]^2}$$

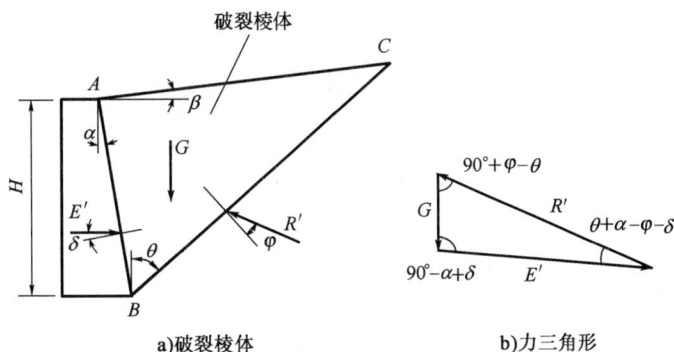

图 4-20 库仑被动土压力的计算

实践表明,用库仑理论计算的被动土压力,常常有很大的偏于不安全的误差,其误差还随着土的内摩擦角 φ 的增大而迅速增大。因此,在许多情况下,式(4-20)不能被采用。

应当指出,被动极限状态的产生,要求土体产生较大的变形,而这对一般的建筑物来说通常情况下是不允许的。因此,当建筑物的设计要求考虑土的被动抗力时,应对被动土压力的计算值进行大幅折减。

五、地震作用下的土压力计算

对抗震设防烈度为 7 度及以上地区高度超过 20m、且地基处于抗震危险地段的高速公路和一级公路挡土墙,应考虑挡土墙没有发生相对地基的滑移或倾覆,但随更大范围的土体产生明显运动而失去稳定性的问题,如在存在地基土层产生振动液化的情况下,应考虑沿液化土层滑移、沉降而使挡土墙产生倾覆的危险性,因此需要结合岩土稳定性评价进行挡土墙动力分析,并综合判断提升挡土墙的抗震韧性。

在挡土墙设计中,一般只考虑水平地震力,竖向地震力因影响小,可略去不计。作用于破裂棱体或挡土墙重心上的最大水平地震力 P_s 为:

$$P_s = C_1 C_z K_H G \tag{4-21}$$

式中:C_1——重要性修正系数,见表 3-21;

C_z——综合影响系数,表示实际建筑物的地震反应与理论计算间的差异,采用 0.25;

K_H——水平地震系数,为地震时地面最大水平加速度的统计平均值与重力加速度的比值,见表 4-11;

G——破裂棱体或挡土墙的重力。

水平地震系数 K_H 　　　　　表 4-11

设计烈度(度)	7	8	9
水平地震系数 K_H	0.1	0.2	0.4

挡土墙重力 G 与水平地震力 P_s 的合力 G_1,与竖直线的夹角 θ_s 称为地震角,如图 4-21 所示。

$$\theta_s = \arctan C_1 C_z K_H \tag{4-22}$$

六、典型挡土墙的土压力计算

三种典型挡土墙的土压力计算方法见表 4-12。

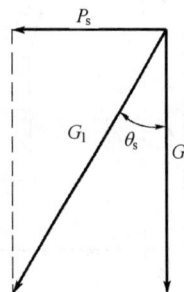

图 4-21 水平地震力与地震角

表 4-12

三种典型挡土墙的土压力计算方法

挡土墙类型	挡土墙图示	土压力计算公式
路堑挡土墙的墙后填土表面为平面，且无荷载		破裂角：$\theta = 90° - \varphi - \varepsilon$ $\tan\varepsilon = \dfrac{\sqrt{\tan(\varphi-\beta)\left[\tan(\varphi-\beta)+\cot(\varphi-\alpha)\right]\left[1+\tan(\alpha+\delta)\cot(\varphi-\alpha)\right]}-\tan(\varphi-\beta)}{1+\tan(\alpha+\delta)\left[\tan(\varphi-\beta)+\cot(\varphi-\alpha)\right]}$ 主动土压力：$E_a = \dfrac{1}{2}\gamma H^2 K$，$E_x = E_a\cos(\alpha+\delta)$，$E_y = E_a\sin(\alpha+\delta)$ 主动土压力系数：$K = \dfrac{\cos^2(\varphi-\alpha)}{\cos^2\alpha\cos(\alpha+\delta)\left[1+\sqrt{\dfrac{\sin(\varphi+\delta)\sin(\varphi-\beta)}{\cos(\alpha+\delta)\cos(\alpha-\beta)}}\right]^2}$ 土压力作用点：$Z_y = \dfrac{1}{3}H$，$Z_x = B - Z_y\tan\alpha$
路堤挡土墙的墙后填土表面为折面，且破裂面交于荷载内		$\tan\theta = -\tan\psi \pm \sqrt{(\cot\varphi+\tan\psi)(\tan\psi+A)}$，$\psi = \varphi+\alpha+\delta$ $A = \dfrac{ab+2h_0(b+d)-H(H+2a+2h_0)\tan\alpha}{(H+a)(H+a+2h_0)}$ $E_a = \dfrac{1}{2}\gamma H^2 K K_1$，$E_x = E_a\cos(\alpha+\delta)$，$E_y = E_a\sin(\alpha+\delta)$ $K = \dfrac{\cos(\theta+\varphi)}{\sin(\theta+\varphi)}(\tan\theta+\tan\alpha)$，$K_1 = 1+\dfrac{2a}{H}\left(1-\dfrac{h_3}{2h}\right)+\dfrac{2h_0h_4}{H^2}$， $h_1 = \dfrac{d}{\tan\theta+\tan\alpha}$，$h_3 = \dfrac{b-a\tan\theta}{\tan\theta+\tan\alpha}$，$h_4 = H-h_1-h_3$ $Z_y = \dfrac{H}{3} + \dfrac{a(H-h_3)^2+h_0h_4(3h_4-2H)}{3H^2K_1}$，$Z_x = B - Z_y\tan\alpha$ 当 $a=b=d=0$ 时，就是路肩挡土墙裂面交于荷载内的土压力计算图式

续上表

挡土墙类型	挡土墙图示	土压力计算公式
路堤挡土墙的墙后填土表面为折面，且破裂面交于简荷载外	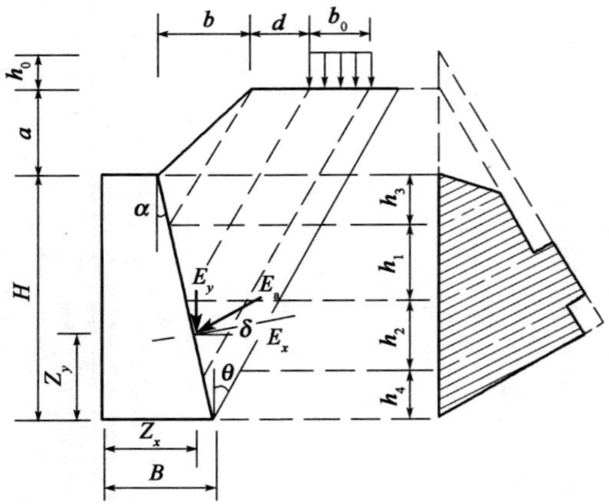	$\tan\theta = -\tan\psi \pm \sqrt{(\cot\varphi + \tan\psi)(\tan\psi + A)}$，$\psi = \varphi + \alpha + \delta$， $A = \dfrac{ab - 2b_0h_0 - H(H+2a)\tan\alpha}{(H+a)^2}$ $E_a = \dfrac{1}{2}\gamma H^2 K K_1$，$E_x = E_a\cos(\alpha+\delta)$，$E_y = E_a\sin(\alpha+\delta)$ $K = \dfrac{\cos(\theta+\varphi)}{\sin(\theta+\varphi)}(\tan\theta+\tan\alpha)$，$K_1 = 1 + \dfrac{2a}{H}\left(1 - \dfrac{h_3}{2H}\right) + \dfrac{2h_0h_2}{H^2}$，$h_1 = \dfrac{d}{\tan\theta+\tan\alpha}$， $h_2 = \dfrac{b_0}{\tan\theta+\tan\alpha}$，$h_3 = \dfrac{b - a\tan\theta}{\tan\theta+\tan\alpha}$，$h_4 = H - h_1 - h_2 - h_3$ $Z_y = \dfrac{H}{3} + \dfrac{a(H - h_3)^2 + h_0h_2(3h_2 + 6h_4 - 2H)}{3H^2K_1}$，$Z_x = B - Z_y\tan\alpha$ 当 $a = b = d = 0$ 时，就是路肩挡土墙破裂面交于简荷载外的土压力计算图式

七、车辆荷载换算及计算参数

1. 车辆荷载换算

墙背填土表面有车辆荷载作用，使土体中产生附加的竖向应力，从而产生附加的侧向压

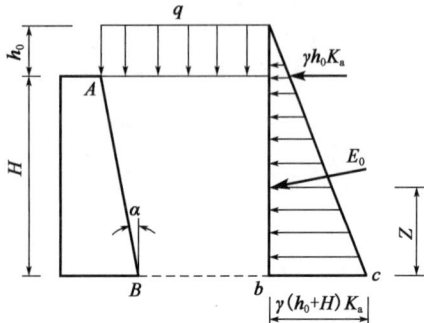

图 4-22　均布荷载换算图式

力。计算土压力时，对于作用于墙背填土表面的车辆荷载可以近似地将其换算为与墙背填土重度相同的均布土层。

挡土墙设计中，换算土层厚度 $h_0(m)$ 可直接由挡土墙高度确定的附加荷载强度计算，如图 4-22 所示，即：

$$h_0 = \frac{q}{\gamma} \qquad (4-23)$$

式中：γ——墙背填土的重度（kN/m^3）；

q——车辆附加荷载强度（kN/m^2），按表 4-13 取值。

附加荷载强度 q　　　　　　　　　　　　表 4-13

墙高 $H(m)$	$q(kN/m^2)$	墙高 $H(m)$	$q(kN/m^2)$
<2.0	20.0	>10.0	10.0

注：$H = 2.0 \sim 10.0m$ 时，q 由线性内插法确定。

作用于墙顶或墙后填土上的人群荷载强度为 $3kN/m^2$；作用于挡墙栏杆顶的水平推力采用 $0.75kN/m$，作用于栏杆扶手上的竖向力采用 $1kN/m$。

2. 计算参数

（1）填料的计算内摩擦角和重度

设计挡土墙时，最好按填料的实际工作情况进行试验，并考虑一定的安全度来确定填料的内摩擦角及密度。当无条件试验时，可参考表 4-14 所列的经验数据选用。

填料内摩擦角或综合内摩擦角　　　　　　　　　　　表 4-14

填料种类		综合内摩擦角 φ_0（°）	内摩擦角 φ（°）	重度（kN/m^3）
黏质土	墙高 $H \leq 6m$	35 ~ 40	—	17 ~ 18
	墙高 $H > 6m$	30 ~ 35	—	
碎石、不易风化的块石		—	45 ~ 50	18 ~ 19
大卵石、碎石类土、不易风化的岩石碎块		—	40 ~ 45	18 ~ 19
小卵石、砾石、粗砂、石屑		—	35 ~ 40	18 ~ 19
中砂、细砂、砂质土		—	30 ~ 35	17 ~ 18

注：填料重度可根据实测资料作适当修正，计算水位以下的填料重度采用浮重度。

对于路堑挡土墙，墙后除利用开挖的土石回填部分外，其余均为天然土石，因此习惯上多参考自然山坡的坡角来确定设计 φ 值。

（2）墙背摩擦角

影响墙背摩擦角 δ 值的因素是多方面的，主要有墙背的粗糙度（墙背越粗糙，δ 值越大）、填料的性质（φ 值越大，δ 值越大）和墙后排水条件（排水条件越好，δ 值越大）等。

表 4-15 所列为墙背摩擦角 δ 的经验参考数据。

墙背摩擦角 δ 参考值　　　　　　　　　　　　表 4-15

挡土墙墙背性质	填料排水情况	δ 值
墙背光滑	不良	$(0 \sim 1/3)\varphi$
片、块石砌体,粗糙	良好	$(1/3 \sim 1/2)\varphi$
干砌片、块石,很粗糙	良好	$(1/2 \sim 2/3)\varphi$
第二破裂面体,无滑动	良好	φ

第五节　挡土墙设计

挡土墙在荷载、环境因素作用下会出现倾覆、滑动、地基承载力不足等破坏(图 4-23),因此,挡土墙必须通过合理设计保证在永久作用和可变作用下保持稳定。

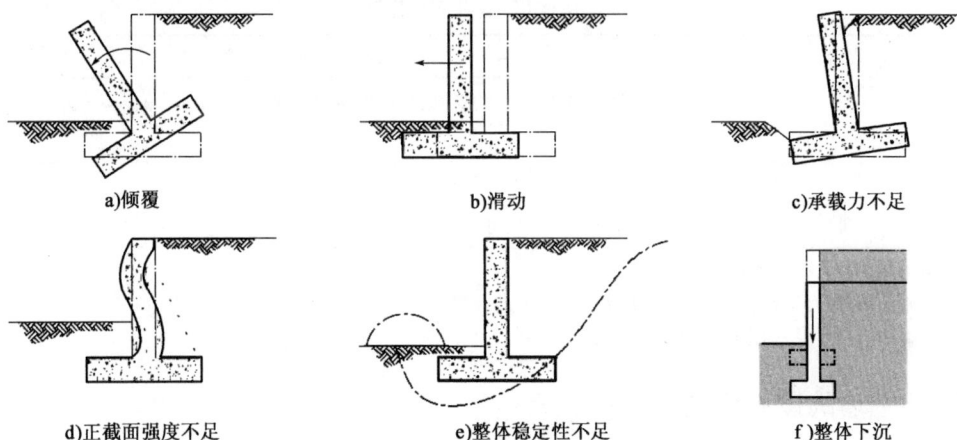

a)倾覆　　　　　　　b)滑动　　　　　　　c)承载力不足

d)正截面强度不足　　　e)整体稳定性不足　　　f)整体下沉

图 4-23　挡土墙破坏示意图

一、挡土墙的荷载组合

施加于挡土墙的作用(或荷载)按性质划分,可分为永久作用(或荷载)、可变作用(或荷载)和偶然作用(或荷载),见表 4-16。常用作用(或荷载)组合见表 4-17。

施加于挡土墙的作用或荷载　　　　　　　　　　表 4-16

作用(或荷载)分类	作用(或荷载)名称
永久作用(或荷载)	挡土墙结构重力
	填土(包括基础襟边以上土)重力
	填土侧压力
	墙顶上的有效永久荷载
	墙顶与第二破裂面之间的有效荷载
	计算水位的浮力及静水压力
	预加力
	混凝土收缩及徐变
	基础变位影响力

作用（或荷载）分类		作用（或荷载）名称
可变作用（或荷载）	基本可变作用（或荷载）	车辆荷载引起的土侧压力
		人群荷载、人群荷载引起的土侧压力
	其他可变作用（或荷载）	水位退落时的动水压力
		流水压力
		波浪压力
		冻胀压力和冰压力
		温度影响力
	施工荷载	与各类挡土墙施工有关的临时荷载
偶然作用（或荷载）		地震作用力
		滑坡、泥石流作用力
		作用于墙顶护栏上的车辆碰撞力

常用作用（或荷载）组合　　　　　　　　　　　　　表 4-17

组合	作用（或荷载）名称
I	挡土墙结构重力、墙顶上的有效永久荷载、填土重力、填土侧压力及其他永久荷载组合
II	组合 I 与基本可变荷载相组合
III	组合 II 与其他可变荷载、偶然荷载相组合

注：1. 洪水与地震力不同时考虑。

　　2. 冻胀力、冰压力与流水压力或波浪压力不同时考虑。

　　3. 车辆荷载与地震力不同时考虑。

二、挡土墙的设计原则

挡土墙设计计算采用以极限状态设计的分项系数法为主的设计方法。挡土墙设计极限状态分为构件承载力极限状态和正常使用极限状态。

承载力极限状态是指当挡土墙出现以下任何一种状态，即认为超过了承载力极限状态：

（1）整个挡土墙或挡土墙的一部分作为刚体失去平衡。

（2）挡土墙构件或连接部件因材料承受的强度超过极限而破坏，或因过量塑性变形而不适于继续承载。

（3）挡土墙结构变为机动体系或局部失去平衡。

正常使用极限状态是指挡土墙出现下列状态之一时，即认为超过了正常使用极限状态：

（1）影响正常使用或外观变形。

（2）影响正常使用或耐久性的局部破坏（包括裂缝）。

（3）影响正常使用的其他特定状态。

挡土墙按构件承载能力极限状态设计时，采用下列表达式：

$$\gamma_0 S \leqslant R(\cdot) \tag{4-24a}$$

$$R(\cdot) = R\left(\frac{R_k}{\gamma_f}, \alpha_d\right) \tag{4-24b}$$

式中:γ_0——结构重要性系数,按表 4-18 的规定选用;

    S——作用(或荷载)效应的组合设计值;

$R(\cdot)$——挡土墙结构抗力函数;

   R_k——抗力材料的强度标准值;

   γ_f——结构材料、岩土性能的分项系数,按表 4-19 的规定选用;

   α_d——结构或结构构件几何参数的设计值,当无可靠数据时,可采用几何参数标准值。

结构重要性系数 γ_0   表 4-18

墙高	公路等级	
(m)	高速公路、一级公路	二级及二级以下公路
≤5.0	1.0	0.95
>5.0	1.05	1.0

承载能力极限状态作用(或荷载)分项系数   表 4-19

情况	荷载增大对挡土墙结构起有利作用时		荷载增大对挡土墙结构起不利作用时	
组合	I , II	III	I , II	III
垂直恒载 γ_G	0.90		1.20	
恒载或车辆荷载的主动土压力 γ_{Q1}	1.00	0.95	1.40	1.30
被动土压力 γ_{Q2}	0.30		0.50	
水浮力 γ_{Q3}	0.95		1.10	
静水压力 γ_{Q4}	0.95		1.05	
动水压力 γ_{Q5}	0.95		1.20	

挡土墙按正常使用极限状态设计时,通常采用表 4-19 所列的各分项系数;当 γ_G 取为 0.9 或 1.2 时,滑动稳定方程计算结果与总安全系数法比较,安全度水平提高或降低过大,故采用 1.1;当 γ_G 取为 0.9 时,抗倾覆稳定方程验算与总安全系数法比较,安全度水平略有下降,且最大负误差超过 10%,故 γ_G 取为 0.8 较适宜;当对挡土墙进行基础合力偏心距计算时,除被动土压力分项系数 γ_{Q2} 采用 0.3 外,其余作用(或荷载)的分项系数均等于 1.0。

三、挡土墙设计与计算

(一)挡土墙稳定性验算

1. 抗滑稳定性验算

为保证挡土墙抗滑稳定性,应验算在土压力及其他外力作用下,基底摩阻力抵抗挡土墙滑移的能力,如图 4-24 所示。

(1)滑动稳定方程

$$[1.1G + \gamma_{Q1}(E_y + E_x\tan\alpha_0) - \gamma_{Q2}E_p\tan\alpha_0]\mu + (1.1G + \gamma_{Q1}E_y)\tan\alpha_0 - \gamma_{Q1}E_x + \gamma_{Q2}E_p > 0$$

$$(4-25)$$

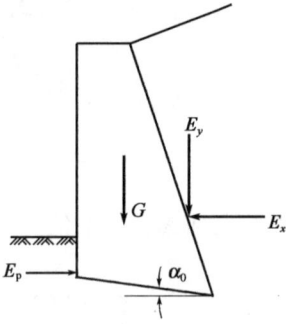

图 4-24　挡土墙的抗滑动
稳定性图式

式中:G——作用于基底以上的重力(kN),浸水挡土墙的浸水部分应计入浮力;

E_x、E_y——墙背主动土压力的水平与垂直分量(kN);

E_p——墙前被动土压力的水平分量(kN),当为浸水挡土墙时,$E_p = 0$;

α_0——基底倾斜角(°);

μ——基底与地基间的摩擦系数,可通过现场试验确定;无试验资料时,可参考表 4-20 的经验数据;

γ_{Q1}、γ_{Q2}——主动土压力和墙前被动土压力分项系数,可按表 4-19 的规定采用。

基底与地基间的摩擦系数 μ　　　　　　　　　　　表 4-20

地基土分类	μ	地基土分类	μ
软塑黏土	0.25	碎石类土	0.50
硬塑黏土	0.30	软质岩石	0.40 ~ 0.60
砂类土、黏砂土、半干硬黏土	0.30 ~ 0.40	硬质岩石	0.60 ~ 0.70
砂类土	0.40		

(2)抗滑动稳定系数 K_c

$$K_c = \frac{[N + (E_x - E'_p)\tan\alpha_0]\mu + E'_p}{E_x - N\tan\alpha_0}　　　(4-26)$$

式中:N——作用于基底上合力的竖向分力(kN),浸水挡土墙应计浸水部分的浮力;

E'_p——墙前被动土压力水平分量的 0.3 倍(kN)。

2. 抗倾覆稳定性验算

为保证挡土墙抗倾覆稳定性,须验算其抵抗墙身绕墙趾向外转动倾覆的能力,如图 4-25 所示。

(1)抗倾覆稳定方程

$$0.8GZ_G + \gamma_{Q1}(E_yZ_x - E_xZ_y) + \gamma_{Q2}E_pZ_p > 0　　(4-27)$$

式中:Z_G——墙身、基础及其上填土的重力及作用于墙顶的其他荷载的竖向力合力重心到墙趾的水平距离(m);

Z_x——墙后主动土压力垂直分力作用点到墙趾的水平距离(m);

Z_y——墙后主动土压力水平分力作用点到墙趾的垂直距离(m);

Z_p——墙前被动土压力的水平分量到墙趾的距离(m)。

(2)抗倾覆稳定系数 K_0

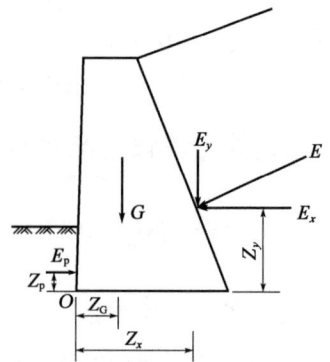

图 4-25　挡土墙的抗倾覆稳定图式

$$K_0 = \frac{GZ_G + E_yZ_x + E'_pZ_p}{E_xZ_y}　　　(4-28)$$

在规定的墙高范围内,验算挡土墙的抗滑动和抗倾覆稳定时,稳定系数不应小于表 4-21 的规定。验算结果如不满足以上要求,则表明抗滑稳定性或抗倾覆稳定性不够,应改变墙身断面尺寸重新核算。设置于不良土质地基、覆盖土层下为倾斜基岩地基及斜坡上的挡土墙,应对挡土墙地基及填土的整体稳定性进行验算,其稳定系数不应小于 1.25。

抗滑动和抗倾覆的稳定系数　　　　　　　　　　　　　　表 4-21

荷载情况	验算项目	稳定系数
荷载组合 I 、II	抗滑动 K_c	1.3
	抗倾覆 K_0	1.5
荷载组合 III	抗滑动 K_c	1.3
	抗倾覆 K_0	1.3
施工阶段验算	抗滑动 K_c	1.2
	抗倾覆 K_0	1.2

(二)基底应力及合力偏心距验算

(1)基底合力偏心距计算

基底合力的偏心距 e_0 可按式(4-29)计算:

$$e_0 = \frac{M_d}{N_d} \tag{4-29}$$

式中:M_d——作用于基底形心的弯矩组合设计值(MPa);

N_d——作用于基底上的垂直力组合设计值(kN/m)。

进行挡土墙地基计算时,各类作用(或荷载)组合下,作用效应组合设计值计算式中的作用分项系数,除被动土压力分项系数 $\gamma_{Q2} = 0.3$ 外,其余作用(或荷载)的分项系数规定均等于 1。对于重力式挡土墙轴向力的偏心距 e_0,应符合表 4-22 的规定。

圬工结构轴向力合力的容许偏心距 e_0　　　　　　　　表 4-22

荷载组合	容许偏心距	荷载组合	容许偏心距
I 、II	0.25B	施工荷载	0.33B
III	0.3B		

注:B 为沿力矩转动方向的矩形计算截面宽度。

(2)基底压应力和偏心距要求

基底合力的偏心距 e_0,对土质地基不应大于 $B/6$,对岩石地基不应大于 $B/4$。基底压应力 P 应按式(4-30a)计算,位于岩石地基上的挡土墙基底压应力可按式(4-30b)、式(4-30c)计算。基底压应力不应大于地基的容许承载力 $[f_a]$;地基容许承载力值可按现行《公路桥涵地基与基础设计规范》(JTG D63)的规定采用,当为作用(或荷载)组合 III 及施工荷载,且 $[f_a] > 150kPa$ 时,可提高 25%。

$|e_0| \leqslant \dfrac{B}{6}$ 时:

$$P_{1,2} = \frac{N_d}{A}\left(1 \pm \frac{6e_0}{B}\right) \tag{4-30a}$$

$e_0 > \dfrac{B}{6}$ 时:

$$P_1 = \frac{2N_d}{3\alpha_1}, P_2 = 0 \tag{4-30b}$$

$$\alpha_1 = \frac{B}{2} - e_0 \tag{4-30c}$$

式中:P_1——挡土墙墙趾部的压应力(kPa);

$\quad P_2$——挡土墙墙踵部的压应力(kPa);

$\quad B$——基底宽度(m),倾斜基底为其斜宽;

$\quad A$——基础底面每延米的面积,矩形基础为基础宽度 $B \times 1(\text{m}^2)$。

(三)重力式挡土墙强度验算

1. 作用效应的组合设计值

重力式挡土墙按承载能力极限状态设计时,在某一类作用(或荷载)效应组合下,作用(或荷载)效应的组合设计值可按式(4-31)计算。圬工构件或材料的抗力分项系数 γ_f 按表4-23采用。

$$S = \psi_{ZL}(\gamma_G \sum S_{Gik} + \sum \gamma_{Qi} S_{Qik}) \tag{4-31}$$

式中:S——作用(或荷载)效应的组合设计值;

γ_G、γ_{Qi}——作用(或荷载)的分项系数,按表4-19采用;

S_{Gik}——第 i 个垂直恒载的标准值效应;

S_{Qik}——土侧压力、水浮力、静水压力、其他可变作用(或荷载)的标准值效应;

ψ_{ZL}——荷载效应组合系数,按表4-24采用。

圬工构件或材料的抗力分项系数 γ_f　　　　　　　　表4-23

圬工种类	受力情况	
	受压	受弯、剪、拉
石料	1.85	2.31
片石砌体、片石混凝土砌体	2.31	2.31
块石、粗料石、混凝土预制块、砖砌体	1.92	2.31
混凝土	1.54	2.31

荷载效应组合系数 ψ_{ZL} 值　　　　　　　　表4-24

荷载组合	ψ_{ZL}	荷载组合	ψ_{ZL}
Ⅰ、Ⅱ	1.0	施工荷载	0.7
Ⅲ	0.8		

2. 正截面强度和稳定性验算

挡土墙构件轴心或偏心受压时,正截面强度和稳定按式(4-32)、式(4-33)计算。偏心受压构件除验算弯曲平面内的纵向稳定外,还应按轴心受压构件验算非弯曲平面内的稳定。

计算强度时:

$$\gamma_0 N_d \leqslant \frac{\alpha_k A R_a}{\gamma_f} \tag{4-32}$$

计算稳定时:

$$\gamma_0 N_d \leqslant \frac{\psi_k \alpha_k A R_a}{\gamma_f} \tag{4-33}$$

式中:N_d——验算截面上的轴向力组合设计值(kN);

$\quad \gamma_0$——结构重要性系数,按表4-18采用;

γ_f——圬工构件或材料的抗力分项系数,按表 4-23 取用;

R_a——材料抗压极限强度(kN);

A——挡土墙构件的计算截面面积(m^2);

α_k——轴向力偏心影响系数,按式(4-34)计算;

ψ_k——偏心受压构件在弯曲平面内的纵向弯曲系数,按式(4-36)计算;轴心受压构件的纵向弯曲系数,可采用表 4-25 的规定。

轴心受压构件纵向弯曲系数 Ψ_k 表 4-25

2H/B	混凝土构件	砌体砂浆强度等级	
		M10、M7.5、M5	M2.5
≤3	1.00	1.00	1.00
4	0.99	0.99	0.99
6	0.96	0.96	0.96
8	0.93	0.93	0.91
10	0.88	0.88	0.85
12	0.82	0.82	0.79
14	0.76	0.76	0.72
16	0.71	0.71	0.66
18	0.65	0.65	0.60
20	0.60	0.60	0.54
22	0.54	0.54	0.49
24	0.50	0.50	0.44
26	0.46	0.46	0.40
28	0.42	0.42	0.36
30	0.38	0.38	0.33

$$\alpha_k = \frac{1 - 256\left(\dfrac{e_0}{B}\right)^8}{1 + 12\left(\dfrac{e_0}{B}\right)^2} \tag{4-34}$$

式中:e_0——轴向力的偏心距(m),按式(4-35)计算;挡土墙墙身或基础为圬工截面时,其轴向力的偏心距 e_0 应符合表 4-22 的规定;

B——挡土墙计算截面宽度(m)。

$$e_0 = \left|\frac{M_0}{N_0}\right| \tag{4-35}$$

式中:M_0——在某一类作用(或荷载)组合下,作用(或荷载)对计算截面形心的总力矩(kN·m);

N_0——在某一类作用(或荷载)组合下,作用于计算截面上的轴向力的合力(kN)。

$$\psi_k = \frac{1}{1 + a_s\beta_s(\beta_s - 3)\left[1 + 16\left(\dfrac{e_0}{B}\right)^2\right]} \tag{4-36}$$

$$\beta_s = \frac{2H}{B} \qquad (4\text{-}37)$$

式中：H——墙高（m）；

a_s——与材料有关的系数，按表 4-26 采用；

其余符号意义同前。

a_s 取值 表 4-26

圬工名称	浆砌砌体采用以下砂浆强度等级			混凝土
	M10、M7.5、M5	M2.5	M1	
a_s 值	0.002	0.002 5	0.004	0.002

3. 轴向偏心距验算

重力式挡土墙轴向力的偏心距 e_0 应符合表 4-22 的规定。

混凝土截面在受拉一侧配有不小于截面面积 0.05% 的纵向钢筋时，表 4-22 中的容许规定值可增加 $0.05B$；当截面配筋率大于表 4-27 的规定时，按钢筋混凝土构件计算，偏心距不受限制。

按钢筋混凝土构件计算的受拉钢筋最小配筋率（单位：%） 表 4-27

钢筋牌号（种类）	钢筋最小配筋率	
	截面一侧钢筋	全截面钢筋
Q235 钢筋（Ⅰ级）	0.20	0.50
HRB400 钢筋（Ⅱ、Ⅲ级）	0.20	0.50

注：钢筋最小配筋率按构件的全截面计算。

（四）挡土墙的抗震稳定性验算

挡土墙在地震荷载作用下容易出现各种破坏，因此，对于修筑在地震区的挡土墙一般应进行考虑地震力作用的稳定性验算，挡土墙强度和稳定性验算范围见表 4-28。同时设计基本地震动峰值加速度大于或等于 0.2g 的地区不宜采用加筋挡土墙，公路挡土墙一般采用静力法验算其强度和稳定性。

挡土墙强度和稳定性验算范围 表 4-28

地基类型		设计基本地震动峰值加速度				
		高速公路、一级公路、二级公路			三级公路、四级公路	
		0.10g(0.15g)	0.20g(0.30g)	0.40g	<0.40g	0.40g
岩石、非液化土及非软土地基	非浸水	不验算	$H>4$ 验算	验算	不验算	验算
	浸水	不验算	验算	验算	不验算	验算
液化土及软土地基		验算	验算	验算	不验算	验算

注：H 为挡土墙墙趾至墙顶的高度（m）。

对于设计基本地震动峰值加速度大于或等于 0.1g 地区的高速公路、一级公路上的挡土墙，高度超过 20m，且地基处于地震危险地段的挡土墙，应进行专门研究和设计。

抗滑动稳定性系数 K_c 不应小于 1.1，抗倾覆稳定性系数 K_0 不应小于 1.2。

按静力法验算挡土墙强度时，第 i 截面以上墙身重心处的水平地震作用按式（4-38）计算。

$$E_{ih} = C_i C_z A_h \psi_i G_i / g \qquad (4\text{-}38)$$

式中：E_{ih}——第 i 截面以上墙身重心处的水平地震作用(kN)

C_i——抗震重要性修正系数，按表 3-21 采用；

C_z——综合影响系数，重力式挡土墙取 0.25，轻型挡土墙取 0.30；

A_h——水平向设计基本地震动峰值加速度，按表 3-20 确定；

G_i——第 i 截面以上墙身圬工的重力(kN)；

ψ_i——水平地震作用沿墙高的分布系数，按式(4-39)计算：

$$\psi_i = \begin{cases} \dfrac{h_i}{3H} + 1.0 & (0 < h_i \leqslant 0.6H) \\ \dfrac{3h_i}{2H} + 0.3 & (0.6H < h_i \leqslant H) \end{cases} \tag{4-39}$$

h_i——挡土墙墙趾至第 i 截面的高度(m)。

位于斜坡上的挡土墙，作用于其重心处的水平向总地震作用按式(4-40)或式(4-41)计算。

岩基

$$E_h = 0.30\, C_i\, A_h W/g \tag{4-40}$$

土基

$$E_h = 0.35\, C_i\, A_h W/g \tag{4-41}$$

式中：E_h——作用于重心处的水平向总地震作用(kN)；

W——挡土墙的总重力(kN)。

其余符号意义同前。

路肩挡土墙的地震主动土压力按式(4-42)计算，其他挡土墙的地震主动土压力按《公路工程抗震规范》(JTG B02—2013)附录 A 计算。

$$E_{ea} = \frac{1}{2}\gamma H^2 K_a (1 + 0.75\, C_i\, K_h \tan\varphi) \tag{4-42}$$

式中：E_{ea}——地震时作用于挡土墙背每延米长度上的主动土压力(kN/m)，其作用点为距挡土墙底 0.4H 处；

γ——土的重度(kN/m³)；

H——挡土墙的高度(m)；

K_a——非地震作用下挡土墙的主动土压力系数，按式(4-43)计算：

$$K_a = \cos^2\varphi / (1 + \sin\varphi)^2 \tag{4-43}$$

φ——挡土墙背填土的内摩擦角(°)。

破裂面交于内边坡的地震主动土压力 E_{ca} 按式(4-44)计算：

$$E_{ca} = \left[\frac{1}{2}\gamma H^2 + qH\frac{\cos\alpha}{\cos(\alpha - \beta)}\right]K_a - 2cHK_{ca} \tag{4-44}$$

式中：γ——填土重度(kN/m³)，水下采用浮重度；

H——墙高(m)；

q——滑裂楔体上的均布荷载标准值，地面倾斜时为单位斜面积上的重力标准值(kPa)；

α——墙面与竖直方向之间的夹角(°);

β——填土表面与水平面的夹角(°);

c——黏质填土的黏聚力(kPa)(当为砂类土时,$c=0$);

K_a——地震主动土压力系数,见式(4-45);

K_{ca}——系数,见式(4-46)。

$$K_a = \frac{\cos^2(\varphi - \alpha - \theta)}{\cos\theta\cos^2\alpha\cos(\alpha + \delta + \theta)\left[1 + \sqrt{\dfrac{\sin(\varphi + \delta)\sin(\varphi - \beta - \theta)}{\cos(\alpha - \beta)\cos(\alpha + \delta + \theta)}}\right]^2} \quad (4\text{-}45)$$

$$K_{ca} = \frac{1 - \sin\varphi}{\cos\varphi} \quad (4\text{-}46)$$

式中:φ——填土的内摩擦角(°);

δ——填土与挡土墙背的摩擦角(°);

θ——地震角(°),按表4-29取值。

地震角取值表　　　　　　　　表4-29

设计基本地震动峰值加速度		$0.10g(0.15g)$	$0.20g(0.30g)$	$0.40g$
$\theta(°)$	水上	1.5	3.0	6.0
	水下	2.5	5.0	10.0

挡土墙墙身的截面偏心距 e 应符合式(4-47)的要求,基础底面的合力偏心距 e 应符合表4-30的要求。

$$e \leqslant 2.4\rho \quad (4\text{-}47)$$

式中:ρ——截面核心半径(m)。

基础底面的合力偏心距 e　　　　　　　　表4-30

地基土	e
岩石,密实的碎石土,密实的砾、粗、中砂,老黏质土,$f_a \geqslant 300$kPa 的黏质土和粉土	$\leqslant 2.0\rho$
中密的碎石土,中密的砾、粗、中砂,150kPa$\leqslant f_a < 300$kPa 的黏质土和粉土	$\leqslant 1.5\rho$
密、中密的细砂、粉砂,100kPa$\leqslant f_a < 150$kPa 的黏质土和粉土	$\leqslant 1.2\rho$
新近沉积的黏质土,软土,松散的砂,填土,$f_a < 100$kPa 的黏质土和粉土	$\leqslant 1.0\rho$

注:f_a 为深宽修正后的地基承载力容许值。

(五)挡土墙的抗震措施

设计基本地震动峰值加速度大于或等于 $0.2g$ 时,干砌片(块)石挡土墙高度不宜超过5m;大于或等于 $0.4g$ 时,高度不宜超过3m;高速公路、一级公路不应使用干砌片(块)石挡土墙。

设计基本地震动峰值加速度大于或等于 $0.1g$ 时,浆砌片(块)石挡土墙的最低砂浆强度等级应按现行《公路圬工桥涵设计规范》(JTG D61)的要求提高一级采用,且挡土墙不宜大于表4-31规定的高度;当挡土墙高度大于表4-31的数值时,宜采用混凝土整体浇筑或分级式挡土墙。

浆砌片（块）石挡土墙的高度限值（m）　　　表 4-31

公路等级	设计基本地震动峰值加速度	
	$0.20g$、$0.30g$	$\geq 0.40g$
高速公路、一级公路	12	10
二级公路、三级公路	14	12

混凝土挡土墙的施工缝和衡重式挡土墙的变截面处应用短钢筋加强，并设置不少于占截面面积 20% 的榫头等措施以提高抗剪强度。同时，挡土墙应设置小于 15m 的分段，并在分段处、地基土及墙高变化处设置沉降缝。

四、增加挡土墙稳定性的措施

（一）增加抗滑稳定性的方法

1. 设置倾斜基底（图 4-26）

设置向内倾斜的基底，可以增加抗滑力和减少滑动力，从而增强抗滑稳定性。

基底倾斜角 α_0 越大，越有利于抗滑稳定性，但应考虑挡土墙连同地基土体一起滑动的可能性，因此应对地基倾斜度加以控制。通常，对于土质地基，不应陡于 1:5（$\alpha_0 \leq 11°10'$）；对于岩石地基，不应陡于 1:3（$\alpha_0 \leq 16°42'$）。

此外，在验算沿基底的抗滑稳定性的同时，还应验算通过墙踵的地基水平面（图 4-26 中 I—I 水平面）的滑动稳定性。

2. 采用凸榫基础（图 4-27）

在挡土墙基础底面设置混凝土凸榫，与基础连成整体，利用榫前土体产生的被动土压力，可以增强挡土墙的抗滑稳定性。

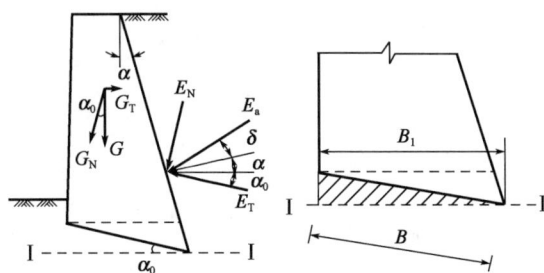

图 4-26　倾斜基底增加挡土墙抗滑稳定性　　　图 4-27　凸榫基础

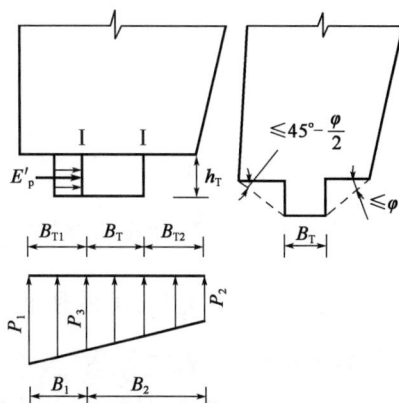

为了增加榫前被动阻力，应使榫前被动土楔不超过墙趾。同时，为了防止因设凸榫而增加墙背的主动土压力，应使凸榫后缘与墙踵的连线与水平线的夹角不超过 φ。因此，应将整个凸榫置于通过墙趾并与水平线成 $45° - \varphi/2$ 角线且通过墙踵并与水平线成 φ 角线所形成的三角形范围内。

当 $\beta = 0$(填土表面水平),$\alpha = 0$(墙背垂直),$\delta = 0$(墙光滑)时,榫前的单位被动土压力 σ_p,按朗金(Rankine)理论计算:

$$\sigma_\text{p} = \gamma h \tan^2\left(45° + \frac{\varphi}{2}\right) \approx \frac{1}{2}(P_1 + P_3)\tan^2\left(45° + \frac{\varphi}{2}\right)$$

其中,P_1、P_2 由式(4-30)计算求得。

考虑到产生全部被动土压力所需要的墙身位移量大于墙身设计所允许的位移量,是工程安全所不允许的,因此铁路规范规定,凸榫前的被动土压力按朗金被动土压力的 1/3 采用,即:

$$e_\text{p} = \frac{1}{3}\sigma_\text{p} = \frac{1}{3}\left[\frac{1}{2}(P_1 + P_3)\tan^2\left(45° + \frac{\varphi}{2}\right)\right]$$

$$E'_\text{p} = e_\text{p} \cdot h_\text{T} \tag{4-48}$$

在榫前 B_T 宽度内,因已考虑了部分被动土压力,故未计其基底摩擦阻力。

按照抗滑稳定性的要求,令 $K_\text{c} = [K_\text{c}]$,代入式(4-38),即可得出凸榫高度 h_T 的计算式:

$$h_\text{T} = \frac{[K_\text{c}]E_x - \frac{1}{2}(P_2 + P_3)B_2 f}{e_\text{p}} \tag{4-49a}$$

式中:f——基底与基础的摩阻系数。

凸榫宽度 B_T 根据以下两方面的要求进行计算,取其大者。

(1)根据截面 Ⅰ—Ⅰ(图4-26)上的弯矩 M_T

$$B_\text{T} = \sqrt{\frac{6M_\text{T}}{[\sigma_\text{WL}]}} = \sqrt{\frac{6 \times \frac{1}{2}e_\text{p}h_\text{T}^2}{[\sigma_\text{WL}]}} = \sqrt{\frac{3h_\text{T}^2 e_\text{p}}{[\sigma_\text{WL}]}} \tag{4-49b}$$

式中:$[\sigma_\text{WL}]$——混凝土的容许弯拉应力(kPa)。

(2)根据该截面上的剪应力

$$B_\text{T} = \frac{e_\text{p}h_\text{T}}{[\tau]} \tag{4-49c}$$

式中:$[\tau]$——混凝土的容许剪应力(kPa)。

(二)增加抗倾覆稳定性的方法

为增加抗倾覆稳定性,可采取加大稳定力矩和减小倾覆力矩的方法。

1.展宽基础

在墙趾处展宽基础以增加稳定力臂,是增加抗倾覆稳定性的常用方法。但在地面横坡较陡处,会由此使墙高增加。

2.改变墙面及墙背坡度

改缓墙面坡度(胸坡)可增加稳定力臂[图4-28a)],改陡俯斜墙背或改为仰斜墙背(背坡)可减少土压力[图4-28b)、c)]。在地面纵坡较陡处,均须注意对墙高的影响。

a)改变胸坡 b)改陡俯斜墙背 c)改为仰斜墙背

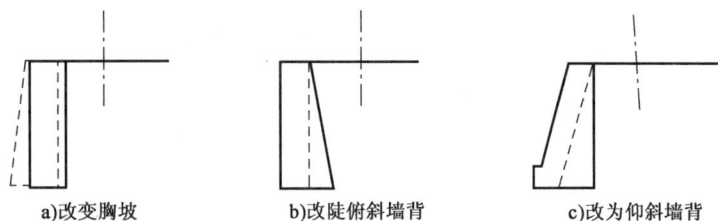

图 4-28 改变胸坡及背坡

5.采用展宽墙趾增加挡土墙抗倾覆稳定性的方法

3. 改变墙身断面类型

当地面横坡较陡时,应使墙胸尽量陡立。这时可改变墙身断面类型,如改用衡重式墙或墙后加设卸荷平台、卸荷板(图 4-29),以减少土压力并增加稳定力矩。

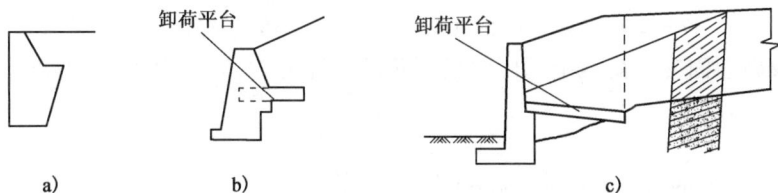

图 4-29 改变墙身类型措施

五、重力式挡土墙设计实例

1. 设计资料

某双车道二级公路,路基宽 8.5m,行车道宽 2×3.5m,土路肩宽 0.75m。某重力式路肩墙顶部与行车道外缘平齐。路肩墙结构设计资料如下:

(1)墙身构造:墙高 5m,墙背仰斜坡度 1:0.25 ($\alpha = -14.036°$),墙身分段长度 20m,其余初始拟采用尺寸如图 4-30 所示。

(2)土质情况:墙背填土重度 $\gamma = 18kN/m^3$,内摩擦角 $\varphi = 35°$;填土与墙背间的摩擦角 $\delta = 17.5°$;地基为岩石,地基容许承载力 $[f_a] = 500kPa$,基底摩擦系数 $f = 0.5$。

(3)墙身材料:砌体重度 $\gamma_1 = 20kN/m^3$,砌体容许压应力 $[\sigma] = 500kPa$,容许剪应力 $[\tau] = 80kPa$。

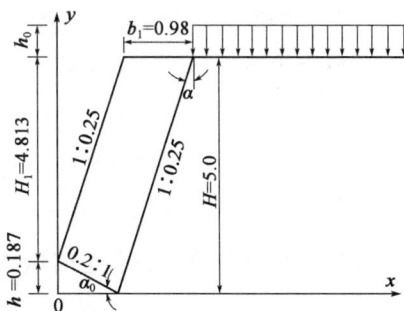

图 4-30 初始拟采用挡土墙尺寸图(尺寸单位:m)

2. 荷载当量土柱高度计算

根据《公路路基设计规范》(JTG D30—2015),墙背填料表面的车辆荷载换算的等代均布土层厚度 h_0 可直接由挡墙墙身高度确定的附加荷载强度计算,均布在路基顶部。

$$h_0 = \frac{q}{\gamma} = \frac{16.48}{18} = 0.916(\text{m})$$

式中,q 为附加荷载强度(kPa),取值规定如下:当墙高 $H_1 < 2m$,$q = 20kPa$;墙高 $H_1 > 10m$,$q = 10kPa$;当 $H_1 \in (2,10)$,则 q 采用线性内插法计算。本例挡土墙墙身高度 $H_1 = 4.813m$,有:

$$q = 20 - \frac{H_1 - 2}{8} \times 10 = 20 - \frac{4.813 - 2}{8} \times 10 = 16.484(\text{kPa})$$

3. 破裂棱体位置确定

（1）破裂角 θ 计算

假设破裂面交于荷载范围内。由于 $a = b = d = 0, H = 5\text{m}$，则有：

$$A_0 = \frac{1}{2}(a + H + 2h_0)(a + H) = \frac{1}{2}H(H + 2h_0) = \frac{1}{2} \times 5 \times (5 + 2 \times 0.916) = 17.0787$$

$$B_0 = \frac{1}{2}ab + (b + d)h_0 - \frac{1}{2}H(H + 2a + 2h_0)\tan\alpha$$

$$= -\frac{1}{2}H(H + 2h_0)\tan\alpha = -17.0787 \times (-0.25) = 4.2697$$

$$\psi = \alpha + \delta + \varphi = -14.036° + 17.5° + 35° = 38.464°$$

根据挡土墙破裂面交于荷载范围内时破裂角的计算公式，同时由于 $\psi < 90°$，根号前取正，则有：

$$\tan\theta = -\tan\psi + \sqrt{(\tan\psi + \cot\varphi)\left(\tan\psi + \frac{B_0}{A_0}\right)}$$

$$= -\tan\psi + \sqrt{(\tan\psi + \cot\varphi)(\tan\psi - \tan\alpha)}$$

$$= -\tan 38.464° + \sqrt{(\tan 38.464° + \cot 35°)(\tan 38.464° + 0.25)}$$

$$= -0.7944 + \sqrt{(0.7944 + 1.42815)(0.7944 + 0.25)}$$

$$= 0.72916$$

$$\theta = 36.098°$$

（2）验算破裂面是否交于荷载范围内

荷载内边缘至墙踵的水平距离：

$$b - m_2 H + d = -(-0.25) \times 5 = 1.25(\text{m})$$

荷载外边缘至墙踵的水平距离：

$$b - m_2 H + d + L = -(-0.25) \times 5 + 8.5 = 9.75(\text{m})$$

破裂面与路基顶部交点至墙踵的水平距离：

$$(H + a)\tan\theta = 5 \times 0.72916 = 3.646(\text{m})$$

因为 $1.25 < 3.646 < 9.75$，所以破裂面交于荷载范围内，符合假定的破裂面模式。

4. 主动土压力计算

选用破裂面交于荷载范围内主动土压力公式计算挡土墙墙背主动土压力 E_a：

$$E_a = \gamma(A_0 \tan\theta - B_0)\frac{\cos(\theta + \varphi)}{\sin(\theta + \psi)}$$

$$= 18 \times (17.0787 \times 0.72916 - 4.2697) \times \frac{\cos(36.098° + 35°)}{\sin(36.098° + 38.464°)} = 49.505(\text{kN})$$

挡土墙墙背土压力的水平分力和竖向分力分别为：

$$E_x = E_a \cos(\alpha + \delta) = 49.505 \times \cos(-14.036° + 17.5°) = 49.414(\text{kN})$$

$$E_y = E_a \sin(\alpha + \delta) = 49.505 \times \sin(-14.036° + 17.5°) = 2.991(\text{kN})$$

5. 土压力作用点位置计算

（1）土压力作用点参数计算：

$$h_1 = \frac{b - a\tan\theta}{\tan\theta + \tan\alpha} = 0(\text{m})$$

$$h_2 = \frac{d}{\tan\theta + \tan\alpha} = 0(\text{m})$$

$$h_5 = H - h_1 - h_2 = 5 - 0 - 0 = 5(\text{m})$$

因此，土压力作用点到墙趾 O（图 4-31）的垂直距离 Z_{x1} 和水平距离 Z_{y1} 为：

$$Z_{x1} = \frac{H}{3} + \frac{a(H - h_1)^2 + h_0 \cdot h_5(3h_5 - 2H)}{3H^2 \left[1 + \frac{2a}{H}\left(1 - \frac{h_1}{2H}\right) + \frac{2h_0 \cdot h_5}{H^2} \right]} = \frac{H}{3} + \frac{h_0 \cdot h_5(3h_5 - 2H)}{3H^2\left(1 + \frac{2h_0 \cdot h_5}{H^2}\right)}$$

$$= \frac{5}{3} + \frac{0.916 \times 5 \times (3 \times 5 - 2 \times 5)}{3 \times 5^2 \times \left(1 + \frac{2 \times 0.916 \times 5}{5^2}\right)}$$

$$= 1.890(\text{m})$$

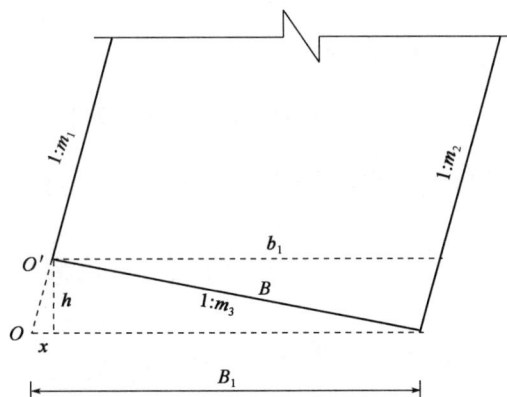

图 4-31 土压力作用点对墙趾的力臂修正示意图

挡墙底宽（图 4-31）： $\qquad B_1 = b_1 = 0.98(\text{m})$

$$Z_{y1} = B_1 - Z_{x1}\tan\alpha = 0.98 + 1.890 \times 0.25 = 1.453(\text{m})$$

（2）土压力对墙趾力臂计算

由于挡土墙基底倾斜，实际的墙趾为 O'。因此，为了便于对挡土墙进行稳定性计算，土压力的水平分力 E_x 和竖向分力 E_y 对墙趾 O 点的力臂必须修正为实际墙趾 O' 点。如图 4-32 所示，m_1 应遵循"外负内正"原则，在公式中代入正负号，则有：

$$Z_x = Z_{x1} - h = Z_{x1} - \frac{B_1}{m_3 - m_1} = 1.890 - \frac{0.98}{5 + 0.25} = 1.890 - 0.187 = 1.703(\text{m})$$

$$Z_y = Z_{y1} - x = Z_{y1} + \frac{m_1 \cdot B_1}{m_3 - m_1} = 1.453 + \frac{-0.25 \times 0.98}{5 + 0.25} = 1.406 (\mathrm{m})$$

6. 挡土墙稳定性验算

（1）墙身重量、重心与墙趾距离计算

挡土墙按单位长度1m计算。为方便计算，从墙趾处沿水平方向把挡土墙分为两部分，上部分为四边形，下部分为三角形：

$$V_1 = 1 \times b_1 \times H_1 = 0.98 \times 4.813 = 4.717 (\mathrm{m}^3)$$

$$G_1 = V_1 \times \gamma_1 = 4.717 \times 20 = 94.34 (\mathrm{kN})$$

$$Z_{G1} = \frac{1}{2}(H_1 \tan\alpha + b_1) = \frac{1}{2} \times (4.813 \times 0.25 + 0.98) = 1.092 (\mathrm{m})$$

$$V_2 = 1 \times \frac{b_1 \times h}{2} = \frac{0.98 \times 0.187}{2} = 0.0916 (\mathrm{m}^3)$$

$$G_2 = V_2 \times \gamma_1 = 0.0916 \times 20 = 1.83 (\mathrm{kN})$$

$$Z_{G2} = \frac{2(b_1 + m_2 H - m_1 H_1) - m_2(H - H_1)}{3}$$

$$= \frac{2 \times (0.98 - 0.25 \times 5 + 0.25 \times 4.813) + 0.25 \times 0.187}{3} = 0.638 (\mathrm{m})$$

因此，挡土墙墙体重量、重心与墙趾距离为：

$$G = G_1 + G_2 = 94.34 + 1.83 = 96.17 (\mathrm{kN})$$

$$Z_G = \frac{G_1 Z_{G1} + G_2 Z_{G2}}{G_1 + G_2} = \frac{94.34 \times 1.092 + 1.83 \times 0.638}{94.34 + 1.83} = 1.083 (\mathrm{m})$$

挡土墙墙身重量与作用点位置也可以按坐标法计算。以墙趾作为坐标原点，计算结果见表4-32。

挡土墙墙体面积与形心位置计算

表4-32

序号	x_i	y_i	$x_i y_{i+1} - x_{i+1} y_i$	$(x_i + x_{i+1})(x_i y_{i+1} - x_{i+1} y_i)$
1	0	0	0.000	0.000
2	0.933 333	$-0.186\ 67$	4.900	15.271
3	2.183 25	4.813 333	4.717	15.974
4	1.203 25	4.813 333	0.000	0.000
累加	—	—	9.617	31.245

墙身重量：$G = \gamma \cdot A = \gamma \cdot \frac{1}{2} \sum_{i=1}^{n}(x_i y_{i+1} - x_{i+1} y_i) = 20 \times 0.5 \times 9.617 = 96.17 (\mathrm{kN})$

作用点距离：$Z_G = \frac{1}{6A} \sum_{i=1}^{n}(x_i + x_{i+1})(x_i y_{i+1} - x_{i+1} y_i) = \frac{31.245}{6 \times 0.5 \times 9.617} = 1.083 (\mathrm{m})$

（2）抗滑稳定性计算

①沿着倾斜基底滑动稳定性验算。

抗滑稳定系数：

$$K_c = \frac{[G + E_y + (E_x - E'_p)\tan\alpha_0]\mu + E'_p}{E_x - (G + E_y)\tan\alpha_0} = \frac{(96.17 + 2.991 + 49.414 \times 0.2) \times 0.5 + 0}{49.414 - (96.17 + 2.991) \times 0.2}$$

$$= 1.84 > [K_c] = 1.3$$

抗滑稳定方程：

$$[1.1G + \gamma_{Q1}(E_y + E_x\tan\alpha_0) - \gamma_{Q2}E_p\tan\alpha_0] \cdot \mu + (1.1G + \gamma_{Q1}E_y) \cdot \tan\alpha_0 - \gamma_{Q1}E_x + \gamma_{Q2}E_p$$

$$= 1.1G(\mu + \tan\alpha_0) + \gamma_{Q1}[(E_y + E_x\tan\alpha_0) \cdot \mu + E_y \cdot \tan\alpha_0 - E_x] + 0.3E_p(1 - \tan\alpha_0 \cdot \mu)$$

$$= 1.1 \times 96.17 \times (0.5 + 0.2) + \gamma_{Q1}[(2.991 + 49.414 \times 0.2) \times 0.5 + 2.991 \times 0.2 -$$

$$49.414] + 0$$

$$= 74.0509 + 1.4 \times (-42.379) + 0$$

$$= 14.72(kN) > 0$$

式中，括号内为负值，即不利情况下 $\gamma_{Q1} = 1.4$；不考虑被动土压力，即 $E_p = 0$。

②沿着墙踵水平面滑动稳定性验算。

倾斜基底的斜宽：

$$B = \frac{H - H_1}{\sin\alpha_0} = \frac{5 - 4.813}{\sin11.30993°} = 0.952(m)$$

墙踵水平线与倾斜基底间土楔重量：

$$G_{\pm} = \frac{\gamma_{地基}B^2}{2}\sin\alpha_0\cos\alpha_0 = \frac{18 \times 0.952^2}{2} \times \sin11.30993° \times \cos11.30993° = 1.569(kN)$$

抗滑稳定系数验算：

$$K_c = \frac{(G + E_y + G_{\pm})\mu_n + c \cdot B}{E_x} = \frac{(96.17 + 2.991 + 1.569) \times \tan35° + 0}{49.414} = 1.43 \geqslant [K_c] = 1.3$$

抗滑稳定方程验算：

$$[1.1(G + G_{\pm}) + \gamma_{Q1}E_y] \cdot \mu_n + 0.67 \cdot c \cdot B + \gamma_{Q2}E_p - \gamma_{Q1}E_x$$

$$= 1.1(G + G_{\pm})\mu_n + 0.67 \cdot c \cdot B_1 + \gamma_{Q2}E_p + \gamma_{Q1}(E_y \cdot \mu_n - E_x)$$

$$= 1.1 \times (96.17 + 1.569) \times \tan35° + 0 + 0 + \gamma_{Q1}(2.991 \times \tan35° - 49.414)$$

$$= 75.28 + 1.4 \times (-47.32)$$

$$= 9.03(kN) > 0$$

式中，括号内为负值，即不利情况下 $\gamma_{Q1} = 1.4$；不考虑被动土压力，即 $E_p = 0$。

综上可知，挡墙抗滑稳定性满足要求。

（3）抗倾覆稳定性验算

抗倾覆稳定系数：

$$K_0 = \frac{GZ_C + E_y Z_y + E'_p Z_p}{E_x Z_x} = \frac{96.17 \times 1.083 + 2.991 \times 1.406 + 0}{49.414 \times 1.703} = 1.29 < [K_0] = 1.5$$

抗倾覆稳定方程：

$$0.8GZ_C + \gamma_{Q1}(E_y Z_y - E_x Z_x) + \gamma_{Q2}E_p Z_p$$

$$= 0.8 \times 96.17 \times 1.083 + 1.4 \times (2.991 \times 1.406 - 49.414 \times 1.703) + 0$$

$$= -28.63(kN) < 0$$

所以，抗倾覆稳定性不足，应采取改进措施以增强抗倾覆稳定性。

7. 重新拟定尺寸验算挡土墙稳定性

重新拟定挡土墙顶宽 $b_1 = 1.2m$，$B_1 = b_1 = 1.2m$。由于挡土墙墙身高度 $H_1 = 4.771m$，有：

$$q = 20 - \frac{H_1 - 2}{8} \times 10 = 20 - \frac{4.771 - 2}{8} \times 10 = 16.536(kPa)$$

$$h_0 = \frac{q}{\gamma} = \frac{16.536}{18} = 0.919(m)$$

由于 $a = b = d = 0$，$H = 5m$，破裂棱体的破裂角不变。即：

$$\tan\theta = 0.729\,16 \quad \theta = 36.098°$$

选用破裂面交于荷载范围内主动土压力公式计算挡墙土墙背主动土压力 E_a：

$$A_0 = \frac{1}{2}(a + H + 2h_0)(a + H) = \frac{1}{2}H(H + 2h_0) = \frac{1}{2} \times 5 \times (5 + 2 \times 0.919) = 17.093$$

$$B_0 = \frac{1}{2}ab + (b + d)h_0 - \frac{1}{2}H(H + 2a + 2h_0)\tan\alpha$$

$$= -\frac{1}{2}H(H + 2h_0)\tan\alpha = -17.093 \times (-0.25) = 4.273$$

则有：

$$E_a = \gamma(A_0\tan\theta - B_0)\frac{\cos(\theta + \varphi)}{\sin(\theta + \psi)}$$

$$= 18 \times (17.093 \times 0.729\,16 - 4.273) \times \frac{\cos(36.098° + 35°)}{\sin(36.098° + 38.463\,8°)} = 49.546(kN)$$

挡土墙墙背土压力的水平分力和竖向分力分别为：

$$E_x = E_a\cos(\alpha + \delta) = 49.546 \times \cos(-14.036° + 17.5°) = 49.455(kN)$$

$$E_y = E_a\sin(\alpha + \delta) = 49.546 \times \sin(-14.036° + 17.5°) = 2.993(kN)$$

土压力作用点：

$$Z_{x1} = 1.891m \quad Z_{y1} = B_1 - Z_{x1}\tan\alpha = 1.20 + 1.891 \times 0.25 = 1.673(m)$$

倾斜基底，作用点对墙趾的修正：

$$Z_x = Z_{x1} - h = Z_{x1} - \frac{B_1}{m_3 - m_1} = 1.891 - \frac{1.2}{5 + 0.25} = 1.891 - 0.2286 = 1.662(\text{m})$$

$$Z_y = Z_{y1} - x = Z_{y1} + \frac{m_1 \cdot B_1}{m_3 - m_1} = 1.673 + \frac{-0.25 \times 1.2}{5 + 0.25} = 1.616(\text{m})$$

挡土墙墙体各分块重量、重心与墙趾距离计算：

$$V_1 = 1 \times b_1 \times H_1 = 1.2 \times 4.771 = 5.726(\text{m}^3)$$

$$G_1 = V_1 \times \gamma_1 = 5.726 \times 20 = 114.513(\text{kN})$$

$$Z_{G1} = \frac{1}{2}(H_1 \tan\alpha + b_1) = \frac{1}{2} \times (4.771 \times 0.25 + 1.2) = 1.196(\text{m})$$

$$V_2 = 1 \times \frac{b_1 \times h}{2} = \frac{1.2 \times 0.229}{2} = 0.137(\text{m}^3)$$

$$G_2 = V_2 \times \gamma_1 = 0.137 \times 20 = 2.743(\text{kN})$$

$$Z_{G2} = \frac{2(b_1 + m_2 H - m_1 H_1) - m_2(H - H_1)}{3}$$

$$= \frac{2 \times (1.2 - 0.25 \times 5 + 0.25 \times 4.771) + 0.25 \times 0.229}{3} = 0.781(\text{m})$$

因此，挡土墙墙体重量、重心与墙趾距离为：

$$G = G_1 + G_2 = 114.513 + 2.743 = 117.256(\text{kN})$$

$$Z_G = \frac{G_1 Z_{G1} + G_2 Z_{G2}}{G_1 + G_2} = \frac{114.513 \times 1.196 + 2.743 \times 0.781}{114.51 + 2.743} = 1.187(\text{m})$$

稳定性验算结果：

倾斜基底抗滑稳定系数 $K_c = 2.56 > [K_c] = 1.3$，抗滑稳定方程 $= 30.91\text{kN} > 0$

墙踵水平面抗滑稳定系数 $K_c = 1.74 > [K_c] = 1.3$，抗滑稳定方程 $= 25.82\text{kN} > 0$

抗倾覆稳定系数 $K_0 = 1.75 > [K_0] = 1.5$，抗倾覆稳定方程 $= 3.01\text{kN} > 0$

所以，挡土墙稳定性满足要求。

8. 基底应力和合力偏心距验算

(1) 合力偏心距计算

倾斜基底的斜宽：

$$B = \frac{b_1}{(m_3 - m_1)\sin\alpha_0} = \frac{1.2}{(5 + 0.25) \times \sin 11.30993°} = 1.165(\text{m})$$

倾斜基底合力偏心距 e：

$$N_d = (G + E_y)\cos\alpha_0 + (E_x - 0.3E_p)\sin\alpha_0$$

$$= (117.256 + 2.993) \times \cos 11.30993° + 49.455 \times \sin 11.30993° = 127.613(\text{kN})$$

$$e = \frac{B}{2} - Z_N = \frac{B}{2} - \frac{M_d}{N_d} = \frac{B}{2} - \frac{G \cdot Z_G + E_y Z_y + 0.3E_p Z_p - E_x Z_x}{(G + E_y)\cos\alpha_0 + (E_x - 0.3E_p)\sin\alpha_0}$$

$$= \frac{1.165}{2} - \frac{117.25 \times 1.187 + 2.993 \times 1.616 + 0 - 49.455 \times 1.662}{127.613}$$

$$= -0.099(\text{m})$$

对岩土地基：$\qquad |e| = 0.099 < \dfrac{B}{4} = \dfrac{1.165}{4} = 0.291(\text{m})$

因此，基底合力偏心距满足规范的规定。

（2）倾斜基底应力验算

$$\sigma_{\max,\min} = \frac{N_d}{A}\left(1 \pm \frac{6e}{B}\right) = \frac{127.613}{1 \times 1.165} \times \left(1 \pm \frac{6 \times 0.099}{1.165}\right)$$

$$\sigma_{\max} = 165.05(\text{kPa}) < [\sigma_0] = 500(\text{kPa})$$

$$\sigma_{\min} = 53.94(\text{kPa})$$

因此，倾斜基底应力满足要求。

9. 截面应力计算

墙面墙背平行，截面最大应力出现在接近基底。由基底应力验算可知，偏心距及基底应力满足地基承载能力，墙身应力也满足，验算内力满足要求。

因此，挡墙墙顶宽度取 1.20m，计算高度为 5m。

10. 设计图纸及工程量

（1）典型断面如图 4-32 所示，立面布置如图 4-33 所示，平面布置如图 4-34 所示。

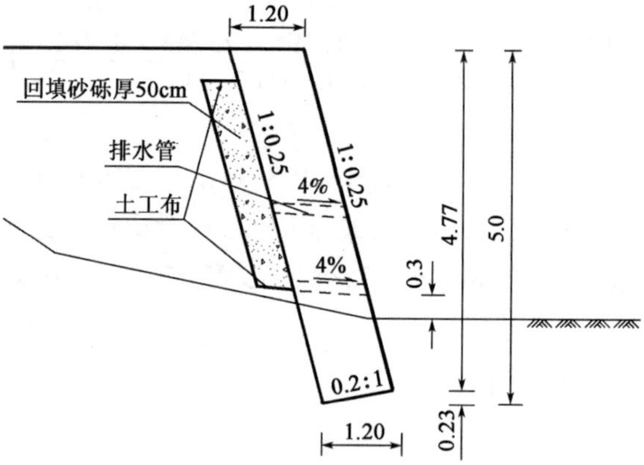

图 4-32　典型断面图（尺寸单位：m）

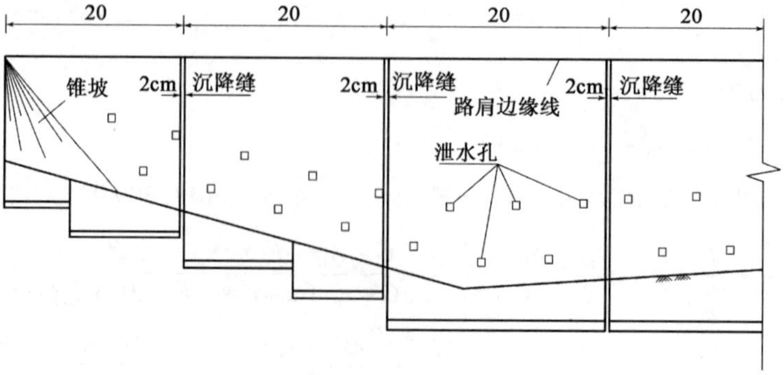

图 4-33　立面布置图（尺寸单位：m）

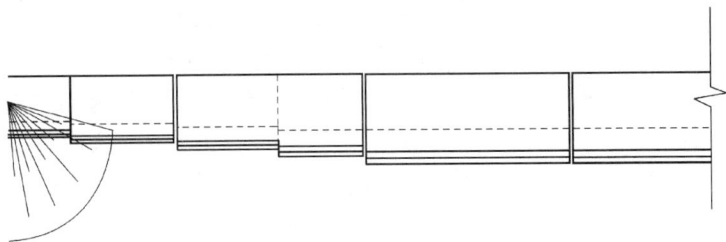

图 4-34 平面布置图(尺寸单位:m)

(2)挡墙断面尺寸与工程数量表见表 4-33。

挡墙断面尺寸与工程数量表 表 4-33

墙高 (m)	断面尺寸				M7.5 浆砌片石 (m³/m)
	h	H	H_1	b_1	
5.0	0.229	5.0	4.771	1.20	5.863

路肩墙墙体间隔 20m 设置沉降缝一道,缝内用沥青麻絮嵌塞;泄水孔尺寸为 10cm × 10cm,每 2~3m 布置一个,底排泄水孔应高出地面不小于 30cm;墙背均应设置 50cm 厚的砂砾透水层,并做土工布隔水层。

※第六节 轻型挡土墙

重力式挡土墙具有构造简单、施工方便和可就地取材等优点,但其稳定性主要靠墙身自重来保证,因而墙身断面较大,占地较多,不能充分发挥建筑材料的强度性能,也不易采用机械化与工厂化施工。轻型挡土墙则常由钢筋混凝土构件组成,墙身断面较小,墙的稳定性不是或不完全是依靠自身重量来维持,因而结构较轻巧,圬工量省,占地较少,有利于机械化施工。轻型挡土墙的类型很多,本节仅介绍悬臂式挡土墙、锚杆挡土墙、锚定板挡土墙和加筋土挡土墙的形式和设计。

一、悬臂式挡土墙

钢筋混凝土悬臂式挡土墙由立壁和底板组成(图 4-35),具有三个悬臂,即立壁、墙趾板和墙踵板,同时固定在中间夹块上。墙的稳定性依靠墙身自重和墙踵板上的填土重量来保证,而墙趾板的设置又显著增加了抗倾覆力矩的力臂,因此结构形式比较经济。

悬臂式挡土墙构造简单,施工方便,能适应较松软的地基,墙高一般在 6~9m 之间。当墙高较大时,立壁下部的弯矩大,钢筋与混凝土用量剧增,会影响这种结构形式的经济效果,此时可采用扶壁式挡土墙。

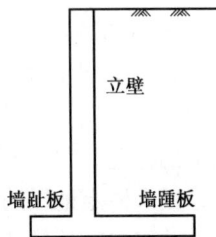

图 4-35 悬臂式挡土墙

二、锚杆挡土墙

锚杆挡土墙由钢筋混凝土墙面和钢锚杆组成(图 4-36),依靠锚固在稳定地层内的锚杆对墙面的水平拉力来保持墙身的稳定,墙面一般由预制的立柱和挡土板组成,称为板柱式墙,也

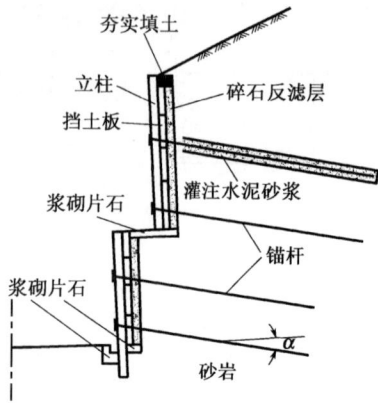

图 4-36 锚杆式挡土墙

可以就地浇筑成整体的板壁式墙。使用的锚杆主要有楔缝式锚杆和灌浆锚杆两种。

楔缝式锚杆俗称小锚杆，是对锚杆施加一定压力后，使杆端楔缝的楔子张开，从而将锚杆卡紧在岩石中。其锚孔直径一般为 38～50mm，深度为 3～5m，用普通风钻即可施工。孔内压注水泥砂浆，用来防锈和提高锚杆抗拔力。楔缝式锚杆多用于岩石边坡防护及加固工程。

灌浆锚杆又称大锚杆，采用钻机钻孔，锚孔直径一般为 100～150mm，锚杆插入锚孔后再灌注水泥砂浆。当用于土层时，由于土层与锚杆间的锚固能力较差，尚需采用加压灌浆或内部扩孔的方法来提高其抗拔力，称为预压锚杆或扩孔锚杆。国外也有采用化学液体灌浆的，利用化学液体的膨胀性来提高锚杆的抗拔能力。灌浆锚杆一般多用于路堑挡土墙。

当挡土墙较高时，应布置两级或两级以上，两级之间设 1～2m 宽的平台。每级挡土墙不宜过高，一般为 5～6m。为便于立柱及挡土板的安装，以竖直墙背居多。

确定立柱的间距应考虑工地的起吊能力和锚杆的抗拔能力，一般可选用 2.5～3.5m。每根立柱视其高度可布置 2～3 根或更多的锚杆，锚杆的位置应尽可能使立柱的弯矩均匀分布，方便钢筋布置。

挡土板一般设计成矩形或槽形，长度比立柱间距短 10cm 左右，以便留出锚杆位置。墙后应回填砂卵石等透水性材料，由下部泄水孔将水排入边沟内。

三、锚定板挡土墙

锚定板挡土墙是由钢筋混凝土墙面、钢拉杆、锚定板以及其间的填土共同形成的一种组合挡土结构（图 4-37），借助于埋在填土内的锚定板的抗拔力来平衡挡土墙墙背水平土压力，从而改变挡土墙的受力状态，达到轻型的目的。它具有省料省工等特点，适用于承载力较低地区，在我国铁路与公路工程中，已开始应用于路肩或路堤挡土墙和桥台。

锚定板挡土墙的结构形式和受力状态与锚杆挡土墙基本相同，都是依靠钢拉杆的抗拔力来保持墙身的稳定。它们的主要区别是：锚杆挡土墙的锚杆系插入稳定地层的钻孔中，抗拔力来源于灌浆锚杆与孔壁之间的黏结强度，而锚定板挡土墙的钢拉杆及其端部的锚定板都埋设在人工填土当中，抗拔力主要来源于锚定板前填土的被动抗力。

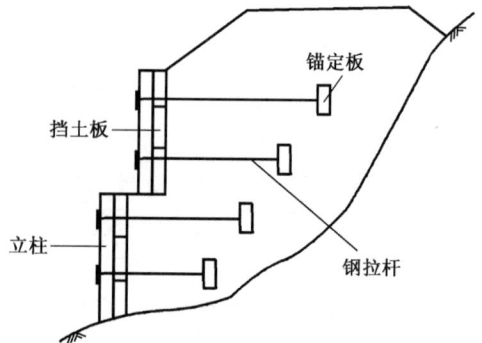

图 4-37 锚定板挡土墙

锚定板挡土墙的墙面是由挡土板和立柱组成的。挡土板通常为钢筋混凝土矩形板或槽形板，有时也可采用混凝土拱板。立柱为钢筋混凝土矩形截面柱；当墙面采用拱板时，立柱应具有六边形截面。立柱长度可依据施工吊装能力确定。在墙高范围内，立柱可设一级或多级。

当采用多级立柱时,相邻立柱间可以顺接,也可以错台。立柱间距多采用1~2m。根据立柱的长度和土压力的大小,每根立柱上可布置单根、双根或多根拉杆。为了便于施工安装,锚定板挡土墙一般采用竖直墙面。钢拉杆采用普通圆钢,外设防锈保护层。每根拉杆端部的锚定板通常为单独的钢筋混凝土方形板。

四、加筋土挡土墙

1. 概述

加筋土挡土墙是利用加筋土技术修建的支挡结构物。加筋土是一种在土中加入拉筋的复合土,它利用拉筋与土之间的摩擦作用,改善土体的变形条件和提高土体的工程性能,从而达到稳定土体的目的。加筋土挡土墙由填料、在填料中布置的拉筋以及墙面板三部分组成,基本结构见图4-38。

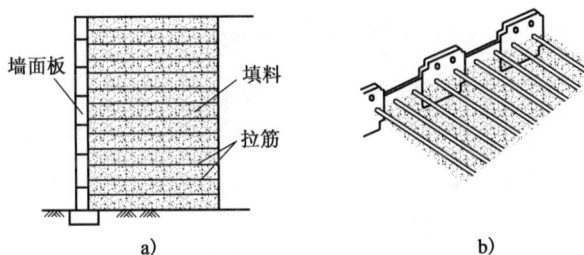

图4-38 加筋土挡土墙基本结构

20世纪60年代以后,加筋土挡土墙在公路建设中得到推广应用,特别是在地形平坦且宽敞的填方路段得到广泛应用。但在挖方路段或地形陡峭的山坡,由于不利于布置拉筋,其应用较少。

在公路工程中,常见的加筋土挡土墙形式有下列几种:

(1)单面式加筋土挡土墙。

(2)双面式加筋土挡土墙,双面式中又分为分离式、交错式及对拉式加筋土挡土墙。

(3)台阶式加筋土挡土墙。

(4)无面板加筋墙。

加筋土的基本原理是借助于拉筋提高填土的抗剪强度,从而保证土体平衡,通常用摩擦加筋原理或准黏聚力原理加以解释。

摩擦加筋理论认为,加筋土墙面板由筋带拉住,墙面板承受的土压力企图将筋带拉出,而筋带又被填土压住,土与筋带之间的摩擦力企图阻止筋带拉出。因此,只要筋带具有足够的强度并与土产生足够的摩擦力,则加筋土体即可保持稳定。

准黏聚力理论认为,可将加筋土结构看作是各向异性的复合材料,通常所采用的拉筋的弹性模量远大于填土的弹性模量,二者共同作用,由于填土的抗剪力、填土与拉筋的摩擦阻力及拉筋抗拉力的存在,使得加筋土的整体强度明显提高。

2. 加筋土挡土墙的构造

加筋体墙面的平面线可采用直线、折线和曲线。相邻墙面的内夹角不宜小于70°。加筋体筋带一般应水平布设并垂直于面板,当一个结点有两条以上筋带时,应呈扇状分开。当相邻墙面的内夹角小于90°时,宜将不能垂直布设的筋带逐渐斜放,必要时在角隅处增设加强筋带。加筋体的横断面形式一般应采用矩形［图4-39a)］。当受地形、地质条件限制时,也可采用图4-39b)或c)的形式。断面尺寸由计算确定,底部筋带长度不应小于3m,同时不小于0.4H,加筋体填料压实度应满足表4-34的规定。

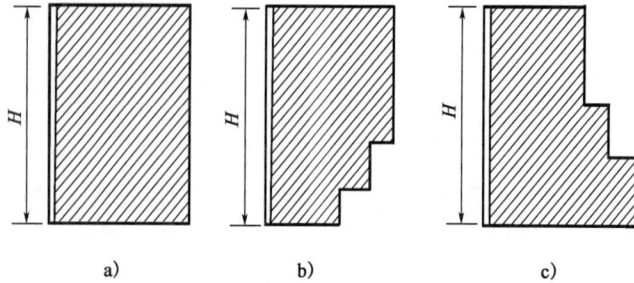

a)　　　　　　　b)　　　　　　　c)

图4-39　加筋体横断面形式

加筋体填料压实度

表4-34

填土范围	路槽底面以下深度 （cm）	压实度（%）	
		高速公路、一级公路	二、三、四级公路
距面板1.0m以外	0～80	≥96	≥94
	80以下	>94	>93
距面板1.0m以内	全部墙高	≥93	≥92

注:1. 表列压实度按现行《公路土工试验规程》(JTG 3430)重型击实试验标准确定。

　　2. 特殊干旱和特殊潮湿地区,表内压实度值可减小2%～3%。

　　3. 加筋体上填土按现行《公路路基设计规范》(JTG D30)执行。

浸水地区的加筋体采用渗水性良好的土作填料,在面板内侧设置反滤层或铺设透水土工织物。季节性冰冻地区的加筋体宜采用非冻胀性土作填料。否则应在墙面板内侧设置不小于0.5m厚的砂砾防冻层。加筋体墙面下部应设宽度不小于0.3m、厚度不小于0.2m的混凝土基础,但如面板筑于石砌圬工或混凝土之上、地基为基岩的可不设。

加筋体面板基础底面的埋置深度,对于一般土质地基不小于0.6m,当设置在岩石上时应清除表面风化层,当风化层较厚难以全部清除时,可采用土质地基的埋置深度。浸水地区与冰冻地区的加筋体面板基础埋置深度按现行《公路桥涵地基与基础设计规范》(JTG 3363)的有关规定确定。

季节性冰冻地区,当基础埋深小于冻结线时,基底至冻结线范围内的土应换填非冻胀性的中砂、粗砂、砾石等粗粒土,其中,粉、黏粒含量不应大于15%。斜坡上的加筋体应设宽度不小于1m的护脚,加筋体面板基础埋置深度从护脚顶面算起(图4-40)。

软弱地基上的加筋土工程,当地基承载力不能满足要求时,应进行地基处理。可选用换填砂砾(碎)石垫层、挤密桩(砂桩、石灰桩、碎石桩)、抛石挤淤、土工织物等方法处理。当加筋体背后有地下水渗入时,可设置通向加筋体外的排水层。排水层采用砂砾,其厚度不小于0.5m。当加筋体顶面有渗水可能时,则要采用防渗封闭措施。非浸水加筋土工程,当基础埋深小于1.0m时,在墙面地表处要设置宽1.0m的混凝土或浆砌片石散水,其表面做成向外倾斜3%～5%的横坡。

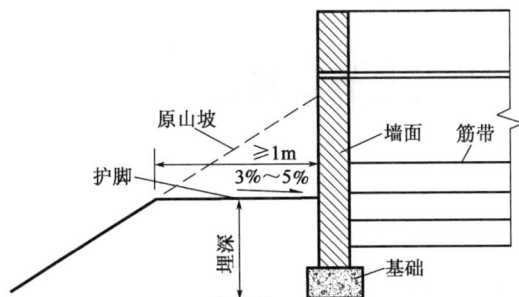

图 4-40 加筋体面板基础埋置深度

加筋土挡土墙应根据地形、地质、墙高等条件设置沉降缝,其间距对于土质地基为 10~30m,岩石地基可适当增大。当设置整体式路檐板时,应酌情设置伸缩缝,其间距一般与沉降缝一致。沉降缝、伸缩缝宽度一般为 1~2cm,可采用沥青板、软木板或沥青麻絮填塞。

加筋土挡土墙高度大于 12m 时,应慎重选择填料。墙高的中部宜设宽度不小于 1m 的错台。墙高大于 20m 时,应进行特殊设计。错台顶部设坡度为 20% 的排水横坡,采用混凝土板防护;当采用细粒填料时,上级墙的面板基础下宜设置宽度不小于 1.0m、高度不小于 0.5m 的砂砾或灰土垫层(图 4-41)。

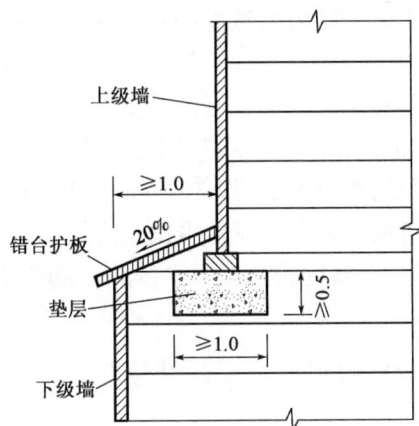

图 4-41 错台与垫层横断面图(尺寸单位:m)

加筋土桥台类型分为整体式、内置组合式和外置组合式(图 4-42)。整体式桥台适用于台高度不大于 6m,且跨径不大于 10m 的梁(板)式桥。

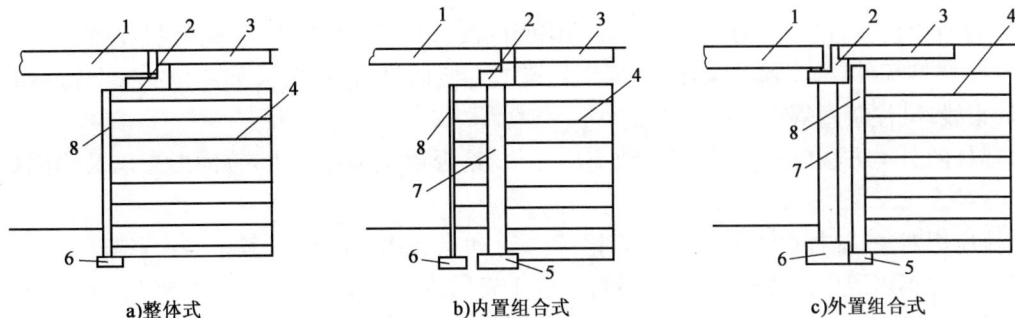

a)整体式   b)内置组合式   c)外置组合式

图 4-42 加筋土桥台类型图式

1-上部结构;2-垫梁或盖梁;3-桥头搭板;4-筋条;5-基础;6-台柱;7-台身;8-墙面板

※第七节 其他支挡结构

一、边坡锚固

1.岩土锚固技术的发展与应用

岩土锚固技术是将受拉杆件埋入地层中,以提高岩土自身强度和自稳能力的一种工程技术。由于这种技术大大减轻了结构物的自重、节约工程材料,并确保工程的安全和稳固,具有显著的经济效益和社会效益,因而目前在工程中得到极其广泛的应用。岩土锚固技术的基本原理,就是利用锚杆(索)来调动周围地层岩土的抗剪强度从而传递结构物的拉力,或保持地层开挖面的自身稳定。由于锚杆锚索的使用,它可以提供作用于结构物上以承受外荷的抗力;可以使锚固地层产生压应力区并对加固地层起到加筋作用;可以增强地层的强度,改善地层的力学性能;可以使结构与地层联结在一起,形成一种共同工作的复合体,使其能有效地承受拉力和剪力。在岩土锚固中,通常将锚杆和锚索统称为锚杆。

最早使用锚杆的是1911年美国矿山巷道支护中利用的岩石锚杆,1918年西利安矿山开始使用锚索支护,1934年舍尔法坝采用了预应力锚杆(索)。目前各类岩石锚杆已达数百种之多,并且许多国家和地区先后都制定了锚杆规范或推荐性标准。我国在20世纪50年代开始应用岩石锚杆,60年代开始大量采用锚固技术,特别是在我国矿山巷道、铁路隧道、公路隧道、排水隧洞等地下工程中,大量采用普通黏结型锚杆与喷射混凝土支护。近年来,随着高速公路的快速发展,在公路边坡大型滑坡治理中更多采用预应力锚索加固技术。岩土锚固技术几乎遍及土木工程的各个领域,如边坡、基坑、隧道、坝体、码头、船闸、桥梁等。

2.锚杆(索)的结构与分类

锚杆是一种将拉力传至稳定岩层或土层的结构体系,主要由锚头、自由段和锚固段组成。

(1)锚头:锚杆外端用于锚固或锁定锚杆拉力的部件,由垫墩、垫板、锚具、保护帽和外端锚筋组成。

(2)锚固段:锚杆远端将拉力传递给稳定地层的部分,锚固深度和长度应按照实际情况计算,要求能够承受最大设计拉力。

(3)自由段:将锚头拉力传至锚固段的中间区段,由锚拉筋、防腐构造和注浆体组成。

(4)锚杆配件:为了保证锚杆受力合理、施工方便而设置的部件,如定位支架、导向帽、架线环、束线环、注浆塞等。

锚杆的分类方法较多,通常可以按应用对象、是否预先施加应力、锚固形态以及锚固机理进行分类。

按应用对象,锚杆(索)可分为岩石锚杆(索)和土层锚杆(索)。其中,岩石锚杆是指内锚段锚固于各类岩层中的锚杆,而自由段可以位于岩层或土层中;土层锚杆是指锚固于各类土层中的锚杆,其构造、设计、施工与岩石锚杆有共同点,也有其特殊性。

按是否预先施加应力,锚杆(索)可分为预应力锚杆(索)和非预应力锚杆(索)。其中,非预应力锚杆是指锚杆锚固后不施加外力,锚杆处于被动受载状态;非预应力锚杆通常采用Ⅱ、Ⅲ级螺纹钢筋,锚头较简单,如板肋式锚杆挡土墙、锚板护坡等结构中通常采用非预应力锚杆,锚头最简单的做法就是将锚筋做成直角弯钩并设于面板或肋梁中。预应力锚杆是指在锚杆锚固后施加一定的外力,使锚杆处于主动受载状态;预应力锚杆在锚固工程中占有重要地位,图4-43和图4-44所示为典型的预应力锚杆(索)结构示意图。预应力锚杆的设计与施工较非预应力锚杆复杂,其锚筋一般采用精轧螺纹钢筋($\phi25 \sim \phi32$)或钢绞线,目前在公路滑坡处治中广泛采用预应力锚索加固技术。

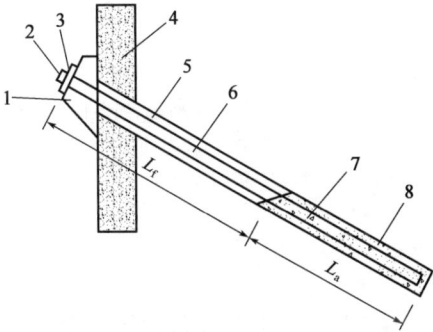

图4-43 典型预应力锚杆结构示意图
1-台座;2-锚具;3-承压板;4-支挡结构;5-自由隔离层;
6-钻孔;7-钢筋;8-注浆体;L_f-自由段长度;L_a-锚固段长度

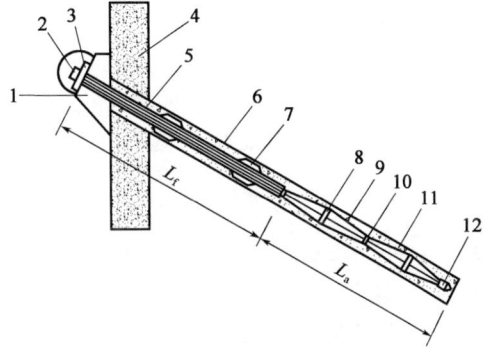

图4-44 典型预应力锚索结构示意图
1-台座;2-锚具;3-承压板;4-支挡结构;5-自由隔离层;
6-钻孔;7-对中支架;8-隔离架;9-钢绞线;10-架线环;
11-注浆体;12-导向帽;L_f-自由段长度;L_a-锚固段长度

按锚固形态,锚杆(索)可分为圆柱形锚杆、端部扩大头型锚杆(索)和连续球体型锚杆(索)。其中,圆柱形锚杆是国内外早期开发的一种锚杆形式,这种锚杆可以预先施加预应力而成为预应力锚杆,也可以是非预应力锚杆;锚杆的承载力主要依靠锚固体与周围岩土介质间的黏结摩擦强度提供。这种锚杆适用于各类岩石和较坚硬的土层,一般不在软弱黏土层中应用,因软黏土中的黏结摩阻强度较低,往往很难满足设计抗拔力的要求。端部扩大头型锚杆(图4-45)是一种为了提高锚杆的承载力而在锚固段最底端设置扩大头的锚杆,锚杆的承载力由锚固体与土体间的摩阻强度和扩大头处的端承强度共同提供,因此在相同的锚固长度和锚固地层条件下,端部扩大头型锚杆的承载力远比圆柱形锚杆大。这种锚杆较适用于黏土等软弱土层以及比邻地界限制土锚固长度不宜过长的土层和一般圆柱形锚杆无法满足要求的情况;端部扩大头型锚杆可采用爆破或叶片切削方法进行施工。连续球体型锚杆(图4-46)是利用设于自由段与锚固段交界处的密封袋和带许多环圈的套管(可以进行高压灌浆,其压力足以破坏具有一定强度5.0MPa的灌浆体),对锚固段进行二次或多次灌浆处理,使锚固段形成一连串球状体,从而提高锚固体与周围土体之间的锚固强度。这种锚杆一般适用于淤泥、淤泥质黏土等极软土层或对锚固力有较高要求的土层。

除此之外,按锚固机理不同,锚杆(索)还可以分为有黏结型锚杆、摩擦型锚杆、端头锚固型锚杆和混合型锚杆。目前在边坡加固工程中广泛采用锚钉,也是一种较短的黏结型锚杆,它是通过在边坡中埋入短而密的黏结型锚杆,使锚杆与坡体形成复合体系,以增强边坡的稳定性。这种锚杆一般适用于土质地层和松散的岩石地层。

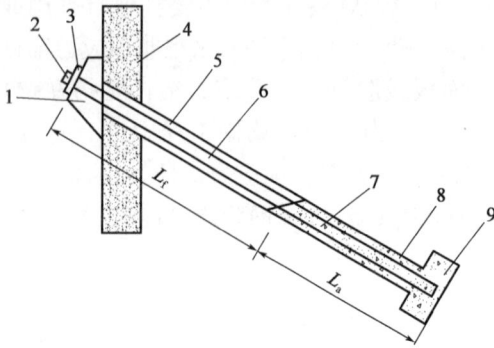

图 4-45　端部扩大头型锚杆

1-台座；2-锚具；3-承压板；4-支挡结构；5-自由隔离层；
6-钻孔；7-钢筋；8-注浆体；9-端部扩头体；L_f-自由段长度；
L_a-锚固段长度

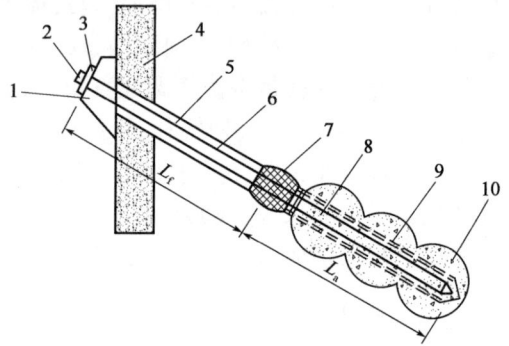

图 4-46　连续球体型锚杆

1-台座；2-锚具；3-承压板；4-支挡结构；5-自由隔离层；
6-钻孔；7-止浆密封装置；8-预应力筋；9-注浆导管；10-锚
固体；L_f-自由段长度；L_a-锚固段长度

二、土钉支护

土钉支护,亦称土钉墙。土钉墙由被加固土体、放置在土中的土钉体和面板组成。天然土体通过土钉就地实施加固并与喷射混凝土面板相结合,形成一个类似重力式墙的挡土墙,以此来抵抗墙后传来的土压力和其他荷载,从而使得开挖坡面稳定。工程上将这种结构物(或构筑物)称为土钉墙,如图 4-47 所示。土钉墙融合了锚杆挡土墙和加筋土挡土墙的长处,可应用于基坑支护和挖方边坡稳定。它有以下特点:形成土钉墙复合体,显著提高了边坡整体稳定性和承受坡顶超载的能力。设备简单,由于钉长一般比锚杆的长度小得多,故所用的施工设备亦简单,不论是钻孔、注浆,还是喷射混凝土面板,施工单位

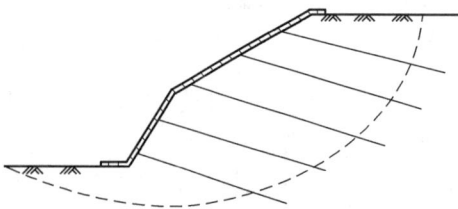

图 4-47　土钉支护结构(土钉墙)示意图

均易完成。随基坑开挖逐次分段施工作业,不占和少占单独作业时间,施工效率高,一旦开挖完成,土钉墙即可建好,这一点对膨胀土的边坡尤其重要。施工不需单独占用场地,对于施工场地狭小、放坡困难、有相邻低层建筑或堆放材料、大型护坡施工机械不能进场时,该技术尤其显示其优越性。土钉墙成本费用比护坡桩、板桩支撑墙等明显降低。土钉是用低强度钢材制作的,与永久性锚杆相比,大大减少了防腐工作。其施工噪声低,振动小。土钉墙本身的变形很小,对邻近建筑影响不大。土钉墙适合于地下水位以上或经排降水措施后的杂填土、普通黏性土和非松散砂土边坡。一般认为,土钉墙适合于标准贯入试验击数 N 值在 5 以下的砂质土和 N 值在 3 以上的黏质土。

1.土钉墙的作用原理

土体的抗剪强度较低,抗拉强度几乎可以忽略,但是土体具有一定的结构整体性,在基坑开挖时,存在使边坡保持直立的临界高度,超过这个深度或者在超载及其他因素影响下将发生突发性整体破坏。一般护坡措施均基于支挡护坡的被动制约机理,以挡土结构承受其后土侧压力,防止土体整体稳定性破坏。土钉墙技术则是在土体内放置一定长度和分布密度的土钉体,与土共同作用,弥补土体自身强度的不足。因此,通过以增强边坡土体自身稳定性的主动

制约机理为基础的复合体,不仅有效地提高了土体整体刚度,还弥补了土体抗拉、抗剪强度低的弱点。通过相互作用,土体自身结构强度潜力得到充分发挥,改变了边坡变形和破坏形状,显著提高了边坡的整体稳定性。

2. 土钉墙的设计步骤

(1)确定土钉墙的平面和剖面尺寸及分段施工高度。

(2)确定土钉的布置方式和间距。

(3)确定土钉的直径、长度、倾角以及在空间的方向。

(4)确定土钉钢筋的类型、直径和构造。

(5)确定注浆配合比设计和注浆方式。

(6)喷射混凝土面板设计及坡顶防护设计。

(7)进行整体和内部稳定性分析。

(8)施工图设计及说明。

(9)现场量测和质量控制设计。

3. 土钉墙的施工

(1)工作面开挖

土钉墙施工是随着工作面开挖而分层施工的,每层开挖的最大高度取决于该土体可以站立而不破坏的能力(即自稳高度),在砂质土中每次开挖高度为 0.5 ~ 2.0m,在黏质土中该高度可以增大一些。开挖高度一般与土钉竖向间距相同,以便于土钉施工。每层开挖的纵向长度,取决于土体维持不变形的最长时间和施工流程的相互衔接,一般多采用 10m。开挖用的机具应对土的扰动破坏最小,最后必须形成一个光滑且规则的坡面。在用挖土机挖土时,应辅以人工修整。

(2)钢筋网喷射混凝土面层

一般情况下,为了防止土体松弛和崩解,必须尽快做第一层面层,根据地层的性质,可以在安设土钉之前做,也可以在放置土钉之后做。对于临时支护来说,面层一般做一层,厚度为 50 ~ 150mm,而对永久性支护则多采用两层或三层,厚度为 100 ~ 300mm。喷射混凝土强度等级不应低于 C15,混凝土中水泥含量不低于 $300kg/m^3$,喷射混凝土最大粗集料粒径尺寸不大于 15mm,通常为 10mm。两次喷射作业应间隔一定的时间。为使施工搭接方便,每层下部 300mm 暂不喷射,并做成 45°的斜面形状。为了使土钉同面层能很好地联结成整体,一般在面层与土钉间加设一块承压板。承压板后一般设置 4 ~ 8 根加强钢筋。在喷射混凝土中,一般配置一定数量的钢筋网,钢筋网对加强面板的作用和调整面层应力具有重要的意义。钢筋网间距通常为 200 ~ 300mm,钢筋直径为 $\phi6 ~ \phi10mm$,在喷射混凝土面板中配置 1 ~ 2 层。

(3)安设土钉

一般情况下,安设土钉可使用锚杆工程中的成熟经验和现行规定。对注浆式土钉来说,钻孔直径一般为 70 ~ 150mm,常用保护层厚度为 25mm。由于土钉是群体起作用,故对钻孔误差的要求不像锚杆那样严格,且注浆可不加压力。为了使钢筋位于钻孔的中心,必须每 2m 安设一套定位装置。

(4)钉及其防腐

随着科学技术的不断发展,可使用各种聚合材料作为钉杆材料,但目前实践中仍多用钢筋,打入式土钉则多用 50mm×50mm×5mm 或 60mm×60mm×6mm 的角钢和粗螺纹钢筋。一般情况下,为防止土钉锈蚀,多采用水泥砂浆,有时可在钢筋表面涂一层防锈涂料。对永久工程来说,应加强防腐工作。

（5）边坡表面处理

对于临时支护的土钉工程,只要求喷射混凝土同边坡坡面很好地黏结在一起。而对于永久工程,还必须考虑边坡表面美观的要求,有时使用预制面板。与一般挡土墙相同,面板背面要有适当的排水措施。

（6）量测和检测

土钉墙的变形监测,可在面板后的土体中钻孔,安设测斜仪来观测地下土体的变形情况。在施工中和施工后可用经纬仪对整个边坡做整体变形观测,这对掌握工程的整体效果具有重要意义。

三、抗滑桩

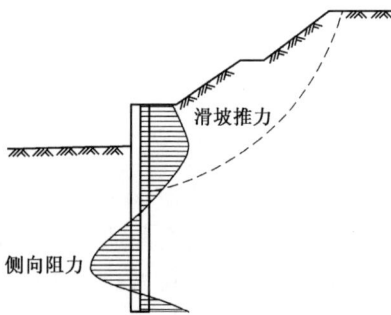

图 4-48 抗滑桩工作原理示意图

桩是深入土层或岩层的柱形构件。边坡处治工程中的抗滑桩是通过桩身将上部承受的坡体推力传给下部的侧向土体或岩体,依靠桩下部的侧向阻力来承担边坡的下推力,而使边坡保持平衡或稳定,见图 4-48。

抗滑桩与一般桩基类似,但主要承担水平荷载。抗滑桩也是边坡防治工程中常用的处治方案之一。从早期的木桩,到近代的钢桩和目前在边坡工程中常用的钢筋混凝土桩,其断面形式有圆形和矩形,施工方法有打入、机械成孔和人工成孔等方法,结构形式有单桩、排桩、群桩、锚桩和预应力锚索桩等。

1.抗滑桩类型、特点及适用条件

（1）抗滑桩的类型

抗滑桩按材质分类,有木桩、钢桩、钢筋混凝土桩和组合桩。

抗滑桩按成桩方法分类,有打入桩、静压桩和就地灌注桩。其中,就地灌注桩又可分为沉管灌注桩和钻孔灌注桩两大类。在常用的钻孔灌注桩中,又分为机械钻孔桩和人工挖孔桩。

抗滑桩按结构形式分类,有单桩、排桩、群桩和有锚桩。其中,排桩形式常见的有椅式桩墙、门式刚架桩墙、排架式抗滑桩墙（图 4-49）；有锚桩常见的有锚杆和锚索,锚杆有单锚和多锚,锚索抗滑桩多用单锚,见图 4-50。

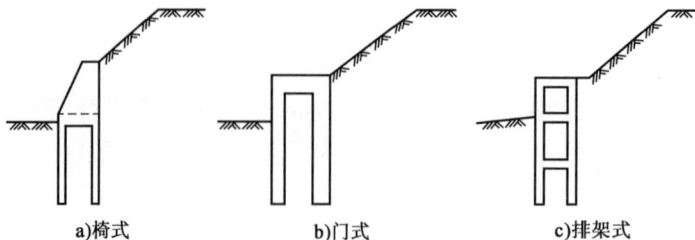

a)椅式　　　　　b)门式　　　　　c)排架式

图 4-49 抗滑桩

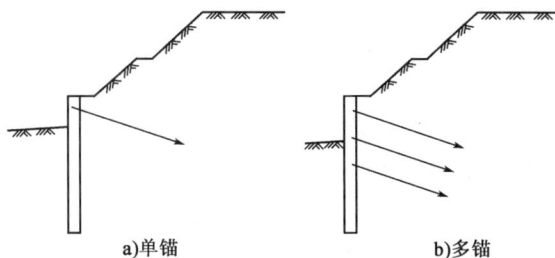

图 4-50　有锚抗滑桩

抗滑桩按桩身断面形式分类,有圆形桩、方形桩、矩形桩、工字形桩等。

(2)各类桩型的特点及适用条件

木桩是最早采用的桩,其特点是可就地取材、方便、易于施工,但桩长有限,桩身强度不高,一般用于浅层滑坡的处理、临时工程或抢险工程。钢桩的强度高,施打容易、快速、接长方便,但受桩身断面尺寸限制,横向刚度较小,造价偏高。钢筋混凝土桩是边坡处治工程广泛采用的桩材,桩断面刚度大,施工方式多样,可打入、静压、机械钻孔就地灌注和人工成孔就地灌注,其缺点是混凝土抗拉能力有限。

抗滑桩采用打入施工时,应充分考虑施工振动对边坡稳定的影响,一般是全埋式抗滑桩或填方边坡采用,同时下卧地层应具有可打性。抗滑桩施工常用的是就地灌注桩,其机械钻孔速度快,桩径可大可小,适用于各种地质条件,但对地形较陡的边坡工程,机械进入和架设困难较大;另外,钻孔时的水对边坡的稳定性也有影响。人工成孔的特点是方便、简单、经济,但速度较慢,劳动强度高,遇不良地层(如流沙)时处理相当困难;此外,桩径较小时人工作业困难,桩径一般应在 1 000mm 以上才适宜人工成孔。

单桩是抗滑桩的基本形式,也是常用的结构形式,其特点是结构简单,受力和作用明确。当边坡的推力较大,用单桩不足以承受其推力或使用单桩不经济时,可采用排桩。排桩的特点是转动惯量大,抗弯能力强,桩壁阻力较小,桩身应力较小,在软弱地层有较明显的优越性。有锚桩的锚可采用钢筋锚杆或预应力锚索,锚杆(索)和桩共同作用能够改变桩的悬臂受力状况,加上桩完全依靠侧向地基反力抵抗滑坡推力的机理,使桩身的应力状态和桩顶变位大大改善,是一种较为合理、经济的抗滑结构。但锚杆或锚索的锚固端需要有较好的地层或岩层,对锚索而言,更需要有较好的岩层以提供可靠的锚固力。

抗滑桩群一般指在横向两排以上、在纵向两列以上的组合抗滑结构,类似于墩台或承台结构,它能承担更大的滑坡推力,可用于特殊的滑坡治理工程或特殊用途的边坡工程。

2.抗滑桩设计要求和设计内容

抗滑桩设计一般应满足以下要求:

(1)抗滑桩提供的阻力要使整个滑坡体具有足够的稳定性,即滑坡体的稳定安全系数满足相应规范规定的安全系数或可靠指标要求,同时保证坡体不从桩顶滑出、不从桩间挤出。

(2)抗滑桩桩身要有足够的强度和稳定性,即桩的断面要有足够的刚度,桩的应力和变形满足规定要求。

（3）桩周的地基抗力和滑体的变形在容许范围内。

（4）抗滑桩的埋深及锚固深度、桩间距、桩结构尺度和桩断面尺寸都比较适当,安全可靠,施工可行、方便,造价较经济。

根据上述设计要求,抗滑桩的设计内容一般为:

（1）进行桩群的平面布置,确定桩位、桩间距等平面尺寸。

（2）拟定桩型、桩埋深、桩长、桩断面尺寸。

（3）根据拟定的结构确定作用于抗滑桩上的力系。

（4）确定桩的计算宽度,选定地基反力系数,进行桩的受力和变形计算。

（5）进行桩截面的配筋计算和一般的构造设计。

（6）提出施工技术要求,拟定施工方案,计算工程量,编制概（预）算等。

【练习与讨论】

1. 路基坡面防护和冲刷防护的类型主要有哪些?

2. 边坡坡面植物防护有哪些主要方法?各适宜怎样的水流冲刷速度?边坡坡面工程防护有哪些主要形式?石砌护坡是否需要考虑其结构受力?

3. 冲刷的间接防护有哪些种类?如何应用?

4. 请说出库仑土压力理论在路基挡土墙计算中的几个基本假设及该理论的适宜使用场合。

5. 公路挡土墙计算中,主要考虑何种压力?为什么?

6. 挡土墙土压力计算中,如何考虑车辆荷载的作用?

7. 挡土墙纵向布置有哪些主要内容?

8. 挡土墙设置排水措施的主要目的及其作用是什么?挡土墙排水措施所包括的主要项目有哪些?挡土墙泄水孔设置要考虑什么要求?为什么干砌挡土墙不设泄水孔?

9. 对土质地基,挡土墙埋置深度一般应满足哪些要求?

10. 何谓挡土墙的主要力系?它包括哪些项目?请用示意图表示一般地区、非浸水挡土墙的主要力系。

11. 路基挡土墙计算中,破裂面交于荷载中部与交于路基顶面荷载内侧或外侧的土压力计算方法有何异同点?

12. 挡土墙抗滑稳定、抗倾覆稳定或基底承载力不足时,应分别采用哪些改进措施?

13. 当作用于挡土墙基底的合力偏心距大于规定值时,采取什么措施?

14. 季节性浸水地区挡土墙设计与一般挡土墙设计相比,还需多考虑哪些具体因素?

15. 薄壁式挡土墙有何结构特点及主要类型?

16. 加筋土挡土墙的主要组成部分有哪些?其结构性质及其作用原理是什么?适用于何种形式的路基?

17. 提高加筋土挡土墙承载能力的方法有哪些?

AI 辅助讨论

请采用 AI 工具(如 DeepSeek、Kimi 等),根据要求生成讨论提纲和 PPT,提交讨论报告和汇报文件(PPT)。

讨论题:路基挡土墙在连续降雨或地震作用下,容易出现倒塌现象。因此,保证挡土墙的稳定性和耐久性,对提升道路基础设施的耐久性和韧性至关重要,请结合国内外路基挡土墙破坏案例,分析提升路基挡土墙稳定性的对策和措施。

要求:结合个人理解,给出由 10 ~ 20 个关键词组成的提问句,然后利用 AI 工具完成"请分析路基挡土墙韧性提升的研究现状和发展趋势"的讨论报告和汇报文件(PPT)。

第五章
路基施工

【本章提要】

本章主要介绍路基施工机械、材料、控制等基本概念和方法,包括路基施工的基本方法、一般程序,路基压实原理及要求,石质路基施工要点以及路基加固方法,路基施工新技术。

【学习要求】

掌握路基施工的基本方法和一般程序、土质路基填筑与压实;了解石质路基施工要点和路基加固;了解地基加固方法和路基施工新技术。

第一节　概　　述

一、路基施工基本要求

理想的设计必须通过施工来实现,施工实践是检验设计的重要过程。路基工程涉及范围广,影响因素多,灵活性亦较大,尤其是岩土内部结构复杂多变,设计阶段难以尽善,须在施工过程进一步完善。"精心设计,精心施工"是一个完整的过程,就耗费人力、资源和财力,以及快速、高效与安全的要求而言,施工比设计更为重要,更为复杂。路基土石方工程量大,分布不均匀,不仅与路基工程相关的设施,如路基排水、防护与加固等相互制约,而且同公路工程的其他工程项目,如桥涵、隧道、路面及附属设施相互交错。并且,路基工程的项目较多,如土方、石方及圬工砌体等,在施工方法与技术操作方面各具特点。因此,路基施工在施工方法质量标准、技术操作、施工管理等方面具有多变性。就整个公路工程的施工而言,路基施工往往是施工组织管理的关键。本章主要介绍路基施工的全过程,包括施工准备及施工组织管理等。

路基施工包括路堤施工与路堑施工,基本操作是挖、运、填,工序比较简单,但条件比较复杂,因而施工方法多样化,简单的工序中常常会遇到极为复杂的技术和管理方面的难题。公路施工室外工作多,边远山区自然条件差,运输不便,设备与施工队伍的供应与调度难;路基工地分散,工作面狭窄,遇有特殊地质不良现象时,一般的技术问题易变得复杂化,而复杂的技术问题,更是难以用常规的方法去解决。城市道路路基施工条件一般比公路好,尤其在物资供应、生活条件及通信运输等方面,比较容易安排。但城市道路路基施工亦有不利的方面,集中表现在地面拆迁多、地下管线多、配套工程多、施工干扰多。此外,路基施工中还存在场地布置难、临时排水难、用土处置难、土基压实难等不利的因素。路基的隐蔽工程较多,质量不符合标准会给路面及自身留下隐患,一旦产生病害,不仅损坏道路使用品质,妨碍交通及产生经济损失,而且往往后患无穷,难以根治。因此,为确保工程质量,实现快速、高效、安全施工,必须重视施工技术与管理。就目前情况而言,首先要有一个稳定的专业施工队伍,配有相应的技术骨干和机具设备,建立和健全施工技术操作规程与质量检查验收制度,采用现代化的施工管理方法是实现"精心施工"的必由之路。

二、路基施工的基本方法

路基施工的基本方法,按其技术特点大致可分为:人力施工、简易机械化施工及综合机械化施工、水力机械化施工和爆破方法等。人力施工是传统方法,使用手工工具、劳动强度大、功效低、进度慢、工程质量亦难以保证,但限于具体条件,短期内还必然存在并适用于地方道路和某些辅助性工作。为了加快施工进度,提高劳动生产率,实现高标准、高质量施工,对于劳动强度大和技术要求高的工序,应配以数量充足、配套齐全的施工机械。机械化施工和综合机械化施工,是保证高等级公路施工质量和施工进度的重要条件,对于路基土石方工程来说,更具有迫切性。实践证明,单机作业的效率,比人力及简易机械施工要高得多,但需要大量的人力与之配合。由于机械和人力的效率相差过大,难以协调配合,单机效率受到限制,势必造成停机待料,机械的生产率很低。如果对主机配以辅机,相互协调,共同形成主要工序的综合机械化作业,工效就能大大提高。以挖掘机开挖土路堑为例,如果没有足够的汽车配合运输土方,或者汽车运土填筑路基,如果没有相应的摊平和压实机械配合,或者不考虑相应的辅助机械为挖掘机松土和创造合适的施工面,整个施工进度就无法协调,难以紧凑作业,功效亦势必达不到应有的要求。因此,实现综合机械化施工,科学地严密组织施工,是路基施工现代化的重要途径。

水力机械化施工亦是机械化施工的方法之一,它是运用水泵、水枪等水力机械,喷射强力水流,冲散土层并流运至指定地点沉积,例如采集砂料或地基加固等。水力机械适用于电源和水源充足,挖掘比较松散的土质及地下钻孔等。对于砂砾填筑路堤或基坑回填,还可起到密实作用(称为水夯法)。

爆破法是石质路基开挖的基本方法,如果采用钻岩机钻孔与机械清理,亦是岩石路基机械化施工的必备条件。除石质路堑开挖之外,爆破法还可用于冻土、泥沼等特殊路基施工,以及清除路面、开石取料与石料加工等。

上述施工方法的选择，应根据工程性质、施工期限、现有条件等因素而定，而且应因地制宜和综合使用各种方法。

高速公路、一级公路以及在特殊地区或采用新技术、新工艺、新材料进行路基施工时，应采用不同的施工方案通过试验路段试运行，从中选出路基施工的最佳方案指导全线施工。试验路段位置应选择在地质条件、断面形式均具有代表性的地段，路段长不宜小于100m。

三、路基施工机械

常用的路基土方机械，有松土机、平土机、推土机、铲运机和挖掘机（配以汽车运土），此外还有压实机具及水力机械等。各种土方机械可进行单机作业，例如平土机、推土机及铲运机等；以挖掘机为代表的主机，需要配以松土、运土、平土及压实等相应机具，相互配套，综合完成路基施工任务。

各种土方机械，按性能可以完成路基土方的部分或全部工作。选择机械种类和操作方案，是组织施工的第一步。为能发挥机械的使用效率，必须根据工程性质、施工条件、机械性能及需要与可能，择优选用。

根据以往工程实践经验的总结，几种常用的土方机械适用范围见表5-1；按施工条件选择土方机械时，则可参考表5-2。

常用土方机械适用范围   表 5-1

机械名称	适用的作业项目		
	施工准备工作	基本土方作业	施工辅助作业
推土机	1.修筑临时道路； 2.推倒树木，拔除树根； 3.铲草皮，除积雪及建筑碎屑； 4.推缓陡坡地形，整平场地； 5.翻挖回填井、坑、陷穴、坟	1.高度3m以内的路堤和路堑土方； 2.运距100m以内土的挖、填与压实； 3.傍山坡挖填结合路基土方	1.路基缺口土方的回填； 2.路基粗平，取弃土方的整平； 3.填土压实，斜坡上挖台阶； 4.配合挖掘机与铲运机松土、运土
铲运机	1.铲运草皮； 2.移运孤石	运距600~700m以内的挖土、运土、铺平与压实（高度不限）	1.路基粗平； 2.借土坑与弃土堆整平
自动平地机	除草、除雪、松土	修筑高0.75m以内路堤与深0.6m以内路堑，以及填挖结合路基的挖、运、填土	开挖排水沟，平整路基，修整边坡
松土机	翻松旧路面、清除树根与废土层、翻松硬土	—	1.硬质土的翻松； 2.破碎0.5m内的冻土层
挖掘机	—	1.半径7m以内的挖土与卸土； 2.装土供汽车远运	1.挖沟槽与基坑； 2.水下捞土（反向铲土等）

选择土方机械的施工条件   表 5-2

路基形式及施工方法	填挖高度（m）	土方移运水平直线距离（m）	主要施工机械名称	机械施工运距（m）	最小工作地段长度（m）
(一)路堤					
路侧取土	<0.75	<15	自动平土机		300~500
路侧取土	<3.00	<40	80 马力推土机	10~40	—
路侧取土	<3.00	<60	100~140 马力推土机	10~60	—
路侧取土	<6.00	20~100	6m³ 拖式铲运机	80~250	50~80
路侧取土	>6.00	50~200	6m³ 拖式铲运机	250~500	80~100
远运取土	不限	<500	6m³ 拖式铲运机	<700	>50~80
远运取土	不限	500~700	9~12m³ 拖式铲运机	<1000	>50~80
远运取土	不限	>500	9m³ 自动铲运机	>500	>50~80
远运取土	不限	>500	自卸汽车运土	>500	(5000m³)
(二)路堑					
路侧弃土	<0.60	<15	自动平土机		300~500
路侧弃土	<3.00	<40	80 马力推土机	10~40	—
路侧下坡弃土	<4.00	<70	100~140 马力推土机	10~70	—
路侧弃土	<6.00	30~100	6m³ 拖式铲运机	100~300	50~80
路侧弃土	<15.0	50~200	6m³ 拖式铲运机	300~600	>100
路侧弃土	>15.0	>100	9~12m³ 拖式铲运机	<1000	>200
纵向利用	不限	20~70	80 马力推土机	20~70	—
纵向利用	不限	<100	100~140 马力推土机	<100	—
纵向利用	不限	40~600	6m³ 拖式铲运机	80~700	>100
纵向利用	不限	<800	9~12m³ 拖式铲运机	<1000	>100
纵向利用	不限	>500	9m³ 自动铲运机	>500	>100
纵向利用	不限	>500	自卸汽车运土	>500	(5000m³)
(三)填挖横向利用	不限	<60	80~140 马力斜角推土机	10~60	

注：表中均指中等坚硬类土，如土质坚硬时应选用松土机将土疏松。1 马力 =735.489W。

工程实践证明，机械设备如果使用不当，组织管理不善，配合不好，机械化施工就显示不出其优越性，甚至适得其反，造成浪费。

各种机具设备，均有其独特性能和操作技巧，应配有专职人员使用与保养，严格执行操作规程。从整个施工组织管理，以及指挥调度方面而言，组织机械化施工，应注意以下几点：

(1)建立健全施工管理体制与相应组织机构。一般宜成立专业化的机械施工队伍，以便统一经营管理，独立经济核算。

(2)对每项路基工程，应有严密的施工组织计划，并合理选择施工方案，在服从总的调度计划安排下，各作业班组或主机，均编制具体计划。在综合机械化施工中，尤其要加强作业计划工作。

(3)在机具设备有限制的条件下，要善于抓重点，兼顾一般。所谓重点，是指工程重点，在网络计划管理中，重点就是关键线路，在综合机械化作业中，重点就是主机的生产效率。

(4)加强技术培训，坚持技术考核，开展劳动竞赛，鼓励技术革新，实行安全生产、文明施工，将提高劳动生产率、节省能源、减少开支等指标具体化、制度化。

以上几点,对机械化施工,对整个路基工程及公路施工均具有普遍指导意义,对综合机械化作业具有更重要的指导意义。

四、路基施工前期准备工作

路基施工的主要内容,大致可归纳为施工前的准备工作和基本工作两大部分。要保证正常施工,施工前的准备工作极为重要,它是组织施工的第一步,无准备的施工或准备不充分的施工,均会使路基施工的基本工作难以顺利进行。

施工前的准备工作内容较多,大致可归纳为组织准备、技术准备和物质准备三个方面。

1. 组织准备工作

组织准备工作主要是建立和健全施工队伍和管理机构,明确施工任务,制定必要的规章制度,确立施工所应达到的目标等。组织准备亦是做好一切准备工作的前提。

2. 技术准备工作

路基施工前,施工单位应在全面熟悉设计文件、领会设计意图和设计交底的基础上,进行施工现场调查和核对,并在必要时修改设计文件,发现问题应及时根据有关程序,提出修改意见并报请变更设计,编制施工组织设计,恢复路线,施工放样与清除施工场地,做好临时工程的各项工作等。

施工现场调查与核对设计文件,目的是熟悉和掌握施工对象特点、要求和内容,这是整个施工的重要步骤,舍此则其他一切工作将失去目标,难以着手。

施工组织设计是具有全局性的大事,其中包括选择施工方案、确定施工方法、布置施工现场(施工总平面布置)、编制施工进度计划、拟定关键工程的技术措施等。它是整个工程施工的指导性文件,亦是其他各项工作的依据。

临时工程,包括施工现场的供电、给水,修建便道、便桥,架设临时通信设施,设置施工用房(生活和生产所必需)等,这些均为展开基本工作的必备条件。

路基恢复定线、清除路基用地范围内一切障碍物等,是施工前的技术准备工作,亦是基本工作的一个组成部分,宜协调进行。

路基施工前应做好施工测量工作,其内容包括导线、中线、水准点复测,横断面检查与补测,增设水准点等。施工人员还应对路基工程范围内的地质、水文情况详细核查,通过取样、试验确定其性质和范围,并了解附近现有建筑物对特殊土的处理方法。

3. 物质准备工作

物质准备工作包括各种材料与机具设备的购置、采集、加工、调运与储存以及生活后勤供应等。为使供应工作能适应基本工作的需要,物质准备工作必须制订具体计划,其中有的计划内容,如劳动力调配、机具配置及主要材料供应计划,必须服从于保证上述施工组织设计顺利实施,而且亦常被列为施工组织计划的一个组成部分。

土质路基施工,仅是整个道路工程中的一个工程项目,以上所述的准备工作,主要针对整个工程施工而言。对于某一单项工程,如土质路基、石质路基、路基排水或防护加固,或路基工程以外的桥涵与路面等,准备工作的具体内容与要求,虽有差别,但基本项目不可缺少。

第二节 路堤填筑与压实

一、基本要求

土质路基的挖填,首先必须做好施工排水,包括开挖地面临时排水沟槽及设法降低地下水位,以便始终保持施工场地的干燥。从有效控制土的含水率需要出发,土质路基的施工作业面不宜太大,以有利于组织快速施工,随挖随运,及时填筑压实成型,减少施工过程中的日晒、雨淋,以保持土的天然湿度,避免过干或过湿。一般条件下,土的天然含水率接近最佳值,必要时,应考虑人工洒水或晾干措施。雨季施工,尤应按照施工技术操作规程的有关规定,加强临时排水,确保路基质量。过湿填土,如碾压后形成弹簧现象,必须挖除重填,必要时可采取其他相应的加固措施。

路基挖填范围内的地表障碍物,事先应予以拆除,其中包括原有房屋的拆迁,树木和丛林茎根的清除,以及表层种植土与设计文件或规程所规定之杂物等的清除。在此前提下,必要时应按设计要求对路堤上层进行加固。

二、填筑方案

土质路堤一般情况下应在全宽范围内,分层填平充分压实,每日施工结束时,表层填土应压实完毕,防止间隔期间雨淋或暴晒。分层厚度视压实工具而定,一般压实厚度为 20 ~ 25cm。路堤加宽或新旧土层搭接处,原土层应挖成台阶,逐层填新土。

土质路堤(包括石质土),按填土顺序可分为分层平铺和竖向填筑两种施工方案。分层平铺是基本的方案,如符合分层填平和压实的要求,则效果较好,且质量有保证,有条件时应尽量采用。竖向填筑是在特定条件下,局部路堤采用的方案。

(1)分层平铺

分层平铺有利于压实,可以保证不同用土按规定层次填筑。图 5-1 所示为不同用土的填筑方案示意图。其中,图 5-1a)表示正确的填筑方案:不同用土水平分层,以保证强度均匀;透水性差的用土,如黏质土等,一般宜填于下层,表面成双向横坡,有利于排除积水,防止水害;同一层次有不同用土时,接搭处成斜面,以保证在该层厚度范围内,强度比较均匀,防止产生明显变形。图 5-1b)表示不正确的填筑方案:未水平分层,有反坡积水,夹有冻土块和粗大石块,以及有陡坡斜面等,易导致路堤强度不均匀和排水不利。此外,还应注意路堤填筑用土不应含有害杂质(草木、有机物等)及未经处治的劣质土(细粉土、膨胀土、盐渍土、腐殖土等)。桥涵、挡土墙等结构物的回填土,以砂质土为宜,可防止不均匀沉降,并按有关规程堆积回填和夯实。

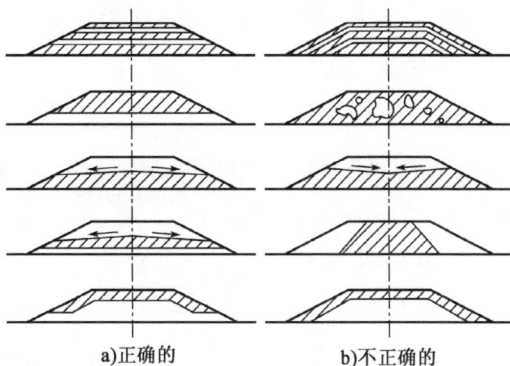

a)正确的   b)不正确的

图 5-1 土质路堤填筑方案示意图

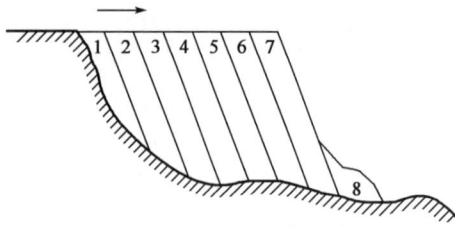

图 5-2　竖向填筑方案示意图

（2）竖向填筑

竖向填筑，指沿路中心线方向逐步向前深填，如图 5-2 所示。路线跨越深谷或池塘时，地面高差大，填土面积小，难以水平分层卸土，以及陡坡地段上填挖路基，局部路段横坡较陡或难以分层填筑等，可采用竖向填筑方案。竖向填筑的质量在于填筑土的密实程度，为此宜采用必要的技术措施。如选用振动式或锤式夯击机，选用沉陷量较小及粒径较均匀的砂石填料；路堤全宽一次成型；暂不修建较高级的路面，容许短期内自然沉落。此外，尽量采用混合填筑方案，即下层竖向填筑，上层水平分层，必要时可考虑采用地基加固时使用的注入、扩孔或强夯等措施，以保证填土具有足够的密实度。

三、路基压实

路基施工破坏了土体的天然状态，致使其结构松散，颗粒重新组合。为使路基具有足够的强度与稳定性，必须予以压实，以提高其密实程度。所以，路基压实工作，是路基施工过程中一个重要工序，亦是提高路基强度与稳定性的根本技术措施。

1. 压实机具的选择与操作

压实机具的选择，以及合理的操作，亦会影响路基压实效果。

路基压实机具的类型较多，大致分为碾压式、夯击式和振动式三大类型。碾压式（又称静力碾压式），包括光面碾（普通的两轮和三轮压路机）、羊足碾和气胎碾等几种。夯击式中除人工使用的石硪、木夯外，还有夯锤、夯板、风动夯及蛙式夯机等机动设备。振动式中有振动器、振动压路机等。此外，运土工具中的汽车、拖拉机以及土方机械等，亦可用于路基压实。

不同压实机具，适用于不同土质及不同土层厚度，这亦是选择压实机具的主要依据，表 5-3 所列是几种常用压实机具的一般技术性能。一般情况下，对于砂质土的压实效果，振动式较好，夯击式次之，碾压式较差；对于黏质土，则宜选用碾压式或夯击式，振动式较差甚至无效。不同压实机具，在路基最佳含水率条件下，适应于一定的压实厚度以及压实遍数。表 5-4 是各种土质适用的碾压机械的建议。

压路机的技术性能　　　　　　　　　　　　　　　　表 5-3

机具名称	最大有效压实厚度（实厚）(m)	碾压行程次数			适宜的土类
		黏质土	粉质土	砂质土	
人工夯实	0.10	3~4	1~3	2~3	黏质土与砂质土
牵引式光面碾	0.15	—	7	5	黏质土与砂质土
羊足碾(2个)	0.20	10	6	—	黏质土
自动式光面碾 5t	0.15	12	7		黏质土与砂质土

续上表

机具名称	最大有效压实厚度（实厚）（m）	碾压行程次数			适宜的土类
		黏质土	粉质土	砂质土	
自动式光面碾10t	0.25	10	6	—	黏质土与砂质土
气胎碾25t	0.45	5~6	3~4	1~3	黏质土与砂质土
气胎碾50t	0.70	5~6	3~4	2~3	黏质土与砂质土
夯击机0.5t	0.40	4	2	1	砂质土
夯击机1.0t	0.60	5	3	2	砂质土
夯板1.5t,落高2m	0.65	6	2	1	砂质土
履带式	0.25	6~8	6~8	6~8	黏质土与砂质土
振动式	0.40	—	2~3	2~3	砂质土

各种土质适宜的碾压机械　　　　表5-4

机械名称	土的分类				备注
	细粒土	砂类土	砾石土	巨粒土	
6~8t两轮光轮压路机	A	A	A	A	用于预压整平
12~18t两轮光轮压路机	A	A	A	B	最常使用
25~50t轮胎压路机	A	A	A	A	最常使用
羊足碾	A	C或B	C	C	粉土、黏土质砂可用
振动压路机	B	A	A	A	最常使用
凸块式振动压路机	A	A	A	A	最宜使用于含水率较高的细粒土
手扶式振动压路机	B	A	A	C	用于狭窄地点
振动平板夯	B	A	A	B或C	用于狭窄地点,机械重量大于800kN的可用于巨粒土
手扶式振动夯	A	A	A	B	用于狭窄地点
夯锤（板）	A	A	A	A	夯击影响深度最大
推土机,铲土机	A	A	A	A	仅用于摊平土层和预压

注:1.表中符号:A代表适用;B代表无适当机械时可用;C代表不适用。
　　2.土的类别按现行《公路土工试验规程》(JTG E40)的规定划分。
　　3.对于特殊土和黄土(CLY)、膨胀土(CHE)、盐渍土等,压实机械选择可按细粒土考虑。
　　4.羊足碾(包括凸块碾、条式碾)应有光轮压路机配合使用。

　　压实机具对土施加的外力应有所控制,以防功能太大,压实过度,造成失效、浪费。一般认为,压实时的单位压力,不应超过土的极限强度。不同土的极限强度,与压实机具的重量、相互接触面积、施荷速度及作用时间(遍数)等因素有关。表5-5所列是在最佳含水率条件下几类压实机具对不同土质作用时的强度,可供选择机具和控制压实功能时参考。

压实时土的极限强度
表 5-5

土类	土的极限强度(MPa)		
	光面碾	气胎碾	夯板(直径70～100cm)
低黏性土(砂质土)	0.3～0.6	0.3～0.4	0.3～0.7
中等黏性土(粉质土)	0.6～1.0	0.4～0.6	0.7～1.2
高黏性土(黏质土)	1.0～1.5	0.6～0.8	1.2～2.0

实践经验证明,路基压实时,在机具类型、土层厚度及碾压遍数已经选定的条件下,压实操作时宜先轻后重、先慢后快、先边缘后中间(超高路段等,则宜先低后高)。压实时,相邻两次的轮迹应重叠轮宽的1/3,保持压实均匀,不漏压,对于压不到的边角,应辅以人力或小型机具夯实。压实全过程中,应经常检查含水率和密实度,以达到规定压实度的要求。

2. 路基压实标准

路基野外施工,受种种条件限制,不能达到室内标准击实试验所得的最大干重度(γ_0),应予适当降低。令工地实测干重度为γ,它与γ_0值之比的相对值,称为压实度K;已知γ_0值,规定压实度K,则工地实测干重度γ值应符合下列要求:

$$\gamma = K \cdot \gamma_0 \tag{5-1}$$

压实度K就是现行规范规定的路基压实标准。正确选定K值,关系到路基受力状态、路基路面设计要求、施工条件,必须兼顾需要与可能,讲究实效与经济。

图 5-3 是路基受力时,土中应力σ随深度Z变化的关系曲线示意图,表明路基表层受行车作用力影响最大,由顶部向下,受力急剧减小,在行车荷载作用下,其影响深度在 1.0～2.0m 范围内,Z更大时路基主要承受路基本身重力。因此,路基填土的压实度,应是由下而上逐渐提高标准。

公路等级越高,对路基强度要求应相应提高;自然条件越差,对路基的强度与稳定性越不利;路基挖填不同,对于路基的强度与稳定性亦有差异。基于上述分析,《公路路基设计规范》(JTG D30—2015)规定的路基压实度K见表 5-6。

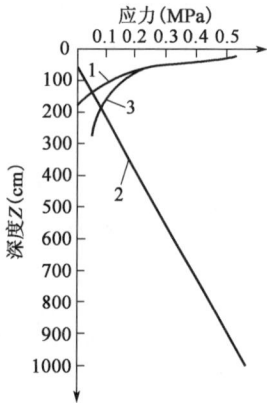

图 5-3 路基应力随深度变化曲线示意图
1-行车荷载;2-路基自重曲线;3-两者叠加曲线

路基压实度要求
表 5-6

路基部位		路面底面以下深度(m)	路基压实度(%)		
			高速公路、一级公路	二级公路	三、四级公路
上路床		0～0.3	≥96	≥95	≥94
下路床	轻、中等及重交通	0.3～0.8	≥96	≥95	≥94
	特重、极重交通	0.3～1.2	≥96	≥95	—

续上表

路基部位		路面底面以下深度（m）	路基压实度（%）		
			高速公路、一级公路	二级公路	三、四级公路
上路堤	轻、中等及重交通	0.8~1.5	≥94	≥94	≥93
	特重、极重交通	1.2~1.9	≥94	≥94	—
下路堤	轻、中等及重交通	1.5以下	≥93	≥92	≥90
	特重、极重交通	1.9以下			

注:1.表列压实度系按现行《公路土工试验规程》(JTG 3430)重型击实试验法所得最大干密度求得的压实度。
  2.路堤采用粉煤灰、工业废渣等特殊填料，或处于特殊干旱或特殊潮湿地区时，在保证路基强度和回弹模量要求的前提下，通过试验论证，压实度标准可降低1~2个百分点。

由于特殊干旱地区雨水较少，地下水位也较低，压实度稍有降低不致影响路基的坚固、稳定和耐久性能，加之水量稀少，天然土的含水率大大低于土的最佳含水率，要使路基到最佳含水率并压实到表5-6的规定确有困难。因此，特殊干旱地区的压实度可适当降低。当三、四级路修筑沥青混凝土或水泥混凝土路面时，路基压实度应采用二级公路标准。

填石路堤，包括分层填筑爆破石块的路堤，不能用土质路基的压实度来判定路基的密实程度。我国《公路路基设计规范》(JTG D30—2015)规定，填石路堤施工质量宜用压实后的石料孔隙率作为检验标准，填石路堤上、下路堤压实质量标准见表5-7~表5-9，填石料的分类根据石料饱和抗压强度指标按表5-10执行。

硬质石料压实质量标准   表5-7

路基部位	路面底面以下深度（m）	摊铺层厚（mm）	最大粒径（mm）	压实干密度（kg/m³）	孔隙率（%）
上路堤	0.80~1.50（1.20~1.90）	≤400	小于层厚2/3	由试验确定	≤23
下路堤	>1.50（>1.90）	≤600	小于层厚2/3	由试验确定	≤25

注:"路面底面以下深度"栏，括号中数值分别为特重、极重交通的上路堤、下路堤的深度范围。

中硬石料压实质量控制标准   表5-8

路基部位	路面底面以下深度（m）	摊铺层厚（mm）	最大粒径（mm）	压实干密度（kg/m³）	孔隙率（%）
上路堤	0.80~1.50（1.20~1.90）	≤400	小于层厚2/3	由试验确定	≤22
下路堤	>1.50（>1.90）	≤500	小于层厚2/3	由试验确定	≤24

注:"路面底面以下深度"栏，括号中数值分别为特重、极重交通的上路堤、下路堤的深度范围。

软质石料压实质量控制标准 表 5-9

路基部位	路面底面以下深度 （m）	摊铺层厚 （mm）	最大粒径 （mm）	压实干密度 （kg/m³）	孔隙率 （%）
上路堤	0.80 ~ 1.50 （1.20 ~ 1.90）	≤300	小于层厚	由试验确定	≤20
下路堤	>1.50 （>1.90）	≤400	小于层厚	由试验确定	≤22

注："路面底面以下深度"栏，括号中数值分别为特重、极重交通的上路堤、下路堤的深度范围。

岩石分类表 表 5-10

岩石类型	单轴饱和抗压强度（MPa）	代表性岩石
硬质岩石	≥60	1. 花岗岩、闪长岩、玄武岩等岩浆岩类； 2. 硅质、铁质胶结的砾岩及砂岩、石灰岩、白云岩等沉积岩类；
中硬岩石	30 ~ 60	3. 片麻岩、石英岩、大理岩、板岩、片岩等变质岩类
软质岩石	5 ~ 30	1. 凝灰岩等喷出岩类； 2. 泥砾岩、泥质砂岩、泥质页岩、泥岩等沉积岩类； 3. 云母片岩或千枚岩等变质岩类

土质路基的压实度试验方法可采用灌砂法、环刀法、灌水法（水袋法）或核子密度湿度仪法。采用核子密度湿度仪法时，应先进行校正和标定。

第三节 路堑开挖

一、土质路堑

土质路堑开挖应根据具体情况，采用横向全宽掘进法，即对路堑整个断面沿纵向的一端或两端向前开挖。对深路堑，还可分成几个台阶，同时在几个不同高度上掘进，以增加工作线；也可采用纵向通道掘进法，即先沿路堑纵向挖出通道，再向两侧拓宽。对挖方量大、施工期短的深路堑，亦可采用双层式纵横通道的混合掘进方式，同时沿纵横的正反方向掘进，以扩大施工面。路堑底面，如土质坚实，应尽量不扰动，予以整平压实；如果土质较差、水平条件不良，应根据路面强度设计要求，采取加深边沟、设置地下盲沟以及挖松表层一定深度原土层，重新分层填筑与压实或必要时予以换土和加固，以确保路堑底层土基的强度与稳定性，达到规定标准。这对于修筑耐久性路面尤为重要。

土质路堑开挖，根据挖方数量大小及施工方法的不同，按掘进方向可分为横向全宽掘进和纵向通道掘进两种，同时又可在高度上分为单层或双层式和纵横掘进混合等（以上掘进方向，依路线纵横方向命名）。

横向全宽掘进是在路线一端或两端，沿路线纵向向前开挖，如图5-4所示。单层掘进的高度，即等于路堑设计深度。掘进时逐段成型向前推进，运土由相反方向送出。单层纵向掘进的高度，受到人工操作安全及机械操作有效因素的限制，如果工期紧迫，对于较深路堑，可采用双层掘进法，上层在前，下层随后，下层施工面上留有上层操作的出土和排水通道。

纵向通道掘进，是先在路堑纵向挖出通道，然后分段同时向横向掘出，如图5-5所示。此法可扩大施工面,加速施工进度,在开挖长而深的路堑时用。施工时可以分层和分段,层高和段长视施工方法而定。该法工作面多,但运土通道有限制,施工的干扰性增大,必须周密安排,以防在混乱中出现质量或安全事故。个别情况下,为了扩大施工面,加快施工进度,对土质路堑的开挖,还可以考虑采用双层式纵横通道的混合掘进方案,同时沿纵横的正反方向,多施工面同时掘进,如图5-5b)所示。混合掘进方案的干扰性更大,一般仅限于人工施工,对于深路堑,如果挖方工程数量大及工期受到限制时可考虑采用。

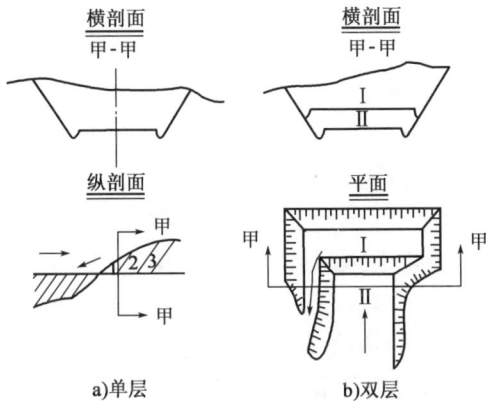

a)单层　　　　　　b)双层

图 5-4　横向全宽掘进示意图

注:图中数字为施工顺序。

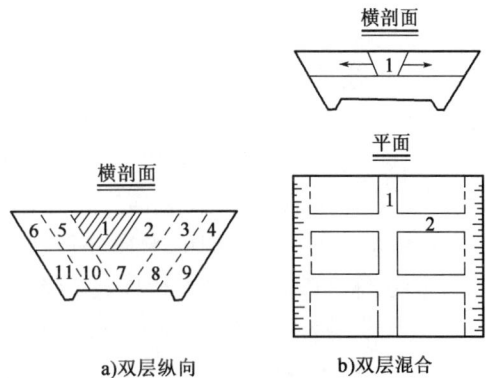

a)双层纵向　　　　b)双层混合

图 5-5　纵向通道掘进示意图

注:图中数字为施工顺序。

二、石质路堑

石质路堑的开挖方式主要有爆破法和松土法,其中爆破法主要包括钢钎法、深孔爆破、葫芦炮、光面爆破、预裂爆破以及抛坍爆破。

石质路堑的开挖应根据不同地质、不同开挖断面、不同位置,选择不同的开挖方式,对深度小于4m的路堑,均采取线孔爆破,深路堑采用深孔爆破,边坡采用光面爆破,控制坡率,其他部位采用松动爆破;石方开挖前,应进行爆破试验,以便选择爆破最佳参数。爆破后,采用挖掘机装渣,自卸汽车运输,人工配合机械刷坡,修整路面。有关爆破施工的详细内容将在下节进行介绍。

※第四节　石质路基爆破施工

在路基工程施工中,除了需要修筑路堤和开挖路堑外,当线路通过山区、丘陵以及傍山沿溪段时,还会遇到集中的和分散的岩土地区,这样就必须进行石方施工。此外,在路面和其他附属工程中也需要大量的石料,因此也需要开采加工。以往石方工程主要依靠人力施工,这样不但效率低、进度慢,而且劳动强度大。目前石方工程多采用钻孔爆破,而且药孔也逐渐由浅孔到深孔,并发展到综合爆破,同时又改进了炸药的配剂和混合工艺,不但提高了施工效率,而且也使施工技术获得重大革新。

随着机械化水平的不断提高,对于路堑或半路堑岩石地段,多采用大孔径的深孔爆破和微差爆破法,使多至几百个药孔按顺序起爆,从而大大提高爆破威力。爆破后的清方和装运也基本实现机械化。

一、爆破的基本概念

所谓爆破,就是利用炸药爆炸时产生的热量和高压,使岩体和周围介质受到破坏和移位。

为了爆破某一岩体,可在岩体内或表面放置一定数量的炸药,这种炸药称为药包。药包在均质的岩体内爆炸时,爆炸力是向四周扩展的,紧靠药包部分的岩石,受到的冲击挤压力最大,随着离药包距离的增大,作用力也逐渐减弱。按照岩体受爆炸波作用而破坏的程度,可以把爆炸作用范围由近而远划分成四个作用圈,即压缩圈、抛掷圈、松动圈和振动圈。其中,压缩圈范围内的岩石受到极度压缩而粉碎;抛掷圈内的岩石由于受爆炸波的冲击较大,岩石被压碎成小块,如果岩体的抵抗力不足,就会被抛掷出去;松动圈内的岩石由于受爆炸波影响较小,岩体破裂而产生松动现象;振动圈内由于受爆炸影响很小,所以岩体只受到振动。这些作用圈的半径分别被称为压缩半径、抛掷半径、松动半径和振动半径。前三个圈统称为破坏圈,其半径称破坏半径。

在一个岩体性质相同的地面下,不同的位置和不同的深度上,放置药量相等的药包,如图5-6所示。这时的地面是一个自由面,或称临空面。药包到自由面的垂直距离称最小抵抗线 W,是岩体抵抗力最弱的一个方向。当药包埋置较深,最小抵抗线 W 较大时,爆破后药包周围的岩石产生粉碎和裂隙,自由面只受到振动,并无破坏,这种爆破称为压缩爆破,如图5-6a)所示。当最小抵抗线减少到某一临界值时,爆破后,药包以上直到表面岩石都受到破坏而松动,但无抛掷现象,这种爆破称松动爆破,如图5-6b)所示。当最小抵抗线 W 再减少时,爆破后岩石不但松动,而且有向四周抛出的现象,这种爆破称抛掷爆破,如图5-6c)所示。

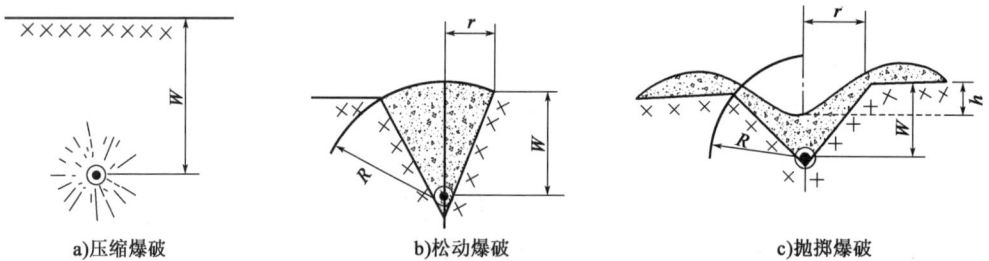

a)压缩爆破　　　　　　b)松动爆破　　　　　　c)抛掷爆破

图5-6　药包爆破效果图

在松动爆破和抛掷爆破的情况下,从药包到临空面的上方形成一个漏斗状的爆坑,称为爆破漏斗,它由以下几个尺寸构成,即最小抵抗线 W、漏斗口半径 r 和漏斗可见深度 h。很显然,r 和 W 两者的尺寸决定着爆破漏斗的基本形状,也反映了不同的爆破效果。通常 r 和 W 的比值称为爆破作用指数 n,即:

$$n = \frac{r}{W} \tag{5-2}$$

为了进一步区别不同的爆破效果,可将爆破漏斗按爆破作用指数 n 的大小分为三种情况:当 $n = 1$ 时称为标准爆破漏斗,爆破后只有部分岩石抛到漏斗外面,产生这种漏斗所用的炸药称为标准抛掷药包;当 $n>1$ 时称为加强抛掷漏斗,爆破后绝大部分岩石抛掷到漏斗外部,所用药包称为加强抛掷药包;当 $n<1$ 时称为弱抛掷漏斗,此时只有一小部分岩石抛到漏斗外面,所用药包称为弱抛掷药包;当 $n\approx0.75$ 和 $n<0.75$ 时,所用药包分别形成松动爆破和压缩爆破。

抛掷爆破多用于大爆破工程,其中定向爆破就是抛掷方向、距离、数量和时间都有所控制的一种抛掷爆破。松动爆破多用在开挖路堑、巷道掘进以及采石工程等。压缩爆破多用在扩张桩基、水下压实等方面。

二、炸药、起爆器材和起爆方法

(一)炸药

炸药的种类很多,在石方爆破中常用的有起爆炸药和爆破炸药两种。

1. 起爆炸药

它是一种爆炸速度极高的烈性炸药,爆炸速度可达 $2\,000\sim8\,000\text{m/s}$,主要用于制造雷管和速燃导火索等。常用的有雷汞、叠氮铅等。

2. 爆破炸药

爆破炸药指用于对岩石或其他介质进行爆破的炸药,其敏感性低,需在起爆炸药强力的冲击下才能爆炸,工程常用的爆破炸药有下列几种。

(1)黑色炸药

它是由硝酸钾(或硝酸钠)、硫黄和木炭所组成的混合物,对火星和冲击极敏感,易燃烧爆炸,怕潮湿,威力低,适用于石料开采。

(2)硝铵炸药

它是由硝酸铵、梯恩梯和少量木粉所组成的混合物,对冲击或摩擦不敏感,吸湿能力强,受潮后不能充分爆炸,常用的如下:

①岩石铵梯炸药。

它有 1 号和 2 号两种(号数大的威力小)。特点是威力大,适用于没有煤尘和沼气爆炸危险的矿井和岩石爆破。

②露天铵梯炸药。

有 1、2、3 号三种,这种炸药爆炸后产生的有毒气体较多,只能在露天爆破工程中使用。

③铵油炸药。

它的爆炸威力稍低于 2 号岩石铵梯炸药,但抛掷效果好,起爆较难,易受潮。制造方便,成本低,是目前露天爆破中使用最多的一种。

(3)胶质炸药

它是在硝化甘油和硝酸铵的混合物中混入一些木粉和稳定剂制成的。特点是对冲击、摩擦和火星都很敏感。但抗水性较强,爆炸威力大,适用于水下和硬岩石爆破。

(4)梯恩梯(三硝基甲苯)

它呈结晶粉末状,淡黄色,压制后呈黄色,熔铸块呈褐色,不吸湿,爆炸威力大。但本身含氧不足,爆炸时会产生有毒的一氧化碳气体,不宜用于地下作业。

（二）起爆器材和起爆方法

雷管是常用的起爆器材，按照引爆方式分为火雷管和电雷管。

火花雷管起爆是利用导火索燃烧引爆雷管，从而使药包爆炸，简称火雷管。火雷管（普通雷管）使用时用导火线点燃起爆药包，一般分为10个规格，工程上常用规格为6号和8号。

电力雷管起爆是通过电爆网路实现起爆的，简称电雷管。电雷管的连接形式有串联、并联和混联三种。电雷管与火雷管类似，所不同的是用一个电器点火装置代替了导火线起爆，分为即发、延发和毫秒雷管。

此外还有传爆线起爆法。传爆线的索芯是用高级烈性炸药制成，但着火较难，使用时须在药室外的一段传爆线上捆扎一个8号雷管来传爆。传爆网路与药包的连接方式有关，有串联、并联和并簇联等。

三、凿岩工程

凿岩工程中的钻孔工作，在整个爆破工程中所占的时间比例是较大的，因此提高钻孔工程的效率对加快工程进度相当重要。

在钻孔工程中，采用的机械设备有空气压缩机、凿岩机和穿孔机等。

根据使用的动力不同，凿岩机有风动、电动、液压以及内燃凿岩机等。目前使用较多的是风动凿岩机。

空气压缩机是风动凿岩机的动力源，目前使用的有活塞式、滑片式和螺杆式三种。各种类型的空气压缩机分移动式、半固定式。各种空气压缩机的特点如下：

（1）活塞式空气压缩机的特点是结构复杂，工作效率低，排出的压缩空气是间隔脉动的。但使用成本低，耐久性和使用寿命长，制造较容易，操作和维修方便。

（2）滑片式空气压缩机，也叫旋转叶片式空气压缩机，是通过转动叶片来实现气体压缩，最终将机械能转化成风能的一种压缩机，它属于容积式压缩机的一种。其缺点是滑片磨损快，使用寿命短，要有足够的润滑油来润滑滑片与气缸，这样排出的压缩空气混有油污，必须有专门的分离措施才能使用。

（3）螺杆式空气压缩机具有结构简单、可以高速旋转、效率高、运转平稳和体积小等优点，此外还有强制输气的特点，所以排气量几乎不随排气压力的变化而变化。其缺点是工作时噪声大，故必须设有良好的消声设备。由于有上述优点，大有取代活塞式空气压缩机的趋势。

凿岩机与空气压缩机是通过输气管道连接的，一般多用高压胶管。在工程量大而集中、施工期长的工地中应选用钢管作为输出主管。输气管的内径应根据通过的总气量和输送的长短而定。其原理是保证最远的施工点有足够气压（不低于600kPa），以保证凿岩机正常工作。

凿岩机采用的钻孔工具有两种：一种是钢钎；另一种是活动钻头。前者钻杆和钻头制成一体；而后者是钻杆和钻头通过螺纹连接，一般钢钎和钻杆都是用六角形或圆形空心碳素钢制成的，因此只能用于硬度不大的岩石。钢钎磨钝后可用锻钎机修整。活动钻头在钻头的刃口处镶有硬质合金刀头（铬钨钢或铬钒钢），钻头磨钝后，可随时卸下更换，因此工作效率高，同时也减少锻钎过程所消耗的钢材。

四、爆破工程

石方爆破施工包括炮孔位置的选择、凿孔、装药、堵塞、引爆等工序。

(一)炮孔位置的选择

炮孔位置的选择是十分重要的,因为炮孔的位置、方向和深度都会直接影响爆破效果。选择孔位时应注意岩石的结构,避免在层理和裂缝处凿孔,以免药包爆炸时气体由裂缝中泄出,使爆破效果降低或完全失效。炮孔应选在临空面较多的方位,如图5-7a)所示;或者有意识地改造地形,使第一次爆破为第二次爆破创造较多的临空面,如图5-7b)所示。其他爆破参数应根据工地的具体情况和实践经验来确定,一般经验数值如下:

1.最小抵抗线

最小抵抗线过大会使岩块过大,且容易残留炮根,过小会导致岩石飞散和炸药的消耗量增加,一般为梯段高度的70%~80%。

2.炮孔深度

采用台阶式爆破时,炮孔的深度应使爆破后的地面尽量与原地面平齐。较硬的岩石易留炮眼,炮眼的深度L应大于岩层厚度H。对于软岩石可小于台阶高度,一般如下:

坚石 $\qquad L = (1.0 \sim 1.15)H$

次坚石 $\qquad L = (0.85 \sim 0.95)H$

软石 $\qquad L = (0.7 \sim 0.9)H$

3.炮孔距离

炮孔距离即两孔之间的距离,也称为孔距a,它的大小与起爆方法和最小抵抗线有关。

火花起爆 $\qquad a = (1.4 \sim 2.0)W$

电力起爆 $\qquad a = (0.8 \sim 2.3)W$

采用多排炮孔爆破时,炮孔应呈梅花形交错布置。两排炮孔之间行距b约为$0.86a$。

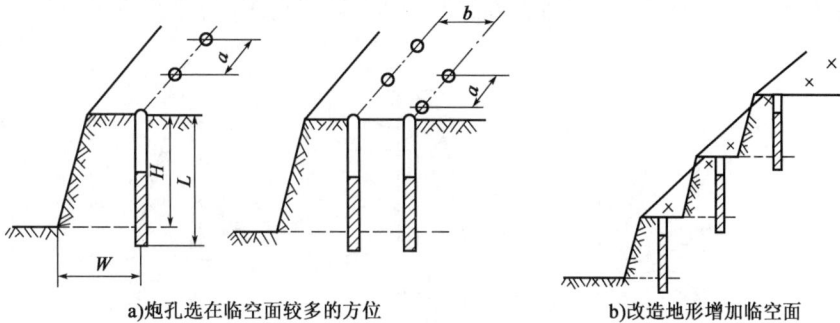

a)炮孔选在临空面较多的方位   b)改造地形增加临空面

图5-7 选择炮孔位置

H-岩石厚度;L-炮孔深度;W-最小抵抗线;a-孔距;b-行距

(二)凿孔

选孔工作完成后,即可进行凿孔。凿孔的技术要求与采用何种爆破方法有关。目前使用的有浅孔爆破和深孔爆破两种。

1.浅孔爆破

一般爆破的岩石数量不大,药包是装入平行排列的工作面内的,可凿成一行或多行炮孔。通常多用手提式凿岩机凿孔,孔径在75mm以内,孔深不超过5m,可用电力或速燃引爆线引起药包同时爆炸。这种爆破适用于工程不大的路堑开挖、采石和大块石的再爆破等。其用药量多根据炮孔深度和岩石性质而定。一般装药深度为孔深的 $1/3 \sim 1/2$。

2. 深孔爆破

即对孔深大于 5m、孔径大于 75mm 的炮孔进行爆破,通称为深孔爆破。钻凿大型炮孔多采用冲击式钻机或潜孔钻机。因一次爆破的石方量大,为加快施工进度,如果有适当的装运机械配合,则可以全面实现机械化快速施工,是今后石方开挖的发展方向。

(三)装药

装药就是把炸药按照施工要求装入凿好的药孔内。装药方式根据爆破方法和施工要求的不同而各异,有以下几种。

1. 集中药包

如图 5-8a)、b)所示,炸药完全装在炮孔的底部,这种方式对于工作面较高的岩石,崩落效果较好,但不能保证岩石均匀破碎。

2. 分散药包

如图 5-8c)所示,炸药沿孔深的高度分散装置,这种方式可以使岩石均匀地破碎,适用于高作业面的开挖段。

3. 药壶药包

如图 5-8d)所示,它是在炮孔的底部制成葫芦形的储药室,以增大装药量,这种方式适用于岩石量大而集中的石方施工。

4. 坑道药包

如图 5-8e)所示,它不同于上述各种方法的是药包装在竖井或平洞底部的特制的储药室内。

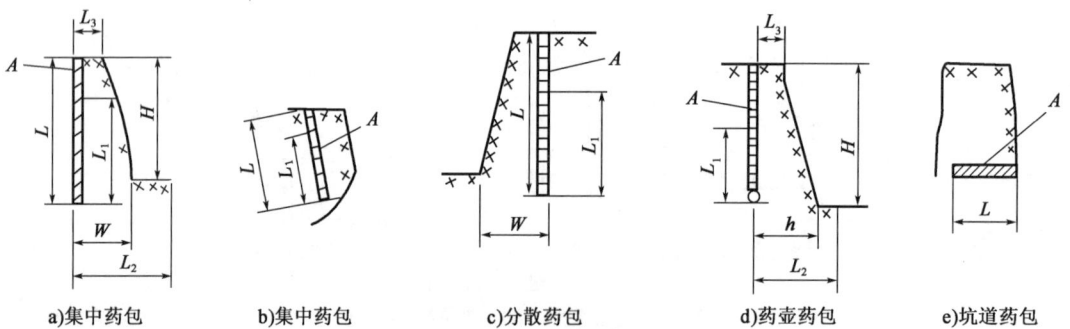

a)集中药包 　　　 b)集中药包 　　　 c)分散药包 　　　 d)药壶药包 　　　 e)坑道药包

图 5-8　药包装置形式

A-堵塞物;L-炮孔深度;L_1-药包高度;L_2-岸底面宽度;L_3-岩石顶面宽度;W-最小抵抗线;H-岩石厚度

(四)堵塞

堵塞一般可用干砂、石粉、黏土和碎石等。堵塞物捣实时,切忌使用铁棒,一般用木棒或黄铜棒。棒的直径为炮孔直径的 0.75 倍,下端稍粗,约为炮孔直径的 0.9 倍。在棒的下端开有供导火索穿过的纵向导槽。

(五)引爆

引爆就是利用起爆炸药制成的雷管、引火剂或导火索从炮孔的外部引入炮孔的药室,使炸药爆破。目前工程中常用的有火花雷管起爆、电力雷管起爆等。

五、清方工程

当石方爆破后,还需按爆破次数分次清理,清理时一定要根据施工要求和石料的利用情况分别清理。如开挖路堑无填方工程时,则被清理的石料必须组织机械、配合运输工具运出施工现场,以利于下次爆破。如是傍山筑路半填半挖,则爆破的碎石可作填方用,此外可用推土机或装载机清方。由于路基施工不同于采石场和矿山开挖,一方面场地狭小,机械设备的布置和使用受限制,另一方面要求机械设备的能力大、效率高,又要机动灵活和有一定的越野性能和爬坡能力。因此,在选择清方机械时,要考虑以下技术经济条件:工程期限所要求的生产能力;工程单价;爆破岩石和岩堆的大小;机械设备进入工地的运输条件以及机械撤离和重新进入工作面是否方便等。对以上条件应综合加以分析,而不能孤立地只考虑某一方面。如果只考虑爆破的块度便于正铲挖掘机的挖装,则对于某些结构的岩石来说,可能会大大增加爆破费用。反之,降低了爆破的费用,又会使块度增大,而挖掘机又无法铲装,因此清方机械的选配是比较复杂的。

一般来说,正铲挖掘机的适应性比较强,但进出工点比较缓慢;轮式装载机与挖掘机相比机动灵活,另外相同功率的正铲挖掘机和装载机相比,装载机是一种可以铲装较大块度的石块,而且可以用较少的斗数,装满载重量相等的运输工具。但装载机的卸载高度不如挖掘机。此外装载机可以自行铲运,挖掘机则不能。就经济性来说,运距在 30~40m 以内用推土机推运较为经济;40~100m 用装载机比较经济;100m 以上用挖掘机配合自卸汽车比较经济。

※第五节　地基加固方法

路基铺设于天然地基上,自身荷载较大,要求地基具有足够的承载能力,以保持地基稳定;另外应使某些自然因素(如地下水、坑穴、湿陷、胀缩等)不致使路基产生有害变形。

一、换填土层法

换填土层法,即将基底下一定深度范围的湿软土层挖去,换以强度较大的砂、碎(砾)石、灰土或素土,以及其他性能稳定、无侵蚀性的土类,并予以压实。换填材料不同,其应力分布虽然有所差异,但其极限承载力比较接近,而且沉降特点亦基本相似,因此大致按砂垫层的计算方法,结果相差不大。

砂垫层可提高承载力,减少沉降量,加速软弱土层的排水固结,防止冻胀,消除膨胀土的胀缩作用,亦可处理暗穴。砂垫层的作用,因工程性质而有所不同,对路基而言,主要是排水固结;素土(或灰土)垫层,可以消除湿陷性黄土 3.0m 深度范围内的湿陷性。

砂垫层厚度,一般在 0.6~1.0m 之间,太厚则施工难,太薄则效果差。砂料以中粗砂为宜,要求级配良好,颗粒的不均匀系数不大于5,含泥量不超过3%~5%。

二、碾压夯实法和振动压实法

控制最佳含水率,对路基分层压实,提高强度和降低压缩性,是路基施工的基本要求。如果使用压实功能较大的压实方法,还能处理杂填土和地表的松散土。

对于非黏质土及松散杂填土而言,振动压实法效果良好。振动压实效果,因土质和振动时间而不同,一般是振动时间越长,效果越好,但时间过长就会无效。对于主要以矿渣、碎砖、瓦块为主的建筑垃圾,时间约 1min 即可;对于含细炉渣等细颗粒的填土,振动时间为 3~5min,有效深度为 1.2~1.5m。

重锤夯实法加固地基,可提高地基表层土的强度。对湿陷性黄土,可降低地表的湿陷性,对杂填土,可减少表层土的强度不均一性。重锤夯实法适用于地下水位 0.8m 以下稍湿的一般黏质土、砂质土、湿陷性黄土、杂填土等。重锤夯实法,一般采用钢筋混凝土制成截头圆锥体(底部垫钢板),质量宜为 1.5t 或稍重,锤底直径为 1~1.5m,起重设备的能力为 8~15t,落距高一般为 2.5~4.5m。重锤的夯击遍数,一般以最后两次的平均夯沉量不超过规定值来控制,即一般黏质土和湿陷性黄土为 1~2cm,砂质土为 0.5~1.0cm。实践结果表明,一般是 8~12遍,作用深度约为锤底直径。

在重锤夯实法的基础上,经过研究和实践,20 世纪 60 年代末期出现所谓强夯法,亦称动力固结法。它是以 8~12t(甚至 20t)的重锤,8~20m 的落距(最高达 40m),对路基进行强力夯击,利用冲击波和动应力,达到路基加固的目的。此项新技术的出现,迅速在国际上得到广泛运用,效果十分显著,我国亦正在研究和运用。

实践证明,强夯过程中,土体中因含可压缩的微气泡而产生几十厘米的沉降,土体产生液化,使土的结构破坏,强度下降至最小值,随后在夯击点周围出现径向裂隙,成为加速孔隙水压力消散的主要通道,继而因黏质土的触变性,使土基的强度得到恢复和增强。这一过程无法用传统的固结理论解答,因而就有饱和土是可压缩的重要机理。现有研究成果表明,由于土中有机物的分布,第四纪土中多数含有以微气泡形式出现的气体,含气量约为 1%~4%,在强夯过程中,气相体积被压缩,加上孔隙水被挤出,两者体积有降低。重复夯击作用,气体被压缩接近于零时,土体变成不可压缩,相应的孔隙水压力上升到与覆盖压力相等的能量级时,土即产生液化,吸附水变成了自由水,土的强度达到最小值;继续施加外界能量,对强度提高无效,需要停止夯击,等待强度恢复。与此同时,夯点四周形成有规则的竖向裂缝,出现涌水现象。当孔隙水压力消散到小于土粒间的侧向压力时,裂隙即自行闭合,土中水的运动又恢复常态。随着孔隙水压力的消散,土的抗剪强度和变形模量有了大幅度增长,这是由于土粒间紧密接触,以及新吸附水层逐渐固定所致,即由土的触变性所致。基于上述基本原理,按弹簧活塞模型,对动力固结(强夯)的机理做出新的解释,以与传统的静力固结理论相比较。

强夯法具有施工简单、加固效果好、使用经济、运用面较广等优点。国外资料表明,经强夯法处理的地基,其承载力可提高 2~5 倍,压缩性降低 2~10 倍,可广泛用于杂填土(各种垃圾)、碎石土、砂质土、黏质土、湿陷性黄土及泥炭和沼泽土,不但可以在陆地上使用,亦可水下夯实。缺点是需要相应的机具设备,操作时噪声和振动较大,不宜在人口密集或附近防振要求高的地点使用。我国津、沪等地,不仅成功运用,而且在加固饱和软黏土地基方面,取得了新的成果与经验。

三、排水固结法

饱和软土在荷载作用下,排水固结后,抗剪强度可得到提高,达到加固的目的。此法在建筑工程中,常用于加固软弱地基,包括天然沉积层和人工充填的土层,如沼泽土、淤泥及淤泥质土、水力冲积土等。

排水固结法的实际效果,取决于土层固结特性、厚度、预压荷载和预压时间。厚度小于5m的浅软土层,或固结系数较大(大于$1 \times 10^{-2} cm^2/s$以上)的土层,较短时间预压即可。

排水固结法是运用堆载预压,挤出土中的过多含水,达到挤紧土粒和提高强度的目的。为了缩短预压时间,加设砂井竖向排水通道或铺设砂垫层,效果甚好。美国加州公路局曾采用砂井处理沼泽地段的路基,获得满意结果。利用路基填土自重压密地基,不需另备预压材料,所以砂井堆载预压法,在路基工程中是一种经济有效的方法。

砂井堆载预压,需进行地基固结计算,以确定加载以及砂井布置的有关数据。一般情况下,加载量大致与设计荷载接近,预压至80%固结度。砂井直径多为8~10cm,间距一般是井径的6~8倍。砂井长度应穿越地基可能的滑动面,井长如能穿越主要受压层,对沉降有利,如果软土层较浅,有透水性下卧层,则井长深入透水层,对排水固结更有利。为加速排水,缩短固结时间,在设置竖井的同时,可加设井顶砂垫层或纵横连通砂井的排水砂沟,砂垫层厚度一般为0.5~1.0m。

砂井成孔,有沉管法和水冲法两类。沉管法是用锤击或振动方式将带靴的钢管沉入地基,管内灌砂,在振动作用下拔出钢管,最后在土中形成砂井。水冲法是利用高压水冲孔,孔内灌砂。此法施工速度快,但难以保证孔径匀称,质量较差。砂井用砂,以中粗粒径为宜,含泥量不宜大于3%,灌砂量(按质量计)大于井管外径所形成体积的95%。

排水固结法中除采用砂井堆载预压外,还可采用降水预压和真空预压等技术。

四、挤密法

地基中成孔后,在孔中灌以砂、石、土、灰土或石灰等材料,捣实成直径较大的桩体,利用横向挤紧作用,使地基土粒彼此靠紧,空隙减少,而且孔被填满和压紧,形成具有较高承载能力的桩体,群桩的面积约占松散土加固面积的20%,以致桩和原土组成复合地基,达到加固的目的。

孔中灌砂所形成的砂桩,与上述砂井相比,形式相仿,但作用不同。砂井的作用是排水固结,井径较小而间距较大;砂桩的作用是将地基土挤紧,井径较大,而间距宜小。砂井适用过湿软土层,而砂桩适用于处理松砂、杂填土和黏粒含量不大的普通黏质土,亦可有效地防止砂土基底的振动液化。饱和软黏土的渗透性较小、灵敏度较大,夯击过程中土内产生的超孔隙压力不易迅速扩散,砂桩的挤密效果较差,甚至能破坏地基土的天然结构。

孔中填石灰形成石灰桩,用于挤密软土地层,是近年来在国外广泛应用的一种新方法。石灰桩的主要作用是挤密,而生石灰的吸水、膨胀、发热及离子交换作用使桩体硬化,会改善原地基土的性质,此外还可减小因周围土的蠕变所引起的侧向位移。利用石灰桩加固软土地基,关键在于石灰桩在地下水中能否结硬。试验表明:水中含有酸根是石灰桩结硬的基本条件。由于石灰桩在水下结硬的速度远比在空气中慢得多,所以将石灰和水就地拌和,增加石灰与外界的接触,结构比纯石灰桩好得多,可提高桩的早期强度。石灰桩吸水膨胀和对土体的挤压作用,是石灰桩加固地基的特殊功能。石灰桩施工的基本要求:生石灰必须密封储存,最好选用新鲜灰块;灰块必须粉碎至一定要求。

砂桩和石灰桩的布置与尺寸,需通过设计计算而定,一般桩径约为20~30cm,桩的间距约为桩径的 3.5 倍,可在平面上按梅花形布置。桩的长度与加固土层厚度及加固要求关系到桩孔的施工方法,有冲击和振动力等工法;在湿陷性黄土中还可用爆扩成孔法,即先钻孔,孔直径约 10cm,孔内每隔 50cm 置炸药筒,引爆扩孔挤压,再灌以黄土或灰土,分层捣实,可以消除黄土的湿陷性。

20 世纪 30 年代在国外开始采用振动水冲法(简称振冲法)加固松砂地基,50 年代开始用于加固软黏土地基,我国 70 年代后期也开始引进,用以提高地基承载力,减少地基沉降和差异沉降,提高抗地震液化能力,均取得满意效果。

振冲法是以起重机吊起振冲器、电动振冲器产生高频振动,水泵喷射高压水流,在振动和高压水的联合作用下,振冲器沉入土中预定深度,经过清孔用循环水带出孔中稠泥浆,向孔中逐段添加填料,予以振动挤密,在地基土中形成振冲桩。振冲器的起重能力为 10 ~ 15t,水压力宜大于 500kPa,供水量大于 20m³/h,加料量的供应能力不小于 0.4 ~ 0.8m³/min。

五、化学加固法

利用化学浆液或胶结剂,采用压力灌注或搅拌混合等措施,使土颗粒胶结起来,达到对地基加固的目的,称为化学加固法,又称胶结法。此法加固效果取决于土的性质和所用化学剂,亦与施工工艺有关。

目前化学浆液主要有:①以水玻璃溶液为主的浆液,其配方较多,常将水玻璃浆液和氯化钙浆液配合使用,价格昂贵,使用受到限制。②以丙烯酸氨为主的浆液,我国研制的丙强是其中一种。加固效果较好,因价格高亦难以广泛采用。③水泥浆液,是由高强度等级的硅酸盐水泥,配以速凝剂而组成的浆液。④以纸浆溶液为主的浆液,如重铬酸盐木质素和木铵,加固效果好,但有毒性,且易污染地下水。以上 4 类,目前以水泥浆液使用较多。今后发展的关键应是研制高效、无毒、易渗的化学浆液。

化学加固的施工工艺有:注浆法、旋喷法和深层搅拌法。

注浆法(灌浆)是利用机械压力将浆液通过注入管,均匀注入地层,浆液以填充和渗透方式排挤土粒间或石隙中的水分和空气,占据其位置,待一定时间后,浆液凝固,可使原土层或缝隙固结成整体。其用途甚广,除在路基中用于防护坡面和堤岸外,亦可用于加固土基和整治滑坡等病害;用于加固流沙或流石地基时,可以提高强度和不透水性,改善地下工程的开挖条件等。

注浆法所用的浆液,有以水泥为主的浆液和化学浆液,这两种浆液均属于无机化学材料。以水泥为主的浆液,其料源多、价格较低,但不易灌入孔隙细微的土内,一般常用于砂卵石及岩石较大裂隙的地质条件中。水泥浆的水灰比一般为 0.8 ~ 1.0。为了改善浆液性能,可掺加外加剂。如速凝时,加水玻璃或氯化钙;缓凝时,加岩粉或木质亚酸等。化学浆液的种类很多,以水玻璃和纸浆废液为主剂。这两种浆液的共同特点是速凝(几分钟)、强度高(水泥浆液 28d 试验样品的抗压强度达 7.0MPa 以上)、固结率高、可灌性好,但弯拉强度低(0.14MPa 左右)、适宜用于潮湿条件或水中(暴露空气中会龟裂剥落)、不耐冻、难以注入细缝隙内。

其他化学浆液有丙强、木铵、丙烯酰胺及碱液等,各自适用于一定条件。

旋喷法是在注浆法基础上发展起来的一项新技术,又称为化学搅拌成型法。旋喷法是用钻机钻孔至设计深度,用高脉冲泵通过安装在钻杆下端的特殊喷射装置,向土中喷射化学浆液,在喷浆的同时,钻杆以一定速度旋转并逐渐往上提升,高压射流使一定范围内的土体结构破坏,强制破坏的土体与化学浆液混合,胶结硬化后在土层中形成直径较匀称的圆柱体。旋喷的浆液以水泥浆液为主,如果土的渗水性较强或地下水流速较快,为防止浆液流失,可在浆液中加速凝剂(如三乙醇胺和氯化钙等)。

六、管桩加固法

地基处理措施有很多种类,一般可分为路堤自身处理和地基基础处理两大类。路堤自身加固处理方法有加筋法、轻质路堤法、反压护道法等;地基基础处理方法有固结排水法、复合地基法和化学加固法等,除了插塑料排水板结合砂垫层法、碎石桩法、粉(浆)喷桩法外,还有水泥粉煤灰碎石桩(Cement Fly-ash Gravel,CFG 桩)法、现浇混凝土薄壁管桩法等。桩基在加固软土地基时使用,由于施工速度快捷,可大大缩短工期,加固处理深度较其他方法更深,适宜各种地质条件,可明显增加路基的稳定性,减少地基的沉降。

现浇混凝土薄壁管桩的挤压、振密范围与环形腔体模板的厚度及原位土体的性质有关,是混凝土从环形腔体模板下注入环形槽孔内,从而形成沉管、浇注、振动提拔一次性直接成管桩的新工艺,保证了混凝土在槽孔内良好的充盈性和稳定性。主要成桩机理为:一是模板作用,在振动力的作用下环形腔体模板沉入土中后,浇注混凝土;当振动模板提拔时,混凝土从环形腔体模板下端注入环形槽孔内,空腹模板起到了护壁作用,因此不会出现缩壁和塌壁现象。从而成为造槽、扩壁、浇注一次性直接成管桩的新工艺,保证了混凝土在槽孔内良好的充盈性和稳定性。二是振捣作用,环形腔体模板在振动提拔时,对模板内及注入槽孔内的混凝土有连续振捣作用,使桩体充分振动密实,同时又使混凝土向两侧挤压管桩壁厚增加。三是挤密作用,振动沉模大直径现浇混凝土薄壁管桩在施工过程中由于振动、挤压和排土等原因,可对桩间土起到一定的密实作用。挤压、振密范围与环形腔体模板的厚度及原位土体的性质有关。管桩地基加固如图5-9所示。

图5-9 管桩地基处理

水泥粉煤灰碎石桩(CFG 桩)法的施工工艺主要有两种,一是振动沉管工艺,另一种是长螺旋钻管内泵压工艺,在实际工程中,还可根据土质情况、设备条件、地基处理的目的等将多种施工工艺进行组合。CFG 桩是一种低强度混凝土桩,同时在桩顶与基础之间铺设一层150~300mm 厚的中砂、粗砂、级配砂石或碎石(称为褥垫层),以利于桩间土发挥承载力,与桩组成复合地基,可充分利用桩间土的承载力共同作用,并可传递荷载到深层地基中去,具有较好的技术性能和经济效果。由于桩的作用使复合地基承载力提高,变形减小,再加上 CFG 桩不配筋,桩体利用工业废料粉煤、水泥和碎石,经济环保。

CFG 桩加固软弱地基主要有两种作用,即桩体作用和挤密作用。它的桩身为具有一定粘结强度的混合料,在荷载作用下桩的压缩性明显比其周围软土小,使基础传给复合地基的附加应力随地基的变形逐渐集中到桩体上，出现应力集中现象，使桩起到"桩体作用"。同时，CFG 桩身具有一定的黏结强度，在竖向荷载作用下桩身不会出现压胀变形，桩承受的荷载通过桩周的摩擦阻力和桩端阻力传到深地基中，其复合地基承载力提高幅度较大，约4倍或更大。另外，CFG 桩复合地基变形小，沉降稳定快（比碎石桩变形小 3.5 倍、沉降稳定快 2.5 倍）。

以上仅简略介绍已有的几种地基加固方法，有的已在我国公路路基工程中运用，有的技术（如土工布、土工格栅、强夯、水冲及旋喷等）在我国仍处于探讨阶段。可以预测，随着公路建设的高速发展，公路技术等级的提高，包括地基加固在内的路基防护与加固，在理论和实践上必将有新的发展与突破。

※第六节　路基变形分析与监测

路基变形包括两个方向上的指标：竖向位移和水平位移。路基顶面或地基土层内的这两类指标与地下水位、裂缝、斜度及土压力等指标，构成了施工期与运营期路基稳定性观测的核心内容。

一般情况下，地下水位急剧变化（孔隙水压力变化），路基出现快速增大的竖向或水平位移，伴随裂缝发展及土压力异常是路基失稳的主要表现。通过监测这些指标，能及时发现路基失稳征兆，从而为采用积极的干预措施提供时机和决策依据。

填方路基的竖向位移常被定义为沉降，它是路基变形分析的主要内容和稳定性监测的重要指标。路基沉降指的是施工期或运营期内，路基某基准点（如地基表面或路基顶面），在自重应力、施工与交通荷载作用下，伴随自然环境和时间因素的影响，因软弱地基或路基填方的压缩变形而产生的高程差。根据沉降产生的时段不同，沉降又可以分为施工期沉降和工后沉降。而不均匀沉降则是指路基顶面上不同位置的沉降有差异的现象，其差值就是不均匀沉降值，一般用横断面上路基顶面中心处和边缘的沉降差值来表征。

需要进行沉降分析及施工期变形观测的工况包括高填路堤、软土地基上的填方路基、重要高速公路路段、其他特殊工况（如路基拓宽工程、可能的桥头跳车发生位置等）。

一、沉降分析

在路基稳定性正常情况下，沉降产生的主要原因是地基的固结压缩；在失稳情况下，滑动土体上基准点的沉降还包括滑体位移的竖向分量。沉降分析主要是预测路堤填筑过程中及填筑完成后可能产生的沉降。沉降分析的方法包括简单的分层总和法及复杂的有限元分析方法等。这里主要介绍软土地基使用分层总和法计算沉降的原理。

含有软土层的地基称为软土地基，软土的鉴别参照表 5-11 进行。软土地基上的公路路基应进行沉降分析。

软土鉴别指标

表 5-11

土类	天然含水率（%）	天然孔隙比	直剪内摩擦角（°）	十字板剪切强度（kPa）	压缩系数 $\alpha_{0.1-0.2}$（MPa^{-1}）
黏质土、有机质土	≥35	≥1.0 ≥液限	宜小于5	<35	宜大于 0.5
粉质土	≥30	≥0.90	宜小于8		宜大于 0.3

根据沉积的地质年代不同,软土层在地基中的埋深差异较大,有些情况下,软土之上有其他非软土层分布;软土的含水率一般都较大,即使是新近沉降的软土层,其表层也会因暴露在大气而导致其含水率下降、强度指标有所变化。因此,软土层一般均有上覆层,其厚度从二三十厘米至几米均有,其强度指标高于软土,这种上覆层被称为"硬壳层"。软土所处的层位越深、厚度越薄,其危害性就越小。

岩土工程学中,将软土地基的固结分为主固结和次固结,不同的固结类型均会产生相应的沉降,且造成固结的荷载施加时引起的瞬时变形也包含在沉降中。因此,软土地基的总沉降可分为瞬时沉降、主固结沉降和次固结沉降三个部分,后两者与固结时间有很大关系。

路基沉降分析时,为简化起见,可选用主固结沉降 S_c 作为主要计算指标,通过沉降系数 m_s 修正该指标以获得总沉降 S:

$$S = m_s S_c \tag{5-3}$$

沉降系数 m_s 为经验系数,与地基条件、荷载强度、加载速率等因素有关,其范围为 1.1 ~ 1.7,应根据现场沉降观测资料确定,也可采用下面的经验公式进行估算:

$$m_s = 0.123 \gamma^{0.7} (\theta H^{0.2} + VH) + Y \tag{5-4}$$

式中:γ——填料重度(kN/m^3);

θ——地基处理类型系数,地基用塑料排水板处理时取 0.95 ~ 1.1,用粉体搅拌桩处理时取 0.85,一般预压时取 0.90;

H——路基中心高度(m);

V——填土速率修正系数,填土速率在 0.02 ~ 0.07m/d 之间时,取 0.025;

Y——地质因素修正系数,满足软土层不排水抗剪强度小于 25kPa、软土层的厚度大于 5m、硬壳层厚度小于 2.5m 三个条件时,$Y = 0$,其他情况下可取 $Y = -0.1$。

总沉降还可以由瞬时沉降 S_d、主固结沉降 S_c 及次固结沉降 S_s 之和计算:

$$S = S_d + S_c + S_s \tag{5-5}$$

任意时刻地基的沉降量,考虑主固结沉降随时间的变化过程,按下式计算:

$$S_t = (m_s - 1 + U_t) S_c \quad 或 \quad S_t = S_d + S_c U_t + S_s \tag{5-6}$$

上式中地基平均固结度 U_t 采用太沙基一维固结理论解计算。对于使用砂井、塑料排水板等竖向排水体处理的地基,固结度按巴隆给出的太沙基-伦杜里克固结理论轴对称条件固结方程在等应变条件下的解计算。

软土地基的工后沉降应控制在一定范围之内,路面设计使用年限(沥青路面 15 年、水泥混凝土路面 30 年)内的工后沉降要满足表 5-12 的规定,不能满足时要针对沉降进行处治设计。

允许的工后沉降(单位:m)　　　　　　　　　　　　表 5-12

道路等级	工程位置		
	桥台与路堤相邻处	涵洞、通道处	一般路段
高速公路、一级公路	≤0.10	≤0.20	≤0.30
二级公路	≤0.20	≤0.30	≤0.50

二、变形监测

路基变形监测的主要目的是发现路基在施工和运营期间可能发生的稳定性问题,及时预警,以便采取积极的主动干预措施,保障路基工程的安全。随着近年来我国一系列恶劣自然灾害的发生,公路路基边坡病害乃至失稳发生频繁,相关的路基变形实时监测、边坡稳定性预警和紧急干预与控制技术成为目前研究的重点方向之一。

目前,路基变形实时监测采用了很多新技术,如基于 GIS 的卫星实时变形观测系统、基于光纤的分布式数据采集系统、基于物联网的数据传输系统等,使得工程技术人员能实时把握运营期路基变形发展状况。边坡稳定性预警依赖两种基本的方法进行:工程类比法和计算分析法。前者是根据本地已有工程地质资料和边坡灾害历史资料总结边坡灾害发生规律与判断依据,并据此对被监测的路基的稳定性做出评价;后者则是基于监测到的变形指标,分析路基的安全状态。紧急干预和控制技术包括两个方面:一是交通控制范畴的紧急应对措施;二是公路工程范畴的临时处治技术措施。

对于高填、软土等危险断面的路基,应进行路基的变形观测,其常规观测内容可分路堑和路堤,按表 5-13 和表 5-14 选择。

路堑边坡或滑坡监测   表 5-13

监测内容		监测方法	监测目的
地表监测	水平位移监测	全站仪、光电测距仪	观测地表位移、变形发展情况
	竖向位移监测	水准仪	
	裂缝监测	标点桩、直尺或裂缝计	观测裂缝发展情况
地下位移监测		测斜仪	探测相对于稳定地层的地下岩体位移,证实和确定正在发生位移的构造特征,确定潜在滑动面深度,判断主滑方向,定量分析评价边(滑)坡的稳定状况,评判边(滑)坡加固工程效果
地下水位监测		人工测量	观测地下水位变化与降雨关系,评判边坡排水措施的有效性
支挡结构变形、应力		测斜仪、分层沉降仪、压力盒、钢筋应力计	支挡构造物与岩土体的变形观测,支挡构造物与岩土体间接触压力观测

高路堤稳定和沉降观测   表 5-14

观测项目	仪具名称	观测目的
地表水平位移量及隆起量	地表水平位移桩(边桩)	用于稳定监控,确保路堤施工安全和稳定
地下土体分层水平位移量	地下水平位移计(测斜管)	用于稳定监控与研究,掌握分层位移量,推定土体剪切破坏位置。必要时采用
路堤顶沉降量	地表型沉降计(沉降板或桩)	用于工后沉降监控,预测工后沉降趋势,确定路面施工时间

软土地基上的路堤需作为变形观测的重点对象。填筑过程中,路堤中心线地面沉降速率应不大于 $10 \sim 15\text{mm/d}$,坡脚水平位移速率应不大于 5mm/d,应结合沉降和水平位移发展趋势对观测结果进行综合分析,填筑速率应以水平位移控制为主,超过标准应立即停止填筑。

软土地基上二级及以上公路路堤施工中,必须进行沉降和稳定的动态观测,要求见表5-15。

沉降和稳定动态观测　　　　　　　　　　　　　　　表5-15

观测项目	常用仪具名称	观测内容及目的
地表沉降量	地表型沉降计(沉降板)	根据测定数据调整填土速率;预测沉降趋势,确定预压卸载时间和结构物及路面施工时间;提供施工期间沉降土方量的计算依据
地表水平位移量及隆起量	地表水平位移桩(边桩)	监测地表水平位移及隆起情况,以确保路堤施工的安全和稳定
地下土体分层水平位移量	地下水平位移计(测斜管)	用作掌握分层位移量,推定土体剪切破坏的位置。必要时采用

观测仪表应在软土地基处理之后埋设,并在观测到稳定的初始值后,方可进行路堤填筑。在地基条件差、地形变化大、实际问题多的部位和土质调查点附近应设置观测点。同一路段不同观测项目的测点宜布置在同一横断面上。施工期间,应按设计要求进行沉降和稳定的跟踪观测,观测频率应与沉降、稳定的变形速率相适应,每填筑一层应观测一次;如果两次填筑间隔时间较长,每3天至少观测一次。路堤填筑完成后,堆载预压期间观测应视地基稳定情况而定,半月或每月观测一次,直到预压期结束。如地基稳定出现异常,应立即停止加载并采取措施处理,待路堤恢复稳定后,方可继续填筑。

进行软土地基稳定性观测时,一般路段沿纵向每100～200m设置一个观测断面,同时,每一路段应不少于3个断面;桥头路段应设置2～3个观测断面;桥头纵向坡脚、填挖交界的填方端、沿河等特殊路段应增设观测点。

位移观测一般按埋设边桩方式进行,应根据需要埋设在路堤两侧坡脚或坡脚以外3～5m处,并结合稳定分析,在预测可能的滑动面与地面的切点位置布设测点,一般在坡脚以外1～10m范围内设置3～4个位移边桩。同一观测断面的边桩应埋在同一横轴线上。边桩应埋置稳固,校核基点四周必须采用保护措施,并定期与工作基点桩校核。地面位移观测仪器要求测距精度±5mm,测角精度2″。沿河、临河等因临空面大而稳定性很差的路段,必要时需进行地基土体内部水平位移的观测。

沉降观测一般通过在原地面上埋设沉降板进行地基沉降的高程观测。沉降板埋置在路基中心、路肩及坡趾的基底。沉降板观测仪器要求往返测量精度为1mm/km。用于观测水平位移的标点桩、校核基点桩亦可同时用于沉降观测,埋设于坡趾及以外的标点桩一般检测地面沉降。堆载预压期间观测应视地基稳定情况而定,一般情况下,第一个月每3天观测1次,第二、三个月每7天观测一次,从第四个月起,每15天观测1次,直至预压期结束。

※第七节　路基施工新技术

我国是一个幅员辽阔、地理条件复杂多样的国家,各地在公路建设中所面临的技术问题因为具体条件的不同而不尽相同。许多地区因为地理、地质条件的限制而在公路施工建设中面临着相当多的技术难关。近年来,在广大建设者们的不懈努力下,在公路工程施工建设中各种新技术、新工艺和新材料不断涌现，许多的技术难题已经被攻克。与此同时，我国公路施工及验收的国家标准规范体系也在不断更新和完善过程中。本节主要介绍轻质路堤及道路拓宽改建中涉及的处治技术。

一、路基填料及压实和加固

我国对路基填料的每一部分都有相应的规定值，当路基填料达不到规定的最小强度要求时，应采取掺和粗粒料，或换填，或用石灰等稳定材料处理等措施，并规定对其他等级公路铺筑高级路面时，也要采用高速公路和一级公路的规定值。

当前路基施工，普遍采用了大吨位的压路机，碾压效果有了明显的改善，对于提高路基土的压实度起了很好的作用。

随着路基施工技术进步，对于特殊路基的处理技术也日渐成熟和完善。针对软土地基的施工处置措施包括采用轻质路堤、土工合成材料加固、CFG 桩和薄壁管桩加固等。

1. 轻质路堤

轻质路堤主要指用轻质（粉煤灰）或超轻质材料（聚苯乙烯泡沫塑料，英文缩写为 EPS）填筑的路基。作为燃煤电厂废料的粉煤灰，用于筑路可减少占地，利于环境。同时，它具有自重小、强度高、混合料强度随时间增长、压实性好、固结快、造价低等特点，在软土地基路段使用，具有可增加路基填筑高度、减少路基和地基沉降的明显优势。自 20 世纪 80 年代在沪宁高速公路路基填筑中研究和应用以来，已形成设计和施工技术规范，这里不再赘述。

超轻质材料 EPS 的重度约为 $0.18 \sim 0.4 \mathrm{kN/m^3}$，约为普通土重度 $14 \sim 20 \mathrm{kN/m^3}$ 的 $1/50 \sim 1/70$。EPS 的吸水率极小，隔热性能和耐水性能都很好，具有一定的强度，抗压强度为 $100 \sim 300 \mathrm{kPa}$，通常路基所承受上覆路堤压力小于 $100 \mathrm{kPa}$。因此，使用 EPS 作为路堤填料，可以减轻路堤重量，减小路堤沉降量，同时还能保证路堤稳定性，特别适用于软土地基的路堤填筑，某些情况下，还可处理软土地基。EPS 用作路堤填料时，施工非常方便，EPS 块体大小可根据需要进行生产，通常采用的 EPS 块体的尺寸为：长 3m、宽 1m、厚 0.5m，类似于手摆积木，无需大型机械。EPS 自身强度足以满足路堤荷载与边坡稳定性要求，应用中 EPS 填筑高度一般在 5m 左右，可填高度高达 20m。此外，EPS 用作路堤填料时，EPS 两侧坡面用土包边，其路堤边坡的稳定性取决于包边土体的稳定性，而包边土体的稳定性则可用常规土力学中边坡稳定性的方法确定。由于 EPS 本身是块体，且内聚力强，使用 EPS 填料会使路堤边坡更趋稳定。

EPS 路堤施工中，EPS 必须平放，为确保 EPS 填筑路基良好的排水性能，在最底层的 EPS 底部要垫铺透水砂层，并严格控制砂层及 EPS 铺砌层的平整度；铺砌的 EPS 块体之间不能留任何空隙，排列紧密，用黏结材料或合缝钉将 EPS 块体结合在一起，以防路堤填筑过程中 EPS 块体的相互错动与移位；若 EPS 块体间产生缝隙或高度差，必须用无收缩水泥砂浆调整。EPS 用作路堤超轻质填料的不利因素在于其抗风化性、耐冲击性和耐化学药剂性能差，但它作为路堤填料时被埋于土中，所受紫外线的影响小，老化缓慢，因此强度劣化很小。同时，EPS 不适用于在地表洪水泛滥地区用作路堤超轻质填料，以免地表洪水浮力将 EPS 路堤抬起，从而导致路堤破坏。此外，由于 EPS 造价较高，在国外主要应用于抢修工程的填筑，以及对作用于结构的上覆压力有限制的工程。

2. 土工合成材料加固

对于浅层(厚度一般小于 3m)的软土地基,可采用先在地表铺筑土工布,再填筑路堤,土工布起到分隔、过滤、排水和加速固结等作用,从而取代常规的置换方法。软土层厚度 3 ~ 5m,可采用土工布与砂垫层联合处治,排水砂垫层的厚度可由 50cm 减薄至 30cm。也可在路堤下面与地表之间铺设多层土工织物,利用材料的高抗拉强度克服地基的滑动变形来保持稳定,通过控制填土速率,配合超载预压,使地基迅速固结。

3. CFG 桩和薄壁管桩加固

CFG 桩是通过碎石、石屑、砂、粉煤灰掺水泥加水拌和,用各种成桩机械制成的可变强度桩。通过调整水泥掺量及配比,其强度等级在 C15 ~ C25 之间变化,是介于刚性桩与柔性桩之间的一种桩型。CFG 桩和桩间土一起,通过褥垫层形成 CFG 桩复合地基共同工作,可根据复合地基性状和计算进行工程设计。CFG 桩一般不用计算配筋,并且还可利用工业废料粉煤灰和石屑作掺和料,以进一步降低工程造价。

CFG 桩应根据现场条件选用下列施工工艺:①长螺旋钻孔灌注成桩,适用于地下水位以上的黏质土、粉土、素填土、中等密实以上的桩土;②长螺旋钻孔、管内泵压混合料灌注成桩,适用于黏质土、粉土、砂土,以及对噪声或泥浆污染要求严格的场地;③振动沉管灌注成桩,适用于粉土、黏质土及素填土地基。

水泥混凝土薄壁管桩是用水泥混凝土和钢筋通过离心成型法制成空心薄壁管桩,利用打桩机械将桩打入地基形成桩基平台。先张法预应力高强混凝土管桩称为 PHC 桩,先张法预应力混凝土管桩称为 PC 桩,先张法预应力高强混凝土薄壁管桩称为 PTC 桩,现浇混凝土薄壁管桩称为 PCC 桩。水泥混凝土薄壁管桩在同一建筑物基础中,可使用不同直径的管桩,容易解决布桩问题,可充分发挥每根桩的承载能力;单桩可接成任意长度,不受施工机械能力和施工条件局限;成桩质量可靠,沉桩后桩长和桩身质量可用直接手段进行监测;桩身耐锤击和抗裂性好,穿透力强;造价低廉,其单位承载力价格仅为钢桩的 1/3 ~ 2/3,并具有节省钢材、施工速度快、工后沉降少等特点。

二、路基智能压实技术

公路路基路面等工程施工过程中,对工程耐久性起关键作用的因素主要是填料质量和压实程度,因此,在控制好填料质量的前提下,压实质量的均匀性和压实程度对提高工程耐久性具有重要的意义。

振动压路机的振动轮在碾压过程中给路基施加振动压实力,路基也产生相应的动态响应,通过对振动轮动态响应的实时连续量测与处理,可以得到碾压过程中路基压实程度的连续监测数据。路基智能压实技术(Intelligent Compaction)就是综合应用微电子检测技术、无线通信技术、厘米级高精度定位等现代化技术,检测路基全时域、全断面的压实状况数据,连续记录精确位置(Compaction Location Value,CLV)、压实次数(Compaction Number,CN)、材料刚度(Compaction Material Siffness,CMS)、相对压实度(Compaction Control Value,CCV 或 Compaction Meter Value,CMV)、压实均匀性系数(Compaction Uniformity Value,CUV)、连续压实控制(Continuous Compaction Control,CCC)等参数,提高路基压实的均匀性和保证路基满足规定的压实度。

三、路基绿色防护施工技术

公路路基边坡采用绿色客土喷播、绿色生态草毯(三维植被网)等技术,保证路基在满足稳定的条件下,做到绿色生态,实现公路工程可持续发展。

1. 绿色客土喷播技术

绿色客土喷播是以团粒剂使用加筋纤维形成类似植物根茎的网络、客土形成团粒化结构,通过与水混合形成配合比合理的液体流土,采用加压喷浆方式形成稳定的绿色路基边坡表面的施工工艺。这种客土喷播绿色路基表面具有耐雨水,耐风侵蚀,牢固透气,与自然表土相类似或更优的多孔稳定土壤结构等特点。

2. 绿色生态草毯(三维植被网)技术

绿色生态草毯(三维植被网)是由土工织物、草种、强力加筋网等多种材料加工而成的一种可直接铺筑于边坡的防护技术。这种边坡具有防止土壤表面水分蒸发、防止雨水形成径流而对坡面形成保护作用、施工工艺简单和速度快、可根据当地的气候条件和年降雨量来选择适合的草种、节约水资源等特点。

四、新老路基结合处治技术

21世纪以来,我国许多道路交通量饱和,实施拓宽改造,其中需解决的关键技术问题是新老路基结合部的协调变形。不同条件下,新老路基不协调变形的组成不同,在保证路基稳定的前提下,须采取措施控制路基的不协调变形。按照处治措施的部位和处治机理,可以将不协调变形的控制技术划分为四大类:路面内部处治、路基内部处治、外部处治和综合处治,见表5-16。

新老路基结合部处治技术的初步分类　　　　　　　　　　　　表5-16

新老路基结合部处治技术	路面内部处治	增加厚度
		提高抗变形能力(加筋、设置网片……)
	路基内部处治	结合面处理
		填料及压实控制
		路基加筋
		轻质路堤
	外部处治	轻质路堤
		地基处理
		支挡结构
	综合处治	设置分隔带
		完善排水系统
		过渡性路面
		内、外部综合处治

如果按新老路基结合部不协调变形的主要来源划分,表5-16中的处治技术可分为:针对新老路基结合部不良地质条件的地基处理技术;针对新老路基结合强度不足的老路边坡处理

和结合部的加筋技术;针对路基自身的压缩变形过大的控制路基填料和压实度、采用轻质路基等措施;如果新老路基结合部的不协调变形由上述几种因素共同组成,则应采取综合处治技术,如表5-17所示。

针对不协调变形来源的处治技术及适用条件　　　　　　　　　　表 5-17

新老路基结合部不协调变形的主要来源	结合部处治技术	适用条件
新路基作用下地基的固结沉降	采取换填、抛石挤淤、复合地基、排水固结法处理结合部地基	不良地质条件下的路基拓宽、高填路堤等
新老路基结合部结合强度不足	老路边坡覆土处理、台阶开挖,结合部设置土工格栅等	老路边坡土受自然风化等作用强度较低,新老路基拼接困难
新老路基的自身压缩变形	优选新路基填料,提高压实度,新路基采用二灰、EPS轻质路堤	地质条件较好的路基拓宽
上述几种因素的组成	上述处治技术综合使用,同时考虑设置挡墙、路面辅助处治技术和完善排水系统等	各种不良地基、路基以及结合面条件

实际拓宽改建工程中,常常根据具体的工程特点,因地制宜地选用不同处治方式,有时综合使用多种处治技术。新老路基结合部的设计和施工是整个改建工程中一个非常重要的环节,需要精心设计、精心施工,确保工程质量,具体要求参见现行公路路基设计和施工相关技术规范,此处不再赘述。

【练习与讨论】

一、名词解释
压实度;最佳含水率;纵向通道掘进;横向全宽掘进。

二、问答题
1. 简述公路工程路基施工过程。
2. 试述路基施工的重要性。
3. 简述路基压实的意义、原理及压实原则。
4. 路堤正确填筑方法有哪些?各自适用条件是什么?
5. 路堑开挖有哪些方式?各自适用条件是什么?
6. 路基施工前应做好哪些准备工作?
7. 影响路基压实的因素有哪些?路基压实标准应根据哪些要求确定?
8. 路基加固的方法有哪些?请参阅资料具体说明1～2种加固方法的设计要求。
9. 简述两种轻质路堤施工的一般过程和注意事项。

AI 辅助讨论

请采用 AI 工具（如 DeepSeek、Kimi 等），根据要求生成讨论提纲和 PPT，提交讨论报告和汇报文件（PPT）。

讨论题（1）：路基压实是路基稳定性的基本保证，请根据路基土压实的原理，讨论路基压实机械的选择、压实度要求和控制技术。

要求：结合个人理解，以路基压实提升为目标，给出由 10～20 个关键词组成的提问句，然后利用 AI 工具完成"请结合路基土压实的原理，分析路基压实保证的措施及重点研究方向"的讨论报告和汇报文件（PPT）。

讨论题（2）：在山区，路基填料根据就地取材的原则，一般采用填石路基，这种填料级配、粒径等均难以控制，请结合填石路基的实际，讨论填石路基的施工控制技术。

要求：请结合个人理解，以山区填石路基质量提升为目标，给出由 10～20 个关键词组成的提问句，然后利用 AI 工具完成"请结合山区填石路基的实际，分析填石路基的施工控制技术的现状与趋势"的讨论报告和汇报文件（PPT）。

第六章

交通荷载与路面材料设计参数

【本章提要】

本章主要介绍交通荷载及其对路面的作用、轴载换算原则与方法以及路面结构层不同材料(无机结合料稳定材料、沥青混合料、水泥混凝土和粒料类材料)的强度、模量和疲劳参数的基本概念和测试方法。

【学习要求】

通过学习交通荷载及其对路面的作用,标准轴载及轴载换算原则与方法,掌握不同路面类型对应的轴载换算方法,了解轴数、轮组对路面结构的影响。

通过对无机结合料稳定类材料和沥青混合料的特点分析,掌握沥青路面结构设计的模量及设计标准确定方法,了解动态模量和疲劳寿命的内涵及应用。

通过对水泥混凝土材料的特点分析,掌握水泥混凝土路面结构设计的模量与设计标准确定方法,掌握水泥混凝土路面结构设计模量参数和指标参数的测定要求。

通过对粒料类材料的特点分析,了解粒料类材料模量参数的确定方法。

第一节 交通荷载及其对路面的作用

汽车是路基路面的服务对象,路基路面的主要作用是长期保证车辆快速、安全、平稳地通行。汽车荷载又是造成路基路面结构损伤的主要成因。因此，为了保证路基路面结构达到预定的功能，具有良好的结构性能，应调查交通荷载状况，包括汽车轮重与轴重的大小与特性；不同车型车轴的布置；设计期限内，汽车轴型的分布以及车轴通行量逐年增长的规律；汽车静态荷载与动态荷载特性比较等。

一、车辆的种类

按照《汽车、挂车及汽车列车的术语和定义　第 1 部分：类型》（GB/T 3730.1—2022），道路上通行的汽车车辆分为乘用车和商用车。乘用车（不超过 9 座）分为普通乘用车、活顶乘用车、高级乘用车、双门小轿车、敞篷车、仓背乘用车、旅行车、短头乘用车共 8 类。商用车分为客车、载货汽车、专项作业车和专门用途汽车共 4 类。客车细分为公路客车（长途客车）、卧铺客车、旅游客车、团体客车、城间客车、城市客车、专用客车、铰接客车、双层客车、轻型客车、无轨电车、越野客车。货车细分为普通货车、侧帘式货车、封闭式货车、多用途货车（皮卡车）、越野货车、半挂牵引车、牵引货车、专用货车。

乘用车自身重量与满载总重都比较轻，但车速高，一般可达 120km/h，有的可达 200km/h以上；中客车一般包括 10 ~ 19 个座位的中型客车；大客车一般是指 20 个座位以上的大型客车，包括铰接车和双层客车，主要用于长途客运与城市公共交通。

整车货车的货厢与汽车发动机为一整体；牵引式拖车的牵引车与拖车是分离的，由牵引车提供动力牵引后挂的拖车，有时可以拖挂两辆以上的拖车；牵引式半拖车的牵引车与拖车也是分离的，但是通过铰接相互连接，牵引车的后轴也担负部分货车的重量，货车厢的后部有轮轴系统，而前部通过铰接悬挂在牵引车上。

二、汽车的轴型

由于路面设计主要考虑轴载对路面的重复作用次数，同时无论是客车还是货车，车身的全部重量都通过车轴上的轮胎传给路面，因此，对于路面结构设计而言，更加重视汽车的轴载。由于轴载的大小直接关系到路面结构的响应，为了统一设计标准和便于交通管理，各个国家对于轴载的最大限值均有明确的规定。

整车形式的客车、货车车轴分前轴和后轴。绝大部分车辆的前轴为两个单轮组成的单轴，轴载约为汽车总重量的三分之一。极少数汽车的前轴由双轴单轮组成，双前轴的轴载约为汽车总重的一半。汽车的后轴有单轴、双轴和三轴三种，大部分汽车后轴由双轮组组成，只有少量轻型货车后轴由单轮组组成。每一根后轴的轴载大约为前轴轴载的两倍。目前，在我国公路上行驶的货车后轴轴载，一般为 60 ~ 130kN。

为了满足各个国家对汽车轴限的规定，货车趋向于增加轴组分散总重，因此出现了各种多轴的货车。有些运输专用设备的平板拖车，采用多轴多轮，以减轻对路面的作用。路面设计中车辆轴型根据轮组和轴组类型可分为 7 类（表 6-1），车辆类型根据轴型组合可分为 11 类（表 6-2）。为了控制轴载增加对车辆行驶安全和路面的影响，《汽车、挂车及汽车列车外廓尺寸、轴荷及质量限值》（GB 1589—2016）规定了车辆外廓尺寸、轴荷及质量限值（表 6-3、表 6-4）。表 6-5 为部分汽车的路面设计参数示例。

车辆轮组和轴组类型　　　　表 6-1

编号	轴型说明	编号	轴型说明
1	单轴（每侧单轮胎）	5	双联轴（每侧双轮胎）
2	单轴（每侧双轮胎）	6	三联轴（每侧单轮胎）
3	双联轴（每侧单轮胎）	7	三联轴（每侧双轮胎）
4	双联轴（每侧各一单轮胎、双轮胎）		

车辆类型分类　　　　表 6-2

编号	说明	典型车型及图式		其他主要车型
1 类	2 轴 4 轮车辆	11 型车		
2 类	2 轴 6 轮及以上客车	12 型客车		15 型客车
3 类	2 轴 6 轮整体式货车	12 型货车		
4 类	3 轴整体式货车（非双前轴）	15 型	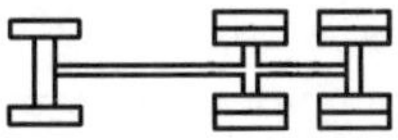	
5 类	4 轴及以上整体式货车（非双前轴）	17 型	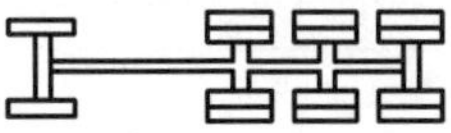	
6 类	双前轴整体式货车	112 型 115 型	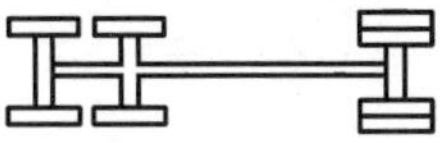	117 型
7 类	4 轴及以下半挂货车（非双前轴）	125 型	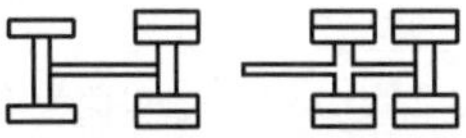	122 型
8 类	5 轴半挂货车（非双前轴）	127 型 155 型		
9 类	6 轴及以上半挂货车（非双前轴）	157 型		
10 类	双前轴半挂式货车	1127 型	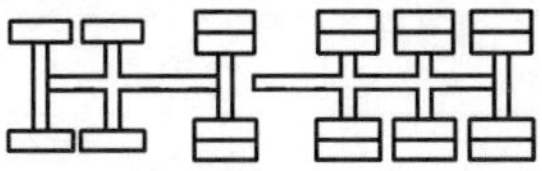	1122 型 1125 型 1155 型 1157 型
11 类	全挂货车	1522 型 1222 型	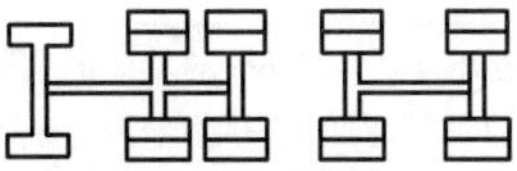	

211

汽车及挂车单轴、二轴组及三轴组的最大允许轴荷限值（单位:kg）　　表 6-3

类型			最大允许轴荷限值
单轴	每侧单轮胎		7 000[a]
	每侧双轮胎	非驱动轴	10 000[b]
		驱动轴	11 500
二轴组	轴距 < 1 000mm		11 500[c]
	轴距 ≥ 1 000mm,且 < 1 300mm		16 000
	轴距 ≥ 1 300mm,且 < 1 800mm		18 000[d]
	轴距 ≥ 1 800mm(仅挂车)		18 000
三轴组	相邻两轴之间距离 ≤ 1 300mm		21 000
	相邻两轴之间距离 > 1 300mm,且 ≤ 1 400mm		24 000

注:a 安装名义断面宽度不小于 425mm 轮胎的车轴,最大允许轴荷限值为 10 000kg;驱动轴安装名义断面宽度不小于
　　445mm 轮胎,最大允许轴荷限值为 11 500kg。
　b 装备空气悬架时最大允许轴荷限值为 11 500kg。
　c 二轴挂车最大允许轴荷限值为 11 000kg。
　d 汽车驱动轴为每轴每侧双轮胎且装备空气悬架时,最大允许轴荷限值为 19 000kg。

汽车、挂车及汽车列车的最大允许总质量限值（单位:kg）　　表 6-4

车辆类型			最大允许总质量限值
挂车	半挂车	一轴半挂车	18 000
		二轴半挂车	35 000
		三轴半挂车	40 000
	牵引杆挂车	二轴,每轴每侧为单轮胎	12 000[a]
		二轴,一轴每侧为单轮胎,另一轴每侧为双轮胎	16 000
		二轴,每轴每侧为双轮胎	18 000
	中置轴挂车	一轴	10 000
		二轴	18 000
		三轴	24 000
汽车列车		三轴	27 000
		四轴	36 000[b]
		五轴	43 000
		六轴	49 000

注:a 安装名义断面宽度不小于 425mm 的轮胎时,最大允许总质量限值为 18 000kg。
　 b 对于驱动轴为每轴每侧双轮胎并装备空气悬架,且半挂车的两轴之间的距离大于或等于 1 800mm 的铰接列车,最
　　大允许总质量限值为 37 000kg。

部分汽车的路面设计参数示例 表 6-5

序号	汽车型号	总重力 （kN）	载重力 （kN）	前轴重力 （kN）	后轴重力 （kN）	后轴数	轮组数	轴距 （cm）	出产国
1	解放 CA10B	80.25	40.00	19.40	60.85	1	双		中国
2	解放 CA15	91.35	50.00	20.97	70.38	1	双		中国
3	解放 CA30A	103.00	46.50	29.50	2 × 36.75	2	双		中国
4	解放 CA50	96.90	50.00	28.70	68.20	1	双		中国
5	解放 CA340	78.70	36.60	22.10	56.60	1	双		中国
6	解放 CA390	105.15	60.15	35.00	70.15	1	双		中国
7	东风 EQ140	92.90	50.00	23.70	69.20	1	双		中国
8	黄河 JN150	150.60	82.60	49.00	101.60	1	双		中国
9	黄河 JN162	174.50	100.00	59.50	115.00	1	双		中国
10	黄河 JN162A	178.50	100.00	62.28	116.22	1	双		中国
11	黄河 JN253	187.00	100.00	55.00	2 × 66.00	2	双		中国
12	黄河 JN360	270.00	150.00	50.00	2 × 110.0	2	双		中国
13	黄河 QD351	145.65	70.00	48.50	97.15	1	双		中国
14	延安 SX161	237.14	135.00	54.64	2 × 91.25	2	双	135.0	中国
15	长征 XD160	213.00	120.00	42.60	2 × 85.20	2	双		中国
16	长征 XD250	189.00	100.00	37.80	2 × 72.60	2	双		中国
17	长征 XD980	182.40	100.00	37.10	2 × 72.65	2	双	122.0	中国
18	长征 CZ361	229.00	120.00	47.60	2 × 90.70	2	双	132.0	中国
19	陕汽重卡 SX3256DR	250	125	70	2 × 90	2	双	377.5 + 140	中国
20	陕汽重卡 SX3310DB	310	163	65	65 + 2 × 90	3	双	180 + 457.5 + 140	中国
21	南阳 351	146.00	70.00	48.70	97.30	1	双		中国
22	齐齐哈尔 QQ560	177.00	100.00	56.00	121.00	1	双		中国
23	太脱拉 111	186.70	102.40	38.70	2 × 74.00	2	双	120.0	捷克
24	太脱拉 111R	188.40	102.40	37.40	2 × 75.50	2	双	122.0	捷克
25	太脱拉 111S	194.40	102.40	38.50	2 × 78.20	2	双	122.0	捷克
26	太脱拉 138	211.40	120.00	51.40	2 × 80.00	2	双	132.0	捷克
27	太脱拉 130S	218.40	120.00	50.60	2 × 88.90	2	双	132.0	捷克
28	太脱拉 138S	225.40	120.00	45.40	2 × 90.00	2	双	132.0	捷克
29	吉尔 130	85.25	40.00	25.75	59.50	1	双		俄罗斯

三、汽车对道路的静态作用

汽车对道路的作用力可分为停驻状态和行驶状态两种状态下的作用力。当汽车处于停驻状态时,对路面的作用力为静态压力,主要是由轮胎传给路面的竖向压力 P,它的大小受下述因素的影响:

（1）汽车轮胎的内压力 p_i；

（2）轮胎的刚度和轮胎与路面接触的形状；

（3）轮载的大小。

货车轮胎的标准静内压力 p_i 一般为 $0.4 \sim 0.7 \text{MPa}$。通常轮胎与路面接触面上的压力 p 略小于内压力 p_i，为 $(0.8 \sim 0.9)p_i$。车轮在行驶过程中，内压力会因轮胎充气温度升高而增加，因此，滚动的车轮，其接触压力也有所增加，为 $(0.9 \sim 1.1)p_i$。

轮胎的刚度随轮胎的新旧程度而有所不同，接触面的形状和轮胎的花纹也会影响接触压力的分布，一般情况下，接触面上的压力分布不均匀。不过在路面设计中，通常会忽略上述因素的影响，而直接取内压力作为接触压力，并假定压力在接触面上均匀分布。

轮胎与路面的接触面形状如图6-1所示，它的轮廓近似于椭圆形，因其长轴与短轴的差别不大，在工程设计中以圆形接触面积来表示。将车轮荷载简化成当量的圆形均布荷载，并采用轮胎内压力作为轮胎接触压力 p。接触面当量圆直径 D 可按式（6-1）确定。

$$D = 2\sqrt{\frac{2P}{\pi p}} \tag{6-1}$$

式中：P——作用在车轮上的荷载（kN）；

p——轮胎接触压力（kPa）。

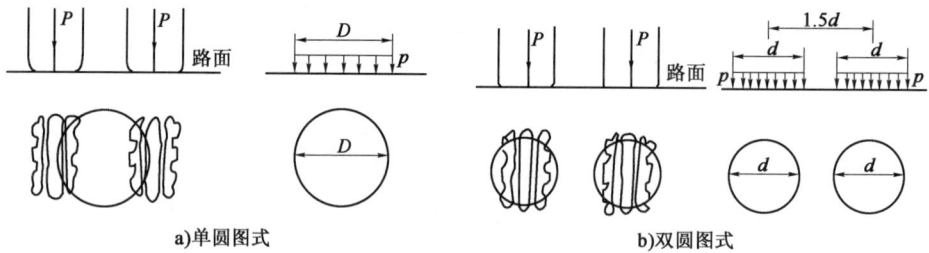

a)单圆图式　　　　　　　　　　　b)双圆图式

图6-1　车轮荷载计算图式

对于双轮组车轴，若每一侧的双轮用一个圆表示，称为单圆荷载[图6-1a)]；如用两个圆表示，则称为双圆荷载[图6-1b)]。单圆荷载的当量圆直径 D 和双圆荷载的直径 d，分别按式（6-2）、式（6-3）计算。

6. 车辆单圆荷载的动态演示

7. 车辆双圆荷载图式的动态演示

$$D = 2\sqrt{\frac{2P}{\pi p}} = \sqrt{2}d \tag{6-2}$$

$$d = 2\sqrt{\frac{P}{\pi p}} \tag{6-3}$$

我国路面设计规范中规定的标准轴载 BZZ-100 的 $P = 25(100/4)\text{kN}$，$p = 700\text{kPa}$，用式（6-2）、式（6-3）计算，可分别得到相应的当量圆直径为：$D = 0.302\text{m}$，$d = 0.213\text{m}$。

四、运动车辆对道路的动态作用

当汽车处于行驶状态时，除了施加给路面竖向压力之外，还给路面施加水平力。此外，由于汽车以较快的速度通过，这些动力影响还有瞬时性的特征。

汽车在道路上匀速行驶,车轮受到路面给它的滚动摩阻力,路面也相应受到车轮施加于它的一个向后的水平力;汽车在上坡行驶或者在加速行驶过程中,为了克服重力与惯性力,需要给路面施加向后的水平力,相应在下坡行驶或者在减速行驶过程中,为了克服重力与惯性力的作用,需要给路面施加向前的水平力。汽车在弯道上行驶,为了克服离心力,保持车身稳定不产生侧滑,需要给路面施加侧向水平力。特别是在汽车启动和制动过程中,施加于路面的水平力相当大。车轮作用于路面的竖向压力与水平力如图 6-2 所示。

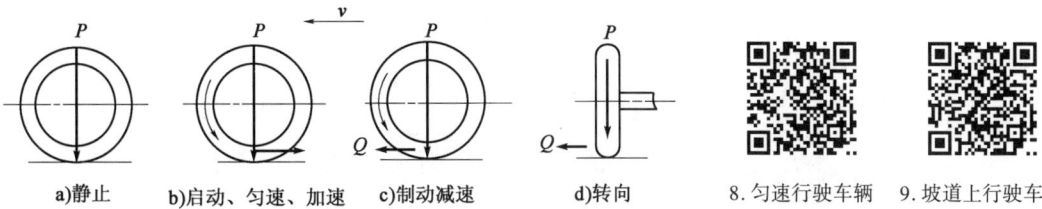

a)静止　　b)启动、匀速、加速　　c)制动减速　　d)转向

8. 匀速行驶车辆
对道路施加的作用

9. 坡道上行驶车辆
对道路施加的作用

图 6-2　车轮作用于路面的竖向压力与水平力

车轮施加于路面的各种水平力 Q 值与车轮的竖向压力 P 以及路面与车轮之间的附着系数 φ 有关,其最大值 Q_{max} 不会超过 P 与 φ 的乘积,即:

$$Q_{max} \leqslant P\varphi \qquad (6-4)$$

若以 q 和 p 分别表示单位接触面上的水平力和竖向接触压力,则最大水平力 q_{max} 应满足:

$$q_{max} \leqslant p\varphi \qquad (6-5)$$

表 6-6 所列的 φ 值为实地测量的资料。由表列 φ 值可以看出,φ 的最大值一般为 $0.7 \sim 1.0$,同路面类型和湿度以及行车速度有关。相同的路面类型,干燥状态的 φ 值比潮湿状态高;路面类型与干湿状态相同的情况下,车速越高,φ 值越小。

纵向滑移路面附着系数 φ　　　　　　　　　　　　　表 6-6

路面类型		干燥		潮湿	
		≤48km/h	>48km/h	≤48km/h	>48km/h
沥青混凝土路面	新建路段	0.80~1.00	0.60~0.70	0.50~0.80	0.45~0.75
	小交通量路段	0.60~0.80	0.55~0.70	0.45~0.70	0.40~0.65
	大交通量路段	0.55~0.75	0.45~0.65	0.45~0.65	0.40~0.60
水泥混凝土路面	新建路段	0.80~1.00	0.70~0.85	0.50~0.80	0.40~0.75
	小交通量路段	0.60~0.80	0.60~0.75	0.45~0.70	0.45~0.65
	大交通量路段	0.55~0.75	0.50~0.65	0.45~0.65	0.45~0.60

路面表面必须保持足够的附着系数,这是保证正常行车的重要条件。但是从路面结构本身来看,附着系数的大小直接关系结构层承受的水平荷载。在水平荷载的作用下,结构层产生复杂的应力状态,特别是面层结构,直接承受水平荷载作用,若面层抗剪强度不足,将会导致推挤、拥包、波浪、车辙等破坏现象。

汽车在道路上行驶,由于车身自身的振动和路面的不平整,其车轮实际上是以一定的频率和振幅在路面上跳动,作用在路面上的轴载时而大于静态轴载,时而小于静态轴载,图 6-3 所示即为水泥混凝土路面轴载变化的实例。轴载主要随行车速度、路面的平整度、车辆的振动特性三个因素而变化。

振动轮载的最大峰值与静载之比称为冲击系数。在较平整的路面上,行车速度不超过50km/h时,冲击系数不超过1.30。车速增加或路面平整性不良,则冲击系数还要增大。在设计路面时,有时以静轮载乘以冲击系数作为设计荷载。

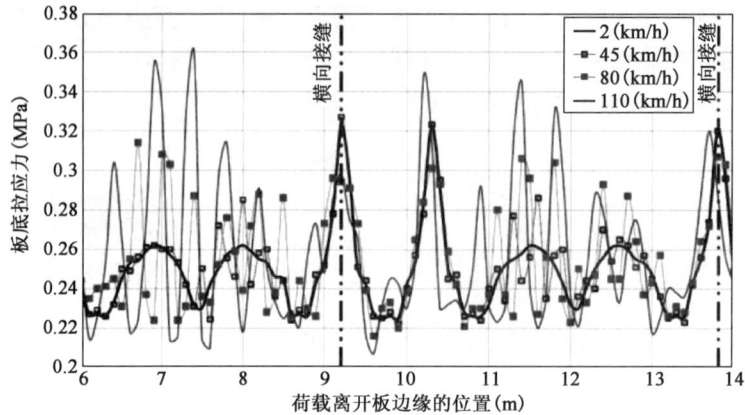

图6-3 水泥混凝土路面轴载的动态变化

行驶的汽车对路面施加的荷载有瞬时性,车轮通过路面上任一点,路面承受荷载的时间是很短的,只有0.01~0.10s。在路面以下一定深度处,应力作用的持续时间略长一点,但仍然十分短暂。由于路面结构中应力传递是通过相邻的颗粒来完成的,若应力出现的时间很短,则来不及传递分布,其变形特性便不能像静载那样呈现得比较完全。美国各州公路及运输工作者协会(AASHTO)曾对不同车速下沥青路面和水泥混凝土路面的变形进行量测(图6-4),结果表明,当行车速度由3.2km/h提高到56km/h,沥青路面的表面竖向变形(弯沉)减少36%;当行车速度由3.2km/h提高到96.7km/h,水泥混凝土路面的板角挠度和板边应变量减少29%左右。

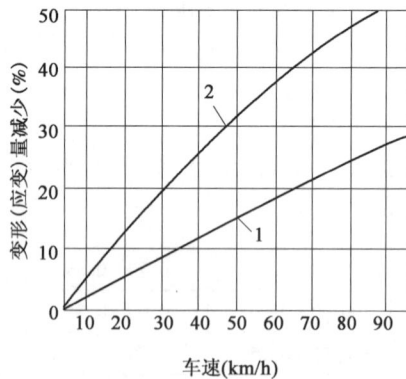

图6-4 车速与路面变形的关系
1-水泥混凝土路面,板角挠度和板边应变量随车速的变化;2-沥青路面,表面总弯沉量随车速的变化

动荷载作用下路面变形量的减小,可以理解为路面结构刚度的相对提高,或者是路面结构强度的相对增大。

五、交通荷载对路面的重复作用

汽车荷载对路面的多次重复作用也是一项重要的动态影响。在行车繁密的道路上,路面结构每天将承受上千次,甚至数万次车轮荷载的作用,在路面的整个使用期限内承受的轮载作用次数更为可观。路面承受一次轮载作用和承受多次重复轮载作用的效果并不一样。对于弹性材料,在重复荷载作用下,呈现出材料的疲劳性质,也就是材料的强度将随荷载重复次数的增加而降低。对于弹塑性或黏弹性材料,如土基和柔性路面,在重复荷载作用下,将呈现出变形的逐渐增大,称为变形的累积。因此,对于路面设计,不仅要重视静轴载与动轴载的量值,道路通行的各类轴载的数量也是重要的因素。

道路上通行的车辆不仅具有不同的类型和轴重,而且通行的交通量也是变化的。因此,交通量与交通荷载组成均是随机变量,随着时间、地点以及年限不同都在变化。路面结构设计中,为了准确衡量交通量,使交通量具有可比性,并准确考虑和计算车辆荷载对路面的综合累计损伤作用,必须分车型和轴型调查,确定各车型和轴型间的关系,寻求其换算系数,并通过适当的方式将不同车型和轴型换算成标准车型与轴型。

第二节 交通数据调查

道路路面设计所用的交通量与公路等级确定时的交通量有很大的区别。公路等级确定时将混合交通量换算成为以小汽车或中型载重汽车为标准的交通当量。而道路路面设计中,首先调查获取不同车辆类型的混合交通量,接着确定其轴型和轴载组成,一般选用一种轴载作为路面结构设计的标准轴载,其他各种轴载按照一定的原则换算为标准轴载,从而获得当量设计轴载累计作用次数。为了进行轴载换算,交通数据调查应包括交通量及其增长率、方向系数、车道系数、车辆类型组成、轴型组成和轴重等。

一、调查方法

路面设计的交通量调查方法与交通工程用于规划与道路可行性研究的交通量调查方法完全不同,后者主要关心某一路段或横断面的交通数量,而前者不仅要关心某一路段或横断面的交通数量,还要十分重视各类车型的轴载质量。进行车辆轴载称量的方法有多种:人工千斤顶称重、地磅静态称重、桥涵感应式车辆称重。人工千斤顶称重由于劳动强度高、称重精度低、称重过程不安全等因素,一般不能作为常规的轴载质量称量方法。地磅静态称重要求车辆静止停放在称重设备上,因而会影响到正常的交通,只能指定对象进行,无法保证获得数据的连续性和客观性。桥涵感应式车辆称重法通过事先的标定来测定车辆以一定速度运动时的质量,但是其精度相对较低,同时与车辆运动的速度有关。

二、交通量

在道路路面设计中,交通量是指一定时间间隔(如设计年限)内各类车辆通过某一道路横断面的数量(双向)。为了获得设计年限内的总交通量,通常首先需要确定设计道路的初始年平均日交通量,也即通车第一年的年平均日交通量,按式(6-6)进行计算。

$$\text{AADT} = \frac{1}{365}\sum_{i=1}^{365} Q_i \tag{6-6}$$

式中:AADT——初始年平均日交通量;

Q_i——规定时间(365 天)内的每日实际交通量。

可通过现有交通量观测站的调查资料,得到该道路设计的初始年平均日交通量,也可以根据需要,临时设站进行观测。当然这种观测只是短期的,仅为若干天,并且每天可能只观测若干小时。对此,可利用当地长期观测所得的时间分布规律,即月分布不均匀系数、日分布不均匀系数和小时分布换算系数,将临时观测结果按相应的换算系数换算成年平均日交通量。

在我国现行的路面设计规范中,一般是将获取的初始年平均日交通量(AADT,双向)及其车辆类型组成数据,剔除 2 轴 4 轮及以下的客、货运车辆交通量,得到 2 轴 6 轮及以上车辆(也即包括大型客车在内的货车)的交通量,作为设计用双向初期年平均日交通量(AADTT)。双向初期年平均日交通量乘以方向系数(DDF)和车道系数(LDF),即为设计车道 2 轴 6 轮及以上车辆的年平均日交通量。

$$Q_1 = AADTT \times DDF \times LDF \tag{6-7}$$

式中:Q_1——设计车道 2 轴 6 轮及以上车辆的年平均日交通量;

AADTT——2 轴 6 轮及以上车辆的双向初期年平均日交通量;

DDF——方向系数;

LDF——车道系数。

方向系数宜根据不同方向上实测交通量数据确定,无实测数据时可在 0.5 ~ 0.6 范围内选取。沥青路面的车道系数可以按下列三个水平确定:水平一,根据现场交通量观测资料统计设计方向不同车道上车辆的数量,确定车道系数;水平二,采用当地的经验值;水平三,采用表 6-7 的推荐值。改建路面设计应采用水平一,新建路面设计可采用水平二或水平三。水泥混凝土路面的车道系数按表 6-7 确定。

车道系数 表 6-7

单向车道数	1	2	3	≥4
高速公路	—	0.70 ~ 0.85	0.45 ~ 0.60	0.40 ~ 0.50
其他等级公路	1.00	0.50 ~ 0.75	0.50 ~ 0.75	—

注:交通受非机动车和行人影响严重时取低限,反之取高值。

三、车型与轴载组成

不同车型具有不同的轴组与轴重,而不同轴组和轴重给路面结构带来的损伤程度是不同的。对路面结构设计,除了设计期限内的累计交通量之外,另一个重要的交通因素便是各级轴载作用次数与总作用次数之比,即轴载组成或轴载谱。根据实测的通过轴载次数和相应的轴重,整理成图 6-5 所示的直方图,作为该道路通行的各级轴载的典型轴载谱。由交通调查得到不同车型的组成分布,进而获取每种车型每日通行的轴载数,乘以相应的轴载谱百分率,即可推算出所有车辆各级轴载的作用次数。

可通过实地设立站点进行各类车辆的轴型调查和轴重测定,或者利用该地区或相似类型公路已有称重站的车型、轴型和轴重测定统计资料,获取设计公路的车辆类型、轴型和轴重组成数据。为便于统计,将表 6-2 中 2 ~ 11 类车统称为大型客车和货车,并将某一类车型数量占2 ~ 11 类车辆总数的百分比称为车辆类型分布系数 VCDF,整体货车(3 ~ 6 类车之和)或半挂货车(4 ~ 10 类车之和)占 2 ~ 11 类车辆总数的百分比称为货车类型系数,根据货车类型系数确定车辆等级类别 TTC。

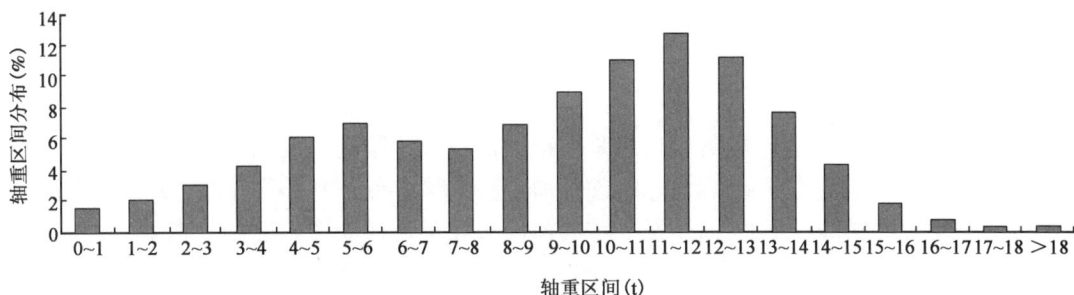

图 6-5 轴载谱

（1）沥青路面

对于沥青路面,车辆类型分布系数可按三个水平确定:水平一,根据交通观测资料分析2 ~ 11 类车型所占的百分比,得到车辆类型分布系数;水平二,根据交通历史数据或经验数据按表 6-8 确定公路 TTC 分类,采用该 TTC 分类车辆类型分布系数当地经验值;水平三,根据交通历史数据或经验数据计算货车类型系数,再按表 6-8 确定公路 TTC 分类,采用表 6-9 规定的车辆类型分布系数。在确定轴载谱时,分别针对 2 ~ 11 类车辆,统计不同轴型在不同轴重区间所占的百分比,得到每类车辆不同轴型的轴重分布系数,即轴载谱。单轴单胎、单轴双胎、双联轴和三联轴应分别间隔 2.5kN、4.5kN、9.0kN 和 13.5kN 划分轴重区间。

公路 TTC 分类标准（单位:%）   表 6-8

TTC 分类	整体式货车比例	半挂式货车比例
TTC1	<40	>50
TTC2	<40	<50
TTC3	40 ~ 70	>20
TTC4	40 ~ 70	<20
TTC5	>70	—

注:表中整体式货车为表 6-2 中 3 ~ 6 类车,半挂式货车为表 6-2 中 7 ~ 10 类车。

不同 TTC 分类的车辆类型分布系数 VCDF（单位:%）   表 6-9

TTC 分类	2 类	3 类	4 类	5 类	6 类	7 类	8 类	9 类	10 类	11 类
TTC1	6.4	15.3	1.4	0.0	11.9	3.1	16.3	20.4	25.2	0.0
TTC2	22.0	23.3	2.7	0.0	8.3	7.5	17.1	8.5	10.6	0.0
TTC3	17.8	33.1	3.4	0.0	12.5	4.4	9.1	10.6	8.5	0.7
TTC4	28.9	43.9	5.5	0.0	9.4	2.0	4.6	3.4	2.3	0.1
TTC5	10.0	42.3	14.8	0.0	22.7	2.0	2.3	3.2	2.5	0.2

（2）水泥混凝土路面

对于水泥混凝土路面,重点是获得单轴轴载谱,可采用以轴型为基础和以车辆类型为基础两种方法获得单轴轴载谱。以轴型进行称重和统计时,随机统计 3 000 辆 2 轴 6 轮及以上车辆中单轴、双联轴和三联轴等不同轴型出现的单轴次数,并分别称取其单轴轴重,可按单轴轴重级位统计整理后得到轴载谱。以车辆类型为基础进行各种轴型的轴载称重和统计时,可将2轴6轮及以上车辆分为整车、半挂和多挂3大类,调查获取车辆类型组成比例,每类车再按轴数细分,分别按车型称重后得到单轴轴载谱。

四、轮迹横向分布

车辆在道路上行驶时,车轮的轨迹总是在横断面中心线附近一定范围内左右摆动。由于轮迹的宽度远小于车道的宽度,因而总的轴载通行次数既不会集中在横断面上某一固定位置,也不可能平均分配到每一点上,而是按一定规律分布在车道横断面上,因此,把某点通行次数与总通行次数之比称为轮迹的横向分布。图6-6所示为单向行驶时一个车道内的轮迹横向分布频率曲线,图6-7所示为混合行驶时双车道内轮迹横向分布频率曲线。

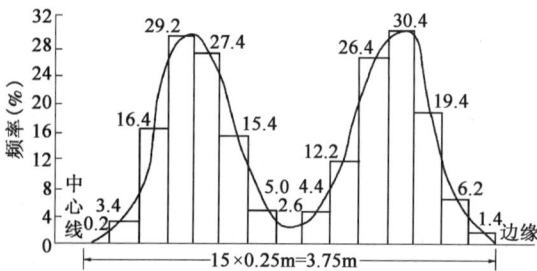

图6-6 轮迹横向分布频率曲线(单向行驶一个车道)   图6-7 轮迹横向分布频率曲线(混合行驶双车道)

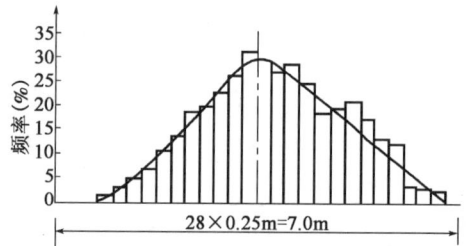

分布频率曲线中的直方图条带宽为0.25m,大约接近轮迹宽度,以条带上受到的车轮作用次数除以车道上受到的作用次数作为该条带的频率。由图6-6可见,在单向行车的一个车道上,由于行车的渠化,频率曲线出现两个峰值,达到30%,而车道边缘处频率很低。由图6-7可见,混合行驶的双车道,车辆集中在双车道中央,频率曲线出现一个峰值,约为30%,两侧边缘频率很低。

轮迹横向分布频率曲线图形随许多因素而变化,如交通量、交通组成、车道宽度、交通管理规则等,需分别根据各种不同情况,通过实地调查,才能确定。

在路面结构设计中,用横向分布系数 η 来反映轮迹横向分布频率的影响。测试时通常取宽度为两个条带的宽度,即50cm,因为双轮组每个轮宽20cm,轮隙宽10cm。这时的两个条带频率之和称为轮迹横向分布系数。

轮迹横向分布系数一般仅在水泥混凝土路面设计中使用,用于考虑设计车道上车轮荷载在水泥混凝土板临界荷位处的作用。表6-10列出了水泥混凝土路面轮迹横向分布系数的建议值。

水泥混凝土路面轮迹横向分布系数   表6-10

公路等级		纵缝边缘处
高速公路、一级公路、收费站		0.17 ~ 0.22
二级及二级以下公路	行车道宽>7m	0.34 ~ 0.39
	行车道宽≤7m	0.54 ~ 0.62

注:车道、行车道较宽或者交通量较大时,取高值;反之,取低值。

第三节　标准轴载及轴载换算

为了量化交通量以及不同车辆类型对路面结构的综合累积损伤作用,路面结构设计中一般选用一种轴载作为路面结构设计的标准轴载,其他各种轴载按照一定的原则换算成标准轴载,从而将交通量转换为结构设计用的当量设计轴载累计作用次数。

一、标准轴载

标准轴载一般要求对路面的响应较大,同时又能反映本国公路运输运营车辆的总体轴载水平。我国根据公路运输运营车辆的实际水平,规定公路与城市道路路面设计采用轴重为100kN的单轴-双轮组轴载为设计轴载,其计算图式如图6-1b)所示,计算参数见表6-11。其他国家的设计标准轴载为美国18kip(80.1kN-单轴,1kN = 224.809lbf)、32kip(142.34kN-双轴);德国110kN;印尼50kN;黎巴嫩140kN。联合国141个成员国的比例如下:小于100kN占67.36%、101kN ~ 110kN占11.56%、111kN ~ 120kN占5.44%、大于121kN占15.64%。

设计轴载的参数　　　　　　　　　　　　　　　　　　表6-11

设计轴载(kN)	轮胎接地压强(MPa)	单轮接地当量圆直径(mm)	两轮中心距(mm)
100	0.70	213.0	319.5

设计轴载的大小直接关系到路面结构的设计承载力与结构强度,标准轴载问题涉及运输经济和路面结构经济性两个方面。国外目前有货车重型化、载客汽车小型化的趋势,使公路运输承受的轴载增加,路面的损坏问题日趋严重。在我国,由于市场经济的逐步建立,公路货运的经济性为货运部门主要考虑的因素,重轴载车辆的比例越来越大。路面结构的早期破坏与超出规定的重轴载车辆有很大的关系,因此,必须加强管理,尽可能限制超出规定的重轴载车辆的运行(表6-3和表6-4给出了轴载和总质量的限值要求)。

车辆超载和超限是两个不同的概念。超载运输是指车辆所装载的货物(或人员)超过车辆额定的载货质量(或人员数)。公路超限运输是指在公路上行驶的车辆、工程机械,其总质量、轴载质量、外形尺寸三者之一超过法定的限值标准。其中总质量和轴载质量超限是直接关系道路结构破坏的因素。超载但不超限的车辆对路面的使用寿命有一定的影响,超载且超限的车辆对路面的使用寿命有很大的影响,有的甚至超过路面或桥梁结构的极限承载力,使路面出现结构性破坏,或使桥梁结构出现整体性破坏,产生严重的安全事故。对超载条件下路面结构的设计问题,公路设计技术人员应十分重视。

二、轴载换算基本原则

由于路面上作用的混合交通中车辆的轴组、轮组和轴重各不相同,因此,在一定轴载范围内,需要根据轴载换算原则进行当量轴载换算。在进行换算时,应该遵循两项原则:第一,换算以达到相同临界状态为标准。不同轴载在同一路面结构上重复作用不同次数后,可使结构层永久变形量或疲劳破坏达到相同极限状态。第二,对某一种交通组成,不论以哪种轴载标准进行换算,由换算所得轴载作用次数计算的路面厚度相同。我国现行沥青路面设计方法中采用沥青混合料层疲劳寿命、无机结合料稳定层疲劳寿命、沥青混合料层永久变形和路基永久变形为主要设计标准，因此，轴载换算时采用了沥青混合料层层底拉应变、无机结合料稳定层层底拉应力、沥青混合料层永久变形量和路基顶面竖向压应变为指标的轴载换算方法。我国现行水泥混凝土路面设计方法中则采用水泥混凝土面板底面的弯拉应力为指标进行轴载换算。

三、沥青路面的轴载换算方法

采用本章第二节交通数据调查方法，获得交通量及其增长率、方向系数、车道系数、车辆类型组成、轴型组成和轴重等。各类车辆当量设计轴载换算系数可以按三个水平确定，高速公路和一级公路的新建或改建设计应采用水平一，其他情况可采用水平二或水平三。

1. 水平一

采用称重设备连续采集设计车道上车辆类型、轴型组成和轴重数据，按下列步骤分析各类车辆当量换算系数：

（1）分别统计 2 ~ 11 类车辆单轴单胎、单轴双胎、双联轴和三联轴的数量，除以各类车辆总量，按式（6-8）计算各类车辆中不同轴型平均轴数。平均轴数是指 2 ~ 11 类车辆中，每种车型不同类型轴（单轴单胎、单轴双胎、双联轴和三联轴）数量的平均值。

$$\text{NAPT}_{mi} = \frac{\text{NA}_{mi}}{\text{NT}_m} \tag{6-8}$$

式中：NAPT_{mi}——m 类车辆中 i 种轴型的平均轴数；

NA_{mi}——m 类车辆中 i 种轴型总数；

NT_m——m 类车辆总数；

i——分别为单轴单胎、单轴双胎、双联轴和三联轴；

m——表 6-2 所列 2 ~ 11 类车。

（2）按式（6-9）计算 2 ~ 11 类车辆不同轴型在不同轴重区间所占的百分比，得到不同轴型的轴重分布系数，即轴载谱。因此，轴重分布系数（轴载谱）是指对给定的车型和轴载类型，轴重位于一定轴重区间的轴数占总轴数的百分比。确定轴载谱时，单轴单胎、单轴双胎、双联轴和三联轴应分别间隔 2.5kN、4.5kN、9.0kN 和 13.5kN 划分轴重区间。

$$\text{ALDF}_{mij} = \frac{\text{ND}_{mij}}{\text{NA}_{mi}} \tag{6-9}$$

式中：ALDF_{mij}——m 类车辆中 i 种轴型在 j 级轴重区间的轴重分布系数；

ND_{mij}——m 类车辆中 i 种轴型在 j 级轴重区间的数量；

NA_{mi}——m 类车辆中 i 种轴型的数量。

（3）按式（6-10）计算 2 ~ 11 类车辆各种轴型在不同轴重区间的当量设计轴载换算系数，计算时取各轴重区间中点值作为该轴重区间代表轴重。EALF_{mij} 为代表轴重 P_{mij} 的作用次数换算为设计轴载 P_s 的作用次数的当量设计轴载换算系数，可按式（6-11）计算各类车辆当量设计轴载换算系数。

$$\text{EALF}_{mij} = c_1 c_2 \left(\frac{P_{mij}}{P_s} \right)^b \tag{6-10}$$

式中:P_s——设计轴载(kN);

P_{mij}——m 类车辆中 i 种轴型在 j 级轴重区间的单轴轴载(kN),对双联轴和三联轴,为平均分配到每根单轴的轴载;

b——换算指数,以沥青混合料层层底拉应变为设计指标分析沥青混合料层疲劳和以沥青混合料永久变形量为设计指标分析沥青混合料层永久变形时,$b=4$;以路基顶面竖向压应变为设计指标分析路基永久变形时,$b=5$;以无机结合料稳定层层底拉应力为设计指标分析无机结合料稳定层疲劳时,$b=13$;

c_1——轴组系数,前后轴间距大于 3m 时,分别按单个轴计算,$c_1=1$;轴间距小于 3m 时,按表6-12取值;

c_2——轮组系数,双轮组为 1.0,单轮时取 4.5。

轴组系数取值　　　　　　　　　　　　　　　　　表 6-12

设计指标	轮-轴型	c_1 取值
沥青混合料层层底拉应变、沥青混合料层永久变形量	双联轴	2.1
	三联轴	3.2
路基顶面竖向压应变	双联轴	4.2
	三联轴	8.7
无机结合料稳定层层底拉应力	双联轴	2.6
	三联轴	3.8

$$\text{EALF}_m = \sum_i \left[\text{NAPT}_{mi} \sum_j (\text{EALF}_{mij} \times \text{ALDF}_{mij}) \right] \tag{6-11}$$

式中:EALF_m——m 类车辆的当量设计轴载换算系数;

NAPT_{mi}——m 类车辆中 i 种轴型的平均轴数,根据式(6-8)计算;

EALF_{mij}——m 类车辆中 i 种轴型在 j 级轴重区间当量设计轴载换算系数,根据式(6-10)计算;

ALDF_{mij}——m 类车辆中 i 种轴型在 j 级轴重区间的轴重分布系数,根据式(6-9)计算。

2. 水平二和水平三

按式(6-12)确定各类车辆的当量设计轴载换算系数,式中的非满载车和满载车的比例和当量设计轴载换算系数,水平二时取当地经验值,水平三时取表6-13 和表6-14 所列全国经验值。

$$\text{EALF}_m = \text{EALF}_{ml} \times \text{PER}_{ml} + \text{EALF}_{mh} \times \text{PER}_{mh} \tag{6-12}$$

式中:EALF_{ml}——m 类车辆中非满载车的当量设计轴载换算系数;

EALF_{mh}——m 类车辆中满载车的当量设计轴载换算系数;

PER_{ml}——m 类车辆中非满载车所占的百分比;

PER_{mh}——m 类车辆中满载车所占的百分比。

2~11 类车辆非满载车与满载车比例　　　　　　　　表 6-13

车型	非满载车比例	满载车比例
2 类	0.80~0.90	0.10~0.20

续上表

车型	非满载车比例	满载车比例
3 类	0.85 ~ 0.95	0.05 ~ 0.15
4 类	0.60 ~ 0.70	0.30 ~ 0.40
5 类	0.70 ~ 0.80	0.20 ~ 0.30
6 类	0.50 ~ 0.60	0.40 ~ 0.50
7 类	0.65 ~ 0.75	0.25 ~ 0.35
8 类	0.40 ~ 0.50	0.50 ~ 0.60
9 类	0.55 ~ 0.65	0.35 ~ 0.45
10 类	0.50 ~ 0.60	0.40 ~ 0.50
11 类	0.60 ~ 0.70	0.30 ~ 0.40

2 ~ 11 类车辆当量设计轴载换算系数　　　　表 6-14

车型	沥青混合料层层底拉应变、沥青混合料层永久变形量		无机结合料稳定层层底拉应力		路基顶面竖向压应变	
	非满载车	满载车	非满载车	满载车	非满载车	满载车
2 类	0.8	2.8	0.5	35.5	0.6	2.9
3 类	0.4	4.1	1.3	314.2	0.4	5.6
4 类	0.7	4.2	0.3	137.6	0.9	8.8
5 类	0.6	6.3	0.6	72.9	0.7	12.4
6 类	1.3	7.9	10.2	1 505.7	1.6	17.1
7 类	1.4	6.0	7.8	553.0	1.9	11.7
8 类	1.4	6.7	16.4	713.5	1.8	12.5
9 类	1.5	5.1	0.7	204.3	2.8	12.5
10 类	2.4	7.0	37.8	426.8	3.7	13.3
11 类	1.5	12.1	2.5	985.4	1.6	20.8

3. 当量设计轴载累计作用次数

根据前述确定的车辆当量设计轴载换算系数,结合本章第二节的交通量调查数据,按式(6-13)确定初始年设计车道日平均当量轴次 N_1。

$$N_1 = \text{AADTT} \times \text{DDF} \times \text{LDF} \times \sum_{m=2}^{11} (\text{VCDF}_m \times \text{EALF}_m) \tag{6-13}$$

式中：AADTT——2 轴 6 轮及以上车辆的双向年平均日交通量(辆/日)；

　　　DDF——方向系数；

　　　LDF——车道系数,见表 6-7；

m——车辆类型编号,见表6-2;

VCDF_m——m 类车辆类型分布系数,见表6-9;

EALF_m——m 类车辆的当量设计轴载换算系数。

根据初始年设计车道日平均当量轴次 N_1、设计使用年限等,按式(6-14)计算设计车道上的当量设计轴载累计作用次数 N_e。

$$N_\mathrm{e} = \frac{\left[(1 + \gamma)^t - 1\right] \times 365}{\gamma} N_1 \tag{6-14}$$

式中:N_e——设计使用年限内设计车道上的当量设计轴载作用次数(次);

t——设计使用年限(年);

γ——设计使用年限内交通量的年平均增长率;

N_1——初始年设计车道日平均当量轴次(次/d)。

四、水泥混凝土路面的轴载换算方法

水泥混凝土路面结构设计也以 100kN 的单轴-双轮组荷载作为标准设计轴载,并以水泥混凝土面板底面的弯拉应力为指标进行轴载换算。

1. 以轴型为基础的换算方法

各类车辆按轴型称重和统计时,可采用以轴型为基础的轴载当量换算系数法计算设计车道使用初期的设计轴载日作用次数。随机统计 3 000 辆 2 轴 6 轮及以上车辆中单轴、双联轴和三联轴等不同轴型出现的单轴次数,并分别称取其单轴轴重。可按单轴轴重级位统计整理后得到轴载谱,并按式(6-15)计算确定不同轴重级位的设计轴载当量换算系数。

$$k_{\mathrm{p},i} = \left(\frac{P_i}{P_\mathrm{s}}\right)^{16} \tag{6-15}$$

式中:$k_{\mathrm{p},i}$——不同单轴轴重级位 i 的设计轴载当量换算系数;

P_i——单轴-单轮、单轴-双轮组、双轴-双轮组或三轴-双轮组轴型中单轴级位 i 的轴重(kN);

P_s——设计轴载的轴重(kN)。

依据单轴轴载谱和相应的设计轴载当量换算系数,可按式(6-16)计算得到设计车道使用初期的设计轴载日作用次数。

$$N_\mathrm{s} = \mathrm{ADTT} \frac{n}{3\,000} \sum_i (k_{\mathrm{p},i} \cdot p_i) \tag{6-16}$$

式中:N_s——设计车道的设计轴载日作用次数[轴次/(车道·日)];

ADTT——设计车道的年平均日货车交通量[辆/(车道·日)];

n——随机调查 3 000 辆 2 轴 6 轮以上车辆中出现的单轴总轴数;

p_i——单轴轴重级位 i 的频率(以分数计)。

2. 以车辆类型为基础的换算方法

以车辆类型为基础进行各种轴型的轴载称重和统计时,可采用车辆当量轴载系数法计算分析设计车道使用初期的设计轴载日作用次数。

可将 2 轴 6 轮及以上车辆分为整车、半挂和多挂 3 大类,每类车再按轴数细分,分别按车型称重后得到单轴轴载谱。可由式(6-15)和式(6-17)计算得到各类车辆的设计轴载当量换算系数。

$$k_{p,k} = \sum_i k_{p,i} \cdot p_i \tag{6-17}$$

式中:$k_{p,k}$——k 类车辆的设计轴载当量换算系数;

　　　p_i——k 类车辆单轴轴重级位 i 的频率(以分数计)。

依据调查所得的车辆类型组成数据,可按式(6-18)计算确定设计车道使用初期的设计轴载日作用次数。

$$N_s = \text{ADTT} \times \sum_k (k_{p,k} \cdot p_k) \tag{6-18}$$

式中:p_k——k 类车辆的组成比例(以分数计)。

3. 当量设计轴载累计作用次数

设计基准期内水泥混凝土路面设计车道临界荷位处所承受的设计轴载累计作用次数,可按照式(6-19)计算确定。

$$N_e = \frac{N_s \cdot \left[(1 + g_r)^t - 1 \right] \times 365}{g_r} \cdot \eta \tag{6-19}$$

式中:N_e——设计基准期内设计车道所承受的设计轴载累计作用次数(轴次/车道);

　　　t——设计基准期(年);

　　　g_r——基准期内货车交通量的年平均增长率(以分数计);

　　　η——临界荷位处的车辆轮迹横向分布系数,按表6-10选用。

五、交通荷载分级

由于不同等级的道路承受不同的交通荷载作用,为了判别道路承受荷载的轻重,现行《公路沥青路面设计规范》(JTG D50)和《公路水泥混凝土路面设计规范》(JTG D40)分别进行了交通荷载等级的划分。

(1)沥青路面交通荷载等级划分

沥青路面结构设计采用多项设计指标,不同设计指标分别采用不同的轴载换算参数,从而对应不同的当量设计轴载累计作用次数。如采用当量设计轴载累计作用次数划分交通荷载等级,需针对各设计指标分别提出划分标准,应用不便。此外,不同等级公路设计使用年限不同,日平均交通量无法反映设计使用年限内累计交通量。因此,沥青路面以设计使用年限内累计大型客车和货车交通量之和划分交通荷载等级,见表6-15。

沥青路面交通荷载分级　　　　　　　　　　　　　　　表 6-15

设计交通荷载等级	极重	特重	重	中等	轻
设计使用年限内设计车道累计大型客车和货车交通量(×10^6,辆)	≥50.0	50.0~19.0	19.0~8.0	8.0~4.0	<4.0

注:大型客车和货车为表6-2中所列 2~11 类车。

(2)水泥混凝土路面交通荷载等级划分

水泥混凝土路面设计车道在设计基准期内所承受的交通荷载作用,按设计基准期内设计车道临界荷位处所承受的设计轴载累计作用次数分为 5 级,见表6-16。

水泥混凝土路面交通荷载分级　　　　　表 6-16

交通荷载等级	极重	特重	重	中等	轻
设计基准期内设计车道承受设计轴载（100kN）累计作用次数 N_e（$\times 10^4$）	$>1 \times 10^6$	$1 \times 10^6 \sim 2\,000$	$2\,000 \sim 100$	$100 \sim 3$	<3

第四节　路面材料设计参数

路面材料因其自身的属性以及所在路面结构层位不同而有不同的设计参数要求。用于结构设计的参数主要包括模量和泊松比。

泊松比一般比较稳定，在路面设计时一般对特定的材料选用一定的泊松比，如土基材料的泊松比取 0.45、无黏结粒料材料的泊松比取 0.35、无机结合料稳定类材料的泊松比取 0.25、密级配沥青混合料的泊松比取 0.25、开级配与半开级配沥青混合料的泊松比取 0.40、水泥混凝土材料的泊松比取 0.15 等。

路面材料的模量值是表征材料刚度特性的指标，常用的测试方法有压缩试验、劈裂试验、弯拉试验等。由于路面结构材料具有非线性特性，路面结构模量根据计入变形的不同，分为形变模量和回弹模量，形变模量中的变形包括回弹变形和塑性变形，回弹模量中的变形仅考虑材料的回弹变形。目前，国内外路面设计一般采用回弹模量。根据加载形式（静态加载和动态加载）的不同，材料回弹模量又可以分为静态模量和动态模量。对于无机结合料稳定类材料以及水泥混凝土，还需要确定其结构设计龄期的弯拉强度。

路面材料应根据公路等级、交通荷载等级、气候条件、各结构层功能要求和当地材料特性等，在技术经济论证基础上进行设计并确定材料设计参数。路面结构层材料设计参数的确定可分为三个水平：水平一，通过室内试验实测确定；水平二，利用已有经验关系式确定，目前只有沥青混合料动态模量有对应的经验关系式；水平三，参照典型数值确定。高速公路和一级公路的施工图设计阶段宜采用水平一，其他设计阶段可采用水平二或水平三；二级及二级以下公路可采用水平二或水平三。

一、无机结合料稳定材料设计参数

1. 无侧限抗压强度

无机结合料稳定材料（包括稳定细粒土、中粒土和粗粒土）的无侧限抗压强度，是指按照预定含水率和预定压实度采用静力压实法制备试件（试件为高：直径 = 1:1 的圆柱体）、养生时间为 7d（整个养生期间的温度应保持为 20℃ ±2℃，养生期的最后一天，将试件浸泡在水中，水的深度应使水面在试件顶上约 2.5cm）、侧向没有围压时的单轴抗压强度。

适用于下列不同土的试模尺寸为：

细粒土（最大粒径 < 4.75mm）　　　　试模的直径 × 高 = 50mm × 50mm

中粒土（最大粒径 < 26.5mm）　　　　试模的直径 × 高 = 100mm × 100mm

粗粒土(最大粒径 < 53mm)   试模的直径 × 高 = 150mm × 150mm

试件的无侧限抗压强度 R_c 采用下列相应的公式计算：

$$
\left.
\begin{aligned}
\text{小试件} \quad\quad & R_c = P/A = 0.000\,51P \quad (\text{MPa}) \\
\text{中试件} \quad\quad & R_c = P/A = 0.000\,127P \quad (\text{MPa}) \\
\text{大试件} \quad\quad & R_c = P/A = 0.000\,057P \quad (\text{MPa})
\end{aligned}
\right\}
\tag{6-20}
$$

式中：P——试件破坏时的最大压力(N)；

      A——试件的截面面积(mm^2)，$A = \pi D^2/4$，D 为试件的直径(mm)。

对于同一无机结合料剂量的混合料，需要制作相同状态试件的数量(即平行试验的数量)与土的类型及操作的仔细程度有关。对于无机结合料稳定细粒土，至少应制备 6 个试件；对于无机结合料稳定中粒土，至少应制备 9 个试件；对于无机结合料稳定粗粒土，至少应制备 13 个试件。

2. 无侧限抗压回弹模量

无机结合料稳定材料的无侧限抗压回弹模量是指按照预定干密度和压实度用静力压实法制备试件(试件为高：直径 = 1∶1 的圆柱体)、养生时间为设计龄期(整个养生期间的温度应保持为 20℃ ± 2℃)、侧向没有围压时通过逐级加荷卸荷试验计算得到的抗压回弹模量。圆柱体试件的制作及试件个数与无机结合料稳定材料的抗压强度试验相同。

(1)逐级加荷卸荷试验步骤

加载板上计算单位压力的选定值：对于无机结合料稳定基层材料，采用 0.5 ~ 0.7MPa；对于无机结合料稳定底基层材料，采用 0.2 ~ 0.4MPa。实际加载的最大单位压力应略大于选定值。

将试件浸水 24h 后，从水中取出并用布擦干后放在加载顶板上，在试件顶面稀撒少量粒径为 0.25 ~ 0.5mm 的细砂，并手压加载顶板在试件顶面边加压边旋转，使细砂填补表面微观的不平整，并使多余的砂流出，以增加顶板与试件的接触面积。

先用拟施加的最大荷载的一半进行两次加荷卸荷预压试验，使加载顶板与试件表面紧密接触。第二次卸荷后等待 60s，然后将千分表的短指针调至约中间位置。

将预定的单位压力分成 5 ~ 6 等份作为每次施加的压力值。实际施加的荷载应较预定级数增加一级。施加第一级荷载(如为预定最大荷载的 1/5)，待荷载作用达 60s 时，记录千分表的读数，同时卸去荷载，让试件的弹性形变恢复，到 30s 时记录千分表的读数。施加第二级荷载(为预定最大荷载的 2/5)，待荷载作用 60s 时，记录千分表的读数，卸去荷载。卸荷后到 30s 时，再记录千分表的读数，并施加第三级荷载。如此逐级进行，直至记录下最后一级荷载下的回弹变形。

(2)无侧限抗压回弹模量的计算

以单位压力 p_i 为横坐标(向右)，以回弹变形 l_i(l_i = 加荷时读数 – 卸荷时读数)为纵坐标(向下)，绘制 p_i 与 l_i 的关系曲线，并修正曲线开始段的虚假变形。

用加载板上的计算单位压力 p 以及与其相应的回弹变形 l 按式(6-21)计算回弹模量 E。

$$
E = \frac{pH}{l}
\tag{6-21}
$$

式中：p——单位压力（MPa）；

    H——试件高度（mm）；

    l——试件回弹变形（mm）。

3. 弯拉强度

无机结合料稳定类材料的弯拉强度采用压力机或万能试验机对梁式试件进行三分点加压测定。根据混合料粒径的大小，选择不同尺寸的试件：细粒土选用 $50\text{mm} \times 50\text{mm} \times 200\text{mm}$ 的小梁；中粒土选用 $100\text{mm} \times 100\text{mm} \times 400\text{mm}$ 的中梁；粗粒土选用 $150\text{mm} \times 150\text{mm} \times 550\text{mm}$ 的大梁。为保证试验结果的可靠性和准确性，每组试件的试验数目要求为：小梁试件不少于 6 根；中梁不少于 12 根；大梁不少于 15 根。按照《公路工程无机结合料稳定材料试验规程》（JTG 3441—2024）中的标准养生方法进行养生，养生时间视需要而定，水泥稳定类、水泥粉煤灰稳定类材料的养生龄期为 90d，石灰稳定类、石灰粉煤灰稳定类材料的养生龄期为 180d。整个养生期间的温度应保持为 $20\text{℃} \pm 2\text{℃}$，养生期的最后一天，将试件浸泡在水中，水的深度应使水面在试件顶上约 2.5cm。

根据试验要求，在梁跨中安放位移传感器，测量破坏极限荷载时的跨中位移。对试件进行均匀、连续加载，加载速率为 50mm/min，直至试件破坏。记录破坏极限荷载 P（N）或测力计读数，按式（6-22）计算弯拉强度。

$$R_{\text{s}} = \frac{PL}{b^2 h} \tag{6-22}$$

式中：R_{s}——弯拉强度（MPa）；

    P——破坏极限荷载（N）；

    L——跨距，也就是两支点间的距离（mm）；

    b——试件宽度（mm）；

    h——试件高度（mm）。

4. 单轴压缩模量

我国《公路沥青路面设计规范》（JTG D50—2017）规定采用侧面法单轴压缩弹性模量试验来测试获取无机结合料稳定类材料的弹性模量。

可采用 3 种试件规格：直径×高度 $= 100\text{mm} \times 150\text{mm}$，或直径×高度 $= 150\text{mm} \times 150\text{mm}$，或直径×高度 $= 150\text{mm} \times 300\text{mm}$。并应对试件进行标准养生或快速养生。可以根据《公路工程无机结合料稳定材料试验规程》（JTG 3441—2024）的成型方法成型用于测试的圆柱体试件，也可以从成型梁式试件或路面现场钻取试件。试件应形状规则、侧面光滑平整。采用切割机切除试件两端，应保证试件高度为 $150\text{mm} \pm 2.5\text{mm}$ 或 $300\text{mm} \pm 2.5\text{mm}$。端面沿直径方向沟纹允许高差控制为 $\pm 0.05\text{mm}$，试件上下端面与试件轴向应垂直，允许偏差为 $\pm 1°$，否则应舍弃该试件。对无机结合料稳定土和无机结合料稳定公称最大粒径不大于 26.5mm 的粒料，试件不应少于 9 个；对无机结合料稳定公称最大粒径大于 26.5mm 的粒料，试件不应少于 15 个。

试件上下两个端面应采用水泥净浆彻底抹平。将试件直立在桌面上，在上端面薄涂一层早强水泥净浆后，再在表面撒少量粒径为 $0.25 \sim 0.5\text{mm}$ 的细砂，并用直径大于试件的平面圆形钢板放在顶面，加压旋转圆钢板，使顶面齐平，边旋转边平移并迅速取下钢板。当净浆黏附于钢板上时，应重新用净浆抹平，并重复上述步骤。一个端面整平后，放置 4h 以上，按同样方法整平另一端面。整平后试件尺寸应满足前述规格要求。

试件应浸水 24h，取出后擦干表面水称量，试件养生后与成型时的质量相差不应大于 2%，否则试件失效。试件从搬出养生室到试验完成的时间间隔应尽量短。将加载板分别置于试件的顶面和底面，顶面加载板放置前，在试件顶面撒少量粒径为 0.25~0.50mm 的细砂，加载板放置后边按压边旋转，应用砂填补试件表面不平整处，并使多余的砂流出。将试件放置在加载板上对应加载板中心位置，使试件中心与加载架中心对齐。压力机以 1mm/min 的加载速度连续均匀施加荷载，直至试件破坏。轴向变形 Δl 采用位移传感器从试件侧面量取，试件应变 ε 应取 3 个位移传感器测得的试件变形量平均值计算。试验过程中记录荷载-应变曲线，如图 6-8 所示。当荷载-应变曲线起点不在 0 点位置或曲线起始有轻微振荡时，应修正曲线起点确保 $(\varepsilon_3, 0.3F_r)$ 点与修正后的 $(0,0)$ 点连线在曲线上为直线。

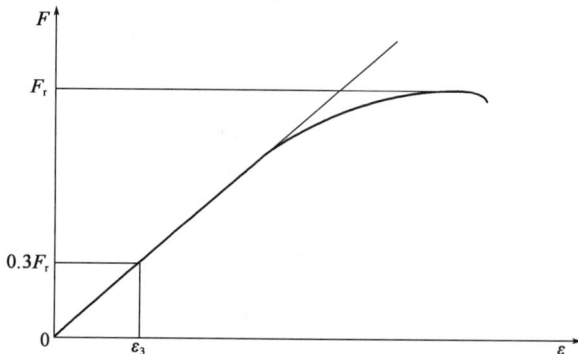

图 6-8　荷载-应变曲线

根据荷载-应变曲线得到最大荷载 F_r 和对应 0.3 倍最大荷载时的压应变 ε_3，按式（6-23）计算弹性模量。

$$E = \frac{1.2F_r}{\pi D^2 \varepsilon_3} \qquad (6\text{-}23)$$

式中：E——弹性模量（MPa）；

　　F_r——最大荷载（N）；

　　D——试件直径（mm）；

　　ε_3——加载达到 $0.3F_r$ 时的试件纵向应变，$\varepsilon_3 = \Delta l/L$。

5. 疲劳寿命

疲劳现象是指循环加载下的路面材料，在某点或某些点产生局部损伤，于一定循环次数后形成裂纹，并进一步扩展直到完全断裂的现象。疲劳破坏是指材料在低于其强度极限的循环加载作用下，发生破坏的现象。疲劳强度或疲劳应变是指材料在多次循环加载作用下出现疲劳破坏所对应的应力或应变。疲劳寿命是指材料在疲劳破坏时所作用的应力（应变）循环次数。疲劳极限是指当重复荷载作用次数（疲劳寿命）为无限大时的最大应力（应变）值。疲劳曲线是将重复应力 σ_r 与一次加载破坏的极限应力比值（称为应力比）或重复应变 ε_r 作为纵坐标，绘制出 σ_r/σ_f 或 ε_r 与重复作用次数 N_r 的关系曲线。

无机结合料稳定材料是通过梁的疲劳试验确定其疲劳性能的。

根据无机结合料稳定材料的类型选择梁式试件的尺寸,细粒土选用 50mm × 50mm × 200mm 的小梁;中粒土选用 100mm × 100mm × 400mm 的中梁;粗粒土选用 150mm × 150mm × 550mm 的大梁。试件个数和养生条件与无侧限抗压回弹模量的要求相同。

采用三分点施加 Haversine 波动态周期性荷载的方式进行疲劳试验,如图 6-9 所示。

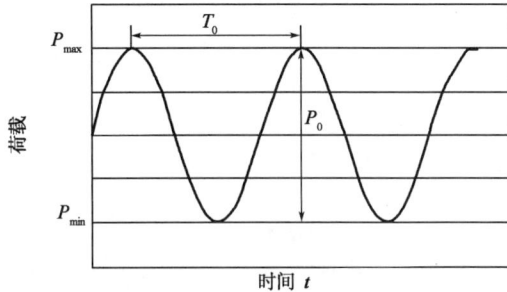

图 6-9　疲劳试验荷载波形示意图

P_{max}-最大荷载(N);P_{min}-最小荷载(N),$P_{min} = 0.02P_{max}$;P_0-荷载振幅(N),$P_0 = P_{max} - P_{min}$;T_0-荷载周期,$T_0 = 1/f$,f 为荷载频率,标准频率为 10Hz

首先在同一批梁中选择规定数量的梁式试件进行弯拉强度试验,确定其弯拉强度 S。然后根据疲劳试验要求确定 4~6 个应力比($K = \sigma/S$,无机结合料范围为 0.5~0.85),施加 0.2 倍应力强度比水平的荷载预压 2min,接着施加频率为 10Hz 的连续 Haversine 荷载,记录每个试件断裂时的疲劳作用次数。计算每批试件同一应力比、不同保证率的疲劳寿命,按照 $\lg N = a + b\lg(\sigma/S)$ 得到不同保证率的疲劳方程。

6. 无机结合料稳定类材料设计参数的确定

无机结合料稳定类材料用于高速公路、一级公路的基层时,公称最大粒径不宜超过 31.5mm;用于高速公路和一级公路的底基层或二级及二级以下公路的基层时,公称最大粒径不宜大于 37.5mm;用于二级及二级以下公路的底基层时,公称最大粒径不宜大于 53.0mm;水泥稳定类材料水泥剂量宜为 3.0%~6.0%;贫混凝土集料公称最大粒径不宜大于 31.5mm,水泥用量不得少于 170kg/m³,28d 弯拉强度标准值宜控制在 2.0~2.5MPa 范围内。

无机结合料稳定类材料的主要材料设计参数为 7d 无侧限抗压强度,其强度标准见表 6-17。冻土地区高速公路和一级公路的石灰粉煤灰稳定类基层,还应按《公路工程无机结合料稳定材料试验规程》(JTG 3441—2024)中 T 0858 的有关规定进行材料抗冻性能检验,并满足表 6-18 的技术要求。

无机结合料稳定类材料 7d 无侧限抗压强度标准(代表值)(单位:MPa)　　　表 6-17

材料	结构层	公路等级	极重、特重交通	重交通	中等、轻交通
水泥稳定类	基层	高速公路、一级公路	5.0~7.0	4.0~6.0	3.0~5.0
		二级及二级以下公路	4.0~6.0	3.0~5.0	2.0~4.0
	底基层	高速公路、一级公路	3.0~5.0	2.5~4.5	2.0~4.0
		二级及二级以下公路	2.5~4.5	2.0~4.0	1.0~3.0

续上表

材料	结构层	公路等级	极重、特重交通	重交通	中等、轻交通
水泥粉煤灰稳定类	基层	高速公路、一级公路	4.0~5.0	3.5~4.5	3.0~4.0
		二级及二级以下公路	3.5~4.5	3.0~4.0	2.5~3.5
	底基层	高速公路、一级公路	2.5~3.5	2.0~3.0	1.5~2.5
		二级及二级以下公路	2.0~3.0	1.5~2.5	1.0~2.0
石灰粉煤灰稳定类	基层	高速公路、一级公路	≥1.1	≥1.0	≥0.9
		二级及二级以下公路	≥0.9	≥0.8	≥0.7
	底基层	高速公路、一级公路	≥0.8	≥0.7	≥0.6
		二级及二级以下公路	≥0.7	≥0.6	≥0.5
石灰稳定类	基层	二级及二级以下公路	—	—	≥0.8[①]
	底基层	高速公路、一级公路	≥0.8		
		二级及二级以下公路	—	—	0.5~0.7[②]

注:1. 在低塑性土(塑性指数小于7)地区,石灰稳定砂砾和碎石的7d龄期无侧限抗压强度应大于0.5MPa(100g平衡锥测液限)。

2. 低限用于塑性指数小于7的黏土,高限用于塑性指数大于或等于7的黏土。

石灰粉煤灰稳定类材料抗冻性能技术要求　　　　　　　表6-18

气候区	重冻区	中冻区
残留抗压强度比(%)	≥70	≥65

　　无机结合料稳定类材料的主要结构设计参数为弯拉强度和弹性模量,结构验算时应依据相应的水平确定:水平一,采用前述的弯拉强度试验以及侧面法单轴压缩试验测定,测试时水泥稳定类、水泥粉煤灰稳定类材料试件的龄期应为90d,石灰稳定类、石灰粉煤灰稳定类材料试件的龄期应为180d,弯拉强度和弹性模量取用测试数据的平均值;水平三,参照表6-19确定弯拉强度和弹性模量。

无机结合料稳定类材料的弯拉强度和弹性模量取值范围(单位:MPa)　　　表6-19

材料	弯拉强度	弹性模量	调整后弹性模量
水泥稳定粒料、水泥粉煤灰稳定粒料、石灰粉煤灰稳定粒料	1.5~2.0	18 000~28 000	9 000~14 000
	0.9~1.5	14 000~20 000	7 000~10 000
水泥稳定土、水泥粉煤灰稳定土、石灰粉煤灰稳定土	0.6~1.0	5 000~7 000	2 500~3 500
石灰土	0.3~0.7	3 000~5 000	1 500~2 500

注:结合料用量高、材料性能好、级配好或压实度大时取高值,反之取低值。

　　交通运输部西部交通建设科技项目"基于多指标的沥青路面结构设计方法研究"课题对比了无机结合料稳定类材料室内测试的弹性模量和采用落锤式弯沉仪FWD弯沉盆反算的结构层模量,前者约为后者的2倍,故引入模量调整系数,将室内弹性模量调整为路面结构层模量。因此,结构验算时,无机结合料稳定类材料弹性模量应乘以结构层模量调整系数0.5,调整后的结构层弹性模量见表6-19。

二、沥青混合料设计参数

　　沥青混合料的主要设计参数为抗压模量、贯入强度等。沥青混合料的抗压模量有时也称为劲度模量(stiffness)。因为沥青混合料的模量与加载速度、加载时间、加载时的温度有关,因此,沥青混合料的模量、强度等是条件参数。

1. 单轴压缩试验

沥青混合料的单轴压缩试验可以用于测定沥青混合料的抗压回弹模量和抗压强度,用于路面结构的静力学分析,一般测试温度可选用15℃或20℃。

试验采用直径 d 为100mm、高度 h 为100mm的圆柱体试件。试件成型可采用静压法、轮碾法、揉揉法或旋转压实成型法,试件的密度应符合马歇尔标准击实密度100%,用于抗压强度试验的试件个数不得少于3个,用于抗压回弹试验的试件个数不得少于3～6个。对抗压强度要求以2mm/min的加载速率匀速加载直至破坏,由破坏荷载 $P(N)$ 和圆柱体试件的面积参数(πd^2)可计算得出试件的抗压强度 $R_c(MPa)$ 为:

$$R_c = \frac{4P}{\pi d^2} \tag{6-24}$$

对抗压回弹模量,应根据试件的平均抗压强度将对应的荷载均匀分成10级,分别取 $0.1P$、$0.2P$、$0.3P$、$\cdots$、$0.7P$ 七级作为试验荷载。首先以 2mm/min 的加载速率匀速加载至 $0.2P$,并保持60s进行预压,观察两个千分表的读数是否接近,然后以 2mm/min 的卸载速率匀速卸载至 $0.1P$,立刻记录两个千分表的读数和实际的荷载值,再以同样的速率卸载至零荷载,并保持30s,再次记录两个千分表的读数,加载与卸载两次读数之差即为此级荷载作用下的回弹变形 $\Delta l_1(mm)$。然后依次加载至 $0.2P$、$0.3P$、$\cdots$、$0.7P$,测定每级荷载作用下的回弹变形 Δl_i。根据各级荷载对应的抗压强度 R_{ci} 和回弹变形 Δl_i,绘制 R_{ci}-Δl_i 关系曲线。在经过原点修正后的 R_{ci}-Δl_i 关系曲线上,读得第5级荷载对应的抗压强度 R_{c5} 和相应的回弹变形 $\Delta l'_5$,沥青混凝土的抗压回弹模量 $E(MPa)$ 为:

$$E = \frac{R_{c5}h}{\Delta l'_5} \tag{6-25}$$

2. 劈裂试验

沥青混合料的劈裂试验既可以评价沥青混合料的抗拉强度特性,也可以评价沥青混合料的低温特性。当用于评价沥青混合料的抗拉强度特性时,试验温度一般可选择5℃、15℃、20℃、25℃或40℃(各国规范推荐的试验温度不同)。用于沥青路面静力学分析时的沥青混合料间接抗拉强度试验温度一般为15℃,试验加载速率为50mm/min。当用于评价沥青混凝土的低温特性时,试验温度一般为 –10℃,试验加载速率为1mm/min。采用马歇尔击实成型的试件,要求直径为101.6mm、高为63.5mm;轮碾机成型的板体试件和道路现场钻孔试件,要求直径为100mm或150mm、高为40mm。

劈裂试验是在试件上下各放置一根满足规定的压条,记录试件的变形和荷载,按式(6-26)计算沥青混凝土的劈裂强度,按式(6-27)计算沥青混合料破坏拉伸模量,按式(6-28)计算沥青混合料破坏时的拉伸应变。

当试件直径为100mm、压条宽度为 12.7mm 时 $\quad R_T = 0.006\ 287\dfrac{P_T}{h}$

$$\left.\right\} \tag{6-26}$$

当试件直径为150mm、压条宽度为 19.0mm 时 $\quad R_T = 0.004\ 25\dfrac{P_T}{h}$

$$S_{\mathrm{T}} = P_{\mathrm{T}} \cdot \frac{0.27 + \nu}{hX_{\mathrm{T}}} \tag{6-27}$$

$$\varepsilon_{\mathrm{T}} = X_{\mathrm{T}} \cdot \frac{0.0307 + 0.0936\nu}{1.35 + 5\nu} \tag{6-28}$$

式中：R_{T}——劈裂强度（MPa）；

$\quad S_{\mathrm{T}}$——破坏拉伸模量（MPa）；

$\quad \varepsilon_{\mathrm{T}}$——破坏拉伸应变；

$\quad P_{\mathrm{T}}$——破坏拉伸荷载（N）；

$\quad h$——试件高度（mm）；

$\quad X_{\mathrm{T}}$——相应最大破坏荷载时的水平方向总变形（mm）；

$\quad \nu$——试件的泊松比，$\nu = (0.1350A - 1.7940)/(-0.5A - 0.0314)$，其中，$A = Y_{\mathrm{T}}/X_{\mathrm{T}}$，为试件竖直方向变形与水平方向总变形的比值。

3. 弯曲试验

沥青混合料的弯曲试验主要用于评价热拌沥青混合料在规定温度和加载速率条件时的弯曲力学性质，试验的温度可以根据需要确定，一般在确定沥青混合料的抗弯拉参数时可采用 15℃、20℃ 或 25℃，如无特殊规定，采用试验温度为 15℃；用于确定沥青混合料低温抗拉特性时采用 −10℃。加载速率可以根据需要设定，一般采用 50mm/min。试件采用轮碾法成型后切割成长 25cm、宽 3cm、高 3.5cm 的棱柱体小梁试件，试验加载的跨径为 20cm。也可在现场切割成规定尺寸的试件进行室内弯曲试验。试验时，将试件安放在试验架上，保证加载的跨径为 20cm，并使两侧等距离，在试件的中央施加集中荷载直至破坏，记录试件的破坏荷载和相应的变形。通过变形修正，确定荷载峰值 P_{B}（N）和跨中变形峰值 d（mm），并按式（6-29）～式（6-31）分别计算试件破坏时的抗弯拉强度 R_{B}、梁底的最大弯拉应变 ε_{B} 和弯曲劲度模量 S_{B}。

$$R_{\mathrm{B}} = \frac{3LP_{\mathrm{B}}}{2b h^2} \tag{6-29}$$

$$\varepsilon_{\mathrm{B}} = \frac{6hd}{L^2} \tag{6-30}$$

$$S_{\mathrm{B}} = \frac{R_{\mathrm{B}}}{\varepsilon_{\mathrm{B}}} \tag{6-31}$$

式中：b——跨中试件断面的宽度（mm）；

$\quad h$——跨中试件断面的高度（mm）；

$\quad L$——试件的跨径（mm）。

4. 单轴压缩动态模量试验

沥青混合料的单轴压缩动态回弹模量是沥青路面设计的参数之一。目前，国外大部分沥青路面设计方法和国内现行沥青路面设计新方法，均采用沥青混合料动态加载条件下测定的回弹模量。

试验采用旋转压实仪成型直径 d 为 150mm、高 h 为 170mm 的试件，然后钻孔并切割得到直径 d 为 100mm、高 h 为 150mm 的圆柱体试件，测定或计算试件的油石比 P_{a}、空隙率 VV、骨料间隙率 VMA 等指标。

试验温度分为 −10℃、5℃、20℃、35℃ 及 50℃ 共 5 个等级，每级温度下，试件应在恒温箱中存放 4~5h(当试验温度小于或等于 5℃时,存放应超过 8h),试验频率分为 0.1Hz、0.5Hz、1Hz、5Hz、10Hz、25Hz 六个等级。

首先施加总荷载的 5% 预压 10s,再用频率为 25Hz 的偏移正弦波或半正矢波轴向压应力进行 200 个循环预处理,然后对试件施加偏移正弦波或半正矢波轴向压应力试验荷载,在设定温度下从 25~0.1Hz 由高到低按表 6-20 给出的重复加载次数逐个进行试验。要求在任意两个试验频率下的时间间隔为 2min。试验采集最后 5 个波形的荷载及变形曲线,并记录试验施加荷载、试件轴向可恢复变形、动态模量及相位角。

各荷载频率下的重复加载次数 表 6-20

频率(Hz)	重复次数(次)	频率(Hz)	重复次数(次)
25	200	1	20
10	200	0.5	15
5	100	0.1	15

动态模量按式(6-32)计算:

$$|E^*| = \frac{\sigma_0}{\varepsilon_0} \tag{6-32}$$

式中:$|E^*|$——沥青混合料动态模量(MPa);

σ_0——轴向应力振幅(MPa),$\sigma_0 = P_i/A$;

ε_0——轴向应变振幅,$\varepsilon_0 = \Delta_i/l_0$;

P_i——最后 5 次循环中轴向试验荷载平均振幅(N);

A——试件径向横截面面积(mm^2);

Δ_i——最后 5 次循环中可恢复轴向变形平均幅值(mm);

l_0——试件上位移传感器的量测间距(mm)。

5. 四点弯曲疲劳寿命试验

沥青混合料四点弯曲疲劳寿命是试件在控制应变或控制应力条件下的疲劳加载次数,它是沥青路面基于疲劳设计的重要参数。目前,一般按照控制应变模式进行沥青混合料疲劳试验。

在试验室通过轮碾成型板块试件或从现场路面获得板块试件,切割成厚度为 50mm、宽度为 63mm 和长度为 380mm 的小梁试件,并确定试件的空隙率(VV)和矿料间隙率(VMA)。

试验时,先将梁放置在规定温度的环境箱内存放 4h 以上,在目标试验应变下预加载 50 个循环,计算第 50 个循环的试件劲度模量作为初始的劲度模量,然后继续加载直到满足加载条件,即当沥青混合料的弯曲劲度模量降低到初始弯曲劲度模量的 50% 时,加载自动停止。

最大拉应力 σ_t(Pa)和最大拉应变 ε_t 分别按式(6-33)和式(6-34)计算:

$$\sigma_t = \frac{LP}{wh^2} \tag{6-33}$$

$$\varepsilon_t = \frac{12\delta h}{3L^2 - 4a^2} \tag{6-34}$$

式中：L——梁跨距(m)，即外端两个夹具的间距，一般为 0.357m；

P——峰值荷载(N)；

w——梁宽(m)；

h——梁高(m)；

δ——梁中心最大位移(m)；

a——相邻夹头中心间距(m)，为 $L/3$，一般为 0.119m。

弯曲劲度模量 S(Pa)和相位角 φ(°)分别按式(6-35)和式(6-36)计算：

$$S = \frac{\sigma_t}{\varepsilon_t} \tag{6-35}$$

$$\varphi = 360ft \tag{6-36}$$

式中：f——加载频率(Hz)；

t——应变峰值滞后于应力峰值的时间(s)。

第 i 次加载的单个循环耗散能 E_{Di}(J/m^3)和累计耗散能 E_{CD}(J/m^3)分别按式(6-37)和式(6-38)计算：

$$E_{Di} = \pi\sigma_t\varepsilon_t\sin\varphi \tag{6-37}$$

$$E_{CD} = \sum_{i=1}^{n} E_{Di} \tag{6-38}$$

6. 单轴贯入强度试验

沥青混合料单轴贯入强度试验用于测定沥青混合料的贯入强度，供沥青混合料配合比设计或施工完成后检验沥青混合料高温稳定性使用。适用于室内成型的沥青混合料试件和现场取芯沥青混合料试件的贯入强度测试。试验标准温度为 $60℃$，也可以根据需要采用其他温度。一般采用直径 100mm 或 150mm、高 100mm 的沥青混合料圆柱体试件，也可以根据需要采用其他高度的圆柱体试件。一组试验的平行试件宜为 $5 \sim 6$ 个。

贯入压头材质为 Q235 不锈钢，其洛氏硬度 HRC 在 $10 \sim 30$ 之间。压头上部为长 × 宽 × 高 = 50mm × 50mm × 10mm 的薄形板；下部为圆柱体，对直径为 150mm 的试件，圆柱体直径 × 高 = 42mm × 50mm，对直径为 100mm 试件，圆柱体直径 × 高 = 28.5mm × 50mm，如图 6-10 所示。

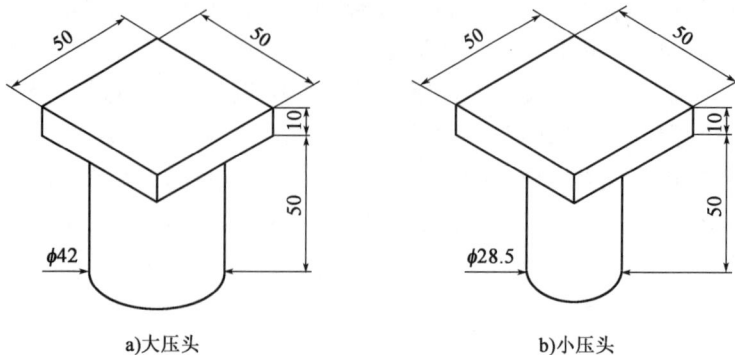

图 6-10　贯入试验压头示意图（尺寸单位：mm）

采用万能材料试验机或其他适宜设备,以 $1mm/min$ 的加载速率将压头贯入沥青混合料试件中,记录压力和位移,当压力值降为应力极值点 90% 时,停止试验。取破坏极值点强度作为试件贯入强度,如图6-11 所示。读取最大贯入荷载 P,精确到 $1N$,按式(6-39)计算标准高度沥青混合料的贯入强度。

$$R_\tau = f_\tau \sigma_P \qquad (6-39)$$

$$\sigma_P = \frac{P}{A}$$

式中:R_τ——贯入强度(MPa);

$\quad \sigma_P$——贯入应力(MPa);

$\quad P$——试件破坏时的极限荷载(N);

$\quad A$——压头横截面面积(mm^2);

$\quad f_\tau$——贯入应力系数,对于直径 150mm 的试件,$f_\tau = 0.35$;对于直径 100mm 的试件,$f_\tau = 0.34$。

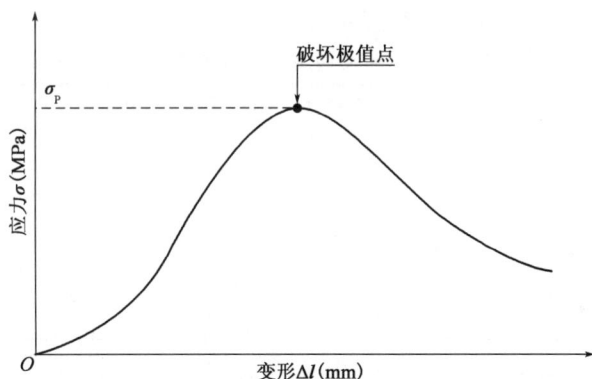

图6-11 单轴贯入试验典型应力-变形图

对高度不为 100mm 的试件,应根据下列情况对贯入应力系数进行修正:

(1)对于直径为 150mm 的试件,按式(6-40)计算贯入应力系数,此时试件高度应满足:$38mm \leqslant h < 100mm$。

$$f_\tau = 0.0023h + 0.12 \qquad (6-40)$$

(2)对于直径为 100mm 的试件,按式(6-41)计算贯入应力系数,此时试件高度应满足:$38mm \leqslant h < 100mm$。

$$f_\tau = 0.0012h + 0.22 \qquad (6-41)$$

按式(6-39)计算非标准高度试件的贯入强度。

对于现场取芯的试件,计算得到的贯入强度应再乘以修正系数 1.15。

7. 沥青混合料的设计参数确定

对于沥青结合料类材料,沥青结合料应采用道路石油沥青或其他加工产品,沥青类型应根据公路等级、气候条件、交通荷载等级、结构层位和施工条件等确定。极重、特重和重交通荷载等级公路、气候条件严酷地区公路,以及连续长陡纵坡路段,中面层和表面层宜采取优化混合料级配、选用改性沥青或添加外掺剂等措施。开级配沥青混合料表面层宜采用高黏沥青或橡胶沥青,并采用适量消石灰或水泥替代矿粉。表面层沥青混合料公称最大粒径不宜大于16.0mm,中面层和下面层沥青混合料公称最大粒径不宜小于16.0mm,基层沥青碎石公称最大粒径不宜小于26.5mm。

参照《公路沥青路面施工技术规范》(JTG F40—2004)的有关规定,沥青混合料的材料性能要求主要包括高温性能,低温性能以及水稳性能。在我国《公路沥青路面设计规范》(JTG D50—2017)中还要求测定和验算沥青混合料的贯入强度。

高速公路和一级公路沥青混合料应按照《公路工程沥青及沥青混合料试验规程》(JTG E20—2011)T 0719试验方法在规定的试验条件下进行车辙试验,并符合表6-21的要求,二级公路可参照执行。在此基础上,还应采用单轴贯入试验测定沥青混合料贯入强度。对于无机结合料稳定类基层沥青路面、底基层采用无机结合料稳定类材料的沥青结合料类基层沥青路面和水泥混凝土基层沥青路面的沥青混合料贯入强度,宜满足式(6-42)的要求;对于粒料类基层沥青路面和底基层采用粒料的沥青结合料类基层沥青路面,沥青混合料贯入强度宜满足式(6-45)的要求。

沥青混合料车辙试验动稳定度技术要求(单位:次/mm)　　表6-21

气候条件与技术指标		相应于以下气候分区所要求的动稳定度技术要求									试验方法
七月平均最高气温(℃)及气候分区		>30				20～30				<20	
		1. 夏炎热区				2. 夏热区				3. 夏凉区	
		1-1	1-2	1-3	1-4	2-1	2-2	2-3	2-4	3-2	
普通沥青混合料,不小于		800		1 000		600	800			600	T 0719
改性沥青混合料,不小于		2 800		3 200		2 000	2 400			1 800	
SMA 混合料,不小于	普通沥青	1 500									
	改性沥青	3 000									
OGFC 混合料,不小于		1 500(中等、轻交通荷载等级),3 000（重及以上交通荷载等级）									

注:1.气候分区的确定应符合现行《公路沥青路面施工技术规范》(JTG F40)的有关规定。
　2.当其他月份的平均最高气温高于七月时,可使用该月平均最高气温。
　3.在特殊情况下,对钢桥面铺装,重载车特别多或纵坡较大的长距离上坡路段、厂矿专用道路,可酌情提高动稳定度。
　4.对炎热地区或特重及以上交通荷载等级公路,可根据气候条件和交通状况适当提高试验温度或增加试验荷载。

$$R_{\tau s} \geq \left(\frac{0.31 \lg N_{e5} - 0.68}{\lg [R_a] - 13.1 \lg T_d - \lg \psi_s + 2.50} \right)^{1.86} \quad (6-42)$$

式中:$[R_a]$——沥青混合料层容许永久变形量(mm),根据公路等级,参照表8-23确定;
　　　N_{e5}——设计使用年限内或通车至首次针对车辙维修的期限内,月平均气温大于0℃的月份,设计车道当量设计轴载累计作用次数;
　　　T_d——设计温度(℃),为所在地区月平均气温大于0℃的各月份气温平均值;
　　　ψ_s——路面结构系数,按照式(6-43)计算:

$$\psi_s = (0.52 h_a^{-0.003} - 317.59 h_b^{-1.32}) E_b^{0.1} \quad (6-43)$$

h_a——沥青混合料层的厚度(mm);

h_b——无机结合料稳定层或水泥混凝土层的厚度(mm);

E_b——无机结合料稳定层或水泥混凝土层的模量(MPa);

$R_{\tau s}$——各沥青混合料层的综合贯入强度,根据式(6-44)确定:

$$R_{\tau s} = \sum_{i=1}^{n} \omega_{is} R_{\tau i} \tag{6-44}$$

$R_{\tau i}$——第 i 层沥青混合料的贯入强度(MPa),根据沥青混合料贯入强度试验方法试验确定,普通沥青混合料一般为 $0.4 \sim 0.7$MPa,改性沥青混合料一般为 $0.7 \sim 1.2$MPa;

n——沥青混合料层的层数;

ω_{is}——第 i 层沥青混合料的权重,为第 i 层厚度中点剪应力与各层厚度中点剪应力之和的比值 $\left(\omega_{is} = \dfrac{\tau_i}{\sum\limits_{i=1}^{n} \tau_i} \right)$,沥青混合料层为 1 层时,$\omega_1$ 取 1.0;沥青混合料层为 2 层时,自上而下,ω_1 可取 0.48,ω_2 可取 0.52;沥青混合料层为 3 层时,自上而下,ω_1、ω_2 和 ω_3 可分别取为 0.35、0.42 和 0.23。

$$R_{\tau g} \geqslant \left(\frac{0.35 \lg N_{e5} - 1.16}{\lg[R_a] - 1.62 \lg T_d - \lg \psi_g + 2.76} \right)^{1.38} \tag{6-45}$$

式中:ψ_g——路面结构系数,根据式(6-46)计算:

$$\psi_g = 20.16 h_a^{-0.642} + 820916 h_b^{-2.84} \tag{6-46}$$

$R_{\tau g}$——路面各层沥青混合料的综合贯入强度,根据式(6-47)确定:

$$R_{\tau g} = \sum_{i=1}^{n} \omega_{ig} R_{\tau i} \tag{6-47}$$

ω_{ig}——第 i 层沥青混合料的权重,为第 i 层厚度中点剪应力与各层厚度中点剪应力之和的比值 $\left(\omega_{ig} = \dfrac{\tau_i}{\sum\limits_{i=1}^{n} \tau_i} \right)$,沥青混合料层为 1 层时,$\omega_1$ 取 1.0;沥青混合料层为 2 层时,自上而下,ω_1 可取 0.44,ω_2 可取 0.56;沥青混合料层为 3 层时,自上而下,ω_1、ω_2 和 ω_3 可分别取为 0.27、0.36 和 0.37;

其他符号意义同式(6-42)~式(6-44)。

二级及二级以上公路,公称最大粒径不大于 19.0mm 的沥青混合料,宜按照《公路工程沥青及沥青混合料试验规程》(JTG E20—2011)T 0715 试验方法,在温度为 -10℃、加载速率为 50mm/min 条件下进行小梁弯曲试验。沥青混合料的破坏应变应符合表 6-22 的规定。季节性冻土地区高速公路和一级公路表面层沥青低温性能还应满足下列指标要求:

(1)分析连续 10 年年最低气温平均值,作为路面低温设计温度。路面低温设计温度提高 10℃ 的试验条件下,沥青弯曲梁流变试验蠕变劲度 S_t 不宜大于 300MPa,且蠕变曲线斜率 m 不宜大于 0.30。

(2)当蠕变劲度 S_t 在 300~600MPa 范围内,且蠕变曲线斜率 m 大于 0.30 时,增加沥青直接拉伸试验,其断裂应变不宜小于 1%。

(3)以上都不满足时,采用弯曲梁流变试验和直接拉伸试验确定沥青临界开裂温度,临界开裂温度不宜高于路面低温设计温度。

沥青混合料低温弯曲试验破坏应变技术要求　　　　表 6-22

气候条件与技术指标	相应于下列气候分区所要求的破坏应变(με)									试验方法
年极端最低气温(℃)及气候分区	< −37.0		−37.0 ~ −21.5			−21.5 ~ −9.0		> −9.0		试验方法
	1.冬严寒区		2.冬寒区			3.冬冷区		4.冬温区		
	1-1	2-1	1-2	2-2	3-2	1-3	2-3	1-4	2-4	
普通沥青混合料,不小于	2 600		2 300			2 000				T 0715
改性沥青混合料,不小于	3 000		2 800			2 500				

注:气候分区的确定应符合现行《公路沥青路面施工技术规范》(JTG F40)的有关规定。

沥青混合料应按照《公路工程沥青及沥青混合料试验规程》(JTG E20—2011)T 0709 和 T 0729试验方法,分别测试浸水马歇尔试验残留稳定度和冻融劈裂试验残留强度比检验水稳定性,两项指标应符合表 6-23 的规定。水稳定性不满足要求时,可采取掺入消石灰、水泥或抗剥落剂,采用饱和石灰水处理集料,或更换集料等措施,改善集料与沥青的黏附性,提高沥青混合料的抗水损性能。

沥青混合料水稳定性技术要求　　　　表 6-23

沥青混合料类型		相应于以下年降雨量(mm)的技术要求(%)		试验方法
		≥500	<500	
浸水马歇尔试验残留稳定度(%)				
普通沥青混合料,不小于		80	75	T 0709
改性沥青混合料,不小于		85	80	
SMA 混合料,不小于	普通沥青	75		
	改性沥青	80		
冻融劈裂试验的残留强度比(%)				
普通沥青混合料,不小于		75	70	T 0729
改性沥青混合料,不小于		80	75	
SMA 混合料,不小于	普通沥青	75		
	改性沥青	80		

沥青结合料类材料的主要结构设计参数是动态压缩模量,用于结构设计验算的动态压缩模量应依据相应的水平确定:水平一,按照《公路工程沥青及沥青混合料试验规程》(JTG E20—2011)T 0738 的沥青混合料单轴压缩动态模量试验进行测定,取平均值,试验温度选用 20℃,面层沥青混合料加载频率采用 10Hz,基层沥青混合料加载频率采用 5Hz;水平二,采用式(6-48)计算确定沥青混合料动态压缩模量,适用于采用道路石油沥青和常规级配的沥青混合料;水平三,参照表 6-24 确定沥青混合料动态压缩模量。

$$\lg E_a = 4.59 - 0.02f + 2.58\,G^* - 0.14\,P_a - 0.041V - 0.03\,\mathrm{VCA_{DRC}} - 2.65 \times 1.1^{\lg G^*} \cdot f^{-0.06} -$$

$$0.05 \times 1.52^{\lg}\,\mathrm{VCA_{DRC}} \cdot f^{-0.21} + 0.003\,1f \cdot P_a + 0.002\,4V \tag{6-48}$$

式中:E_a——沥青混合料动态压缩模量(MPa);

　　　f——试验频率(Hz);

　　G^*——60℃、10rad/s 下沥青动态剪切复数模量(kPa);

　　P_a——沥青混合料的油石比(%);

　　　V——压实沥青混合料的空隙率(%);

VCA_{DRC}——捣实状态下粗集料的松装间隙率(%)。

常用沥青混合料 20°C 条件下动态压缩模量取值范围(单位:MPa)　　　　表 6-24

沥青混合料类型	沥青种类			
	70 号道路石油沥青	90 号道路石油沥青	110 号道路石油沥青	SBS 改性沥青
SMA-10、SMA-13、SMA-16	—	—	—	7 500 ~ 12 000
AC-10、AC-13	8 000 ~ 12 000	7 500 ~ 11 500	7 000 ~ 10 500	8 500 ~ 12 500
AC-16、AC-20、A-25	9 000 ~ 13 500	8 500 ~ 13 000	7 500 ~ 12 000	9 000 ~ 13 500
ATB-25	7 000 ~ 11 000	—	—	—

注:1. ATB-25 为 5Hz 条件下动态压缩模量,其他沥青混合料为 10Hz 条件下动态压缩模量。

　　2. 沥青黏度大、级配好或空隙率小时取高值,反之取低值。

三、水泥混凝土设计参数

1. 弯拉强度和抗折弹性模量

水泥混凝土弯拉强度试件为直角棱柱体小梁,标准试件尺寸为 150mm × 150mm × 550mm,在标准条件下养护 28d 后,根据《公路工程水泥及水泥混凝土试验规程》(JTG 3420—2020) T 0558 的规定,按三分点处双点加载(图 6-12)测定其弯拉强度(f_{cf}),按式(6-49)计算,以 MPa 计。

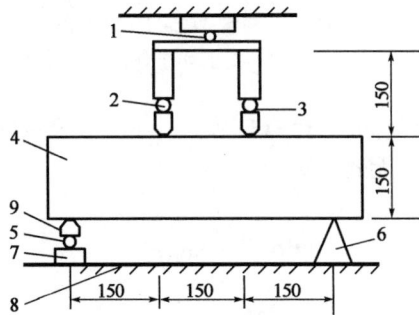

图 6-12　抗折试验装置(尺寸单位:mm)

1、2-1 个钢球;3、5-2 个钢球;4-试件;6-固定支座;7-活动支座;8-机台;9-活动船形垫块

$$f_{cf} = \frac{FL}{bh^2} \tag{6-49}$$

式中:F——破坏荷载(N);

　　　L——支座间距(mm);

　　　b——试件宽度(mm);

　　　h——试件高度(mm)。

如为跨中单点加载得到的弯拉强度,按断裂力学推导应乘以换算系数 0.85。

水泥混凝土抗折弹性模量（也称弹性模量）测定应根据《公路工程水泥及水泥混凝土试验规程》（JTG 3420—2020）T 0559 的规定进行。试件为直角棱柱体小梁，应取同龄期者为一组，每组为同条件制备和养护的试件 6 根，3 根用于弯拉强度试验，3 根用于抗折弹性模量试验。标准试件尺寸为 150mm × 150mm × 550mm，在标准条件下养护 28d 后，按三分点处双点加载。

取抗弯拉极限荷载平均值的 1/2 为抗弯拉弹性模量试验的荷载标准（$F_{0.5}$），进行 5 次加荷卸荷循环，由 1kN 起，以 0.15 ~ 0.25kN/s 的速度加荷，至 3kN 刻度处停机（设为 F_0），保持约 30s（在此段加载时间中，千分表指针应能启动，否则应提高 F_0 至 4kN），记下千分表读数 Δ_0；而后继续加载至 $F_{0.5}$，保持约 30s，记下千分表读数 $\Delta_{0.5}$；再以同样速度卸载至 1kN，保持约 30s，为第一循环（图 6-13）。同第一循环，共进行 5 个循环。

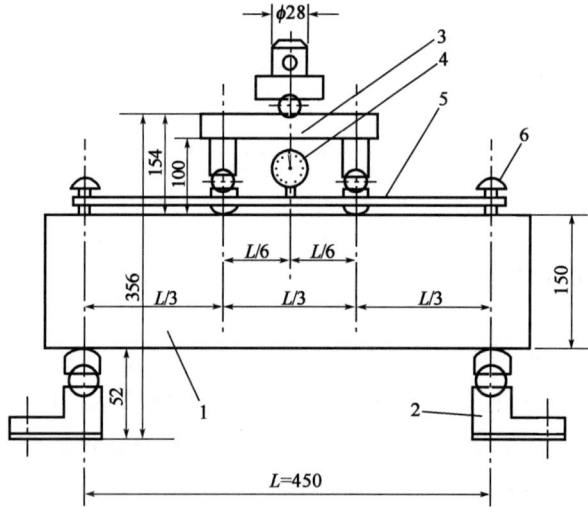

图 6-13　抗弯拉弹性模量试验装置（尺寸单位：mm）

1-试件；2-可移动支座；3-加荷支座；4-千分表；5-千分表架；6-螺杆

当断面发生在两个加荷点之间时，抗弯拉弹性模量 E_b 按式（6-50）或式（6-51）计算；如断面在加荷点外侧，则该试验结果无效。

$$E_f = \frac{23FL^3}{1\ 296fJ} \tag{6-50}$$

$$E_f = \frac{23L^3(F_{0.5} - F_0)}{1\ 296J(\Delta_{0.5} - \Delta_0)} \tag{6-51}$$

式中：E_f——抗折弹性模量（MPa）；

$F_{0.5}$、F_0——终荷载及初荷载（N）；

$\Delta_{0.5}$、Δ_0——对应 $F_{0.5}$、F_0 的千分表读数（mm）；

L——试件支座间距离（mm），为 450mm；

f——跨中挠度（mm）；

J——试件断面转动惯量（mm⁴），$J = \frac{1}{12}bh^3$。

水泥混凝土配合比设计时的混凝土试配弯拉强度均值按式（6-52）计算：

$$f_{rm} = \frac{f_r}{1 - 1.04c_v} + ts \qquad (6-52)$$

式中：f_{rm}——水泥混凝土试配弯拉强度均值（MPa）；

　　　f_r——水泥混凝土弯拉强度标准值（MPa）；

　　　c_v——水泥混凝土弯拉强度的变异系数；

　　　s——水泥混凝土弯拉强度试验样本的标准差；

　　　t——保证率系数，按样本数 n 参照表 6-25 确定。

保证率系数　　　　　　　　　　　　　　　　　表 6-25

公路等级	判别概率	样本数			
		6	9	15	20
高速公路	0.05	0.82	0.62	0.45	0.39
一级公路	0.10	0.60	0.47	0.35	0.30
二级公路	0.15	0.47	0.37	0.28	0.24
三、四级公路	0.20	0.38	0.30	0.22	0.19

2. 试样的钻取和劈裂试验

目前，我国检验路（道）面混凝土拌和质量的方法是在拌和机处或路（道）面浇筑现场制备尺寸为 150mm×150mm×550mm 的混凝土小梁试件，在与面板相同的条件下养护 28d，检验其弯拉强度是否满足水泥混凝土面板的设计弯拉强度。但这样检验由于取样不具备随机性，加之施工人员会在制备试件时格外用心，导致试验结果与面板参数有差异。实际工程中一般采用在混凝土面板上钻孔，取得圆柱体试件进行劈裂试验，再由劈裂强度推算水泥混凝土面板的弯拉强度。

钻孔取芯试件的直径为 150mm，取样高度 150mm≤h≤300mm，以 0.04～0.06MPa/s 的速率连续而匀速加荷。

水泥混凝土试件劈裂强度应按照《公路工程水泥及水泥混凝土试验规程》（JTG 3420—2020）T 0561 的规定，按式（6-53）计算：

$$f_{ct} = \frac{2F}{\pi d_m l_m} \qquad (6-53)$$

式中：f_{ct}——水泥混凝土试件的劈裂强度（MPa）；

　　　F——极限荷载（N）；

　　　d_m——圆柱体截面的平均直径（mm）；

　　　l_m——圆柱体平均长度（mm）。

水泥混凝土面板的弯拉强度按式（6-54）推算：

$$R_b = 1.868R_i^{0.871} \qquad (6-54)$$

式中：R_b——水泥混凝土面板的弯拉强度（MPa）。

3. 水泥混凝土路面设计参数的确定

水泥混凝土的强度以 28d 龄期的弯拉强度控制。当水泥混凝土浇筑 90d 后不开放交通时，可采用 90d 龄期的弯拉强度。各交通荷载等级要求的水泥混凝土的弯拉强度标准值不得低于表 6-26 的要求，水泥混凝土抗弯拉模量参考值见表 6-27。

<h3 style="text-align:center">水泥混凝土的弯拉强度标准值</h3>

表 6-26

交通荷载等级	极重、特重、重	中等	轻
水泥混凝土弯拉强度标准值（MPa）	≥5.0	4.5	4.0
钢纤维混凝土弯拉强度标准值（MPa）	≥6.0	5.5	5.0

<h3 style="text-align:center">水泥混凝土强度和弹性模量经验参考值</h3>

表 6-27

弯拉强度（MPa）	1.5	2.0	2.5	3.0	3.5	4.0	4.5	5.0	5.5
抗压强度（MPa）	7	11	15	20	25	30	36	42	49
抗拉强度（MPa）	0.89	1.21	1.53	1.86	2.20	2.54	2.85	3.22	3.55
弹性模量（GPa）	15	18	21	23	25	27	29	31	33

四、粒料类材料设计参数

粒料类材料回弹模量是沥青路面结构力学响应分析的重要参数之一，它是粒料类材料性质、状态（含水率和密实度）和应力状况等的函数。对于处于特定状态（一定含水率和密实度值）的各类粒料类材料和路基土来说，应力状况是影响其模量取值的主要因素。

1. 模量的应力依赖性

粒料类材料的弹性模量受应力水平影响很大，有明显的应力依赖性，而不同粒料类型其依赖性和特点也不同。表 6-28 归纳了影响级配碎石粒料层模量的因素，并对部分因素进行了讨论（泊松比假定为 0.35）。

<h3 style="text-align:center">影响级配碎石模量的因素以及变化趋势</h3>

表 6-28

影响因素	影响趋势	影响因素	影响趋势
粗集料比例	比例越大，模量越高	使用期间含水率	含水率越大，模量越低
密度	密度越大，模量越高	龄期	模量不变
碾压含水率	提高到最大值，然后降低	温度	模量不变
应力水平	应力水平越大，模量越高	荷载作用速率	模量不变

对于级配碎石来说，随着应力水平增加，模量提高。级配碎石的回弹模量随侧限压力的增加而增加，只要反复偏应力不致产生过大的塑性变形，反复偏应力的大小对级配碎石回弹模量的影响就较小，回弹模量与侧限压力（围压）的关系见式（6-55）：

$$E = k_1 \sigma^{k_2} \tag{6-55}$$

式中：E——回弹模量（kPa）；

σ——侧限压力（围压）（kPa）；

k_1、k_2——试验常数。

Yandell、Seed、Hicks 和 Monismith 得到级配碎石回弹模量是主应力或体积应力（如第一主应力不变量）的函数，即 K-θ 模型，也称为 AASHTO-1986 的推荐模型。回弹模量与主应力的关系见式（6-56）：

$$E = k_1 \theta^{k_2} \tag{6-56}$$

式中：E——回弹模量（kPa）；

θ——应力不变量(kPa),$\theta = \sigma_1 + 2\sigma_3 = \sigma_d + 3\sigma_3$,$\sigma_d = \sigma_1 - \sigma_3$;

k_1、k_2——试验常数。

由于 K-θ 模型没有考虑剪切应力对回弹模量的影响,因此只能用于很小范围的应力路径,Uzan 对 K-θ 模型进行了修改,通过增加偏应力来说明剪切应力的影响,见式(6-57):

$$E = k_1 p_a \left(\frac{\theta}{p_a}\right)^{k_2} \left(\frac{\sigma_d}{p_a}\right)^{k_3} \tag{6-57}$$

式中: E——回弹模量(kPa);

θ——应力不变量(kPa),$\theta = \sigma_1 + 2\sigma_3 = \sigma_d + 3\sigma_3$,$\sigma_d = \sigma_1 - \sigma_3$;

p_a——大气压力(kPa);

k_1、k_2、k_3——试验常数。

AI 法在 DAMA 设计程序中,将土基和所有沥青层作为弹性材料,将级配碎石的粒料基层看成非线性材料,级配碎石回弹模量根据多变量回归的预测计算方法见式(6-58):

$$E = 10.44 h_1^{-0.471} h_2^{-0.041} E_1^{0.139} E_0^{0.287} K_t^{0.868} \tag{6-58}$$

式中:E——级配碎石层回弹模量(kPa);

h_1、h_2——沥青层和级配碎石层的厚度(cm);

E_1、E_0——沥青层和路基顶面的回弹模量(kPa);

K_t——与级配碎石材料特性有关的参数(kPa)。

朱洪洲等提出级配碎石回弹模量根据多变量回归的预测计算方法,见式(6-59):

$$E = 0.646 h_1^{-0.734} h_2^{0.219} E_1^{-0.267} E_0^{0.241} K_t^{0.778} \tag{6-59}$$

式中:E——级配碎石层回弹模量(MPa);

h_1、h_2——沥青层和级配碎石层的厚度(cm);

E_1、E_0——沥青层和路基顶面的回弹模量(MPa);

K_t——与级配碎石材料特性有关的参数(kPa)。

例如,路面结构为 15cm 沥青混凝土层(回弹模量为 1 500MPa)+30cm 级配碎石+路基(回弹模量为 80MPa),级配碎石为石灰岩,K_t 为 40 000kPa,代入式(6-59),得级配碎石层回弹模量为289.4MPa。假如沥青层由 15cm 减至 10cm,则级配碎石层回弹模量变为391.9MPa。这说明了级配碎石模量与应力状态的关系。

2. 回弹模量试验方法

《公路沥青路面设计规范》(JTG D50—2017)规定采用动态三轴压缩试验测试粒料类材料的回弹模量。

最大粒径大于 19mm 粒料类材料的试件尺寸为:直径×高度=150mm×300mm,制备试件时应筛除粒径大于 26.5mm 的颗粒。最大粒径小于 19mm 粒料类材料的试件尺寸为:直径×高=100mm×200mm。室内压实试件目标含水率应采用击实试验的最佳含水率,室内压实试件含水率与目标含水率偏差不应超过±0.5%。室内压实试件应采用与现场压实度要求相应的干密度,缺少现场压实度时可采用击实试验最大干密度的95%,室内压实密度与目标压实度偏差不超过±1%。

试验前,首先打开所有连接试件的排水阀门,连通围压供给管和三轴室,对试件施加

105.0kPa的预载围压。对试件至少施加1 000 次、最大轴向应力为231.0kPa 的半正矢脉冲荷载,加载时长0.1s,恢复时长0.9s。当试件竖直永久变形达到试件高度的5%时,应停止预载,分析试件变形过大原因,必要时重新制备试件测试。当预载期间试件竖直永久变形再次达到5%时,应停止试验,并记录说明。

按表6-29 的加载序列1,将最大轴向应力调整为14.0kPa,围压调整为20.0kPa。在相应的轴向循环应力水平下,对试件施加100 次半正矢脉冲荷载,加载时间为0.1s,恢复时间为0.9s,记录最后5 次循环的回弹变形平均值。完成加载序列1 之后,按加载序列2 至加载序列25 依次改变应力水平进行以上测试,并记录每个加载序列最后5 次循环的回弹变形平均值。试验过程中,当试件竖向永久变形达到试件高度的5%时,应停止试验并记录结果。

加载序列

表6-29

加载序列号	围压应力 σ_3（kPa）	接触应力 $0.2\sigma_3$（kPa）	循环偏应力 σ_d（kPa）	最大轴向应力 σ_{max}（kPa）	荷载作用次数
0-预载	105	21	210	231	1 000
1	20	4	10	14	100
2	40	8	20	28	100
3	70	14	35	49	100
4	105	21	50	71	100
5	140	28	70	98	100
6	20	4	20	24	100
7	40	8	40	48	100
8	70	14	70	84	100
9	105	21	105	126	100
10	140	28	140	168	100
11	20	4	40	44	100
12	40	8	80	88	100
13	70	14	140	154	100
14	105	21	210	231	100
15	140	28	280	308	100
16	20	4	60	64	100
17	40	8	120	128	100
18	70	14	210	224	100
19	105	21	315	336	100
20	140	28	420	448	100
21	20	4	80	84	100
22	40	8	160	168	100
23	70	14	280	294	100
24	105	21	420	441	100
25	140	28	560	588	100

按每个加载序列最后 5 次循环的回弹变形计算回弹模量,计算全部序列的均值。根据测试所得的相关数据和式(6-60)所示的回弹模量本构模型,采用非线性拟合技术,确定模型参数 k_1、k_2 和 k_3。

$$M_R = k_1 p_a \left(\frac{\theta}{p_a} \right)^{k_2} \left(\frac{\tau_{oct}}{p_a} + 1 \right)^{k_3} \tag{6-60}$$

式中: M_R——回弹模量(MPa);

θ——体应力(MPa),计算见式(6-61):

$$\theta = \sigma_1 + \sigma_2 + \sigma_3 \tag{6-61}$$

σ_1、σ_2、σ_3——主应力(MPa);

τ_{oct}——八面体剪应力(MPa),计算见式(6-62):

$$\tau_{oct} = \sqrt{(\sigma_1 - \sigma_2)^2 + (\sigma_1 - \sigma_3)^2 + (\sigma_2 - \sigma_3)^2}/3 \tag{6-62}$$

$k_i (i=1,2,3)$——回归常数,k_1、$k_2 \geq 0$,$k_3 \leq 0$;

p_a——参考气压(MPa)。

3. 结构设计回弹模量取值

最佳含水率和与压实度要求相应的干密度条件下的粒料回弹模量应依据相应的水平确定:水平一,采用动态三轴压缩试验测定,取回弹模量试验结果的平均值;水平三,按粒料类型和层位参照表6-30确定粒料回弹模量取值。

粒料回弹模量取值范围(单位:MPa) 表6-30

材料类型和层位	最佳含水率和与压实度要求相应的干密度条件下的粒料回弹模量	经湿度调整后的粒料回弹模量
级配碎石基层	200 ~ 400	300 ~ 700
级配碎石底基层	180 ~ 250	190 ~ 440
级配砾石基层	150 ~ 300	250 ~ 600
级配砾石底基层	150 ~ 220	160 ~ 380
未筛分碎石层	180 ~ 220	200 ~ 400
天然砂砾层	105 ~ 135	130 ~ 240

注:材料性能好、级配好或压实度大时取高值,反之取低值。

研究表明,施工完成后粒料层湿度逐渐降低,最终达到湿度平衡状态,因此参照美国力学经验法路面设计指南(MEPDG),《公路沥青路面设计规范》(JTG D50—2017)中粒料层的回弹模量在结构验算时由粒料回弹模量乘以湿度调整系数后得到,湿度调整系数可在 1.6 ~ 2.0 范围内选取。粒料回弹模量应取用最佳含水率和与压实度要求相应的干密度条件下的试验值。压实度要求应符合现行《公路路面基层施工技术细则》(JTG/T F20)的有关规定。

4. 粒料类材料的技术要求

高速公路和一级公路基层粒料公称最大粒径不宜大于 26.5mm;底基层采用级配碎石或级配砂砾时,公称最大粒径不宜大于 31.5mm;底基层采用天然砂砾时,公称最大粒径不宜大于 53.0mm。二级及二级以下公路的基层、底基层粒料公称最大粒径不宜大于 53.0mm。填隙碎石公称最大粒径宜为层厚的 1/2 ~ 2/3,填隙碎石用于基层时,集料公称最大粒径不应超过

53.0mm;用于底基层时集料公称最大粒径不应超过 63.0mm。防冻层所用砂砾、碎石材料的最大粒径不应超过 53.0mm。级配碎石和级配砂砾中通过 0.075mm 筛孔的颗粒含量不宜大于 5%,不满足要求时,可用天然砂砾替代部分细集料。

基层、底基层级配碎石的 CBR 值应符合表 6-31 的有关规定。级配砾石或天然砂砾用于基层时,CBR 值不应小于 80。级配砾石或天然砂砾用于底基层时,对极重、特重和重交通荷载等级,CBR 值不应小于 80;对中等交通荷载等级,CBR 值不应小于 60;对轻交通荷载等级,CBR 值不应小于 40。

级配碎石 CBR 值 表 6-31

结构层	公路等级	极重、特重交通	重交通	中等、轻交通
基层	高速公路、一级公路	≥200	≥180	≥160
	二级及二级以下公路	≥160	≥140	≥120
底基层	高速公路、一级公路	≥120	≥100	≥80
	二级及二级以下公路	≥100	≥80	≥60

【练习与讨论】

1. 为什么要进行车辆类型和轴载类型的分类?路面设计采用的交通量和道路等级确定的交通量有何差别?

2. 荷载对路面的作用有哪些?各种荷载作用方式分别在什么情况下使用?

3. 什么是标准轴载?我国用什么作为标准轴载?其他国家为什么用不同的标准轴载?

4. 为什么要把车轮荷载印迹简化为圆形均布荷载?

5. 为什么要进行轴载换算?水泥混凝土路面与沥青路面如何进行轴载换算?

6. 何谓当量设计轴载累计作用次数 N_e?怎样确定?它在路面设计中有何用处?

7. 不同轴载通行次数是按不同指标进行换算的,请说明按不同指标进行轴载换算的主要原则。

8. 碎砾石在不同偏应力下抵抗累积变形性能有何不同?

9. 请将表 6-32 中的车辆类型按沥青路面层底拉应变为指标进行轴载换算,并计算各车辆类型的当量设计轴载换算系数。

车辆详细信息 表 6-32

序号	汽车型号	总重力(kN)	载重力(kN)	前轴重力(kN)	后轴重力(kN)	后轴数	后轴轮组数	轴距(cm)
1	解放 CA10B	80.25	40	19.40	60.85	1	双	
2	黄河 JN150	150.60	82.60	49.00	101.60	1	双	
3	延安 SX161	237.14	135.00	54.64	2×91.25	2	双	135.0
4	长征 XD980	182.40	100.00	37.10	2×72.65	2	双	122.0

10. 假如表6-32中的汽车载重超载10%、20%、50%,请再按沥青路面无机结合料层底拉应力为指标确定各车辆类型的当量设计轴载换算系数。

11. 请按水泥混凝土路面要求确定上表中各车辆类型的当量设计轴载换算系数。

12. 假如表6-32中的汽车载重超载10%、20%、50%,请再按水泥混凝土路面要求确定轴载换算系数。

13. 请结合规范,分析无机结合料稳定材料路面设计参数的内容及测试要求。

14. 请结合规范,分析沥青混合料路面设计参数的内容及测试要求。

15. 请结合规范,分析水泥混凝土材料路面设计参数的内容及测试要求。

16. 请结合规范,分析粒料类材料路面设计参数的内容及测试要求。

AI 辅助讨论

请采用 AI 工具(如 DeepSeek、Kimi 等),根据要求生成讨论提纲和 PPT,提交讨论报告和汇报文件(PPT)。

讨论题(1):交通荷载是路面设计的最主要参数,各国在轴重取值、轴载换算等方面各不相同,请针对轴重取值、运输经济、轴载换算与路面破坏等方向,分析重载车辆轴重取值发展趋势。

要求:结合个人理解,给出由20~40个关键词(中英文各一半)组成的中英文提问句,然后利用 AI 工具完成"请比较国内外重载车辆轴重取值的现状与趋势"的中英文讨论报告和汇报文件(PPT)。

讨论题(2):超载是我国道路交通的重要问题,前几年我国采取多种措施治理超载,请结合我国物流现状,分析我国运输车辆超载的原因和治理对策。

要求:结合个人理解,给出由5~10个关键词组成的提问句,然后利用 AI 工具完成"请分析我国运输车辆超载的原因和对策"的讨论报告和汇报文件(PPT)。

第七章

路面基层

【本章提要】

本章主要介绍粒料类基层的类型、特点与力学特性；无机结合料稳定材料的物理力学特性，石灰稳定类基层、水泥稳定类基层和工业废渣稳定类基层的强度构成机理、强度影响因素和材料组成设计要点；沥青结合料类基层和水泥混凝土类基层的力学特点和适用场合；新型基层的类型与特点。

【学习要求】

通过本章学习，了解各类基层材料的特点，掌握其适用的交通等级及层位。熟悉沥青结合料类基层和水泥混凝土类基层的物理力学特性；掌握粒料类基层和无机结合料稳定类基层的材料物理力学特性；掌握稳定土类、水泥稳定碎石(砂砾)类与石灰粉煤灰稳定碎石三种材料的强度形成机理、影响强度的规律及一般配合比设计过程；了解其他类型基层材料。

第一节 概 述

路面基层是路基路面体系中的重要组成部分，位于路基和路面面层之间，在路面结构中起着"承上启下"的作用，如图7-1所示。

处于沥青路面或水泥混凝土路面中的基层在结构承载方面的作用有所不同。沥青路面基层在承载中起主要作用,而水泥混凝土路面基层的承载相对次要,主要起提供稳定、耐久的下部支撑作用。从能量角度来看,沥青面层的刚度相对较小,荷载作用下基层的应变能(变形能)占总应变能的比例较高;而水泥混凝土面板的刚度很大,其应变能占总应变能绝大部分,基层内应力应变水平相对较低,对其刚度方面的要求也相对较低。

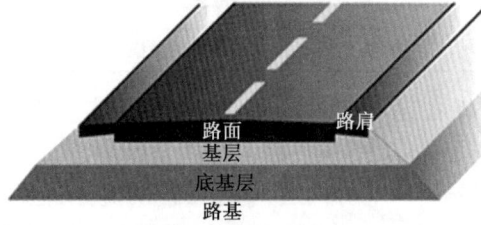

图 7-1 路基路面结构分层

基层材料的刚度不同,所承担的应变能比例不同,从而导致路面结构内其他层位(面层、路基)的受力状况不同。在路面所处的交通、环境条件确定的情况下,同样满足使用年限要求的路面结构设计会有显著差异,相应的,其造价差别也很大。基层材料按照组成差异可分为四类:无机结合料稳定类、粒料类、沥青结合料类和水泥混凝土类。沥青路面基层和底基层的材料类型可参照表 7-1 选用;水泥混凝土路面基层和底基层的材料类型可参照表 7-2 选用。

沥青路面基层和底基层材料的适用交通荷载等级　　　　表 7-1

类型	材料类型	适用交通荷载等级和层位
无机结合料稳定类	水泥稳定级配碎石或砾石、水泥粉煤灰稳定级配碎石或砾石、石灰粉煤灰稳定级配碎石或砾石	各交通荷载等级的基层和底基层
	水泥稳定未筛分碎石或砾石、石灰粉煤灰稳定未筛分碎石或砾石、石灰稳定未筛分碎石或砾石	轻交通荷载等级的基层、各交通荷载等级的底基层
	水泥稳定土、石灰稳定土、石灰粉煤灰稳定土	轻交通荷载等级的基层、各交通荷载等级的底基层
粒料类	级配碎石	重及重以下交通荷载等级的基层、各交通荷载等级的底基层
	级配砾石、未筛分碎石、天然砂砾、填隙碎石	中等和轻交通荷载等级的基层、各交通荷载等级的底基层
沥青结合料类	密级配沥青碎石、半开级配沥青碎石、开级配沥青碎石	极重、特重和重交通荷载等级的基层
	沥青贯入碎石	重及重以下交通荷载等级的基层
水泥混凝土	水泥混凝土或贫混凝土	极重、特重交通荷载等级的基层

水泥混凝土路面基层和底基层材料的适用交通荷载等级　　　　表 7-2

交通荷载等级	基层材料类型	底基层材料类型
极重、特重	贫混凝土,碾压混凝土	级配碎石,水泥稳定碎石,石灰、粉煤灰稳定碎石
	沥青混凝土	

续上表

交通荷载等级	基层材料类型	底基层材料类型
重	密级配沥青稳定碎石	级配碎石，水泥稳定碎石，石灰、粉煤灰稳定碎石
	水泥稳定碎石	
中等、轻	级配碎石	未筛分碎石，级配碎石，或不设
	水泥稳定碎石，石灰、粉煤灰稳定碎石	

与摊铺、碾压设备能力相适应，每种不同的基层材料有其合适的单层施工厚度，如水泥稳定碎石的适宜施工厚度范围是 15～20cm。路面结构设计中，有可能设计较厚的单层材料，如40cm 的水稳碎石基层，则在施工中需分两层（每层 20cm）施工，但因设计计算过程中将它作为单层，为使设计与施工相匹配，施工中应采取措施加强两层之间的联结。

第二节　粒料类基层

一、碎（砾）石的类型

碎石是指在矿场通过开采、破碎和筛分后生产的具有棱角和不同粒径规格的石料。砾石是指岩石自然风化后经水流冲刷、搬运形成的无棱角或棱角性差的石料。

与砾石相比，碎石因加工后的棱角性较好，风化程度低，相同矿物组成时纯度更高、坚固性更好、抗压碎能力强，用作筑路材料时，可以提供较大的内摩擦角，使得材料性能更优，因此碎石是比砾石更佳的材料，但成本有所增加。

具有一定粒度组成（级配）的掺配后碎（砾）石，可以直接作为路面基层使用；通过掺加无机结合料或沥青稳定，可以形成水泥稳定碎（砾）石、沥青稳定碎石等更为优质的基层材料。优质碎石是沥青混合料和水泥混凝土的主要原材料之一。

碎石用作基层时，会涉及多种碎石混合料概念，如级配碎石、填隙碎石、水结碎石、未筛分碎石、石屑等，为确定这些概念的内涵，有必要结合碎石的生产过程来介绍。

采石场作业的第一步是采用电动潜孔钻等设备钻孔后装药，通过工程爆破将石料开采出来，碎裂的石料自然滚动堆放于山脚。其中尺寸较大的还需用液压破碎锤等设备进行再次破碎，然后用装载机供料至破碎筛分联合设备。联合设备由振动给料机、破碎机（颚式破碎机、反击式破碎机、圆锥式破碎机、辊式破碎机、可逆式破碎机、立轴冲击式破碎机等）、振动筛、制砂机、洗砂机、胶带运输机等组成，各种设备组成一个闭路循环，可连续生成不同规格的石料，如图 7-2 所示。

根据规格和质量需要，破碎过程又可分为一级、二级和三级破碎等。较为常见的三级破碎生产线的流程大致为：振动给料机→颚式破碎机→反击式破碎机→振动筛分机→碎石成品，其中振动筛上超粒径颗粒将被返料送入三级（回笼）破碎机，设备之间由传送带相接。

颚式破碎机里面有颚板，一块固定、一块活动，两板之间不对称且有牙，合起来刚好吻合，当石料输入后被夹碎。大的石头经过这轮压碎以后,进到二级反击式破碎机,其内部有锤头(由高强复合材料制成),通过锤头的锤击作用将石料破碎。这两种常用破碎机的原理如图7-3所示。

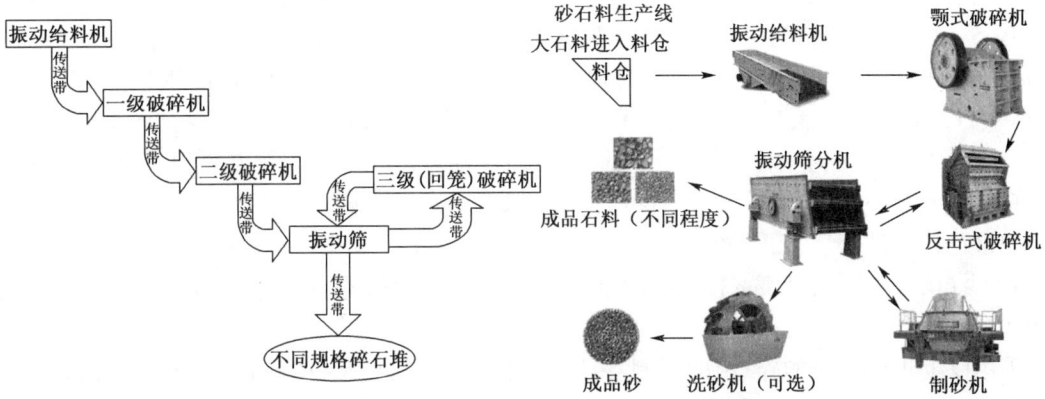

图7-2 采石场碎石和机制砂生产流程及设备示意图

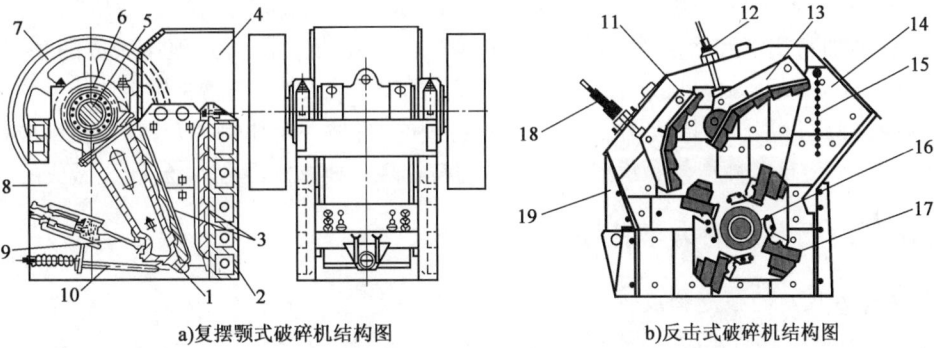

a)复摆颚式破碎机结构图　　　　　　b)反击式破碎机结构图

图7-3 颚式破碎机和反击式破碎机原理

1-动颚;2-定颚;3-颚板;4-侧板;5-主轴;6-轴承;7-飞轮;8-机架;9-推力板;10-拉杆;11-后反击板部;12-碟形弹簧;13-前反击板部;14-衬板;15-链幕;16-转子部;17-板锤;18-调节弹簧;19-架体部

公路工程中石料一般要求通过反击式破碎机生产,其原因是颚式破碎机通过挤压破碎,而反击式破碎机通过锤击破碎,后者生产的石料在整体性、棱角性和均匀性上更优。

碎石成品的规格与振动筛的筛孔形状及其尺寸组合关系密切,不同采石场的情况差别较大,我国公路工程标准筛孔孔形已从圆孔转变为方孔,而采石场不一定仅服务于公路工程,其振动筛还有圆孔筛存在,使得碎石原材料与级配设计时的筛孔尺寸配伍性较差。筛分一般经过三个阶段:

(1)第一阶段:先让破碎后石料通过最大一档筛孔的筛(假定筛孔尺寸为D),筛余石料的颗粒尺寸较大,需要返料送入破碎机重新破碎。

(2)第二阶段:过筛碎石依次通过几档尺寸递减的筛,筛孔尺寸在$d \sim D$之间,从而获得不同规格的碎石。

(3)第三阶段:过筛后的碎石在最小一档筛孔尺寸为d的筛上过筛。

通过尺寸为d筛的颗粒粒径很小,一般为$2.36 \sim 4.75$mm(如是方孔筛,随采石场振动筛规格不同而不同),被称为石屑(或筛屑)。仅经第一阶段、未经第二阶段筛分的碎石剔除了超大颗粒和石屑,且具有一定的自然级配,称为未筛分碎石。

第二阶段筛分的碎石($d \sim D$),根据其粒径从大到小不同,而分为几种不同规格,俗称为石子(或称为碎石,一般为9.5~63mm规格,1~2号碎石以9.5~19.5mm规格为主,2~3号碎石以19.5~31.5mm规格为主,3~4号碎石以31.5~37.5mm规格为主,4~6号碎石以37.5~63mm规格为主,通常分以上4档,可根据需要增减)、瓜子片(4.75~9.5mm规格为主)、米子(或称米石,以2.36~4.75mm规格为主)。石屑在0.075mm筛上的筛余被称为石粉(以0.075~2.36mm规格为主)。需要指出的是,采石场筛分出的集料规格不会很标准,有少量颗粒会超出主要规格范围,级配设计时需随机取样重新筛分,确定其详细组成。

如果在初步破碎后,用制砂机替代破碎机,或直接采用石屑作为原料,经筛分后可以生产出机制砂(0.075~4.75mm)。将洁净的石屑作为原料,采用磨粉机可以生产出矿粉(<0.075mm)。

采用以上工序生产的碎石,即可制备前述多种碎石混合料。由颗粒状的碎石材料(或碎石混合料)经压实做成的基层称为粒料类基层。粒料类基层包括级配碎石基层、级配砾石基层、未筛分碎石基层、天然砂砾基层和填隙碎石基层,具体见表7-1。

填隙碎石基层系用单一规格的粗碎石做主集料,形成嵌锁结构,用石屑做填隙料,填满碎石间的孔隙,增加密实度和稳定性,起承受和传递车轮荷载的作用,并经碾压做成的基层。

未筛分碎石和天然砂砾基层是用加工的未经筛分的碎石或天然砂砾经摊铺碾压成型的基层。

级配砾石(碎石)基层是指粗、中、小砾石(碎石)和砂各按一定比例混合,其颗粒组成符合规定的密实级配要求,且塑性指数和承载比(CBR)均符合规定要求的混合料,经碾压做成的基层。

二、碎(砾)石基层的力学特性

1. 碎(砾)石基层的强度构成

碎(砾)石基层通常是指水结碎石、泥结碎石以及密级配碎(砾)石等,这类基层通常只能用于中等、轻交通荷载等级的公路,但优质级配碎(砾)石基层也用于重及重以上交通荷载等级的基层和底基层。

对于碎(砾)石路面结构,矿料颗粒之间的联结强度一般都要比矿料颗粒本身的强度小得多,在外力作用下,首先在颗粒之间产生滑动和位移,使其失去承载能力而导致破坏。因此,对于这种由松散材料组成的路面结构,其中矿料颗粒本身强度固然重要,但是起决定作用的则是颗粒之间的联结强度。凡在强度特性上具有上述特点的材料,均属于松散介质的范畴。对于松散介质范畴的材料,其抗剪强度可用库仑公式表示。因此,由材料的黏结力和内摩阻角表征的内摩擦力所决定的颗粒之间的联结强度,即构成了碎(砾)石路面材料的结构强度。

(1)纯碎石材料

纯碎石材料按嵌挤原则产生强度,其抗剪强度主要取决于剪切面上的法向应力和材料内摩阻角。抗剪强度由下列因素构成:

①粒料表面的相互滑动摩擦;

②因剪切时体积膨胀而需克服的阻力;

③因粒料重新排列而受到的阻力。

单一粒料在另一有粗糙面但表面平整的粒料上滑动,其摩阻角大多在30°以下;许多粒料相互紧密接触,沿某一剪切面相互变位时,因体积膨胀和粒料重新排列而多消耗的功,可使摩阻角增大到40°～50°。

纯碎石粒料摩阻角的大小主要取决于集料的强度、形状、尺寸、均匀性、表面粗糙度以及施工时的压实程度。当集料强度高、形状接近正立方体、有棱角、尺寸均匀、表面粗糙、压实度高时,内摩阻力较大。

(2)土-碎(砾)石混合料

这类材料当含土量小时,按嵌挤原则形成强度;当含土量较多时,则按密实原则形成强度。土-碎(砾)石混合料的强度和稳定性取决于内摩阻力和黏结力的大小。为得到最大强度和稳定性而设计的颗粒材料,应具有高内摩阻力来抵抗荷载作用下的变形。内摩阻力和由此产生的抗剪力的大小在很大程度上取决于密实度、颗粒形状和颗粒大小的分配。在这些因素中,以集料大小的分配,特别是粗细成分比例最为重要。图7-4表示土-碎(砾)石混合料的三种物理状态。

第一种[图7-4a)]:不含或含很少细料(指0.075mm以下的颗粒)的混合料,它的强度和稳定性依靠颗粒之间摩阻力获得。这类混合料的密实度较低,但透水性好,不易冰冻。由于这种材料没有黏结性,施工时压实困难。

第二种[图7-4b)]:含有足够的细料来填充颗粒间空隙的混合料,它仍然能够通过颗粒接触而获得强度,其抗剪强度、密实度有所提高,透水性低,施工时较第一种情况易压实。

第三种[图7-4c)]:含有大量细料,而粗颗粒之间的接触很少,粗集料仅仅是"浮"在细料之中。这类混合料施工时易压实,但其密实度较低,易冰冻,难于透水,强度和稳定性受含水率影响很大。

图7-5表示不同细料含量时土-砾石混合料的密度和CBR的试验结果,图中CBR值为试件浸湿后的测定结果。由图可知,随压实功增加,密度和CBR值均增加,而且都存在一个相应的最佳细料含量。最大密度时的最佳细料含量为8%～10%,而最大CBR值时的最佳细料含量为6%～8%;前者细料含量的状况可代表图7-4b)的状态,而最大值左右两侧的曲线部分则代表图7-4a)和图7-4c)的两种状态。

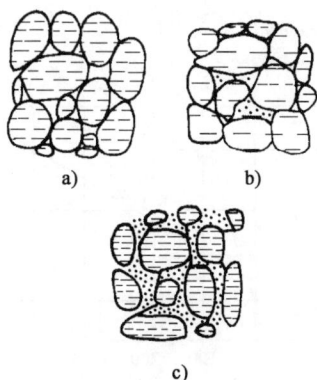

图7-4 土-碎(砾)石混合料的三种物理状态

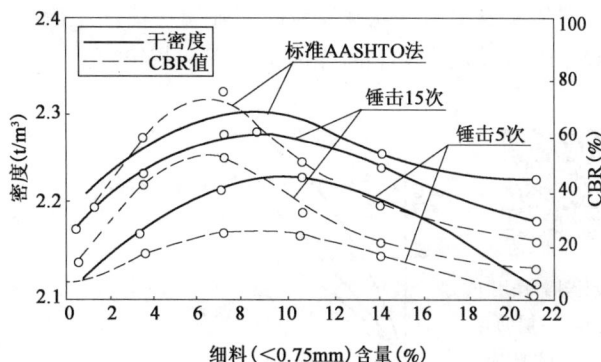

图7-5 土-砾石混合料密度和CBR值随细料含量的变化

图7-6表示土-碎石混合料试验的结果。由图7-6可见,细料成分对碎石集料CBR的影响一般比对砾石的影响小。对于同一粒径分配,由有棱角颗粒组成混合料的CBR值通常也比圆

滑颗粒混合料的 CBR 值稍大一些。

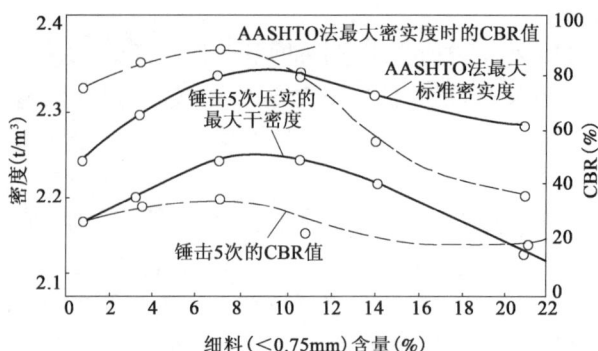

图 7-6　土-碎石混合料密度和 CBR 值随细料含量的变化

因此，只有在已知粒径分布的情况下，密度才可以作为衡量强度和稳定性的依据。细料含量偏多的混合料的强度和稳定性受细料的影响很大，如图 7-4c）所示，大大低于细料含量偏低的混合料，而在图 7-4a）的情况下，强度和稳定性受细料的影响很小，主要取决于粗颗粒之间的接触情况。

2. 碎（砾）石材料的应力-应变特性

碎（砾）石材料的显著特点之一是应力-应变的非线性性质，回弹模量在很大程度上受竖向和侧向应力大小的影响。图 7-7 所示为三轴试验轴向应变 ε_1、偏应力 σ_d（$\sigma_d = \sigma_1 - \sigma_3$）与侧向应力 σ_3 的关系。由图 7-7 可看出，在同一侧向应力 σ_3 的作用下，回弹模量 E_r（MPa）随偏应力增大而逐渐减小；不论轴向应变多大，当侧向应力增大时，回弹模量值也增大。根据试验研究结果，回弹模量 E_r（MPa）值可用式（7-1）表示：

$$E_r = K_1 \theta^{K_2} \tag{7-1}$$

式中：K_1、K_2——与材料有关的试验参数；

θ——主应力之和（kPa），即 $\theta = \sigma_1 + 2\sigma_3$。

图 7-8 表示某一轧制集料的回弹模量值同主应力和的关系。试验还表明，应力重复次数、荷载作用时间及频率对回弹模量的影响甚小。

10. 设计轴载作用下级配碎石基层沥青路面的力学响应

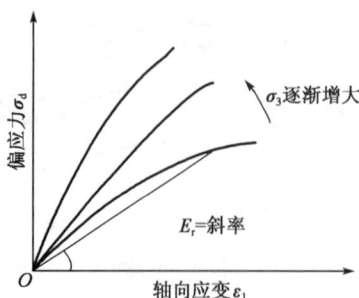

图 7-7　碎（砾）石材料应力-应变关系

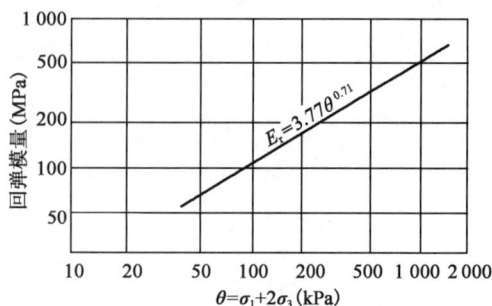

图 7-8　干的轧制集料回弹模量随主应力和的变化

颗粒材料的模量取决于材料的级配、形状、表面构造、密实度和含水率等。一般密实度越高，模量值越大；棱角多，表面粗糙者有较高模量；当细料含量不多时，含水率影响甚小。碎石基层材料只能受压不能受拉,且在路面设计中,它与其他结构层(如沥青层)的层间结合按完全滑动看待。

三、填隙碎石基层

填隙碎石基层要求用加工轧制的碎石按嵌挤原理铺压而成。填隙碎石基层可采用干法或湿法施工,并要求填缝紧密。

填隙碎石用作基层时,集料的公称最大粒径应不大于53mm;用作底基层时,应不大于63mm。集料的颗粒组成应符合表7-3的规定。

填隙碎石用集料的颗粒组成(单位:%)   表7-3

项次	公称粒径（mm）	筛孔尺寸(mm)							
		63	53	37.5	31.5	26.5	19	16	9.5
1	30~60	100	25~60	—	0~15	—	0~5	—	—
2	25~50	—	100	—	25~50	0~15	0~5	—	—
3	20~40	—	—	100	35~37	—	0~15	—	0~5

填隙碎石宜用振动压路机碾压,碾压后基层的固体体积率宜不小于85%,底基层宜不小于83%。填隙碎石干法施工时初压宜用双轮压路机碾压3~4遍,使集料稳定就位。然后用石料撒布机均匀撒铺填隙料25~30mm,重复振动碾压,扫除局部残余的填隙料。填隙碎石的湿法施工是在集料层表面空隙填满后,立即用洒水车洒水直至饱和,再用重型压路机碾压,满足压实度要求。

四、级配碎(砾)石基层

级配碎(砾)石基层,是由各种集料(砾石、碎石)按最佳级配原理修筑而成的路面基层。由于级配碎(砾)石是用大小不同的集料按一定比例配合、逐级填充空隙,故经过压实后,能形成密实的结构。级配碎(砾)石的强度由摩阻力和黏结力构成,具有一定的水稳性和力学强度。

级配碎(砾)石基层厚度,一般为15~20cm;如基层和底基层为级配碎石结构,其总厚度在20cm以上时,可分两层摊铺碾压。

级配碎(砾)石所用材料,主要为天然砾石或较软的碎石,其形状以接近立方体或圆球形为佳,石料强度应不低于Ⅳ级。级配碎石材料的CBR强度标准见表6-31。用于高速公路和一级公路基层时,级配宜符合表7-4中G-A-4或G-A-5的规定,用于高速公路和一级公路底基层时,级配宜符合表7-4中G-A-3或G-A-4的规定;用于二级及二级以下公路的基层、底基层时,级配宜符合表7-4中G-A-1或G-A-2的规定。

级配碎(砾)石的推荐级配范围   表7-4

筛孔尺寸(mm)	G-A-1	G-A-2	G-A-3	G-A-4	G-A-5
37.5	100	—	—	—	—
31.5	100~90	100	100	—	—

筛孔尺寸（mm）	G-A-1	G-A-2	G-A-3	G-A-4	G-A-5
26.5	93～80	100～90	95～90	100	100
19	81～64	86～70	84～72	88～79	100～95
16	75～57	79～62	79～65	82～70	89～82
13.2	69～50	72～54	72～57	76～61	79～70
9.5	60～40	62～42	62～47	64～49	63～53
4.75	45～25	45～25	40～30	40～30	40～30
2.36	31～16	31～16	28～19	28～19	28～19
1.18	22～11	22～11	20～12	20～12	20～12
0.6	15～7	15～7	14～8	14～8	14～8
0.3	—	—	10～5	10～5	10～5
0.15	—	—	7～3	7～3	7～3
0.075*	5～2	5～2	5～2	5～2	5～2

注：*对无塑性的混合料，小于0.075mm的颗粒含量宜接近高限。

二级及二级以下公路基层采用未筛分碎石或砾石时，应采用表7-5推荐的级配范围。

未筛分碎石或砾石的推荐级配范围 表7-5

筛孔尺寸（mm）	G-B-1	G-B-2	筛孔尺寸（mm）	G-B-1	G-B-2
53	100	—	4.75	10～30	17～45
37.5	85～100	100	2.36	8～25	11～35
31.5	69～88	83～100	0.6	6～18	6～21
19.0	40～65	54～84	0.075	0～10	0～10
9.5	19～43	29～59			

用级配砾石的垫层称为级配砂砾垫层，其级配砂砾要求颗粒尺寸在4.75～31.5mm之间，其中19～31.5mm含量不少于50%。

第三节　无机结合料稳定类基层

在粉碎的或原状松散的土中掺入一定量的无机结合料（包括水泥、石灰或工业废渣等）和水，经拌和得到的混合料在压实与养生后，其抗压强度符合规定要求的材料称为无机结合料稳定材料，以此修筑的路面基层为无机结合料稳定类基层，或称为半刚性基层。

无机结合料稳定材料具有稳定性好、抗冻性能强、结构本身自成板体等特点，但其耐磨性差，因此广泛用于修筑路面结构的基层和底基层。

破碎的或原状松散的土按照土中单个颗粒(指碎石、砾石、砂和土颗粒)的粒径大小和组成,将土分成细粒土、中粒土和粗粒土。不同的土与无机结合料拌和得到不同的稳定材料,例如石灰土、水泥土、水泥砂砾、石灰粉煤灰碎石等。

无机结合料稳定材料种类较多,见表7-1,其物理、力学性质各异,使用时应根据结构要求、掺加剂和原材料的供应情况及施工条件进行综合技术经济比较后选定。

一、无机结合料稳定材料的物理力学特性

无机结合料稳定材料的物理力学特性包括应力-应变特性、疲劳特性、收缩(温缩和干缩)特性。

1. 应力-应变特性

无机结合料稳定材料的重要特点之一是强度和模量随龄期的增长而不断增长,逐渐具有一定的刚性性质。一般规定水泥稳定类材料设计龄期为90d,石灰或石灰粉煤灰(简称二灰)稳定材料设计龄期为180d。

无机结合料稳定材料应力-应变特性试验方法有顶面法、侧面法、夹具法和承载板法等。试件有圆柱体试件和梁式(分大、中、小梁,根据被稳定材料的粒径大小确定)试件。试验内容有抗压强度、抗压回弹模量、劈裂强度和劈裂模量、弯拉强度和弯拉模量等。

由于材料的变异性和试验过程的不稳定性,同一种材料采用不同的试验方法、同一种试验方法采用不同的材料及同一种试验方法试件在不同龄期试验结果存在差异性。

2. 疲劳特性

材料的抗压强度是材料组成设计的主要依据,由于无机结合料稳定材料的抗拉强度远小于其抗压强度,材料的抗拉强度是路面结构设计的控制指标。

常用的疲劳试验有弯拉疲劳试验和劈裂疲劳试验。

无机结合料稳定材料的疲劳寿命主要取决于重复应力与极限应力之比 σ_f/σ_s(即应力强度比),原则上当 σ_f/σ_s 小于50%时,无机结合料稳定材料可经受无限次重复加荷而无疲劳破裂,但是,由于材料的变异性,实际试验时其疲劳寿命要小得多。

疲劳性能通常用 σ_f/σ_s 与达到破坏时反复作用次数(N_f)所绘成的散点图来表示。试验证明 σ_f/σ_s 与 N_f 之间关系通常用双对数疲劳方程($\lg N_f = a + b \lg \sigma_f/\sigma_s$)及单对数疲劳方程($\lg N_f = a + b \sigma_f/\sigma_s$)来表示比较合理。

在一定的应力或应变条件下,材料的疲劳寿命取决于材料的强度和刚度。强度越大、刚度越小,其疲劳寿命就越长。

由于材料的不均匀性,无机结合料稳定材料的疲劳方程还与材料试验的变异性有关。不同的存活率(到达疲劳寿命时出现破坏的概率)将得出不同的疲劳方程(图7-9、图7-10)。

3. 干缩特性

无机结合料稳定材料经拌和压实后,由于水分蒸发和混合料内部的水化作用,混合料的水分会不断减少。由此发生的毛细管作用、吸附作用、分子间力的作用、材料矿物晶体或凝胶体间层间水的作用和碳化收缩作用等会引起无机结合料稳定材料的体积收缩。

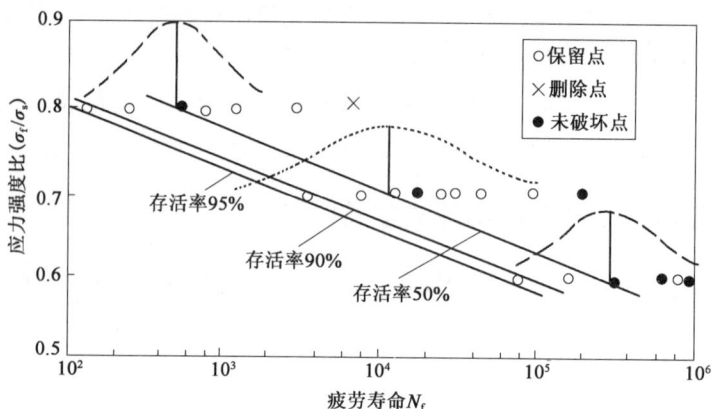

图7-9　水泥砂砾(小梁)应力强度比与疲劳寿命关系曲线

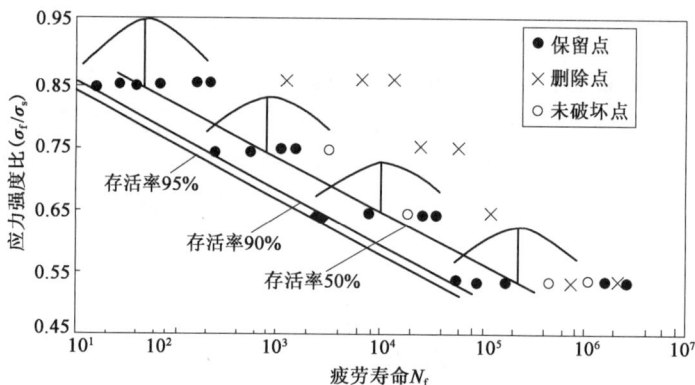

图7-10　石灰粉煤灰砂砾(小梁)应力强度比与疲劳寿命关系曲线

描述材料干缩特性的指标主要有干缩应变、干缩系数、干缩量、失水量、失水率和平均干缩系数。干缩应变 ε_d 是水分损失引起的试件单位长度的收缩量($\times 10^{-6}$);干缩系数是某失水量时,试件单位失水率的干缩应变($\times 10^{-6}$);干缩量是水分损失时试件的收缩量(10^{-3}mm);失水量是试件失去水分的质量(g);失水率是试件单位质量的失水量(%);平均干缩系数 α_d 是某失水量时,试件的干缩应变与试件的失水率之比($\times 10^{-6}$)。

$$
\left.
\begin{aligned}
\varepsilon_d &= \frac{\Delta l}{l} \\
\alpha_d &= \frac{\varepsilon_d}{\Delta w}
\end{aligned}
\right\}
\tag{7-2}
$$

式中:Δl——含水率损失 Δw 时,试件的整体收缩量;

　　　l——试件的长度;

　　　ε_d——混合料的干缩应变,10^{-6};

　　　α_d——混合料的干缩系数,10^{-6};

Δw——试件失水率(%)。

无机结合料稳定材料的干缩特性(最大干缩应变和平均干缩系数)的大小与结合料的类型、剂量,被稳定材料的类别,粒料含量,小于0.6mm的细集料的含量,试件含水率和龄期等有关。例如,当(石灰+粉煤灰):碎石=15:85(质量比)与(石灰+粉煤灰):碎石=20:80时,7d龄期的最大干缩应变分别为 223×10^{-6}、273×10^{-6},而平均干缩系数分别为 55×10^{-6}、65×10^{-6}。

对稳定粒料类,三类无机结合料稳定材料的干缩特性的大小次序为:石灰稳定类 > 水泥稳定类 > 石灰粉煤灰稳定类。

对于稳定细粒土,三类无机结合料稳定材料的收缩性的大小排列为:石灰土 > 水泥土和水泥石灰土 > 石灰粉煤灰土。

4. 温缩特性

无机结合料稳定材料是由固相(组成其空间骨架的原材料颗粒和其间的胶结物)、液相(存在于固相表面与空隙中的水和水溶液)和气相(存在于空隙中的气体)组成,所以无机结合料稳定材料的外观胀缩性是三相不同温度收缩综合效应的结果。原材料中砂粒以上颗粒的温度收缩系数较小,粉粒以下的颗粒温度收缩性较大。一般气相在综合效应中影响较小,可以忽略。

无机结合料稳定材料的温度收缩与结合料类型和剂量、被稳定材料的类别、粒料含量、龄期和日温差以及季节性温差等有关。试验结果表明:石灰土砂砾(16.7×10^{-6}) > 悬浮式石灰粉煤灰粒料(15.3×10^{-6}) > 密实式石灰粉煤灰粒料(11.4×10^{-6})和水泥砂砾(5%~7%水泥剂量为 10×10^{-6}~15×10^{-6})。

无机结合料稳定材料基层,成型初期基层内部含水率大,且尚未被沥青面层封闭,基层内部的水分必然要蒸发,从而发生由表及里的干燥收缩。同时,环境温度也存在昼夜温度差,因此,修建初期的无机结合料稳定材料基层同时受到干燥收缩和温度收缩的综合作用,必须注意养护。经验表明,在季节性温差较大的地区,春秋两季修建的无机结合料稳定材料基层,其温缩导致的开裂现象明显少于夏季修建的。

经过一定龄期的养生,无机结合料稳定材料基层上铺筑沥青面层后,基层内相对湿度略有增大,使材料的含水率趋于平衡,这时无机结合料稳定材料基层的变形以温度收缩为主。

二、石灰稳定类基层

在粉碎的土和原状松散的土(包括各种粗、中、细粒土)中掺入适量的石灰和水,按照一定技术要求,经拌和,在最佳含水率下摊铺,压实及养生,其抗压强度符合规定要求的路面基层称为石灰稳定类基层。用石灰稳定细粒土得到的混合料简称石灰土,所做成的基层称石灰土基层(底基层)。

石灰剂量是石灰质量占全部土颗粒的干质量的百分率,即石灰剂量=石灰质量/干土质量。

石灰稳定土一般指的是石灰土(以细粒土、天然土为主),它具有一定的抗压强度和弯拉强度,且强度随龄期逐渐增加,但因其吸水性、透水性和水稳定性较差,适用于各级公路路面的底基层和二级以下公路的基层,不得用作二级和二级以上公路路面的基层。在冰冻地区的潮湿路段和其他地区的过湿路段,不宜采用石灰土做基层和底基层。

1.石灰稳定土强度形成机理

土中掺入适量的石灰,在最佳含水率下拌匀压实,石灰与土会发生一系列的物理、化学作用,土的性质会发生根本的变化,从而使石灰稳定土具有一定强度。石灰与土间发生的物理化学作用一般分四个方面:离子交换作用、结晶硬化作用、火山灰作用和碳酸化作用。

（1）离子交换作用

土的微小颗粒具有一定的胶体性质,它们一般都带有负电荷,表面吸附着一定数量的钠、氢、钾等低价阳离子（Na^+、H^+、K^+）。石灰是一种强电解质,在土中加入石灰和水后,石灰在溶液中电离出来的钙离子（Ca^{2+}）与土中的钠、氢、钾离子产生离子交换作用,原来的钠（钾）土变成钙土,土颗粒表面所吸附的离子由一价变成二价,减小了土颗粒表面吸附水膜的厚度,使土粒相互之间更为接近,分子引力随之增加,许多单个土粒聚成小团粒,组成一个稳定结构。

（2）结晶硬化作用

在石灰土中只有一部分熟石灰 $Ca(OH)_2$ 进行离子交换作用,绝大部分饱和的 $Ca(OH)_2$ 自行结晶。熟石灰与水作用生成熟石灰结晶网格,其化学反应式为:

$$Ca(OH)_2 + nH_2O \longrightarrow Ca(OH)_2 \cdot nH_2O$$

（3）火山灰作用

熟石灰的游离 Ca^{2+} 与土中的活性氧化硅 SiO_2 和氧化铝 Al_2O_3 作用生成含水的硅酸钙和铝酸钙的化学反应就是火山灰作用,其反应为:

$$xCa(OH)_2 + SiO_2 + nH_2O \longrightarrow xCaO \cdot SiO_2 \cdot (n+1)H_2O$$

$$xCa(OH)_2 + Al_2O_3 + nH_2O \longrightarrow xCaO \cdot Al_2O_3 \cdot (n+1)H_2O$$

上述所形成的熟石灰结晶网格、含水的硅酸钙和铝酸钙结晶都是胶凝物质,具有水硬性并能在固体和水两相环境下发生硬化,且持续时间长。这些胶凝物质在土颗粒团外围形成一层稳定保护膜,填充颗粒空隙,使颗粒间产生结合料,减少了颗粒间的空隙与透水性,同时提高密实度,这是石灰土获得强度和水稳定性的基本原因,也是石灰土后期强度增长的主要原因,但这种作用的发展比较缓慢。

（4）碳酸化作用

碳酸化作用是指土中的 $Ca(OH)_2$ 与空气中的二氧化碳（CO_2）发生作用,其化学反应式为:

$$Ca(OH)_2 + CO_2 \longrightarrow CaCO_3 + H_2O$$

$CaCO_3$ 是坚硬的结晶体,它和其生成的复杂盐类把土粒胶结起来,从而大大提高了土的强度和整体性。

由于石灰与土发生了一系列的相互作用,从而使土的性质发生根本的改变。初期主要是离子交换作用和火山灰作用,主要表现为土的结团、塑性降低、最佳含水率增加和最大密实度减小等,后期主要表现为结晶硬化作用和碳酸化作用,以及持续的火山灰作用,从而提高其板体性、强度和稳定性。

2.影响强度的因素

（1）土质

各种成因的土都可以用石灰来稳定。采用的土质,既要考虑其强度,还要考虑到施工时易于粉碎、便于碾压成型。当采用高液限黏土时施工不易粉碎;采用粉性土的石灰土早期强度较低,但后期强度也可满足行车要求;采用低液限土质时易拌和,但难以碾压成型,稳定的效果不显著。一般采用塑性指数 15～20 的黏质土较合适。塑性指数偏大的黏质土,要加强粉碎,粉碎后,土中的土块不宜超过 15mm。经验证明,塑性指数小于 10 的土不宜用石灰稳定。对于硫酸盐类含量超过 0.8% 或腐殖质含量超过 10% 的土,对强度有显著影响,不宜直接采用。

（2）石灰

石灰应是消石灰粉或生石灰粉,对高速公路或一级公路宜用磨细生石灰粉。

石灰质量应符合Ⅲ级以上的技术指标(表 7-6),并要尽量缩短石灰的存放时间。在同等石灰剂量下,质量好的石灰,稳定效果好。如采用质量差的石灰,为了满足石灰土的技术要求,需适当增加石灰剂量。

石灰技术要求 表 7-6

指标		钙质生石灰			镁质生石灰			试验方法
		Ⅰ	Ⅱ	Ⅲ	Ⅰ	Ⅱ	Ⅲ	
有效氧化钙加氧化镁含量(%)		≥85	≥80	≥70	≥80	≥75	≥65	T 0813
未消化残渣含量(%)		≤7	≤11	≤17	≤10	≤14	≤20	T 0815
钙镁石灰的分类界限,氧化镁含量(%)		≤5			>5			T 8012

指标		钙质消石灰			镁质消石灰			试验方法
		Ⅰ	Ⅱ	Ⅲ	Ⅰ	Ⅱ	Ⅲ	
有效氧化钙加氧化镁含量(%)		≥65	≥60	≥55	≥60	≥55	≥50	T 0813
含水率(%)		≤4	≤4	≤4	≤4	≤4	≤4	T 0801
细度	0.60mm 方孔筛的筛余(%)	0	≤1	≤1	0	≤1	≤1	T 0814
	0.15mm 方孔筛的筛余(%)	≤13	≤20	—	≤13	≤20	—	T 0814
钙镁石灰的分类界限,氧化镁含量(%)		≤4			>4			T 0812

注:试验方法采用现行《公路工程无机结合料稳定材料试验规程》(JTG E51)中的方法。

（3）石灰剂量

石灰剂量是指石灰干重占干土重的百分率。

石灰剂量对石灰土强度影响显著。石灰剂量较低(小于3%～4%)时,石灰主要起处治作用,可减弱土的塑性、膨胀性,改善土的密实度、强度,称为石灰处治土。随着石灰剂量的增加,石灰土强度和稳定性均提高,但石灰剂量超过一定范围时,石灰土强度反而降低。生产实践中常用的最佳剂量范围,对于黏质土及粉质土为 8%～14%,对砂类土为 9%～16%。石灰剂量的确定应根据结构层技术要求进行混合料组成设计。

（4）含水率

水是石灰土的重要组成部分。它促使石灰和土发生物理-化学变化，形成强度；便于土的粉碎、拌和与压实，并且有利于养生。不同土质的石灰土有不同的最佳含水率，需通过标准击实试验确定，并用以控制施工中的实际加水量。水应是干净可供饮用的水。

（5）密实度

石灰土的强度随密实度的增加而增长。实践证明，石灰土的密实度每增减1%，强度约增减4%。而密实的石灰土，其抗冻性、水稳定性也好，缩裂现象也少。

（6）石灰土的龄期

石灰土强度具有随龄期增长的特点。一般石灰土初期强度低，前期（30~60d）增长速率较后期快。石灰土强度与龄期关系可表示为：

$$R_t = R_1 t^{\beta} \tag{7-3}$$

式中：R_1——一个月龄期抗压强度；

　　　R_t——t 个月龄期抗压强度；

　　　β——系数，为 $0.1~0.5$。

（7）养生条件

养生条件主要是指温度与湿度。养生条件不同，其强度也有差异。当温度高时，物理-化学反应、硬化、强度增长快；反之强度增长慢，在负温条件下甚至不增长。因此，要求施工的最低温度应在5℃以上，并在第一次重冰冻（-5~-3℃）到来之前一个月至一个半月内完成。

实践证明，温度较高的季节施工的石灰土强度高，质量更有保证。

养生的湿度条件对石灰土的强度也有很大影响。实践证明：在一定潮湿条件下养生的强度比在一般空气中养生的强度高。

3. 石灰稳定土基层的缩裂防治

石灰稳定土基层防治缩裂的措施如下：

（1）控制压实含水率：石灰稳定土因含水率过大产生的干缩裂缝显著，因而压实时含水率一定不要大于最佳含水率，应略小于最佳含水率。

（2）严格控制压实标准：实践证明，压实度小时产生的干缩要比压实度大时严重，因此，应尽可能达到最大压实度。

（3）温缩的最不利季节是材料处于最佳含水率附近，且气温为 0~-10℃。因此施工要在当地气温降为0℃前一个月结束，以防在不利季节施工产生严重温缩。

（4）干缩的最不利情况发生在石灰稳定土成型初期，因此，要重视初期养生，保证石灰稳定土表面处于潮湿状态，严防干晒。

（5）石灰稳定土施工结束后要及早铺筑面层，使基层含水率不发生大变化，可减少干缩裂缝。

（6）在石灰稳定土中掺加集料（砂砾、碎石等），集料含量为70%~80%，并使混合料满足最佳组成要求，不但能够提高强度和稳定性，而且具有较好的抗裂性。

基层的缩裂会反射到面层，为了防止基层裂缝的反射，国内外常采取以下措施：

（1）设置联结层。设置沥青碎石或沥青贯入式联结层，是防止反射裂缝的有效措施。

（2）铺筑碎石隔离过渡层。在石灰稳定土基层与沥青面层间铺筑厚 10 ~ 20cm 的碎石层或玻纤格栅,可减少反射裂缝出现。

4.石灰稳定土混合料设计

石灰稳定土由土、石灰和水组成。混合料的组成设计包括:根据强度标准,通过试验选取合适的土,确定必需的或最佳的石灰剂量和混合料的最佳含水率。

（1）石灰稳定土的强度标准

石灰稳定土的强度标准根据相应的公路等级和在路面结构中的层位而定。在规定温度保湿养生 6d、浸水 1d 后无侧限抗压强度标准见表 7-7。

石灰稳定细粒土 7d 无侧限抗压强度（MPa）与压实度（%）标准　表 7-7

层位	稳定材料类型	高速公路及一级公路		二级及二级以下公路	
		压实度（%）	抗压强度（MPa）	压实度（%）	抗压强度（MPa）
基层	集料	—	—	≥97	≥0.8
	细粒土	—		≥95	
底基层	集料	≥97	≥0.8[①]	≥95	≥0.5 ~ 0.7[②]
	细粒土	≥95		≥93	

注:①在低塑性土（塑性指数小于 7）地区,石灰稳定砂砾和碎石的 7d 无侧限抗压强度应大于 0.5MPa。
　　②低限用于塑性指数小于 7 的黏质土,高限用于塑性指数大于或等于 7 的黏质土。

（2）混合料的设计步骤

①制备同一种土样、不同石灰剂量的石灰稳定土混合料,根据不同的层位,可参照下列石灰剂量进行配制。

作基层用时:

砂砾土和碎石土:3%、4%、5%、6%、7%;

塑性指数小于 12 的黏质土:10%、12%、13%、14%、16%;

塑性指数大于或等于 12 的黏质土:5%、7%、9%、11%、13%。

作底基层用时:

塑性指数小于 12 的黏质土:8%、10%、11%、12%、14%;

塑性指数大于或等于 12 的黏质土:5%、7%、8%、9%、11%。

②确定混合料的最佳含水率和最大干压实密度（用重型击实标准试验）,至少做三个不同石灰剂量混合料的击实试验,即最小剂量、中间剂量和最大剂量。

③按最佳含水率与工地预期达到的压实密度制备试件,进行强度试验时,做平行试验的试件数量应符合规定。

④试件在规定温度（20℃ ±2℃）下保湿养生 6d,浸水 1d,进行无侧限抗压强度试验。根据表7-7的强度标准,选定合适的石灰剂量,室内试验结果的平均抗压强度（$\overline{R}$）应符合式（7-4）的要求:

$$\overline{R} \geqslant \frac{R_{\mathrm{d}}}{1 - Z_{\mathrm{a}} C_{\mathrm{v}}} \tag{7-4}$$

式中:R_{d}——设计抗压强度（MPa）;

　　C_{v}——试验结果的偏差系数（小数计）;

Z_a——标准正态分布表中随保证率（或置信度 α）而变的系数，重交通荷载等级道路应取

　　　保证率95%，此时 $Z_a = 1.645$；其他道路可取保证率为90%，即 $Z_a = 1.282$。

工地实际采取的石灰剂量应较试验室内试验确定的剂量多0.5%~1.0%。

具体可参见现行《公路路面基层施工技术细则》（JTG/T F20）。

三、水泥稳定类基层

在粉碎的或原状松散的土（包括各种粗、中、细粒土）中，掺入适量水泥和水，按照技术要求，经拌和摊铺，在最佳含水率时压实及养护，其抗压强度符合规定要求，以此修建的路面基层称为水泥稳定类基层。当采用水泥稳定细粒土（砂类土、粉质土或黏质土）时，简称水泥土。

水泥是水硬性结合料，绝大多数的土类（高塑性黏土和有机质较多的土除外）都可以用水泥来稳定，改善其物理力学性质，适应各种不同的气候条件与水文地质条件。水泥稳定类基层具有良好的整体性，足够的力学强度、抗水性和耐冻性。其初期强度较高，且强度随龄期增长而增加，所以应用范围很广。在我国路面工程中，水泥稳定粒料常用于路面结构的基层和底基层，在保证路面使用品质上取得了满意的效果。但水泥稳定细粒土禁止作为高速公路或一级公路路面的基层，只能用作底基层。

1. 强度形成机理

在水泥稳定土中，水泥、土和水之间发生多种复杂的物理化学作用，从而使土的性能发生明显的变化。这些作用可以分为如下几种。

化学作用：如水泥颗粒的水化、硬化作用，有机物的聚合作用以及水泥水化产物与黏土矿物之间的化学作用等。

物理-化学作用：如黏土颗粒与水泥及水泥水化产物之间的吸附作用，微粒的凝聚作用，水及水化产物的扩散、渗透作用，水化产物的溶解、结晶作用等。

物理作用：如土块的机械粉碎作用，混合料的拌和、压实作用等。

现就其中一些主要作用过程分述如下：

（1）水泥的水化作用

在水泥稳定土中，首先发生的是水泥自身的水化反应，从而产生具有胶结能力的水化产物，这是水泥稳定土强度的主要来源。水泥水化产物的反应简式如下：

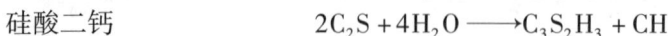

硅酸三钙　　　　　　　　$2C_3S + 6H_2O \longrightarrow C_3S_2H_3 + 3CH$

硅酸二钙　　　　　　　　$2C_2S + 4H_2O \longrightarrow C_3S_2H_3 + CH$

铝酸三钙　　　　　　　　$C_3A + 6H_2O \longrightarrow C_3AH_6$

铁铝酸四钙　　　　　　　$C_4AF + 7H_2O \longrightarrow C_4AFH_7$

水泥水化生成的产物，在土的孔隙中相互交织搭接，将土颗粒包覆连接起来，使土逐渐丧失了原有的塑性等性质，并且随着水化产物的增加，混合料也逐渐坚固起来。但水泥稳定土中水泥的水化与水泥混凝土中水泥的水化之间还有所不同。这是因为：①土具有非常高的比表面积和亲水性；②水泥稳定土中的水泥含量较少；③土对水泥的水化产物具有强烈的吸附性；④在一些土中常存在酸性介质环境。由于这些特点，在水泥稳定土中，水泥的水化硬化条件较水泥混凝土中差得多；特别是由于黏土矿物对水化产物中的 $Ca(OH)_2$ 具有极强的吸附和吸收

作用,使溶液中的碱度降低,从而影响了水泥水化产物的稳定性;水化硅酸钙中的 C/S 会逐渐降低析出 $Ca(OH)_2$,从而使水化产物的结构和性能发生变化,进而影响到混合料的性能。因此在选用水泥时,若其他条件相同,应优先选用硅酸盐水泥,必要时还应对水泥稳定土进行"补钙"以提高混合料中的碱度。

(2)离子交换作用

土中的黏土颗粒由于颗粒细小、比表面积大,因而具有较高的活性,当黏土颗粒与水接触时,黏土颗粒表面通常带有一定量的负电荷,在黏土颗粒周围形成了一个电场,这层带负电荷的离子就称为电位离子。带负电荷的黏土颗粒表面,吸引周围溶液中的正离子,如 K^+、Na^+ 等,而在颗粒表面形成了一个双电层结构,这些与电位离子电荷相反的离子就称为反离子。在双电层中电位离子形成内层结构,反离子形成外层结构。靠近颗粒的反离子与颗粒表面结合较紧密。当黏土颗粒运动时,结合较紧密的反离子将随颗粒一起运动,而其他反离子将不产生运动,由此在运动与不运动的反离子之间便出现了一个滑移面。

由于在黏土颗粒表面存在着电场,因此也存在着电位,颗粒表面电位离子形成的电位称为热力学电位(φ),滑动面上的电位称为电动位(ξ);由于反离子的存在,离开颗粒表面越远电位越低,经过一定的距离电位将降低为零,此距离称为双电层厚度。由于各个黏土颗粒表面都具有相同的双电层结构,因此黏土颗粒之间往往间隔着一定的距离。

在硅酸盐水泥中,硅酸三钙和硅酸二钙占主要部分,其水化后所生成的氢氧化钙所占的比例也较高,可达水化产物的 25%。大量的氢氧化钙溶于水以后,在土中形成了一个富含 Ca^{2+} 的碱性溶液环境。当溶液中富含 Ca^{2+} 时,因为 Ca^{2+} 的电价高于 K^+、Na^+ 等离子,因此与电位离子的吸引力较强,从而取代了 K^+、Na^+,成为反离子,同时 Ca^{2+} 也因双电层电位的降低速度加快。因而使电动电位减小、双电层的厚度减薄,使黏土粒之间的距离减小,相互靠拢,导致土的凝聚,从而改变土的塑性,使土具有一定的强度和稳定性。这种作用就称为离子交换作用。

(3)化学激发作用

钙离子的存在不仅影响到了黏土颗粒表面双电层的结构,而且在这种碱性溶液环境下,土本身的化学性质也将发生变化。

土的矿物组成中含有大量的硅氧四面体和铝氧八面体。在通常情况下,这些矿物具有比较高的稳定性,但当黏土颗粒周围介质的 pH 值增加一定程度时,黏土矿物中的部分 SiO_2 和 Al_2O_3 的活性将被激发出来,与溶液中的 Ca^{2+} 进行反应,生成新的矿物,这些矿物主要是硅酸钙和铝酸钙系列,如 $4CaO \cdot 5SiO_2 \cdot 5H_2O$、$4CaO \cdot Al_2O_3 \cdot 19H_2O$、$3CaO \cdot Al_2O_3 \cdot 16H_2O$、$CaO \cdot Al_2O_3 \cdot 10H_2O$ 等。这些矿物的组成和结构与水泥的水化产物都有很多类似之处,并且同样具有胶凝能力。生成的这些胶结物质包裹在黏土颗粒表面,与水泥的水化产物一起,将黏土颗粒凝结成一个整体。因此,氢氧化钙对黏土矿物的激发作用,将进一步提高水泥稳定土的强度和水稳定性。

(4)碳酸化作用

水泥水化生成的 $Ca(OH)_2$,除了可与黏土矿物发生化学反应外,还可以进一步与空气中的 CO_2 发生碳化反应并生成碳酸钙结晶。其反应如下:

$$Ca(OH)_2 + CO_2 + nH_2O \longrightarrow CaCO_3 + (n+1)H_2O$$

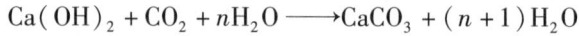

2. 影响强度的因素

（1）土质

土的类别和性质是影响水泥稳定土强度的重要因素，各类砂类土、砾类土、粉质土和黏质土均可用水泥稳定，但稳定效果不同。试验和生产实践证明：用水泥稳定级配良好的碎（砾）石和砂砾，效果最好，不但强度高，而且水泥用量少；其次是砂类土；再次之是粉质土和黏质土。重黏土难于粉碎和拌和，不宜单独用水泥来稳定，因此，一般要求土的塑性指数不大于17。

（2）水泥的成分和剂量

各种类型的水泥都可以用于稳定土。但试验研究证明，水泥的矿物成分和分散度对其稳定效果有明显影响。对于同一种土，通常情况下硅酸盐水泥的稳定效果好，而铝酸盐水泥较差。

在水泥硬化条件相似，矿物成分相同时，随着水泥分散度的增加，其活性和硬化能力也有所增大，从而水泥土的强度也大大提高。

水泥土的强度随水泥剂量的增加而增长，但过多的水泥用量，虽能获得强度的增加，在经济上却不一定合理，在效果上也不一定显著，而且由于刚度过大容易开裂。试验和研究证明，对于中粒土和粗粒土，水泥剂量取4%～6%较为合理。

（3）含水率

含水率对水泥稳定土强度影响很大，当含水率不足时，水泥不能在混合料中完全水化和水解，发挥不了水泥对土的稳定作用，影响强度形成。同时，含水率小，达不到最佳含水率也影响水泥稳定土的压实度。因此，使含水率达到最佳含水率的同时，还要满足水泥完全水化和水解作用的需要。

水泥正常水化所需的水量约为水泥重的20%，对于砂类土，完全水化达到最高强度的含水率较最佳密度的含水率为小；而对于黏质土则相反。

（4）施工工艺

水泥、土和水应拌和均匀，且在最佳含水率下充分压实，使之干密度最大，其强度和稳定性就高。水泥稳定土从开始加水拌和到完成压实的延续时间要尽可能最短，一般要在6h以内。若时间过长，则水泥凝结，在碾压时，不但达不到压实度要求，而且也会破坏已结硬水泥的胶凝作用，反而使水泥稳定土强度下降。在水泥终凝时间达不到规定要求时，可以使用一定剂量的缓凝剂，但缓凝剂的品种应根据试验确定。

水泥稳定土需湿法养生，以满足水泥水化形成强度的需要。养生温度越高，强度增长得越快，因此，要保证水泥稳定土养生的温度和湿度条件。

3. 材料要求及混合料组成设计

（1）材料要求

①土：凡能被粉碎的土都可用水泥稳定。宜做水泥稳定类基层的材料有：碎石、石屑、砂砾、碎石土、砾石土等。粗集料及细集料的技术要求见表7-8和表7-9，集料的分档要求见表7-10。

粗集料的技术要求　　　　　　　　　　　表 7-8

指标	层位	高速公路和一级公路				二级及二级以下公路		试验方法
		极重、特重交通		重、中、轻交通				
		Ⅰ类	Ⅱ类	Ⅰ类	Ⅱ类	Ⅰ类	Ⅱ类	
压碎值(%)	基层	≤22*	≤22	≤26	≤26	≤35	≤30	T 0316
	底基层	≤30	≤26	≤30	≤26	≤40	≤35	
针片状颗粒含量(%)	基层	≤18	≤18	≤22	≤18	—	≤20	T 0312
	底基层	—	≤20	—	≤20	—	≤20	
0.075mm 以下粉尘含量(%)	基层	≤1.2	≤1.2	≤2	≤2	—	—	T 0310
	底基层	—	—	—	—	—	—	
软石含量(%)	基层	≤3	≤3	≤5	≤5	—	—	T 0320
	底基层	—	—	—	—	—	—	

注：* 对花岗岩石料，压碎值可放宽至25%。试验方法采用现行《公路工程集料试验规程》(JTG E42)中的方法。

细集料的技术要求　　　　　　　　　　　表 7-9

项目	水泥稳定①	石灰稳定	石灰粉煤灰综合稳定	水泥粉煤灰综合稳定	试验方法③
颗粒分析	满足级配要求				T 0302/0303/0327
塑性指数②	≤17	适宜范围 15~20	适宜范围 12~20	—	T 0118
有机质含量(%)	<2	≤10	≤10	<2	T 0313/0336
硫酸盐含量(%)	≤0.25	≤0.8	—	≤0.25	T 0341

注：①水泥稳定包含水泥石灰综合稳定。
　　②应测定 0.075mm 以下材料的塑性指数。
　　③试验方法采用现行《公路工程集料试验规程》(JTG E42)中的方法。

集料的分档要求　　　　　　　　　　　表 7-10

层位	高速公路和一级公路		二级及二级以下公路
	极重、特重交通	重、中、轻交通	
基层	≥5	≥4	≥3 或 4*
底基层	≥4	≥3 或 4*	≥3

注：* 对一般工程可选择不少于3档备料，对极重、特重交通荷载等级且强度要求较高时，为了保证级配的稳定，宜选择不少于4档备料。

当被稳定材料中含有一定量的碎石或砾石，且小于0.6mm 的颗料含量在30%以下时，塑性指数可大于17，且土的不均匀系数应大于5。水泥稳定材料的推荐级配范围见表7-11。用于高速公路和一级公路的底基层时，被稳定材料的公称最大粒径应不大于31.5mm，级配宜符合表7-12 中 C-A-1 或 C-A-2 的规定，被稳定材料中不宜含有黏质土或粉质土。用于二级以下公路的基层时，级配宜符合表7-11 中 C-A-1 或 C-A-3 的规定，符合级配 C-A-1 的规定时，被稳定材料中不宜含有黏质土或粉质土；符合级配 C-A-3 的规定时，被稳定材料的公称最大粒径应不大于37.5mm。用于二级及二级以下公路的底基层时，级配宜符合表7-11 中C-A-4的规定，被稳定材料的公称最大粒径应不大于37.5mm。

水泥稳定材料的推荐级配范围(单位:%)　　　　　　　　　　表 7-11

筛孔尺寸 (mm)	高速公路和一级公路的 底基层或二级公路的 基层	高速公路和一级公路的 底基层	二级以下公路的 基层	二级及二级以下 公路的底基层
	C-A-1	C-A-2	C-A-3	C-A-4
53	—	—	100	100
37.5	100	100	90 ~ 100	—
31.5	90 ~ 100	—	—	—
26.5	—	—	66 ~ 100	—
19	67 ~ 90	—	54 ~ 100	—
9.5	45 ~ 68	—	39 ~ 100	—
4.75	29 ~ 50	50 ~ 100	28 ~ 84	50 ~ 100
2.36	18 ~ 38	—	20 ~ 70	—
1.18	—	—	14 ~ 75	—
0.6	8 ~ 22	17 ~ 100	8 ~ 47	17 ~ 100
0.075	0 ~ 7	0 ~ 30	0 ~ 30	0 ~ 50

注:表中水泥稳定材料不包括水泥稳定级配碎石或砾石。

　　水泥稳定级配碎石或砾石的推荐级配范围见表 7-12。用于高速公路和一级公路时,级配宜符合表 7-12 中 C-B-1 或 C-B-2 的规定,混合料密实时也可采用 C-B-3,C-B-1 宜用作基层和底基层,C-B-2 宜用作基层,C-B-3 宜用作极重、特重交通荷载等级的基层;用于二级及二级以下公路时,级配宜符合表 7-12 中 C-C-1、C-C-2、C-C-3 的规定,C-C-1 宜用作基层和底基层,C-C-2 和 C-C-3 宜用作基层。

水泥稳定级配碎石或砾石的推荐级配范围(单位:%)　　　　　　表 7-12

筛孔尺寸 (mm)	高速公路和一级公路			二级及二级以下公路		
	C-B-1	C-B-2	C-B-3	C-C-1	C-C-2	C-C-3
37.5	—	—	—	100	—	—
31.5	—	—	100	100 ~ 90	100	—
26.5	100	—	—	94 ~ 81	100 ~ 90	100
19	86 ~ 82	100	86 ~ 68	83 ~ 67	87 ~ 73	100 ~ 90
16	79 ~ 73	93 ~ 88	—	78 ~ 61	82 ~ 65	92 ~ 79
13.2	72 ~ 65	86 ~ 76	—	73 ~ 54	75 ~ 58	83 ~ 67
9.5	62 ~ 53	72 ~ 59	58 ~ 38	64 ~ 45	66 ~ 47	71 ~ 52
4.75	45 ~ 35	45 ~ 35	32 ~ 22	50 ~ 30	50 ~ 30	50 ~ 30
2.36	31 ~ 22	31 ~ 22	28 ~ 16	36 ~ 19	36 ~ 19	36 ~ 19
1.18	22 ~ 13	22 ~ 13	—	26 ~ 12	26 ~ 12	26 ~ 12

筛孔尺寸（mm）	高速公路和一级公路			二级及二级以下公路		
	C-B-1	C-B-2	C-B-3	C-C-1	C-C-2	C-C-3
0.6	15 ~ 8	15 ~ 8	15 ~ 8	19 ~ 8	19 ~ 8	19 ~ 8
0.3	10 ~ 5	10 ~ 5	—	14 ~ 5	14 ~ 5	14 ~ 5
0.15	7 ~ 3	7 ~ 3	—	10 ~ 3	10 ~ 3	10 ~ 3
0.075	5 ~ 2	5 ~ 2	3 ~ 0	7 ~ 2	7 ~ 2	7 ~ 2

②水泥:普通硅酸盐水泥、矿渣硅酸盐水泥或火山灰质硅酸盐水泥都可以用于稳定土,但应选用终凝时间较长(宜6h以上)的水泥。早强、快硬及受潮变质的水泥不应使用。宜采用强度等级较低的水泥,如32.5级或42.5级水泥。

③水:饮用水。

(2)混合料组成设计

水泥稳定土混合料组成设计与石灰稳定土基本相同。

①强度和压实度标准。

7d无侧限抗压强度和压实度应根据公路等级和所在路面结构中的层位确定,见表7-13所示。水泥稳定材料推荐水泥试验剂量见表7-14,水泥的最小剂量见表7-15。

水泥稳定材料的7d无侧限抗压强度与压实度标准 表7-13

层位	稳定材料类型	高速公路及一级公路				二级及二级以下公路			
		压实度（%）	抗压强度（MPa）			压实度（%）	抗压强度（MPa）		
			极重、特重交通	重交通	中、轻交通		极重、特重交通	重交通	中、轻交通
基层	集料	≥98	5.0 ~ 7.0	4.0 ~ 6.0	3.0 ~ 5.0	≥97	4.0 ~ 6.0	3.0 ~ 5.0	2.0 ~ 4.0
	细粒土	—	—	—	—	≥95			
底基层	集料	≥97	3.0 ~ 5.0	2.5 ~ 4.5	2.0 ~ 4.0	≥95	2.5 ~ 4.5	2.0 ~ 4.0	1.0 ~ 3.0
	细粒土	≥95				≥93			

水泥稳定材料配合比设计试验推荐水泥试验剂量标准 表7-14

被稳定材料	条件		推荐水泥试验剂量（%）
有级配的碎石或砾石	基层	R_d≥5.0MPa	5、6、7、8、9
		R_d<5.0MPa	3、4、5、6、7
土、砂、石屑等		塑性指数<12	5、7、9、11、13
		塑性指数≥12	8、10、12、14、16
有级配的碎石或砾石	底基层	—	3、4、5、6、7
土、砂、石屑等		塑性指数<12	4、5、6、7、8
		塑性指数≥12	6、8、10、12、14
碾压贫混凝土	基层	—	7、8.5、10、11.5、13

注:水泥剂量是水泥质量占干土质量的百分比。

水泥的最小剂量（%）标准　　　　　　　　　　　　　表7-15

被稳定材料类型	拌和方法	
	路拌法	集中厂拌法
中、粗粒材料	4	3
细粒材料	5	4

②设计步骤。

a. 制备同一种土样、不同水泥剂量的混合料，一般按下列水泥剂量配制。

作基层用时：

中粒土和粗粒土：5%，6%，7%，8%，9%或3%，4%，5%，6%，7%；

塑性指数小于12的土：5%，7%，9%，11%，13%；

其他细粒土：6%，8%，10%，12%，14%。

作底基层用时：

中粒土和粗粒土：3%，4%，5%，6%，7%；

塑性指数小于12的土：4%，5%，6%，7%，8%；

其他细粒土：6%，8%，10%，12%，14%。

b. 确定最佳含水率和最大干压实密度。

c. 按最佳含水率和计算得到的干压实密度制作试件。根据表7-14强度标准选定合适的水泥剂量。在此剂量下试件室内试验结果的平均抗压强度 $\bar{R}$ 应符合式（7-4）的要求。

工地实际采用的水泥剂量应比室内试验确定剂量多0.5%～1.0%。

具体可参照现行《公路路面基层施工技术细则》（JTG/T F20）进行。

四、工业废渣稳定类基层

随着工业的发展，工业废渣逐渐增多，怎样综合利用工业废渣引起了国内外重视。近年来，我国利用工业废渣铺筑路面基层，取得显著成效，不但提高了路面使用品质，而且降低了工程造价，"变废为宝"，具有显著的经济效益。

公路上常用的工业废渣有：火力发电厂的粉煤灰和煤渣，钢铁厂的高炉渣和钢渣，化肥厂的电石渣以及煤矿的煤矸石等。粉煤灰是煤粉在燃烧过程中的残留物，悬浮于高温烟气中，通过集尘设备回收的粉尘污染物；煤渣则是煤燃烧完全后留下的炉底灰，这两种废料中含有较多的二氧化硅、氧化钙和氧化铝等活性物质。用石灰稳定工业废渣时，石灰在水的作用下形成饱和的 $Ca(OH)_2$ 溶液，废渣的活性氧化硅和氧化铝在 $Ca(OH)_2$ 溶液中产生火山灰反应，生成水化硅酸钙和铝酸钙凝胶，把颗粒胶凝在一起，随水化物不断产生而结晶硬化，具有水硬性。

1. 材料要求

（1）石灰和水泥

工业废渣基层所用的结合料是石灰和水泥。石灰的质量宜符合Ⅲ级以上技术指标，见表7-7。

普通硅酸盐水泥、矿渣硅酸盐水泥或火山灰质硅酸盐水泥都可以用于稳定土，但应选用终凝时间较长（宜6h以上）的水泥。早强、快硬及受潮变质的水泥不应使用。宜采用强度等级较低的水泥,如32.5级或42.5级水泥。

（2）废渣材料

粉煤灰的技术要求见表7-16。

粉煤灰的技术要求 表7-16

检测项目	技术要求	试验方法
SiO_2、Al_2O_3和Fe_2O_3总含量（%）	>70	T 0816
烧失量（%）	≤20	T 0817
比表面积（cm^2/g）	>2 500	T 0820
0.3mm筛孔通过率（%）	≥90	T 0818
0.075mm筛孔通过率（%）	≥70	T 0818
湿粉煤灰含水率（%）	≤35	T 0801

注:试验方法采用现行《公路工程无机结合料稳定材料试验规程》（JTG 3441）中的方法。

（3）粒料（砾料）

粗集料、细集料及分档要求同表7-8 ~ 表7-10。

石灰粉煤灰稳定级配碎石或砾石的推荐级配见表7-17,水泥粉煤灰稳定级配碎石或砾石的推荐级配见表7-18。

石灰粉煤灰稳定材料可采用表7-17中推荐的级配范围。用于高速公路和一级公路基层时,石灰粉煤灰总质量宜占15%,应不大于20%,被稳定材料公称最大粒径应不大于26.5mm,级配宜符合表7-19中LF-A-2L和LF-A-2S的规定;用于高速公路和一级公路底基层时,各档被稳定材料总质量宜不小于80%,级配宜符合表7-17中LF-A-1L和LF-A-1S的规定,对极重、特重交通荷载等级,级配宜符合表7-17中LF-A-2L和LF-A-2S的规定。用于二级及二级以下公路基层时,被稳定材料的公称最大粒径应不大于31.5mm,其总质量宜不小于80%,并符合表7-17中LF-B-2L和LF-B-2S的规定;用于二级及二级以下公路底基层时,各档被稳定材料总质量宜不小于70%,并符合表7-17中LF-B-1L和LF-B-1S的规定,对极重、特重交通荷载等级,可选择符合表7-17中LF-B-2L和LF-B-2S的规定。

石灰粉煤灰稳定级配碎石或砾石的推荐级配范围（单位:%） 表7-17

筛孔尺寸（mm）	高速公路和一级公路				二级及二级以下公路			
	稳定碎石		稳定砾石		稳定碎石		稳定砾石	
	LF-A-1S	LF-A-2S	LF-A-1L	LF-A-2L	LF-B-1S	LF-B-2S	LF-B-1L	LF-B-2L
31.5	100	—	100	—	100 ~ 90	100	100 ~ 90	100
26.5	95 ~ 91	100	96 ~ 93	100	94 ~ 81	100 ~ 90	95 ~ 84	100 ~ 90
19	85 ~ 76	89 ~ 82	88 ~ 81	91 ~ 86	83 ~ 67	87 ~ 73	87 ~ 72	91 ~ 77
16	80 ~ 69	84 ~ 73	84 ~ 75	87 ~ 79	78 ~ 61	82 ~ 65	83 ~ 67	86 ~ 71
13.2	75 ~ 62	78 ~ 65	79 ~ 69	82 ~ 72	73 ~ 54	75 ~ 58	79 ~ 62	81 ~ 65
9.5	65 ~ 51	67 ~ 53	71 ~ 60	73 ~ 62	64 ~ 45	66 ~ 47	72 ~ 54	74 ~ 55
4.75	45 ~ 35	45 ~ 35	55 ~ 45	55 ~ 45	50 ~ 30	50 ~ 30	60 ~ 40	60 ~ 40
2.36	31 ~ 22	31 ~ 22	39 ~ 27	39 ~ 27	36 ~ 19	36 ~ 19	44 ~ 24	44 ~ 24
1.18	22 ~ 13	22 ~ 13	28 ~ 16	28 ~ 16	26 ~ 12	26 ~ 12	33 ~ 15	33 ~ 15

筛孔尺寸（mm）	高速公路和一级公路				二级及二级以下公路			
	稳定碎石		稳定砾石		稳定碎石		稳定砾石	
	LF-A-1S	LF-A-2S	LF-A-1L	LF-A-2L	LF-B-1S	LF-B-2S	LF-B-1L	LF-B-2L
0.6	15～8	15～8	20～10	20～10	19～8	19～8	28～9	25～9
0.3	10～5	10～5	14～6	14～6	—	—	—	—
0.15	7～3	7～3	10～3	10～3	—	—	—	—
0.075	5～2	5～2	7～2	7～2	7～2	7～2	10～2	10～2

水泥粉煤灰稳定材料可采用表7-18中推荐的级配范围。用于高速公路和一级公路基层时，水泥粉煤灰总质量宜为12%，应不大于18%，各档被稳定材料总质量宜不小于85%，其公称最大粒径应不大于26.5mm，级配宜符合表7-18中CF-A-2L和CF-A-2S的规定；用于高速公路和一级公路底基层时，各档被稳定材料总质量宜不小于80%，级配宜符合表7-18中CF-A-1L和CF-A-1S的规定。对极重、特重交通荷载等级，级配宜符合表7-18中CF-A-2L和CF-A-2S的规定。用于二级及二级以下公路基层时，被稳定材料的公称最大粒径应不大于31.5mm，其总质量宜不小于80%，级配宜符合表7-18中CF-B-2L和CF-B-2S的规定；用于二级及二级以下公路底基层时，各档被稳定材料总质量宜不小于75%，级配宜符合表7-18中CF-B-1L和CF-B-1S的规定，对极重和特重交通荷载等级，级配宜符合表7-18中CF-B-2L和CF-B-2S的规定。

水泥粉煤灰稳定级配碎石或砾石的推荐级配范围（单位：%）　　　表7-18

筛孔尺寸（mm）	高速公路和一级公路				二级及二级以下公路			
	稳定碎石		稳定砾石		稳定碎石		稳定砾石	
	CF-A-1S	CF-A-2S	CF-A-1L	CF-A-2L	CF-B-1S	CF-B-2S	CF-B-1L	CF-B-2L
37.5	—	—	—	—	100	—	100	—
31.5	100	—	100	—	100～90	100	100～90	100
26.5	95～90	100	95～91	100	93～80	100～90	94～81	100～90
19	84～72	88～79	85～76	89～82	81～64	86～70	83～67	87～73
16	79～65	82～70	80～69	84～73	75～57	79～62	78～61	82～65
13.2	72～57	76～61	75～62	78～65	69～50	72～54	73～54	75～58
9.5	65～47	64～49	65～51	67～53	60～40	62～42	64～45	66～47
4.75	40～30	40～30	45～35	45～35	45～25	45～25	50～30	50～30
2.36	28～19	28～19	33～22	33～22	31～16	31～16	36～19	36～19
1.18	20～12	20～12	24～13	24～13	22～11	22～11	26～12	26～12
0.6	14～8	14～8	18～8	18～8	15～7	15～7	19～8	19～8
0.3	10～5	10～5	13～5	13～5	—	—	—	—
0.15	7～3	7～3	10～3	10～3	—	—	—	—
0.075	5～2	5～2	7～2	7～2	5～2	5～2	7～2	7～2

2.混合料组成设计

石灰工业废渣混合料的组成设计内容包括：根据表7-19和表7-20规定的7d无侧限抗压强度标准，通过试验选取适宜于稳定的土，确定石灰（水泥）与粉煤灰或石灰（水泥）与煤渣的比例，确定石灰(水泥)粉煤灰或石灰(水泥)煤渣与土的比例(均为质量比),确定混合料的最佳含水率。具体见表7-21和表7-22。

石灰粉煤灰稳定材料的7d无侧限抗压强度与压实度标准　　　　　　表7-19

层位	稳定材料类型	高速公路及一级公路				二级及二级以下公路			
		压实度(%)	抗压强度(MPa)			压实度(%)	抗压强度(MPa)		
			极重、特重	重	中、轻		极重、特重	重	中、轻
基层	集料	≥98	≥1.1	≥1.0	≥0.9	≥97	≥0.9	≥0.8	≥0.7
	细粒土	—	—	—	—	≥95			
底基层	集料	≥97	≥0.8	≥0.7	≥0.6	≥95	≥0.7	≥0.6	≥0.5
	细粒土	≥95				≥93			

水泥粉煤灰稳定材料的7d无侧限抗压强度与压实度标准　　　　　　表7-20

层位	稳定材料类型	高速公路及一级公路				二级及二级以下公路			
		压实度(%)	抗压强度(MPa)			压实度(%)	抗压强度(MPa)		
			极重、特重	重	中、轻		极重、特重	重	中、轻
基层	集料	≥98	4.0~5.0	3.5~4.5	3.0~4.0	≥97	3.5~4.5	3.0~4.0	2.5~3.5
	细粒土	—	—	—	—	≥95			
底基层	集料	≥97	2.5~3.5	2.0~3.0	1.5~2.5	≥95	2.0~3.0	1.5~2.5	1.0~2.0
	细粒土	≥95				≥93			

石灰粉煤灰稳定材料和石灰煤渣稳定材料的推荐比例(%)标准　　　　　　表7-21

材料类型	材料名称	使用层位	结合料间比例	结合料与被稳定材料间比例
石灰粉煤灰	硅铝粉煤灰的石灰粉煤灰类[1]	基层或底基层	石灰∶粉煤灰 = 1∶2~1∶9	—
	石灰粉煤灰土	基层或底基层	石灰∶粉煤灰 = 1∶2~1∶4[2]	石灰粉煤灰∶细粒材料 = 30∶70[3]~10∶90
	石灰粉煤灰稳定级配碎石或砾石	基层	石灰∶粉煤灰 = 1∶2~1∶4	石灰粉煤灰∶被稳定材料 = 20∶80~15∶85[4]
石灰煤渣	石灰煤渣稳定材料	基层或底基层	石灰∶煤渣 = 20∶80~15∶85	—
	石灰煤渣土	基层或底基层	石灰∶煤渣 = 1∶1~1∶4	石灰煤渣∶细粒材料 = 1∶1~1∶4[5]
	石灰煤渣稳定材料	基层或底基层	石灰∶煤渣∶被稳定材料 = (7~9)∶(26~33)∶(67~58)	

注:①CaO含量为2%~6%的硅铝粉煤灰。
　　②粉质土以1∶2为宜。
　　③采用此比例时,石灰与粉煤灰之比宜为1∶2~1∶3。
　　④石灰粉煤灰与粒料之比为15∶85~20∶80时,在混合料中,粒料形成骨架,石灰粉煤灰起填充孔隙和胶结作用。
　　　这种混合料称骨架密实式石灰粉煤灰粒料。
　　⑤混合料中石灰应不少于10%,可通过试验选取强度较高的配合比。

水泥粉煤灰稳定材料和水泥煤渣稳定材料的推荐比例（%）标准　　　表 7-22

材料类型	材料名称	使用层位	结合料间比例	结合料与被稳定材料间比例
石灰粉煤灰	硅铝粉煤灰的水泥粉煤灰类①	基层或底基层	水泥：粉煤灰 = 1:3 ~ 1:9	—
	水泥粉煤灰土	基层或底基层	水泥：粉煤灰 = 1:3 ~ 1:5	水泥粉煤灰：细粒材料 = 30:70② ~ 10:90
	水泥粉煤灰稳定级配碎石或砾石	基层	水泥：粉煤灰 = 1:3 ~ 1:5	水泥粉煤灰：被稳定材料 = 20:80 ~ 15:85③
水泥煤渣	水泥煤渣稳定材料	基层或底基层	水泥：煤渣 = 5:95 ~ 15:85	—
	水泥煤渣土	基层或底基层	水泥：煤渣 = 1:2 ~ 1:5	水泥煤渣：细粒材料 = 1:2 ~ 1:5④
	水泥煤渣稳定材料	基层或底基层	水泥：煤渣：被稳定材料 = (3 ~ 5):(26 ~ 33):(71 ~ 62)	

注：①CaO 含量为 2% ~ 6% 的硅铝粉煤灰。

②采用此比例时，水泥与粉煤灰之比宜为 1:2 ~ 1:3。

③水泥粉煤灰与粒料之比为 15:85 ~ 20:80 时，在混合料中，粒料形成骨架，水泥粉煤灰起填充孔隙和胶结作用。

④混合料中水泥应不少于 4%，可通过试验选取强度较高的配合比。

混合料的设计方法和步骤，可参照现行《公路路面基层施工技术细则》（JTG/T F20）。

3. 石灰煤渣类基层

石灰煤渣（简称"二渣"）基层是用石灰和煤渣按一定配合比，加水拌和、摊铺、碾压、养生而成型的基层。"二渣"中如掺入一定量的粗集料称为"三渣"；掺入一定量的土，称为石灰煤渣土。混合料的配合比，应满足表 7-19 规定的强度标准。各地可根据当地气候、水文地质条件，公路等级及实践经验参照如下配合比选用。

采用石灰煤渣做基层或底基层时，石灰与煤渣的比可用 20:80 ~ 15:85。采用石灰煤渣土做基层或底基层时（土为细粒土），石灰与煤渣的比可用 1:1 ~ 1:4，但混合料中石灰含量不应小于 10%，石灰煤渣与土的比可用 1:1 ~ 1:4。

采用石灰煤渣粒料做基层或底基层时，石灰：煤渣：粒料可以是（7 ~ 9）:（26 ~ 33）:（58 ~ 67）。

为了提高石灰煤渣和石灰煤渣土的早期强度，可外加 1% 的水泥。

石灰煤渣、石灰煤渣土和"三渣"皆具有水硬性，物理力学性质基本上与石灰土相似，但其强度与水稳定性都比石灰土好。石灰煤渣的 28d 强度可达 1.5 ~ 3.0MPa，并随龄期增长而增长。初期强度增长慢，尚有一定的塑性，但达到一定龄期后，处于弹性工作状态，呈板体，具有刚性，当冷缩和干缩时，易产生裂缝。研究表明，当采用石灰煤渣粒料时，抗缩裂能力有所改善。

施工程序和方法基本上与石灰土基层相同，但要加强养生，重视提高初期强度，防止重交通量下出现早期破坏现象。

由于石灰煤渣的耐水和潮湿性很差，在有条件的地区尽量采用石灰 + 粉煤灰 + 煤渣。

4. 石灰粉煤灰类基层

石灰粉煤灰（简称二灰）基层是用石灰和粉煤灰按一定配合比，加水拌和、摊铺、碾压及养生而成型的基层。在二灰中掺入一定量的土，经加水拌和、摊铺、碾压及养生成型的基层，称二灰土基层。混合料的配合比组成，各地可根据当地的实践经验，参照下面配合比选用。

采用石灰粉煤灰土做基层或底基层时，石灰与粉煤灰的比常用 1:2 ~ 1:4（对于粉质土，以

1:2为合适),石灰粉煤灰与细粒材料的比为30:70~10:90(采用30:70的比例时,石灰与粉煤灰之比宜为1:2~1:3)。

采用石灰粉煤灰稳定级配的碎石或砾石时,石灰与粉煤灰的比为1:2~1:4,石灰粉煤灰与被稳定材料的比常采用20:80~15:85。

为了防止裂缝,采用石灰与粉煤灰的配比为1:3~1:4,集料含量为80%~85%为最佳,既可抗干缩又可抗温缩。不少地区在修筑高速公路或一级公路路面时选用这种基层和底基层,既减少了因基层反射裂缝而引起的面层开裂问题,还能减轻沥青路面的车辙。

石灰粉煤灰类基层施工与石灰稳定土基层的施工相同。施工时,应尽量安排在温暖和高温的季节,以利于形成早期强度而成型。

※第四节 沥青结合料类基层

一、沥青结合料类基层类型

沥青结合料类材料指的是由沥青、粗细集料和矿粉,按一定配合比设计方法进行材料组成设计的混合料。将其拌和、摊铺、碾压成型,在路面结构中作基层使用的称为沥青结合料类基层。

按照其设计空隙率和用途不同,沥青结合料类材料可分为:

(1)密级配沥青碎石(Asphalt Treated Base,ATB,设计空隙率3%~6%,用作基层)。

(2)半开式沥青碎石(Asphalt Macadam,AM,设计空隙率6%~12%,用作低等级公路面层)。

(3)开级配沥青碎石(用于路面排水,设计空隙率18%~22%,包括Asphalt Treated Permeable Base,简称ATPB,用于基层排水)。

作基层使用时,因其设计空隙率大,物理力学性质和耐久性相对较差,开级配沥青碎石ATPB在我国的工程应用尚不多,ATB是沥青碎石基层的主要材料形式。

二、沥青结合料类基层的力学特性

沥青结合料类基层的配合比设计与施工工艺与沥青混凝土基本相同,在材料物理力学性质上也非常相似,但因用作基层,其公称最大粒径比一般的沥青混凝土更大一些,常用的结合料类基层类型有:ATB-25、ATB-30和ATB-40,分属粗粒式(ATB-25)和特粗式沥青混合料(ATB-30和ATB-40)。公称最大粒径较大时,施工难度加大,因此应用中以密级配沥青稳定碎石ATB-25和ATB-30最为常见。

与沥青混凝土相比,其主要功能上的区别有:

(1)因公称最大粒径较大,具有更好的抗剪和抗变形能力,特别适用于高温重载有抗车辙性能要求的路面。

(2)一般使用非改性沥青,且沥青用量稍低,抗拉强度和抗拉疲劳性能较差。

(3)铺筑在半刚性基层上时,对可能出现的反射裂缝的适应和调整能力更好。

密级配沥青碎石属于柔性基层的一种,其物理力学性能要优于级配碎石。其与级配碎石的主要区别有:

(1)材料组成不同,增加了沥青,与沥青面层联结整体性好。

（2）强度构成不同，除嵌挤形成的内摩擦角外还有沥青提供的黏结力，模量较高。

（3）力学性能不同，除具有更好的抗压抗剪能力外，还具有一定抗拉能力。

（4）排水性能不同，因空隙率小，排水效率低于级配碎石。

三、材料组成设计

密级配沥青碎石的级配范围要求见表7-23。

ATB 矿料级配范围要求　　表7-23

级配类型		通过下列筛孔(mm)的质量百分率(%)														
		53	37.5	31.5	26.5	19	16	13.2	9.5	4.75	2.36	1.18	0.6	0.3	0.15	0.075
特粗式	ATB-40	100	90~100	75~92	65~85	49~71	43~63	37~57	30~50	20~40	15~32	10~25	8~18	5~14	3~10	2~6
	ATB-30		100	90~100	70~90	53~72	44~66	39~60	31~51	20~40	15~32	10~25	8~18	5~14	3~10	2~6
粗粒式	ATB-25			100	90~100	60~80	48~68	42~62	32~52	20~40	15~32	10~25	8~18	5~14	3~10	2~6

密级配沥青碎石组成设计采用马歇尔设计方法。因其公称最大粒径更大，为消除试件的尺寸效应，对 ATB-30 和 ATB-40 级配需采用大型马歇尔试验方法。与常规马歇尔试验方法相比，大型马歇尔试验的击实锤重为 10.2kg，直径为 149.4mm，击实时落高为 457mm；试件尺寸和击实次数增加为 1.5 倍，见表7-24，国外资料显示大型马歇尔的稳定度为小型马歇尔的 1.5~2.25 倍，流值提高 1.5 倍，其他体积指标基本不变。

沥青碎石混合料马歇尔试验配合比设计技术标准　　表7-24

试验指标	单位	密级配基层（ATB）	半开级配面层（AM）	排水式开级配磨耗层（OGFC）	排水式开级配基层（ATPB）
公称最大粒径	mm	26.5 　等于或大于 31.5	等于或小于 26.5	等于或小于 26.5	所有尺寸
马歇尔试件尺寸	mm	φ101.6×63.5 　φ152.4×95.3	φ101.6×63.5	φ101.6×63.5	φ152.4×95.3
击实次数(双面)	次	75 　112	50	50	75
空隙率 VV	%	3~6	6~10	不小于18	不小于18
稳定度,不小于	kN	7.5 　15	3.5	3.5	—
流值	mm	1.5~4 　实测	—	—	—
沥青饱和度 VFA	%	55~70	40~70	—	—
密级配基层 ATB 的矿料间隙率 VMA(%),不小于		设计空隙率(%)	ATB-40	ATB-30	ATB-25
		4	11	11.5	12
		5	12	12.5	13
		6	13	13.5	14

注：在干旱地区，可将密级配沥青碎石基层的空隙率适当放宽到8%。

按照《公路沥青路面设计规范》（JTG D50—2017）规定，ATB 无须进行后续的动稳定度、低温弯曲试验、破坏应变、残留稳定度(浸水或冻融)及渗水系数试验。密级配沥青稳定碎石的施工工艺和质量控制与沥青混凝土类似。

※第五节 水泥混凝土类基层

水泥混凝土类基层包括水泥混凝土基层和贫混凝土基层,具体见表7-1。

一、贫混凝土基层

贫混凝土是由粗、细集料与一定水泥和水拌和而成的一种混凝土。这种混凝土的水泥用量较普通混凝土低,有时也称经济混凝土。与水泥稳定碎石、石灰粉煤灰碎石等常用半刚性材料相比,具有较高的强度、刚度和整体性,抗冲刷、抗冻性以及抗疲劳性能良好,属于刚性基层材料,性质上与水泥混凝土路面接近,材料组成设计与施工主要参照水泥混凝土。

贫混凝土组成设计中常采用粉煤灰超量取代法以减少水泥用量并提高混合料的工作性,该方法是指通过超量取代水泥使粉煤灰混凝土与基准混凝土在相同龄期时获得同等强度的掺配方法。粉煤灰超量取代系数是粉煤灰掺入量与其所取代水泥量的比值。

贫混凝土基层在配合比恰当时也可以采用碾压方式,此时称为碾压贫混凝土基层。其7d无侧限抗压强度在5.0~10.0MPa之间,28d弯拉强度为1.5~3.0MPa,根据需要调整配合比可用于不同交通等级的公路路面基层。从无侧限抗压强度看,其强度刚好衔接水泥稳定(石灰粉煤灰)碎石等基层材料,应用上可承担比以上半刚性基层更繁重的交通荷载。

因为贫混凝土采用的结合料是水泥,其材料组成类型与水泥稳定(石灰粉煤灰)碎石相比,没有质的变化,只是水泥用量有所增加,从水稳碎石的3%~6%增加到8%~12%。可以看作是处于水泥稳定(石灰粉煤灰)碎石和水泥混凝土(水泥剂量12%~15%)之间的一种材料,其性质也处于这两者之间。贫混凝土力学特性中最重要的就是收缩特性,且因为其水泥用量介于水稳碎石和水泥混凝土之间,其开裂趋势也处于两者之间。

在沥青路面上应用贫混凝土基层时,其交通等级宜为重交通、特重交通,或者是运输煤、矿石、建筑材料的公路路面,其厚度一般为200~280mm,最小厚度为150mm。基层应设置纵缝、横缝,并灌入填缝料,必要时在缝顶一定宽度范围内粘贴土工织物、玻纤格栅等材料局部加强,其上设置热沥青或改性沥青、改性乳化沥青黏结层。

在自然胀缩情况下,设置的裂缝宽度随气温反复变化,对其上沥青面层的考验严峻,应从材料方面入手,提高沥青面层材料的抗剪和抗疲劳性能,必要时可考虑将贫混凝土刚性基层下置为底基层,在其上设置大粒径沥青碎石基层,替代一定厚度的沥青面层,以适应和吸收胀缩变形,且与沥青面层衔接良好。采用这种结构组合时,因贫混凝土刚度远大于沥青层刚度,贫混凝土层上的沥青层(沥青面层和沥青碎石基层)主要起功能性作用,结构能力大部分由贫混凝土层提供。在贫混凝土层与沥青层的交界面上,因材料刚度的突变,在水平向荷载作用力下,此界面易产生较大的剪应力(如0.3~0.5MPa),从而使贫混凝土层与沥青层剥离。因此,界面黏结层材料的选择至关重要。

二、碾压混凝土基层

碾压混凝土是指采用特干硬性水泥混凝土拌合物,使用滑模摊铺机摊铺、压路机械碾压密实成型的混凝土材料是水泥混凝土基层的一种。从材料性能上看,作为基层的碾压混凝土水泥用量与贫混凝土基本一致,所以可以看作是一种特殊的贫混凝土。其物理力学性能与贫混凝土基层类似。其压实度是指干硬性混凝土拌合物现场压实后的湿密度与配合比设计时标准压实(空隙率为4%)下湿密度之比。碾压混凝土也采用粉煤灰超量取代法。

碾压混凝土严格意义上表述的不是其材料组成特征而是其施工成型工艺特征。其材料组成设计的核心除强度因素外,还必须保证其属于干硬性混凝土,适合碾压成型。碾压成型方式迅速而有效率,从加快施工进度、节省施工成本方面来看效益显著。

因其干硬性和碾压施工方式,碾压混凝土混合料中水的用量较少,这对于减少混凝土成型期的干缩影响显著,同时采用振动压实工艺,其集料能相互接触并形成矿料骨架,抗压能力佳,其收缩性要好于一般的贫混凝土基层,但在施工上切缝、填缝仍是必需的。与贫混凝土基层类似,在填缝后可以考虑在裂缝处粘贴土工织物、玻纤格栅等材料,或考虑大粒径沥青碎石过渡层,以减缓其胀缩对沥青面层材料的牵连。

碾压混凝土可直接用作路面面层,这时其水泥用量等指标应适当增加。

※第六节　其他类型基层

以水泥稳定(石灰粉煤灰)碎石为代表的无机结合料稳定类基层刚度大,在我国20世纪80年代开始的公路建设高速发展期得以大范围推广应用,对推动我国公路建设事业的发展功绩卓著。

但无机结合料稳定类基层材料的干缩和温缩问题始终困扰着公路工程技术人员。典型的无机结合料稳定类基层上加铺薄层沥青路面,在使用2～3年后,沥青路面表面易出现规律性的横缝(典型间距5～25m)。检测发现,这些裂缝贯穿沥青面层和无机结合料稳定类基层,其原因是无机结合料稳定类基层开裂且继续向沥青层发展,称为"反射裂缝"。

为缓解以上病害,公路工程技术人员进行了长期的研究,早期主要进行配合比方面的调整,其技术途径主要是:

(1)增大粗集料用量,采用振动成型及相应的压实控制,以利于形成骨架。

(2)减少细集料用量,以控制体积膨胀,设计骨架密实且偏向于骨架空隙的材料组成结构,减少对粗集料骨架的干扰。

(3)减少水的用量,添加粉煤灰改善施工和易性,减少干缩。

以上技术措施的应用对"反射裂缝"的控制效果明显,横缝间距明显增大,裂缝数量减少,但问题仍未彻底解决。同时,国内不少路面在大修改造中面临旧路材料利用问题。在研究与应用中,除前文介绍的基层材料外,还发展出了其他一些基层材料,但目前其研究与应用尚需进一步完善,下面做简要介绍。

一、低剂量水泥稳定碎石

对比级配碎石和水泥稳定碎石的材料组成可以发现,其主要区别在于水泥结合料的应用。级配碎石由粗细集料按一定级配组成,强度主要来源于内摩擦角。因其材料以颗粒紧密嵌挤方式铺筑,不能承受拉应力,收缩变形被离散到颗粒级别,通过颗粒间相对位置的微调被吸收,不会产生裂缝。

水泥的加入使碎石结合在一起,具有板体性,受相邻层次的约束,其收缩变形无法被有效释放,从而使板体具有内部拉应力,该应力超过相应的抗拉强度就会产生收缩裂缝。在裂缝处,收缩变形得以集中实现,内部拉应力被释放。

从以上收缩变形的作用方式对比发现,解决收缩裂缝的主要途径是将集中的变形离散化。当这种离散通过降低水泥用量的方式来实现时,产生了低剂量水泥稳定碎石。

普通水泥稳定碎石的常用剂量范围在3%~6%,低剂量水泥稳定碎石将其降低到1%~3%的范围,材料性质产生以下变化:

(1)7d无侧限抗压强度减小,抗拉强度与抗疲劳性能下降,刚度减小。

(2)收缩系数减小。

低剂量水泥稳定碎石减少水泥用量后,力学性能产生了显著变化,承载能力有所下降,研究与应用中大多将其用于低交通量路面的基层或一般路面的底基层。

二、水泥乳化沥青综合稳定碎石基层

在水泥稳定碎石变形释放的过程中,如果材料的刚度越大,则在板体内产生的内部拉应力越大,材料越容易拉裂,因此减少收缩裂缝的另一个途径就是降低其刚度。在水泥稳定碎石中加入少量的乳化沥青进行综合稳定就是一种降低刚度的技术途径。

乳化沥青的加入,使水泥稳定碎石的性质发生了如下改变:

(1)慢裂型乳化沥青缓慢破乳,释放的水分供水泥发生水化反应,延缓了干缩过程,减小了收缩应力。

(2)材料内部的结合方式发生了变化,从依赖水化产物的胶凝作用,到胶凝与沥青黏结共同作用,沥青一定程度上干扰了水化和胶凝作用的充分发挥,降低了材料刚度。

(3)水泥结合料用量虽有降低,但仍提供了早期强度,因沥青结合料具有蠕变、松弛特性,由于水泥、沥青的综合作用,物理力学性能下降不多。

在半刚性基层材料中掺入沥青类结合料,使其刚度处于半刚性基层和柔性基层之间,希望其同时具有半刚性基层和柔性基层的优点,有研究者将其称为"半柔性基层材料"。但因易与"半刚性材料"概念相混淆,未被广泛接受。这种基层材料在应用中最大的缺点是其经济性较差。

三、再生材料基层

路面再生材料包括水泥混凝土旧板破碎利用及就地原位碎石化利用、沥青路面厂拌热再生利用和沥青路面厂拌及就地冷再生利用。

水泥混凝土旧板破碎利用就是通过轧石设备将旧板加工或碎石化后再利用。就地原位碎石化就是通过多锤头设备或共振设备将旧混凝土板破碎原位再利用。

沥青路面厂拌热再生就是将铣刨旧料运至拌和厂,经破碎,筛分,然后以一定比例与新集料、新沥青、再生剂拌和形成热拌沥青混合料。

路面大修改造时,需对病害严重的旧沥青路面进行处治,其中一种技术手段就是冷再生技术。就地冷再生技术是指常温下将旧沥青路面以及部分基层材料经过现场破碎加工后,根据级配需要添加一定量的新集料,同时加入一定剂量的稳定剂和适量的水,在自然的环境温度下连续完成材料的铣刨、破碎、添加、拌和、摊铺及压实成形,如图 7-11 所示。厂拌冷再生就是运送至拌和厂加工形成的混合料经运输、摊铺、碾压形成的路面基层。

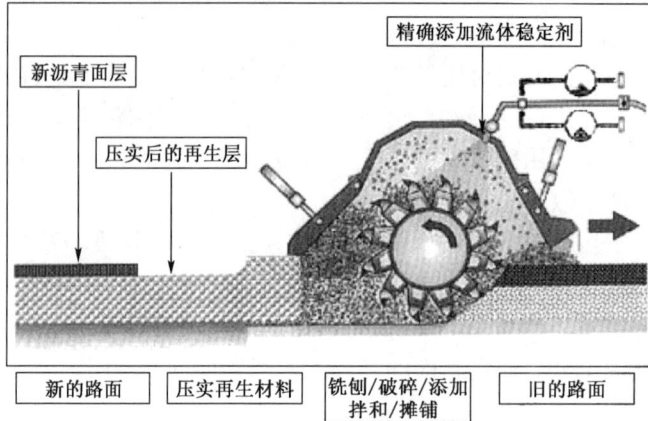

图 7-11　就地冷再生过程

冷再生过程中最为常用的稳定剂主要为水泥、乳化沥青(或泡沫沥青)。这种材料与水泥乳化沥青综合稳定碎石基层在材料组成和物理力学性能上具有一定相似性。

泡沫沥青使用我国公路工程常用普通沥青(如 70 号、90 号),热沥青罐车与再生机相连,沥青通过泵输送至特殊的喷嘴,并在此发泡后喷射入铣刨和拌和腔,与旧沥青路面(称为 RAP,Reclaimed Asphalt Pavement)料及新添加的材料拌和、摊铺和压实后形成再生基层。

【练习与讨论】

1.什么是粒料类基层、无机结合料稳定类基层、沥青结合料类基层和水泥混凝土类基层?分别采用哪些材料?

2.石灰稳定土、水泥稳定土和石灰粉煤灰稳定土在强度形成原理上有何差别?

3.水泥混凝土类基层材料中,贫混凝土和碾压混凝土之间的关系是什么?

4.碾压混凝土与普通混凝土在材料配合比、参数和施工工艺上有哪些不同?

5.无机结合料稳定类基层的主要物理力学特性是什么? 在实际工程中应用应注意哪些问题?

6.旧沥青路面再生有几种形式? 各有何特点?

7.沥青路面的基层和水泥混凝土路面的基层在功能和性能要求上有何差异?

8.级配碎石材料在基层不同层位应用时,为何推荐采用不同的模量值?

9.当采用无机结合料稳定类基层时,如何减少沥青面层的反射裂缝?

AI 辅助讨论

请采用 AI 工具(如 DeepSeek、Kimi 等),根据要求生成讨论提纲和 PPT,提交讨论报告和汇报文件(PPT)。

讨论题:路面基层是路面结构承受荷载重复作用的主要层位,但稳定和坚实的路基同样十分重要,两者需要协同设计。请根据路面基层类型的选择要求,结合路基竖向变形均匀性的基本特征,分析对比沿海地区(有软土地基)、西部地质稳定区的路面基层类型选择策略。

要求:结合个人理解,给出由 10～20 个关键词(中英文各一半)组成的中英文提问句,然后利用 AI 工具完成"请比较沿海地区(有软土地基)、西部地质稳定区的路面基层类型选择策略"的中英文讨论报告和汇报文件(PPT)。

第八章
沥青路面设计

【本章提要】

　　沥青路面是我国路面结构的主要形式。本章首先介绍沥青路面的基本特性,包括沥青路面分类、沥青混合料力学特性、沥青路面性能、气候分区等;然后介绍沥青路面的设计方法,包括路面病害与设计指标、设计理论体系、结构组合设计、结构设计验算等;最后介绍沥青路面国内外设计方法及其发展趋势。

【学习要求】

　　通过对沥青路面基本特性和分类方法的学习,了解沥青路面的基本特性、破损类型及成因、沥青路面的性能要求,掌握沥青路面及其材料的工作特性;通过对路面使用性能和分区的学习,掌握沥青路面气候分区的原则和方法,掌握提高沥青路面高温稳定性、低温抗裂性、水稳定性、疲劳和耐老化性能的方法;通过对沥青路面设计指标、标准和方法的学习,掌握我国沥青路面结构组合设计、结构设计验算、改建设计方法;了解国外沥青路面的设计方法。

第一节　概　　述

一、沥青路面的基本特性

　　沥青路面是用沥青材料作结合料黏结矿料修筑面层与各类基层(有时含功能层)所组成

的路面。

由于沥青路面使用沥青结合料,因而增强了矿料间的黏结力,提高了混合料的强度和稳定性,使路面的使用质量和耐久性都得到提高。与水泥混凝土路面相比,沥青路面具有表面平整、无接缝、行车舒适、耐磨、振动小、噪声低、施工期短、养护维修简便、适宜于分期修建等优点,因而获得了广泛的应用。20世纪50年代以来,各国修建沥青路面的数量迅猛增长,所占比重很大。在我国,沥青路面被广泛用于公路和城市道路,是我国主要的路面结构形式。

沥青路面具有下列良好性能:

(1)足够的力学强度,能承受车辆荷载施加到路面上的各种作用力。

(2)一定的弹性和塑性变形能力,能承受应变而不破坏。

(3)与汽车轮胎的附着力较好,可保证行车安全。

(4)有良好的减振性,可使汽车快速行驶,平稳而低噪声。

(5)不扬尘且容易清扫和冲洗。

(6)维修养护比较简单。

二、沥青路面设计的内容与方法

沥青路面设计内容包括原材料的调查与选择、沥青混合料配合比以及基层材料配合比设计、各项设计参数的测试与选定、路面结构组合设计、路面结构层验算以及路面结构方案的比选等。对于高速公路和一级公路,除了行车道路面外,路面设计还包括路缘带、匝道、硬路肩、加减速车道、紧急停车带、收费站和服务区场面的设计以及路面排水系统设计等。

沥青路面设计方法可分为经验法和力学-经验法等。主要通过对试验路或使用道路的试验观测,建立路面结构(结构层组合、厚度和材料性质)、车辆荷载(轴载大小及作用次数)和路面使用性能三者之间的关系,如美国的加州承载比(CBR)法和美国各州公路及运输工作者协会(AASHTO)法。力学-经验法应用力学原理分析路面结构在荷载与环境作用下的力学响应量(应力、应变、位移),建立力学响应量与路面使用性能之间的关系模型,运用关系模型完成结构设计。我国现行的沥青路面设计方法、美国的沥青学会(AI)法和壳牌(Shell)法均为力学-经验法。

我国《公路沥青路面设计规范》(JTG D50—2017)路面结构力学指标计算采用双圆均布垂直荷载作用下的弹性层状连续体系理论。沥青路面设计主要控制沥青混合料层疲劳开裂损坏、无机结合料稳定层疲劳开裂损坏、沥青混合料永久变形、路基永久变形以及季节性冻土地区的路面开裂。

第二节 沥青混合料的分类与特性

一、沥青混合料的分类

1. 按强度构成原理分类

沥青混合料按强度构成可分为密实型和嵌挤型两大类。

密实型沥青混合料要求矿料的级配按最大密实原则设计,其强度和稳定性主要取决于混合料的黏聚力和内摩阻力,按其空隙率的大小可分为闭式和开式两种:闭式混合料中含有较多的小于0.6mm和0.075mm的矿料颗粒,空隙率小于6%,混合料致密而耐久;开式混合料中小于 0.6mm 的矿料颗粒含量较少,空隙率大于 6%。

嵌挤型沥青混合料要求采用颗粒尺寸较为均匀的矿料,沥青混合料的强度和稳定性主要依靠集料颗粒之间相互嵌挤所产生的内摩阻力,而黏聚力则起着次要的作用。按嵌挤原则修筑的沥青路面,其热稳定性较好,但因空隙率较大、易渗水,因而耐久性较差。

按这种混合料网络结构中"嵌挤成分"和"密实成分"所占的比例不同,沥青混合料的组成结构形态有三种典型类型,即密实悬浮结构、骨架空隙结构、密实骨架结构,如图 8-1 所示。

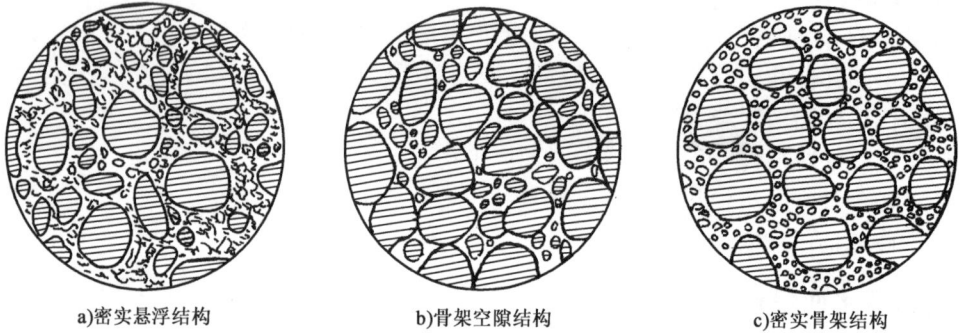

a)密实悬浮结构　　　　　　b)骨架空隙结构　　　　　　c)密实骨架结构

图 8-1　沥青混合料的典型组成结构

（1）密实悬浮结构

这种结构形态的沥青混合料,通常采用连续型密级配,集料的颗粒尺寸由大到小连续存在。这种材料中含有大量细集料,而粗集料数量较少,且相互间没有接触,不能形成骨架,粗集料犹如"悬浮"于细集料之中。这种沥青混合料黏结力较高,而内摩阻力较小。用这种沥青混合料修筑的路面,受沥青材料性质的影响较大。

（2）骨架空隙结构

采用连续开级配的沥青混合料属于这一结构类型。在这种沥青混合料中,粗集料较多,而细集料较少,因此,虽然能够形成骨架,但其残余空隙较大。这种材料的内摩阻力较大,而黏结力较小。用这种沥青混合料修筑的路面,受沥青材料性质的影响较小。

（3）密实骨架结构

这种结构是综合以上两种类型组成的结构。混合料中既有一定数量的粗集料形成骨架,又根据残余空隙的多少加入细集料,从而形成较高的密实度。这种沥青混合料同时具有较高的黏结力和内摩阻力。间断级配即是按此原理构成的。

2. 按施工工艺分类

按施工工艺的不同,沥青路面可分为层铺法、路拌法和厂拌法 3 类。

层铺法沥青路面是用分层洒布沥青、分层铺撒矿料和碾压的方法修筑的沥青路面。其主要优点是工艺和设备简便、功效较高、施工进度快、造价较低。其缺点是路面成型期较长,需要经过炎热季节行车碾压之后路面方能成型。用这种方法修筑的沥青路面有沥青表面处治和沥青贯入式两种。

路拌法沥青路面是在路上用机械将矿料和沥青材料就地拌和、摊铺和碾压密实而成型的沥青面层。此类面层所用的矿料为碎（砾）石者称为路拌沥青碎（砾）石;所用的矿料为土者则称为路拌沥青稳定土。路拌沥青面层,通过就地拌和,沥青材料在矿料中分布比层铺法均匀,可以缩短路面的成型期。但因所用的矿料为冷料,需使用黏稠度较低的沥青材料,故混合料的强度较低。

厂拌法沥青路面是将规定级配的矿料和沥青材料在工厂用专用设备加热拌和,然后送到施工现场摊铺碾压而成型的沥青路面。厂拌法按混合料铺筑温度的不同,又可分为热拌摊铺和温拌摊铺两种。热拌摊铺是混合料在专用设备加热拌和后立即趁热运到路上摊铺压实,如果沥青混合料加热拌和时加入温拌剂(一般拌和温度降低 30～50℃)运到路上摊铺压实,即为温拌摊铺。

3.根据沥青路面技术特性分类

根据沥青路面的技术特性,沥青面层可分为热拌沥青混合料、热拌沥青碎石、乳化沥青碎石、沥青贯入式、沥青表面处治 5 种类型。

沥青表面处治路面是指用沥青和集料按层铺法或拌和法铺筑而成的沥青路面。沥青表面处治的厚度一般为 1.5～3.0cm。层铺法可分为单层、双层、三层。单层表处厚度为 1.0～1.5cm,双层表处厚度为 1.5～2.50cm,三层表处厚度为 2.5～3.0cm。沥青表面处治适用于三级、四级公路的面层,旧沥青面层上加铺罩面或抗滑层、磨耗层等。

沥青贯入式路面是指用沥青贯入碎(砾)石作面层的路面。沥青贯入式路面的厚度一般为 4～8cm。当沥青贯入式路面的上部加铺拌和的沥青混合料时,也称为上拌下贯,此时拌和层的厚度宜为 3～4cm,其总厚度为 7～10cm。沥青贯入式碎石路面适用于二级及二级以下公路的沥青面层。

沥青碎石路面是指用沥青碎石作面层的路面。

沥青混凝土路面是指用沥青混凝土作面层的路面,其面层可由单层、双层或三层沥青混合料组成,各层混合料的组成设计应根据其层厚和层位、气温和降雨量等气候条件、交通量和交通组成等因素确定,以满足对沥青面层使用性能的要求。

乳化沥青碎石适用于三级、四级公路的沥青面层,二级公路养护罩面以及各级公路的调平层。

二、沥青混合料的力学特性

压实成型的沥青混合料是由石质集料、沥青胶结料和空隙所组成的一种具有空间网络的多相体系,它的力学强度主要取决于集料颗粒间的摩擦力和嵌挤力、沥青胶结料的黏结性以及沥青与集料之间的黏附性等。不同级配组成的沥青混合料,具有不同的空间结构类型,也就具有不同的内摩阻力和黏结力。因此,沥青混合料的结构组成对其强度构成有很大的影响。

根据沥青混合料的颗粒性特征,沥青混合料的强度构成来源于两个方面:

①由于沥青的存在而产生的黏结力;

②由于集料的存在而产生的内摩阻力。

目前,研究沥青混合料强度构成特性,普遍采用莫尔-库仑(Mohr-Coulomb)理论,并引进两个强度参数——黏结力 c 和内摩阻角 φ 作为强度理论的分析指标。对于组成沥青混合料的两种原始材料——沥青和集料,通过试验研究和强度理论分析,可以认为:纯沥青材料的 $c \neq 0$ 而 $\varphi = 0$;干燥集料的 $c = 0$ 而 $\varphi \neq 0$。但由此形成的沥青混合料,其 $c \neq 0$ 且 $\varphi \neq 0$,沥青混合料在参数 $c、\varphi$ 值的确定上需要把理论准则与试验结果结合起来。理论准则采用莫尔-库仑理论,而试验结果则可通过三轴试验、简单拉压试验或直剪试验获得。

（1）三轴试验

对于三轴试验，由图 8-2 可得其莫尔-库仑的理论表达式为：

$$\sigma_1 = \frac{1 + \sin\varphi}{1 - \sin\varphi}\sigma_3 + 2c\frac{\cos\varphi}{1 - \sin\varphi} \tag{8-1}$$

显然，在一定的力学加载条件下，如果材料是给定的，那么内在参数 c、φ 值应为常数，σ_1 与 σ_3 之间便具有线性关系。同时，众多试验研究结果也表明，在给定试验条件下，σ_1 和 σ_3 之间具有如下形式的线性关系（图 8-3）：

$$\sigma_1 = k\sigma_3 + b \tag{8-2}$$

式中，k 与 b 均大于零。

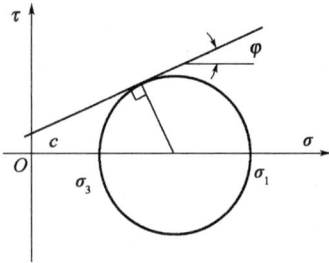

图 8-2 莫尔-库仑平面

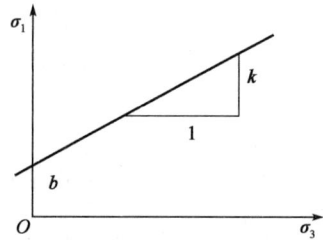

图 8-3 σ_1 与 σ_3 之间的试验关系

将式（8-1）与式（8-2）对等，则可得到参数 c、φ 值的计算公式：

$$\left.\begin{array}{l} \sin\varphi = \dfrac{k - 1}{k + 1} \\[3mm] c = \dfrac{b}{2} \times \dfrac{1 - \sin\varphi}{\cos\varphi} = \dfrac{b}{2\sqrt{k}} \end{array}\right\} \tag{8-3}$$

（2）简单拉压试验

沥青混合料的 c、φ 值一般可通过三轴试验直接获得，亦可通过测定无侧限抗压强度 R 和抗拉强度 r 予以换算。其换算关系可通过式（8-1）推导获得，也可直接利用莫尔圆求得（图 8-4）。

当无侧限抗压时，相当于 $\sigma_3 = 0$ 及 $\sigma_1 = R$，代入式（8-1）得：

$$R = \sigma_1 = \frac{2c \cdot \cos\varphi}{1 - \sin\varphi} = 2c \cdot \tan\left(\frac{\pi}{4} + \frac{\varphi}{2}\right) \tag{8-4}$$

当直接抗拉时，相当于 $\sigma_1 = 0$ 及 $-\sigma_3 = r$，代入式（8-1）得：

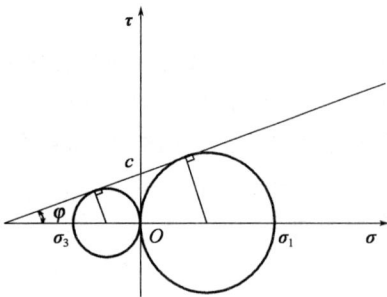

图 8-4 简单拉压试验中的莫尔圆

$$r = -\sigma_3 = \frac{2c \cdot \cos\varphi}{1 + \sin\varphi} = 2c \cdot \cot\left(\frac{\pi}{4} + \frac{\varphi}{2}\right) \tag{8-5}$$

通过简单拉压试验确定沥青混合料的参数 c、φ 值，应满足以下基本假定，即在试验变量（材料组成变量、力学激励变量）相同的条件下，假定沥青混合料在压缩和拉伸两种加载方式下的参数值相同。

这种试验方法相对于三轴试验来说，在操作上要容易得多，且在一般试验机上均可以实施，易于推广应用。但其试验结果的准确性依赖于试验技术的完善与提高，特别是拉伸试验。

（3）直剪试验

参数值的确定，还可以通过沥青混合料的直剪试验来实现。这种试验方法与土的直剪试验非常类似，主要是通过测定不同正压力水平 σ_i 下的抗剪强度 τ_{fi}，在 τ-σ 坐标系中绘制库仑直线，从而获得材料的 c、φ 值，如图 8-5 所示。

直剪试验可直接得到正应力和对应剪应力，从而很方便地根据库仑直线得到材料的 c、φ 值，因此，在原理上更加直观明了。

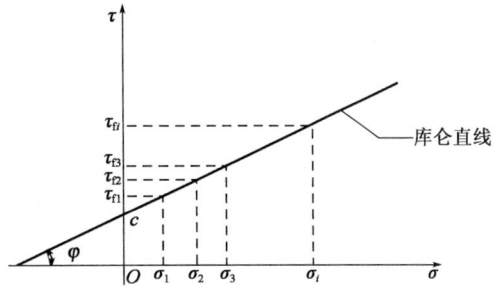

图 8-5 直剪试验曲线

由于沥青混合料具有颗粒性及黏弹性性质，因此影响沥青混合料参数的因素多种多样，有沥青品质与用量、集料性质与级配、压实度、试验温度、加载速度等。通过对材料的结构组成及强度机理进行分析，有助于结合沥青路面层位需求合理地进行沥青路面的材料组成设计和结构组合设计。

三、沥青混合料的黏弹性性质与力学模型

沥青混合料是一种典型的弹、黏、塑性综合体，在低温小变形范围内接近线弹性体，在高温大变形范围内表现为黏塑性体，而在通常温度的过渡范围内则为一般黏弹性体。

1. 蠕变与松弛特性

黏弹性理论是研究材料黏弹性行为最基本的方法。对于弹性材料，在一定的加载作用下，响应也为一定值，且为单值函数，不随时间而变化。只有黏弹性材料，在恒定的应变或应力作用下，对应的应力或应变随时间而变化。

蠕变与松弛是在恒定应力或恒定应变下，应变或应力随时间变化的现象。

蠕变是当应力为一恒定值时，应变随时间逐渐增加的现象。如图 8-6 所示，在时间 $t_0 \sim t_1$ 内，给定应力 $\sigma = \sigma_0$（应力为常数），则应变会发生从 A 到 B 增大的变化，即为应变蠕变阶段。当 $t = t_1$ 时，将应力突然卸载至 $\sigma = 0$，应变发生瞬时恢复 ε_e，从 B 变化到 C；然后在 $t > t_1$ 时间里，应变又逐渐减小。在 $t > t_1$ 时间内应变发生的变化称为应变恢复（ε_d）。蠕变结束后的应变恢复不可能全部完成，而必然会产生残余应变 ε_v。

应力松弛是当应变为一恒定值时，应力随时间而衰减的过程。如图 8-7 所示，在时间 $t_0 \sim t_1$ 内，给定应变 $\varepsilon = \varepsilon_0$（应变为常数），则应力会发生从 A 到 B 的衰减变化，称为应力松弛。当 $t = t_1$ 时，应变突然卸载到 $\varepsilon = 0$，则应力瞬时变化到 C；然后在 $t > t_1$ 时间内，应力逐渐减小（$\sigma \to 0$）。在 $t > t_1$ 时间内应力的这种变化，称为应力消除。

研究表明，对于沥青混合料，材料的应力松弛服从幂指数衰减函数，即 $\sigma(t) = \alpha e^{-\frac{E}{\eta}t}$；而应变蠕变的变化规律按蠕变现象可以分为蠕变迁移、蠕变稳定和蠕变破坏三个阶段（图 8-8）；按蠕变速度又可分为瞬时蠕变、等速蠕变和加速蠕变三个阶段。蠕变稳定或等速蠕变的 $\varepsilon(t)$ 函数为一直线，该过程占蠕变总过程的主要部分，这个阶段可用直线函数 $\varepsilon(t) = at + b$ 来表示。

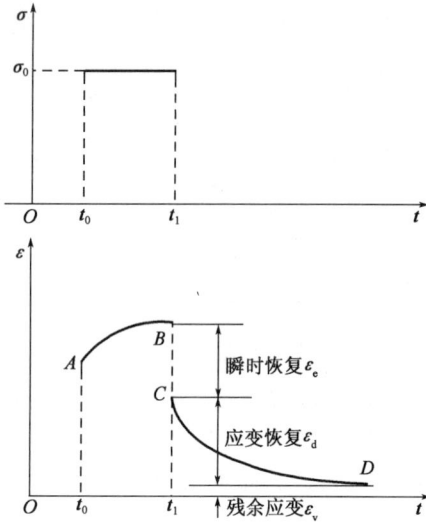

图 8-6　蠕变与应变恢复

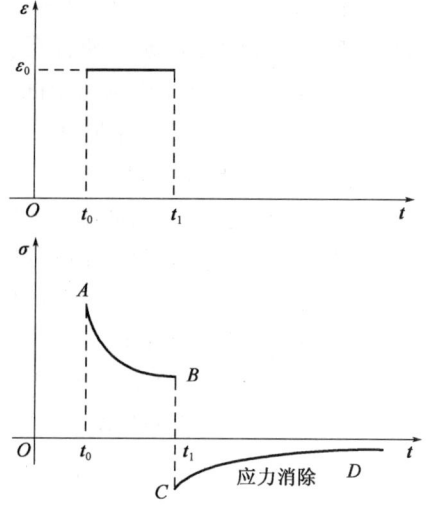

图 8-7　应力松弛与应力消除

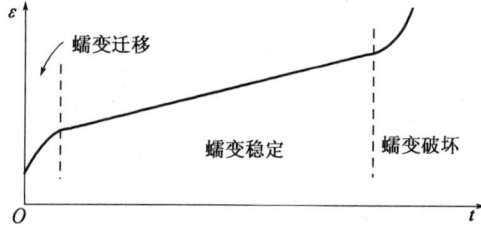

图 8-8　沥青混合料蠕变规律

2.黏弹性材料的基本性质

黏弹性材料力学性能的基本特征表现在以下几个方面：

（1）应力应变关系的曲线性及其不可逆性。这类材料不像金属材料具有明显的屈服点（弹性极限）。

（2）对加载速度（时间效应）和试验温度（温度效应）的依赖性，并服从时间温度换算法则。

（3）具有十分明显的蠕变与应力松弛特性。

（4）对于线黏弹性材料，则服从 Boltzmann 线性叠加原理和复数模量（Complex Modulus）原理。

在常温下通过加载、卸载及反向加载后的典型曲线如图 8-9 所示。任意一点的切线模量定义为 $E(t) = d\sigma(t)/d\varepsilon(t)$，是时间 t 的函数。通过对切线模量的分析可以发现，黏弹性材料的 σ-ε 曲线具有以下三个区域：Ⅰ——弹性区域，在加荷初期的极短时间内，应变值较小（$\varepsilon < 10^{-4}$），切线模量 $E(t)$ 为常数，应力与应变具有线性比例关系，材料基本上处于弹性工作状态，如图 8-9 中 OA 段；Ⅱ——黏弹性区域，随着加载时间的增长，切线模量不再为常数，而是逐渐变小，且减小的速度逐渐加快，σ-ε 具有曲线特征，如图 8-9 中 AB 段；Ⅲ——黏塑性区域，当加载时间继续延长超过图中 B 点后，应力不再增加，此时切线模量 $E(t) = 0$，$E(t)$ 曲线呈水平直线，如图 8-9 中 BC

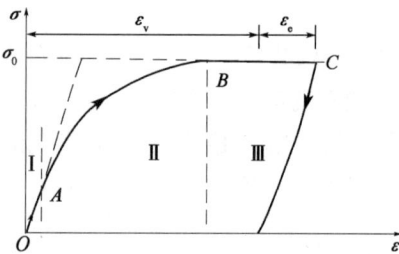

图 8-9　常温下沥青混合料的应力应变曲线

段,材料发生塑性流动,且应力极限值与加载速度有关,在 C 点卸载后会产生较大的永久变形,材料表现为一种塑性性质。

黏弹性材料的力学特性对时间与温度的依赖性如图 8-10 所示,当试验温度 T 一定时,给定不同的加载条件 $\varepsilon(t) = \alpha_i t$,达到相同的应变水平时,其响应表现为应力随加载时间的延长而减小。当加载速度一定时,给定不同的试验温度,则相同时间内达到同样的应变水平时,其响应表现为应力随温度的升高而降低。事实上,试验温度的升高相当于慢速加载(加载时间的延长),黏弹性材料的这种特性称为时间温度换算法则。

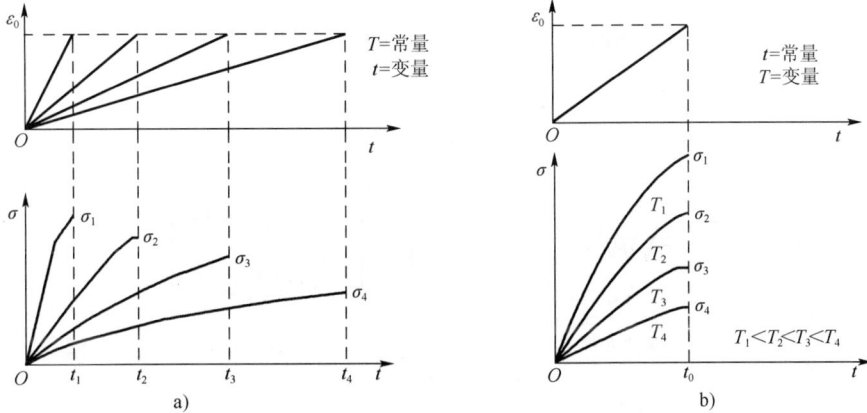

图 8-10 时间与温度对黏弹性材料响应的影响

3. 基本流变模型

根据流变学的模型理论,弹、黏、塑性元件是认识材料力学特性的最基本单元,这些基本单元用一定的力学模型及本构关系来表达,即称为力学元件。力学元件通过并联和串联组合,形成更为复杂的组合模型,从而最大限度地反映材料真实的力学特性。最简单的力学元件即为线性元件,其基本特性见表 8-1。

流变模型中的力学元件及其特性　　　　表 8-1

力学元件	模型图式	本构关系	基本特性
弹性元件	用弹簧表示 E　σ,ε	胡克定律 $\sigma = E\varepsilon$	1. 可恢复性; 2. 瞬时性; 3. 对加载速度的独立性
黏性元件	用黏壶表示 η　σ,ε	牛顿定律 $\sigma = \eta\dot{\varepsilon}$	1. 可恢复性; 2. 时间延迟性; 3. 对加载速度的依赖性
塑性元件	用滑块表示 s　σ,ε	应力极限 s $|\sigma| < s$ 时,$\varepsilon = 0$ $|\sigma| \geq s$ 时,$\varepsilon = \infty$	1. 不可恢复性; 2. 瞬时性; 3. 对加载速度的独立性

上述力学元件,通过若干个串联与并联组合,形成新的力学模型。并串联元件中的应力应变分配情况即为并串联特性:当元件为串联时,总应力等于各个分应力,总应变等于各个分应

变之和,即 $\sigma = \sigma_i, \varepsilon = \sum \varepsilon_i$;当元件为并联时,总应力等于各个分应力之和,总应变等于各个分应变,即 $\sigma = \sum \sigma_i, \varepsilon = \varepsilon_i$。常用的简单组合模型如下。

(1)麦克斯韦尔(Maxwell)模型

由一个弹性元件(弹簧)和一个黏性元件(黏壶)串联组成,如图8-11a)所示。

Maxwell 模型的广义本构关系为:

$$\dot{\varepsilon} = \frac{\dot{\sigma}}{E} + \frac{\sigma}{\eta} \tag{8-6}$$

(2)开尔文(Kelvin)模型

由一个弹簧和一个黏壶并联组成,如图8-11b)所示。

Kelvin 模型的广义本构关系式为:

$$\sigma = E\varepsilon + \eta\dot{\varepsilon} \tag{8-7}$$

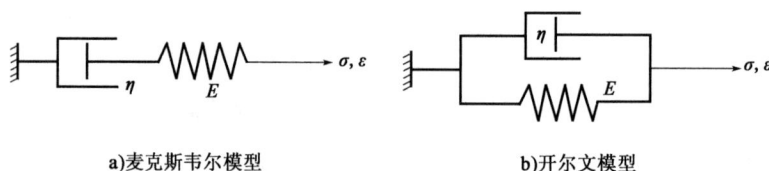

a)麦克斯韦尔模型   b)开尔文模型

图 8-11   力学模型示意图

4.沥青混合料的力学模型

由于受到材料组成的复杂性和试验技术的限制,沥青混合料的力学模型多种多样,对于一个复杂的力学行为,应有分析理论作为基础。

材料流变模型的建立一般应遵循两个原则:

①模型能够较好地反映材料的力学特性;

②模型应尽可能地简单直观、便于工程应用。

常用沥青混合料的力学模型有:

(1)伯格斯(Burgers)模型

Burgers 模型的力学元件组成如图8-12 所示,有关方程如下。

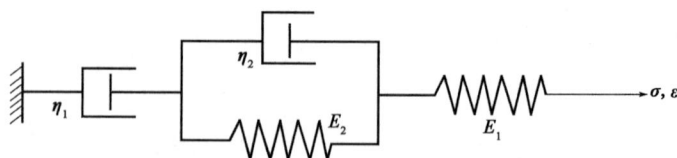

图 8-12   Burgers 模型示意图

广义本构方程:

$$\sigma + p_1\dot{\sigma} + p_2\ddot{\sigma} = q_1\dot{\varepsilon} + q_2\ddot{\varepsilon} \tag{8-8}$$

蠕变方程:

$$\varepsilon(t) = \sigma_0 \left[\frac{1}{E_1} + \frac{1}{\eta_1}t + \frac{1}{E_2}\left(1 - e^{-\frac{E_2}{\eta_2}t}\right) \right] \tag{8-9}$$

松弛方程：

$$\sigma(t) = \frac{\varepsilon_0}{\sqrt{p_1^2 - 4p_2}} \left[(q_1 + \alpha q_2) e^{-\alpha t} - (q_1 - q_2 \beta) e^{-\beta t} \right] \tag{8-10}$$

其中：

$$p_1 = \frac{\eta_1}{E_1} + \frac{\eta_1 + \eta_2}{E_2}; p_2 = \frac{\eta_1 \eta_2}{E_1 E_2}$$

$$q_1 = \eta_1; q_2 = \frac{\eta_1 \eta_2}{E_2}$$

$$\alpha = \frac{1}{2p_2}(p_1 + \sqrt{p_1^2 - 4p_2})$$

$$\beta = \frac{1}{2p_2}(p_1 - \sqrt{p_1^2 - 4p_2})$$

（2）修正的 Burgers 模型

即对 Burgers 模型的第一黏性元件进行非线性修正，取 $\eta_1 = Ae^{Bt}$，如图 8-13 所示，相应的有关方程同 Burgers 模型，只取 $\eta_1(t) = Ae^{Bt}$。

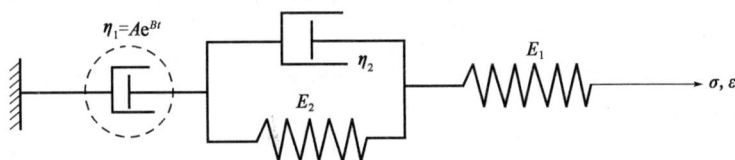

图 8-13　修正的 Burgers 模型示意图

当材料的工作状态进入黏塑性范围内时，应考虑材料的内摩阻角 φ 及黏聚力 c，用莫尔-库仑理论来分析。模型中力学参数的确定，需要通过模型试验的方法来进行，因为固体材料的流变参数有时是不可能直接通过试验得到的（如黏性系数 η）。

四、沥青混合料的变形特性

用黏弹性理论研究沥青混合料的变形特性时应遵循如下基本原则：

（1）沥青混合料兼具胡克弹性与牛顿黏性的双重性质。

（2）沥青混合料的力学性质均应作为温度与时间的函数表示。

（3）将沥青混合料的性质作为"某一条件的响应"比较合理，宜将其描述为仅在某一条件下才具有的性质。

基于上述原则，在比较宽的温度及时间范围中考察沥青混合料的力学性质，其变化是极有规律的，这种规律性可以用黏弹性理论加以描述，作为温度与时间的函数加以分析。

因为沥青路面工作在时间与温度均较宽的范围内，必须同时采用数种试验方法，才能把拟考察的区域全部包括进去。例如，在处理疲劳破损时，常采用动态试验；在解决车辙问题时，常采用蠕变试验；而在分析低温缩裂时，常采用应力松弛试验。各种试验方法的基本原理如下。

1. 蠕变试验

可采用拉伸、压缩和弯曲等力学图式，在固定荷载作用下量测应变随时间的变化，蠕变柔量按式(8-11)计算：

$$J(t) = \frac{\varepsilon(t)}{\sigma_0} \qquad (8\text{-}11)$$

2. 应力松弛试验

使试件在瞬间产生应变 ε_0，连续量测保持这一应变时的应力随时间的变化。应力松弛亦可采用拉伸、压缩、弯曲等力学图式，并按式(8-12)计算松弛模量：

$$G(t) = \frac{\sigma(t)}{\varepsilon_0} \qquad (8\text{-}12)$$

3. 等应变速率试验

在固定的应变速率下求得应力-应变曲线，计算时可以选取能够充分确定应力-应变曲线的坐标点进行计算。该试验要求使用能够完全控制变形速率的试验设备，在几种应变速率下进行试验。等应变速率试验同样适合于拉伸、压缩、弯曲等不同力学图式，并按式(8-13)计算：

$$G_r(t) = \frac{\mathrm{d}\sigma}{\mathrm{d}\varepsilon} = \frac{1}{\varepsilon} \cdot \frac{\mathrm{d}\sigma}{\mathrm{d}t} \qquad (8\text{-}13)$$

沥青混合料的应力-应变关系并不总是线性关系，在时间长、温度高时常常表现为非线性关系。因而，应力-应变关系不仅可以用 σ/ε 表示，也可以用应力-应变曲线的切线斜率来表示。按曲线斜率计算得到的是切线劲度模量，按割线得到的是割线劲度模量。

4. 动载试验

最常用的动载试验是对试件施加正弦波荷载。对于黏弹性体测得的应变也是一个正弦波，但存在一个相位差 φ，复数模量即是两个最大幅值之比，即：

$$[E^*] = \frac{\sigma_0}{\varepsilon_0} \qquad (8\text{-}14)$$

5. 沥青混合料的劲度模量

为使工程能在使用的整个温度范围与加荷时间内对沥青性质有一个统一、简便、实用的综合评价体系，Van Der Pool 在 1954 年提出了劲度模量的概念，即：

$$S(t,T) = \left(\frac{\sigma}{\varepsilon} \right)_{t,T} \qquad (8\text{-}15)$$

尽管劲度模量公式形式与杨氏模量公式相同，但是劲度模量是一定时间(t)和温度(T)条件下，应力与总应变的比值。总应变包括弹性应变(ε_e)、延迟弹性应变(ε_d)与黏性应变(ε_v)，可以用四元件伯格斯模型表达，如图 8-14 所示。

$$\varepsilon = \varepsilon_e + \varepsilon_v + \varepsilon_d \qquad (8\text{-}16)$$

$$\varepsilon = \frac{\sigma}{E_1} + \frac{\sigma t}{\eta_1} + \frac{\sigma}{E_2}(1 - e^{-\frac{t}{T_2}}) \qquad (8\text{-}17)$$

式中：T_2——延迟时间，$T_2 = \eta_2 / E_2$；

其余符号意义如图 8-14 所示。

在施加荷载的瞬间，产生弹性应变 ε_e，随着时间的增长，延迟弹性应变 ε_d 与黏性应变 ε_v

逐渐增大,变形速率逐渐衰减趋于稳定。待卸荷后 ε_e 得以瞬时恢复,ε_d 随时间逐步恢复,经过相当长时间后剩余的应变即是 ε_v,亦称之为残余应变,见图8-14。

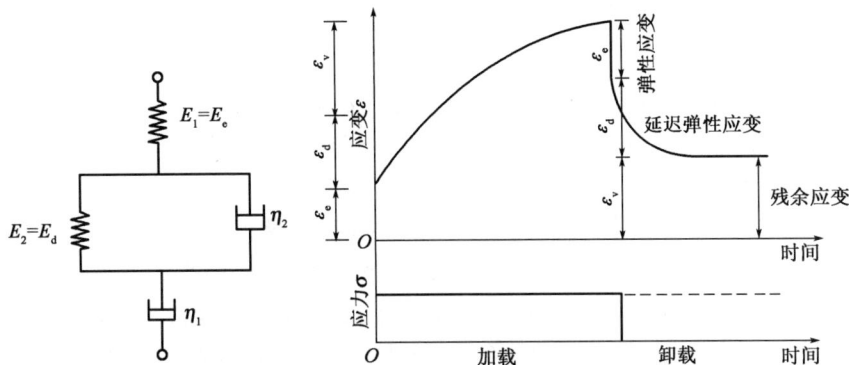

图8-14 四元件伯格斯模型的应力和应变与时间的关系

根据式(8-17)可得劲度模量与时间关系式为:

$$\frac{1}{S_B} = \frac{1}{E_e} + \frac{1}{E_d}(1 - e^{-\frac{t}{T_2}}) + \frac{t}{\eta_3} \tag{8-18}$$

以蠕变柔量与时间关系则表示为:

$$\frac{1}{S_B} = J(t) = J_0 + J_2\varphi(t) + \frac{t}{\eta_3} \tag{8-19}$$

沥青混合料的劲度模量是温度与时间的函数。当温度较低时,在短期荷载作用下,其劲度模量趋近弹性模量,在长期荷载作用下,劲度模量随时间急剧下降,在双对数坐标上呈线性关系;当温度上升时,沥青混合料的稠度降低,其劲度模量随之减小。

五、沥青混合料的强度特性

在车辆荷载作用下,沥青路面面层处于三向应力状态,正应力可以由正(拉应力)变负(压应力),各点的应力状态不仅随坐标变动,且随车轮荷载的运动而变化。

对于黏弹性物体的破坏分类有:

(1)超过某一"强度"而引起的破坏。

(2)超过某一"变形值"而引起的破坏。

(3)超过某一"应力松弛状态"而引起的破坏。

分析沥青路面的实际损坏状态后可以明显看出,沥青混合料抵制破坏的指标主要有三个方面,即剪切强度、断裂强度和临界应变。

1. 剪切强度

沥青混合料的剪切强度是一项重要的强度指标,沥青路面的推移、拥包、车辙等病害都是剪切变形的结果,而莫尔-库仑公式反映了沥青混合料的强度与混合料内部的黏聚力和摩阻力之间的直接联系,见式(8-1)。

需要说明的是,同样的物体,在三轴应力状态下,随着 σ_3 的增大,材料由脆性破坏过渡为塑性破坏,会呈现出不同的力学特性,存在一个脆性过渡到塑性的破坏临界值 σ_3,临界值的大小与材料的强度有关。此外,由于沥青混合料在高温情况下力学性质的复杂性,常使抗剪强度理论的应用处于半理论、半经验的状态。

2. 断裂强度

断裂强度主要用于分析随气温下降时沥青面层收缩受阻而产生的收缩应力,当收缩应力超过抗拉极限强度时所造成的缩裂问题;也可用于分析车辆紧急制动时,车轮后侧路表受到的拉应力引起的拉裂问题。

沥青混合料的断裂强度,可由直接拉伸或间接拉伸(劈裂)试验确定。由于直接拉伸试验易于偏心,会对数值较小的拉伸强度产生较大的误差,因此开发了间接拉伸试验。直接拉伸试验采用高度为直径或边长 2.5~3 倍的圆形或矩形截面的试件。间接拉伸试验采用高度为直径 0.5 倍的圆柱体试件,成型简便,且可采用钻孔方法取样。试件在切向受拉应力的同时径向受压,其受力状态更接近于实际路面结构。

沥青混合料的断裂强度,同样是温度和加荷速率的函数,随着温度的下降和加载速率的增大而提高。拉伸强度与温度曲线存在一个峰值,当温度继续下降时,强度反而略有下降。

对于密级配沥青混合料,断裂强度随集料级配细度的增加而增大,且在某一最佳矿粉/沥青比时断裂强度最高。

3. 临界应变

临界应变和断裂强度一样随温度和加荷时间而有规律地变化。弯曲试验时,沥青混合料的临界应变值因温度不同而在很大范围内变化。

具有重要意义的是,临界应变不仅在每一温度与加载条件下有足够灵敏度的变化,而且对应每一破坏现象都有一个典型的数值。不论弯曲还是压缩,在不同荷载速度下,沥青砂在流动破坏区的临界应变,有收敛于 $(6\sim10)\times10^{-2}$ 的趋势,而在脆性破坏区临界应变范围更窄,约为 $(1\sim5)\times10^{-3}$。

大量疲劳试验表明,当疲劳寿命为 $10^2\sim10^7$ 时,应变水平相应为 $10^{-3}\sim10^{-5}$。满足一般使用年限要求时,应变水平约为 10^{-4} 级。当应变水平小于 10^{-5} 时,大致达到耐久极限应变,即承受行车荷载重复作用而不至于产生疲劳破坏。

第三节　沥青路面使用性能和分区

沥青路面直接承受车辆荷载和大气因素的作用,为了保证路面为车辆提供稳定、耐久的服务,沥青路面必须满足使用性能要求。沥青路面的使用性能要求主要包括高温稳定性、低温抗裂性、水稳定性、抗疲劳性能、抗老化性能。

一、沥青路面的高温稳定性

沥青路面高温稳定性通常是指高温时沥青混合料在荷载作用下抵抗永久变形的能力。主要出现在高温、低加荷速率以及抗剪切能力不足时,即沥青路面劲度较低的情况下,车辙、推移、拥包、搓板等现象均为沥青路面高温稳定性不足的表现。

1. 车辙的形成机理及影响因素

车辙主要发生在高温季节,尤其是渠化交通的重交通道路上。当沥青路面采用无机结合料稳定类基层时,车辙主要发生在沥青面层。根据车辙形成的起因,可分为三种类型。

(1)失稳型车辙

这类车辙是由于沥青路面结构层在交通荷载作用下,内部材料流动,产生横向位移而发生,通常集中在轮迹处。

(2)结构型车辙

这类车辙是由于路面结构在交通荷载作用下产生整体永久变形而形成,主要是由于路基变形传递到面层而产生。

(3)磨耗型车辙

这类车辙是由于沥青路面结构顶层的材料在车轮磨耗和自然环境因素作用下持续不断地损耗而形成,尤其是汽车使用了防滑链和突钉(胶钉)轮胎后,这种车辙更易发生。

三种类型车辙中以失稳型车辙最为严重,其次为磨耗型车辙。在软土地区、路基路面结构整体承载力不足时产生结构型车辙的可能性较大。

纵观车辙形成过程,可简单地分为三个阶段。

(1)初始阶段的压密过程

沥青混合料经碾压后,在高温下处于半流态的沥青及由沥青与矿粉组成的胶浆被挤进矿料间隙中,同时集料被强力排列成具有一定骨架的结构。交付使用后,在交通荷载作用下,密实过程进一步发展,在轮辙位置产生局部沉陷。

(2)沥青混合料的侧向流动

高温下的沥青混合料在轮胎荷载作用下,沥青及沥青胶浆产生流动,除部分填充混合料空隙外,还将促使沥青混合料产生侧向流动,从而使路面轮迹处被压缩,导致轮迹处两侧向上隆起形成马鞍形车辙。

(3)矿质集料的重新排列及矿质骨架的破坏

高温下处于半固态的沥青混合料,由于沥青及胶浆在荷载作用下首先流动,混合料中粗、细集料组成的骨架逐渐成为荷载主要承担者,促使沥青及胶浆向富集区流动,加速了混合料网络结构的破坏,特别是当沥青及胶浆过多时,这一过程会更加明显。

由此可见,车辙形成的最初原因是压密及沥青高温下的流动,最后导致骨架的失稳,从本质上讲就是沥青混合料的结构特征发生了变化。

2. 沥青混合料高温稳定性评价方法

(1)单轴压缩试验

沥青混合料高温稳定性评价最简便的方法是以高温(一般采用60℃)抗压强度 R_T 及常温与高温时抗压强度的比值,即软化系数 $K_T(R_T/R_{20})$ 来衡量。

单轴压缩试验测定抗压强度时其侧压力 $\sigma = 0$,在受力过程中压板与试件两端接触面上存在摩擦力的约束,这些都与工程实际有些差别。因此采用高温抗压强度 R_T 与软化系数 K_T 评价沥青混合料的高温稳定性均有一定的误差。

(2)马歇尔试验(1948年)

很长时间以来人们一直采用马歇尔试验的稳定度、流值和马歇尔模数作为评价沥青混合料高温稳定性和混合料设计的依据，但是由于马歇尔试验过程中试件内部的应力分布状态极为复杂，因此试验结果很难对路面实际状况做出关联评价。

（3）蠕变试验

蠕变试验常采用单轴静载、三轴静载、单轴重复加载和三轴重复加载四种方式进行。

单轴静载蠕变试验以一圆柱形试件在轴向施加一瞬时荷载，并保持荷载大小不变，经过一段时间后再立即卸载，使试件变形恢复，由此可得到通常的蠕变曲线。静态蠕变曲线包括可恢复的弹性、黏弹性变形以及不可恢复的黏塑性变形。

动态蠕变试验有两种加载方式，即连续动态加载和间歇重复加载。动态蠕变曲线包括了黏塑性变形与来不及恢复的黏弹性变形。

动态蠕变试验的两种加载方式中，间歇重复加载更接近实际荷载的作用，它的蠕变曲线也更多地由材料的永久变形组成，因此它是较好的一种试验方法。

（4）轮辙试验

轮辙试验是一种模拟实际车轮荷载在路面上行走而形成车辙的工程试验方法，从广义上来说，室内小型往复轮辙试验、旋转轮辙试验、大型环道试验、直道试验等都可认为是属于轮辙试验范畴。这些试验最基本的和共同的原理就是通过采用车轮在板块状试件或路面表面结构上反复行走，观察和检测试块或路面结构的响应。

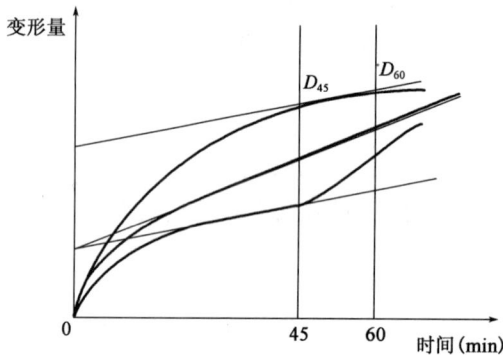

图 8-15　轮辙试验中时间与变形关系曲线

轮辙试验是评价沥青混合料在规定温度条件下抵抗塑性流动变形能力的有效方法。通过板块状试件与车轮之间的往复相对运动，使试块在车轮的重复荷载作用下，产生压密、剪切、推移和流动，从而产生车辙。从轮辙试验得到的时间-变形曲线如图 8-15 所示。由此可得出三类指标：

①任何一个时刻的总变形，即车辙深度。

②在变形曲线的直线发展期，通常是求取 45min、60min 的变形量 D_{45}、D_{60}，按下式计算动稳定度 DS：

$$DS = \frac{(60 - 45) \times 42}{D_{60} - D_{45}} \times C_1 \times C_2 \quad （次/mm） \tag{8-20}$$

式中：D_{60}——试验时间为 60min 时的试件变形量（mm）；

　　　D_{45}——试验时间为 45min 时的试件变形量（mm）；

　　　C_1——试验机类型修正系数，曲柄连杆驱动试件的变速行走方式为 1.0，链驱动试验轮的等速行走方式为 1.5；

　　　C_2——试件系数，试验室制备的宽 300mm 的试件为 1.0，从路面切割的宽 150mm 的试件为 0.8。

③变形速率 RD，它实际上是动稳定度 DS 的倒数。

由实践可知，尽管总变形非常直观，但不同试件之间的波动较大。在整个变形中，开始阶段的几次碾压能产生很大的变形，与试件接触的均匀程度是数据波动的重要原因。另外，总变形能区分试验结果的差别,但不便估计变形的发展情况。因此采用动稳定度作指标,以避免试验开始阶段,尤其是开始与试件接触的影响是比较合理的。

(5)简单剪切试验

沥青路面的高温永久变形主要是由沥青混合料的塑性剪切流动引起的,简单剪切试验就是用于直接考察沥青混合料的抗剪切流动性能。这个试验方法是由土的直剪试验方法移植过来的,并进一步考虑了沥青混合料的特殊性质,增加了垂直的动力荷载、围压和温度控制,可测定试件的回弹剪切模量、动力剪切模量等。简单剪切试验结构如图 8-16 所示,图中试件尺寸:$\phi150mm \times (50 \sim 65)mm$,最大粒径 $\leqslant 19mm$;$\phi200mm \times 75mm$,最大粒径 $\leqslant 38mm$。试验温度为 $4℃$、$20℃$、$40℃$。

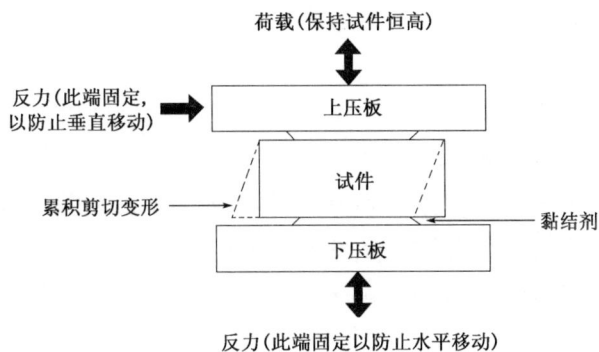

图 8-16 简单剪切试验装置示意图

3. 沥青路面高温稳定性技术标准

(1)沥青路面车辙的技术指标

20 世纪 70 年代,壳牌石油公司提出了用沥青面层的车辙深度限制沥青路面永久变形的设计方法。随后世界各国根据本国的气候、交通等具体条件,提出了各自的容许车辙深度标准(表 8-2)。

容许车辙深度标准(单位:mm)   表 8-2

美国地沥青学会(AI)			13
英国			20
壳牌石油公司(Shell)	高速公路		10
	一般道路		30
比利时	干线公路		12
	次级道路		18
中国	高速公路		10 ~ 15
	其他等级公路	交叉口	25 ~ 30
		非交叉口	15 ~ 20

(2)沥青混合料抗永久变形指标

各国道路研究人员对沥青混合料的抗永久变形性能进行了大量的研究之后,提出了有关指标(表 8-3)。

沥青混合料蠕变劲度模量极限值   表8-3

研究者	温度(℃)	时间(min)	作用应力 σ_0(MPa)	混合料劲度模量(MPa)
Viljoen 等(1981 年)	40	100	0.2	≥80
Kronfuss 等(1984 年)	40	60	0.1	≥50~65
Tinn 等(1983 年)	40	60	0.2	≥135

由表8-3中数据可见,不同研究者采用的试验条件是不同的,所提出的劲度模量极限值差异也较大,可以作为深入研究的参考。

（3）轮辙试验标准

经过调查研究发现,轮辙试验的动稳定度与沥青路面的车辙深度有较好的相关性。恰当地控制沥青混合料的动稳定度,有助于提高沥青面层的抗永久变形能力。

《公路沥青路面设计规范》(JTG D50—2017)规定了公路沥青混合料动稳定度的技术要求(表6-21)。

4.沥青路面车辙的防治措施

影响沥青路面车辙的因素主要有集料、结合料、混合料类型,荷载,环境条件等。此外,压实方法会直接影响沥青混合料的内部结构,从而对车辙产生影响。

对于失稳型车辙,可以通过以下办法减缓:确保沥青混合料中含有较多的经破碎的集料;集料级配中必须含有足够的矿粉;大尺寸集料必须具有较好的表面纹理和粗糙度;集料级配要含有足够的粗颗粒;沥青结合料有足够的黏度;集料颗粒表面的沥青膜须有足够的厚度,确保沥青与集料间的黏结力。

对于结构型车辙,可以通过以下方法减缓:确保基层设计满足工程实践要求;基层材料满足规范要求,含有较多经破碎的颗粒;混合料内含有足够的矿粉;基层应充分地压实,工后不产生附加压密;路基压实应满足规范规定的要求。

磨耗型车辙主要是由于大颗粒集料缺乏韧性、带突钉轮胎作用、集料级配空隙太大以及集料周围沥青膜厚度不足而致。对此,可通过交通管制、改善混合料级配来防治。

二、沥青路面的低温抗裂性

沥青路面的低温开裂有两种形式:一是由于气温骤降使面层收缩,在有约束的沥青层内产生的温度应力超过沥青路面的抗拉强度造成开裂。此类裂缝多从路表面自上向下发展。另一种形式是温度疲劳裂缝,沥青路面经受长时间的温度循环,应力松弛性能下降,极限拉应变变小,结果在温度应力小于抗拉强度的情况下产生开裂。这种裂缝主要发生在温度变化频繁的温和地区。

1.沥青路面低温开裂的机理

沥青路面的低温缩裂与温度下降引起的材料体积收缩有关。由于材料受到约束,随着温度下降材料不能收缩,则立即产生温度应力,当该应力达到材料的抗拉强度时,就会产生裂缝。温度较高时,沥青混合料表现出黏弹性性质;温度略有降低,所产生的温度应力将因应力松弛而消失。但是在低温范围内,沥青混合料主要表现为弹性特性,温度应力不会消失,就有可能产生裂缝。如图8-17所示,当破断温度出现就会产生裂缝,释放应力。

2. 沥青混合料低温抗裂性能的评价方法

(1) 间接拉伸试验

该试验方法是在低温条件下，通过加载压条对 $\phi101.6\text{mm} \times 63.5\text{mm}$ 的沥青混合料试件进行加载，获得沥青混合料的劈裂强度及竖向和水平变形，用于预测沥青路面的开裂情况。但水平变形量测要求精度较高。

(2) 直接拉伸试验

直接拉伸试验，取试件尺寸为 $38.1\text{mm} \times 38.1\text{mm} \times 101.6\text{mm}$，试件的两端由环氧树脂粘贴在拉板上。试验系统以缓慢的拉伸速率(一般为 $1.2 \times 10^{-3} \sim 2.5 \times 10^{-3}\text{mm/min}$)在低温条件下加载拉伸，通过试验得到的强度-温度关系曲线可预估开裂温度。

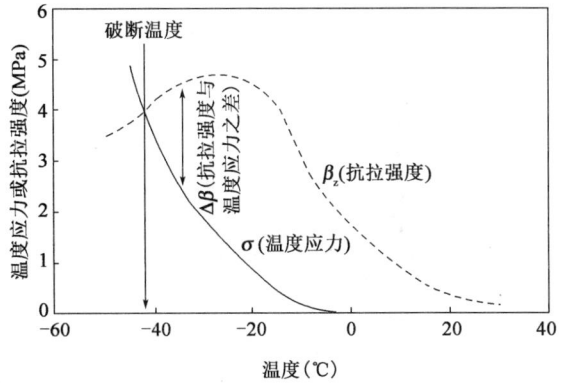

图 8-17 温度变化时路面低温断裂过程

(3) 蠕变试验

用弯曲蠕变试验评价沥青混合料的低温抗裂性能，取试件尺寸为 $30\text{mm} \times 35\text{mm} \times 250\text{mm}$，试验温度为 $0℃$。蠕变变形曲线的一般形式如图 8-18 所示。分为三个阶段，第一阶段为蠕变迁移阶段，第二阶段为蠕变稳定阶段，第三阶段为蠕变破坏阶段。在蠕变稳定阶段，荷载作用时间从 t_1 到 t_2，应变由 ε_1 增大到 ε_2，则蠕变速率大小为：

$$\varepsilon_{\text{speed}}(\sigma, T) = \frac{\dfrac{\varepsilon_2 - \varepsilon_1}{t_2 - t_1}}{\sigma_0} \tag{8-21}$$

式中：σ_0——试验时沥青混合料小梁下缘的蠕变拉应力，根据车轮荷载预估；

其余符号意义见图 8-18。

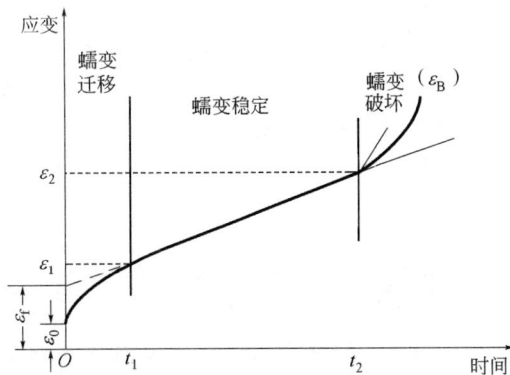

图 8-18 材料的蠕变过程

(4) 约束试件温度应力试验

试验装置如图 8-19 所示，试件尺寸为 $5\text{cm} \times 5\text{cm} \times 25\text{cm}$，试件端部与夹具用环氧树脂黏结。降温速率为 $10℃/\text{h}$，试验时测定冷却过程中的温度应力变化曲线如图 8-20 所示。

由图 8-20 可得到四个指标：破断温度、破断强度、温度应力曲线斜率、转折点温度。

(5) 应力松弛试验

沥青路面在温度骤降时产生的温度收缩应力来不及松弛掉而被积累，乃至超过抗拉强度时，将发生开裂。因此应力松弛性能是评价沥青混合料抵抗温度开裂的重要指标，可用应力松弛模量表述。应力松弛模量可由多种方法测定，如直接应力松弛试验、弯曲应力松弛试验以及由等速加载试验或蠕变试验间接得到等。应力松弛模量越小，沥青混合料应力松弛性能及低温抗裂性能越好。同时该指标也是温度开裂预估的重要力学参数。但应力松弛试验所需仪器精度较高。

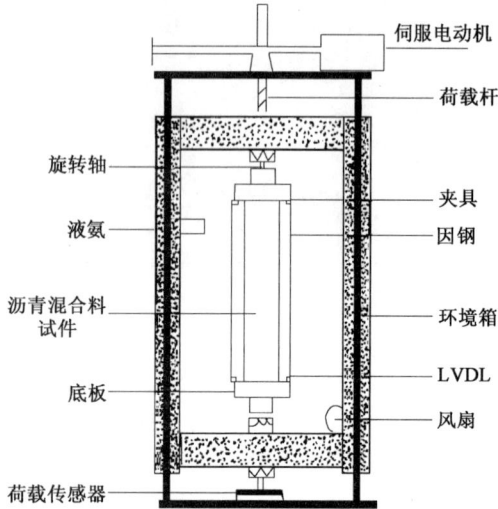

图 8-19 约束试件温度应力试验装置

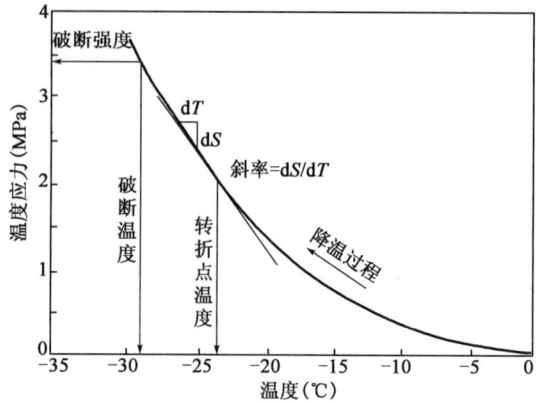

图 8-20 温度应力变化过程曲线

（6）弯曲破坏试验

低温弯曲破坏试验通常采用长 250mm、宽 30mm、高 35mm 的小梁,其跨径为 200mm,在 −10℃ 的温度环境下,以 50mm/min 的速度,在跨中单点加载。在小梁断裂时,记录梁底最大拉应变。

用低温弯曲破坏应变评价沥青路面的低温抗裂性能,概念明确,指标直观、可控。控制指标的取值应根据气候分区的特征,通过试验确定。通常要求低温弯曲破坏应变不小于 2 000 ~ 2 600$\mu\varepsilon$。

3.沥青路面低温开裂的预防措施

沥青路面的低温开裂受多种因素制约,就沥青材料选择和沥青混合料设计而言,应注意以下几点:沥青的油源,在严寒地区采用针入度较大、黏度较低的沥青,但同时也应满足夏季的要求;选用温度敏感性小的沥青有利于减少沥青路面的温度裂缝;采用吸水率低的集料,粗集料的吸水率应小于 2%;采用 100% 轧制碎石集料拌制沥青混合料;控制沥青用量在马歇尔最佳用量 ±0.5% 范围内对裂缝影响小,但同时也应保证高温稳定性;采用应力松弛性能好的聚合物改性沥青;掺加纤维,使用改性沥青。

三、沥青路面的水稳定性

沥青路面的耐久性主要依靠沥青与集料之间的黏附程度,水会破坏沥青与集料之间的黏附性,是影响沥青路面耐久性的主要因素之一。无论在冰冻地区,还是在南方多雨地区,水损害都有可能发生。水损坏发生后使得沥青与集料脱离,从而使路面出现松散、剥离、坑洞等病害,严重危害道路的使用性能。

1. 沥青路面水稳定性作用机理

沥青路面的水损坏包括两个过程:首先,水浸入沥青中使沥青黏附性减小,导致混合料的强度和劲度模量减小;其次,水进入沥青薄膜和集料之间,阻断沥青与集料的相互黏结,由于集料表面对水比对沥青有更强的吸附力,从而使沥青与集料表面的接触面减小,导致沥青从集料表面剥落(图8-21)。

影响沥青与集料之间黏结力的因素包括:沥青与集料表面的界面张力、沥青与集料的化学组成、沥青黏性、集料的表面构造、集料的孔隙率、集料的清洁度及集料的含水率、集料与沥青拌和的温度。

2. 沥青路面水稳定性的评价方法

对于沥青路面水稳定性的评价方法分为两类:

①用沥青裹覆标准集料,在松散状态下浸入水中煮沸,观察沥青从集料上剥离的情况;

②使用击实试件(或路面钻芯取样),在浸水条件下,对路面结构的服务条件进行评估。

测试方法包括:煮沸试验、浸水马歇尔试验、冻融台座试验、浸水间接拉伸试验、冻融劈裂试验、浸水车辙试验等。

(1)煮沸试验

煮沸试验为区分沥青膜剥落与未剥落提供了直观的结果,可作为最先选用的试验,也可用于施工现场的质量控制。但是沥青含量、等级、集料等级以及水煮时间均会影响试验结果。该试验只能反映黏结力损失或沥青剥落的情况,但却忽视了黏聚力的损失。同时由于该方法采用主观评价,评定结果往往因人而异。

(2)浸水马歇尔试验

浸水马歇尔试验是我国常用的评价沥青路面水稳定性的方法。该试验方法简单,易于操作,且能区分开不同沥青等级、不同性质集料水稳定性的优劣,不失为一种衡量沥青路面水稳定性的有效方法。

(3)冻融台座试验

冻融台座试验试图模拟在路面使用5年时,沥青黏结力发生的变化。标准试件用较好的单一粒径集料拌制的沥青混合料制作而成,然后放在台座上,在水中重复冻融循环,直到与路面设计寿命相关的裂纹出现为止。该试验结果对判定混合料抗剥落潜力,有较好的效果。

(4)浸水间接拉伸试验

浸水间接拉伸试验要求试件在浸水真空压力下达到55% ~80%饱和度。试验结果通过浸水与不浸水条件下试件的间接抗拉强度比来评定。该方法应用范围广,一般具有较好的相关性。

(5)冻融劈裂试验

冻融劈裂试验方法与浸水间接拉伸试验方法相似,只是增加了冻融循环的条件,主要为了模拟冰冻地区沥青面层的工作环境,加剧水对混合料的破坏程度。

(6)浸水车辙试验

浸水车辙试验方法是把车辙试验放在浸水条件下进行。通过浸水与不浸水条件下分别得出的动稳定度值之间的比值来评价混合料的水稳定性。

我国《公路沥青路面施工技术规范》(JTG F40—2004)规定用煮沸法检验沥青与集料之间的黏附性,用浸水马歇尔试验和冻融劈裂试验检验沥青混合料的水稳定性。

3. 提高沥青路面水稳定性的技术措施

(1)完善路面结构排水系统。路面结构设计应保证地表水、地下水及时排出结构之外。

(2)沥青材料选择应考虑选取黏度大的沥青和表面活性成分含量高的沥青。

(3)集料选择,在其他各项指标满足要求的前提下,尽量选择 SiO_2 含量低的碱性集料。当不可能得到碱性集料时,应加外掺剂,以改善黏附性,如消石灰、抗剥离剂等。

(4)施工时保持集料干燥,无杂质,拌和充分,摊铺时不产生离析,碾压时保证达到压实要求等。

四、沥青路面的抗疲劳性能

20 世纪 60 年代开始,世界各国对路面疲劳特性进行了系统研究,对路面疲劳破坏机理也有了更科学的认识。理论和实践都已表明,在移动车轮荷载作用下,路面结构内各点处于不同的应力应变状态,如图 8-21 所示。路面面层底部 B 点处于三向应力状态,车轮作用其上时,B 点受到全拉应力作用,车轮驶过后应力方向改变,量值变小,并有剪应力产生。当车轮驶过一定距离后,B 点则承受主压应力作用。B 点应力随时间的变化曲线如图 8-22 所示。

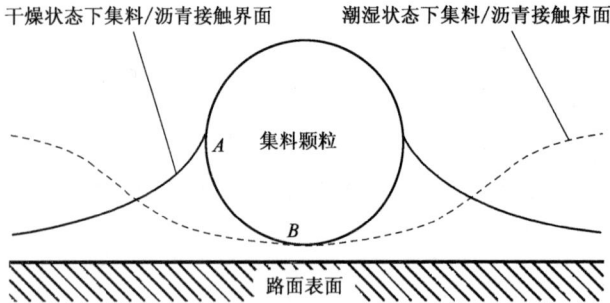

图 8-21 路面面层在移动车轮下的受力状态

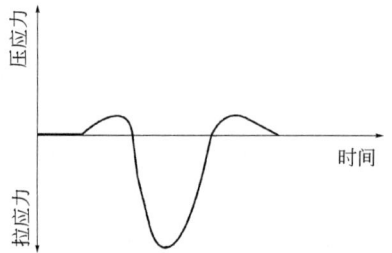

图 8-22 B 点应力随时间的变化

路面表面上 A 点则相反,车轮驶近时受拉,车轮直接作用时受压,车轮驶过后又受拉。车轮驶过一次就使 A、B 点出现一次拉压应力循环。路面在整个使用过程中,长期处于应力(应变)重复循环变化的状态。由于路面材料的抗压强度远大于抗拉强度,而面层底部 B 点在车轮下所受的拉应力较之表面 A 点在车轮驶近或驶离后产生的拉应力要大得多,因此在荷载重复作用下路面裂缝通常从面层底部开始发生。路面疲劳设计大多数以面层底部拉应力或拉应变作为控制指标。

1. 沥青路面疲劳力学模型

沥青路面疲劳特性的研究方法可以分为两类:一类为现象学法,即传统的疲劳理论方法,它采用疲劳曲线表征材料的疲劳性质;另一类为力学近似法,即应用断裂力学原理分析疲劳裂缝扩展规律以确定材料疲劳寿命。现象学法与力学近似法都是研究材料的裂缝以及裂缝的扩展,其主要区别就在于前者的材料疲劳寿命包括裂缝的形成和扩展阶段,研究裂缝形成的机理以及应力、应变与疲劳寿命之间的关系,各种因素对疲劳寿命及疲劳强度的影响;后者只考虑裂缝扩展阶段的寿命,认为材料一开始就有初始裂缝存在,它主要是研究材料的断裂机理及裂缝扩展规律。以下介绍现象学法。

沥青路面疲劳是材料在荷载重复作用下产生不可恢复的强度衰减积累所引起的一种现象。显然荷载的重复作用次数越多,强度的损伤就越加剧烈,它所能承受的应力或应变值就越小。

在现象学法中,把材料出现疲劳破坏的重复应力值称作疲劳强度,相应的应力重复作用次数称为疲劳寿命。疲劳寿命可以用两种量度来表示,即服务寿命和断裂寿命。服务寿命为试件能力降低到某种预定状态所必需的加载累积次数;断裂寿命为试件完全破裂所必需的加载累积次数。如果试件破坏都被定义为在连续重复加载下完全裂开,则服务寿命与断裂寿命两者相等。

应用现象学法进行疲劳试验的方法很多,归纳起来可以分为四类:第一类是实际路面在真实汽车荷载作用下的疲劳破坏试验,如美国的 AASHTO 试验路;第二类是足尺路面结构在模拟汽车荷载作用下的疲劳试验研究,包括环道试验、加速加载试验;第三类是试板试验法;第四类是试验室小型试件的疲劳试验研究。由于前三类试验研究方法耗资大、周期长,因此大量采用的还是周期短、费用少的室内小型疲劳试验。

室内小型疲劳试验的方法很多,如三分点小梁弯曲试验、中点加载小梁弯曲试验、悬臂梁试验、单轴压缩试验、间接拉伸试验、旋转悬臂试验等。迄今为止,各国均没有将疲劳试验作为标准试验方法纳入规范。

应用现象学法进行疲劳试验时,可采用常应力和常应变两种加载模式。常应力控制方式是指在反复加载过程中所施加荷载(或应力)的峰谷值始终保持不变,随着加载次数的增加最终导致试件断裂破坏。这种控制方式以完全断裂作为疲劳损坏的标准。试验结果常采用下式来表示:

$$N_f = k \left(\frac{1}{\sigma} \right)^n \tag{8-22}$$

式中:N_f——试件破坏时的加载次数;

　　k、n——取决于沥青混合料成分和特性的常数;

　　σ——对试件每次施加常量应力的最大幅值。

常应变控制方式是指在反复加载过程中始终保持挠度或试件底部应变峰谷值不变。由于在这种控制方式下,试件通常不会出现明显的断裂破坏,一般以混合料劲度下降到初始劲度50%或更低作为疲劳破坏标准。试验结果常采用如下公式来表示:

$$N = C \left(\frac{1}{\varepsilon} \right)^m \tag{8-23}$$

式中:N——混合料劲度下降为初始劲度50%或更低时的次数;

　　ε——对试件每次施加常量应变的最大幅度;

　　C、m——取决于沥青混合料成分和特性的常数。

式(8-23)表明,材料在承受重复常量应力或应变条件下,施加的应力或应变同疲劳寿命之间的关系在双对数坐标上呈线性反比关系。图 8-23 为沥青混合料在采用应力和应变模式时所得到的疲劳试验曲线。

2.影响沥青路面疲劳寿命的因素

沥青路面的疲劳寿命除了受荷载条件的影响外,还受到材料性质和环境变量的影响。

(1)荷载条件

材料的疲劳寿命可按不同的荷载条件来测定。如果在全过程中荷载条件保持不变,则称为简单荷载;如果按某种预定形式重复改变荷载条件,则称为复合荷载。显然,对于相同的沥青混合料,试件承受简单荷载或复合荷载所表现的疲劳反应是不同的。

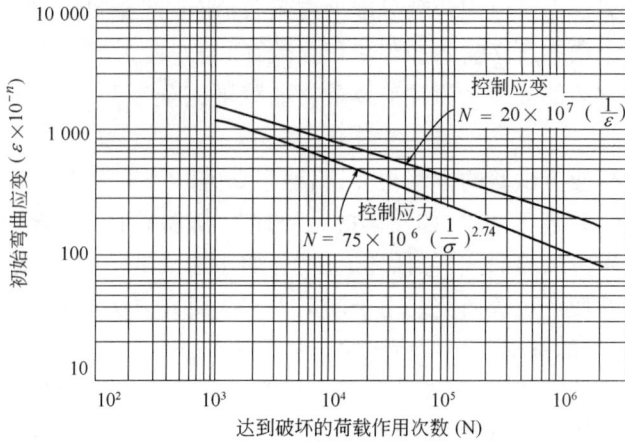

图 8-23　不同加载模式下的疲劳曲线

　　试件在承受简单荷载的情况下,即使初始应力和应变相同,采用两种不同加载模式所得出的疲劳寿命试验结果也是不同的。这是因为在控制应力加载模式中,材料劲度模量随着加载次数的增加而减小,为了保持各次加载时的常量应力不变,实际作用于试件的变形就要增加;而在控制应变加载模式中,为了要保持每次加载的常量应变不变,作用于试件的实际应力需减小。

　　可用模式因素参数式(8-24)来判断在保持常量应变和常量应力之间的中间状态时试件在重复荷载作用下的性质。

$$\mathrm{MF} = \frac{|A| - |B|}{|A| + |B|} \tag{8-24}$$

式中:MF——模式因素参数;

　　　　A——在重复荷载作用下,材料劲度模量下降 $c\%$(c 为任意确定的劲度模量降低值)时,应力变化的百分数;

　　　　B——在重复荷载作用下,材料劲度模量下降 $c\%$ 时,应变变化的百分数。

　　对于控制应变加载模式,$B = 0$,模式因素参数 MF = 1;对于控制应力加载模式,$A = 0$,模式因素参数 MF = -1;对于应力和应变都不保持常值的中间模式,其模式因素参数 MF = -1 ~ +1,疲劳曲线则介于两种模式的疲劳曲线之间。

　　图 8-24 为沥青混合料在不同加载模式下的疲劳曲线图解。

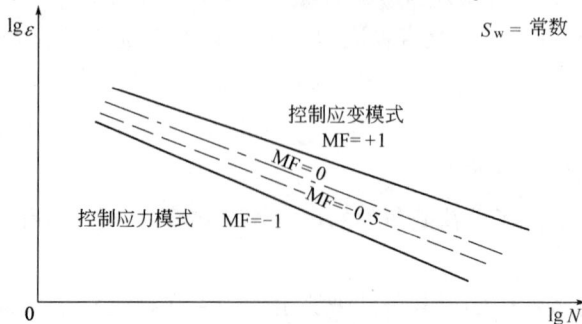

图 8-24　沥青混合料在不同加载模式下的疲劳曲线

此外,加载速率、加载波形、荷载间隔时间等因素对疲劳试验结果也有明显的影响。一般情况下,加载速率过快,荷载间隔时间过短,试件的疲劳恢复时间过短,容易加速破坏,疲劳寿命较短。

(2)材料性质

沥青混合料的劲度模量是影响疲劳寿命的重要参数。根据试验,在控制应力加载模式中,疲劳寿命随混合料劲度模量的增加而增加,这是因为每次加载产生的应变较小,因此重复作用的次数就多。而在控制应变的加载模式中,疲劳寿命随混合料劲度模量的增加而降低。这是因为劲度模量高,每次重复加载的应力就大,疲劳寿命就减少。一切与劲度模量相关的因素都将直接影响到沥青混合料的疲劳寿命,如沥青用量、沥青的种类和稠度等。

沥青混合料的空隙率对疲劳寿命的影响十分明显,不论是何种加载模式,降低空隙率都能延长沥青混合料的疲劳寿命,所以一般密级配混合料比开级配混合料有较长的疲劳寿命。此外集料的表面纹理、形状和级配也对混合料的疲劳寿命有一定影响。

(3)气温条件

温度对疲劳性能的影响可以用沥青混合料劲度模量来解释。温度在一定限度内下降时,沥青混合料的劲度模量增大,试件在承受一定压力的条件下所产生的应变就小,因而在控制应力加载模式的试验中导致有较长的疲劳寿命;而在控制应变加载模式的试验中,温度增加引起沥青混合料劲度模量降低,使裂缝扩展速度变慢而导致疲劳寿命得以增长。

盖里凯和韦纳脱(R. Guericke&F. Weinert)根据室内试验结果认为,在低温时控制应力加载模式所得的破坏疲劳寿命与控制应变加载模式的试验结果基本接近。但在较高温度下两种加载模式所得的破坏疲劳寿命之间的差值颇为显著。

3. 沥青混合料疲劳寿命的预估方法

世界各国都在致力于研究沥青混合料疲劳寿命的预估方法,以预估沥青路面的疲劳寿命。通过大量试验明确了影响沥青混合料疲劳寿命的各种因素之后,进一步研究各种因素影响疲劳寿命的规律性,即可提出沥青混合料疲劳寿命的预估方法。以下是几个有代表性的预估方程式。

(1)诺丁汉大学法

诺丁汉大学通过各种沥青混合料室内疲劳试验,建立了拉应变、疲劳荷载作用次数、沥青含量和软化点的关系式:

$$\lg\varepsilon_t = \frac{14.39\lg V_B + 24.2\lg T_{R\&B} - 40.7 - \lg N}{5.13\lg V_B + 8.63\lg T_{R\&B} - 15.8} \tag{8-25}$$

式中:ε_t——允许拉应变;

N——荷载作用次数;

V_B——沥青体积百分率;

$T_{R\&B}$——用环球法测定的沥青软化点。

当拉应变为 100×10^{-6} 时,混合料的疲劳寿命同沥青用量和软化点之间的经验关系式为:

$$\lg N(\varepsilon = 100 \times 10^{-6}) = 4.13\lg V_B + 6.95\lg T_{R\&B} \tag{8-26}$$

式中：N——试件在常量应变为 100×10^{-6} 时达到破坏的加载次数；

$\quad V_B$——沥青的体积百分率；

$\quad T_{R\&B}$——用环球法测定的沥青软化点。

（2）地沥青学会法

地沥青学会得到的关系式为：

$$N = 18.4C\left[4.325 \times 10^{-3}(\varepsilon_t)^{-3.291}(S_{mix})^{-0.354}\right] \tag{8-27}$$

$$C = 10^M$$

$$M = 4.84\left(\frac{V_B}{V_v + V_B} - 0.69\right)$$

式中：N——荷载作用次数；

$\quad \varepsilon_t$——允许拉应变；

$\quad V_v$——空隙率；

$\quad V_B$——沥青体积百分率；

$\quad S_{mix}$——特定时间、温度下混合料的劲度。

五、沥青路面的抗老化性能

沥青材料在沥青混合料的拌和、摊铺、碾压过程中以及沥青路面的使用过程中都存在老化问题。老化过程一般分为两个阶段，即施工过程中的热老化和路面使用过程中的长期老化。沥青路面碾压成型后，沥青混合料的抗老化能力不仅与沥青材料有关，还与光（含紫外线）、氧等自然气候条件有关，同时与沥青在混合料中所处的形态有关，如混合料空隙率大小、沥青用量等。沥青混合料的老化将导致沥青路面路用性能的降低。

1. 沥青的老化过程

沥青的老化是影响沥青路面使用质量和寿命的重要因素。路面铺筑时受加热作用，路面建成后受自然因素和交通荷载作用，沥青的技术性能向着不利的方向发生不可逆的变化即沥青的老化。受沥青老化的制约，沥青混合料的物理力学性能随着时间的推移逐年降低直至满足不了交通荷载的要求。

图 8-25 示出沥青的老化过程。在路面施工中沥青始终处于高温状态，受热会产生短期老化和热老化；路面使用期内沥青长期裸露在自然环境中，同时还要受到汽车等机械应力的作用而产生长期老化，即使用期老化。

沥青的短期老化

沥青的短期老化可分为三个阶段，图 8-26 所示为沥青生产到路面摊铺的过程。

（1）运输和储存过程的老化

沥青从炼油厂到拌和厂的热态运输一般在 170℃ 左右，进入储油罐或池中，温度有所降低。调查资料表明，这一阶段沥青的技术性能几乎没有变化，因此在运输过程中沥青几乎没有老化。

（2）拌和过程的热老化

加热拌和过程中，沥青是在薄膜状态下受到加热，比运输过程中的老化条件严酷得多。沥青混合料拌和后,沥青针入度降低到拌和前沥青针入度的80% ~85%。因此,拌和过程引起的沥青老化是严重的,是沥青短期老化最主要的阶段。

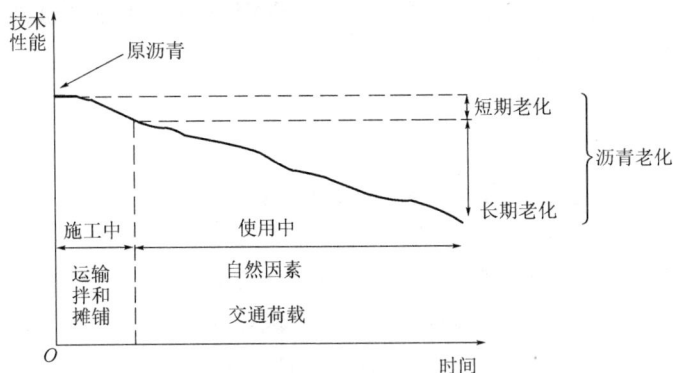

图 8-25 沥青的老化

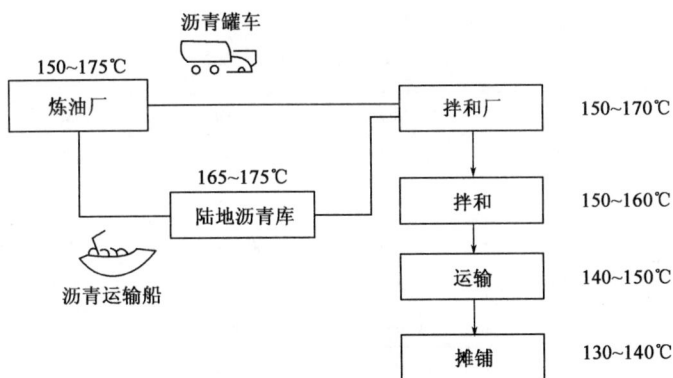

图 8-26 沥青生产到路面摊铺的过程

(3)施工期的老化

沥青混合料运到施工现场摊铺、碾压完毕,降温至自然温度,这一过程中裹覆石料的沥青薄膜仍处于高温状态,沥青的热老化有进一步发展。

沥青的长期老化

沥青混合料中沥青的长期老化是一个漫长而复杂的过程,具有以下特点:

①沥青路面在使用的前1~4年针入度急剧变小,随后变化缓慢。

②沥青老化主要发生在路表与大气接触部分,在深度0.5cm左右处的沥青针入度降低幅度相当大。

③沥青混合料的空隙率是影响沥青老化的主要因素。

④当路面中的沥青针入度减小至35 ~50(0.1mm)之间时,路面容易产生开裂,针入度小于25(0.1mm)时路面容易产生龟裂。

2. 沥青老化试验方法

(1)短期老化的试验方法

短期老化的试验方法应体现松散沥青混合料在拌和、储存和运输中受热而挥发和氧化的效应,以模拟沥青混合料施工阶段的老化效果。SHRP根据以往研究,提出了烘箱老化法、延时拌和法、微波加热法三种方法。

（2）长期老化的试验方法

沥青混合料长期老化的试验方法应着重体现沥青混合料压实成型试件持续氧化效应，以模拟使用期内沥青路面的老化效果。SHRP 提出了加压氧化处理（三轴仪压力室内）、延时烘箱加热、红外线/紫外线处理三种方法。

3. 沥青的老化性能

沥青抗老化性能试验方法有沥青薄膜加热试验、沥青旋转薄膜加热试验等。

沥青老化对沥青混合料性能有一定的影响，表8-4 给出了沥青混合料老化后的间接拉伸试验结果，试验时，加热温度控制在 135℃±1℃，时间 4h±5min，沥青混合料试件尺寸 ϕ101.6mm×63.5mm。以老化前后的劈裂强度 R_T、破坏拉应变 ε_T、破坏劲度模量 S_T 作对比分析。

国产沥青混合料老化后的间接拉伸试验   表8-4

沥青		项目				备注
		空隙率（%）	间接劈裂强度 R_T（MPa）	破坏拉应变 ε_T（$\varepsilon \times 10^{-6}$）	破坏劲度模量 S_T（MPa）	
AH-90（k）	原（b）	5.19	0.563	7 480	218.3	级配：AC-16 油石比：4.6%
	老化后（a）	4.30	0.817	5 860	297.1	
	a/b	1.45	0.78		1.36	
A-100（b）	原（b）	4.53	0.978	9 420	221.6	
	老化后（a）	4.70	1.063	7 500	299.9	
	a/b		1.09	0.80	1.35	
A-100（s）	原（b）	4.19	0.811	6 610	262.5	
	老化后（a）	4.31	1.093	5 700	311.1	
	a/b		1.35	0.86	1.19	

试验结果表明：

不同沥青混合料经历老化之后，它们的 R_T、S_T、ε_T 都有明显的变化，R_T、S_T 呈现增大趋势，ε_T 呈现减小趋势。

沥青路面的抗老化性能是沥青路面耐久性的重要组成部分。沥青路面老化的机理、老化过程中的影响因素、老化性能的评价方法、老化性能与其他路用性能之间的关联性、如何预防沥青路面的老化等一系列问题尚未得到解决，待进一步研究与探索。

六、沥青路面使用性能的气候分区

由于我国幅员辽阔，气候复杂多样，各地区对沥青路面使用性能的要求有很大差别。为此，《公路沥青路面施工技术规范》（JTG F40—2004）中提出了我国"沥青及沥青混合料气候分区指标"及相应的"分区图"。

1. 高温指标

使用最热月平均最高气温作为高温指标。将全国划分为大于 30℃、20～30℃、小于 20℃ 三个区。30℃线基本上是沿燕山、太行山、四川盆地及云贵高原边缘走向，与自然的地形、地貌走向一致,符合我国沥青路面使用的实际分界状况。

2. 低温指标

使用年极端最低气温(30 年一遇预期最低气温)作为使用指标,将全国分为大于 – 9℃、 – 21.5 ~ – 9℃、 – 37 ~ – 21.5℃,小于 – 37℃四个区。

3. 雨量指标

使用年降雨量作为分区指标,将全国分为大于 1 000mm、500 ~ 1 000mm、250 ~ 500mm、小于 250mm 四个区。1 000mm 分界线基本上位于淮河秦岭区域。

沥青路面气候分区为二级区划,按最热月平均最高气温和年极端最低气温把全国分为三大区,九种气候型。每个气候型用两个数字来表示:第一个数字代表最热月平均最高气温的分级(1—— > 30℃,2——20 ~ 30℃,3—— < 20℃);第二个数字代表年极端最低气温的分级(1—— < – 37℃,2—— – 37 ~ – 21.5℃,3—— – 21 ~ – 9℃,4—— > – 9℃)。沥青及沥青混合料气候分区是在沥青路面气候分区的基础上再增加一级雨量分级,即每个气候型用 3 个数字表示。第三个数字代表年降雨量分级(1—— > 1 000mm,2——500 ~ 1 000mm,3——250 ~ 500mm,4—— < 250mm)。

三个数字综合定量地反映了某地的气候特征,每个因素的数字越小,表示气候因素的影响越严重。

因此根据高温、低温、雨量三个主要因素的 30 年气象统计资料,按照概率大体相等的原则提出了分区指标的界限及气候分区图,见表 8-5、表 8-6、图 8-27、图 8-28。

沥青路面气候分区指标 表 8-5

气候区名		温度(℃)	
		最热月平均最高气温	年极端最低气温
1-1	夏炎热冬严寒	>30	< – 37
1-2	夏炎热冬寒	>30	– 37 ~ – 21.5
1-3	夏炎热冬冷	>30	– 21.5 ~ – 9
1-4	夏炎热冬温	>30	> – 9
2-1	夏热冬严寒	20 ~ 30	< – 37
2-2	夏热冬寒	20 ~ 30	– 37 ~ – 21.5
2-3	夏热冬冷	20 ~ 30	– 21.5 ~ – 9
2-4	夏热冬温	20 ~ 30	> – 9
3-2	夏凉冬寒	< 20	– 37 ~ – 21.5

沥青及沥青混合料气候分区指标 表 8-6

气候区名		温度(℃)		雨量(mm)
		最热月平均最高气温	年极端最低气温	年降雨总量
1-1-4	夏炎热冬严寒干旱	>30	< – 37	<250
1-2-2	夏炎热冬寒湿润	>30	– 37 ~ – 21.5	500 ~ 1 000

气候区名		温度（℃）		雨量（mm）
		最热月平均最高气温	年极端最低气温	年降雨总量
1-2-3	夏炎热冬寒半干	>30	-37 ~ -21.5	250 ~ 500
1-2-4	夏炎热冬寒干旱	>30	-37 ~ -21.5	<250
1-3-1	夏炎热冬冷潮湿	>30	-21.5 ~ -9	>1 000
1-3-2	夏炎热冬冷湿润	>30	-21.5 ~ -9	500 ~ 1 000
1-3-3	夏炎热冬冷半干	>30	-21.5 ~ -9	250 ~ 500
1-3-4	夏炎热冬冷干旱	>30	-21.5 ~ -9	<250
1-4-1	夏炎热冬温潮湿	>30	> -9	>1 000
1-4-2	夏炎热冬温湿润	>30	> -9	500 ~ 1 000
2-1-2	夏热冬严寒湿润	20 ~ 30	< -37	500 ~ 1 000
2-1-3	夏热冬严寒半干	20 ~ 30	< -37	250 ~ 500
2-1-4	夏热冬严寒干旱	20 ~ 30	< -37	<250
2-2-1	夏热冬寒潮湿	20 ~ 30	-37 ~ -21.5	>1 000
2-2-2	夏热冬寒湿润	20 ~ 30	-37 ~ -21.5	500 ~ 1 000
2-2-3	夏热冬寒半干	20 ~ 30	-37 ~ -21.5	250 ~ 500
2-2-4	夏热冬寒干旱	20 ~ 30	-37 ~ -21.5	<250
2-3-1	夏热冬冷潮湿	20 ~ 30	-21.5 ~ -9	>1 000
2-3-2	夏热冬冷湿润	20 ~ 30	-21.5 ~ -9	500 ~ 1 000
2-3-3	夏热冬冷半干	20 ~ 30	-21.5 ~ -9	250 ~ 500
2-3-4	夏热冬冷干旱	20 ~ 30	-21.5 ~ -9	<250
2-4-1	夏热冬温潮湿	20 ~ 30	> -9	>1 000
2-4-2	夏热冬温湿润	20 ~ 30	> -9	500 ~ 1 000
2-4-3	夏热冬温半干	20 ~ 30	> -9	250 ~ 500
3-2-1	夏凉冬寒潮湿	<20	-37 ~ -21.5	>1 000
3-2-2	夏凉冬寒湿润	<20	-37 ~ -21.5	500 ~ 1 000

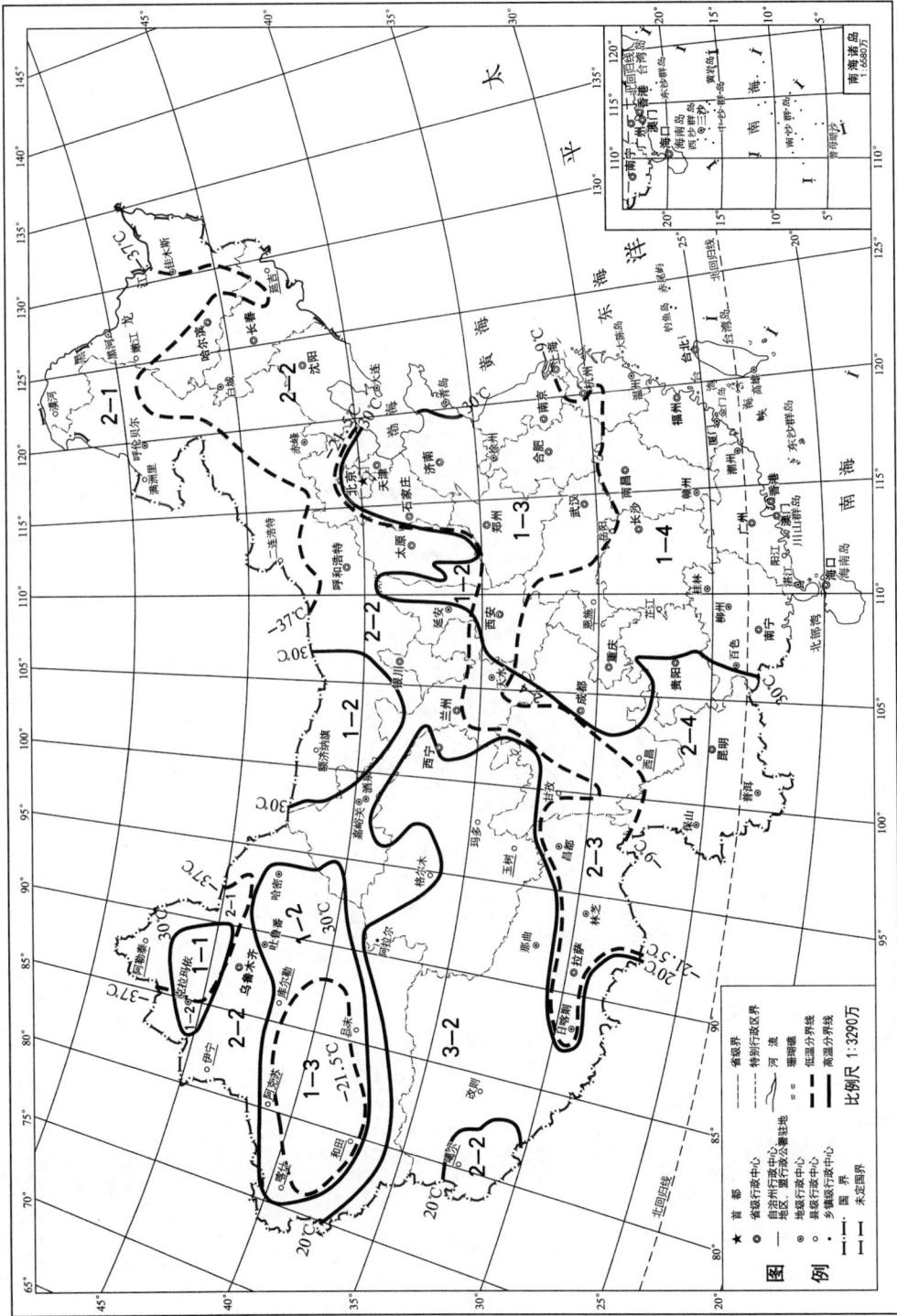

图8-27 中国沥青路面气候分区图

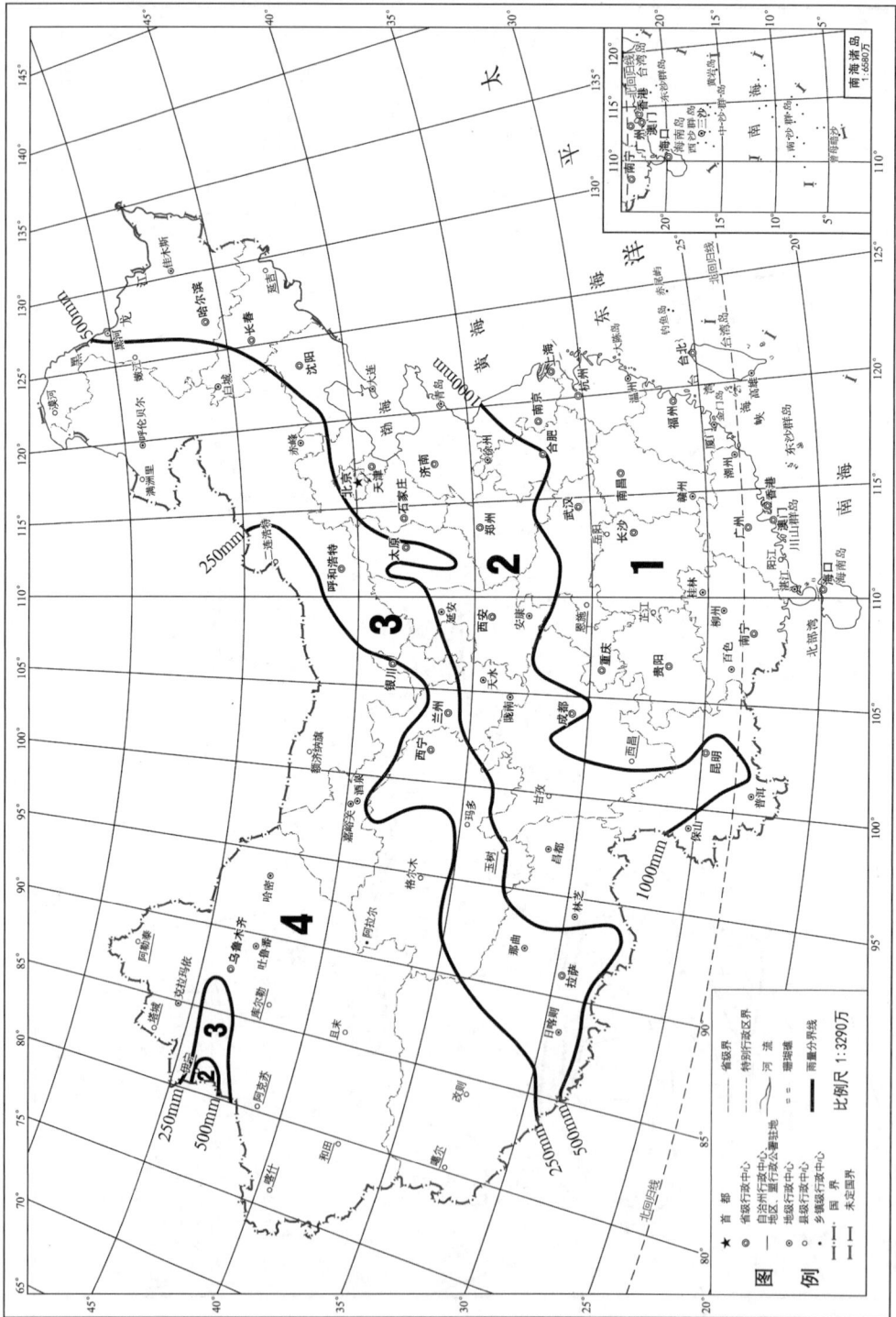

图8-28　中国沥青路面气候分区图（雨量）

第四节 层状弹性体系理论

由不同材料的结构层及土基组成的路面结构,在荷载作用下其应力应变关系一般呈非线性特性,且应变随应力作用时间而变化,同时应力卸除后常有一部分变形不能恢复。因此,严格地说,沥青路面在力学性质上属于非线性的弹-黏-塑性体。但是考虑到行驶车轮作用的瞬时性(百分之几秒),在路面结构中产生的黏-塑性变形数量很小,所以对于厚度较大、强度较高的路面,将路面视作线性弹性体,并应用层状弹性体系理论进行分析计算。

一、基本假设与解题方法

层状弹性体系由若干个弹性层组成,上面各层具有一定厚度,最下一层为弹性半空间体,如图 8-29 所示。

应用弹性力学方法求解层状弹性体系的应力、变形和位移等分量时,引入如下一些假设:

(1)各层材料完全弹性、均质、各向同性以及位移和应变微小。

(2)最下一层在水平方向和竖直向下方向为无限大,其上各层厚度为有限、水平方向为无限大。

(3)各层在水平方向无限远处及最下一层向下无限深处,其应力、应变和位移为零。

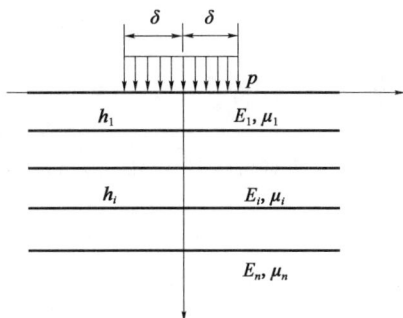

图 8-29 弹性层状体系示意图

(4)层间分完全连续、完全光滑、不完全连续与滑动三种接触状态。

(5)不计自重。

求解时,将车轮荷载简化为圆形均布荷载(竖向荷载与水平荷载),并在圆柱坐标体系中分析各分量。在图 8-30 的圆柱坐标$(r、\theta、z)$中,在弹性层状体系内微分单元体上,应力分量有三个法向应力 σ_r、σ_θ 和 σ_z,以及三对剪应力 $\tau_{rz} = \tau_{zr}$,$\tau_{r\theta} = \tau_{\theta r}$,$\tau_{z\theta} = \tau_{\theta z}$。

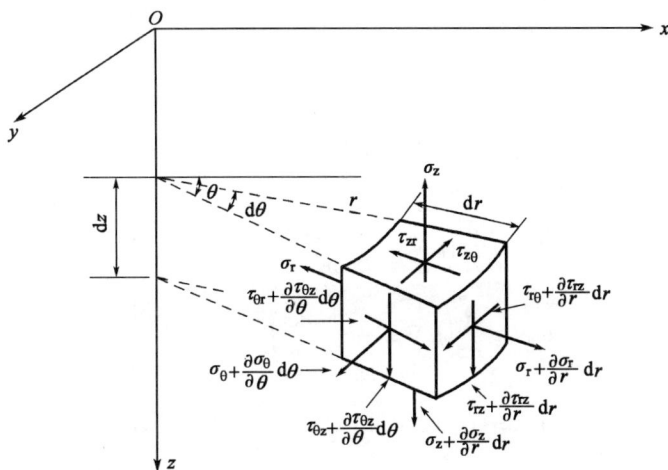

图 8-30 圆柱坐标系中微分单元体受力分析图

当层状弹性体系表面作用着轴对称荷载时,各应力、应变和位移分量也对称于对称轴,即

它们仅是 r 和 z 的函数。因而 $\tau_{r\theta} = \tau_{\theta r} = 0$，$\tau_{z\theta} = \tau_{\theta z} = 0$，三对剪应力只剩下一对 $\tau_{rz} = \tau_{zr}$。下面以这种轴对称的情形为例，简述层状弹性体系各分量的求解方法。

由弹性力学得知，对于以圆柱坐标表示的轴对称课题，其平衡方程（不计体积力）为：

$$\left.\begin{array}{l} \dfrac{\partial \sigma_r}{\partial r} + \dfrac{\partial \tau_{zr}}{\partial z} + \dfrac{\sigma_r - \sigma_\theta}{r} = 0 \\[3mm] \dfrac{\partial \sigma_z}{\partial z} + \dfrac{\partial \tau_{rz}}{\partial r} + \dfrac{\tau_{rz}}{r} = 0 \end{array}\right\} \tag{8-28}$$

表示体系内任一点应力-应变关系的物理方程为：

$$\left.\begin{array}{l} \varepsilon_r = \dfrac{1}{E}\left[\sigma_r - \mu(\sigma_\theta + \sigma_z)\right] \\[3mm] \varepsilon_\theta = \dfrac{1}{E}\left[\sigma_\theta - \mu(\sigma_z + \sigma_r)\right] \\[3mm] \varepsilon_z = \dfrac{1}{E}\left[\sigma_z - \mu(\sigma_r + \sigma_\theta)\right] \\[3mm] r_{zr} = \dfrac{2(1+\mu)}{E}\tau_{zr} \end{array}\right\} \tag{8-29}$$

又知轴对称课题的几何方程为：

$$\varepsilon_r = \frac{\partial u}{\partial r}; \varepsilon_\theta = \frac{u}{r}; \varepsilon_z = \frac{\partial \omega}{\partial z} \tag{8-30}$$

应力协调方程为：

$$\left.\begin{array}{l} \nabla^2 \sigma_r - \dfrac{2}{r^2}(\sigma_r - \sigma_\theta) + \dfrac{1}{1+\mu}\dfrac{\partial^2 \Theta}{\partial r^2} = 0 \\[3mm] \nabla^2 \sigma_\theta + \dfrac{2}{r^2}(\sigma_r - \sigma_\theta) + \dfrac{1}{1+\mu}\dfrac{1}{r}\dfrac{\partial \Theta}{\partial r} = 0 \\[3mm] \nabla^2 \sigma_z + \dfrac{1}{1+\mu}\dfrac{\partial^2 \Theta}{\partial z^2} = 0 \\[3mm] \nabla^2 \tau_{zr} - \dfrac{\tau_{zr}}{r^2} + \dfrac{1}{1+\mu}\dfrac{\partial^2 \Theta}{\partial r \partial z} = 0 \end{array}\right\} \tag{8-31}$$

其中：

$$\nabla^2 = \frac{\partial^2}{\partial r^2} + \frac{1}{r}\frac{\partial}{\partial r} + \frac{\partial^2}{\partial z^2}$$

$$\Theta = \sigma_r + \sigma_\theta + \sigma_z$$

如果引用函数 $\varphi = \varphi(r,z)$，并把应力分量表示为：

$$\left.\begin{array}{l} \sigma_r = \dfrac{\partial}{\partial z}\left(\mu \nabla^2 \varphi - \dfrac{\partial^2 \varphi}{\partial r^2}\right) \\[3mm] \sigma_\theta = \dfrac{\partial}{\partial z}\left(\mu \nabla^2 \varphi - \dfrac{1}{r}\dfrac{\partial \varphi}{\partial r}\right) \\[3mm] \sigma_z = \dfrac{\partial}{\partial z}\left[(2-\mu)\nabla^2 \varphi - \dfrac{\partial^2 \varphi}{\partial z^2}\right] \\[3mm] \tau_{zr} = \tau_{rz} = \dfrac{\partial}{\partial r}\left[(1-\mu)\nabla^2 \varphi - \dfrac{\partial^2 \varphi}{\partial z^2}\right] \end{array}\right\} \tag{8-32}$$

则将式(8-32)代入式(8-28)及式(8-31)中,式(8-28)的第一个方程自然满足,其余各方程的重调和方程为:

$$\nabla^2 \nabla^2 \varphi = 0 \tag{8-33}$$

如果能从式(8-33)中解得应力函数 φ,代入式(8-32)中即得各应力分量,如将各应力分量代入式(8-29)中则得应变分量。

由式(8-32)、式(8-29)及式(8-30)可得位移分量,即:

$$\left. \begin{array}{l} u = -\dfrac{1+\mu}{E}\dfrac{\partial^2 \varphi}{\partial r \partial z} \\[3mm] \omega = \dfrac{1+\mu}{E}\left[2(1-\mu)\nabla^2 \varphi - \dfrac{\partial^2 \varphi}{\partial z^2}\right] \end{array} \right\} \tag{8-34}$$

求解方程式(8-31)中 $\varphi(r,z)$ 的方法有分离变量法和积分变换法,习惯上多采用汉克尔积分变换法。由汉克尔变换求得解为:

$$\varphi(r,z) = \int_0^\infty \left[(A+BZ)e^{-\xi z} + (C+DZ)e^{\xi z} \right] \xi J_0(\xi r)\mathrm{d}\xi \tag{8-35}$$

式中:$J_0(\xi r)$——第一类零阶贝塞尔函数;

A、B、C、D——待定系数,由层状弹性体系的层间连续条件和边界条件确定。

将式(8-35)代入式(8-32)和式(8-34)中可得各应力分量和位移分量表达式。荷载、体系层数与层间连续条件确定之后,式中的待定系数就可以确定。例如表面作用圆形均布垂直荷载的双层连续体系(图8-31),体系表面荷载作用轴线上的竖向位移(即弯沉)为:

$$\omega = \frac{2(1-\mu_1^2)p\delta}{E_1}\int_0^\infty \frac{Le^{-\xi h}-4\xi h-Me^{2\xi h}}{1+4\xi^2 h^2 + ML - Me^{2\xi h}-Le^{-2\xi h}} \times \frac{J_1(\xi h)}{\xi}\mathrm{d}\xi \tag{8-36}$$

$$L = \frac{(3-4\mu_0)-m(3-4\mu_1)}{3-4\mu_0+m}$$

$$M = \frac{m(3-4\mu_1)+1}{1-m}$$

$$m = \frac{E_0(1+\mu_1)}{E_1(1+\mu_0)}$$

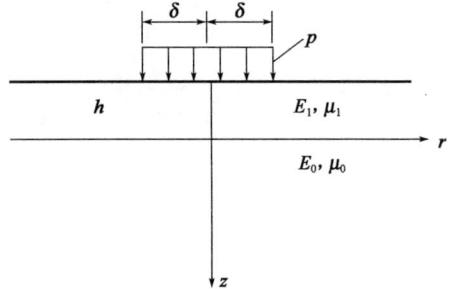

图8-31 双层连续体系受圆面积均布荷载计算图式

式中:E_1、μ_1、E_0、μ_0——分别为上层和半空间体的弹性模量与泊松比。

式(8-36)为含有贝塞尔函数和指数函数的广义积分。所有各分量的表达式都为此形式,它们的数值计算需借助于电子计算机来进行。

为了使用方便,将式(8-36)改写为:

$$\omega = \frac{2p\delta}{E_0}\bar{\omega} \tag{8-37}$$

$$\bar{\omega} = \frac{(1-\mu_1^2)E_0}{E_1}\int_0^\infty \frac{Le^{-2\xi h}-4\xi h-Me^{2\xi h}}{1+4\xi^2 h^2 + ML - Me^{2\xi h}-Le^{-2\xi h}} \times \frac{J_1(\xi h)}{\xi}\mathrm{d}\xi$$

ϖ 称为竖向位移系数，其计算结果绘成诺谟图，如图 8-32 所示。计算时取 $\mu_0 = 0.35$，$\mu_1 = 0.25$。

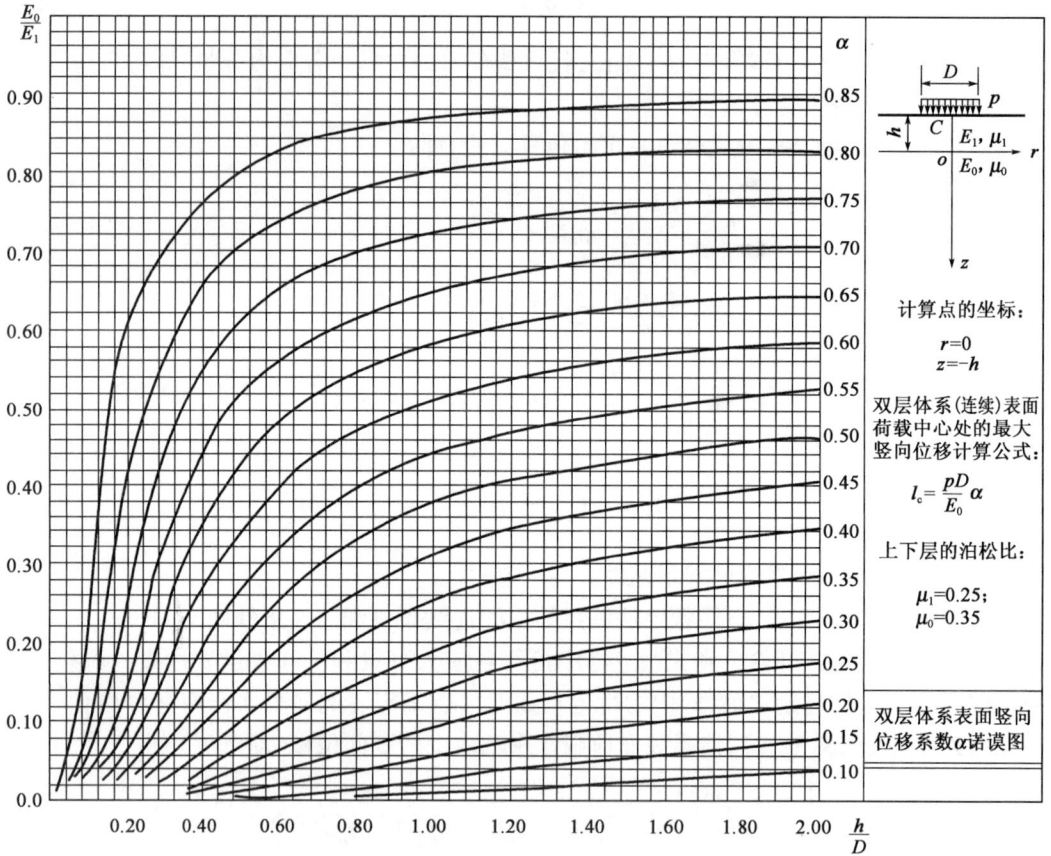

图 8-32　弹性层状体系单圆均布荷载弯沉计算诺谟图

三层弹性体系由两个弹性层以及弹性半空间体组成。其分量的求解方法与前述双层体系相似，即将应力函数解式(8-35)代入应力分量式(8-32)和位移分量式(8-33)，并将层间连续条件和边界条件引入，求得待定系数，从而获得三层弹性体系的各分量表达式。

当层状弹性体系表面作用水平荷载时，属非轴对称课题，其求解较轴对称课题复杂一些。在前述轴对称课题的式(8-28)～式(8-34)中，除物理式(8-29)外，由于剪应力有三对，所以都变成更为复杂的形式，其求解方法及应力函数表达式也都更为繁复。

二、主应力计算

在沥青路面的结构计算中，通常要验算路面结构层的强度，为此需计算层状弹性体系在荷载作用下产生的主应力。用圆柱坐标表示的空间问题的三个主应力同各应力分量之间的关系为式(8-38)的解：

$$\sigma^3 - \Theta_1\sigma^2 + \Theta_2\sigma - \Theta_3 = 0 \tag{8-38}$$

式中：$\Theta_1 = \sigma_r + \sigma_\theta + \sigma_z$，称为第一应力状态不变量；

$\Theta_2 = \sigma_r\sigma_\theta + \sigma_\theta\sigma_z + \sigma_z\sigma_r - \tau_{r\theta}^2 - \tau_{z\theta}^2 - \tau_{zr}^2$，称为第二应力状态不变量；

$\Theta_3 = \sigma_r\sigma_\theta\sigma_z + 2\tau_{r\theta}\tau_{z\theta}\tau_{zr} - \sigma_r\tau_{z\theta}^2 - \sigma_\theta\tau_{zr}^2 - \sigma_z\tau_{r\theta}^2$，称为第三应力状态不变量。

式(8-38)中各应力分量由层状弹性体系理论求得后,则可由代数方法求得此一元三次方程的三个根,即三个主应力 σ_1、σ_2 和 σ_3。

由最大主应力 σ_1 和最小主应力 σ_3 可得最大剪应力,即:

$$\tau_{max} = \frac{1}{2}(\sigma_1 - \sigma_3) \tag{8-39}$$

当层状弹性体系上有多个荷载作用时,需先应用叠加原理求出相应的各应力分量,然后由式(8-38)解算主应力。根据应力叠加原理,可以得出多个荷载作用时各应力分量的公式,它们是:

$$\left.\begin{aligned}
\sigma_r &= \sum_{i=1}^{n}\left(\frac{\sigma_{ri}+\sigma_{\theta i}}{2} + \frac{\sigma_{ri}-\sigma_{\theta i}}{2}\cos 2\alpha_i + \tau_{r\theta i}\sin 2\alpha_i\right) \\
\sigma_\theta &= \sum_{i=1}^{n}\left(\frac{\sigma_{\theta i}+\sigma_{ri}}{2} + \frac{\sigma_{\theta i}-\sigma_{ri}}{2}\cos 2\alpha_i + \tau_{r\theta i}\sin 2\alpha_i\right) \\
\sigma_z &= \sum_{i=1}^{n}\sigma_{zi} \\
\tau_{zr} &= \sum_{i=1}^{n}\left(\tau_{zri}\cos\alpha_i - \tau_{z\theta i}\sin\alpha_i\right) \\
\tau_{r\theta} &= \sum_{i=1}^{n}\left(\frac{\sigma_{ri}-\sigma_{\theta i}}{2}\sin 2\alpha_i + \tau_{r\theta i}\cos 2\alpha_i\right) \\
\tau_{z\theta} &= \sum_{i=1}^{n}\left(\tau_{z\theta i}\cos\alpha_i + \tau_{zri}\sin\alpha_i\right)
\end{aligned}\right\} \tag{8-40}$$

式中:α_i——第 i 个荷载应力分量与计算应力分量之间的夹角。

当只有 n 个轴对称竖向荷载作用时,由于单个轴对称竖向荷载作用于层状弹性体系时属轴对称课题,即 $\tau_{r\theta i} = \tau_{z\theta i} = 0$,所以得:

$$\left.\begin{aligned}
\sigma_r &= \sum_{i=1}^{n}\left(\sigma_{ri}\cos^2\alpha_i + \sigma_{\theta i}\sin^2\alpha_i\right) \\
\sigma_\theta &= \sum_{i=1}^{n}\left(\sigma_{\theta i}\cos^2\alpha_i + \sigma_{ri}\sin^2\alpha_i\right) \\
\sigma_z &= \sum_{i=1}^{n}\sigma_{zi} \\
\tau_{zr} &= \sum_{i=1}^{n}\tau_{zri}\cos\alpha_i \\
\tau_{r\theta} &= \sum_{i=1}^{n}\frac{\sigma_{ri}-\sigma_{\theta i}}{2}\sin 2\alpha_i \\
\tau_{z\theta} &= \sum_{i=1}^{n}\tau_{zri}\sin\alpha_i
\end{aligned}\right\} \tag{8-41}$$

对于沥青路面设计采用的双圆荷载图式(图 8-33),如果计算某点 a 的 ao_1 方向的应力分量,则以 ao_1 为计算截面的法线方向,因而 $\alpha_1 = 0$,$\alpha_2 = \theta_2 - \theta_1$。

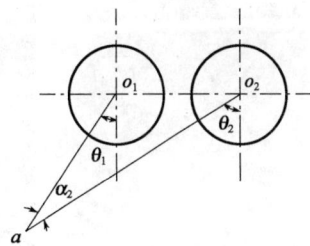

图 8-33 双圆荷载外 a 点计算图式

第五节　沥青路面的破坏状态及其控制设计

沥青路面由于环境因素的不断影响和行车荷载的反复作用，经过一段时间的使用，便会产生破坏而失去原有的使用能力。本节着重叙述沥青路面的结构破坏状态和相应的控制设计指标与标准。

一、裂缝

沥青路面出现的裂缝，按其成因不同分为横向裂缝、纵向裂缝和网状裂缝等类型。裂缝是沥青路面主要的破损形式。

横向裂缝是指垂直于行车方向的裂缝[图8-34a)]。非交通荷载型裂缝有两种情况：沥青面层温度裂缝和基层反射裂缝。沥青面层温度裂缝多发生在冬季。当沥青面层中由于温度变化产生的拉应力（拉应变）超过在该温度时的抗拉强度（抗拉应变）时，沥青面层即发生断裂。基层反射裂缝是指无机结合料稳定类基层先于沥青面层开裂，在交通荷载应力与温度应力的共同作用下，在基层开裂处的沥青面层底部产生应力集中而导致面层底部开裂，而后逐渐向上扩张致使裂缝贯穿沥青面层全厚度。非交通荷载型横向裂缝一般比较规则，每隔一定的距离产生一道裂缝，裂缝间距的大小取决于当地气温（温差和温度绝对值）和沥青面层与稳定材料基层的抗裂性能。气温高、日温差变化小、面层和基层材料抗裂性能好的路段，一般间距较大，且出现裂缝的时间也较晚。非交通荷载型横向裂缝是无机结合料稳定类基层沥青路面横向裂缝的主要形式。

纵向裂缝是指平行于行车方向的裂缝[图8-34b)]。纵向裂缝产生的原因有三种：第一种情况是沥青面层分路幅摊铺时，两幅接茬处未处理好，在车辆荷载与大气因素作用下逐渐开裂；第二种情况是由于路基压实度不均匀或由于路基产生不均匀沉陷而引起的；第三种情况是行车轮迹带边缘高压轮胎引起的沥青路面表层疲劳开裂。

疲劳开裂是沥青结构层受车轮荷载的反复弯拉作用，使沥青结构层产生的拉应变（或拉应力）值超过材料的疲劳强度而开裂，并逐渐发展。路面疲劳开裂有由上至下的开裂[图8-34c)]和由下至上的开裂[图8-34d)]。疲劳开裂的特点是：路面无显著的永久变形，开始形成的大都是细而短的横向裂缝，继而逐渐扩展成网状，开裂的宽度和范围不断扩大。

a)横向裂缝　　b)纵向与横向裂缝　　c)由上至下的裂缝　　d)网状裂缝

图8-34　沥青路面裂缝

沥青路面疲劳开裂是沥青路面的主要破坏形式,因此控制沥青路面疲劳开裂是路面设计的主要任务。沥青结构层达到临界疲劳状态时所承受的荷载重复次数称为疲劳寿命。某一种路面结构层疲劳寿命的大小,主要取决于所受到的重复应变(或应力)大小,同时也与路面的环境因素有关。通过室内试验和现场路段的观测,可以建立路面或结构层材料承受重复荷载次数与重复应变(或应力)大小之间的关系,即疲劳方程或疲劳曲线。因而可根据路面的设计使用年限求得累计荷载作用次数,由疲劳方程确定路面结构层所容许的重复应变(或应力)的大小。

以疲劳开裂作为设计标准时,用结构层底面的拉应变或拉应力不超过相应的容许值控制设计,即:

$$\varepsilon_r \leqslant [\varepsilon_R] \tag{8-42}$$

或

$$\sigma_r \leqslant [\sigma_R] \tag{8-43}$$

式中:ε_r、σ_r——按层状弹性体系理论计算的结构层底面的最大拉应变和拉应力;

$[\varepsilon_R]$、$[\sigma_R]$——由疲劳方程确定的该结构层容许拉应变和容许拉应力。

二、车辙

车辙是在车辆反复碾压作用下路面结构产生的塑性累积变形,是路面的结构层及土基在行车荷载重复作用下的补充压实以及结构层材料的侧向位移产生的累积永久变形。车辙一般产生于温度较高的季节。由于车辙出现在行车轮迹处,其表现为路面的纵向带状凹陷。当车辙达到一定深度时,辙槽积水,极易导致交通事故。

对于柔性基层(沥青结合料类和粒料类基层)沥青路面结构,车辙主要来源于沥青路面结构层和路基土的塑性变形。对于我国常用的无机结合料稳定类基层沥青路面,由于刚度较大,路面的永久变形主要发生在沥青面层中,主要应从提高沥青面层材料的高温稳定性着手防治车辙。

沥青路面的使用寿命较长,即使每一次行车荷载作用产生的残余变形量很小,但多次重复作用累积起来的残余变形总和也会很大,足以影响车辆的正常行驶(图8-35)。

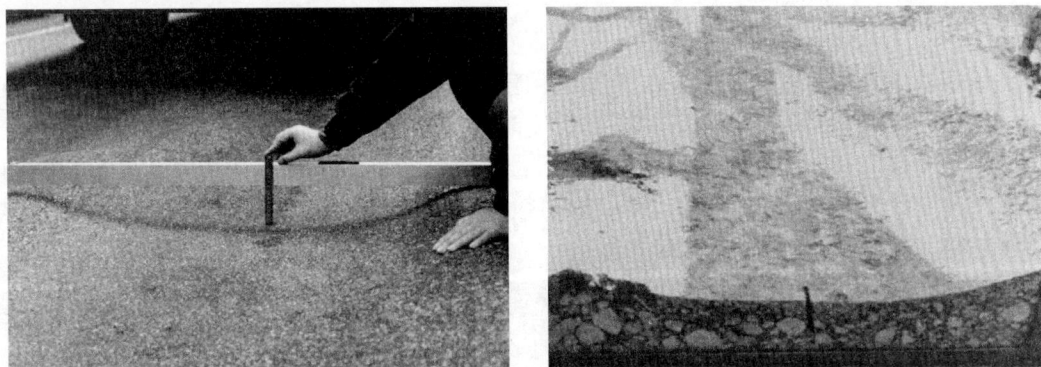

图 8-35　沥青路面车辙

由此,沥青路面的车辙同荷载应力大小、重复作用次数以及结构层和土基的性质有关。

车辙也是沥青路面的主要破坏形式,因此控制沥青路面车辙也是路面设计的主要任务。根据观测试验结果,国内外已提出了表征上述关系的经验公式和设计指标。有代表性的控制车辙深度的指标有两种:第一种是路面各结构层包括土基的残余变形总和;第二种是路基顶面的竖向压应变,通过控制路基土顶面的弹性应变实现控制路基土的塑性应变。

对于第一种,可表示为:

$$L_{re} \leqslant [L_{re}] \tag{8-44}$$

式中:L_{re}——路面的计算总残余变形,可由各结构层残余变形经验公式确定(各层应力由层状弹性体系理论计算);

$[L_{re}]$——容许总残余变形,由使用要求确定。

路基顶面的竖向应变标准,可表示为:

$$\varepsilon_{E0} \leqslant [\varepsilon_{E0}] \tag{8-45}$$

式中:ε_{E0}——路基顶面的竖向应变,可由层状弹性体系理论求得;

$[\varepsilon_{E0}]$——路基顶面容许竖向应变,可由路基残余变形和荷载应力、应力重复次数及路基土弹性模量之间的经验关系确定。

三、推移

当沥青路面受到较大的车轮水平荷载作用时(如车辆经常启动或制动路段及弯道、坡度变化处等),路面表面可能出现推移和拥起。造成这种破坏的原因是,车轮荷载引起的竖向力和水平力的综合作用,使结构层内产生的剪应力超过材料的抗剪强度,同时也与行驶车轮的冲击、振动有关。

为防止沥青面层表面产生推移和拥起,可用面层抗剪强度标准控制设计,也就是在车轮的竖向力和水平力的共同作用下,面层中可能产生的最大剪应力 τ_{max},应不超过材料的容许剪应力 $[\tau_R]$,即:

$$\tau_{max} \leqslant [\tau_R] \tag{8-46}$$

这项设计标准通常用于停车站、交叉口等车辆频繁制动地段及紧急制动路段高温情况下的沥青路面设计。对于同沥青混合料的黏聚力和内摩阻角有关的容许剪应力 $[\tau_R]$,其取值应考虑路面的温度状况。

11. 沥青路面拥包的产生过程

四、低温缩裂

路面结构中某些整体性结构层在低温时由于材料收缩受限制而产生较大的拉应力,当它超过材料相应条件下的抗拉强度时便产生开裂。由于路面的纵向尺度远大于横向,低温收缩时侧向约束不大,故这种开裂一般为横向间隔性的裂缝,严重时才发展为纵向裂缝。在冰冻地区,沥青面层和用无机结合料稳定的整体性基层,冬季可能出现这种开裂。

12. 沥青路面低温缩裂的机理

低温缩裂是一项同荷载因素无关的设计指标,即低温时结构层材料因收缩受约束而产生的温度应力 σ_{rt} 应不大于该温度时材料的容许拉应力 σ_{tR},即:

$$\sigma_{rt} \leqslant \sigma_{tR} \tag{8-47}$$

五、松散剥落

松散剥落是指沥青从矿料表面脱落的现象,即在车辆的作用下沥青面层呈现松散状态,以致从路面剥落形成凹坑。产生松散剥落的原因主要是由于沥青与矿料之间的黏附性较差,在水或冰冻的作用下,沥青从矿料表面剥离所致。产生松散剥落的另一种可能性是由于施工中混合料加热温度过高,致使沥青老化失去黏性(图8-36)。

图8-36　沥青路面松散

松散剥落主要在沥青混合料组成设计与性能验证阶段考虑。

六、表面磨光

表面磨光是沥青路面在使用过程中,在车轮反复滚动摩擦的作用下,集料表面被逐渐磨光,有时还伴有沥青的泛油,从而导致沥青面层表面光滑的现象。表面磨光的路面在雨季易引起事故。表面磨光的内在原因是集料质地软弱、缺少棱角,或矿料级配不当、粗集料尺寸偏小、细料偏多,或沥青用量偏多等(图8-37)。

图8-37　沥青路面表面磨光

13. 沥青路面永久变形机理

表面磨光主要在沥青混合料原材料选择、组成设计与性能验证阶段考虑。

七、路面弯沉过大

路面弯沉是路面在竖向荷载作用下产生的竖向变形。一般认为,路面弯沉不仅能够反映路面各结构层及土基的整体强度和刚度,而且与路面的使用状态存在一定的内在联系,同时弯沉值的测定也比较方便。但是弯沉并不能与路面具体病害建立力学对应关系,且无法作为对比不同路面结构使用寿命或者性能的依据。由于路面结构类型的多样性和路面性能影响因素的复杂性,我国现行沥青路面设计规范仅将其作为路基和路面的验收指标。

当设计路面结构时,可以计算出其路基和路表验收弯沉值 l_R;对施工完成的路基和路表采用落锤式弯沉仪进行弯沉测试,获得路基和路表实测代表弯沉值 l_0。实测代表弯沉值不应超过验收弯沉值,即:

$$l_0 \leq l_R \tag{8-48}$$

第六节　沥青路面结构组合设计

　　沥青路面通常由沥青面层、基层、底基层以及必要的功能层等多层结构组成。路面结构组合设计应根据道路的交通荷载等级与气象、水文等自然因素,合理选择与安排路面结构各个层次,确保在设计使用期内,能够承受行车荷载与自然因素的共同作用,充分发挥各结构层的最大效能,使整个路面结构满足技术经济合理的要求。沥青路面结构组合设计应遵循以下原则:

　　(1)保证路面表面使用品质长期稳定。在整个设计使用期内,表面抗滑安全性能、平整性、抗车辙性能等各项功能指标均稳定在允许范围之内。

　　(2)路面各结构层的强度、抗变形能力与各层次的力学响应相匹配,由于车轮荷载与温度、湿度变化产生的各项应力或应变由上到下发生变化。因此,通常面层承受较高的压应力或剪应力,应具有较高的强度、模量和抗变形能力。基层承受拉力,应具有较好的抗疲劳性能。

　　(3)直接经受温度、湿度等自然因素变化而造成强度、稳定性下降的结构层次应提高其抵御能力。

　　(4)充分利用当地材料,尽量减少使用外运材料,做好优化选择,降低建设与养护费用。

一、路面结构组合

　　沥青路面结构类型可按照基层材料性质分为无机结合料稳定类基层沥青路面[图8-38a)]、粒料类基层沥青路面、沥青结合料类基层沥青路面[图8-38b)]和水泥混凝土基层沥青路面四类。应结合交通荷载等级和路基状况等因素,考虑路面材料特性和结构特性,选择路面结构类型。总体而言,无机结合料稳定类基层沥青路面适用于各种交通荷载等级,粒料类基层沥青路面适用于重及以下交通荷载等级,沥青结合料类基层沥青路面适用于各种交通荷载等级,水泥混凝土基层沥青路面适用于重及以上交通荷载等级。路基湿度状态为中湿或潮湿时,宜采用粒料类底基层或设置粒料类路基改善层。

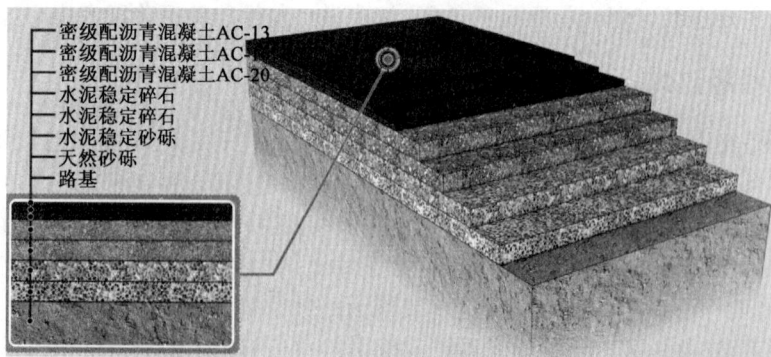

　　密级配沥青混凝土AC-13
　　密级配沥青混凝土AC-
　　密级配沥青混凝土AC-20
　　水泥稳定碎石
　　水泥稳定碎石
　　水泥稳定砂砾
　　天然砂砾
　　路基

a)无机结合料稳定类基层沥青路面

图　8-38

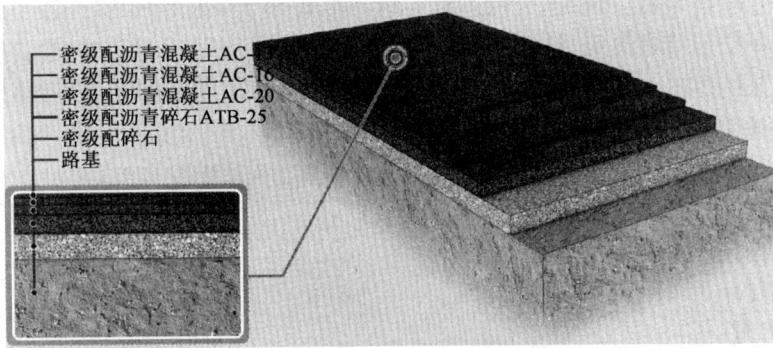

密级配沥青混凝土AC-
密级配沥青混凝土AC-16
密级配沥青混凝土AC-20
密级配沥青碎石ATB-25
密级配碎石
路基

b)粒料类+沥青稳定类基层沥青路面

图8-38 沥青路面典型结构组合

路面结构组合的选择需要充分考虑各种路面结构组合的材料特性和结构特性、主要损坏类型及性能衰变规律。不同结构组合的沥青路面主要损坏类型见表8-7。

沥青路面主要损坏类型 表8-7

结构类型	粒料类基层沥青路面、底基层采用粒料的沥青结合料类基层沥青路面			无机结合料稳定类基层沥青路面、底基层采用无机结合料稳定材料的沥青结合料类基层沥青路面	
沥青混合料层厚度(mm)	≥150	150~50	≤50	≥150	<150
主要损坏类型	沥青混合料层永久变形、沥青混合料层疲劳开裂	沥青混合料层疲劳开裂、沥青混合料层永久变形	车辙	车辙、基层疲劳开裂、面层反射裂缝	基层疲劳开裂、面层反射裂缝
季冻地区	面层低温开裂				

无机结合料稳定类基层沥青路面承载能力高,适应于各种交通荷载等级,主要病害是无机结合料稳定类基层疲劳开裂和面层反射裂缝。反射裂缝处雨水、雪水渗入后容易出现唧泥、基层脱空等损坏。采用粒料底基层或设置粒料类路基改善层等,可减轻反射裂缝处的唧泥、脱空。选用抗裂性能好的无机结合料稳定材料、增加沥青混合料层厚度、设置具有吸收应力或加筋作用的功能层可以起到减少或延缓反射裂缝的作用。

粒料类基层沥青路面无反射裂缝问题,但沥青面层承受更大的弯拉作用,沥青面层疲劳是主要损坏指标。此外,此类结构沥青面层、粒料层和路基都可能产生永久变形,需关注路面车辙问题。

沥青结合料类基层沥青路面适用各种交通荷载等级,底基层采用无机结合料稳定类材料时,性能类似于无机结合料稳定类基层沥青路面,由于沥青混合料层较厚,路面承载能力更强,且具有更好的延缓反射裂缝能力。底基层采用粒料类材料时,性能类似于粒料类基层沥青路面。

水泥混凝土基层沥青路面具有较高承载能力,适用于重及重以上交通荷载等级公路。除水泥混凝土路面常见损坏外,此类路面结构主要病害是水泥混凝土板接缝处沥青面层反射裂缝和沥青面层永久变形。

多雨地区的无机结合料稳定类基层和水泥混凝土基层沥青路面,路面出现反射裂缝后易发展为唧泥、脱空等,从而加速路面状况恶化。有必要采取如在无机结合料稳定类基层或水泥混凝土基层下方铺设粒料排水层或设置粒料类路基改善层等措施,减少唧泥、脱空损坏。

选定结构组合类型后，可根据交通荷载等级参照表8-8～表8-13初选各结构层厚度。结构层厚度应根据交通荷载等级、路基承载能力等因素选择。交通荷载等级高、路基承载能力弱时宜取靠近高限的厚度或参照高一个交通荷载等级的路面厚度范围，反之可靠近低限取值或参照低一个交通荷载等级的路面厚度范围。

无机结合料稳定类基层（粒料类底基层）**路面厚度范围**（单位：mm）　　表8-8

交通荷载等级	极重、特重	重	中等	轻
面层	250～150	250～150	200～100	150～20
基层（无机结合料稳定类）	600～350	550～300	500～250	450～150
底基层（粒料类）	200～150			

无机结合料稳定类基层（无机结合料稳定类底基层）**路面厚度范围**（单位：mm）　　表8-9

交通荷载等级	极重、特重	重	中等	轻
面层	250～120	250～100	200～100	150～20
基层（无机结合料稳定类）	500～250	450～200	400～150	500～200
底基层（无机结合料稳定类）	200～150			

粒料类基层（粒料类底基层）**路面厚度范围**（单位：mm）　　表8-10

交通荷载等级	重	中等	轻
面层	350～200	300～150	200～100
基层（粒料类）	450～350	400～300	350～250
底基层（粒料类）	200～150		

沥青结合料类基层（粒料类底基层）**路面厚度范围**（单位：mm）　　表8-11

交通荷载等级	重	中等	轻
面层	150～120	120～100	80～40
基层（沥青结合料类）	250～200	220～180	200～120
底基层（粒料类）	400～300	400～300	350～250

沥青结合料类基层（无机结合料稳定类底基层）**路面厚度范围**（单位：mm）　　表8-12

交通荷载等级	极重、特重	重	中等	轻
面层	120～100	120～100	100～80	80～40
基层（沥青结合料类）	180～120	150～100	150～100	100～80
底基层（无机结合料稳定类）	600～300	600～300	550～250	450～200

沥青结合料类基层（粒料类/无机结合料类底基层）**路面厚度范围**（单位：mm）　　表8-13

交通荷载等级	极重、特重	重	中等	轻
面层	120～100	120～100	100～80	80～40
基层（沥青结合料类）	240～160	180～120	160～100	100～80
底基层（粒料类）	200～150	200～150	200～150	250～150
底基层（无机结合料类）	400～200	400～200	350～200	250～150

二、沥青面层结构类型选择

沥青面层直接经受车轮荷载反复作用和各种自然因素影响，并将荷载传递到基层以下的结构层。因此，沥青面层应满足功能性和结构性的使用性能要求，沥青面层可为单层、双层、三层。双层结构分为表面层、下面层,三层结构分为表面层、中面层、下面层。

表面层应具有平整密实、抗滑耐磨、稳定耐久等服务功能,同时应具有高温抗车辙、低温抗开裂、抗老化、抗剥离等品质。中、下面层应具有一定的密水性、高温抗车辙等性能。下面层应具有良好的抗疲劳性能和兼顾其他性能要求。面层材料类型可根据交通荷载等级和层位选用,见表 8-14。

面层材料适用的交通荷载等级和层位   表 8-14

材料类型	适用交通荷载等级和层位
连续级配沥青混合料	各交通荷载等级的表面层、中面层和下面层
沥青玛蹄脂碎石混合料	极重、特重和重交通荷载等级的表面层、对抗滑有特殊要求的表面层
厂拌热再生沥青混合料	各交通荷载等级的表面层、中面层和下面层
上拌下贯沥青碎石	中等、轻交通荷载等级的面层
沥青表面处治	中等、轻交通荷载等级的表面层

高速公路、一级公路一般选用三层沥青面层结构。为满足沥青面层的性能要求,应精心选择沥青面层混合料。通常认为密实型中粒式或细粒式沥青混合料(如 AC-13、AC-16)最宜用于表面层,它的空隙率一般为 3% ~ 5%。在这个范围内,可以防止水害及冻害。又由于它保留一定的空隙率,热季不会泛油。表面层切忌使用空隙率大于 6% 的半密实型混合料。此外,密级配沥青混合料的抗裂性、疲劳强度和耐久性均较优越。对于重交通和特重交通等级,普通热拌和沥青混合料不能满足使用要求时,可从材料和沥青混合料结构上改善,如采用改性沥青和 SMA-10、SMA-13 混合料等。对抗滑、排水和降噪有特殊要求的表面层可采用开级配沥青混合料,表面层下应设置防水层,防水层可采用改性乳化沥青或改性沥青等。

沥青中面层和下面层经受着与沥青上面层相同的不利工作环境,唯平整性和抗滑性方面的要求略低一些,因此对沥青混合料的选择同样有较高的要求,特别是在密实防水和抗剪切变形等方面的要求也很高,通常选用密实型中粒式和粗粒式混合料(如 AC-20、AC-25)。对于特重交通等级或者炎热地区,常采用改性沥青。

二级、三级以下等级公路一般采用双层式沥青面层,即上面层与下面层。沥青混合料的选择,除了沥青混凝土之外,也可选用热拌沥青碎石(ATB)或沥青贯入式结构,再加上表面封层。三级、四级公路一般可采用双层沥青表面处治结构。

沥青面层在路面结构层中价格最高,一般情况下对沥青面层厚度应有所控制,但是也不宜过薄。从压实效果来看,各种类型的沥青层最小压实厚度与它的公称最大粒径相关,连续级配沥青混合料和沥青玛蹄脂碎石混合料的结构层厚度不宜小于集料公称最大粒径的 2.5 倍,开级配沥青混合料的结构层厚度不宜小于集料公称最大粒径的 2.0 倍,若小于最小厚度,则压实效果不好。我国沥青路面设计规范对不同粒径沥青混合料的最小层厚规定见表 8-15。结合大量工程经验,从技术经济合理的角度考虑,表 8-16 所列的适宜厚度可供参考。

不同粒径沥青混合料层厚   表 8-15

沥青混合料类型	以下集料公称最大粒径(mm)沥青混合料的层厚(mm),不小于					
	4.75	9.5	13.2	16.0	19.0	26.5
连续级配沥青混合料	15	25	35	40	50	75
沥青玛蹄脂碎石	—	30	40	50	60	—
开级配沥青混合料	—	20	25	30	—	—

沥青混合料压实最小厚度与适宜厚度 表 8-16

沥青混合料类型		最大粒径（mm）	公称最大粒径（mm）	符号	压实最小厚度（mm）	适宜厚度（mm）
密级配沥青混合料（AC）	砂粒式	9.5	4.75	AC-5	15	15~30
	细粒式	13.2	9.5	AC-10	20	25~40
		16	13.2	AC-13	35	40~60
	中粒式	19	16	AC-16	40	50~80
		26.5	19	AC-20	50	60~100
	粗粒式	31.5	26.5	AC-25	70	80~120
密级配沥青碎石（ATB）	粗粒式	31.5	26.5	ATB-25	70	80~120
		37.5	31.5	ATB-30	90	90~150
	特粗式	53	37.5	ATB-40	120	120~150
开级配沥青碎石（ATPB）	粗粒式	31.5	26.5	ATPB-25	80	80~120
		37.5	31.5	ATPB-30	90	90~150
	特粗式	53	37.5	ATPB-40	120	120~150
半开级配沥青碎石（AM）	细粒式	16	13.2	AM-13	35	40~60
	中粒式	19	16	AM-16	40	50~70
		26.5	19	AM-20	50	60~80
	粗粒式	31.5	26.5	AM-25	80	80~120
	特粗式	53	37.5	AM-40	120	120~150
沥青玛碲脂碎石混合料（SMA）	细粒式	13.2	9.5	SMA-10	25	25~50
		16	13.2	SMA-13	30	35~60
	中粒式	19	16	SAM-16	40	40~70
		26.5	19	SMA-20	50	50~80
开级配沥青磨耗层（OGFC）	细粒式	13.2	9.5	OGFC-10	20	20~30
		16	13.2	OGFC-13	30	30~40

沥青贯入碎石层的厚度宜为 40~80mm。乳化沥青贯入式路面的厚度不宜超过 50mm；上拌下贯式路面的拌和层厚度不宜小于 25mm。沥青表面处治可分为单层、双层和三层，单层表面处治厚度宜为 10~15mm，双层表面处治厚度宜为 15~25mm，三层表面处治厚宜为 25~30mm。

三、基层类型选择

基层类型选择关系到路面结构的耐久性和长期使用性能，首先应根据路面结构所承受的交通荷载等级进行比选，同时应考虑地基支承的可靠性以及当地水温状况和路基排水与路基稳定的可靠程度作不同方案，比较后择优选定。我国《公路沥青路面设计规范》（JTG D50—2017）给出的基层材料类型选用建议见表 7-1。

近年来再生工程实践表明，冷再生沥青混合料可实现既有路面铣刨材料的回收利用（或就地再生利用），性能可满足各交通荷载等级的基层或底基层要求。厂拌热再生沥青混合料具有与新拌沥青混合料基本相当的路用性能,与冷再生混合料相比造价较高,用作基层时,推荐用于重及重以上交通荷载等级公路。

在交通、环境各方面工作条件都十分恶劣的情况下,可以考虑各种基层组合使用。如地基承载力不佳,交通特别繁重,雨水集中,路基排水不良,可以考虑半刚性基层和柔性基层组合应用,采用半刚性基层下层,柔性基层上层,一方面提高结构承载力,减轻沥青面层荷载应力;同时发挥柔性基层变形协调,利于渗水排水的优势,使路面始终保持良好工作状态,还可避免横向裂缝反射到面层。对于严重超载的沥青路面,除了采用组合基层之外,也可以采用配钢筋的混凝土板或连续配筋混凝土板作基层的沥青路面。为了减少或延缓反射裂缝,在无机结合料稳定层与沥青结合料类材料层间可设置级配碎石层、半开级配碎石层或开级配沥青碎石层,设置级配碎石层后,需注意验算沥青混合料层疲劳开裂寿命。

基层结构的厚度主要应满足强度与刚度的设计要求,在厚度设计时,应逐层进行验算。除此之外,还应考虑施工的可实施性和材料规格对厚度的影响。一般情况下,基层的厚度应大于混合料最大粒径的4倍,同时还应考虑压实机具的功能,通常取能一次压密的最佳厚度。若基层厚度超过最佳厚度,可分几层铺筑,每层厚度接近最佳厚度。不同材料基层和底基层厚度宜符合表8-17的规定。

基层和底基层厚度 表 8-17

材料种类	集料公称最大粒径(mm)	厚度(mm),不小于
密级配沥青碎石 半开级配沥青碎石 开级配沥青碎石	19.0	50
	26.5	80
	31.5	100
	37.5	120
级配贯入碎石	—	40
贫混凝土	31.5	120
无机结合料稳定类	19.0,26.5,31.5,37.5	150
	53.0	180
级配碎石 级配砾石 未筛分碎石、天然砂砾	26.5,31.5,37.5	100
	53.0	120
填隙碎石	37.5	75
	53.0	100
	63.0	120

四、功能层选择

沥青路面功能层主要有防冻层、隔水层、封层、黏层、应力吸收层等。

为提高路基顶面回弹模量或改善路基湿度状态而设置的粒料层或无机结合料稳定层,一般将其归类为路基,称为路基改善层。

地下水位高,排水不良,路基经常处于潮湿、过湿状态的路段;排水不良的土质路堑;有裂隙水、泉眼等水文不良的岩石挖方路段,应设置隔水层。

在季节性冰冻地区,当冻深较大,不能满足防冻层验算要求时,在这种路段应设置防冻垫层,以保护路面结构不受冻胀和翻浆的危害。防冻层应采用隔温性能良好,导热系数低的材料,如级配碎石等。防冻厚度与路基干湿类型、路基土类、道路冻深以及路面结构材料的热物理性能有关。

沥青路面各结构层之间应紧密结合,不因层间滑动或松散而丧失结构的整体效应。

(1)沥青结合料类材料层间应设置黏层。在铺上层之前彻底清扫下层表面的灰尘、泥土、油污等有可能破坏层间结合的有害物质,然后设黏层沥青。极重、特重和重交通荷载等级路面的黏层宜采用改性乳化沥青、道路石油沥青或改性沥青;中等和轻交通荷载等级路面的黏层可选用乳化沥青;水泥混凝土板与沥青面层间的黏层宜采用改性沥青。

(2)在沥青结合料类材料层与其他材料层间应设置封层,宜设置透层。无机结合料稳定类或冷再生类材料结构层与沥青结合料类结构层之间宜设置封层,封层可采用单层沥青表面处治或稀浆封层等,单层表面处治封层的结合料可采用改性沥青、道路石油沥青或乳化沥青。

(3)无机结合料稳定类基层、水泥混凝土基层顶面可设置应力吸收层。当设置改性沥青应力吸收层时,可不再设封层,改性沥青应力吸收层中改性沥青宜采用橡胶沥青。粒料类基层和无机结合料稳定类基层顶面宜设置透层,透层沥青应具有良好的渗透性,可采用稀释沥青和乳化沥青等。

(4)透层沥青、黏层沥青、微表处下封层、稀浆封层的材料规格、用量应根据地区气候特点、施工季节和结构类型的不同,按现行《公路沥青路面施工技术规范》(JTG F40)的要求选定。

第七节　我国沥青路面结构设计

沥青路面结构设计主要是依据第六章的累计轴载作用次数、结构层设计参数等验算确定各结构层厚度及材料要求。

一、目标可靠度和目标可靠指标

沥青路面结构可靠度是路面结构指在规定的时间内和规定的条件下完成预定功能的能力,要求沥青路面达到的可靠度称为目标可靠度。度量沥青路面可靠度的数值指标为可靠指标,我国《公路沥青路面设计规范》(JTG D50—2017)规定不同等级公路沥青路面结构的目标可靠度和目标可靠指标不应低于表8-18的规定。

目标可靠度和目标可靠度指标 表8-18

公路等级	高速公路	一级公路	二级公路	三级公路	四级公路
目标可靠度(%)	95	90	85	80	70
目标可靠指标β	1.645	1.28	1.04	0.84	0.52

二、路面设计使用年限

路面设计使用年限是指在正常设计、施工、使用和养护条件下,路面结构不需要结构性维修的预定使用时间。我国《公路沥青路面设计规范》(JTG D50—2017)规定新建公路沥青路面结构设计使用年限不应低于表8-19的规定值。《小交通量农村公路工程设计规范》(JTG/T

3311—2021)规定小交通量农村公路的路面结构设计使用年限不应低于表8-20的规定值。

路面结构设计使用年限(单位:年) 表8-19

公路等级	设计使用年限	公路等级	设计使用年限
高速公路、一级公路	15	三级公路	10
二级公路	12	四级公路	8

小交通量农村公路的路面设计使用年限(单位:年) 表8-20

路面类型			设计使用年限
简易铺装路面	沥青表面处治路面	碎石封层	4(8)
		稀浆封层	4(8)
		微表处	5(8)
		纤维封层	5(8)
		复合封层	6(8)
	块体路面	块石	8
		弹石	8
		砖块	4
		预制混凝土块	8
	砂石路面	泥结碎石	3
		泥灰结碎石	3
		级配砂砾	3
		级配碎石	3
沥青路面		贯入式沥青碎石	8
		上拌下贯式沥青碎石	8
		沥青混凝土	8
		厂拌热再生沥青混合料	8
		厂拌冷再生沥青混合料	8
		就地热再生沥青混合料	8
		就地冷再生沥青混合料	8
水泥混凝土路面			10

注:1.当采用沥青表面处治路面时,表中括号内的数据为路面结构中含有基层时的路面结构设计使用年限,括号外数据为面层的设计使用年限。
    2.表中砖块路面和砂石路面的设计使用年限是在路床上直接加铺该类面层的路面设计使用年限。

三、当量设计轴载累计作用次数和交通荷载等级

按照式(6-10)或式(6-12)计算对应指标的各类车辆当量设计轴载换算系数,然后按照式(6-14)计算当量设计轴载累计作用次数。按照表6-15确定交通荷载等级。

四、路面结构层材料设计参数

按照式(2-28)确定路基顶面回弹模量设计值,按照第六章第四节确定各结构层材料的回弹模量、疲劳强度等设计参数。

五、我国沥青路面设计指标与标准

设计指标主要是从力学响应的角度提出的控制指标,应能涵盖路面结构的主要病害类型,设计标准是指路面结构根据设计指标的破坏过程和破坏机理所达到的极限状态。路面结构设计中结构组合若满足了设计指标的极限状态,就能保证路面结构在设计使用年限内正常工作,不致出现破坏的极限状态。

1. 设计指标

沥青路面结构在车轮荷载作用下各结构层的应力分布十分复杂,理论计算和大量的试验验证表明:

(1)层位较高的水泥混凝土基层和无机结合料稳定类基层,由于刚性板体结构效应,极限拉应力一般出现在水泥混凝土基层或无机结合料稳定类基层板的底部,产生初始裂缝并进一步发展形成断裂裂缝,从而诱发沥青面层的应力重分布,裂缝向上反射引起面层破坏。

(2)对于设置无机结合料稳定类下基层的路面结构,通常在下基层底部产生初始裂缝,然后向上逐渐扩展到基层和沥青面层。

(3)对于柔性基层沥青路面,当柔性基层材料以沥青结合料为主时,沥青结合料基层底部会承受主要的拉应力;当柔性基层材料以粒状结构为主时,粒料基层不承受拉应力,沥青面层会承受较大的拉应力。因此,柔性基层沥青路面,整个路面结构的极限状态主要出现在沥青混合料层底部,形成初始裂缝并逐步扩展,最终沥青面层形成断裂裂缝。

(4)对于沥青混合料层以及路基,在轮迹荷载的竖向压应力和剪应力作用下,会产生不可恢复的永久变形;当使用水泥混凝土或者无机结合料稳定类基层时,永久变形主要发生在沥青混合料层;当使用柔性基层时,永久变形可能会在整个结构范围内累积。

设计指标的选取应当与沥青路面结构层的主要力学响应相对应,并用于控制其主要病害的发生。经过国内外工程界长期观察和研究,路面结构在车轮荷载作用下结构层极限拉应力一般发生在层底,某一结构层的拉应力(一般为第一主应力)达到并超过该层材料的抗拉极限强度时,首先在轮载下方产生初始裂缝,随着车轮的反复多次作用,初始裂缝逐步延伸,并在竖直方向扩展,导致路面表面产生各种裂缝,进一步发展则成为局部范围或大面积的损坏;与此同时,对于沥青路面结构,即使每一次行车荷载作用产生的残余变形量很小,但多次重复作用累积起来的残余变形总和也会很大,足以影响车辆的正常行驶。因此,我国沥青路面结构设计选用沥青混合料层层底拉应变、无机结合料稳定层层底拉应力、沥青混合料层永久变形量以及路基顶面竖向压应变作为结构设计的重要控制指标,以控制沥青混合料层的疲劳开裂、无机结合料稳定层的疲劳开裂以及沥青层的永久变形。

对于季节性冻土地区,为了防止路面结构的低温开裂和冻融病害,沥青面层的低温开裂指数以及路面结构的防冻厚度也是重要性能控制指标。低温开裂指数 CI 是指沥青路面竣工验收时 100m 调查单元内横向裂缝条数,贯穿全幅的裂缝按 1 条计,未贯穿且长度超过一个车道宽度的裂缝按 0.5 条计,不超过一个车道宽度的裂缝不计入。

我国《公路沥青路面设计规范》(JTG D50—2017)规定路面结构验算时应根据路面结构组合,参照表8-21选择设计指标。

不同结构组合路面的设计指标 表8-21

基层类型	底基层类型	设计指标
无机结合料稳定类	粒料类	无机结合料稳定层层底拉应力、沥青混合料层永久变形量
	无机结合料稳定类	
沥青结合料类	粒料类	沥青混合料层层底拉应变、沥青混合料层永久变形量、路基顶面竖向压应变
	无机结合料稳定类	沥青混合料层永久变形量、无机结合料稳定层层底拉应力
粒料类	粒料类	沥青混合料层层底拉应变、沥青混合料层永久变形量、路基顶面竖向压应变
	无机结合料稳定类	沥青混合料层层底拉应变、沥青混合料层永久变形量、无机结合料稳定层层底拉应力
水泥混凝土	—	沥青混合料层永久变形量

注:1.季节性冻土地区应增加沥青面层低温开裂验算和防冻层验算。

2.在沥青混合料层与无机结合料稳定层间设置粒料层时,应验算沥青混合料层疲劳开裂寿命。

3.水泥混凝土基层应按现行《公路水泥混凝土路面设计规范》(JTG D40)设计。

2.计算图式

选择单轴-双轮100kN作为标准轴载,基于双圆均布竖向荷载作用下的弹性层状连续体系理论,各设计指标应选用表8-22规定的竖向位置处的力学响应,并按图8-39所示计算点位置,选取A(荷载中心线位置)、B(荷载边线位置)、C(中心线位置)和$D\left(\dfrac{\delta}{4}位置\right)$四点位置计算的最大力学响应量。根据弹性层状体系理论,沥青混合料层层底拉应变、无机结合料稳定层层底拉应力、沥青混合料层竖向压应力和路基顶面竖向压应变的计算公式分别如式(8-49)~式(8-52)所示。

各设计指标对应的力学响应及其竖向位置 表8-22

设计指标	力学响应	竖向位置
沥青混合料层层底拉应变	沿行车方向的水平拉应变	沥青混合料层层底
无机结合料稳定层层底拉应力	沿行车方向的水平拉应力	无机结合料稳定层层底
沥青混合料层永久变形量	竖向压应力	沥青混合料层各分层顶面
路基顶面竖向压应变	竖向压应变	路基顶面

$$\varepsilon_a = p\bar{\varepsilon}_a$$

$$\bar{\varepsilon}_a = f\left(\frac{h_1}{\delta}, \frac{h_2}{\delta}, \cdots, \frac{h_{n-1}}{\delta}; \frac{E_2}{E_1}, \frac{E_3}{E_2}, \cdots, \frac{E_0}{E_{n-1}}\right) \tag{8-49}$$

$$\sigma_t = p\bar{\sigma}_t$$

$$\bar{\sigma}_t = f\left(\frac{h_1}{\delta}, \frac{h_2}{\delta}, \cdots, \frac{h_{n-1}}{\delta}; \frac{E_2}{E_1}, \frac{E_3}{E_2}, \cdots, \frac{E_0}{E_{n-1}}\right) \tag{8-50}$$

$$p_i = p \bar{p}_i$$

$$\bar{p}_i = f\left(\frac{h_1}{\delta}, \frac{h_2}{\delta}, \cdots, \frac{h_{n-1}}{\delta}; \frac{E_2}{E_1}, \frac{E_3}{E_2}, \cdots, \frac{E_0}{E_{n-1}}\right) \tag{8-51}$$

$$\varepsilon_z = p \bar{\varepsilon}_z$$

$$\bar{\varepsilon}_z = f\left(\frac{h_1}{\delta}, \frac{h_2}{\delta}, \cdots, \frac{h_{n-1}}{\delta}; \frac{E_2}{E_1}, \frac{E_3}{E_2}, \cdots, \frac{E_0}{E_{n-1}}\right) \tag{8-52}$$

式中：　　ε_a——沥青混合料层层底拉应变（10^{-6}）；

$\quad\quad\quad\quad\bar{\varepsilon}_a$——理论拉应变系数；

$\quad\quad\quad\quad\sigma_t$——无机结合料稳定层层底拉应力（MPa）；

$\quad\quad\quad\quad\bar{\sigma}_t$——理论拉应力系数；

$\quad\quad\quad\quad p_i$——沥青混合料第 i 分层顶面竖向压应力（MPa）；

$\quad\quad\quad\quad\bar{p}_i$——理论压应力系数；

$\quad\quad\quad\quad\varepsilon_z$——路基顶面竖向压应变（$10^{-6}$）；

$\quad\quad\quad\quad\bar{\varepsilon}_z$——路基顶面理论竖向压应变系数；

$\quad\quad\quad p \text{、} \delta$——标准轴载的轮胎接地压强（MPa）和当量圆半径（mm）；

$\quad\quad\quad\quad E_0$——路基顶面回弹模量（MPa）；

$h_1 \text{、} h_2 \text{、} \cdots \text{、} h_{n-1}$——各结构层厚度（mm）；

$E_1 \text{、} E_2 \text{、} \cdots \text{、} E_{n-1}$——各结构层模量（MPa）。

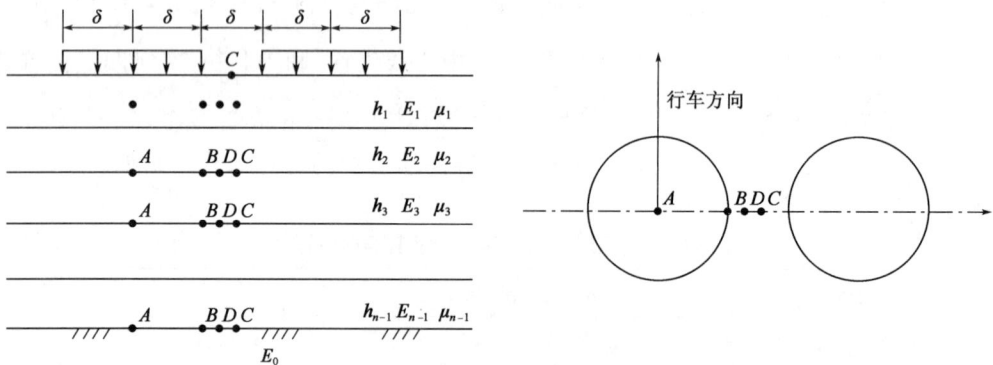

图 8-39　力学响应计算点位置图式

14. 单轮荷载作用下柔性路面变形的动态演示

　　我国早期的规范一直以路表弯沉值作为主导设计指标。在早期交通荷载轻、交通量小、路面薄且结构单一的背景下，路表弯沉能够较好地反映路面承载能力，控制路基永久变形，作为设计指标比较合适。但随着路面结构层厚度增加和结构组合多样化，路表弯沉作为设计指标的不足逐渐显现。不同类型路面结构，弯沉值大的路面结构并不一定比弯沉值小的使用寿命短或性能差，因而弯沉值无法作为评判不同路面结构性能优劣的依据。但是，弯沉测试方法已经广为熟知，测试设备较为普及，因此，我国当前的沥青路面结构设计中，弯沉不再作为设计指标，但是仍然作为路基和路面的交工验收指标。

3. 设计标准

沥青路面在车轮反复多次作用之下，沥青面层和刚性、半刚性材料层的层底拉应力超过极限，形成初始裂缝并逐步扩展至断裂的过程，属疲劳断裂损伤。因此，针对我国主要的沥青路面结构，我国《公路沥青路面设计规范》(JTG D50—2017)规定以沥青混合料层层底拉应变和无机结合料稳定层层底拉应力为设计指标，以沥青混合料层和无机结合料稳定层的疲劳开裂寿命为设计标准。基于沥青混合料层层底拉应变计算的沥青混合料层疲劳开裂寿命应大于基于沥青混合料层层底拉应变换算得到的设计年限内当量设计轴载累计作用次数。基于无机结合料稳定层层底拉应力计算的无机结合料稳定层疲劳开裂寿命应大于基于无机结合料稳定层层底拉应力换算得到的设计年限内当量设计轴载累计作用次数。

对于沥青路面结构，即使每一次行车荷载作用产生的残余变形量很小，但多次重复作用累积起来的残余变形总和也会很大，足以影响车辆的正常行驶。因此，从控制沥青路面结构永久变形角度，我国《公路沥青路面设计规范》(JTG D50—2017)要求基于设计年限内当量设计轴载累计作用次数计算的沥青混合料永久变形量应不大于表8-23所列容许永久变形量。同时，路基顶面竖向压应变应小于基于设计年限内当量设计轴载累计作用次数计算获得的容许竖向压应变。

沥青混合料层容许永久变形量（单位：mm）　　　　　　表 8-23

基层类型	沥青混合料层容许永久变形量	
	高速、一级公路	二级、三级公路
无机结合料稳定类基层、水泥混凝土基层和底基层为无机结合料稳定类的沥青混合料基层	15	20
其他基层	10	15

对于季节性冻土地区的沥青路面结构，沥青面层低温开裂指数(CI)不宜大于表8-24所列数值。

低温开裂指数要求　　　　　　表 8-24

公路等级	高速、一级公路	二级公路	三级、四级公路
低温开裂指数 CI，不大于	3	5	7

除了对上述路面使用性能设计指标的要求，高速公路、一级公路以及山岭重丘区二级和三级公路的路面在交工验收时，其抗滑技术指标应满足表8-25的技术要求，路基顶面和路表的实测代表弯沉值应不超过其各自的验收弯沉值。

抗滑技术要求　　　　　　表 8-25

年平均降雨量（mm）	交工检测指标值	
	横向力系数 SFC_{60}	构造深度 TD
>1 000	≥54	≥0.55
500 ~ 1 000	≥50	≥0.50
250 ~ 500	≥45	≥0.45

注：横向力系数 SFC_{60}——用横向力系数测试车，在60km/h ± 1km/h 车速下测定；构造深度 TD——用铺砂法测定。

六、路面结构验算方法

1. 温度调整系数和等效温度

气温条件是影响路面性能的重要外部因素。尤其是沥青混合料,其模量对温度具有典型的依赖性。而我国当前沥青路面结构设计中,路面结构验算时,沥青混合料结构层模量取用的是20℃标准试验温度条件下的固定值。为了考虑温度的影响,基于路面温度场的研究,我国《公路沥青路面设计规范》(JTG D50—2017)根据所在地区的气温条件、路面结构类型和结构层厚度,采用温度调整系数表征不同地区气候条件对路面结构层疲劳开裂和路基顶面竖向压应变的影响,根据所在地区的气候条件采用等效温度表征对沥青混合料层永久变形的影响。

一般分两个步骤确定温度调整系数和等效温度,首先确定基准路面结构温度调整系数和等效温度,然后进行结构层厚度和模量修正,得到不同结构路面的温度调整系数和等效温度。

基准路面结构是指面层、基层与路基组成的三层路面结构,一般分为粒料类基层沥青路面和无机结合料稳定类基层沥青路面两种结构形式,结构层的标准厚度和模量参数如下:沥青面层厚度 $h_a = 180\text{mm}$,粒料类基层或无机结合料稳定类基层厚度 $h_b = 400\text{mm}$。沥青混合料动态模量 $E_a = 8\,000\text{MPa}$,粒料层回弹模量 $E_b = 400\text{MPa}$,无机结合料稳定层弹性模量 $E_b = 7\,000\text{MPa}$,路基回弹模量 $E_0 = 100\text{MPa}$。

不同气温状况下基准路面结构的损坏,转换成标准温度(20℃)条件下基准路面结构的等效破坏,得到基准路面结构温度调整系数。部分地区各类路面结构设计指标的基准结构温度调整系数以及沥青混合料层的等效温度,可参照表8-26取用。其他地区的基准结构温度调整系数和沥青混合料层的等效温度,可按气温条件相近地区的系数值取用,气温资料取连续10年的平均值。

各地气温统计资料及相应的基准路面结构温度调整系数和等效温度 表8-26

地名	省(自治区、直辖市)	最热月平均气温(℃)	最冷月平均气温(℃)	年平均气温(℃)	基准路面结构温度调整系数		基准等效温度(℃)
					沥青混合料层层底拉应变、无机结合料稳定层层底拉应力	路基顶面竖向压应变	
北京	北京	26.9	−2.7	13.1	1.23	1.09	20.1
济南	山东	28.0	0.2	15.1	1.32	1.17	21.8
日照	山东	26.0	−2.0	12.7	1.21	1.06	19.4
太原	山西	23.9	−5.2	10.5	1.12	0.98	17.3
大同	山西	22.5	−10.4	7.5	1.01	0.89	15.0
侯马	山西	26.8	−2.3	13.0	1.23	1.08	19.9
西安	陕西	27.5	0.1	14.3	1.28	1.13	20.9
延安	陕西	23.9	−5.3	10.5	1.12	0.98	17.3
安康	陕西	27.3	3.7	15.9	1.35	1.19	21.7
上海	上海	28.0	4.7	16.7	1.38	1.23	22.5
天津	天津	26.9	−3.4	12.8	1.22	1.08	20.0
重庆	重庆	28.3	7.8	18.4	1.46	1.31	23.6

续上表

地名	省(自治区、直辖市)	最热月平均气温(℃)	最冷月平均气温(℃)	年平均气温(℃)	基准路面结构温度调整系数		基准等效温度(℃)
					沥青混合料层层底拉应变、无机结合料稳定层层底拉应力	路基顶面竖向压应变	
台州	浙江	27.7	6.9	17.5	1.42	1.26	22.8
杭州	浙江	28.4	4.5	16.9	1.40	1.25	22.8
合肥	安徽	28.5	2.9	16.3	1.37	1.22	22.6
黄山	安徽	27.5	4.4	16.6	1.38	1.23	22.3
福州	福建	28.9	11.3	20.2	1.55	1.40	24.9
建瓯	福建	28.2	8.9	19.1	1.49	1.35	24.1
敦煌	甘肃	25.1	-8.0	9.9	1.10	0.97	17.6
兰州	甘肃	22.9	-4.7	10.5	1.12	0.98	17.0
酒泉	甘肃	22.2	-9.1	7.8	1.02	0.90	15.0
广州	广东	28.7	14.0	22.4	1.66	1.52	26.5
汕头	广东	28.6	14.4	22.1	1.64	1.50	26.1
韶关	广东	28.5	10.3	20.4	1.56	1.42	25.2
河源	广东	28.4	13.1	21.9	1.63	1.49	26.1
连州	广东	27.6	11.0	20.3	1.55	1.40	24.8
南宁	广西	28.4	13.2	22.1	1.64	1.51	26.3
桂林	广西	28.0	8.1	19.1	1.49	1.35	24.2
贵阳	贵州	23.7	4.7	15.3	1.31	1.15	20.1
郑州	河南	27.4	0.6	14.7	1.30	1.15	21.2
南阳	河南	27.3	1.7	15.2	1.32	1.17	21.4
固始	河南	28.1	2.6	16.0	1.36	1.21	22.3
黑河	黑龙江	21.5	-22.5	1.0	0.80	0.77	10.7
漠河	黑龙江	18.6	-28.7	-3.9	0.67	0.73	6.4
齐齐哈尔	黑龙江	23.0	-19.7	3.5	0.88	0.81	13.0
沈阳	辽宁	24.9	-11.2	8.6	1.06	0.94	16.9
大连	辽宁	24.8	-3.2	11.6	1.16	1.02	18.2
朝阳	辽宁	25.4	-8.7	9.8	1.10	0.97	17.7
二连浩特	内蒙古	24.0	-17.7	4.8	0.92	0.84	14.2
东胜	内蒙古	21.7	-10.1	6.9	0.98	0.87	14.2
额济纳旗	内蒙古	27.4	-10.3	9.5	1.10	0.97	18.2
海拉尔	内蒙古	20.5	-24.1	0.0	0.77	0.76	9.8
科右前旗	内蒙古	20.8	-16.7	3.0	0.86	0.79	11.4
通辽	内蒙古	24.3	-12.5	7.3	1.01	0.90	15.7
锡林浩特	内蒙古	21.5	-18.5	3.3	0.87	0.80	12.2
石家庄	河北	26.9	-2.4	13.3	1.24	1.10	20.3

续上表

地名	省（自治区、直辖市）	最热月平均气温（℃）	最冷月平均气温（℃）	年平均气温（℃）	基准路面结构温度调整系数		基准等效温度（℃）
					沥青混合料层层底拉应变、无机结合料稳定层层底拉应力	路基顶面竖向压应变	
承德	河北	24.4	−9.1	9.1	1.07	0.95	16.8
邯郸	河北	26.9	−2.3	13.5	1.25	1.10	20.5
武汉	湖北	28.9	4.2	17.2	1.41	1.27	23.3
宜昌	湖北	27.5	5.0	17.1	1.40	1.25	22.7
长沙	湖南	28.5	5.0	17.2	1.41	1.26	23.1
常宁	湖南	29.1	6.0	18.1	1.45	1.31	23.9
湘西	湖南	27.2	5.3	16.9	1.39	1.24	22.4
长春	吉林	23.6	−14.5	6.3	0.97	0.87	14.9
延吉	吉林	22.2	−13.1	5.9	0.95	0.86	13.9
南京	江苏	28.1	2.6	15.9	1.35	1.20	22.1
南通	江苏	26.8	3.6	15.5	1.33	1.17	21.2
南昌	江西	28.8	5.5	18.0	1.45	1.30	23.8
赣州	江西	29.1	8.3	19.6	1.52	1.38	25.0
银川	宁夏	23.8	−7.5	9.5	1.08	0.95	16.8
固原	宁夏	19.6	−7.9	6.9	0.97	0.86	13.2
西宁	青海	17.3	−7.8	6.1	0.94	0.84	11.9
海北	青海	11.3	−13.6	0.0	0.74	0.74	5.5
格尔木	青海	18.2	−8.9	5.7	0.93	0.83	11.9
玉树	青海	12.9	−8.0	3.5	0.85	0.78	8.2
果洛	青海	9.9	−12.9	−0.3	0.73	0.74	4.7
成都	四川	25.5	5.8	16.5	1.37	1.21	21.5
峨眉山	四川	11.7	−5.8	3.4	0.84	0.77	7.4
甘孜州	四川	13.9	−4.6	5.7	0.92	0.82	10.0
阿坝州	四川	11.0	−10.0	1.7	0.79	0.75	6.4
泸州	四川	27.0	7.6	17.9	1.43	1.28	22.9
绵阳	四川	26.2	5.5	16.7	1.38	1.22	21.9
攀枝花	四川	26.4	12.8	20.8	1.57	1.42	24.6
拉萨	西藏	16.2	−0.9	8.4	1.01	0.88	12.5
阿克苏	新疆	24.2	−7.7	10.6	1.13	0.99	18.0
阿勒泰	新疆	22.0	−15.4	5.0	0.92	0.84	13.4
哈密	新疆	26.3	−10.0	10.1	1.12	0.99	18.5
和田	新疆	25.7	−4.1	12.9	1.22	1.08	20.0
喀什	新疆	25.4	−5.0	11.9	1.18	1.04	19.1
若羌	新疆	27.9	−7.2	12.0	1.19	1.06	20.2

续上表

地名	省(自治区、直辖市)	最热月平均气温(℃)	最冷月平均气温(℃)	年平均气温(℃)	基准路面结构温度调整系数		基准等效温度(℃)
					沥青混合料层层底拉应变、无机结合料稳定层层底拉应力	路基顶面竖向压应变	
塔城	新疆	23.3	−10.0	7.7	1.02	0.90	15.3
吐鲁番	新疆	32.3	−6.4	15.0	1.34	1.21	24.1
乌鲁木齐	新疆	23.9	−12.4	7.4	1.01	0.90	15.7
焉耆	新疆	23.4	−11.0	8.9	1.06	0.94	16.8
伊宁	新疆	23.4	−8.3	9.4	1.08	0.95	16.8
昆明	云南	20.3	8.9	15.6	1.30	1.13	18.7
腾冲	云南	19.9	8.5	15.4	1.29	1.12	18.5
蒙自	云南	23.2	12.7	18.8	1.46	1.29	21.9
丽江	云南	18.7	6.2	12.8	1.18	1.02	16.1
景洪	云南	26.3	17.2	22.7	1.66	1.51	25.6
海口	海南	28.9	18.4	24.6	1.77	1.65	27.9
三亚	海南	29.1	22.0	26.2	1.85	1.74	28.8
西沙	海南	29.3	23.6	27.0	1.89	1.79	29.3

当路面结构沥青面层或基层(含底基层)由两层或两层以上不同材料结构层组成时,可以按式(8-53)和式(8-54)分别换算成当量沥青面层和当量基层,从而将路面结构简化为由当量沥青面层、当量基层和路基构成的三层路面结构。对采用沥青结合料类基层的路面,将基层换算至当量沥青面层,超过两层时,重复利用式(8-53)和式(8-54)自上而下逐层换算,简化为由当量沥青面层、当量基层和路基构成的三层路面结构。

$$h_i^* = h_{i1} + h_{i2} \tag{8-53}$$

$$E_i^* = \frac{E_{i1}h_{i1}^3 + E_{i2}h_{i2}^3}{(h_{i1} + h_{i2})^3} + \frac{3}{h_{i1} + h_{i2}}\left(\frac{1}{E_{i1}h_{i1}} + \frac{1}{E_{i2}h_{i2}}\right)^{-1} \tag{8-54}$$

式中:h_i^*、E_i^*——当量层厚度(mm)和模量(MPa),下标 $i=a$ 为沥青面层,$i=b$ 为基层。

路面结构的温度调整系数,应根据式(8-55)~式(8-69)计算。

$$k_{Ti} = A_h A_E \hat{k}_{Ti}^{1+B_h+B_E} \tag{8-55}$$

式中: k_{Ti}——温度调整系数。下标 $i=1$ 对应沥青混合料层疲劳开裂分析,$i=2$ 对应无机结合料稳定层疲劳开裂分析,$i=3$ 对应路基顶面竖向压应变分析;

$\hat{k}_{Ti}$——基准路面结构温度调整系数,按所在地查表8-26取用;

A_h、B_h、A_E、B_E——与面层、基层厚度和模量有关的函数,按式(8-56)~式(8-69)计算。

沥青混合料层疲劳开裂:

$$A_E = 0.76\,\lambda_E^{0.09} \tag{8-56}$$

$$A_h = 1.14\,\lambda_h^{0.17} \tag{8-57}$$

$$B_E = 0.14\ln\left(\lambda_E/20\right) \tag{8-58}$$

$$B_h = 0.23\ln\left(\lambda_h/0.45\right) \tag{8-59}$$

无机结合料稳定层疲劳开裂：

$$A_E = 0.10\,\lambda_E + 0.89 \tag{8-60}$$

$$A_h = 0.73\,\lambda_h + 0.67 \tag{8-61}$$

$$B_E = 0.15\ln\left(\lambda_E/1.14\right) \tag{8-62}$$

$$B_h = 0.44\ln\left(\lambda_h/0.45\right) \tag{8-63}$$

路基顶面竖向压应变：

$$A_E = 0.006\,\lambda_E + 0.89 \tag{8-64}$$

$$A_h = 0.67\,\lambda_h + 0.70 \tag{8-65}$$

$$B_E = 0.12\ln\left(\lambda_E/20\right) \tag{8-66}$$

$$B_h = 0.38\ln\left(\lambda_h/0.45\right) \tag{8-67}$$

式中：λ_E——面层与基层当量模量之比，按式(8-68)计算：

$$\lambda_E = \frac{E_a^*}{E_b^*} \tag{8-68}$$

λ_h——面层与基层当量厚度之比，按式(8-69)计算：

$$\lambda_h = \frac{h_a^*}{h_b^*} \tag{8-69}$$

分析沥青混合料层永久变形量时，沥青混合料层的等效温度应按式(8-70)计算。

$$T_{pef} = T_\xi + 0.016\,h_a \tag{8-70}$$

式中：T_{pef}——沥青混合料层等效温度($^\circ\text{C}$)；

h_a——沥青混合料层厚度(mm)；

T_ξ——基准等效温度，按所在地查表8-26取用。

2. 沥青混合料层疲劳开裂验算

基于沥青混合料的柔性特征，一般采用沥青混合料层层底拉应变计算和控制沥青混合料层的疲劳开裂寿命。研究表明薄沥青混合料层适宜采用常应变加载模式疲劳开裂模型，厚沥青混合料层适宜采用常应力加载模式疲劳开裂模型，介于中间厚度的沥青混合料层，需要在两者之间建立过渡关系。我国《公路沥青路面设计规范》(JTG D50—2017)在大量常应力加载模式和常应变加载模式疲劳试验的基础上，综合国内外大量加速加载试验路的疲劳数据，建立了基于沥青混合料层层底拉应变的沥青混合料层疲劳开裂寿命计算模型，见式(8-71)，为了考虑不同加载模式的过渡与转换，在该模型中引入了疲劳开裂加载模式系数。

$$N_{fl} = 6.32 \times 10^{15.96 - 0.29\beta} k_a k_b k_{T1}^{-1} \left(\frac{1}{\varepsilon_a}\right)^{3.97} \left(\frac{1}{E_a}\right)^{1.58} (\text{VFA})^{2.72} \tag{8-71}$$

式中：N_{fl}——沥青混合料层疲劳开裂寿命(轴次)；

β——目标可靠指标,根据公路等级按表8-18取值;

k_{T1}——温度调整系数;

ε_a——沥青混合料层层底拉应变(10^{-6}),根据层状弹性体系理论计算获取;

k_a——季节性冻土地区调整系数,按表8-27采用内插法确定;

k_b——疲劳开裂加载模式系数,按式(8-72)计算:

$$k_b = \left[\frac{1 + 0.3\, E_a^{0.43} (VFA)^{-0.85} e^{0.024 h_a - 5.41}}{1 + e^{0.024 h_a - 5.41}} \right]^{3.33} \tag{8-72}$$

E_a——沥青混合料20℃时的动态压缩模量(MPa);

VFA——沥青混合料的沥青饱和度(%),根据混合料设计结果或按现行《公路沥青路面施工技术规范》(JTG F40)的有关规定确定;

h_a——沥青混合料层厚度(mm)。

季节性冻土地区调整系数k_a　　　　　表8-27

冻区	重冻区	中冻区	轻冻区	其他地区
冻结指数 $F(℃\cdot d)$	≥2 000	2 000~800	800~50	≤50
k_a	0.60~0.70	0.70~0.80	0.80~1.00	1.00

沥青混合料层的疲劳开裂寿命应大于基于沥青混合料层层底拉应变的设计使用年限内设计车道的当量设计轴载累计作用次数。否则,应调整路面结构方案,重新验算,直至满足要求。

3. 无机结合料稳定层疲劳开裂验算

基于无机结合料稳定类材料的半刚性特征,一般采用无机结合料稳定层层底拉应力计算和控制无机结合料稳定层的疲劳开裂寿命。我国《公路沥青路面设计规范》(JTG D50—2017)在归纳水泥稳定砂砾、水泥稳定碎石、水泥稳定土和石灰粉煤灰稳定碎石四种常用混合料大量疲劳开裂试验结果的基础上,建立了无机结合料稳定粒料和稳定土的疲劳开裂计算模型,见式(8-73)。由于缺少足够的现场数据,无机结合料稳定层疲劳开裂模型的验证工作难度较大。在大量无机结合料稳定基层沥青路面结构调研基础上,归纳整理了包含公路等级、交通荷载参数和路基回弹模量等因素的不同工况下无机结合料稳定类基层沥青路面典型结构。对比调研的路面典型结构损坏状况与上述疲劳开裂模型分析结果,引入现场综合修正系数k_c,以反映室内性能模型与现场疲劳开裂损坏间的差异。

$$N_{f2} = k_a k_{T2}^{-1} 10^{a - b\frac{\sigma_t}{R_s} + k_c - 0.57\beta} \tag{8-73}$$

式中:N_{f2}——无机结合料稳定层的疲劳开裂寿命(轴次);

k_a——季节性冻土地区调整系数,按表8-27确定;

k_{T2}——温度调整系数,由式(8-55)确定;

R_s——无机结合料稳定类材料的弯拉强度(MPa);

a、b——疲劳试验回归参数,按表8-28确定;

k_c——现场综合修正系数,按式(8-74)确定:

$$k_c = c_1 e^{c_2(h_a + h_b)} + c_3 \tag{8-74}$$

c_1、c_2、c_3——参数,按表8-29取值;

h_a、h_b——沥青混合料层和计算点以上无机结合料稳定层厚度;

β——目标可靠指标，根据公路等级按表8-18取值；

σ_t——无机结合料稳定层的层底拉应力（MPa），根据层状弹性体系理论计算获取。

无机结合料稳定层疲劳破坏模型参数　　　　　　　表8-28

材料类型	a	b
无机结合料稳定粒料	13.24	12.52
无机结合料稳定土	12.18	12.79

现场综合修正系数k_c相关参数　　　　　　　表8-29

材料类型	新建路面结构层或改建工程既有路面结构层		改建工程加铺层	
	无机结合料稳定粒料	无机结合料稳定土	无机结合料稳定粒料	无机结合料稳定土
c_1	14.0	35.0	18.5	21.0
c_2	-0.0076	-0.0156	-0.01	-0.0125
c_3	-1.47	-0.83	-1.32	-0.82

无机结合料稳定层的疲劳开裂寿命应大于基于无机结合料稳定层层底拉应力为指标进行轴载换算得到的设计使用年限内设计车道的当量设计轴载累计作用次数。否则，应调整路面结构组合或层厚，重新验算，直至满足要求。

4. 沥青混合料层永久变形量验算

我国《公路沥青路面设计规范》（JTG D50—2017）依据多种沥青混合料，在不同温度、压力等条件下的大量有效车辙试验结果，建立了包含荷载作用次数、温度、竖向压应力、层厚和车辙试验永久变形量等参数的沥青混合料层永久变形预估模型，并利用国内10余条公路多年车辙数据和5个试验段车辙数据对该模型进行了修正和验证。

考虑沥青路面不同深度处应力分布和不同沥青混合料层抗车辙性能的差异，规定分层计算永久变形量。各分层永久变形累加值与沥青混合料层总的永久变形量间的差异考虑在综合修正系数k_R中。

对路面设计使用年限内的永久变形量进行预估时，应当使用基于沥青混合料层永久变形量指标进行轴载换算获取的设计使用年限内设计车道上当量设计轴载累计作用次数，进行永久变形量计算。然而，结构分析需综合考虑路面的养护、维修工作。对交通量大、重载比例高的项目，路面设计使用年限内有时需要针对车辙进行一次或一次以上维修，此时用于计算沥青混合料层永久变形量的设计车道上当量设计轴载累计作用次数为通车至首次维修的期限内当量设计轴载累计作用次数。

我国《公路沥青路面设计规范》（JTG D50—2017）采用分层总和法计算沥青混合料层的永久变形，首先对路面结构中的各沥青混合料层进行分层：表面层，采用10~20mm作为一分层；第二层沥青混合料层，每一分层厚度应不大于25mm；第三层沥青混合料层，每一分层厚度应不大于100mm；第四层及其以下沥青混合料层，作为一个分层。然后，根据标准条件下的车辙试验，得到各层沥青混合料的车辙试验加载2 520次后的永久变形量，按式(8-75)计算各分层的永久变形量和沥青混合料层总的永久变形量。

$$R_a = \sum_{i=1}^{n} R_{ai} \tag{8-75}$$

$$R_{ai} = 2.31 \times 10^{-8} k_{R_i} T_{pef}^{2.93} p_i^{1.80} N_{e3}^{0.48} \left(\frac{h_i}{h_o} \right) R_{oi}$$

式中：R_a——沥青混合料层永久变形量（mm）；

R_{ai}——第 i 分层沥青混合料层的永久变形量（mm）；

n——沥青混合料层的层数；

T_{pef}——沥青混合料层永久变形等效温度（℃）；

N_{e3}——设计使用年限内或通车至首次针对车辙维修的期限内，基于沥青混合料层永久变形量指标的设计车道上当量设计轴载累计作用次数；

h_i——第 i 分层厚度（mm）；

h_o——车辙试验试件的厚度（mm），标准试验 $h_o = 50mm$；

R_{oi}——第 i 分层沥青混合料在试验温度为 60℃，压强为 0.7MPa，加载次数为 2 520 次时，车辙试验永久变形量（mm）；

k_{R_i}——综合修正系数，按式（8-76）~ 式（8-78）计算：

$$k_{R_i} = (d_1 + d_2 \cdot z_i) \cdot 0.973\ 1^{z_i} \tag{8-76}$$

$$d_1 = -1.35 \times 10^{-4} h_a^2 + 8.18 \times 10^{-2} h_a - 14.50 \tag{8-77}$$

$$d_2 = 8.78 \times 10^{-7} h_a^2 - 1.50 \times 10^{-3} h_a + 0.90 \tag{8-78}$$

z_i——沥青混合料第 i 分层厚度（mm），第一分层取为 15mm（当分层中点深度小于 15mm 时，按 15mm 代入计算），其他分层为路表距分层中点的深度；

h_a——沥青混合料层总厚度（mm），h_a 大于 200mm 时，取 200mm；

p_i——沥青混合料第 i 分层顶面 A 点位置的竖向压应力（MPa），根据层状弹性体系理论计算。

标准车辙试验温度为 60℃，压强为 0.7MPa，试件厚度为 50mm，加载次数为 2 520 次时沥青混合料的动稳定度 $[DS]_i$，可根据其永久变形量 R_{oi} 按式（8-79）计算。

$$[DS]_i = 9\ 365 R_{oi}^{-1.48} \tag{8-79}$$

式中：$[DS]_i$——第 i 分层沥青混合料动稳定度（次/mm）。

验算得到的沥青混合料层永久变形量应满足表 8-23 要求。否则，应调整沥青混合料设计，直至满足要求。满足沥青混合料层容许永久变形量要求的各层沥青混合料，尚应满足施工技术规范要求的标准车辙试验的动稳定度要求；同时，根据永久变形量 R_{oi} 计算得到的动稳定度 $[DS]_i$ 可用作沥青混合料的质量要求和施工控制指标。

5. 路基顶面竖向压应变验算

路基顶面竖向压应变是粒料类基层沥青路面和底基层为粒料的沥青结合料类基层沥青路面的重要设计指标。国外相关设计方法一般通过控制路基顶面竖向压应变防止路基产生过大的永久变形，并采用试验路或现场观测数据拟合竖向压应变与交通荷载参数的关系。我国粒料类基层沥青路面应用较少，缺乏足够的实测数据。为此，整理了 AASHO 试验路的路面结构资料以及轴载作用次数等数据，建立了路基顶面竖向压应变与 100kN 轴载作用次数间的经验关系式，经调整和修正，建立了路基顶面容许竖向压应变的计算模型，见式（8-80）。

$$[\varepsilon_z] = 1.25 \times 10^{4-0.1\beta} (k_{T3} N_{e4})^{-0.21} \tag{8-80}$$

式中：$[\varepsilon_z]$——路基顶面容许竖向压应变（10^{-6}）；

β——目标可靠指标，根据公路等级按表 8-18 取值；

N_{e4}——基于路基顶面压应变指标的设计使用年限内设计车道上的当量设计轴载累计作用次数;

k_{T3}——温度调整系数。

对于选定的路面结构,根据层状弹性体系理论计算出的路基顶面竖向压应变应小于容许压应变值。否则,调整路面结构方案,重新验算,直至满足要求。

6. 沥青面层低温开裂指数验算

季节性冻土地区沥青路面低温开裂是常见病害。我国沥青路面设计规范采用经验法,分析了东北地区多个路段沥青性质、路面结构、路基土质类型等与路面低温开裂状况的关系,参考加拿大 Haas 模型,建立了路面低温开裂指数预估模型,见式(8-81)。

$$CI = 1.95 \times 10^{-3} S_t \lg b - 0.075(T + 0.07 h_a) \lg S_t + 0.15 \qquad (8-81)$$

式中:CI——沥青面层低温开裂指数;

T——路面低温设计温度(℃),为连续 10 年年最低气温平均值;

S_t——在路面低温设计温度加 10℃试验温度条件下,表面层沥青弯曲梁流变试验加载 180s 时的蠕变劲度(MPa);

h_a——沥青结合料类材料层厚度(mm);

b——路基类型参数,砂 $b=5$,粉质黏土 $b=3$,黏土 $b=2$。

沥青面层低温开裂指数值,应满足表8-24的低温开裂指数要求,否则应改变所选用的沥青材料,直至满足要求。

7. 防冻厚度验算

季节性冻土地区路基为中湿或潮湿状态时,应按照式(8-82)计算公路多年最大冻深。根据公路多年最大冻深,按表8-30的规定验算路面的防冻厚度,路面结构厚度小于表8-30规定的最小防冻厚度时,应增设防冻层,使其满足最小防冻厚度的要求。

$$Z_{max} = abc Z_d \qquad (8-82)$$

式中:Z_{max}——公路多年最大冻深(mm);

Z_d——大地多年最大冻深(mm),根据调查资料确定;

a——大地冻深范围内路基、路面各层材料热物性系数,按表8-31确定;

b——路基湿度系数,按表8-32确定;

c——路基断面形式系数,根据表8-33按内插法确定。

沥青路面结构最小防冻厚度(单位:mm) 表8-30

路基土质	基层、底基层材料类型	对应于以下公路多年最大冻深Z_{max}(mm)和路基干湿类型的最小防冻厚度							
		中湿				潮湿			
		500~1 000	1 000~1 500	1 500~2 000	>2 000	500~1 000	1 000~1 500	1 500~2 000	>2 000
黏质土、细亚砂土	粒料类	400~450	450~500	500~600	600~700	450~550	550~600	600~700	700~800
	水泥或石灰稳定类、水泥混凝土	350~400	400~450	450~550	550~650	400~500	500~550	550~650	650~750
	水泥粉煤灰或石灰粉煤灰稳定类、沥青结合料类	300~350	350~400	400~500	500~550	350~450	450~500	500~550	550~700

路基土质	基层、底基层材料类型	对应于以下公路多年最大冻深 Z_{max}（mm）和路基干湿类型的最小防冻厚度							
		中湿				潮湿			
		500～1 000	1 000～1 500	1 500～2 000	>2 000	500～1 000	1 000～1 500	1 500～2 000	>2 000
粉质土	粒料类	450～500	500～600	600～700	700～750	500～600	600～700	700～800	800～1 000
	水泥或石灰稳定类、水泥混凝土	400～450	450～500	500～600	600～700	450～550	550～650	650～700	700～900
	水泥粉煤灰或石灰粉煤灰稳定类、沥青结合料类	300～400	400～450	450～500	500～650	400～500	500～600	600～650	650～800

注：1. 在《公路自然区划标准》（JTJ 003—86）中,对潮湿系数小于0.5的地区,Ⅱ、Ⅲ、Ⅳ等干旱地区的防冻厚度可比表中值减少15%～20%。

2. 对Ⅱ区砂质土路基防冻厚度应相应减少5%～10%。

3. 公路多年最大冻深大时,靠近上限取值,反之靠近下限取值。

4. 基层、底基层采用不同材料类型时,按厚度较大的材料类型确定。

路基、路面材料热物性系数 a 表8-31

路基材料	黏质土	粉质土	粉土质砂	细粒土质砂、黏土质砂	含细粒土质砾（砂）
热物性系数	1.05	1.10	1.20	1.30	1.35

路面材料	水泥混凝土	沥青结合料类	级配碎石	石灰粉煤灰稳定材料或水泥稳定粒料	石灰粉煤灰稳定材料土及水泥土
热物性系数	1.40	1.35	1.45	1.40	1.35

路基湿度系数 b 表8-32

干湿类型	干燥	中湿	潮湿
潮湿系数	1.0	0.95	0.90

路基断面形式系数 c 表8-33

填挖形式和高（深）度	路基填土高度					路基挖方高度			
	零填	<2m	2～4m	4～6m	>6m	<2m	2～4m	4～6m	>6m
断面形式系数	1.0	1.02	1.05	1.08	1.10	0.98	0.95	0.92	0.90

8. 设计路面结构的验收弯沉值

一般建议采用落锤式弯沉仪进行路基验收,落锤式弯沉仪荷载为50kN,荷载盘半径为150mm。路基顶面验收弯沉值 l_g 应按式（8-83）计算,该公式依据柔性承载板中心弯沉值［式（2-16）］并假定 $\mu=0.35$ 得到。路基顶面实测代表弯沉值 l_0 应符合式（8-84）的要求。

$$l_g = \frac{176pr}{E_0} \tag{8-83}$$

式中：l_g——路基顶面验收弯沉值（0.01mm）；

p——落锤式弯沉仪承载板施加荷载（MPa）；

r——落锤式弯沉仪承载板半径（mm）；

E_0——平衡湿度状态下路基顶面回弹模量的设计值（MPa）。

$$l_0 \leqslant l_g \tag{8-84}$$

式中：l_0——路段内实测的路基顶面弯沉代表值（0.01mm），以 $1 \sim 3$km 为一评定路段，按式（8-85）计算：

$$l_0 = (\bar{l}_0 + \beta \cdot s) K_1 \qquad (8\text{-}85)$$

$\bar{l}_0$——路段内实测路基顶面弯沉平均值（0.01mm）；

s——路段内实测路基顶面弯沉标准差（0.01mm）；

β——目标可靠指标，根据公路等级按表8-18取值；

K_1——路基顶面弯沉湿度影响系数，根据当地经验确定。

路表验收弯沉值 l_a，应根据设计路面结构，采用层状弹性体系理论按式（8-86）计算。路面结构层参数与路面结构验算时相同。路基顶面回弹模量应采用平衡湿度状态下路基顶面回弹模量乘以模量调整系数 k_l，用以协调理论弯沉与实测弯沉的差异。

$$l_a = p \bar{l}_a \qquad (8\text{-}86)$$

$$\bar{l}_a = f\left(\frac{h_1}{\delta}, \frac{h_2}{\delta}, \cdots, \frac{h_{n-1}}{\delta}; \frac{E_2}{E_1}, \frac{E_3}{E_2}, \cdots, \frac{k_l E_0}{E_{n-1}}\right)$$

式中：$\bar{l}_a$——理论弯沉系数；

k_l——路基顶面回弹模量调整系数，无机结合料稳定类基层沥青路面和水泥混凝土基层沥青路面，取0.5；粒料类基层沥青路面和沥青结合料类基层沥青路面，当采用无机结合料稳定底基层时，取0.5，否则取1.0；

E_0——平衡湿度状态下路基顶面回弹模量（MPa）；

其他符号意义同式（8-49）。

路表交（竣）工时应对路表弯沉值进行检测，检测时需要考虑对弯沉进行湿度和温度修正。落锤式弯沉仪中心点弯沉代表值应符合式（8-87）要求。

$$l_0 \leqslant l_a \qquad (8\text{-}87)$$

式中：l_a——路表验收弯沉值（0.01mm）；

l_0——路段内实测路表弯沉代表值（0.01mm），以 $1 \sim 3$km 为一个评定路段，按式（8-88）计算：

$$l_0 = (\bar{l}_0 + \beta \cdot s) K_1 K_3 \qquad (8\text{-}88)$$

$\bar{l}_0$——路段内实测路表弯沉平均值（0.01mm）；

K_1——路基顶面弯沉湿度影响系数，根据实测弯沉值通过反算得到路基模量值，再对路基模量进行修正得到结构模量值，然后得出测试状态下弯沉湿度修正系数 K_1，或者根据当地经验确定；

K_3——路表弯沉温度影响系数，按式（8-89）确定：

$$K_3 = e^{[9 \times 10^{-6}(\ln E_0 - 1)h_a + 4 \times 10^{-3}](20 - T)} \qquad (8\text{-}89)$$

T——弯沉测定时沥青结合料类材料层中点实测或预估温度（℃）；

h_a——沥青结合料类材料层厚度（mm）；

其他符号意义同上。

七、路面结构设计验算流程

新建沥青路面的结构设计验算流程如图8-40所示。

```
┌──────────┐   ┌──────────────┐   ┌──────────────┐   ┌──────────────┐
│ 交通参数  │   │ 路基土质及顶面 │   │ 湿度、温度条件 │   │ 其他影响因素  │
│          │   │ 当量回弹模量   │   │              │   │              │
└──────────┘   └──────────────┘   └──────────────┘   └──────────────┘
```

┌──────────────┐
│ 初拟路面结构组合 │
│ 及各结构层厚度 │
└──────────────┘

┌──────────────┐
│ 确定材料性质要求 │
│ 和设计参数   │
└──────────────┘

┌──────────────┐
│ 路面结构验算   │
└──────────────┘

┌──────────────┐ ┌──────────────┐ ┌──────────────┐ ┌──────────────┐ ┌──────────────┐
│ 沥青混合料层疲劳 │ │ 无机结合料稳定层 │ │ 沥青混合料永久 │ │ 路基顶面竖向压应变│ │ 低温开裂指数 │
│ 开裂寿命$N_{f1}>N_{e1}$│ │ 疲劳开裂寿命$N_{f2}>N_{e2}$│ │ 变形量$R_a<[R_a]$│ │ $\varepsilon_z<[\varepsilon_z]$│ │ $CI<[CI]$ │
└──────────────┘ └──────────────┘ └──────────────┘ └──────────────┘ └──────────────┘

◇ 是否满足路面性能设计？ ──否──→

◇ 是否验算防冻厚度？ ──是──→ ┌──────────────┐
                              │ 验算防冻厚度   │
                              └──────────────┘
    │否

┌────────────────────────────┐
│ 进行技术经济比较，选定路面结构方案 │
└────────────────────────────┘

┌────────────────────────────┐
│ 计算设计路面结构的验收弯沉值   │
└────────────────────────────┘

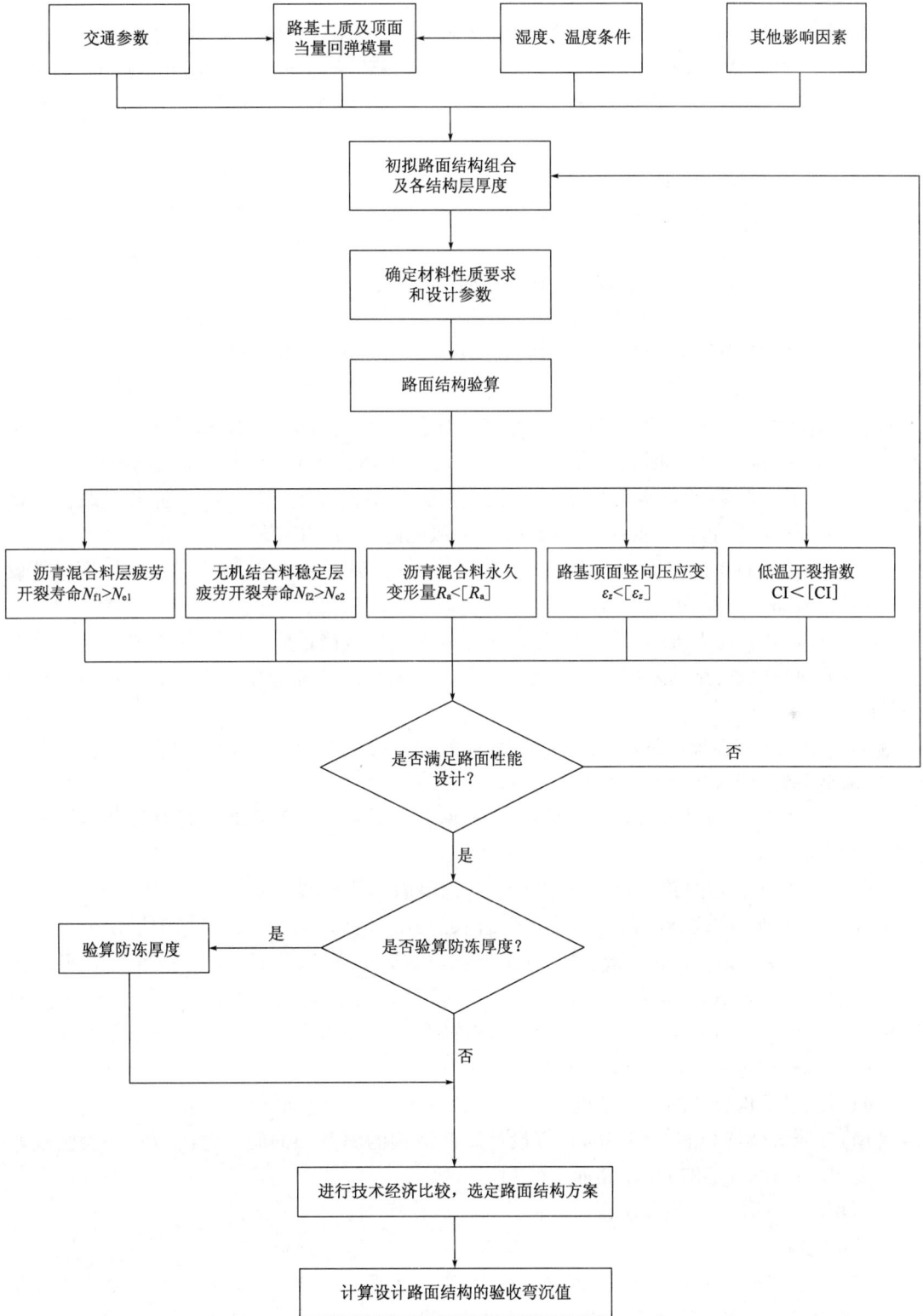

图 8-40 路面结构设计验算流程图

图 8-40 包括以下主要内容：

（1）依据第六章中的交通数据调查以及轴载换算方法，调查分析交通参数，按照式（6-13）和式（6-14）计算设计使用年限内设计车道在不同控制指标（沥青混合料层层底拉应变、沥青混合料层永久变形量、无机结合料层层底拉应力、路基顶面竖向压应变）下的当量设计轴载累计作用次数，并参照表 6-15 确定交通荷载等级。

（2）根据路基土类型、地下水位高度确定路基干湿类型和湿度状况，结合现行《公路路基设计规范》（JTG D30）的有关规定确定路基顶面回弹模量及必要的路基改善措施，并应符合表 2-17 的规定。不满足要求时，应采取改变填料、设置粒料类或无机结合料稳定类路基改善层，或采用石灰或水泥处理等措施提高路基顶面回弹模量。

（3）根据设计要求，收集所在地区的常用路面结构组合和材料性质要求，分析影响路面结构设计的其他因素，初拟路面结构组合与厚度方案，参照表 8-21 选取设计指标。

（4）根据路面结构层选用的材料进行配合比设计，参照第六章中的路面材料设计参数确定方法，检验各结构层材料的性能设计参数是否符合要求。依据表 6-17 检验无机结合料稳定材料的无侧限抗压强度；依据表 6-21、式（6-42）和式（6-45）、表 6-22、表 6-23 检验沥青混合料的动稳定度、贯入强度、低温破坏应变和水稳定性等，季节性冻土地区高速公路和一级公路还需要检验表面层沥青低温性能；依据表 6-31 检验级配碎石的 CBR 值。

（5）按照第六章中的路面材料设计参数确定方法，依据不同水平，确定各结构层模量等设计参数。沥青路面层采用 $20℃$、$10Hz$ 条件下的动态压缩模量，沥青类基层采用 $20℃$、$5Hz$ 条件下的动态压缩模量；无机结合料类稳定层采用经调整系数修正后的弹性模量；粒料层采用经湿度调整的回弹模量，路基采用平衡湿度状态下并考虑干湿与冻融循环作用后的顶面当量回弹模量。

（6）收集工程所在地区气温资料，参照表 8-26，式（8-55）～式（8-70）确定各设计指标对应的温度调整系数或等效温度。

（7）参照表 8-22 以及式（8-49）～式（8-52），采用层状弹性体系理论程序计算各设计指标的力学响应量。

（8）依据本章所述的路面结构验算方法进行路面结构验算。参照式（8-71）、式（8-73）、式（8-75）、式（8-80）和式（8-81）进行沥青混合料层开裂验算，无机结合料稳定层疲劳开裂验算，沥青混合料层永久变形量验算，路基顶面竖向压应变验算，以及低温开裂指数验算，验算结果不符合要求时，调整路面结构方案重新验算，直至符合为止；针对季节性冻土地区按照式（8-82）和表 8-30 进行沥青路面结构最小防冻厚度验算，验算不满足要求时，应增设防冻层，使路面结构满足最小防冻厚度要求。

（9）对通过结构验算的路面结构进行技术经济分析，选定路面结构方案。

（10）参照式（8-83）和式（8-86）计算设计路面结构的路基顶面验收弯沉值和路表验收弯沉值，式（8-84）和式（8-87）用于路面交（竣）工验收。

[例 8-1] 无机结合料基层沥青路面结构设计计算

1. 环境参数

辽宁大连某高速公路，设计车速 100km/h，设计使用年限 15 年。所在地区自然区划属 Ⅱ-2 区，沥青路面气候分区属 2-2 区，年均降雨量 607mm，年平均气温 11.6℃，月平均气温最低为 −3.2℃，月平均气温最高为 24.8℃，多年最低气温为 −16℃。

2. 交通参数

对应于无机结合料层层底拉应力的当量设计轴载累计作用次数为 1.51×10^9 次,对应于沥青混合料层永久变形量的当量设计轴载累计作用次数为 2.15×10^7 次。交通荷载等级为重交通。

3. 初拟路面结构

初拟路面结构见表 8-34。

初拟水泥稳定碎石基层沥青路面结构 表 8-34

结构层	材料类型	厚度(mm)
面层	AC-13(SBS 改性沥青)	40
	AC-20(90 号道路石油沥青)	60
	AC-25(90 号道路石油沥青)	80
基层	水泥稳定碎石	360
底基层	级配碎石	180

4. 材料参数

(1)路基顶面回弹模量

路基为受气候影响的干燥类,土质为低液限黏土。参考《公路路基设计规范》(JTG D30—2015),低液限黏土路基标准状态下回弹模量取 70MPa,回弹模量湿度调整系数 k_s 取 0.95,干湿与冻融循环作用折减系数 k_η 取 0.80,经过湿度调整和干湿与冻融循环作用折减的路基顶面回弹模量为 53MPa,满足规范规定。

(2)水泥稳定碎石基层模量和弯拉强度

根据表 6-19,水泥稳定碎石材料弹性模量为 24 000MPa,乘以结构层模量调整系数 0.5,水泥稳定碎石基层模量为 12 000MPa,弯拉强度为 1.8MPa。

(3)沥青面层模量

根据表 6-24,20℃、10Hz 时,SBS 改性沥青 AC-13 表面层模量为 11 000MPa,90 号道路石油沥青 AC-20 中面层和 AC-25 下面层模量为 10 000MPa。

(4)级配碎石底基层模量

根据表 6-30,经湿度调整后,级配碎石底基层模量为 300MPa。

(5)泊松比

路基泊松比取 0.40,级配碎石底基层泊松比取 0.35,沥青混合料面层和水泥稳定碎石基层泊松比取 0.25。

5. 路面结构验算

根据表 8-21,需要验算的设计指标为无机结合料基层层底拉应力和沥青混合料层永久变形;项目处于季节性冻土地区,由《公路沥青路面设计规范》(JTG D50—2017)的规定可知,还需进行低温开裂指数验算。

(1)水泥稳定碎石基层层底应力

根据表 8-18,高速公路目标可靠指标 β 取 1.65。

根据气象资料,工程所在地区冻结指数 F 为 360℃·d,由表 8-27 通过内插法可知,季节性冻土地区调整系数 k_a 取 0.917。

根据式(8-74),当水泥稳定碎石基层厚度为 360mm 时,现场综合修正系数 k_c 为 -1.239。

根据工程所在地区,得到基准路面结构温度调整系数 $\hat{k}_{T2} = 1.16$。初拟路面结构和路面结构层材料参数,按式(8-55)计算得到路面结构的温度调整系数 k_{T2} 为 1.223。

查表 8-28 可得,疲劳开裂模型参数 $\alpha = 13.24, b = 12.52$。

根据基层厚度和力学参数,采用层状弹性体系理论,计算得到基层的层底拉应力最大值为 0.251 4MPa。再由以上参数可知,当厚度为 360mm 时,无机结合料层的疲劳开裂寿命为 $1.539\,68 \times 10^9$,满足设计要求。

(2) 沥青混合料层永久变形量

在试验温度为 60℃,压强为 0.7MPa,加载次数为 2 520 次时,依据试验获得的三种沥青混合料车辙试验变形深度 R_0,见表 8-35。

三种沥青混合料车辙试验变形深度 R_0 取值(单位:mm)　　　　表 8-35

材料类型	车辙试验总变形深度 R_0	材料类型	车辙试验变形深度 R_0
AC-13(SBS 改性沥青)	2.5	AC-25(90 号道路石油沥青)	5.0
AC-20(90 号道路石油沥青)	4.0		

查表 8-26 得基准等效温度 $T_{\xi} = 18.2$℃,代入 T_{ξ} 和沥青混合料层厚度 $h_a = 180$mm,由式(8-70)计算得到沥青混合料层永久变形等效温度为 21.1℃。

根据要求将沥青混合料层分为七个分层,各分层厚度见表 8-36。再根据层状弹性体系理论,分别计算设计荷载作用下各分层顶部的竖向压应力。采用式(8-75)计算各分层永久变形量。

沥青层永久变形计算结果表　　　　表 8-36

分层编号	分层厚度(mm)	竖向压力(MPa)	修正系数(k_{Ri})	永久变形(mm)
1	10	0.700 0	3.804	0.58
2	15	0.699 4	4.575	1.04
3	15	0.691 3	7.110	1.59
4	20	0.668 6	7.360	3.30
5	20	0.615 4	6.218	2.40
6	20	0.546 9	4.736	1.48
7	80	0.475 4	1.935	2.35
总计				12.7

累加得到沥青混合料层总永久变形量 $R_a = 12.7$(mm)。由表 8-23 可知,满足容许变形量的要求。

(3) 路面低温开裂指数

根据气候条件,所在地区低温设计温度 T 为 -16℃。路基填料为低液限黏土,路基类型参数 $b = 2$。表面层改性沥青 -6℃条件下弯曲梁流变试验的劲度模量 S_t 为 300MPa。沥青混合料层厚度 $h_a = 180$mm。

将上述参数代入式(8-81),计算得出低温开裂指数 CI = 1.0。由表 8-24 可知满足对低温开裂指数小于 3 的要求。

(4) 路面结构验收弯沉值

根据《公路沥青路面设计规范》(JTG D50—2017)的有关规定,确定路基顶面和路表验收弯沉值时,采用落锤式弯沉仪进行验收,荷载盘半径为 150mm,荷载为 50kN。

路基标准状态下回弹模量取 70MPa，回弹模量湿度调整系数 $K_s = 0.95$，不考虑干湿与冻融折减，则平衡湿度状态下的回弹模量为 66.5MPa。按式(8-83)计算得到的路基顶面验收弯沉值为 280.8(0.01mm)。

采用无机结合料稳定类基层，路基顶面回弹模量调整系数 K_1 取 0.5。路基顶面回弹模量采用平衡湿度状态下的回弹模量 66.5MPa。根据单圆荷载模式的层状弹性体系理论计算得到路表验收弯沉值 $l_a = 24.7(0.01mm)$。

[例8-2] 级配碎石基层沥青路面结构设计计算

1. 环境参数

陕西西安某一级公路，设计车速 100km/h，设计年限 15 年。所在地区为暖温带大陆性气候，自然区划属 Ⅱ-5 区，沥青路面气候分区属 1-3 区，年均降雨量 641mm，年平均气温 14.3℃，月平均气温最低 0.1℃，月平均气温最高 27.5℃，多年最低气温为 -11℃。

2. 交通参数

对应于沥青层混合料层层底拉应变的当量设计轴载累计作用次数为 7.5×10^6 次。对应于路基顶面竖向压应变的当量设计轴载累计作用次数为 1.27×10^7 次。交通荷载等级为中等交通。

3. 初拟路面结构

初拟路面结构见表 8-37。

初拟级配碎石基层沥青路面结构 表 8-37

结构层	材料类型	厚度(mm)
面层	AC-13(90 号道路石油沥青)	40
	AC-25(90 号道路石油沥青)	80
基层	级配碎石	300
底基层	级配碎石	200

4. 材料参数

(1) 路基顶面回弹模量

根据《公路路基设计规范》(JTG D30—2015)，黏土质砂路基标准状态下的回弹模量取 75MPa，湿度调整系数 k_s 取 0.85，干湿与冻融循环作用折减系数 k_ξ 取 0.90，则经过湿度调整和干湿与冻融循环作用折减的路基顶面回弹模量为 57.4MPa，满足规范规定。

(2) 沥青混合料层模量

根据表 6-24，20℃、10Hz 时，90 号道路石油沥青 AC-13 表面层模量取 9 000MPa，AC-25 下面层模量取 10 000MPa。

(3) 级配碎石层模量

根据表 6-30，经湿度调整后，级配碎石基层模量取 500MPa，级配碎石底基层模量取 300MPa。

(4) 泊松比

路基泊松比取 0.40，沥青混合料层泊松比取 0.25，级配碎石基层和底基层泊松比取 0.35。

5. 路面结构验算

根据表 8-21，路面设计需要验算的设计指标为沥青混合料层层底拉应变，沥青混合料层永久变形量和路基顶面竖向压应变；项目处于季节性冻土地区，由《公路沥青路面设计规范》

(JTG D50—2017)规定可知,还需进行低温开裂指数验算。

(1)沥青混合料层层底拉应变

根据表8-18,一级公路目标可靠指标 β 取1.28。

根据气象资料,工程所在地区冻结指数 F 为92℃·d,由表8-26通过内插法可知,季节性冻土地区调整系数 k_a 取0.989。

根据工程所在地区陕西西安,基准路面结构调整系数:用于沥青混合料层层底拉应变为1.28,下面层沥青饱和度取70%。

根据初拟路面结构和路面结构层材料参数,按式(8-55)计算得到路面结构的温度调整系数 k_{T1} 为1.129。

根据以上参数,按规范计算下面层沥青混合料层疲劳开裂寿命。按式(8-72)计算疲劳模式系数 k_b 为0.865 7。根据基层厚度和力学参数,采用层状弹性体系理论,计算得到下面层的层底最大拉应变为104.46 $\mu\varepsilon$,按式(8-71)计算的沥青层的疲劳开裂寿命为 8.97×10^6,满足设计要求。

(2)沥青混合料层永久变形量

在试验温度为60℃,压强为0.7MPa,加载次数为2 520次时,依据试验获得的两种沥青混合料车辙试验变形深度 R_0,见表8-38。

两种沥青混合料车辙试验变形深度 R_0 取值(单位:mm)　　表8-38

材料类型	车辙试验总变形深度 R_0	材料类型	车辙试验总变形深度 R_0
AC-13(SBS 改性沥青)	4.5	AC-25(90 号道路石油沥青)	4.5

查表8-26得基准等效温度 $T_\xi = 20.9$ ℃,代入 T_ξ 和沥青混合料层厚度 $h_a = 120$ mm,由式(8-70)计算得到沥青混合料层永久变形等效温度为22.8℃。

根据要求将沥青混合料层分为七个分层,各分层厚度见表8-39。再根据层状弹性体系理论,分别计算设计荷载作用下各分层顶部的竖向压应力。采用式(8-75)计算各分层永久变形量,累加得到沥青混合料层总永久变形量 $R_a = 8.1$ (mm),由表8-23可知,满足容许变形量的要求。

沥青层永久变形计算结果表　　表8-39

分层编号	分层厚度(mm)	竖向压力(MPa)	修正系数(k_{Ri})	永久变形(mm)
1	10	0.700 0	2.897	0.60
2	15	0.692 9	3.843	1.18
3	15	0.656 2	7.083	1.97
4	15	0.590 0	7.714	1.77
5	20	0.500 1	6.966	1.58
6	20	0.362 0	5.481	0.70
7	25	0.234 8	3.846	0.28
总计				8.1

(3)路基顶面竖向压应变

根据工程所在地区,得到用于路基顶面竖向压应变的基准路面结构温度调整系数为1.13。根据初拟路面结构和路面结构层材料参数,按式(8-55)计算得到温度调整系数 k_{T3} 为0.984。

根据以上参数,按式(8-80),路基顶面容许竖向压应变值 ε_z 为301 $\mu\varepsilon$。采用层状弹性体系理论,计算获得的路基顶面竖向压应变为$266\mu\varepsilon$,满足路基顶面容许竖向压应变要求。

(4)路面低温开裂指数

根据气候条件,所在地区低温设计温度T为$-11℃$。路基填料为低液限黏土,路基类型参数$b=2$。表面层改性沥青的$-1℃$条件下弯曲梁流变试验的劲度模量S_1为300MPa。沥青混合料层厚度$h_a=120mm$。

将上述参数代入式(8-81),计算得出低温开裂指数$CI=0.8$,由表8-24可知满足对低温开裂指数小于3的要求。

(5)路面结构验收弯沉值

根据《公路沥青路面设计规范》(JTG D50—2017)的有关规定,确定路基顶面和路表验收弯沉值时,采用落锤式弯沉仪进行验收,荷载盘半径为150mm,荷载为50kN。

路基标准状态下回弹模量取75MPa,回弹模量湿度调整系数$K_s=0.85$,不考虑干湿与冻融折减,则平衡湿度状态下的回弹模量为63.8MPa。按式(8-83)计算得到的路基顶面验收弯沉值为292.9(0.01mm)。

采用粒料类基层和底基层,路基顶面回弹模量调整系数K_1取1.0。路基顶面回弹模量采用平衡湿度状态下的回弹模量63.8MPa。根据单圆荷载模式的层状弹性体系理论计算得到路表验收弯沉值$l_a=40.8(0.01mm)$。

八、小交通量农村公路的路面典型结构

小交通量农村公路的路面结构设计应参考现行《小交通量农村公路工程设计规范》(JTG/T 3311)的有关规定。设计过程中宜根据当地经济、交通特点、地域特点、公路功能等情况采用典型结构的设计方法,同时应综合考虑交通组成、材料、经济、养护、环境等因素,合理选择路面材料与结构厚度组合。路基表面综合模量及路基填筑高度达到要求可直接铺筑面层,并根据需要设置相应的功能层。各结构层的材料类型及适宜的厚度可以根据规范确定。不同类型基层的几种典型结构见表8-40~表8-42,也可查阅相关规范。

无机结合料稳定类基层(粒料类底基层)路面厚度范围(单位:mm)　　　　　表8-40

路面类型	沥青表面处治路面	块体路面	砂石路面	沥青路面	水泥混凝土路面
面层	10~40	100~240	100~200	15~160	180~250
基层(无机结合料稳定类)	160~200	160~200	—	160~200	160~200
底基层(粒料类)	150(100)~200	150(100)~200	—	150(100)~200	150(100)~200

注:1.根据需要可选择设置功能层。

2.路基潮湿或受冰冻影响较大时,应设置功能层。

3.当交通组成中无中型载重汽车和中型客车时,可选择括号内数值。

无机结合料稳定类基层(无机结合料稳定类底基层)路面厚度范围(单位:mm)　　表8-41

路面类型	沥青表面处治路面	块体路面	砂石路面	沥青路面	水泥混凝土路面
面层	10~40	100~240	100~200	15~160	180~250
基层(无机结合料稳定类)	160~200	160~200	—	160~200	160~200
底基层(无机结合料稳定类)	160~200	160~200	—	160~200	160~200

注:1.根据需要可选择设置功能层。

2.路基潮湿或受冰冻影响较大时,应设置功能层。

粒料类基层(粒料类底基层)路面厚度范围(单位:mm)　　表8-42

路面类型	沥青表面处治路面	块体路面	砂石路面	沥青路面	水泥混凝土路面
面层	10~40	100~240	100~200	40~160	180~250
基层(粒料类)	—	150(100)~200	—	150(100)~200	150(100)~200
底基层(粒料类)	—	150(100)~200	—	150(100)~200	150(100)~200

注:1. 根据需要可选择设置功能层。

2. 路基潮湿或受冰冻影响较大时,应设置功能层。

3. 当交通组成中无中型载重汽车和中型客车时,可选择括号内数值。

※第八节　沥青路面改建设计

沥青路面随着使用时间的延续,其使用性能和承载能力不断降低,超过设计使用年限后便不能满足正常行车的要求,而需补强或改建。当原有路面需要提高等级时,对不符合技术标准的路段应先进行线形改善,改线路段应按新建路面设计。加宽路面、提高路基、调整纵坡的路段应视具体情况按新建或改建路面设计,在原有路面上补强时,按改建路面设计。路面补强设计工作包括既有路面调查与分析、改建方案确定以及改建路面结构验算。

1. 既有路面调查与分析

对使用中的路面进行结构状况的调查与评定,其目的主要是了解路面现有结构状况和强度,据以判断是否需要加强或预估剩余使用寿命,分析路面损坏的原因及提出处理措施,提出针对性改建对策。

既有路面调查与分析应包括下列主要内容:

(1)收集既有路面及其排水设施的设计、施工及历史养护维修情况等技术资料。

(2)调查分析交通量、轴载组成和增长率等交通荷载参数。

(3)调查路面破坏状况,包括路面病害类型、严重程度、范围和数量等。

(4)采用落锤式动态弯沉仪或其他弯沉仪检测评价既有路面结构承载力。

(5)采用钻芯、探坑取样、路面雷达、切割等方式,调查分析既有路面厚度、层间结合及病害程度情况,并取样进行室内试验,测定试件模量、强度等,分析路面材料组成与退化情况。

(6)对因路基问题导致路面损坏的路段,取样调查路基土质类型、含水率和CBR值等,分析路基稳定性和承载力等。

(7)调查沿线气候条件、地下水及路基路面排水状况。

(8)调查沿线跨线桥、隧道净空要求及其他影响路面改建设计的因素。

既有路面损坏状况的评定应符合现行《公路技术状况评定标准》(JTG 5210)和《公路养护技术标准》(JTG 5110)的有关规定,可结合路面损坏特点采用路面横向裂缝间距、纵向裂缝率、网裂面积率和修补面积率等指标进行补充评价。

2. 改建方案确定

基于既有路面调查与分析,经技术经济分析后,结合工程经验确定适应预期交通荷载等级和使用性能要求的改建设计方案。确定改建设计方案时,应充分利用既有路面结构性能,减少废弃材料,并积极、稳妥地再生利用既有路面材料。改建设计应采用动态设计理念,工程实施

阶段逐段调查分析现场路况,动态调整改建方案。并应考虑施工期交通组织设计和临时安全设施设计。改建方案设计的一般要求如下:

(1)应根据不同路段路面状况和损坏程度,对既有路面采取相应的处理方案。

(2)既有路面处理可采用局部病害处治、整体性处理的方式或局部病害处治与整体性处理相结合的方式,并应符合下列规定:既有路面破损不严重且结构性能较好的路段可参照现行《公路沥青路面养护技术规范》(JTG 5142)对局部病害处治后加铺;既有路面破损严重或结构性能不足的路段,宜采用整体性处理方式,处理深度和范围应根据路面破损程度、层位和处理工艺确定。

(3)改建方案应充分利用既有路面结构和材料,可视具体情况选择经局部病害处治后直接加铺一层或多层改建方案、将既有路面铣刨至某一结构层或将既有路面就地再生后再加铺一层或多层改建方案。

(4)既有路面存在较多裂缝时,应采取减缓反射裂缝的措施。

(5)既有路面出现因内部排水不良引起的水损坏时,应改善或重置路面防排水系统。加铺层与既有路面间应采取设置黏层或封层等层间结合措施。

(6)加铺层材料组成和技术要求应符合第六章中对新料设计参数的相应要求。再生材料技术要求应符合现行《公路沥青路面再生技术规范》(JTG/T 5521)的有关规定。

3. 改建路面结构验算

改建路面结构验算的流程如图 8-41 所示。其验算步骤和流程与新建路面结构类似,主要区别在于,与新建路面结构相比,改建路面结构验算需要依据既有路面是否破损严重或结构性能不足来确定既有路面结构设计参数以及是否需要对既有路面结构进行验算。改建路面结构验算包括下列主要内容:

(1)调查分析设计使用年限内预期的交通荷载参数,并确定交通荷载等级。依据第六章中的交通数据调查以及轴载换算方法,调查分析交通参数,计算获取设计使用年限内设计车道在不同控制指标(沥青混合料层层底拉应变,沥青混合料层永久变形,无机结合料层层底拉应力,路基顶面竖向压应变)下的当量设计轴载累计作用次数,并确定交通荷载等级。

(2)对既有路面技术状况进行调查和分析。充分调查和分段评估既有路面状况,分析路面损坏原因,提出针对性改建对策。

(3)分段初拟改建方案。根据路况调查结果,对既有路面进行分段,结合当地工程经验,分段初拟适应预期交通荷载等级和使用性能要求的改建方案。

(4)既有路面破损不严重且结构性能较好,采用直接加铺方案或铣刨至某一结构层再加铺方案时,应同时对既有路面结构层和加铺层进行结构验算。加铺层的设计参数应按新建路面结构确定。既有路面结构层的设计参数应按下列要求确定:

将既有路面简化为由沥青结合料类材料层、无机结合料稳定层或粒料层和路基组成的三层体系,利用弯沉盆反演或芯样实测的方法确定各层的结构模量。

既有路面无机结合料稳定层弯拉强度,宜根据现场取芯实测的无侧限抗压强度按式(8-90)计算,无条件时,可根据既有路面整体强度、基层和面层损坏状况,结合当地经验确定。

$$R_s = 0.21 R_c \tag{8-90}$$

式中:R_s——无机结合料稳定类材料试件的弯拉强度(MPa);

R_c——无机结合料稳定类材料试件的无侧限抗压强度(MPa)。

(5)既有路面破损严重或结构性能不足时,无论采用直接加铺方案还是采用铣刨至某一结构层再加铺方案,均应对加铺层进行结构验算。加铺面层的设计参数应按新建路面结构确定。既有路面或铣刨后留用的路面结构层不再进行结构验算,其顶面当量回弹模量应按式(8-91)计算。

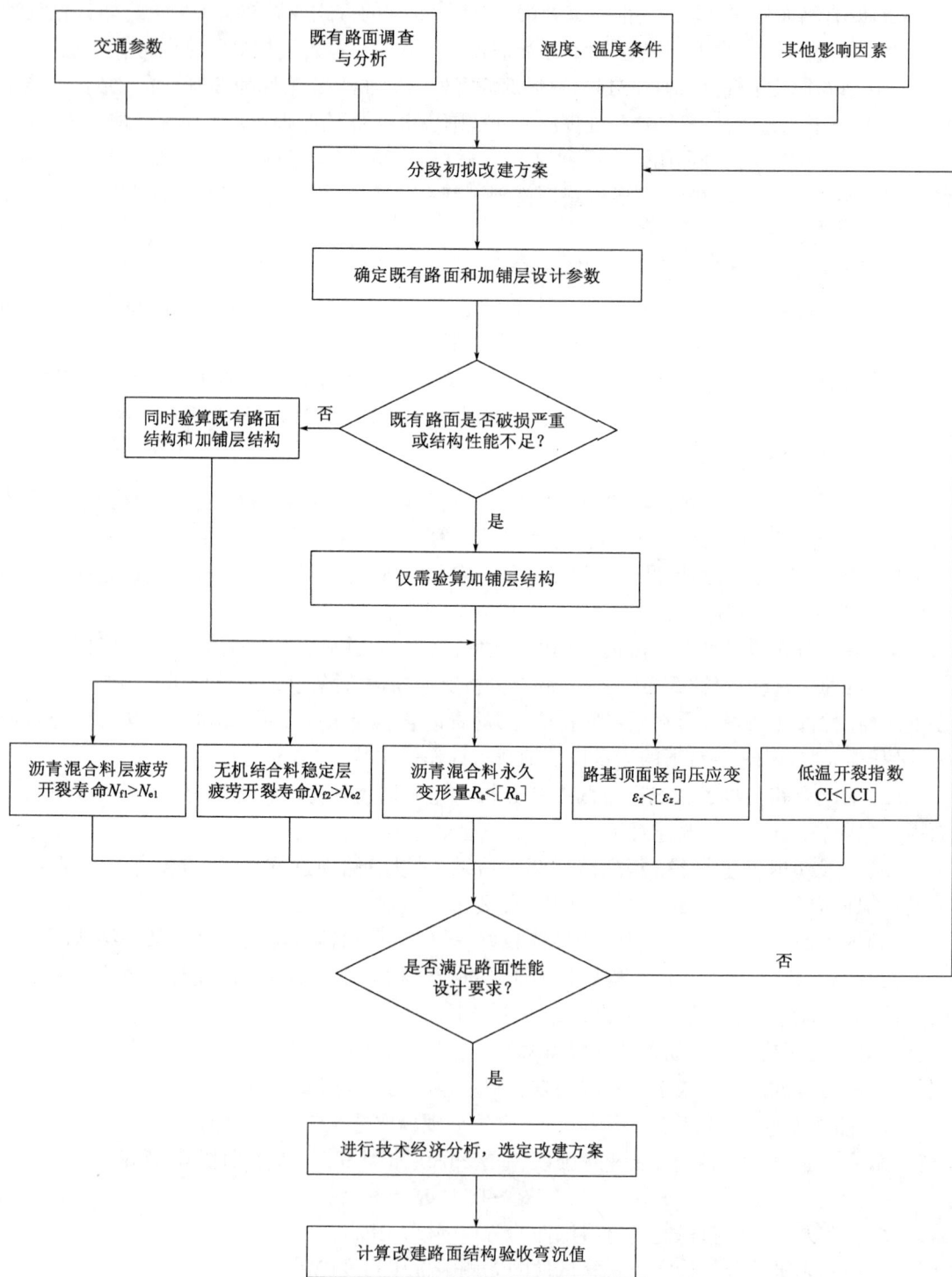

```
┌──────────┐  ┌──────────┐  ┌──────────┐  ┌──────────┐
│  交通参数  │  │ 既有路面调查 │  │湿度、温度条件│  │ 其他影响因素 │
│          │  │   与分析    │  │          │  │          │
└────┬─────┘  └────┬─────┘  └────┬─────┘  └────┬─────┘
     └───────────┬─┴──────────────┴─────────────┘
           ┌─────┴──────────┐
           │  分段初拟改建方案  │◄──────────────────┐
           └─────┬──────────┘                    │
           ┌─────┴──────────────┐                │
           │ 确定既有路面和加铺层设计参数 │                │
           └─────┬──────────────┘                │
                 │                               │
  ┌──────────┐  ◇ 既有路面是否破损严重               │
  │同时验算既有路面│否 ◇   或结构性能不足?              │
  │结构和加铺层结构│◄─◇                              │
  └────┬─────┘   │是                              │
       │    ┌────┴──────────┐                    │
       │    │  仅需验算加铺层结构  │                    │
       │    └────┬──────────┘                    │
       └─────────┤                               │
```

沥青混合料层疲劳开裂寿命$N_{f1}>N_{e1}$　无机结合料稳定层疲劳开裂寿命$N_{f2}>N_{e2}$　沥青混合料永久变形量$R_a<[R_a]$　路基顶面竖向压应变$\varepsilon_z<[\varepsilon_z]$　低温开裂指数$CI<[CI]$

是否满足路面性能设计要求?　否

进行技术经济分析,选定改建方案

计算改建路面结构验收弯沉值

图 8-41　改建路面结构设计验算流程图

$$E_{\mathrm{d}} = \frac{176pr}{l_0}$$ (8-91)

式中：E_{d}——既有路面结构顶面当量回弹模量(MPa)；

$\quad\quad p$——落锤式弯沉仪承载板施加荷载(MPa)；

$\quad\quad r$——落锤式弯沉仪承载板半径(mm)；

$\quad\quad l_0$——落锤式弯沉仪承载板中心点弯沉值(0.01mm)。

(6)按照新建路面要求，检验加铺层材料的性能设计参数是否符合要求，如检验加铺层粒料的 CBR 值，无机结合料稳定类材料的无侧限抗压强度，沥青低温性能要求，沥青混合料的低温破坏应变、动稳定度、贯入强度和水稳定性等。

(7)收集工程所在地区气温资料，确定各设计指标相应的温度调整系数或等效温度。

(8)采用层状弹性体系理论程序计算各设计指标的力学响应量。

(9)进行路面结构验算。沥青混合料层疲劳开裂验算，无机结合料稳定层疲劳开裂验算，沥青混合料层永久变形量验算，路基顶面竖向压应变验算，低温开裂指数验算以及最小防冻厚度验算等，均应符合各自的设计标准要求，验算不满足要求时，调整路面改建方案重新验算，直至符合要求为止。

(10)对通过结构验算的路面结构进行技术经济分析，选定路面改建方案。

(11)计算改建路面结构的路表验收弯沉值，用于路面交(竣)工验收。

※第九节　国外主要沥青路面设计方法概述

1996 年，美国 AASHTO 路面联合工作小组联合美国国家战略公路研究项目(NCHRP)及联邦公路管理局(FHWA)在加利福尼亚州召开了路面设计研讨会，会上提出了到 2002 年推出 AASHTO 力学-经验路面设计指南的目标(当时称为 2002 版路面设计指南)。随后，美国国家战略公路研究项目(NCHRP)于 1996 年开始资助研究项目来发展力学-经验路面设计指南。2004 年公布了力学-经验路面设计指南(缩写为 MEPDG)。MEPDG 基于力学-经验原理，为柔性路面、刚性路面及复合式路面的设计提供了统一的基础，并采用共同的交通、路基、环境及可靠度设计参数，不但能预测多种路面性能，还在材料、路面结构设计、施工、气候、交通及路面管理系统之间建立了联系。

MEPDG 设计方法中的柔性路面，包括新建、改建、修复的含有沥青混凝土表层的路面结构，设计过程如图 8-42 所示。

一、MEPDG 设计方法

1.路面破坏类型与力学指标

柔性路面响应模型的目的是确定交通荷载和环境影响下的结构响应，包括疲劳开裂(由上向下发展、由下向上发展)、永久变形温度开裂以及化学稳定层的疲劳开裂，对应的力学指标为：

(1)沥青层(HMA)层底部/顶部的水平拉应变(HMA 疲劳开裂)。

(2)HMA 层的竖向压应力/应变(HMA 的车辙)。

(3)基层/底基层的竖向压应力/应变(粒料基层的车辙)。

(4)土基顶部的竖向压应力/应变(土基车辙)。

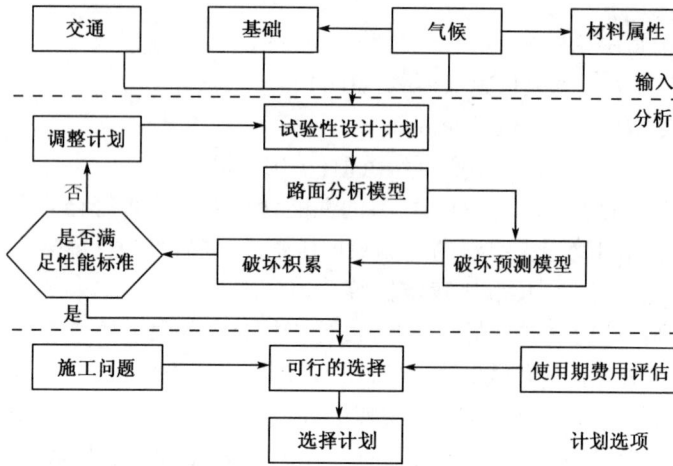

图 8-42　MEPDG 柔性路面设计流程

每个路面的响应都应在最不利位置进行评估。对于单轮荷载,最不利位置可以通过观察得到。例如,HMA 层底部的水平拉应变的最不利位置在轮迹中心线上。对于多轮/多轴结构,最不利位置需要综合考虑轴型和路面结构来确定。

2.破坏状况预测

(1)由下而上的疲劳开裂(龟裂)

这种类型的疲劳裂缝最初为沿着轮迹方向短的纵向裂缝,然后迅速发展成网状,最初在HMA 层底部出现,在重复荷载作用下逐渐向表面传播,其传播机理见图 8-43。

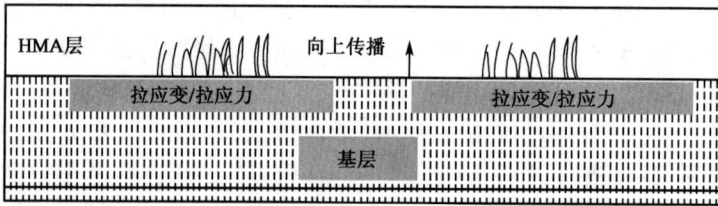

图 8-43　由底部向上发展的疲劳裂缝

由下而上的疲劳裂缝可由下式计算得到:

$$\mathrm{FC_{bottom}} = \frac{1}{60}\left\{\frac{C_4}{1 + \mathrm{e}^{\left[C_1 C_1^* + C_2 C_2^* \lg(100 \times \mathrm{DI_{bottom}})\right]}}\right\} \tag{8-92}$$

式中：　　　$\mathrm{FC_{bottom}}$——由下而上疲劳裂缝(占总车道面积百分比);

$\mathrm{DI_{bottom}}$——由下而上疲劳损坏指数;

C_1、C_2、C_4、C_1^*、C_2^*——回归系数,$C_1 = 1$、$C_2 = 1.0$、$C_1^* = -2C_2^*$、$C_2^* = -2.408\,74 - 39.748 \times (1 + h_{ac})^{-2.856}$、$C_4 = 6\,000$。

(2)由上而下的疲劳开裂(纵向开裂)

疲劳裂缝有的是在表面产生向下发展的,见图 8-44。

由上而下的疲劳裂缝可由下式计算得到:

$$\mathrm{FC_{top}} = 10.56\left\{\frac{C_4}{1 + \mathrm{e}^{\left[C_1 - C_2 \lg(\mathrm{DI_{top}})\right]}}\right\} \tag{8-93}$$

式中：FC_{top}——由上而下的疲劳裂缝（ft/mi，1ft = 0.304 8m，1mi = 1.609 3km，下同）；

　　　DI_{top}——由上而下疲劳损坏指数；

C_1、C_2、C_4——回归系数，$C_1 = 7.0$、$C_2 = 3.5$、$C_4 = 1\,000$。

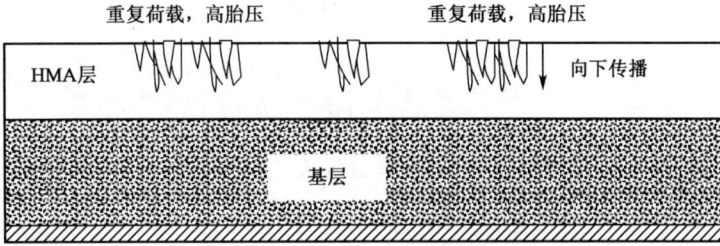

图 8-44　由表面向下发展的疲劳裂缝

（3）永久变形或车辙

车辙是路面层或土基的塑性变形在轮迹处产生的表面凹陷，为沥青层、粒料基层/底基层及路基车辙的总和，一般认为无机结合料稳定材料层不产生车辙。

MEPDG 对沥青层车辙的预估模型如下：

$$\Delta_{p(HMA)} = \varepsilon_{p(HMA)} h_{HMA} = \beta_{r1} k_z \varepsilon_{r(HMA)} 10^{-3.354\,12} T^{1.560\,6\beta_{r2}} N^{-0.479\,1\beta_{r3}} h_{HMA} \tag{8-94}$$

式中：$\Delta_{p(HMA)}$——沥青层/子层累积永久变形（in，1in = 2.540 0cm，下同）；

　　　$\varepsilon_{p(HMA)}$——沥青层/子层累计的塑性轴向应变；

　　　$\varepsilon_{r(HMA)}$——沥青层/子层中部回弹（或弹性）应变；

　　　h_{HMA}——沥青层/子层厚度（in）；

　　　T——路面温度（℉，1℉ = 32 + 1℃ × 1.8，下同）；

　　　k_z——深度围压系数，$k_z = (C_1 + C_2 D) \times 0.328\,196^D$，$C_1 = -0.103\,9 \times H_{ac}^2 - 2.486\,8 \times$

　　　　　$H_{ac} - 17.342$，$C_2 = 0.017\,2 \times H_{ac}^2 - 1.733\,1 \times H_{ac}^2 + 27.428$；

　　　D——路表计算点深度（in）；

　　　H_{ac}——沥青层总厚度（in）；

　　　N——荷载次数；

β_{r1}、β_{r2}、β_{r3}——地方标定系数。

MEPDG 对粒状基层及路基层的车辙预测模型如下：

$$\Delta_{p(soil)} = \beta_{s1} k_{s1} \varepsilon_v h_{soil} \left(\frac{\varepsilon_0}{\varepsilon_r}\right) e^{-\left(\frac{\rho}{N}\right)^\beta} \tag{8-95}$$

式中：$\Delta_{p(soil)}$——粒状层/子层永久变形（in）；

　　　N——交通荷载数；

　　　ε_v——结构响应模型计算得到粒状层/子层平均竖向回弹（或弹性）应变；

　　　h_{soil}——粒状层/分层的厚度（in）；

　　　ε_0、β、ρ——材料参数；

　　　ε_r——室内试验时回弹应变；

　　　k_{s1}——修正系数，颗粒基层取 1.673（MEPDG 软件 1.1 版用 2.03），细颗粒材料（路基层）取 1.35；

　　　β_{s1}——地方修正系数。

（4）温度开裂

温度开裂包括低温缩裂和温度疲劳开裂。低温缩裂主要出现在严寒地区,温度疲劳开裂主要出现在昼夜温差大、季节温差大的地区。

MEPDG 对沥青混凝土温度裂缝的预测公式如下:

$$\text{TC} = \beta_{t1} N(z) \left[\frac{1}{\sigma_d} \lg \left(\frac{C_d}{h_{HMA}} \right) \right] \tag{8-96}$$

$$\Delta C = A(\Delta K)^n \tag{8-97}$$

$$A = 10^{k_t \beta_t} (4.389 - 2.52) \lg(E_{HMA} \sigma_m^n) \tag{8-98}$$

式中:TC——观测到的温度裂缝(ft/mi);

β_{t1}——回归系数(400);

$N(z)$——z 时的标准正态分布;

σ_d——裂缝深度对数的变准差(0.769)(in);

C_d——裂缝深度(in);

h_{HMA}——沥青层厚度(in);

ΔC——一个冷冻周期裂缝深度的变化;

A、n——沥青混合料断裂系数;

k_t——标定系数(NCHRP1-37A:一级输入为 5.0,二级输入为 1.5,三级输入为 3.0; NCHRP1-40D:一级输入为 1.0,二级输入为 0.5,三级输入为 6.0);

E_{HMA}——混合料间接抗拉模量(psi,145psi = 1MPa,下同);

σ_m——混合料抗拉强度(psi);

β_t——地方标定系数。

（5）无机结合料稳定材料基层的疲劳开裂

无机结合料稳定材料基层在重复荷载作用下将由损伤发展为微裂缝,微裂缝不断扩展而导致基层刚度下降,最终造成基层开裂。

MEDPG 中无机结合料稳定材料基层疲劳开裂方程如下:

$$N_{f-CTB} = 10 \left[\frac{k_{c1}\beta_{c1} - \left(\frac{\sigma_t}{M_R} \right)}{k_{c2}\beta_{c2}} \right] \tag{8-99}$$

式中:N_{f-CTB}——无机结合料稳定材料基层允许荷载次数;

σ_t——层底拉应力(psi);

M_R——28d 断裂模量(psi);

k_{c1}、k_{c2}——全体标定系数($k_{c1} = 0.972$,$k_{c2} = 0.0825$);

β_{c1}、β_{c2}——地方标定系数。

无机结合料稳定材料断裂与损坏指数之间的关系如下:

$$\text{FC}_{CTB} = C_1 + \frac{C_2}{1 + e^{[C_3 - C_4(DI_{CTB})]}} \tag{8-100}$$

式中: FC_{CTB}——无机结合料稳定材料层裂缝面积(ft^2);

C_1、C_2、C_3、C_4——回归系数，C_1、$C_2 = 1$，$C_3 = 0$，$C_4 = 1\,000$；

DI_{CTB}——无机结合料稳定材料层损坏指数。

（6）平整度（IRI）预测

设计期的 IRI 取决于路面结构的初始 IRI 和破坏的发展两方面。这些破坏包括车辙、由底部向上发展或由顶部向下发展的疲劳开裂、温度开裂。规范中评价平整度用到了初始 IRI、破坏模型及场地条件，包括土基和气候状况。IRI 在整个设计期内是增加的。

MEPDG 对柔性路面 IRI 的预测公式如下：

$$IRI = IRI_0 + 0.015(SF) + 0.400(FC_{total}) + 0.008\,0(TC) + 40.0(RD) \qquad (8\text{-}101)$$

式中：IRI_0——施工后初始 IRI（in/mi）；

SF——地段因数，$SF = Age[0.020\,03(PI+1) + 0.007\,947(Precip+1) + 0.000\,636(FI+1)]$；

Age——路面年龄（年）；

PI——土的塑性指数；

FI——平均年冻结指数（℉天数）；

Precip——平均年降雨量（in）；

FC_{total}——疲劳裂缝面积（包括龟裂、纵向裂缝及车轮轨迹内反射裂缝）占车道面积百分比；

TC——横向裂缝长度（包括已有沥青路面横向反射裂缝）（in/mi）；

RD——平均车辙深度（in）。

二、AASHTO 沥青路面设计经验法

美国各州公路及运输工作者协会（AASHTO）的路面经验设计方法（分 1961，1972，1986 和 1993 版本）数十年来一直是美国路面设计的主流方法，该方法采用 20 世纪 50 年代末由美国伊利诺伊州的试验路数据建立的路面结构-轴载-使用性能三者间经验关系进行路面结构设计。但是由于初始的方程是在当地特定的气候条件下的试验路上，针对某种特定路面材料和地基土推导出来的。所以经过 50 多年的工程实践，多次进行修订。

美国 AASHTO 沥青路面设计经验法如下所示。

1）设计变量

（1）时间约束

为了充分发挥投资效益，AASHTO 设计指南鼓励对交通量大的工程采用较长的分析年限。

（2）交通

设计方法以预计的 80kN（18kip）累计当量单轴荷载（ESAL）为根据，并考虑交通量的逐年增长系数和车道分布系数。若路面设计采用的分析年限内没有任何大修或重新罩面，则取整个分析年限的总累计当量单轴荷载 ESAL 作为设计依据，若考虑分期修建，在分析年限内预期要进行大修或重新罩面，则需要绘制累计当量单轴荷载 ESAL 随时间变化的曲线，由此得到任意时段的 ESAL 值。

（3）可靠度

可靠度设计是将某种可靠程度纳入设计过程的方法，以确保各种设计方案在分析年限内一直有效的可靠概率。设计所用的可靠度水平随交通量、交通疏散的难度和公众对预期效率

的增加而提高。表8-43提供了不同功能等级道路所建议的可靠度水平。

对不同功能等级道路提供的可靠度水平

表8-43

功能等级	建议的可靠度水平（%）		功能等级	建议的可靠度水平（%）	
	市区	郊区		市区	郊区
州际及其他高速公路	85～99.9	80～99.9	集散道路	80～95	75～95
主要干线	80～99	75～95	地方道路	50～80	50～80

分析年限至少包括一次大修期，因而应等于或大于工作年限。

工作年限是指新建路面结构至需要大修以前的时间，或者是两次大修之间的时间，这相当于新建、重建或经过大修的路面结构，由其初始服务能力开始损坏，至最终服务能力所经过的时间。工作年限的选定应充分考虑路面的功能等级、养护维修的类型和水平、初次修建的资金、寿命周期费用等因素。

分析年限为设计方案所包括的时段，它可以大于工作年限或与工作年限相同。通常由于种种原因，分析年限可能要考虑分期修建或计划大修在内。根据寿命周期费用分析，采用较长的分析年限更符合比较长期的策略。分析年限划分标准见表8-44。

分析年限划分标准

表8-44

公路条件	分析年限（年）	公路条件	分析年限（年）
市区大交通量	30～50	小交通量沥青面层	15～25
郊区大交通量	20～50	小交通量集料面层	10～20

应用于可靠度设计的标准离差对柔性路面采用0.45，对刚性路面采用0.35，这相当于方差为0.2025和0.1225。

当考虑分期修建时，各时期的可靠度组合起来必须满足总的可靠度，即：

$$R_{期} = (R_{总})^{1/n} \qquad (8\text{-}102)$$

式中：n——期数，如预计分两期修建，要求总的可靠度为95%，则各期的可靠度必须为$(0.95)^{1/2}$，即97.5%。

（4）环境影响

主要考虑到当地温度、湿度与试验路有差别，影响到路基的胀缩与冻胀，而最后导致路基服务能力有所降低，环境影响的计算方法在1986年版本中有详细介绍。现举例如图8-45所示，某地区因环境影响服务能力下降量随时间的变化由冻胀、膨胀、总和三曲线表示，曲线可用于计算中间时刻服务能力的下降量。

（5）现时服务性指数 PSI（P）

为了评价路面的使用性能，该法提出了路面现时服务性的概念。路面现时服务性的评定，是以使用者主观感觉及某些物理量测定为依据。评定时由几个人

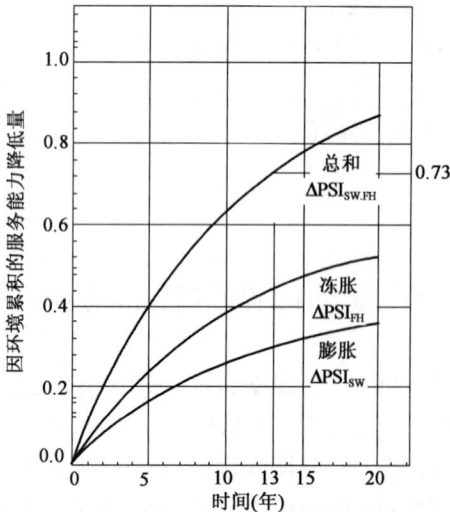

图8-45　某些地区环境引起的服务能力降低量随时间的变化情况

（引自《AASHTO 路面结构设计指南》，1986年版，华盛顿美国各州公路及运输工作者协会。应用经过允许。）

在路上驾车行驶,以经验为基础进行判断,按 5 级分别打分。综合这些人的评分,推导出被评定路面的现时服务性指数。物理量的量测,包括路面平整度、裂缝和修补面积以及车辙等,应用回归分析方法,建立路面现时服务性指数 PSI(或 P)与各物理量之间的相关关系:

$$P = 5.03 - 1.91\lg(1 + \overline{\mathrm{SV}}) - 0.01\sqrt{c + q} - 1.38\,\overline{\mathrm{RD}}^2 \tag{8-103}$$

式中:$\overline{\mathrm{SV}}$——两条轮迹的平均纵向坡度偏差;

$c + q$——每 1 000ft² (约 92.9m²) 出现 2 级或 3 级裂缝的补修面积(ft², 1ft² = 0.092 903m²),2 级裂缝指发展到连成网状的裂缝,3 级裂缝指面层成为松散的碎块;

$\overline{\mathrm{RD}}$——两条轮迹的平均车辙深,车辙深是指 4ft (约 1.22m) 直尺中心处路表的凹陷,每隔 25ft (约 7.62m) 量测一次。

2) 设计方程式

(1) 初始方程式

对 AASHTO 道路试验所得大量数据进行数理统计,将路面现时服务性指数的变化同荷载大小、荷载重复作用次数和路面厚度联系起来,得到如下关系:

$$G = \lg\left(\frac{C_0 - P_t}{C_0 - C_1}\right) = \beta(\lg W - \lg \rho) \tag{8-104}$$

式中:G——表征任一指定时间的现时服务性指数损失($C_0 - P_t$)与 $P_t = 1.5$ 时相应损失($C_0 - C_1$)的关系;

W——考虑季节影响的加权荷载作用次数;

C_0——初始现时服务性指数,为 4.2;

C_1——末期(路面已损坏)的现时服务性指数,为 1.5;

$\beta、\rho$——计算参数,与 ρ-W 曲线有关,对试验结果进行统计分析得如下关系:

$$\beta = 0.4 + \frac{0.081(L_1 + L_2)^{3.23}}{(\overline{\mathrm{SN}} + 1)^{5.19} L_2^{3.23}} \tag{8-105}$$

$$\rho = \frac{10^{5.93}(\overline{\mathrm{SN}} + 1)^{9.36} L_2^{4.38}}{(L_1 + L_2)^{4.79}} \tag{8-106}$$

式中:L_1——单轴荷载或一组双轴荷载(klbf, 1klbf = 4 445.2N);

L_2——轴数,单轴为 1,双轴为 2;

$\overline{\mathrm{SN}}$——路面的结构数,可按式(8-107)计算。

$$\overline{\mathrm{SN}} = \alpha_1 D_1 + \alpha_2 D_2 + \alpha_3 D_3 \tag{8-107}$$

其中,$D_1、D_2、D_3$ 及 $\alpha_1、\alpha_2、\alpha_3$ 分别为面层、基层、底基层厚度及结构层系数,后者由试验确定,一般见表 8-45。

结构层系数

表 8-45

结构层	材料	系数		
		α_1	α_2	α_3
面层	路拌(稳定度较低)	0.20		
	厂拌(稳定度较高)	0.44		
	沥青砂	0.40		
	砂砾		0.07	
	碎石		0.14	
基层	水泥稳定(不包括水泥土)			
	650lb/in² 以上		0.23	
	400~650lb/in²		0.20	
	400lb/in² 以下		0.15	
	沥青处治			
	粗级配		0.30	
	沥青砂		0.25	
	石灰稳定		0.15~0.30	
底基层	砂砾			0.11
	砂或砂质黏土			0.05~0.10

注:$1\text{lb/in}^2 = 6.89476\text{kPa}$。

在 AASHTO 设计方法中规定汽车设计标准轴载为 18klbf(约 80kN)。将 $L_1 = 18$、$L_2 = 1$ 代入式(8-105)和式(8-106)得:

$$\beta_{18} = 0.4 + \frac{1094}{(\overline{SN} + 1)^{5.19}}$$

$$\lg \rho_{18} = 9.36\lg(\overline{SN} + 1) - 0.2$$

又由式(8-104)知:

$$\lg W_{18} = \lg \rho_{18} + \frac{G}{\beta_{18}}$$

所以得:

$$\lg W_{18} = 9.36\lg(\overline{SN} + 1) - 0.2 + \frac{G}{0.4 + \dfrac{1094}{(\overline{SN} + 1)^{5.19}}} \tag{8-108}$$

将式(8-104)代入式(8-108)得到柔性路面设计方程式:

$$\lg W_{t18} = 9.36\lg(\overline{SN} + 1) - 0.20 + \frac{\lg(4.2 - P_t) - 0.43}{0.4 + \dfrac{1094}{(\overline{SN} + 1)^{5.19}}} \tag{8-109}$$

(2)修正方程式

①土基与环境修正。

式(8-109)仅适用于 AASHTO 道路试验段的土基状况,即有效土基回弹模量为 20.7MPa

（3 000psi）的柔性路面。对于其他土基及环境条件，经修正为式（8-110）。

$$\lg W_{t18} = 9.36\lg(\overline{SN}+1) - 0.20 + \frac{\lg(4.2-P_t)-0.43}{0.4+\dfrac{1\,094}{(\overline{SN}+1)^{5.19}}} + 2.32\lg M_R - 8.07 \qquad (8\text{-}110)$$

式中：M_R——路基土有效回弹模量。

②降水、排水条件修正。

考虑到当地降水、排水条件与试验路的差异，通过式（8-111）作修正。

$$\overline{SN} = a_1 D_1 + a_2 D_2 m_2 + a_3 D_3 m_3 \qquad (8\text{-}111)$$

式中：m_2——基层的排水系数；

m_3——底基层的排水系数。

③可靠度保证率修正。

按式（8-110）计算，使 PSI 降至 P_t 的 80kN 单轴轴载通行次数 W_{18} 等于 W_{t18}，设计的可靠度仅为 50%，因为该式中所有的变量均为平均值，为了达到要求的可靠度水平，W_{18} 必须小于 W_{t18} 一个正态偏移 Z_R，如图 8-46 所示，即：

$$Z_R = \frac{\lg W_{18} - \lg W_{t18}}{S_0} \qquad (8\text{-}112)$$

式中：Z_R——给定可靠度 R 的正态偏移，由表 8-46 查得；

S_0——标准离差。

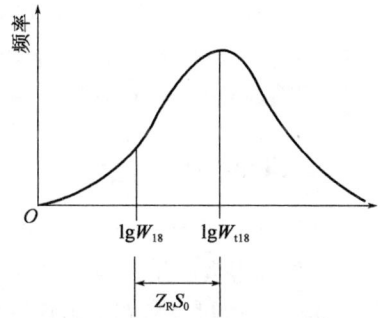

图 8-46 基于 ESAL 的设计可靠度

将式（8-110）与式（8-112）合并，并以剩余现时服务性指数 ΔPSI 代换（$4.2-P_t$），可得到经各种修正之后的设计方程式：

$$\lg W_{18} = Z_R S_0 + 9.36\lg(\overline{SN}+1) - 0.20\,\frac{\lg\Delta PSI - 0.43}{0.4 + 1\,094/(\overline{SN}+1)^{5.19}} + 2.32\lg M_R - 8.07$$

$$(8\text{-}113)$$

不同可靠度水平的标准正态偏移　　　　　　　　　　表 8-46

可靠度（%）	标准正态偏移（Z_R）	可靠度（%）	标准正态偏移（Z_R）
50	0.000	93	−1.476
60	−0.253	94	−1.555
70	−0.524	95	−1.645
75	−0.674	96	−1.751
80	−0.841	97	−1.881
85	−1.037	98	−2.054
90	−1.282	99	−2.327
91	−1.340	99.9	−3.090
92	−1.405	99.99	−3.750

该设计方程式制作成诺谟图(图 8-47),设计时可直接查得。

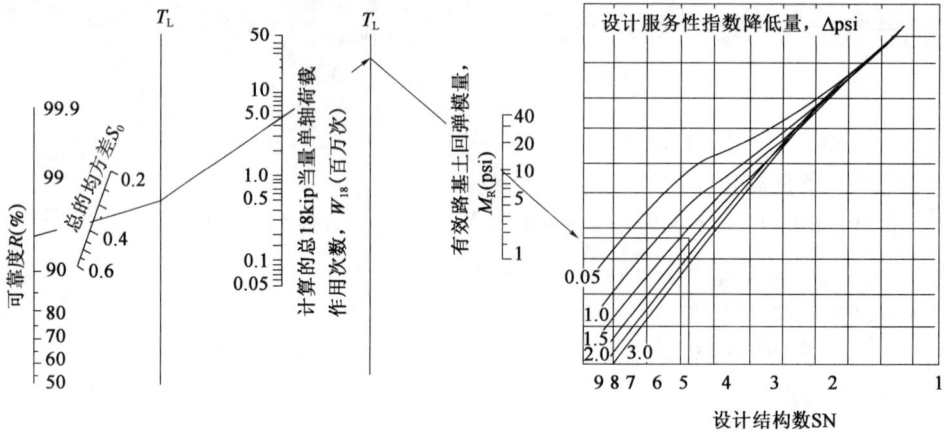

图 8-47　柔性路面按各输入均值的设计用图(1psi=6.9kPa,1kip=1 000lb≈454kg)

(引自《AASHTO 路面结构设计指南》,1986 年版,华盛顿美国各州公路及运输工作者协会。应用经过允许。)

三、Shell 法

壳牌(Shell)石油公司于 1963 年提出了柔性路面设计方法,1978 年又进行了补充和完善,形成了具有很大实用价值的设计方法。

Shell 法通过分析路面破坏状态提出设计标准,建立路面模型并进行力学计算,通过试验获取路面材料参数,从而得出体系完整的设计方法。

1. 设计标准

该法的设计标准如下:

(1)路基压应变

路基表面由于行车重复作用产生的压缩变形应不超过某一容许值。根据 AASHTO 试验,在标准荷载作用下,路基的容许压应变 ε_z 与重复荷载次数 N 的关系,当耐用性指数降低到 2.5 及 $\mu=0.35$ 时为:

$$\varepsilon_z = 2.8 \times 10^{-2} \times N^{-0.25} \tag{8-114}$$

(2)沥青面层拉应变

沥青面层在行车荷载反复作用下,其底面的最大拉应变应不超过容许值。该容许拉应变随应变产生次数 N 及沥青混合料的模量和类型而变化,通常应在试验室内由试件的重复弯曲试验确定,其关系式为:

$$\varepsilon_r = C \cdot N^{-0.25} \tag{8-115}$$

式中:C——与沥青混合料的类型和模量有关。

(3)整体性基层的拉应力

无机结合料稳定基层的拉应力应不超过某一容许值,通过试验,水泥稳定砂砾基层的容许应力与荷载作用次数 N 的关系为:

$$\sigma_r = \sigma_{rl}(1 - 0.075\lg N) \qquad (8\text{-}116)$$

式中：σ_{rl}——一次荷载下的极限抗弯强度。

（4）路面表层的永久变形

路面表面因行车反复作用产生的永久变形，对高速公路，其容许值为 10mm，对一般道路，其容许值为 15mm。

2. 路面模型和计算理论

将路面结构看作一种多层线性弹性材料体系，各层材料的弹性特征用弹性模量和泊松比表征。假设各层材料为均质各向同性体，各层在水平方向及最下一层在竖直向下方向为无限大，各层之间的接触面是连续的。

路面表面作用的荷载为一个或几个圆形均布竖向荷载和（或）水平荷载。

该法的路面计算图式和荷载为三层连续体系，其上作用双圆均布竖向荷载。

计算理论为层状弹性体系理论。计算工作由计算机完成。其计算程序有 1968 年提出的 BISTRO 程序，可计算多层连续体系任一点的应力、应变和位移；1973 年的 BISAR 程序，可计算 N 层体系作用竖向和水平荷载，层间完全连续、绝对光滑及具有部分摩擦力时的应力和位移。

3. 材料参数

路基结构层和土基的性质用动弹性模量表征。它们的试验方法和数值如下：

（1）路基

路基的动弹性模量在现场用动弯沉仪或测震仪测定，也可在室内用动三轴仪试验确定。当缺乏上述试验条件，又已知路基土的 CBR 值时，可按下式近似求得：

$$E_3 = 10^7 \text{CBR}$$

（2）松散材料基层

松散材料基层模量受应力的影响很大，由理论分析和试验得知，该种材料的模量 E_2 取决于它的厚度 h_2 和下面路基的模量 E_3，其关系式为：

$$E_2 = K_2 E_3$$

其中，$K_2 = 0.2 h_2^{0.45}$，h_2 以 mm 计，且 $2 < K_2 < 4$。

（3）整体性材料基层

用现场切割小梁进行动弯曲试验确定。对水泥稳定砂砾测得 $E_2 = 5 \times 10^9 \sim 5 \times 10^{10} \text{Pa}$。

（4）沥青混合料

考虑到沥青混合料具有黏弹性性质，故用劲度模量表征其力学性质。如果已知沥青的劲度模量 S_b 和矿质集料的体积含量 C_v，可按下式预估沥青混合料的劲度模量 S_ω：

$$S_\omega = S_b \left(1 + \frac{2.5}{n} \times \frac{C_v}{1 - C_v}\right)^n \qquad (8\text{-}117)$$

其中：

$$n = 0.83\lg\left(\frac{4 \times 10^4}{S_b}\right)$$

$$C_v = \frac{\text{集料体积}}{\text{集料体积} + \text{沥青体积}}$$

4. 荷载

设计用标准轴载为 80kN，每个后轮为 20kN。轮胎接触压力 0.6MPa。轮迹面积半径 10.5cm。

对不同轴载的换算，由 AASHTO 结果采用式(8-118)进行计算：

$$n = \frac{n_1}{n_2} = \left(\frac{P_2}{P_1}\right)^4 \tag{8-118}$$

式中：P_1、P_2——轴载；

n_1、n_2——轴载作用次数。

为了确定沥青混合料的劲度模量需先求得沥青的劲度模量，因而要知道荷载作用持续时间，这一时间随行车速度、轮迹的横向分布、路面厚度及该点在结构层内的深度而变。按理这些因素都应加以考虑，但实际上不大可能，所以通常取行车速度为 50~60km/h，加荷时间 0.02s 作为路面的荷载作用时间。

关于路面的永久变形即车辙深度，Shell 法按式(8-119)计算：

$$\Delta h_1 = C_\omega h_1 \frac{\sigma_{av}}{S_\omega} \tag{8-119}$$

式中：C_ω——动态影响修正系数，用以考虑车辆静载与动载之间的差别，其数值与混合料的类型有关，密级配沥青混合料为 1.2，沥青砂为 2.0；

h_1——沥青层厚度；

S_ω——沥青混合料的劲度模量；

σ_{av}——沥青层的平均正应力，计算时可将该层分成几个亚层，并应用层状弹性体系理论的方法进行计算。

【练习与讨论】

1. 名词解释：劲度模量；结构性破坏；功能性破坏；气候分区；旧沥青路面材料再生；拥包；蠕变；应力松弛。

2. 为什么道路交叉口处易出现波浪或搓板？在沥青路面结构设计中如何考虑这种现象？

3. 试用沥青混合料的"高温稳定性"解释沥青路面上重复停车地段出现的波浪、推挤等现象。

4. 为什么整体性材料结构层的低温缩裂多呈横向间隔性裂缝，如何区分路面裂缝是沥青层缩裂还是反射裂缝？

5. 沥青混合料的疲劳试验试件加载方式有哪两种？选择时考虑什么因素？

6. 为什么沥青路面的摩擦系数应在潮湿状态下测定？

7. 名词解释：层状弹性体系；弹性半空间体；疲劳寿命；验收弯沉；疲劳开裂；路面现时服务性指数 PSI。

8. 简述整体性路面材料结构层产生疲劳开裂的原因。

9. 为何要规定各类结构层的最小厚度？为什么要规定相邻层材料的模量比？

10. 沥青路面在力学性质上属于非线性的弹-黏-塑性体,为何又能应用层状弹性体系理论对它进行应力应变分析?

11. 沥青路面设计为何要采用多指标进行控制设计? 具体指标有哪些? 具体控制什么?

12. 在一个多层弹性体系中,请标出各特征点的位置:路面弯沉计算点、各层的拉应力验算点,并写出这些点的 r、z 坐标值。

13. 请利用沥青路面设计程序,设计沥青层 + 无机结合料稳定基层 + 路基、沥青层 + 级配碎石 + 路基、沥青层 + 级配碎石 + 无机结合料稳定基层 + 路基三种沥青路面结构,并确定结构层厚度要求和材料要求,各累计交通量、结构层参数、路基模量自定(选做)。

14. 在南京地区一无机结合料稳定基层沥青路面结构,沥青层的厚度分别为40mm、60mm和80mm,对应的模量分别为10 500MPa、12 000MPa、9 000MPa;车辙试验试件厚度50mm,加载2 520 次对应的永久变形分别为 1.0mm、1.2mm 和 3.0mm;基层厚度和模量分别为200mm 和9 000MPa,底基层厚度和模量分别为400mm 和 7 800MPa,路基顶面综合模量 E_0 为 60MPa,结构层材料泊松比统一取 0.25,路基泊松比取 0.35,双圆标准荷载 $p_0 = 0.707$MPa,半径10.65cm,N_{e_3} 取 3×10^7,请结合层状体系程序列表(表8-47)计算沥青层的总永久变形量(选做)。

沥青层总永久变形量计算表　　　　　　　　　　　表8-47

层位	分层厚度(mm)	竖向应力(MPa)	等效温度(℃)	综合修正系数 k_i	永久变形(mm)
1	10				
1	15				
1	15				
2	20				
2	20				
2	20				
3	40				
3	40				
总永久变形量(mm)					

AI 辅助讨论

请采用 AI 工具(如 DeepSeek、Kimi 等),根据要求生成讨论提纲和PPT,提交讨论报告和汇报文件(PPT)。

讨论题:沥青路面不同的设计指标主要针对对应的路面破坏,而路面结构类型又体现了相应的破坏特征。请结合国内外不同的沥青路面结构设计方法,分析讨论沥青路面设计指标的选取。

要求:结合个人理解,给出由 10～20 个关键词(中英文各一半)组成的提问句,然后利用 AI 工具完成"请比较国内外不同沥青路面结构设计方法,分析讨论沥青路面设计指标选取的现状和特点"的中英文讨论报告和汇报文件(PPT)。

第九章

水泥混凝土路面设计

【本章提要】

本章主要介绍水泥混凝土路面的种类、特点、构造及组合设计、厚度设计等方面的内容。

【学习要求】

掌握水泥混凝土路面分类、构造,水泥混凝土路面的病害种类及产生病害主要原因。了解路面可靠度理论的基本原理,国外水泥混凝土路面设计方法。熟悉水泥混凝土路面分析的小挠度弹性薄板理论和经典解析解的基本内容,温度应力产生的条件和分析方法,以及普通水泥混凝土路面一般构造特征。掌握水泥混凝土路面各结构层主要功能,材料选择,组合设计的基本原则和方法,路面结构厚度设计方法。

第一节 概 述

水泥混凝土路面(CCP,Cement Concrete Pavement),亦称刚性路面(Rigid Pavement),按配筋分式可分为普通水泥混凝土路面(JPCP,Jointed Plain Concrete Pavement)、钢筋混凝土路面(JRCP,Joint Reinforced Concrete Pavement)、连续配筋混凝土路面(CRCP,Continuously Reinforced Concrete Pavement)、预应力混凝土路面(PRCP,Prestressed Reinforced Concrete Pavement)和钢纤维混凝土路面(SFCP,Steel Fiber Reinforced Concrete Pavement)。按施工工艺,可分为装配

式混凝土路面(PCP,Precast Concrete Pavement)、混凝土预制块路面(CBP,Concrete Block Pavement)和普通现浇混凝土等。目前采用最广泛的是就地浇筑的普通混凝土路面。

与其他类型的路面相比,混凝土路面具有以下优点:

(1)强度高。混凝土路面具有很高的抗压强度和较高的抗弯拉强度以及抗磨耗能力。

(2)稳定性好。混凝土路面的水稳性、热稳性均较好,特别是它的强度能随着时间的延长而逐渐提高,不存在沥青路面的"老化"现象。

(3)耐久性好。由于混凝土路面的强度和稳定性好,所以它经久耐用,一般能使用20~40年,而且它能通行包括履带式车辆在内的各种运输工具。

(4)有利于夜间行车。混凝土路面色泽鲜明,能见度好,对夜间行车有利。

但是,混凝土路面也存在一些缺点,主要有以下几方面:

(1)对水泥和水的需要量大。修筑厚0.2m、宽7m的混凝土路面,每1 000m要耗费水泥约400~500t、水约250t,尚不包括养护用的水在内,这给水泥供应不足和缺水地区带来较大困难。

(2)有接缝。一般混凝土路面要建造许多接缝,这些接缝不但会增加施工和养护的复杂性,而且容易引起行车跳动,影响行车的舒适性;接缝又是路面的薄弱点,如处理不当,将导致路面板边和板角处破坏。

(3)开放交通较迟。一般水泥混凝土路面完工后,要经过28d的潮湿养护,才能开放交通,如需提早开放交通,则需采取特殊措施。

(4)修复困难。混凝土路面损坏后,开挖很困难,修补工作量也大,对交通影响大。

第二节 水泥混凝土路面的分类与构造

一、水泥混凝土路面分类

(一)按配筋方式

1.普通水泥混凝土路面

普通水泥混凝土路面是指除接缝区和局部范围外,面层内均不配筋的水泥混凝土路面,也称为素混凝土路面。它是我国目前应用最广泛的刚性路面形式,也是最重要的水泥混凝土路面种类。

与其他水泥混凝土路面相比,其构造上的主要特征如下:

(1)板内基本不配筋,或只按构造在局部薄弱环节配置少量加强钢筋。

(2)除个别特殊位置外,板被主动切割出纵横向正交接缝,横缝间距4~6m。冬季低温情况下,材料产生收缩,将沿设定的接缝位置释放变形。

普通水泥混凝土路面因钢筋用量很少,造价相对低廉,在砂石、水泥资源丰富地区,可以利用本地筑路材料,进一步降低运输费用。在基础稳定性良好的情况下,普通水泥混凝土路面耐久性较好,全寿命经济性好,但因板体刚度大,对重载的敏感性高,如果超限、超载严重,路面使用寿命会急剧下降,继而导致不能达到其设计目标。

通过对普通水泥混凝土路面病害的调查发现，除荷载因素外，其损坏的直接原因往往是其下部支承层出现积水、松散、脱空、唧泥等现象，这与水的影响密不可分。我国早期修筑的水泥混凝土路面对结构内排水不够重视，在地基软弱、路基干湿状况较差路段极易出现路面病害。因此，在这些路段铺筑普通水泥混凝土路面时，应重视基层的耐冲刷能力，而且必须设置路面排水沟管，同时综合应用路基渗沟、垫层、排水基层、面层配筋等技术措施。此外，也可采用钢筋混凝土路面或连续配筋混凝土路面。

接缝是普通水泥混凝土路面的薄弱环节，从路面受力分析可知，接缝传荷能力是影响其结构安全耐久的重要因素。传荷能力指的是普通水泥混凝土等有接缝的刚性路面，在接缝一侧承受荷载时，荷载效应被传递到另一侧的能力。传荷能力高时，荷载效应被接缝两侧的板块共同承担，增大了承载范围，降低了板内荷载应力，可延长路面使用寿命。接缝的传荷能力一般由两种技术措施来保证：一种是切缝时不做全深切割，即"假缝"，收缩开裂时，自然断裂面上会出现"犬牙交错"的状态，可利用此界面上的咬合作用传递竖向剪力；另一种是通过钢筋，使接缝两侧板块断裂后仍联系在一起，从而起到传荷作用。对重交通路段，应在纵、横向接缝处分别设置拉杆和传力杆。还有一种"企口缝"的构造方式，实践证明其易从企口处断裂，现已被规范弃用。随着路面使用年限的增加，传荷能力会逐步衰退，必要时需重新植入钢筋加以恢复。

接缝处形成的水分下行通道是影响普通水泥混凝土路面结构安全耐久的另一个因素。因此，普通水泥混凝土路面的接缝要求做填缝处理，且每年养护工作中的一项重要任务就是更换填缝料。如果因填缝料品质不佳、更换不及时等原因，不能及早阻止水分下渗，将会对路面耐久性造成不利影响。

2. 钢筋混凝土路面

钢筋混凝土路面是指面层内配置纵、横向钢筋或钢筋网并设接缝的水泥混凝土路面。配置钢筋的目的并非为增加板体的抗弯拉强度而减薄面板的厚度，而是确保混凝土路面板在产生裂缝之后保持裂缝紧密接触，裂缝宽度不会增大。因此，钢筋混凝土路面主要适用于各种容易引起路面板裂缝的情况。例如：

(1)路面板的平面尺寸过大或形状不规则，如路面板长度大于 $10 \sim 20m$。

(2)地基软弱，虽经处理，但仍有可能产生明显的不均匀沉降而导致面板支承不均匀，如半填半挖路基、局部路基位于塘边、在河边填筑路堤等。

(3)路面板下埋设地下设施，路面板上开设检查口等。

由于钢筋混凝土路面配筋后并不能够提高路面板的抗弯拉强度，因此，路面板的厚度采用与不配筋的普通混凝土路面相同的设计厚度。

钢筋混凝土路面纵、横向钢筋宜采用相同或相近的直径，钢筋网中钢筋的最小间距宜为混凝土中集料最大粒径的 2 倍，纵向钢筋的搭接长度宜大于钢筋直径的 35 倍。纵向钢筋应设在面层顶面以下 $1/3 \sim 1/2$ 板厚范围内，横向钢筋应位于纵向钢筋之下。边缘钢筋至纵缝或自由边的距离宜为 $100 \sim 150mm$。

钢筋混凝土路面的横向接缝间距（即路面板长度）可通过技术经济论证后确定，通常如接缝间距过长，则钢筋用量要增加；接缝间距太短，则接缝数量增加，对行车平顺性不利。一般情况下取接缝间距为 $10 \sim 20m$，最大不超过 $30m$。横向接缝采用缩缝形式，并设置传力杆。

3.连续配筋混凝土路面

连续配筋混凝土路面是指面层内配置纵向连续钢筋和横向钢筋,横向不设缩缝的水泥混凝土路面。在路面纵向配有足够数量的不间断连续钢筋,可控制混凝土路面板因纵向收缩而产生的横向裂缝的宽度。因此,连续配筋混凝土路面不设横向胀缝和缩缝,形成一完整和平坦的行车表面,改善了行车平顺性,同时增加了路面板的整体强度。连续配筋混凝土路面适用于高速公路、一级公路和交通量特别大的重载道路。

连续配筋混凝土路面并非完全没有横向裂缝,只是由于混凝土的收缩变形为连续钢筋所约束,收缩应力被钢筋所承担,使横向裂缝分散在更多的部位,通常间距为 1.0 ~ 2.0m。即使有一道微小裂缝,但是由于钢筋的紧束,使之仍然保持紧密接触,而且裂缝宽度较小,这种小裂缝不致破坏路面的整体连续性、行车平稳性,如同无缝路面一样,路面表面雨水也不易渗入,因此使用效果理想。

自 1921 年美国华盛顿特区修建第一条连续配筋混凝土路面以来,美国连续配筋混凝土路面总里程已超过 3.2 万 km。除美国之外,日本、西班牙等国也修建了连续配筋混凝土路面。我国自 20 世纪 80 年代末,开始研究并铺筑试验路进行长期观测以来,已有多项工程修建了连续配筋混凝土路面。

连续配筋混凝土路面配置纵向连续钢筋的作用是约束变形,防止裂缝宽度增大,并不分担截面的弯拉应力,因此,原则上连续配筋混凝土路面的厚度与普通混凝土路面相同。

连续配筋混凝土的纵向配筋量是根据混凝土的体积收缩与温度收缩而引起的钢筋受力状态来设置的,在分析钢筋应力时,不考虑车轮荷载对钢筋应力的影响。纵向配筋率是基于以下三项原则来确定的:

(1)最小配筋率足以保证混凝土在干缩时引起的内应力不超出混凝土最大的极限拉应力。

(2)最小配筋率足以保证混凝土在温度下降时引起的收缩应力不超出混凝土的最大极限拉应力。

(3)最小配筋率足以保证混凝土已有裂缝位置钢筋的最大拉应力不超过钢筋的屈服应力。

纵向配筋率满足以上三项原则,则混凝土已有裂缝不会增宽,也不会产生新的裂缝。横缝间距通常不大于 1.8m,裂缝宽度小于 0.5mm。一般来说,较高配筋率导致路面出现较小的横缝间距和较小的裂缝宽度。

连续配筋混凝土路面的纵向、横向钢筋均应采用螺纹钢筋,纵向钢筋配筋率经计算确定,通常配筋率控制在 0.6% ~ 1.0%,横向钢筋用量可取纵向钢筋用量的 1/8 ~ 1/5。

连续配筋混凝土路面与其他路面或桥梁、涵洞等构造物连接处,均需采取措施进行端部处理。端部处理可根据工程实际情况做专项设计,如图 9-1 所示为钢筋混凝土地梁常规设计图。设置端部构造物应考虑路面板在板端温差作用下可能发生的最大纵向位移,然后根据位移控制的要求(全控制或部分控制),计算确定约束荷载,由此验算端部结构的强度与稳定性是否满足控制要求。近年来,连续配筋混凝土路面端部锚固方式有一些新的研究进展,出现了新的端部构造形式,如毛勒缝形式等,可根据实际工程特点综合比选。

4.钢纤维混凝土路面

钢纤维混凝土路面是指在混凝土面层中掺入钢纤维的水泥混凝土路面。钢纤维混凝土是一种性能优良的路面材料,它能显著提高混凝土的抗拉强度、弯拉强度、抗冻性、抗

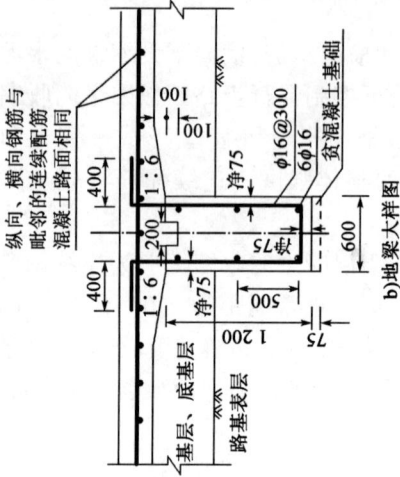

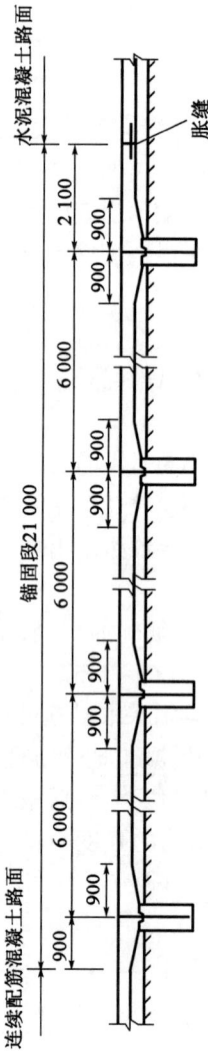

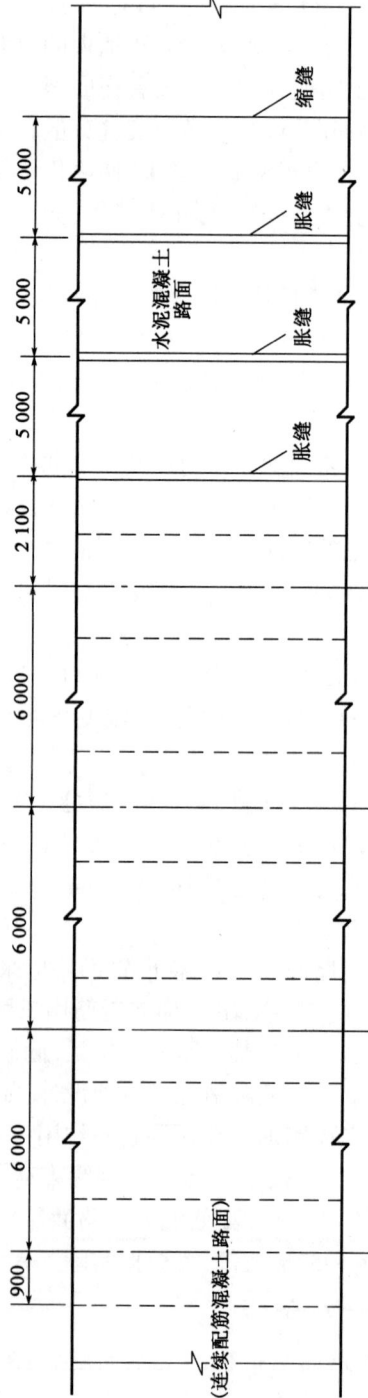

图9-1 钢筋混凝土地梁设计图（尺寸单位：mm）

冲击、抗磨耗、抗疲劳等性能,应用在路面工程中,可以明显减小路面板厚度,改善路用性能。国外主要用于公交停车站、收费站及行驶重型汽车的路面和旧路面的加铺层。我国近年来已逐步推广应用,特别适用于地面高程或恒载受限制的场合,如城市道路旧混凝土路面的加铺层、桥面铺装等。

钢纤维混凝土的特性除了受基质混凝土影响之外,钢纤维的品质对其也有很大影响。钢纤维的用量通常以体积率表示,即 $1m^3$ 钢纤维混凝土中所含钢纤维的体积百分率。路面用钢纤维宜用剪切型纤维或熔抽型纤维,其抗拉强度不宜小于 $600 \sim 1\,000MPa$,纤维直径为 $0.4 \sim 0.7mm$,纤维长度取纤维直径的 $50 \sim 70$ 倍。混合料中集料的公称最大粒径不超过纤维长度的 $1/2 \sim 2/3$,并不宜大于 $16mm$,其他材料要求同普通混凝土。钢纤维的体积率一般取 $0.6\% \sim 1.0\%$,混合料的砂率较普通混凝土增大 50%。

钢纤维混凝土的弯拉强度为普通混凝土的 $1.5 \sim 2.0$ 倍,在所有条件相同的情况下,钢纤维混凝土路面板的厚度约为普通混凝土路面板厚度的 $0.55 \sim 0.75$ 倍,但最小厚度不低于 $180mm$。钢纤维体积率高的取低限,体积率低的取高限。为了提高其整体刚度,通常在钢纤维混凝土路面下设置半刚性基层。

钢纤维混凝土路面的缩缝间距可较普通混凝土路面适当延长,一般为 $15 \sim 20m$。胀缝、缩缝、纵缝、施工缝的构造形式与普通混凝土路面相同。

(二)按施工方式

1. 混凝土预制块路面

混凝土预制块路面是指面层由水泥混凝土预制块铺砌而成的路面。铺筑路面的块料由高强水泥混凝土材料预制而成,抗压强度约为 $60MPa$,水泥含量为 $350 \sim 380kg/m^3$,水灰比为 0.35,最大集料尺寸为 $8 \sim 16mm$,块料承受磨耗的面积一般小于 $0.03m^2$,厚度至少 $0.06m$,形状有矩形和嵌锁型(不规则形状)两类。这种路面结构由面层、砂整平层(厚 $0.03m$)和基层组成,基层类型同普通混凝土路面。这种路面具有结构简单,价格低廉,能承受较大的单位压力,出现较大变形也不会破坏块料,便于修复等优点。因此,自 20 世纪 70 年代中期以来,这种路面在欧美各国得到了较大的发展,广泛地用于铺筑人行道、停车场、堆场(特别是集装箱码头堆场)、街区道路、次要道路、一般公路等。

2. 装配式混凝土路面

装配式混凝土路面是在工厂中把混凝土预制成板块,然后运至工地现场装配而成。这种路面的优点是:混凝土板可以全年生产,不受气候影响,混凝土质量容易保证;施工进度快,铺筑完毕即可通车;损坏后易于拆换修理。因此,它较适用于城市道路、厂矿道路、大型基建场地、停车站场和软弱路基上。装配式混凝土路面的缺点是接缝多,整体性差,容易引起行车颠簸跳动,因而在公路上一般不宜采用。

为了便于吊装及搬运,装配式混凝土板一般做成 $1 \sim 2m$ 的正方形或矩形,也可做成边长 $1.2m$ 的六角形。板厚一般为 $0.12 \sim 0.18m$。近年来有些国家还采用宽 $3.5m$、长 $3 \sim 6m$ 的矩形板,但需有相应的运输和吊装机具来配合。六角形板的强度和稳定性较好。为承受车轮荷载应力和吊装应力,装配式混凝土板可在边缘和角隅配置钢筋,有时亦可设全面网状钢筋。为提高板的质量,可采用预应力、真空作业、机械振捣或蒸汽养生等技术来制作混凝土板。冬季为加速板的硬结,可采用电热法或在铸模内安装管线,内通蒸汽或热水。有些国家还利用先张法或电热法施加预应力,做成装配式预应力混凝土板。

(三)复合式混凝土路面

复合式混凝土路面是指面层由两层不同材料类型和力学性质的结构层复合而成的路面。复合式混凝土路面板适用于以下三种情况:

(1)为节省材料、降低造价,上下层采用不同等级的混凝土,较高等级的混凝土用于上层,较低等级的混凝土用于下层。这种路面一般限于地方道路使用。

(2)高速公路或一级公路,采用低等级混凝土或碾压混凝土作为基层,而面板与基层连续摊铺,可将面板与基层视为复合式路面。

(3)在改建旧混凝土路面时,有时在其上加铺一层新混凝土面层,形成双层式混凝土路面。

根据复合式混凝土路面上下层板之间结合程度的不同,可分为结合式、分离式和部分结合式三种。

(1)结合式:上下层混凝土板牢固结合,成为一整体。新建路面时,上下层混凝土连续施工,即可做成结合式。改建路面时,将下层板表面凿毛、洗净晾干,并喷刷高强度等级水泥浆(水灰比为 0.4~0.5)或环氧树脂等黏结剂,随即浇筑新混凝土面层。对于这种结合式复合路面,其下层板的裂缝和接缝会反射到上层板内,因此要求上下层板的接缝必须对齐,并采用同样的接缝形式和缝隙宽度。这种结合形式适用于下层板完整无裂缝或虽有一些裂缝但不再发展的情况。支立模板时,可采用混凝土块顶撑或利用旧路面板的接缝钻孔插入钢纤固定的方法。

(2)分离式:上下混凝土板之间铺以厚 1~2cm 的沥青砂,可防止下层板的裂缝和接缝反射到上层板内。分离式双层混凝土路面板不要求上下层板的接缝对齐。当下层板严重破碎时,也可采用这种形式。新铺混凝土面层的厚度不宜小于 0.12m。施工立模时可采用穿孔插钎固定模板,也可采用预制混凝土块顶撑模板的方法固定模板。

(3)部分结合式:改建路面时,先对原有混凝土板表面进行清理后再浇筑上层板。由于上下层板之间存在部分结合,下层板上的裂缝与接缝通常仍会反射到上层板内,所以上下层板的接缝位置应对齐,但其形式和宽度不要求完全相同。旧面层的结构损坏不太严重并已经修复时,可采用这种结合形式。

二、水泥混凝土路面构造

1. 路基和路面基层

1)路基

理论分析表明,通过水泥混凝土面层和路面基层传到路基上的压力很小,一般不超过 0.05MPa。因此,混凝土板下似乎不需要有坚强的路基支承。然而,如果路基的稳定性不足,在路基自重的影响下会出现较大的变形,特别是不均匀沉陷,将给混凝土面板带来很不利的影响。实践证明,由于路基不均匀支承,使面板在受荷时底部产生过大的弯拉应力,易导致混凝土路面产生破坏。因此,混凝土路面下的路基必须密实、稳定和均匀。

路基的不均匀支承,可能由下列因素造成:

(1)不均匀沉陷——湿软地基未充分固结;土质不均匀、压实不充分、填挖结合部以及新老路基交接处处理不当。

（2）不均匀冻胀——季节性冰冻地区，土质不均匀（对冰冻敏感性不同）；路基潮湿条件变化。

（3）膨胀土——在过干或过湿（相对于最佳含水率）时压实；排水设施不良等。

控制路基不均匀支承最经济、最有效的方法是：①进行有效的地基处理，控制沉降，尤其是不均匀沉降；②控制压实时的含水率接近于最佳含水率，并保证压实度达到要求；③加强路基排水设施；④加设功能层，以缓和可能产生的不均匀变形对面层的不利影响。

2）路面基层

水泥混凝土面层下设置基层的目的如下：

（1）防唧泥——混凝土面层如直接放在路基上，会由于路基土塑性变形量大，细料含量多和抗冲刷能力低而极易产生唧泥。铺设基层后，可减轻甚至消除唧泥现象。但未经处治的砂砾基层，其细料含量和塑性指数不能太高，否则仍会产生唧泥。

（2）防冰冻——在季节性冰冻地区，用对冰冻不敏感的粒状多孔材料铺筑基层，可以减少路基的冰冻深度，从而减轻冰冻的危害作用。

（3）减小路基顶面的压应力，并缓和路基不均匀变形对面层的影响。

（4）防水——在湿软路基上，铺筑开级配粒料基层（图9-2），可以排除从路表面渗入面层板下的水分以及隔断地下毛细水上升。

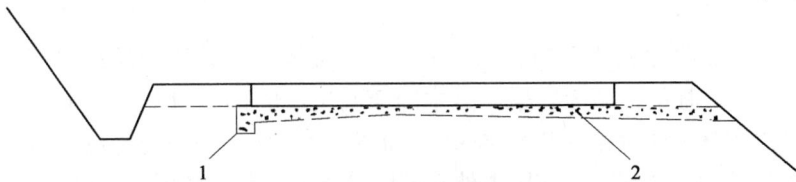

图9-2　兼起排水作用的粒料基层示意图
1-盲沟；2-通过路肩的基层

（5）为面层施工（如立侧模，运送混凝土混合料等）提供方便。

（6）提高路面结构的承载能力，延长路面的使用寿命。

除路基本身就是级配良好的砂砾类土，而且是排水条件良好的轻交通道路之外，都应设置基层。同时，基层应具有足够的强度和稳定性，且断面正确，表面平整。理论计算和实践都已证明，采用整体性好且具有较高弹性模量的材料修筑基层（如贫混凝土、沥青混凝土、水泥稳定碎石、石灰粉煤灰稳定碎石、级配碎石等），可以确保混凝土路面良好的使用特性，延长路面的使用寿命。因此，基层材料的技术要求必须符合现行《公路路面基层施工技术细则》（JTG/T F20）的要求。如果基层出现较大的塑性变形累积（主要在接缝附近），面层板将与之脱空，支承条件恶化，会增加板的应力；同时，若基层材料中含有过多的细料，还将促使其产生唧泥和错台等病害。

研究表明，用厚基层来提高路基的支承力，或者说借以降低面层应力或减薄面层厚度一般不经济。但随着稳定类基层厚度的减小，基层底面的弯拉应力随之增大，因此基层厚度不宜太薄。

在冰冻深度大于0.5m的季节性冰冻地区，为防止路基可能产生的不均匀冻胀对混凝土面层的不利影响，路面结构应有足够的总厚度，以便将路基的冰冻深度约束在有限的范围内。路面结构的最小总厚度，随冰冻线深度、路基的潮湿状况和土质而异，其数值可参照表9-1选定。设计出的结构总厚度(面层+基层)小于表中最小厚度要求时,超出部分可用基层下的垫层(防冻层)来补足。

水泥混凝土路面结构最小防冻厚度(单位:m)　　　　　　表 9-1

路基干湿类型	路基土类别	当地最大冰冻深度(m)			
		0.50~1.00	1.00~1.50	1.50~2.00	>2.00
中湿路基	易冻胀土	0.30~0.50	0.40~0.60	0.50~0.70	0.60~0.95
	很易冻胀土	0.40~0.60	0.50~0.70	0.60~0.85	0.70~1.10
潮湿路基	易冻胀土	0.40~0.60	0.50~0.70	0.60~0.90	0.75~1.20
	很易冻胀土	0.45~0.70	0.55~0.80	0.70~1.00	0.80~1.30

注:1. 易冻胀土:细粒土质砾(GM、GC)、除极细粉土质砂外的细粒土质砂(SM、SC)、塑性指数小于12的黏质土(GL、CH)。
  2. 很易冻胀土:粉质土(ML、MH)、极细粉土质砂(SM)、塑性指数为12~22的黏质土(CL)。
  3. 冻深小或填方路段,或基、垫层采用隔温性能良好的材料,可采用低值;冻深大或挖方及地下水位高的路段,或基、垫层采用隔温性能稍差的材料,应采用高值。
  4. 冻深小于0.50m的地区,可不考虑结构层防冻厚度。

2. 水泥混凝土面层

轮载作用于混凝土面板中部时,路面板所产生的最大应力约为轮载作用于板边部时的 2/3。因此,早期面层板的横断面曾采用过中间薄两边厚的形式(图9-3),以适应荷载应力的变化。但是厚边式路面会对路基和基层的施工带来不便,而且使用经验也表明,在厚度变化转折处,易引起板的折裂。因此,目前国内外常采用等厚式横断面的混凝土面板。

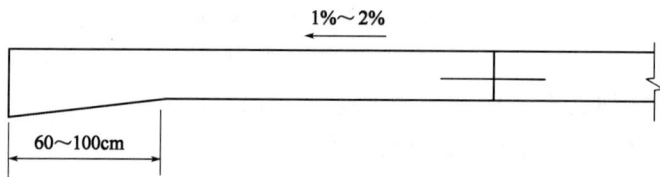

图 9-3　混凝土路面横断面示意图

混凝土面板应保证表面平整、耐磨、抗滑。混凝土面板的平整度以3m直尺量测为准。3m直尺与路面表面的最大间隙,高速公路和一级公路不应大于3mm,其他各级公路不应大于5mm。混凝土面板的抗滑标准以构造深度为指标,高速公路和一级公路不应低于0.8mm,其他各级公路不应低于0.6mm。

3. 路面排水

水泥混凝土路面的排水应根据公路等级、地形、地质、气候、年降雨量、地下水等条件,结合路基排水进行设计,使之形成良好的排水系统,确保排水畅通、路基路面稳定和行车安全。

高速公路和一级公路的路面排水一般由路肩排水、中央分隔带排水和路面表面排水等组成。现代水泥混凝土路面的使用经验表明,路肩必须设置与板底连通的排水盲沟,以利于将路面板接缝处的渗水排出路肩。路面排水设计的具体内容见第十章,设计中还应参考路基排水设计部分的内容,综合考虑,做系统的排水设计。

4.接缝

水泥混凝土面层是由一定厚度的混凝土板所组成,它具有热胀冷缩的性质。由于一年四季气温的变化,水泥混凝土板会产生不同程度的膨胀和收缩。而在一昼夜中,白天气温升高,混凝土板顶面温度比底面高,这种温度坡差会使板的中部形成隆起。夜间气温降低,板顶面温度比底面低,会使板的周边和角隅处发生翘起[图9-4a)]。这些变形会受到板与基础之间的摩阻力和黏结力,以及板的自重、车轮荷载等的约束,致使板内产生过大的应力,造成板的断裂[图9-4b)]或拱胀等破坏。

从图9-4可见,由于翘曲引起的裂缝,将板体分割为两块,但是板体尚不致完全分离,倘若板体温度均匀下降引起收缩,则会将两块板体拉开[图9-4c)],从而失去传递荷载的作用。

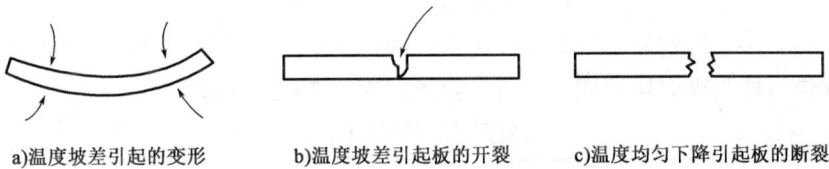

a)温度坡差引起的变形　　　　b)温度坡差引起板的开裂　　　　c)温度均匀下降引起板的断裂

图9-4　混凝土由于温度变化引起的变形及破坏

为避免这些缺陷,混凝土路面不得不在纵横两个方向设置许多接缝,把整个路面分割成许多板块(图9-5)。

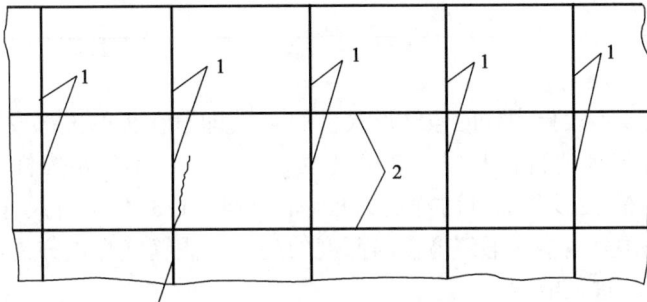

图9-5　路面接缝设置示意图

1-横缝;2-纵缝

横缝是垂直于行车方向的接缝,共有三种:缩缝、胀缝和施工缝。缩缝保证板因温度和湿度的降低而收缩时沿该薄弱断面缩裂,从而避免产生不规则的裂缝。胀缝保证板在温度升高时能部分伸张,从而避免路面板在高温季节产生拱胀和折断破坏,同时胀缝也能起到缩缝的作用。另外,混凝土路面每天完工以及因雨天或其他原因不能继续施工时,应尽量在胀缝处收工。如不可能,也应在缩缝处收工,并按施工缝的构造形式制作接缝。

无论哪种形式的接缝,板体都不可能完全连续,其传递荷载的能力均无法达到连续板体的传荷水平,而且任何形式的接缝都不免要漏水。因此,对各种形式的接缝,都必须提供相应的传荷与防水设施。

1）横缝的构造与布置

（1）胀缝的构造

在邻近桥梁或其他固定构造物处，或者与其他道路相交处，应设置横向胀缝。胀缝条数应根据膨胀量大小设置。胀缝宽度宜为 20 ～ 25mm，缝内应设置填缝板和可滑动的传力杆。胀缝的构造如图 9-6 所示。

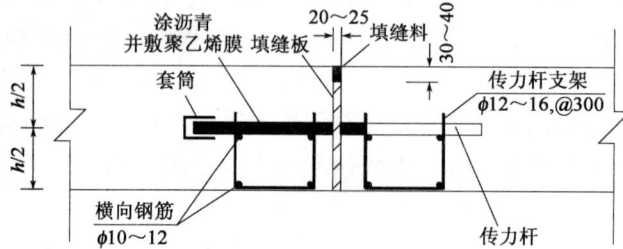

图 9-6　胀缝构造示意图（尺寸单位：mm）

传力杆应采用光圆钢筋。横向缩缝传力杆的尺寸、间距和要求与胀缝相同，可按表 9-2 选用。最外侧传力杆距纵向接缝或自由边的距离宜为 150 ～ 250mm。

传力杆尺寸和间距（单位：mm）　　　　　　　　　　　　　　　　表 9-2

面层厚度	传力杆直径	传力杆最小长度	传力杆最大间距
220	28	400	300
240	30	400	300
260	32	450	300
280	32 ～ 34	450	300
≥300	34 ～ 36	500	300

（2）缩缝的构造

缩缝一般采用设或不设传力杆的假缝形式（图 9-7），即只在板的上部设缝隙，当板收缩时将沿此最薄弱断面有规则地自行断裂。缩缝缝隙宽 3 ～ 8mm，不设传力杆时，深度为板厚的 1/5 ～ 1/4，一般为 5 ～ 6cm；设传力杆时深度为板厚的 1/4 ～ 1/3，传力杆尺寸及间距要求同胀缝，见表 9-2。近年来国外有减小假缝宽度与深度的趋势。假缝缝隙内亦需浇灌填缝料，以防地面水下渗及砂石杂物进入缝内。

横向缩缝应采用假缝形式，可等间距或变间距布置。极重、特重和重交通荷载公路的横向缩缝，中等和轻交通荷载公路邻近胀缝或自由端部的 3 条横向缩缝，收费广场的横向缩缝，应采用设传力杆的假缝形式，其构造如图 9-7a）所示。其他情况可采用不设传力杆的假缝形式，其构造如图 9-7b）所示。

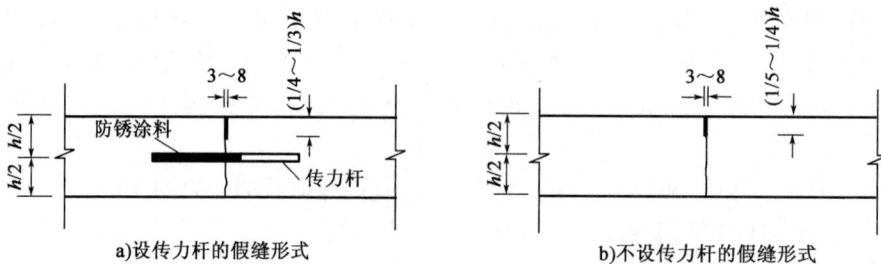

图 9-7　横向缩缝构造示意图（尺寸单位：mm）

传力杆的设置不应妨碍相邻水泥混凝土板的自由伸缩,钢筋表面应做防锈处理。但为便于板的翘曲,有时也将传力杆半段涂以沥青,称为滑动传力杆,而这种缝称为翘曲缝。特别需要指出的是,当在胀缝或缩缝上设置传力杆时,传力杆与路面边缘的距离,应较传力杆间距小些。

二级及二级以下公路的槽口可一次锯切成型。高速公路和一级公路槽口宜二次锯切成型,在第一次锯切缝的上部宜增设深20~30mm、宽7~10mm的浅槽口,槽口下部应设置背衬垫条,上部应用填缝料灌填,其构造如图9-8所示。

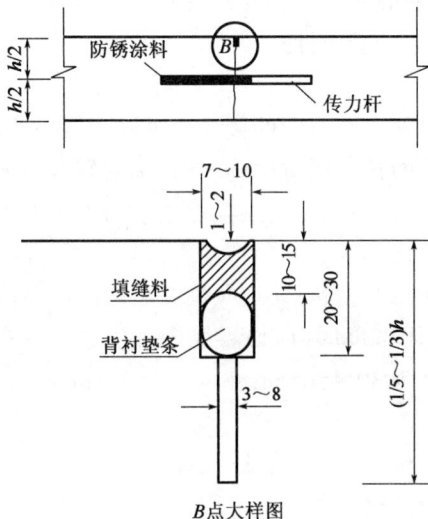

图9-8 二次锯切槽口构造示意图(尺寸单位:mm)

(3)施工缝的构造

每日施工结束或因临时原因中断施工时,必须设置横向施工缝,其位置宜选在缩缝或胀缝处。设在缩缝处的施工缝,应采用加传力杆的平缝形式,其构造如图9-9所示;设在胀缝处的施工缝,其构造应与胀缝相同。

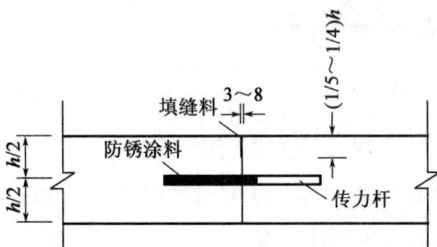

图9-9 横向施工缝构造示意图(尺寸单位:mm)

(4)横缝的布置

缩缝间距一般为4~6m(即板长),在昼夜气温变化较大的地区,或地基水文情况不良路段,应取低限值,反之,取高限值。

在桥涵两端以及小半径平、竖曲线处应设置胀缝。胀缝是混凝土路面的薄弱环节,它不仅给施工带来不便,有时,由于施工时传力杆设置不当(未能正确定位),使胀缝处的混凝土常出现碎裂等病害;当雨水通过胀缝渗入路基后,易使路基软化,引起唧泥、错台等破坏;当砂石进入胀缝后,易造成胀缝处板边挤碎、拱胀等破坏。同时,胀缝容易引起行车跳动,其中的填缝料又要经常补充或更换,增加了养护的麻烦。因此,近年来国内外修筑的混凝土路面均有减少胀缝的趋势。我国《公路水泥混凝土路面设计规范》(JTG D40—2011)建议,胀缝应尽量少设或不设,但在邻近桥梁或固定建筑物处,或与其他类型路面相连接处、板厚变化处、隧道口、小半径曲线和纵坡变换处,均应设置胀缝。在其他位置,当板厚等于或大于20cm,并在夏季施工时,也可不设胀缝。

但是,采用长间距胀缝或无胀缝路面结构时,需注意采取一些相应的措施,如增大基层表面的摩阻力,以约束板在高温或潮湿时伸长的趋势;在气温较高时施工,以尽量减少水泥混凝土板的胀缩幅度;相对地减少缩缝间距,以便减少板的温度翘曲应力;缩小缩缝的缝宽以提高传荷能力,并增进板对路基变形的适应性。

2)纵缝的构造与布置

纵缝是指平行于混凝土路面行车方向的接缝。纵缝间距一般按 3 ~ 4.5m 设置,这对行车和施工都较有利。当双车道路面按全幅宽度施工时,纵缝可做成假缝形式。按一个车道施工时,可做成平头式纵缝。为防止板沿两侧路拱横坡滑动拉开和形成错台,以及防止横缝错开,有时应在平头式纵缝上设置拉杆。

纵向接缝的布设应视路面总宽度、行车道及硬路肩宽度以及施工铺筑宽度而定。

(1)一次铺筑宽度小于路面宽度时,应设置纵向施工缝。纵向施工缝应采用设拉杆的平缝形式,上部锯切槽口,深度宜为 30 ~ 40mm,宽度宜为 3 ~ 8mm,槽内应灌塞填缝料,其构造如图 9-10a)所示。

(2)一次铺筑宽度大于4.5m 时,应设置纵向缩缝。纵向缩缝应采用设拉杆的假缝形式,锯切的槽口深度应大于施工缝的槽口深度。采用粒料基层时,槽口深度应为板厚的1/3;采用半刚性基层时,槽口深度应为板厚的2/5,其构造如图 9-10b)所示。

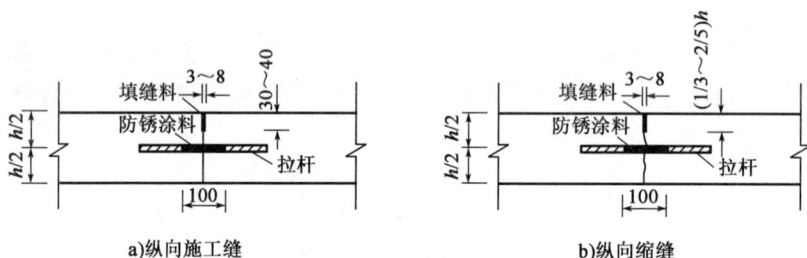

a)纵向施工缝　　　　　　　　　　　b)纵向缩缝

图 9-10　纵缝构造示意图(尺寸单位:mm)

拉杆应采用螺纹钢筋,设在板厚中央,并应对拉杆中部 100mm 范围内进行防锈处理。拉杆的直径、长度和间距可参照表 9-3 选用。施工布设时,拉杆间距应根据横向接缝的实际位置予以调整,最外侧的拉杆距横向接缝的距离不得小于 100mm。行车道路面与混凝土硬路肩之间的纵向接缝必须设置拉杆。

拉杆直径、长度和间距(单位:mm)　　　　　　　　　　表 9-3

面层厚度（mm）	到自由边或未设拉杆纵缝的距离（m）					
	3.00	3.50	3.75	4.50	6.00	7.50
200 ~ 250	14 × 700 × 900	14 × 700 × 800	14 × 700 × 700	14 × 700 × 600	14 × 700 × 500	14 × 700 × 400
≥260	16 × 800 × 800	16 × 800 × 700	16 × 800 × 600	16 × 800 × 500	16 × 800 × 400	16 × 800 × 300

注:拉杆尺寸表示方法为直径×长度×间距。

碾压混凝土面层一次摊铺宽度大于 7.5m 时,应设置纵向缩缝;钢纤维混凝土面层在摊铺宽度小于 7.5m 时,可不设纵向缩缝。

纵缝应与路线中线平行。在路面等宽的路段内或路面变宽路段的等宽部分,纵缝的间距和形式应保持一致。路面变宽段的加宽部分与等宽部分之间,应以纵向施工缝隔开。加宽板在变宽段起终点处的宽度不应小于 1m。

对多车道路面,应每隔 3~4 个车道设一条纵向胀缝,其构造与横向胀缝相同。当路旁有路缘石时,缘石与路面板之间也应设胀缝,但不必设置传力杆。

3)纵横缝的布置

纵缝与横缝一般做成垂直正交,使混凝土板具有 90° 的角隅。纵缝两旁的横缝一般成一条直线。如横缝在纵缝两旁错开,将导致板产生从横缝延伸出来的裂缝(图 9-11)。在交叉口范围内,为了避免板块形成锐角并使板的长边与行车方向一致,大多采用辐射式的接缝布置形式(图 9-12)。

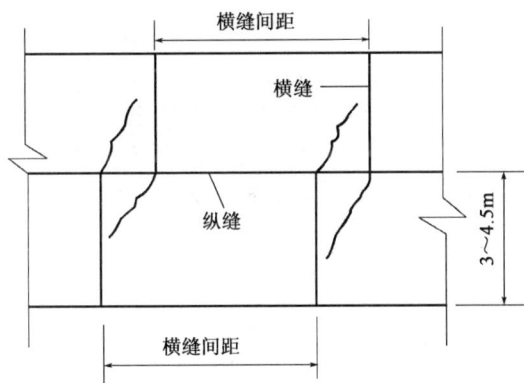

图 9-11 横缝错开时引起的裂缝

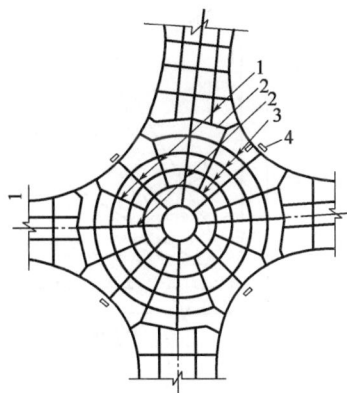

图 9-12 交叉口接缝布置图
1-纵缝(企口式);2-胀缝;3-缩缝;4-进水口

应当补充指出,目前新的混凝土路面接缝布置形式,即胀缝甚少,缩缝间距不等,按 4m、4.5m、5m、5.5m 和 6m 的顺序设置,而且横缝与纵缝交叉成 80° 左右的斜角布设传力杆,则传力杆与路中线平行,其目的是使一辆车只有一个后轮横越接缝,减小由于共振作用所引起的行车跳动的幅度,同时也可缓和板伸张时的顶推作用。

至于缩缝传力杆的设置问题,《公路水泥混凝土路面设计规范》(JTG D40—2011)中规定:①对低交通量道路,当缩缝间距小于 4.5~6.0m 时,可不设传力杆;②对大交通量道路,任何时候都应该设置传力杆。当采用板中计算厚度的等厚式板时,或混凝土板纵、横向自边缘下的基础有可能产生较大的塑性变形时,应在其自由边缘和角隅处设置下述两种补强钢筋。

(1)边缘钢筋。一般用两根直径为 12~16mm 的螺纹钢筋或圆钢筋,设在板的下部板厚的 1/4~1/3 处,且距边缘和板底均不小于 5cm,两根钢筋的间距为 10cm[图 9-13a)]。纵向边缘钢筋一般只设在一块板内,不宜穿过缩缝,以免妨碍板的翘曲;但有时亦可将其穿过缩缝,但不得穿过胀缝。为加强锚固能力,钢筋两端应向上弯起。在横向胀缝两侧板边缘以及混凝土路面的起终端,为加强板的横向边缘,亦可设置横向边缘钢筋。

(2)角隅钢筋。设置在胀缝两侧板的角隅处,一般可用两根直径为 12~14mm,长 2.4m 的螺纹钢筋弯成图 9-13b)的形状。角隅钢筋应设在板的上部,距板顶面不小于 5cm,距胀缝和板边缘各为10cm。在交叉口处,对无法避免形成的锐角,宜设置双层钢筋网补强,以避免板角断裂。钢筋布置在板的上下部,距板顶(底)5~7cm为宜。

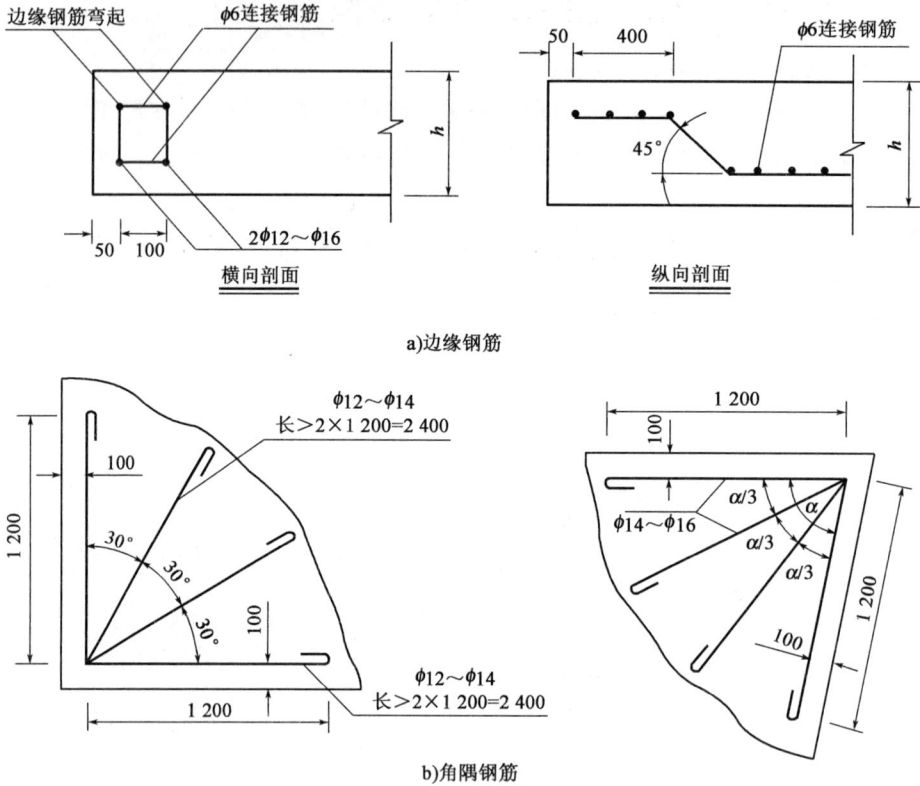

a)边缘钢筋

b)角隅钢筋

图9-13 边缘和角隅钢筋的布置图(尺寸单位:mm)

当混凝土路面中必须设置窨井、雨水口等其他构造物时,宜设在板中或接缝处,在井口边设置胀缝同混凝土面板分开,构造物周围的混凝土面板需用钢筋加固。如构造物不可避免地布置在离板边小于1m地方时,则应在混凝土板薄弱断面处增设加固钢筋。

混凝土路面同桥梁相接处,宜设置钢筋混凝土搭板。搭板一端放在桥台上,并加设防滑锚固钢筋和在搭板上预留灌浆孔。如为斜交桥梁,尚应设置钢筋混凝土渐变板。当桥梁斜角大于70°时设一块渐变板;当斜角在45°~70°时设两块渐变板;当斜角不大于45°时,至少设三块渐变板(图9-14)。渐变板的短边最小为5m,长边最大为10m。

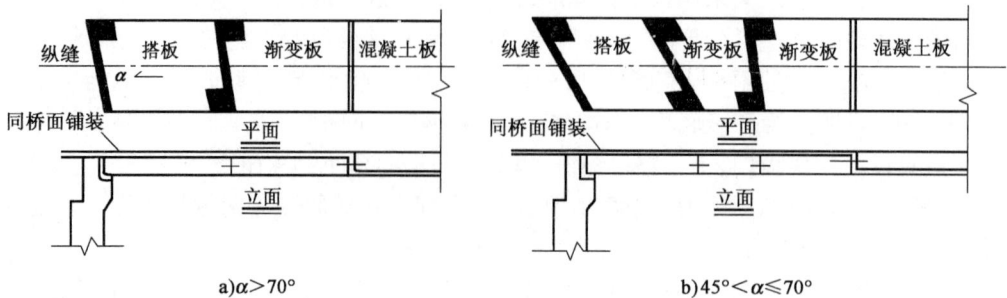

a)α>70°

b)45°<α≤70°

图 9-14

384

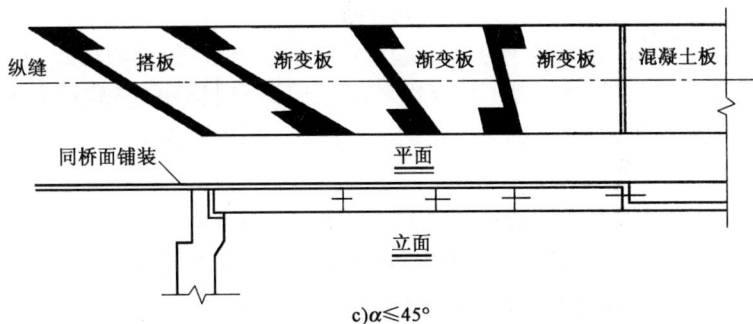

图9-14　混凝土路面与斜交桥梁相接时的构造示意图

5.特殊部位水泥混凝土路面的处理

水泥混凝土路面同沥青路面相接处,为避免出现沉陷和错台,或沥青路面受顶推而拱起,宜按图9-15的方式处理,或将水泥混凝土板埋入沥青路面内,如图9-16所示。

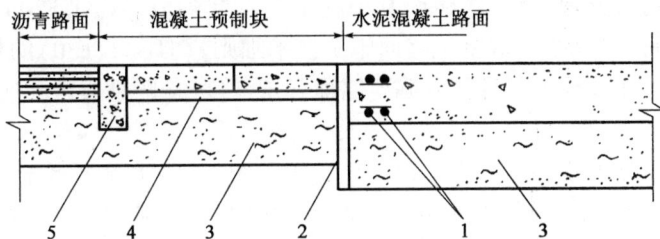

图9-15　水泥混凝土路面同沥青路面相接处的示意图

1-端部边缘钢筋;2-胀缝;3-基层;4-卧层(50号混合砂浆);5-水泥混凝土平道牙

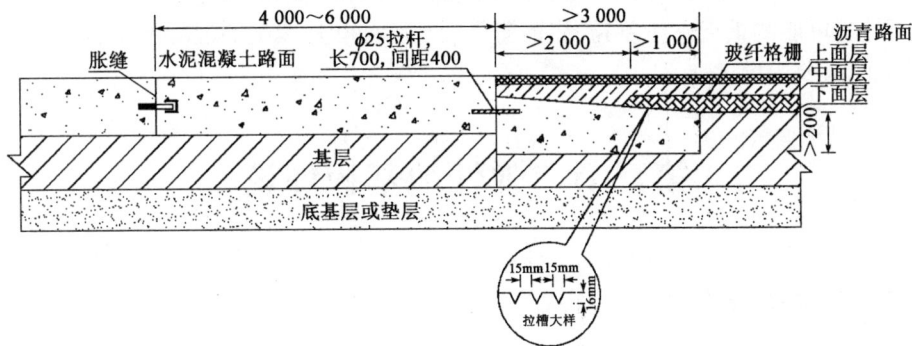

图9-16　水泥混凝土路面与沥青路面的连接构造布置图(尺寸单位:mm)

三、水泥混凝土路面设计内容

普通水泥混凝土路面设计的主要内容有:

(1)结构组合设计。

(2)平面尺寸、接缝及路肩设计。

(3)配筋设计(如果需要)。

(4)材料组成设计(如果需要)。

(5)路面厚度设计。

(6)排水设计等。

结构组合设计的主要任务是基于路基的基本状况及公路等级、交通荷载等级、自然环境条件、特殊工程要求等,选定基层的层数(是否需要底基层)、材料(级配碎石、水泥稳定碎石、碾压混凝土、沥青稳定碎石等),确定面层混凝土路面的类型(JPCP、JRCP 或 CRCP 等)、层数(多层板及复合式路面时)。

在确定采用普通水泥混凝土路面后,平面尺寸及接缝设计的主要任务是确定板宽或分幅施工宽度,确定横缝(缩缝)间距,确定需要设置胀缝的位置和形式及与其他路面相衔接的端部构造形式,确定与桥梁连接处的构造方式,确定拉杆与传力杆设置方案(钢筋直径、长度、间距等),选定路肩类型、材料与组合。

普通水泥混凝土路面一般无须配置钢筋,如按照规范要求的条件必须配置时,按构造要求配置即可。

材料组成设计在初步设计阶段无须进行,材料参数按规范推荐值酌情选取,但在施工图设计阶段,应进行材料组成设计,确定材料配合比,并获取材料的准确设计参数,用于计算分析。基层材料组成设计可参照现行《公路路面基层施工技术细则》(JTG/T F20),水泥混凝土材料组成设计可参考现行《公路水泥混凝土路面施工技术细则》(JTG/T F30)的相关内容。

路面厚度设计的主要任务是计算并确定路面各层厚度,一般是假定其他层层厚,求算面板厚度。

排水设计的主要任务是与路基排水设计相衔接和统一,将水泥混凝土路面排水和路基排水有机统一在一起,考虑路表、中央分隔带、路面结构内、排水基层等多种排水方式组合的方案,确定沟管孔径和构造尺寸,进行水力计算验证其是否满足功能要求,并按技术经济性作出方案决策,具体参照本书第十章的相关内容。

其他类型水泥混凝土路面的设计内容基本相同,不同类型水泥混凝土路面的材料构成及结构特征不同,可能侧重点有所差异,如钢筋混凝土路面和连续配筋混凝土路面的配筋设计就是其设计中的重要内容。

第三节　弹性地基板理论

一、弹性地基板理论简介

两个平行面和垂直于这两个平行面的柱面或棱柱面所围成的物体称为板。板的厚度为 h,平分厚度 h 的平面称为板的中面。如果板的厚度 h 远小于板平面的最小尺寸 b,板就称为薄板。薄板受到垂直于板面的荷载作用时,板面就会弯曲,板中面所弯成的曲面称为弹性曲面,而中面各点沿垂直于板面方向(即 z 方向)的位移称为薄板的挠度 w。假如挠度 w 远小于板厚 h 板就称为小挠度薄板,相应的理论称为小挠度薄板理论;当板下基础被简化为温克勒地基(详见后文介绍)或弹性半空间体地基时,两者共同构成了弹性地基板理论的核心模型。水泥混凝土路面结构分析的基本理论为弹性地基上的小挠度薄板理论。

1. 弹性薄板基本假定

通常的水泥混凝土路面(道面)符合小挠度薄板理论的三个基本假定(图 9-17):

（1）垂直于中面方向的形变分量 ε_z 极其微小，可以略去不计。

（2）应力分量 τ_{zx}、τ_{zy} 和 σ_z 远小于其余三个应力分量，因而是次要的，可以忽略它们所引起的形变分量。

（3）薄板中面内的各点都没有产生平行于中面的位移。

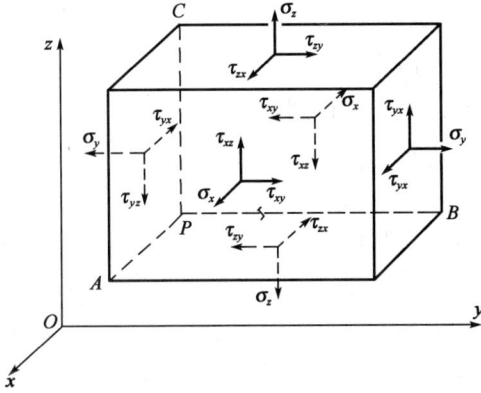

a)微分单位上的应力(参考弹性力学)　　　　　b)弹性曲面(不计其厚度h的板)微元体受力

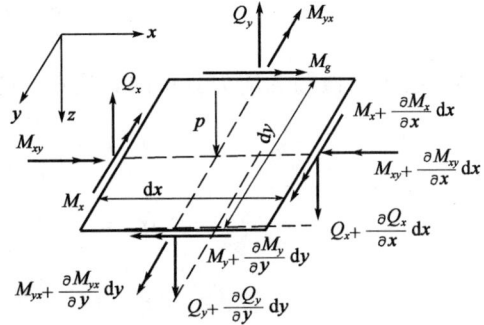

图9-17　微分单元及薄板微元体

由假定（1）可得 $\varepsilon_z = \dfrac{\partial w}{\partial z} = 0 \Rightarrow w = w(x,y)$，代入假定（2）可得 $\gamma_{zx} = \gamma_{zy} = 0 \Rightarrow \dfrac{\partial u}{\partial z} = -\dfrac{\partial w}{\partial x}$，

$\dfrac{\partial v}{\partial z} = -\dfrac{\partial w}{\partial y}$，则：

$$\left.\begin{array}{l} u = -z\dfrac{\partial w}{\partial x} + f_1(x,y) \\[2mm] v = -z\dfrac{\partial w}{\partial y} + f_2(x,y) \end{array}\right\} \tag{9-1}$$

同时，因为不计 σ_z 的影响，板的应力-应变关系（物理方程）为：

$$\left.\begin{array}{l} \varepsilon_x = \dfrac{1}{E}(\sigma_x - \mu\sigma_y) \\[2mm] \varepsilon_y = \dfrac{1}{E}(\sigma_y - \mu\sigma_x) \\[2mm] \gamma_{xy} = \dfrac{2(1+\mu)}{E}\tau_{xy} \end{array}\right\} \tag{9-2}$$

由假设（3）知，中面上 $u|_{z=0} = v|_{z=0} = 0$，代入式（9-1），得到 $f_1(x,y) = f_2(x,y) = 0$，则：

$$\left.\begin{array}{l} u = -z\dfrac{\partial w}{\partial x} \\[2mm] v = -z\dfrac{\partial w}{\partial y} \end{array}\right\} \tag{9-3}$$

以上式中：E、μ——分别为材料的弹性模量与泊松比；

u、v、w——分别为 x、y、z 三个坐标方向的位移。

其余 σ、ε、τ 和 γ 根据其下标不同，分别是不同坐标方向的正应力、正应变、剪应力和剪应变，如图9-17a）所示。

由此可将板的几何方程表示为：

$$
\left.
\begin{array}{l}
\varepsilon_x = \dfrac{\partial u}{\partial x} = -\dfrac{\partial^2 w}{\partial x^2}z \\[3mm]
\varepsilon_y = \dfrac{\partial v}{\partial y} = -\dfrac{\partial^2 w}{\partial y^2}z \\[3mm]
\gamma_{xy} = \dfrac{\partial v}{\partial x} + \dfrac{\partial u}{\partial y} = -2\dfrac{\partial^2 w}{\partial x \partial y}z
\end{array}
\right\}
\tag{9-4}
$$

将式(9-2)改写为应力分量的表达式，并将式(9-4)代入可得到：

$$
\left.
\begin{array}{l}
\sigma_x = -\dfrac{Ez}{1-\mu^2}\left(\dfrac{\partial^2 w}{\partial x^2} + \mu\dfrac{\partial^2 w}{\partial y^2}\right) \\[3mm]
\sigma_y = -\dfrac{Ez}{1-\mu^2}\left(\dfrac{\partial^2 w}{\partial y^2} + \mu\dfrac{\partial^2 w}{\partial x^2}\right) \\[3mm]
\tau_{xy} = -\dfrac{Ez}{1+\mu}\dfrac{\partial^2 w}{\partial x \partial y}
\end{array}
\right\}
\tag{9-5}
$$

2. 弹性曲面微分方程

由式(9-5)可知，各项应力分量均为 z 的奇函数，因此在垂直于厚度方向的截面上，力的和为零，忽略微元体板厚 h，将其简化为图 9-17b)的弹性曲面单元图式，其上部作用荷载 p，下部地基反力 q 未标出。

将应力分量在厚度 h 方向上积分，得到弹性曲面上力矩分量：M_x、M_y、M_{xy}，力的分量：Q_x、Q_y。式(9-6)为简单起见，只给出了剪力表达式。

$$
\left.
\begin{array}{l}
Q_x = \displaystyle\int_{-h/2}^{h/2} \tau_{xz}\mathrm{d}x = -D\,\dfrac{\partial}{\partial x}\,\nabla^2 w \\[3mm]
Q_y = \displaystyle\int_{-h/2}^{h/2} \tau_{yz}\mathrm{d}x = -D\,\dfrac{\partial}{\partial y}\,\nabla^2 w
\end{array}
\right\}
\tag{9-6}
$$

式中：D——板的抗弯刚度，即 $D = \dfrac{Eh^3}{12(1-\mu^2)}$；

∇^2——拉普拉斯算子，即 $\nabla^2 = \dfrac{\partial^2}{\partial x^2} + \dfrac{\partial^2}{\partial y^2}$。

根据 z 方向力的平衡方程，略去微量，简化得到：

$$
\sum Z = 0 \Rightarrow p - \dfrac{\partial Q_x}{\partial x} - \dfrac{\partial Q_y}{\partial y} - q = 0 \Rightarrow \dfrac{\partial Q_x}{\partial x} + \dfrac{\partial Q_y}{\partial y} = p - q
\tag{9-7}
$$

将式(9-6)代入式(9-7)，得到：

$$
D\left(\dfrac{\partial^4 w}{\partial x^4} + 2\dfrac{\partial^4 w}{\partial x^2 \partial y^2} + \dfrac{\partial^4 w}{\partial y^4}\right) = p - q
\tag{9-8}
$$

或写成：

$$
D\,\nabla^2\,\nabla^2 w = p - q
\tag{9-9}
$$

若采用 $(r、\theta、z)$ 柱坐标系，则式(9-9)中 w、p、q 均是柱坐标 $(r、\theta)$ 的函数，式中，拉普拉斯算子 $\nabla^2 = \dfrac{\partial^2}{\partial r^2} + \dfrac{1}{r}\dfrac{\partial}{\partial r} + \dfrac{\partial^2}{\partial \theta^2}$。公式形式上仍保持不变，可用于分析轴对称问题。

求解以上问题时,$p(x,y)$为板顶外荷载,一般已知;$q(x,y)$为地基反力,根据地基的假定不同,表达函数不同;$w(x,y)$为板的中面上的竖向位移,根据地基反力定义的不同而有不同解答。得到$w(x,y)$的解答后,将其代入式(9-4)~式(9-6)就能得到应变、应力和力与力矩的解答。

为获得解析解,必须引入对p和q的简化条件,以往研究者采用的地基性质假定主要有两种:温克勒地基和弹性半空间体地基,在已知荷载p(如:简化的圆形轴对称荷载)作用下,可求解w的解析解。将w代入应力表达式得到的应力解析解即为荷载应力。

随着数值计算方法的发展,可以对地基进行更深入的分析,如定义为弹性层状体系地基等,并可考虑任意形态外荷载的作用结果。与解析解不同,单次数值计算只能解决一个具体问题,规律的总结要从多次数值计算结果中回归分析得到,用回归公式的形式来表达。下面介绍已有荷载应力的解析解。

二、水泥混凝土路面荷载应力分析

1. 温克勒地基板的荷载应力分析

温克勒地基是以地基反应模量K表征的弹性地基。它假设地基上任一点的反力仅同该点的挠度成正比,而与其他点无关,即地基相当于由互不相联系的弹簧组成[图9-18a)]。这一假说首先由捷克工程师温克勒(E. Winkler)提出,故被称为温克勒地基。地基反力$q(x,y)$与该点挠度$w(x,y)$的关系为:

$$q(x,y) = Kw(x,y) \tag{9-10}$$

式中:K——地基反应模量(MPa/m)。

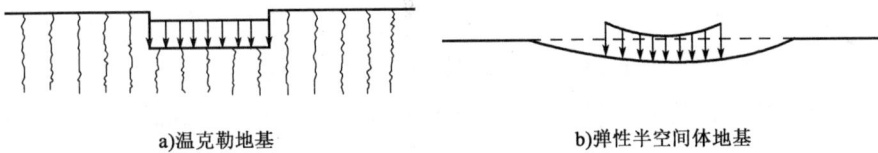

a)温克勒地基　　　　　　　　　　b)弹性半空间体地基

图9-18　不同假定时地基的表面变形

15. 温克勒地基薄板变形特性的动态演示

威斯特卡德(H. M. S. Westergaard)采用温克勒地基假说,分析了图9-19所示的三种车轮荷载位置下板的挠度和弯矩,即:①轮载作用于无限大板中央,分布于半径为R的圆面积内;②轮载作用于受一直线边限制的半无限大板的边缘,分布于半圆内;③轮载作用于受两条相互垂直的直线边限制的大板的角隅处,压力分布圆面积的圆心距角隅点为$\sqrt{2}R$。

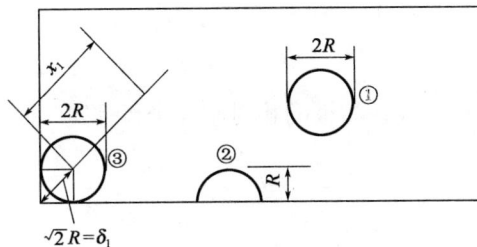

图9-19　三种荷载位置

在解微分方程[式(9-9)]时,附加$q = Kw$并引入边界条件得出挠度w,再代入应力表达式,最后得到三种荷载作用下的最大应力计算公式。20 世纪 30 年代,美国修筑了阿灵顿试验路,对混凝土板受力的情况进行了验证,在威斯特卡德解的基础上又进行了修正。

（1）荷载作用于板中（荷位①）,荷载中心处板底最大弯拉应力:

$$\sigma_i = 1.1(1 + \mu_c)\left(\lg\frac{l}{R} + 0.2673\right)\frac{P}{h^2} \tag{9-11}$$

当荷载作用面积相对于板厚较小时,厚度效应会增强,如果仍采用薄板理论计算应力,会得出偏大的结果。威斯特卡德分析了薄板与厚板理论计算结果的差异,提出了一种把小半径实际荷载面积放大成当量计算半径 b 的近似方法。b 和 R 的关系按下式确定:

$$\left.\begin{aligned} b &= \sqrt{1.6R^2 + h^2} - 0.675h, R < 1.724h\\ b &= R, R \geqslant 1.724h \end{aligned}\right\} \tag{9-12}$$

当 $R \geqslant 0.5h$ 时,按 R 和按 b 算得的应力值相差并不大,因而在这种情况下可不必按当量半径计算应力;而当 $R < 0.5h$ 时,则必须把 R 换算成 b 以后,才能用式(9-11)计算应力。试验路验证表明,威斯特卡德解与实测基本吻合。

（2）荷载作用于板边缘中部（荷位②）,荷位下板底的最大弯拉应力:

$$\sigma_e = 2.116(1 + 0.54\mu_c)\left(\lg\frac{l}{R} + 0.08975\right)\frac{P}{h^2} \tag{9-13a}$$

试验路验证表明,当板与地基保持完全接触的状态时,计算结果同实测值相符。但在板边缘由于板温度翘曲变形或地基塑性变形而同地基脱空时,实测应力值要比式[9-13a)]的计算结果偏高 10% 左右。为此,凯利(E. F. Kelley)根据试验结果,提出了经验修正公式:

$$\sigma_e' = 2.116(1 + 0.54\mu_c)\left(\lg\frac{l}{R} + \frac{1}{4}\lg\frac{R}{2.54}\right)\frac{P}{h^2} \tag{9-13b}$$

计算板边应力 σ_e,当 $R < 0.5h$ 时,也应将 R 换算成 b 进行计算。

（3）荷载作用于板角隅（荷位③）,最大弯拉应力产生在板的表面离荷载圆中心为 x_1 的分角线上（图 9-19）。

$$\sigma_c = 3\left[1 - \left(\frac{\sqrt{2}R}{l}\right)^{0.6}\right]\frac{P}{h^2} \tag{9-14a}$$

其中,$x_1 = 2\sqrt{\delta_1 l}$,$\delta_1 = \sqrt{2}R$。

在温度梯度和地基塑性变形的影响下,板角隅也会发生同地基相脱空的现象。试验路验证表明,板角隅上翘时,实测应力值要比按式[9-14a)]计算值大 30% ~ 50%。对此,凯利提出了经验修正公式:

$$\sigma_c' = 3\left[1 - \left(\frac{R}{l}\right)^{1.2}\right]\frac{P}{h^2} \tag{9-14b}$$

在以上诸式中,P 为车轮荷载,l 为板的相对刚性半径,即:

$$l = \sqrt[4]{\frac{D}{K}} = \sqrt[4]{\frac{E_c h^3}{12(1 - \mu_c^2)K}} \tag{9-15}$$

2. 弹性半空间体地基板的荷载应力分析

弹性半空间地基是以弹性模量和泊松比表征的。它假设地基为一各向同性的弹性半无限体。地基在荷载作用范围内及影响所及的以外部分均产生变形[图 9-18b)],其顶面上任一点

的挠度不仅同该点的压力有关,也同其他各点的压力有关,即:

$$q(x,y) = f[w(x,y)] \tag{9-16}$$

1938 年,霍格(A. H. A. Hogg)根据弹性半空间体地基假设,对轴对称竖向荷载下半无限地基上无限大圆板的位移和应力作了理论分析。翌年该理论分析即被舍赫捷尔应用于刚性路面计算中。

根据霍格理论:无限大地基上的无限大圆板上作用轴对称竖向荷载 $q(r)$ 时(图 9-20),竖向位移表达式为:

图 9-20 挠度计算图式

$$w(r) = \frac{2(1-\mu_s^2)}{E_s} \int_0^\infty \overline{q}(\xi) J_0(\xi r) \, \mathrm{d}\xi \tag{9-17}$$

式中:$\overline{q}(\xi)$——荷载 $q(r)$ 的汉克尔(Hankel)函数;

$J_0(\xi r)$——第一类零阶贝塞尔(Bessel)函数;

ξ——任意参变量;

E_s、μ_s——分别为地基的弹性模量和泊松比。

对于外荷载与弹性地基板本身均关于轴对称的情况下,式(9-17)变为:

$$D \nabla^2 \nabla^2 w(r) = p(r) - q(r) \tag{9-18}$$

式中: ∇^2——拉普拉斯算子,即 $\nabla^2 = \dfrac{\mathrm{d}^2}{\mathrm{d}r^2} + \dfrac{1}{r}\dfrac{\mathrm{d}}{\mathrm{d}r}$;

$w(r)$、$p(r)$、$q(r)$——分别为随坐标变化的板的挠度、荷载与反力。

此时板内径向弯矩 M_r 与切向弯矩 M_t 的表达式为:

$$\left. \begin{array}{l} M_r = -D\left(\dfrac{\mathrm{d}^2}{\mathrm{d}r^2} + \dfrac{\mu_c}{r}\dfrac{\mathrm{d}}{\mathrm{d}r}\right)w(r) \\[3mm] M_t = -D\left(\dfrac{1}{r}\dfrac{\mathrm{d}}{\mathrm{d}r} + \mu_c\dfrac{\mathrm{d}^2}{\mathrm{d}r^2}\right)w(r) \end{array} \right\} \tag{9-19}$$

当荷载作用于板中时(图 9-21),应用弹性地基上无限大板轴对称课题的理论解来计算荷载位置的弯矩。即将式(9-17)代入式(9-18)中可解得板挠度方程式(9-9)的贝塞尔函数解 $w(r)$,再将它代入式(9-19),便得图 9-21 所示的圆形均布荷载下板中心产生的单位宽度最大弯矩:

$$M_r = M_t = \frac{CP(1+\mu_c)}{2\pi\alpha R} = \overline{M}_0 P \tag{9-20}$$

当轮载距计算点一定距离时,可视为集中荷载,则距集中荷载作用点 r 处板在单位宽度内的弯矩(图 9-22)为:

$$\left. \begin{array}{l} M_t = (A + \mu_c B)P = \overline{M}_t P \\[2mm] M_r = (B + \mu_c A)P = \overline{M}_r P \end{array} \right\} \tag{9-21}$$

$$A = \frac{1}{2\pi\alpha R} \int_0^\infty \frac{t J_1(\alpha R t)}{1 + t^3} \mathrm{d}t \tag{9-22a}$$

$$B = \frac{1}{2\pi} \int_0^\infty \left[J_0(\alpha R t) - \frac{t J_1(\alpha R t)}{\alpha R t} \right] \frac{t^2}{1 + t^3} \mathrm{d}t \tag{9-22b}$$

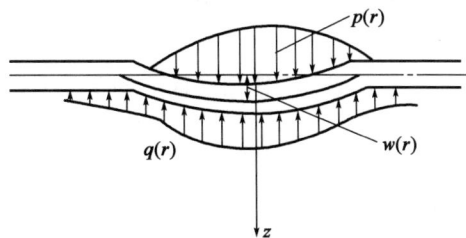

$$\alpha = \sqrt[3]{\frac{E_s}{2D(1-\mu_s^2)}} = \frac{1}{h}\sqrt[3]{\frac{6E_s(1-\mu_c^2)}{E_c(1-\mu_s^2)}} \tag{9-22c}$$

以上式中：M_r——单位板宽内的轴向弯矩（MN·m/m）；

$\quad\quad M_t$——单位板宽内的切向弯矩（MN·m/m）；

$\quad\quad P$——作用在板上的车轮荷载（MN）；

$\quad\quad C$——随 αR 值而变的参数，即：$C = \int_0^\infty \frac{tJ_1(\alpha Rt)}{1+t^3}dt$ 其值可从表9-4中查得，其中

$\quad\quad J_1(\alpha Rt)$ 为第一类一阶贝塞尔函数；

$\quad\quad A、B$——随 αR 值而变的参数；

$\quad\quad J_0(\alpha Rt)$——第一类零阶贝塞尔函数；

$\quad\quad t$——任意参变量；

$\quad\quad \alpha$——与板的弯曲刚度有关的弹性特征系数；

$\quad\quad R$——车轮荷载当量圆半径（m）；

$\quad\quad h$——板厚（m）；

$\quad\quad E_c、E_s$——分别为混凝土和基础的弹性模量（MPa）；

$\quad\quad \mu_c、\mu_s$——分别为混凝土和基础的泊松比；

$\quad\quad \overline{M}_0$——取 μ_c 为 0.15 时均布荷载位置下的弯矩系数，其值随 αR 变化，可从表9-4中查得；

$\quad\quad \overline{M}_r、\overline{M}_t$——分别为距离集中荷载作用点 r 处的轴向和切向弯矩系数，其值随 αR 变化，可从表9-5查得，μ_c 取 0.15。

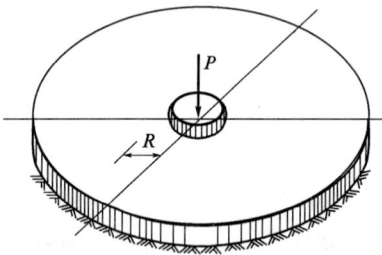

图9-21 在无限大板上的圆形均布荷载

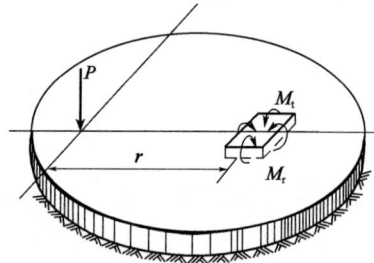

图9-22 距离集中荷载作用点为 r 处的弯矩

应当指出，在上述理论中所称的无限大圆形薄板，应符合下列条件：

$$S = 3\frac{1-\mu_c^2}{1-\mu_s^2}\frac{E_s}{E_c}\frac{R_B^3}{h^3} \geqslant 10 \tag{9-23}$$

式中：S——板的刚性指数；

$\quad\quad R_B$——与板面积相等的圆形板的半径（m）；

$\quad\quad$ 其余符号意义同前。

C 与 $\overline{M}_0$ 系数值　　　　　　　　　　　　　　表9-4

αR	C	$\overline{M}_0$	αR	C	$\overline{M}_0$
0.02	0.045 3	0.414 6	0.08	0.125 7	0.287 6
0.04	0.076 7	0.351 0	0.1	0.146 0	0.267 2
0.06	0.102 9	0.313 9	0.2	0.223 1	0.204 2

续上表

αR	C	$\overline{M_0}$	αR	C	$\overline{M_0}$
0.3	0.2749	0.1677	1.7	0.2994	0.0322
0.4	0.3107	0.1422	1.8	0.2872	0.0292
0.5	0.3354	0.1228	1.9	0.2750	0.0265
0.6	0.3517	0.1073	2.0	0.2627	0.0240
0.7	0.3615	0.0945	2.2	0.2385	0.0198
0.8	0.3662	0.0838	2.4	0.2153	0.0164
0.9	0.3669	0.0746	2.6	0.1935	0.0136
1.0	0.3644	0.0667	2.8	0.1732	0.0113
1.1	0.3593	0.0598	3.0	0.1547	0.0094
1.2	0.3521	0.0537	3.2	0.1378	0.0079
1.3	0.3435	0.0484	3.4	0.1227	0.0066
1.4	0.3336	0.0436	3.6	0.1091	0.0055
1.5	0.3228	0.0394	3.8	0.0970	0.0047
1.6	0.3113	0.0356	4.0	0.0863	0.0039

无限大板在集中力作用下距作用点 r 处的单位宽度弯矩计算参数   表9-5

αr	A	B	M_r系数	M_t系数	αr	A	B	M_r系数	M_t系数
0.02	0.3603	0.2808	0.3349	0.4024	1.4	0.0379	-0.0165	-0.0108	0.0354
0.04	0.3052	0.2257	0.2715	0.3391	1.5	0.0342	-0.0178	-0.0127	0.0315
0.06	0.2729	0.1935	0.2344	0.3019	1.6	0.0310	-0.0186	-0.0139	0.0282
0.08	0.2501	0.1707	0.2082	0.2757	1.7	0.0280	-0.0192	-0.0150	0.0251
0.1	0.2324	0.1530	0.1879	0.2554	1.8	0.0254	-0.0195	-0.0157	0.0225
0.2	0.1775	0.0988	0.1254	0.1923	1.9	0.0230	-0.0196	-0.0162	0.0201
0.3	0.1458	0.0681	0.0900	0.1560	2.0	0.0209	-0.0195	-0.0164	0.0180
0.4	0.1236	0.0473	0.0658	0.1307	2.2	0.0173	-0.0189	-0.0163	0.0145
0.5	0.1068	0.0320	0.0480	0.1116	2.4	0.0143	-0.0179	-0.0158	0.0116
0.6	0.0933	0.0203	0.0344	0.0963	2.6	0.0118	-0.0168	-0.0150	0.0093
0.7	0.0822	0.0112	0.0235	0.0839	2.8	0.0098	-0.0154	-0.0139	0.0075
0.8	0.0729	0.0040	0.0149	0.0735	3.0	0.0082	-0.0141	-0.0129	0.0061
0.9	0.0649	-0.0017	0.0080	0.0646	3.2	0.0069	-0.0127	-0.0117	0.0050
1.0	0.0580	-0.0062	0.0025	0.0571	3.4	0.0057	-0.0114	-0.0105	0.0040
1.1	0.0520	-0.0098	-0.0020	0.0505	3.6	0.0048	-0.0102	-0.0095	0.0033
1.2	0.0467	-0.0127	-0.0057	0.0448	3.8	0.0041	-0.0091	-0.0085	0.0027
1.3	0.0420	-0.0149	-0.0086	0.0398	4.0	0.0034	-0.0080	-0.0075	0.0022

　　一般现场浇筑的混凝土路面均能符合上述条件,故不需验算。同时,只有当荷载中心点与板边距离(m)大于 $1.5/\alpha$ 时,才能用式(9-20)、式(9-21)计算弯矩。

　　当单后轴汽车的两侧后轮同时作用在板上时,由于两组车轮相距较远,其中一组后轮对另一组后轮下板所引起的附加弯矩,相对来说很小,一般可不予考虑。

　　至于两组后轮中央处板所承受的弯矩要较一组后轮下板所产生的弯矩小很多,一般也不予计算。所以对单后轴车的两组后轮,通常仅按双轮胎的一组后轮的均布荷载来计算板的最大弯矩。

　　工程实践中采用的混凝土路面板基本上都属于有限尺寸的矩形板,并非无限大板。当荷载相等而形成对称的多组车轮作用在一块板上时,例如双后轴汽车的四组后轮,平板挂车的多组后轮以及飞机起落架上的两组或四组轮子等,则应选其中一组轮子做主轮,按圆形均布荷载计算板所受的最大弯矩 M_0,其他各组轮子则按集中荷载计算其在主轮轮迹中心下板所承受的附加轴向弯矩 M_r 和切向弯矩 M_t,然后把 M_r 和 M_t 按式(9-24)换算为 x 向弯矩和 y 向弯矩:

$$\left.\begin{aligned} M_x &= M_r\cos^2\beta + M_t\sin^2\beta \\ M_y &= M_r\sin^2\beta + M_t\cos^2\beta \end{aligned}\right\} \tag{9-24}$$

式中: M_x、M_y——分别为换算得到的板在单位宽度上的 x 和 y 方向弯矩(MN·m/m);

　　　　β——集中荷载作用点与主轮轮迹中心点连线同 x 轴的夹角(°)。

最后把各个轮子对板所引起的 x 向弯矩与 y 向弯矩分别叠加起来,得到 $\sum M_x$ 和 $\sum M_y$。

弹性半空间体地基上有限尺寸矩形板的板中、板边和板角作用有车轮荷载时,求解相应位置的挠度和弯矩(属非轴对称课题),在数学上有很大困难,至今尚未得出解析表达式。

有限元方法是结构和连续介质应力分析中的一种较新且较有效的计算方法。采用有限元法分析水泥混凝土路面的荷载应力,比解析解(解微分平衡方程)有许多优越的地方,主要表现在:

(1)可以按板块的实际大小求解有限尺寸的板,从而消除假设板无限大所带来的误差(此误差随荷载接近板块边缘和相对刚度半径的增大而增加)。

(2)可以考虑各种荷载情况(包括荷载组合和荷载位置),而不必像前述方法那样规定若干种典型的荷位,并且能解算简单的荷载组合情况。因此,可以用于符合实际荷载情况的应力分析。

(3)可以计及板的实际边界条件,如接缝的传荷能力、板和地基的脱空(不连续接触)等。

(4)所解得的结果是整个板面上的位移场和应力场,从而可以更全面地分析板的受荷情况。

现行《公路水泥混凝土路面设计规范》(JTG D40)就采用了有限元法分析了荷载作用下板的极限应力值,由此给出了应力回归计算公式和诺谟图。

3.弹性半空间地基双层板混凝土路面荷载应力分析

在工程实践中,经常有采用双层板的水泥混凝土路面。从力学模型来考虑,弹性地基双层板按层间接触状态主要分为两类:上、下层完全分离,接触面假定为完全光滑,如图 9-23 所示;上、下层密切结合,接触面假定为完全连续,如图 9-24 所示。

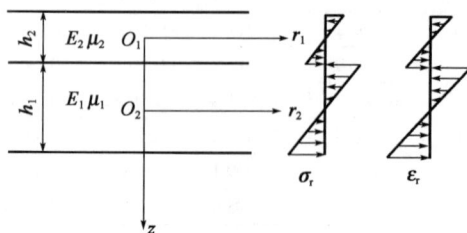

图 9-23　分离式双层板图式　　　　　　　　图 9-24　结合式双层板图式

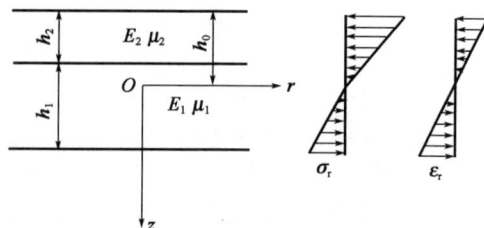

(1)弹性地基上分离式双层板

弹性地基分离式双层板的求解如同单层薄板的解法一样,列出板 2 和板 1 的弯曲刚度 D_2 与 D_1,即: $D_2 = \dfrac{E_2 h_2^3}{12(1-\mu_2^2)}$, $D_1 = \dfrac{E_1 h_1^3}{12(1-\mu_1^2)}$;令 $D = D_2 + D_1$,则: $l = \sqrt[3]{\dfrac{2D(1-\mu_0^2)}{E_0}} =$

$\sqrt[3]{\dfrac{(1-\mu_0^2)}{6E_0}\left(\dfrac{E_2 h_2^3}{1-\mu_2^2} + \dfrac{E_1 h_1^3}{1-\mu_1^2}\right)}$,可得出分离式双层板上下层板承受的总弯矩为上下层各自承受

的弯矩之和,即:

$$
\left.
\begin{aligned}
M_{\mathrm{r}} &= M_{\mathrm{r}_2} + M_{\mathrm{r}_1} = -(D_2 + D_1)\frac{\mathrm{d}^2 w}{\mathrm{d}r^2} - (\mu_2 D_2 + \mu_1 D_1)\frac{1}{r}\frac{\mathrm{d}w}{\mathrm{d}r} \\
M_{\theta} &= M_{\theta_2} + M_{\theta_1} = -(\mu_2 D_2 + \mu_1 D_1)\frac{\mathrm{d}^2 w}{\mathrm{d}r^2} - (D_2 + D_1)\frac{1}{r}\frac{\mathrm{d}w}{\mathrm{d}r}
\end{aligned}
\right\}
\tag{9-25}
$$

当 $\mu_1 = \mu_2 = \mu$ 时:

$$
\left.
\begin{aligned}
M_{\mathrm{r}} &= -(D_2 + D_1)\left(\frac{\mathrm{d}^2 w}{\mathrm{d}r^2} + \frac{\mu}{r}\frac{\mathrm{d}w}{\mathrm{d}r}\right) \\
M_{\theta} &= -(D_2 + D_1)\left(\mu\frac{\mathrm{d}^2 w}{\mathrm{d}r^2} + \frac{1}{r}\frac{\mathrm{d}w}{\mathrm{d}r}\right)
\end{aligned}
\right\}
\tag{9-26}
$$

由此可以得出:

$$
\left.
\begin{aligned}
M_{\mathrm{r}_2} &= \frac{D_2}{D}M_{\mathrm{r}} = \frac{E_2 h_2^3}{E_2 h_2^3 + E_1 h_1^3}M_{\mathrm{r}} \\
M_{\mathrm{r}_1} &= \frac{D_1}{D}M_{\mathrm{r}} = \frac{E_1 h_1^3}{E_2 h_2^3 + E_1 h_1^3}M_{\mathrm{r}} \\
M_{\theta_2} &= \frac{D_2}{D}M_{\theta} = \frac{E_2 h_2^3}{E_2 h_2^3 + E_1 h_1^3}M_{\theta} \\
M_{\theta_1} &= \frac{D_1}{D}M_{\theta} = \frac{E_1 h_1^3}{E_2 h_2^3 + E_1 h_1^3}M_{\theta}
\end{aligned}
\right\}
\tag{9-27}
$$

由式(9-27)可见,弹性地基分离式双层板的两层板间的弯矩分配与两层板的刚度分配有关。计算时只需分别计算 D_2、D_1,再按 $D = D_2 + D_1$ 计算弯矩,如同弹性地基上单层板那样进行弯矩计算,最后按照式(9-25)分别计算出上下层薄板的弯矩。

(2)弹性地基上结合式双层板

弹性地基上结合式双层板的求解较分离式双层板复杂。由于上下层板完全紧密结合,如同单层板一样工作时,两层板只有一个中面,该中面的位置可根据作用于两板横断面上内力之和为零的条件求得。当 $\mu_2 = \mu_1 = \mu$ 时,合力为零的条件可表示为:

$$
-\frac{E_2^2}{1-\mu^2}\left(\frac{\mathrm{d}^2 w}{\mathrm{d}r^2} + \frac{\mu}{r}\frac{\mathrm{d}w}{\mathrm{d}r}\right)\int_{-h_0}^{-(h_0 - h_2)} z\mathrm{d}z - \frac{E_1}{1-\mu^2}\left(\frac{\mathrm{d}^2 w}{\mathrm{d}r^2} + \frac{\mu}{r}\frac{\mathrm{d}w}{\mathrm{d}r}\right)\int_{-(h_0 - h_2)}^{h_1 - (h_0 - h_2)} z\mathrm{d}z = 0 \tag{9-28}
$$

则:

$$
E_2\int_{-h_0}^{-(h_0 - h_2)} z\mathrm{d}z + E_1\int_{-(h_0 - h_2)}^{-h_1 - (h_0 - h_2)} z\mathrm{d}z = 0 \tag{9-29}
$$

积分后得出:

$$
h_0 = \frac{E_1 h_1^2 + 2E_1 h_1 h_2 + E_2 h_2^2}{2(E_1 h_1 + E_2 h_2)} \tag{9-30}
$$

因此:

$$D = \frac{E_1\left[(h_1 + h_2 - h_0)^3 - (h_2 - h_0)^3\right] + E_2\left[(h_2 - h_0)^3 + h_0^3\right]}{3(1 - \mu^2)} \tag{9-31}$$

$$l^3 = \frac{2(1 - \mu_0^2)}{3(1 - \mu^2)E_0}\left\{E_1\left[(h_1 + h_2 - h_0)^3 - (h_2 - h_0)^3\right] + E_2\left[(h_2 - h_0)^3 + h_0^3\right]\right\} \tag{9-32}$$

由此,可用与单层板同样的方法求解结合式双层板的总弯矩。当计算上层板底面弯拉应力时,取 $z = h_2 - h_0$;当计算下层板底面弯拉应力时,取 $z = h_1 + h_2 - h_0$。上下层弯拉应力公式如下:

$$\left.\begin{array}{cc}
\sigma_{r_2} = \dfrac{E_2(h_2 - h_0)}{(1 - \mu^2)D}M_r & \sigma_{r_1} = \dfrac{E_1(h_1 + h_2 - h_0)}{(1 - \mu^2)D}M_r \\[3mm]
\sigma_{\theta_2} = \dfrac{E_2(h_2 - h_0)}{(1 - \mu^2)D}M_\theta & \sigma_{\theta_1} = \dfrac{E_1(h_1 + h_2 - h_0)}{(1 - \mu^2)D}M_\theta
\end{array}\right\} \tag{9-33}$$

由式(9-33)可见,双层结合式板中,上下层板的最大弯拉应力取决于各自的弹性模量取值和板厚度的大小。此外还有所谓部分结合式双层板,分析原理近似,但更加烦琐,可参考文献[69]。

第四节　水泥混凝土路面温度应力分析

水泥混凝土路面板内不同深度处的温度,随气温的变化而变化。这种变化使水泥混凝土板出现膨胀和收缩变形的趋势。当变形受阻时,板内便产生胀缩应力或翘曲应力。

一、胀缩应力

当温度缓慢变化时,板内温度均匀升降,则面板沿断面的深度均匀胀缩。设 x 为板的纵轴,y 为板的横轴。如有一平面尺寸很大的板,在温差影响下板内任一点的应变为:

$$\left.\begin{array}{l}
\varepsilon_x = \dfrac{1}{E}(\sigma_x - \mu\sigma_y) + \alpha\Delta t \\[3mm]
\varepsilon_y = \dfrac{1}{E}(\sigma_y - \mu\sigma_x) + \alpha\Delta t
\end{array}\right\} \tag{9-34}$$

式中:ε_x、ε_y——分别为板纵向和横向应变;

　σ_x、σ_y——分别为板纵向和横向的温度应力(MPa);

　　α——水泥混凝土的温度线膨胀系数,约为 $1 \times 10^{-5}/℃$;

　　Δt——板温差(℃);

其余符号意义同前。

由于板与基层之间的摩阻约束,在温度升降时板中部不能移动,即 $\varepsilon_x = \varepsilon_y = 0$,以此代入式(9-34)中,解得面板胀缩完全受阻时所产生的应力为:

$$\sigma_x = \sigma_y = -\frac{E\alpha\Delta t}{1 - \mu} \tag{9-35}$$

对于板边缘中部或窄长板,$\varepsilon_x = \sigma_y = 0$,则有:

$$\sigma_x = -E_c\alpha\Delta t \tag{9-36}$$

对未设接缝的混凝土面板,当温度下降 15℃时,其最大收缩应力可按式(9-35)计算,取
$E_c = 3 \times 10^4 MPa, \mu_c = 15, \Delta t = -15℃$,则 $\sigma_t = -\dfrac{3 \times 10^4 \times 10^{-5} \times (-15)}{1 - 0.15} = 5.29 (MPa)$。

在混凝土浇筑后的初期,混凝土尚未完全硬化,其抗拉强度不足以抵抗收缩应力,板将出现开裂现象。当混凝土板温度升高时,如果未设置胀缝,板的膨胀受阻,板内将出现膨胀应力。如果板温升高 15℃,则压应力为 5.29MPa。这一数值虽小于混凝土的抗压强度,但要注意在此压力作用下是否出现屈曲现象。

为了减少收缩应力,在混凝土板内设置各种接缝,板被划分为有限尺寸的板块。这时板的自由收缩受到板与基础的摩阻力的约束,此摩阻力随板的自重而变。因变形受阻而产生的板内最大应力出现于板长的中央,其值可近似按式(9-37)计算:

$$\sigma_t = \frac{\gamma f L}{2} \tag{9-37}$$

式中:γ——混凝土重度,约为 0.024MN/m³;

　　L——板长(m);

　　f——板与基础之间的摩擦因数,与基础类型、板的位移量和位移反复情况等因素有关,一般为 1.0~2.0。

板被划分为有限尺寸板块后,因收缩而产生的应力很小,可不予考虑。

二、翘曲应力

由于混凝土板、基层和路基的导热性能较差,当气温变化较快时,板顶面与底面会产生温度差,因而板顶与板底的胀缩变形大小也就不同。当气温升高时,板顶面温度较其底面高,板顶膨胀变形较板底的大,则板中部隆起;相反,当气温下降时,板顶面温度较其底面低,板顶收缩变形较板底大,因而板的边缘和角隅翘起,如图 9-25 所示。由于板的自重、地基反力和相邻板的钳制作用,使部分翘曲变形受阻,从而使板内产生翘曲应力。由气温升高引起的板中部隆起受到限制时,板底面出现拉应力;而当气温降低引起的板四周翘起受阻时,板顶面出现拉应力。

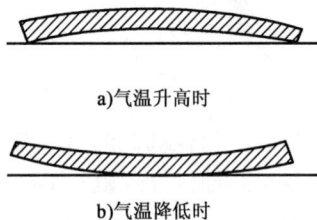

a)气温升高时

b)气温降低时

图 9-25　混凝土路面板的翘曲变形

为了分析翘曲应力,威斯特卡德对温克勒地基板作了如下假设:温度沿板断面呈直线变化,板和地基始终保持接触,不计板自重,从而导出了板仅受地基约束时的翘曲应力计算公式。

对有限尺寸板,沿板长(L)和板宽(B)方向的翘曲应力分别为:

$$\left.\begin{aligned}\sigma_x &= \frac{E_c \alpha \Delta t}{2} \cdot \frac{C_x + \mu_c C_y}{1 - \mu_c^2} \\ \sigma_y &= \frac{E_c \alpha \Delta t}{2} \cdot \frac{C_y + \mu_c C_x}{1 - \mu_c^2}\end{aligned}\right\} \tag{9-38}$$

在板边缘中点:

$$\sigma_x = \frac{E_c \alpha \Delta t}{2} \cdot C_x \tag{9-39}$$

式中： Δt ——板顶面与底面的温度差（℃）；

C_x、C_y ——与 L/l 或 B/l 有关的系数，其数值可从图9-26中的曲线3查取；也可按式(9-40)计算：

$$C_x \text{ 或 } C_y = 1 - \frac{2\cos\lambda\,\mathrm{ch}\lambda}{\sin2\lambda + \mathrm{sh}2\lambda}(\tan\lambda + \mathrm{th}\lambda) \qquad (9\text{-}40)$$

λ ——计算 C_x 时，$\lambda = \dfrac{L}{l\sqrt{8}}$，计算 C_y 时，$\lambda = \dfrac{B}{l\sqrt{8}}$；

$\mathrm{sh}(x)$、$\mathrm{ch}(x)$、$\mathrm{th}(x)$ ——分别是双曲正弦函数 $\sinh(x)$、双曲余弦函数 $\cosh(x)$、双曲正切函数 $\tanh(x)$ 的简写；

其余符号意义同前。

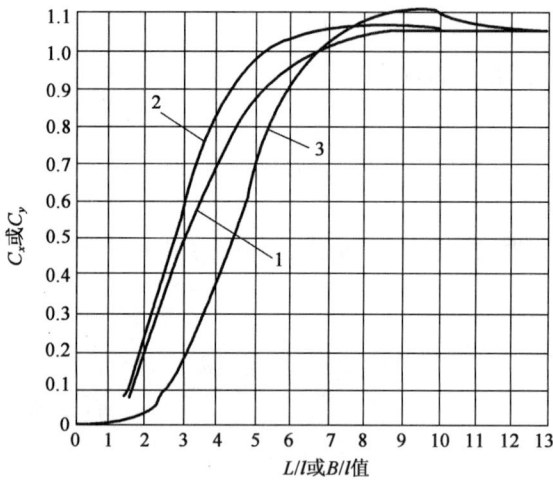

图9-26 板温度翘曲应力系数值

1-弹性半空间体地基板中；2-弹性半空间体地基板边；3-温克勒地基板中

板顶面与板底面的温度差通常表示为板的温度梯度乘以板厚，即 $\Delta t = T_g h$。我国《公路水泥混凝土路面设计规范》(JTG D40—2011)在实测的基础上提出了各公路自然区划内混凝土路面板的最大温度梯度计算值 T_g，见表9-6。

水泥混凝土面板的最大温度梯度值   表9-6

公路自然区划	Ⅱ、Ⅴ	Ⅲ	Ⅳ、Ⅵ	Ⅶ
最大温度梯度 T_g（℃/m）	83～88	90～95	86～92	93～98

注：1. 海拔高时取高值，湿度大时取低值。

2. 表中数值为板厚 $h = 22\mathrm{cm}$ 时的最大温度梯度值。

弹性半空间体地基上板的翘曲应力，目前尚无解析解，可采用有限元法计算板内翘曲应力。

按照温克勒地基板计算翘曲应力的假设，采用有限元法计算了弹性半空间体地基上板的翘曲应力。根据所得结果，绘出图9-26的曲线1和2。此时板的刚性半径计算公式为：

$$l = h\sqrt[3]{\frac{E_c(1 - \mu_s^2)}{6E_{tc}(1 - \mu_c^2)}} \qquad (9\text{-}41)$$

式中：E_{tc} ——弹性半空间体地基的计算回弹模量（MPa）。

[例9-1] 温克勒地基板温度翘曲应力计算

水泥混凝土路面板长 $L = 5\text{m}$，宽 $B = 3.5\text{m}$，厚24cm，$E_c = 2.8 \times 10^4 \text{MPa}$，$\mu_c = 0.15$，$K = 80\text{MPa/m}$，$\alpha = 10^{-5}/℃$，板的温度梯度为85℃/m，求基于威斯特卡德温克勒地基的温度翘曲应力。

解： 由板和地基参数得板的相对刚度半径为

$$l = \sqrt[4]{\frac{E_c h^3}{12K(1 - \mu_c^2)}} = \sqrt[4]{\frac{2.8 \times 10^4 \times 0.24^3}{12 \times 80 \times (1 - 0.15^2)}} = 0.8014(\text{m})$$

由 $L/l = 5/0.8014 = 6.239$，$B/l = 3.5/0.8014 = 4.367$，按式(9-40)可计算得到板中点的 $C_x = 0.9484$，$C_y = 0.5441$。

故板中翘曲应力 σ_t 按式(9-38)计算：

沿长边方向：

$$\sigma_{tx} = \frac{2.8 \times 10^4 \times 10^{-5} \times 85 \times 0.24}{2} \times \frac{0.9484 + 0.15 \times 0.5441}{1 - 0.15^2} = 3.009(\text{MPa})$$

沿短边方向：

$$\sigma_{ty} = \frac{2.8 \times 10^4 \times 10^{-5} \times 85 \times 0.24}{2} \times \frac{0.5441 + 0.15 \times 0.9484}{1 - 0.15^2} = 2.005(\text{MPa})$$

故板边翘曲应力 σ_t 按式(9-39)：

长边中点：

$$\sigma_{tx} = \frac{2.8 \times 10^4 \times 10^{-5} \times 85 \times 0.24}{2} \times 0.9484 = 2.709(\text{MPa})$$

短边中点：

$$\sigma_{ty} = \frac{2.8 \times 10^4 \times 10^{-5} \times 85 \times 0.24}{2} \times 0.5441 = 1.554(\text{MPa})$$

采用同样的方法可得到板长 $L = 7\text{m}$、9m、11m、13m 和 15m 时板的翘曲应力，其结果见表9-7。

不同板长时板的翘曲应力计算结果 表9-7

板厚 h (cm)	板长 L (m)	板宽 B (m)	刚性半径 l	C_x	C_y	板中翘曲应力(MPa)		板边翘曲应力(MPa)	
						σ_x	σ_y	σ_x	σ_y
24	5	3.5	0.8014	0.9484	0.5441	3.009	2.005	2.709	1.554
24	7	3.5	0.8014	1.0860	0.5441	3.411	2.066	3.102	1.554
24	9	3.5	0.8014	1.0533	0.5441	3.316	2.051	3.008	1.554
24	11	3.5	0.8014	1.0133	0.5441	3.199	2.034	2.894	1.554
24	13	3.5	0.8014	0.9979	0.5441	3.154	2.027	2.850	1.554
24	15	3.5	0.8014	0.9966	0.5441	3.150	2.026	2.846	1.554

第五节 水泥混凝土路面结构设计的可靠度理论

为了使设计更加合理和更能反映实际情况,以及满足施工控制和质量检验的要求,各设计参数变异性对结构功能的影响必须加以定量地研究。可靠性理论的出现和发展为此提供了理论基础和分析手段。

结构可靠度定义为:在规定的时间内,在规定的条件下,结构能完成预定功能的概率。

路面可靠度可广义地定义为:在设计使用年限内,在将遇到的环境条件和荷载作用下,路面能够发挥其预期功能的概率。路面的功能是为行车提供一个平整、坚实、抗滑的表面。但是,目前的路面结构设计往往并不满足路面所需各项功能的要求,而只是通过对一项或几项设计指标的控制,以避免路面在使用期内出现某种或某几种的损坏。因此,路面结构可靠度的定义也应针对相应的结构设计方法进行具体化。

一、水泥混凝土路面结构极限状态函数

我国公路水泥混凝土路面设计规范采用的结构设计方法是以混凝土路面板在车辆荷载应力和温度应力综合作用下,在纵缝边缘中部出现疲劳开裂作为临界损坏状态,设计时以疲劳荷载应力和疲劳温度应力的叠加小于等于混凝土疲劳强度作为设计标准。水泥混凝土材料疲劳方程的一般回归形式如下:

$$\frac{\sigma_{s}}{f_{r}} = A - B\lg N \tag{9-42}$$

式中:σ_{s}——混凝土疲劳强度(MPa);

A、B——混凝土疲劳方程的两个回归系数;

N——当量标准轴载作用次数。

相应地,路面结构的极限状态函数可表示为:

$$\sigma_{pr} + \sigma_{tr} \leq \sigma_{f} = f_{r}(A - B\lg N) \tag{9-43}$$

式中:σ_{tr}——疲劳温度应力(MPa);

σ_{pr}——疲劳荷载应力(MPa)。

混凝土路面结构可靠度则相应地定义为:在设计使用年限内,在车辆荷载应力和温度应力综合作用下,路面板纵缝边缘中部不出现疲劳开裂的概率。其表达式为:

$$P_{s} = P(\sigma_{pr} + \sigma_{tr} \leq \sigma_{f}) \tag{9-44}$$

在保持失效模式的实质不变的前提下,也可采用路面结构疲劳寿命[结构允许当量标准轴载作用次数 N 大于等于(预计的)累计当量标准轴载作用次数 n]作为路面结构极限状态函数。即为:

$$N \geq n \tag{9-45}$$

路面在设计使用期内要经受该期间交通荷载的累积效应。各种路面或各种设计方法和指标都可将路面服务能力表示为:达到某一预定使用性能(结构的或功能的)的最低要求之前(可以称之为路面使用性能寿命期),路面结构所能承受的交通荷载的累积作用。而交通荷载的累积作用,可以转换为某 选定的标准轴载的当量累计作用次数。这样,采用不同设计方法

和指标的各种路面结构,可以采用统一的可靠度定义:路面使用性能退化到预定的最低水平,路面结构所能承受的标准轴载作用次数 N 超过设计使用期内标准轴载累计作用次数 n 的概率,表示为:

$$P_s = P(N > n) \tag{9-46}$$

采用上述定义分析路面结构的可靠度,就有可能使不同路面类型或者采用不同设计方法和指标的可靠度计算值具有了可比性,从而有利于路面结构方案的比较和选择,也有利于多指标路面结构设计方法中各设计指标间的平衡设计。

二、可靠度系数与可靠度指标

根据试验数据和经验,路面结构使用性能寿命预估变量 N 的概率分布可以用对数正态函数或者威布尔函数表示,交通荷载预估变量 n 的概率分布可以用对数正态函数表示。

如果变量 N 和 n 的概率分布都采用对数正态函数表示,则式(9-46)可改写为:

$$P_s = P(\ln N > \ln n)$$

或

$$P_s = P(\ln N - \ln n > 0) \tag{9-47}$$

根据式(9-47)表述的可靠度定义,路面结构极限状态方程可写成:

$$Z = \ln N - \ln n = 0 \tag{9-48}$$

式中:Z——极限状态函数。

而结构的失效条件为:

$$Z = \ln N - \ln n \leqslant 0 \tag{9-49}$$

由于 $\ln N$ 和 $\ln n$ 均为正态分布,因此极限状态函数 Z 也服从正态分布,其概率密度函数为:

$$f_z(Z) = \frac{1}{\sqrt{2\pi} s_z} \exp\left[-\frac{1}{2}\left(\frac{Z - \mu_z}{s_z}\right) \right] \tag{9-50}$$

式中:μ_z——平均值,$\mu_z = \mu_{\ln N} - \mu_{\ln n}$;

s_z——标准差,$s_z = \sqrt{s_{\ln N}^2 + s_{\ln n}^2}$。

由此可求得 $Z < 0$ 的概率分布函数,也即失效概率:

$$P_f = F_z(Z \leqslant 0) = \int_{-\infty}^{0} f_z(Z)\mathrm{d}z = \int_{-\infty}^{0} \frac{1}{\sqrt{2\pi} s_z} \exp\left[-\frac{1}{2}\left(\frac{Z - \mu_z}{s_z}\right)^2 \right]\mathrm{d}z \tag{9-51}$$

引入标准化变量:

$$t = \frac{Z - \mu_z}{s_z}, \mathrm{d}z = s_t \mathrm{d}t$$

则式(9-51)可改写成:

$$P_f = \frac{1}{\sqrt{2\pi}} \int_{-\infty}^{\frac{\mu_z}{s_z}} \mathrm{e}^{-\frac{t^2}{2}}\mathrm{d}t = \phi\left(-\frac{\mu_z}{s_z}\right) = \phi(-\beta) \tag{9-52}$$

式中:ϕ——标准正态分布函数;

β——可靠指标,为变异系数的倒数,按下式计算。

$$\beta = \frac{\mu_z}{s_z} = \frac{\mu_{\ln N} - \mu_{\ln n}}{\sqrt{s_{\ln N}^2 - s_{\ln n}^2}} \tag{9-53}$$

β 是极限状态函数 Z 的均值 μ_z 离原点(失效状态 $Z = 0$)的距离。当 s_z 保持不变,则随均

值 μ_z 增大，β 也增大，从而失效概率 P_f 减小，可靠度 P_s 增大。因而，可靠指标 β 可直接反映结构可靠度的大小。表 9-8 中所列即为可靠度 P_s 与可靠指标 β 的对应关系。

可靠度 P_s 与可靠指标 β 的对应关系　　　　　　　　　　　　　　表 9-8

$P_s(\%)$	99	98	97	96	95	93	90	85	80	75	70	60	50
β	2.32	2.07	1.89	1.75	1.64	1.48	1.28	1.04	0.84	0.67	0.52	0.25	0

利用正态概率分布函数的两个特征值（均值 μ_z 和标准差 s），求得可靠指标 β，而后确定结构可靠度 P_s 的方法，称作一次二阶矩法。它有表达式简单、计算方法和精度可为工程所接受的优点。应用这一方法，只要分析清楚路面结构极限状态函数的总标准差 s_z，就可以按极限状态函数的均值 μ_z，推算结构的可靠指标 β 和相应的可靠度 P_s；或者，按要求的目标可靠指标或目标可靠度，确定极限状态函数的设计均值。美国 AASHTO 路面结构设计方法即是采用这种方法分析结构的可靠度。

三、水泥混凝土路面结构的目标可靠度

路面结构的目标可靠度是在满足高等级公路行驶安全和舒适性要求的前提下，考虑公路初建费用、养护费用与用户费用对目标可靠度的影响后综合确定的。通常采用"校准法"来确定目标可靠度。所谓"校准法"，就是对按现行规范或设计方法所设计的路面进行隐含可靠度的分析。以这些隐含可靠度作为目标可靠度，则所设计的路面结构具有与原确定设计方法相同的可靠度水平。也即，它接纳了以往多年的工程设计和使用经验，包含了与原有设计方法相等的可接受性和经济合理性。

综合分析和考虑我国沥青路面和水泥混凝土路面设计的隐含可靠度情况以及国外分析数据，我国各级公路的目标可靠度和相应的目标可靠指标值，见表 9-9。

变异系数取值　　　　　　　　　　　　　　表 9-9

变异水平	$c_v(\sigma_s)$	$c_v(h)$	$c_v(E_c)$	$c_v(E_t)$
低	0.06	0.02	0.10	0.15
中	0.10	0.05	0.15	0.30
高	0.15	0.09	0.22	0.50

四、水泥混凝土路面结构的可靠性设计步骤

在路面结构可靠性设计中，为了能考虑各设计参数变异性的影响，可以通过引入一个可靠度系数，将可靠度概念应用到考虑荷载应力和温度应力综合疲劳作用的路面结构设计方法中，它不改变原设计方法的步骤。

路面结构可靠度系数 γ_r 定义为混凝土抗折强度 f_r 与实际最大疲劳应力（$\sigma_{pr} + \sigma_{tr}$）之比 $\left(\gamma_r = \dfrac{f_r}{\sigma_{pr} + \sigma_{tr}}\right)$。它的倒数 $1/\gamma_r$，就是混凝土抗折强度的折减系数。

理论分析表明：对路面结构本身而言，可靠度主要取决于水泥混凝土的弯拉（抗折）强度 f_r 和弯拉模量 E_c、面板厚度 h 及基层顶面的当量回弹模量 E_t，其均值对路面可靠度 P_s 与路面可靠度系数 γ_r 之间的关系几乎无影响。在 P_s 一定时，γ_r 大小取决于各参数的变异水平。图 9-27 给出了各设计参数的变异系数按变异水平低（L）、中（M）和高（H）三级（各设计参数

的变异系数取值见表9-9)情况下 P_s-γ_r 的关系曲线。

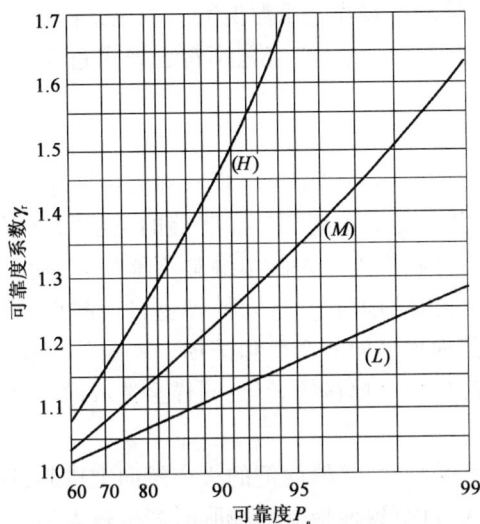

图9-27 可靠度系数与路面可靠度的关系

在实际应用中,可根据不同公路等级和相应的安全等级,确定合理的目标可靠度和相应的可靠度系数,用式(9-53)确定相应的可靠指标,及其对应的各指标(水泥混凝土的抗折强度 f_r 和弯拉模量 E_c、面板厚度 h 及基层顶面的当量回弹模量 E_t)可接受的变异范围,以指导施工。

第六节 水泥混凝土路面的破坏及设计指标与标准

一、水泥混凝土路面病害及其产生的主要原因

1.病害类型

水泥混凝土路面常见的病害类型有:裂缝、板边缘和角隅的损坏、接缝的损坏、板面磨损和错台等。按破坏形式可分为以下四类:

第一类是断裂类,包括横向裂缝、纵向裂缝、斜向裂缝、交叉裂缝、板角断裂和网裂。

第二类是变形类,包括沉陷、胀起等。

第三类是接缝损坏类,包括接缝碎裂、填缝料损坏、接缝张开、错台、唧泥、拱起。

第四类是表面损坏类,包括裂纹、网裂、起皮、磨损、露骨、坑槽、孔洞、磨光等。

此外,还有修补类损坏。

2.病害产生原因

(1)断裂

水泥混凝土路面由于路面板内应力超过了混凝土强度而出现的横向和纵向断裂裂缝,或者角隅处的折断裂缝都属于断裂。当荷载反复作用时,路面板会产生疲劳破坏,从而可能在两条横缝之间的路面边缘中间处引起横向开裂,也可能在横缝轮迹处,或在靠近板中心线的轮迹处,引起纵向开裂;板的平面尺寸太大,引起较大的温度翘曲应力;地基过量塑性变形使板底脱空失去支承;养生期间收缩应力过大,材料或施工质量不佳使混凝土未能达到设计要求等,都

可能导致路面板断裂的出现。断裂的出现，破坏了面板的结构整体性，使板丧失了大部分以至全部承载能力。因而，通常将断裂看作是水泥混凝土面层结构破坏的临界状态。

在施工过程中因原材料、配合比、施工工艺不符合要求也会产生混凝土板的断裂，多为横向裂缝。

（2）接缝碎裂

水泥混凝土路面板接缝两侧斜的剪切挤碎现象称为接缝碎裂。混凝土路面常见的接缝形式为纵缝和横缝，横缝又分为胀缝和缩缝两种。胀缝的宽度随气温而变化，当气温上升时，缝中的填料被挤出；当气温下降时，性能较差的填缝料不能恢复，使缝中形成空隙，因而泥沙、石屑等杂物侵入，成为板块伸胀时的障碍。挤入的硬物将引起板边胀裂，雨水便能沿此空隙渗入，损坏基层和垫层，造成路面接缝处的变形和破损。缩缝的变化相对较小，但经过若干次冻胀，也会把假缝折断成真缝，再加之填料的老化，同样会造成像胀缝一样的后患。

（3）拱起

混凝土路面板在热膨胀受阻时，接缝两侧的板突然向上拱起，这主要是板收缩时接缝缝隙张开，填缝料失效，硬物嵌入缝内，致使板受热膨胀时产生较大的热压应力，从而出现这种纵向屈曲失稳现象。采用膨缩系数较大的石料作粗集料，容易引起板块拱起，因此，选择合适的集料是防止拱起的首要方法。

（4）错台

错台是接缝两侧路面板端部出现的竖向相对位移。当胀缝下部填缝板与上部缝槽未能对齐，或胀缝两侧混凝土壁面不垂直，使缝旁两板在伸胀挤压过程中出现上下错位而形成错台。横缝处传荷能力不足，车轮经过时相邻板端部分出现挠度差，使沿接缝下渗的水带着路面板与基层之间的碎屑挤向后方，使后方板板端抬起。当交通量或地基承载力在横向各块板中分布不均匀，各块板沉陷不一致时，纵缝处也会产生错台现象。错台的出现，降低了行车的平顺性和舒适性。

16.水泥混凝土路面错台产生过程的动态演示

（5）唧泥和冲刷

车辆行经接缝或裂缝处时，由缝内喷溅出稀泥浆的现象，称为唧泥。在轮载的频繁作用下，基层产生的塑性变形累积导致其同混凝土板脱离接触，水分沿缝隙下渗而积聚在脱空的间隙内，在轮载作用下积水变成有压水，并同基层内浸湿的细料混搅成泥浆，再沿缝隙喷溅出来。唧泥的出现，使路面板边缘部分失去支承，在离接缝 1.5～1.8m 处容易导致横向裂缝。水泥混凝土路面设计中，除了考虑疲劳开裂以外，需要考虑的另一重要破坏形式就是板下和板侧面的唧泥和冲刷。

17.水泥混凝土路面唧泥的机理演示

（6）板面起皮、边角剥落

水泥混凝土路面表层上下脱开，这种板面浅层内所发生的病害称为起皮。距接缝宽度40cm 内的板边，板角半径 40cm 内不发生垂直贯通板的破碎现象称为剥落。起皮主要是施工过程中水灰比过大或因混凝土施工时表面砂浆有泌水现象所致。剥落主要是由于混凝土强度不足，缝内进入杂物所引起。

（7）坑槽、孔洞

水泥混凝土路面板表面有时出现局部破损，形成一定深度的洞穴称为孔洞。面层粗集料局部脱落而产生的长槽称为坑槽。孔洞和坑槽主要是由于砂石材料含泥量过大，混凝土内有泥土或杂物所致。施工时拌和不均匀或集料离析也会导致坑槽和孔洞。

（8）麻面、露骨

水泥混凝土表面结合料磨失、成片或成段地呈现过度的粗糙称为麻面。路面混凝土保护层脱落形成粗集料裸露称为露骨。麻面主要是由于混凝土施工时遇雨所致。露骨则主要是由于混凝土表面灰浆不足，泌水提浆造成混凝土路面表面强度降低所致。

（9）松散

水泥混凝土路面由于结合料不足或失效，成片或成段地呈现过度的粗糙和砂石材料分离的现象称为松散。松散主要是由于砂石含泥量较大，水泥质量较差或用量较少，或混凝土强度不足引起。

（10）磨光

磨光指水泥混凝土路面磨成光面，其摩擦因数已下降到极限值以下，其主要原因是水泥混凝土路面中水泥砂浆强度低和粗集料等原材料耐磨性差。

（11）填缝料损坏

接缝内无填料或填料破损、缝内混杂砂石等均称为填缝料损坏。填缝料损坏主要是由于填缝料脆裂、老化、挤出及与板边脱离造成。质量较差的填缝料，在短时间内就会发生填缝料损坏的现象。

水泥混凝土路面的损坏类型可按形态、特点和肇因的不同细分为 17 种，见表 9-10。各种损坏可分别按相应的标准区分为 3 个轻重程度等级（个别损坏不分级），也一同列于表中。

水泥混凝土路面的损坏类型和轻重程度鉴别　　　　表 9-10

序号	损坏类型	描述	轻重程度分级	计量方法
1	纵向裂缝	平行路中线，由基础沉降或者荷载和温度共同作用所引起	轻微：无碎裂或错台的发状裂缝；中等：低到中等碎裂，（或）错台小于 13mm；严重：缝隙宽大于 25mm 或错台不小于 13mm	以裂缝长度或者以开裂板块数计
2	横向和斜向裂缝	垂直或斜向路中线，由荷载和（或）温度作用所造成		
3	角隅断裂	从角隅到裂缝两端的距离小于板边长的一半，否则按斜向裂缝计，由基础强度不足等引起		
4	交叉裂缝和断裂板	板被裂缝分割成 4 块以上，由重复荷载应力、翘曲应力及收缩应力等综合作用引起	轻微：被轻微裂缝分割成 4 块以上；中等：被中等裂缝分割成 4 块以上；严重：被严重裂缝分割成 4 块以上	以断裂板块数计
5	活性集料反应	活性集料在碱性环境中膨胀或者在混凝土中产生硅反应而膨胀，出现网裂	不分级	以面积计
6	纹裂或网裂和起皮	纹裂或网裂是混凝土板表层出现细裂纹，起皮是由于上层 3～13mm 深的混凝土品质变坏而脱落引起的	轻微：出现纹裂或网裂，表面状况良好；中等：起皮面积少于 10%；严重：起皮面积超过 10%	
7	唧泥	水和细集料在重车作用下从裂缝中泵吸出来	轻微：重车驶经时有水从裂缝中泵出；中等：路表面裂缝处可观察到泵出材料；严重：路表面裂缝处有大量泵出材料	记录发生地点
8	错台	接缝或裂缝两侧出现高差	以平均错台量（mm）表示	仪器量测

序号	损坏类型	描述	轻重程度分级	计量方法
9	沉陷	路表面局部面积的下沉,由地基不均匀沉降所引起	轻微:车辆轻微振动,无不舒适感;	以面积计
10	胀起	因冻胀或膨胀土膨胀而隆起	中等:车辆有较大振动,略有不舒适感;	
11	拱起	因板块热膨胀受阻而出现屈曲失稳	严重:车辆振动很大,很不舒适	
12	接缝碎裂	邻近接缝60cm范围内板边缘混凝土的开裂、断裂或成碎屑,通常不扩展到整个板厚。由传荷设施设计或施工不当,缝隙内进入坚硬材料阻碍膨胀,由耐久性裂缝使混凝土崩解等原因造成	轻微:接缝任一侧的碎裂范围小于8cm; 中等:碎裂范围大于8cm; 严重:严重碎裂,伤害轮胎或危及安全	按碎裂接缝的条数计
13	填缝料损坏	接缝内填缝料挤出、缺损、老化,未与混凝土黏结	轻微:仅个别接缝出现上述损坏; 中等:出现中等损坏,水和硬物易进入; 严重:水和硬物自由进入,需立即更换	按整个路段的损坏程度评价
14	纵缝张开	纵缝及行车道和路肩间的接缝缝隙变宽,使水和(或)硬物易进入,因纵缝未设拉杆或路肩位移和变形所造成	轻微:张开量不大于3mm; 中等:张开量3～10mm; 严重:张开量大于10mm	以长度计
15	磨损和露骨	表层水泥砂浆被磨耗,粗集料外露并被磨耗	磨损 露骨	以面积计
16	修补损坏	原板被全部或部分拆除,并用混凝土或沥青混合料置换	轻微:轻微或无损坏,接缝错台小于6mm; 中等:轻微开裂或中等碎裂,错台6～13mm; 严重:出现碎裂、开裂、车辙,需更换	记录修补损坏的数量

二、路面破坏的极限状态与设计准则

路面病害可分为:结构性损坏和功能性损坏。结构性损坏是指结构受力超过材料的承受能力,产生破坏后路面的结构承载能力下降,无法有效承受车辆荷载作用,如水泥混凝土路面的断裂等;功能性损坏指的是表面缺陷等病害,对路面功能发挥起到不良影响,如水泥混凝土路面的磨损、露骨等。

一般而言,功能性损坏通过适当处治可恢复路面功能,而结构性损坏发生后,则需要实施路面大修改造工程。因此,路面设计应针对结构性损坏,首先需要分析路面结构层受力状况,然后与其材料抗力对比,通过组合设计和厚度设计使材料在使用期内不发生结构物破坏。材料抗力主要以其强度指标来表征,要达到以上设计目标,首先需要确定选用什么强度指标。

混凝土材料的抗压强度远高于其抗拉强度,混凝土面板的结构性损坏主要是裂缝类病害。混凝土面板产生断裂的原因是其抗拉能力不足以抵抗拉应力,板内产生应力的外因主要是车轮荷载作用和温度的变化。另外,路基不均匀沉降或基层的膨胀也会使混凝土面层板产生应力。

混凝土路面板因温度翘曲变形受到约束而产生的温度翘曲应力有时可达到相当大的数值;特别当板长大于6m时,其大小会超过荷载应力。因此,结构设计的应力分析应综合考虑荷载应力和温度应力。

由于材料内部存在局部缺陷或不均匀性,在荷载作用下产生应力集中而出现微裂缝,应力的反复作用使微裂缝逐步扩展,从而不断减少承受应力的有效面积,表现出强度随荷载重复作用次数增加而降低的现象,称为疲劳。荷载应力和温度应力的共同反复作用,是使混凝土板产生疲劳断裂的主要原因。混凝土在重复应力作用下断裂破坏时的强度,称为疲劳强度,它比混凝土初始强度要低。为考虑疲劳的影响,水泥混凝土路面结构设计方法中采用了简化处理。

将标准轴载作用下结构受到的应力乘以一个大于1的修正系数(水泥混凝土路面设计中,处理荷载应力引起的疲劳时采用的"荷载疲劳应力系数")放大。

在分析水泥混凝土路面板温度应力引起的疲劳效应时比较特殊,因考虑了导致温度应力产生的约束将随温度应力作用次数增加而弱化,其修正系数(温度疲劳应力系数)小于1。

混凝土的极限应力根据其是否被修正,分别被称为"荷载应力""荷载疲劳应力"和"温度应力""温度疲劳应力"。

极限状态的表达式以路面上的临界荷位为计算点,混凝土面层板的极限应力以临界荷位为计算点,临界荷位是混凝土路面板内最重荷载应力与最大温度应力之和或荷载疲劳应力与温度疲劳应力之和最大的位置。混凝土面层板的临界荷位是纵缝边缘中部,基层板的临界荷位与面层板相同。

根据混凝土板断裂发生时的两种可能状况,我国《公路水泥混凝土路面设计规范》(JTG D40—2011)设想了两种破坏状态,并以此作为设计时的极限状态:

(1)板在行车荷载(以100kN为标准换算的累计标准轴次)和温度梯度综合作用下产生疲劳断裂。

(2)板在最重轴载(一次性作用,大于100kN)和最大温度梯度综合作用下产生极限断裂。

第二种极限状态是新增加的一种极限状态,所谓"最重轴载"指的是在路面建成后,路面上通行的车辆荷载中可能出现的最大轴载。两种极限状态的表达式为(等号成立时为极限状态):

$$\gamma_r(\sigma_{pr} + \sigma_{tr}) \leq f_r \tag{9-54}$$

$$\gamma_r(\sigma_{p,max} + \sigma_{t,max}) \leq f_r \tag{9-55}$$

式中:σ_{pr}——面层板在临界荷位处产生的行车荷载疲劳应力(MPa);

σ_{tr}——面层板在临界荷位处产生的温度梯度疲劳应力(MPa);

$\sigma_{p,max}$——最重的轴载在临界荷位处产生的最大温度荷载应力(MPa);

$\sigma_{t,max}$——所在地区最大温度梯度在临界荷位处产生的最大温度翘曲应力(MPa);

γ_r——可靠度系数,依据所选目标可靠度、变异水平等级及变异系数通过计算确定;

f_r——水泥混凝土弯拉强度标准值(MPa)。

当贫混凝土或碾压混凝土作基层时,应以设计基准期内行车荷载不产生疲劳断裂作为设计标准,其极限状态表达式为:

$$\gamma_r\sigma_{bpr} \leq f_{br} \tag{9-56}$$

式中:σ_{bpr}——基层内产生的行车荷载疲劳应力(MPa);

f_{br}——基层材料的弯拉强度标准值(MPa)。

三、交通分级与设计参数

1. 交通荷载

交通量的获取方式:一种是新建公路,通过交通需求分析进行预测;另一种是旧路改建,通过对旧路的交通调查获取初始年平均交通量(双向)及车辆类型组成数据。在第二种方式中,要剔除2轴4轮及以下的客、货车辆,剔除后的数据中应包括大型客车的交通量。

进行荷载疲劳应力分析时,需对初始年平均日交通调查数据进行轴载换算,其换算公式见式(6-19)。

按设计车道在设计基准期(计算可靠度时,考虑各项基本度量与时间关系所取用的基准时间段)内所承受的设计轴载累计作用次数计算值,确定路面所属的交通荷载等级,见表6-16。

2. 可靠度

我国水泥混凝土路面按可靠度方法进行设计,不同等级公路的路面结构设计安全等级(以路面结构的重要性和破坏后果的严重程度而划分)及相应的设计基准期、可靠度指标和目标可靠度见表9-11。

可靠度设计标准   表9-11

公路技术等级	高速公路	一级公路	二级公路	三级公路	四级公路
安全等级	一级		二级	三级	
设计基准期(年)	30		20	15	10
目标可靠度(%)	95	90	85	80	70
目标可靠指标	1.64	1.28	1.04	0.84	0.52

各安全等级路面的材料性能和结构尺寸参数的变异水平可分为低、中和高三级,应按公路等级及所采用的施工技术和能达到的施工质量控制与管理水平,通过调研确定变异水平和相应的变异系数,高速公路、一级公路的变异水平宜为低,二级公路的变异水平应不大于中级。确实有困难时,可按表9-12规定的主要设计参数变异系数范围选择相应的变异系数。

变异系数 c_v 的变化范围   表9-12

变异水平等级	低	中	高
水泥混凝土弯拉强度	$0.05 \leqslant c_v \leqslant 0.10$	$0.10 < c_v \leqslant 0.15$	$0.15 < c_v \leqslant 0.20$
基层顶面当量回弹模量	$0.15 \leqslant c_v < 0.25$	$0.25 < c_v \leqslant 0.35$	$0.35 < c_v \leqslant 0.55$
水泥混凝土面层厚度	$0.02 \leqslant c_v \leqslant 0.04$	$0.04 < c_v \leqslant 0.06$	$0.06 < c_v \leqslant 0.08$

根据公路等级按表9-11确定目标可靠度,然后根据调研或按表9-12选取变异水平等级,按表9-13确定可靠度系数 γ_r。

可靠度系数 γ_r 表9-13

变异水平等级	目标可靠度(%)			
	95	90	85	80
低	1.20 ~ 1.33	1.09 ~ 1.16	1.04 ~ 1.08	—
中	1.33 ~ 1.50	1.16 ~ 1.23	1.08 ~ 1.13	1.04 ~ 1.07
高	—	1.23 ~ 1.33	1.13 ~ 1.18	1.07 ~ 1.11

注:变异系数在表9-12所示的变化范围的下限时,可靠度系数取低值;上限时,取高值。

3. 材料强度与模量

水泥混凝土及钢纤维混凝土弯拉强度的标准值见表6-26,其为我国《公路水泥混凝土路面设计规范》(JTG D40—2011)中的强制性条文,在设计混凝土路面结构时,必须严格执行。

极限状态平衡方程式集中体现了混凝土路面结构经受了设计基准期内所有车辆和温差作用的极限应力不超过强度标准值,保证了规定的目标可靠度的实现。

路基相关强度、模量等内容见第二章。

4.气候相关指标

与气候相关的两个指标是:最大温度梯度及路面结构层最小防冻厚度。分别在计算翘曲应力时和计算厚度确定后应用。最大温度梯度按公路自然区划来选用,见第四节中表 9-6。结构层最小防冻厚度见表 9-1。

在季节性冰冻地区,当计算出的结构层的总厚度小于表 9-1 中的规定时,应设置防冻层,所缺厚度由防冻层厚度补足。

四、路面厚度设计流程

水泥混凝土路面设计首先进行路面结构组合设计,即根据公路等级、交通等级和目标可靠度等初步选定路面结构组合,即选定面层混凝土板、基层、底基层、垫层、路床的材料类型和厚度。面层混凝土板可参考表 9-15 建议的范围,根据公路等级、交通等级和变异水平等级选定适宜的初估厚度,按基层材料类型选择相应的设计计算模型。进一步计算最重轴载作用下的最大荷载应力和最大温度应力,考察其与可靠度系数的乘积是否满足极限状态平衡方程式,即是否小于或等于混凝土弯拉应力的标准值。如果满足要求,则进一步按疲劳应力计算,再次确认温度疲劳应力与荷载疲劳应力之和是否满足要求。如果满足要求,则初估厚度即为设计路面板厚度。上述计算结果如果有一种不能满足要求,可以重新确定初估厚度或调整结构类型和结构组合,再一次进行单次最大荷载作用下和疲劳荷载作用下的应力验算,直至完全满足两个极限平衡方程式为止。路面结构设计厚度依计算结果加 6mm 磨耗厚度、按 10mm 向上取整。图 9-28 为混凝土路面板厚度设计流程图。

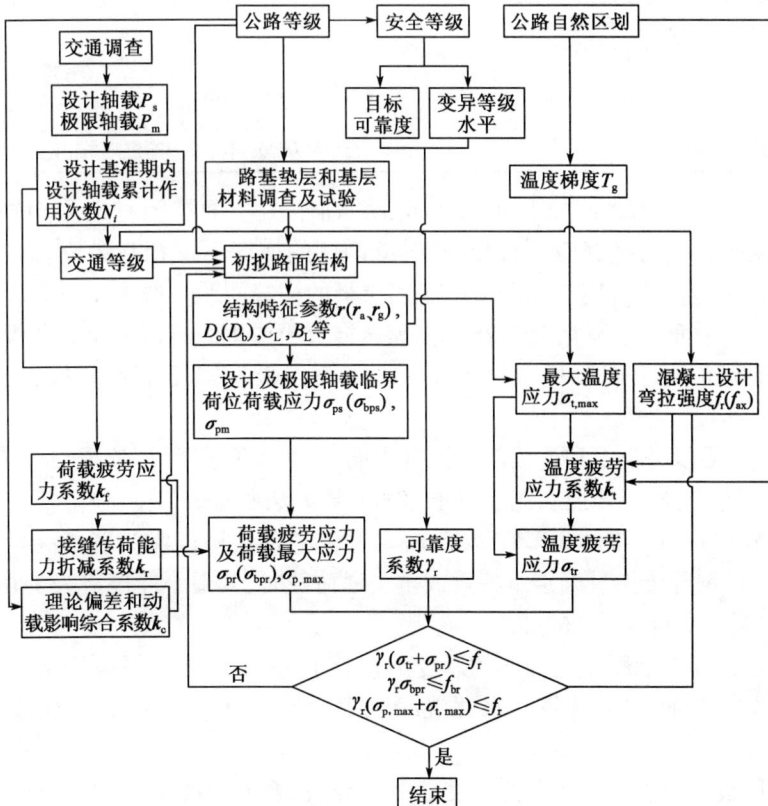

图 9-28 混凝土路面板厚度设计流程图

第七节　水泥混凝土路面结构组合设计

一、水泥混凝土路面板

水泥混凝土面层板应具有足够的强度、耐久性、表面抗滑、耐磨、平整等良好的路用性能，一般采用设接缝（除接缝、板边和角隅处外）不配筋的普通水泥混凝土路面板。在交通荷载等级为重交通以上的，可增设角隅钢筋，对有些基础薄弱、未设传力杆或与其他构造物衔接的位置需配置边缘钢筋。

当面层板的平面尺寸较大或形状不规则，路面结构下埋有地下设施，位于高填方、软土地基、填挖交界段等有可能产生不均匀沉降的路基段时，应采用接缝设置传力杆的钢筋混凝土面层。连续配筋混凝土、碾压混凝土和钢纤维混凝土等其他面层类型可依据适用条件选用，见表9-14。

其他混凝土路面面层类型选择　　　　　　　　　　　　　　表9-14

面层类型		适用条件
连续配筋混凝土面层		高速公路
复合式面层	密级配沥青混合料上面层	极重、特重交通荷载的高速公路
	连续配筋混凝土下面层	
	设传力杆普通混凝土下面层	
碾压混凝土面层		二级及二级以下公路
钢纤维混凝土面层		高程受限制路段、混凝土加铺层
混凝土预制块面层		二级及二级以下公路桥头引道沉降未稳定段、服务区停车场

普通混凝土、钢筋混凝土、碾压混凝土或钢纤维混凝土面层板一般采用矩形分仓，用纵横接缝分隔，纵向和横向接缝应垂直相交，纵缝两侧的横缝不得相互错位。纵缝间距按路面宽度在3.0～4.5m范围内确定。普通混凝土面层板的横缝间距一般为4～6m。面层板的长宽比不宜超过1.35，平面尺寸不宜大于$25m^2$。碾压混凝土或钢纤维混凝土面层板的横缝间距一般为6～10m，钢筋混凝土面层板一般为6～15m，面层板长宽比不宜超过2.5，面积不宜大于$45m^2$。

钢筋混凝土、碾压混凝土和连续配筋混凝土面层的计算厚度，可依据交通荷载等级、公路等级和变异水平等级，参照普通水泥混凝土路面计算方法确定。

钢纤维混凝土的钢纤维体积率宜为0.6%～1.0%，面层厚度宜为普通混凝土面层厚度的0.65～0.75倍，按钢纤维掺量确定。特重或重交通荷载时，其最小厚度应为180mm；中等或轻交通荷载时，其最小厚度应为160mm。

复合式路面的沥青混凝土上面层的厚度不宜小于40mm。水泥混凝土下面层的计算厚度按普通水泥混凝土路面方法计算。水泥混凝土下面层与沥青混凝土上面层之间应设置黏结层。

混凝土面层板的厚度取决于公路和交通荷载等级，普通混凝土、钢筋混凝土、碾压混凝土或连续配筋混凝土面层板所需的厚度，可参考表9-15所列的范围初步选定。

水泥混凝土面层厚度的参考范围（单位：mm）　　　　表 9-15

交通荷载等级	极重	特重				重		
公路等级	—	高速公路	一级公路		二级公路	高速公路	一级公路		二级公路
变异水平等级	低	低	中	低	中	低	中	低	中
面层厚度	≥320	320～280	300～260	280～240		270～230	260～220		

交通荷载等级	中等				轻	
公路等级	二级公路		三、四级公路		三、四级公路	
变异水平等级	高	中	高	中	高	中
面层厚度	250～220	240～210		230～200	220～190	210～180

注：在水泥混凝土板上设置沥青混凝土层时，每增加 4cm 沥青混凝土层可减少 1cm 面板厚度。

为保证行车安全，混凝土路面板表面构造应采用刻槽、压槽、拉槽或拉毛等方法制作。构造深度在使用初期应满足表 9-16 的要求。

各级公路水泥混凝土面层的表面构造深度要求（单位：mm）　　　　表 9-16

公路等级	高速公路、一级公路	二、三、四级公路	公路等级	高速公路、一级公路	二、三、四级公路
一般路段	0.70～1.10	0.50～1.0	特殊路段	0.80～1.20	0.60～1.10

注：1. 特殊路段——对于高速公路和一级公路是指立交、平交或变速车道等处；对于其他等级公路是指急弯、陡坡、交叉口或集镇附近。

　　2. 年降雨量 600mm 以下的地区，表列数值可适当降低。

二、水泥混凝土路面基层

水泥混凝土路面的基层应具有足够的抗冲刷能力和一定的刚度。对于湿润和多雨地区，路基为低透水性细粒土的高速公路和一级公路，或者承受特重交通或重交通的二级公路，宜采用排水基层。水泥混凝土路面基层材料选择见表 9-17，各类基层适宜厚度范围见表 9-17。

各类基层适宜厚度的范围（单位：mm）　　　　表 9-17

材料种类		适宜施工层厚
贫混凝土、碾压混凝土		120～200
无机结合料稳定粒料		150～200
沥青混凝土	集料公称最大粒径 9.5mm	25～40
	集料公称最大粒径 13.2mm	35～65
	集料公称最大粒径 16mm	40～70
	集料公称最大粒径 19mm	50～75
沥青稳定碎石	集料公称最大粒径 19mm	
	集料公称最大粒径 26.5mm	75～100
多孔隙水泥稳定碎石		100～150
级配碎石、未筛分碎石、级配砾石或碎砾石		100～200

基层的宽度应比混凝土面板每侧宽出 300～650mm。路肩采用混凝土面层，其厚度与行车道面层板相同时，基层宽度宜与路基同宽。

采用碾压混凝土作为基层时,应设置与混凝土面层板相对应的纵、横接缝。采用贫混凝土作为基层时,若弯拉强度超过1.5MPa,应设置与混凝土面层板相对应的横向接缝;一次摊铺宽度大于7.5m,还应设置纵向缩缝。

承受极重、特重或重交通荷载的路面,基层下应设置底基层;承受中等或轻交通荷载时,可不设底基层。当基层采用无机结合料稳定类材料,且上路床由细粒土组成时,应在基层下设置粒料类底基层。

贫混凝土或碾压混凝土基层上应铺设沥青混凝土夹层,层厚不宜小于40mm。无机结合料稳定碎石基层上应设置封层,封层可采用单层沥青表面处治或适宜的膜层材料等。当采用单层沥青表面处治时,层厚不宜小于6mm。

多雨地区,路基由低透水性细粒土组成的高速公路和一级公路或者承受极重或特重交通荷载的二级公路,宜设置由开级配沥青稳定碎石或开级配水泥稳定碎石组成的排水基层。排水基层下应设置由水泥稳定碎石组成的不透水底基层,底基层顶面宜铺设沥青封层或防水土工织物组成不透水底基层。

各种基层和底基层的结构层适宜压实厚度,应按所选集料的公称最大粒径和压实效果的要求而定。基层或底基层的设计层厚超出相应材料的适宜压实厚度范围时,应首先将材料和其他层厚度调整到适宜范围。

贫混凝土或碾压混凝土基层设计厚度应依据计算厚度按10mm向上取整。

开级配沥青稳定碎石或水泥稳定碎石排水基层的计算厚度应满足排除表面水设计渗入量的需要。排水基层的设计厚度宜依据计算厚度按10mm向上取整后再增加20mm。

三、水泥混凝土路面的路基与功能层

水泥混凝土路面功能层一般是为应对路基的特殊需求而设置的,分为防冻层、排水层与加固层三类。

在季节性冰冻地区修筑水泥混凝土路面,当路面结构总厚度不能满足最小防冻厚度要求时,应设置防冻层,保证总厚度满足最小防冻厚度的要求。

对于水文地质条件不良的土质路基,路床土的湿度较大时,为防止地下水对路面结构的侵蚀,应设置排水层。

当路基土特别软弱,经加固后,仍有可能出现不均匀沉降、变形时,应设置加固层及碎石层,以减少路基不均匀沉降对面板的影响,增强路床的强度均匀性和变形均匀性。

有时候,以上三种情况兼而有之,在选择功能层结构材料时,也应兼顾具备多种功能。一般情况下,功能层多选用当地廉价材料修筑,或选取当地材料掺少量无机结合料处治后使用,如砂、砂砾料、低剂量无机结合料稳定粒料等。功能层厚度一般为150~200mm。

水泥混凝土路面的路基应满足稳定、密实、均质、耐久的要求,为路面结构提供均匀的支承。因此对路基土质的要求很严格,一般高液限黏土及含有机质的细粒土均不能用于高速公路和一级公路的路床填料,也不能用于二级和二级以下公路的上路床填料。高液限粉土及塑性指数大于16或膨胀率大于3%的低液限黏土不能用作高速公路和一级公路的上路床填料。因条件限制而必须采用上述土做填料时,应掺加石灰或水泥等无机结合料进行处治。

地下水位较高的路段,应提高路堤设计高程。若设计高程受限制,路基达不到中湿状

态的临界高度时,应选用粗粒土或低剂量石灰或水泥稳定细粒料作路床填料;未能达到潮湿状态的路基临界高度时,除采用上述填料之外,还应采取设置排水渗沟等降低地下水位的措施。

路基压实度应符合现行《公路路基设计规范》(JTG D30)的要求,岩石或填石路床顶面应铺设整平层,整平层可采用未筛分碎石和石屑或低剂量水泥稳定粒料,其厚度视路床顶面不平整程度而定,一般为 100~150mm。

路床顶面的回弹模量应不低于表 2-17 的要求。

第八节 水泥混凝土路面厚度设计

本节介绍我国现行规范《公路水泥混凝土路面设计规范》(JTG D40)中的设计方法。

一、设计计算模型及选择

规范中回归公式的建立采用有限元计算方法,进行结构分析时采用了下述方案:①基层板与面层板的平面尺寸可以不相等;②应用有限元法求解基层板和面层板,荷载应力采用立方体弹性单元,层间水平光滑、竖向受压连续但不承受拉力;③温度翘曲应力用近似解析法求解,基层板与面层板采用薄板假定,层间为竖向线性弹簧相连。

不同模型与假定的计算结果对比表明:水泥混凝土路面结构分析应采用弹性地基板理论。除粒料类基层外,其他各类基层与混凝土面层应按分离式双层板模型进行结构分析。粒料类基层及各类底基层和功能层应与路基一起视作多层弹性地基,以地基顶面当量回弹模量表征。

按基层与面层类型和组合的不同,路面结构分析可分别采用下述力学模型:

(1)弹性地基单层板模型——适用于粒料基层上水泥混凝土面层,旧沥青路面加铺水泥混凝土面层;面层板底面以下部分按弹性地基处理。

(2)弹性地基双层板模型——适用于无机结合料类基层或沥青类基层上水泥混凝土面层,旧水泥混凝土路面上加铺分离式水泥混凝土面层;面层和基层或者新旧面层作为双层板,基层底面以下或者旧面层底面以下部分按弹性地基处理。

(3)复合板模型——适用于两层不同性能材料组成的面层或基层复合板。旧水泥混凝土路面上加铺结合式水泥混凝土面层,两层不同性能材料组成的层间黏结的面层,作为弹性地基上的单层板或者弹性地基上双层板的上层板;无机结合料类基层或沥青类基层与无机结合料类底基层组成的基层,作为弹性地基上双层板的下层板。

混凝土面层板的临界荷位始终选取纵缝边缘中部。基层板的临界荷位与面层板相同。

设计计算的一般步骤如下:

(1)根据调研或预测确定交通量相关参数,计算 N_e,并确定变异水平等级和可靠度系数。

(2)列出所有已知条件,根据结构组合设计选定的组合形式,预设除待设计层(一般是最上层的板)以外各层的厚度与材料的弹性模量,预设待设计层模量、泊松比、弯拉强度标准值。

(3)确定板的设计宽度,摊铺与横向衔接施工方案,预设板的平面尺寸(长度 L 和宽度

B），根据要求选定接缝的类型。

（4）根据结构组合情况选定设计计算的基本模型，分三种情况：弹性地基上的单层板、分离式双层板和结合式双层板（或称为复合板）。

（5）根据路基土质等情况确定路基回弹模量 E_0，结合弹性层状地基其他层的厚度和模量计算地基顶面的当量回弹模量 E_t。

（6）按模型选择不同的回归公式，计算标准轴载（或设计轴载）和最重轴载作用在四边自由的板上临界荷位处产生的板内荷载应力 σ_{ps}、σ_{pm}，确定修正系数 k_r、k_c、k_f，计算荷载疲劳应力 σ_{pr} 和最大荷载应力 $\sigma_{p,max}$（只用前两个系数修正）。

（7）按模型选择不同的回归公式，计算温度内应力和翘曲应力综合作用下的最大温度应力 $\sigma_{t,max}$，确定修正系数 k_t，计算温度疲劳应力 σ_{tr}。

（8）对于分离式双层板，按类似方法计算并检验下层板（或基层）的荷载疲劳应力 σ_{bps}、σ_{bpr}（注意上下板材料不同时，k_f 的计算公式有所不同），检验其是否满足基层的极限状态表达式（不考虑最重轴载产生的最大荷载应力问题，疲劳应力分析中，忽略温度疲劳应力项）。

（9）检验极限状态表达式是否成立，如果不成立回到第（2）步，改变预设层厚度或重新进行组合设计，直到成立。

（10）减小待设计层厚，或选择其他材料总价更低的组合方案，直到刚好满足极限状态表达式，确定优化的设计方案。

（11）计算层厚确定后，应加上 6mm 磨耗厚度，按 10mm 向上取整，作为混凝土面层的设计厚度。

二、弹性地基的综合回弹模量

规范设计方法中各种模型所选用的地基模型及分析方法基本相同，都是用地基顶面的综合回弹模量 E_t（亦称为当量回弹模量）来表征。但需要注意的是，该"弹性层状地基"根据基层组合及面板层数等情况的不同而有所不同，需加以区别：

（1）单层水泥混凝土路面板下，以粒料类材料作基层时，将粒料层及其以下层看作地基，包含粒料层本身。

（2）单层水泥混凝土路面板下，以非粒料类材料作为基层时，将基层以下各层看作地基，不含基层本身。

（3）旧水泥混凝土板，加铺分离式新混凝土板时，将旧混凝土板的基层顶面以下看作地基（包括基层本身）。

（4）旧水泥混凝土板加铺结合式新水泥混凝土板时，先将新旧板按结合式双层板理论换算为单层；当旧基层为非粒料类材料时，将旧基层按分离式双层板理论换算为单层；其下部分看作地基，整体按分离式双层板计算。

（5）旧沥青路面加铺水泥混凝土路面板时，以旧路面顶测试的指标换算出当量回弹模量。

简而言之，除采用粒料基层的单层板结构或旧沥青路面加铺混凝土面板时，面板以下各层均属于地基外，其他结构都是去除上部非粒料类材料层后的部分作为地基。当量回弹模量以地基顶面指标形式给出。不同的模型均采用相同的回归计算公式。新建公路的板底地基当量回弹模量 E_t 应按式（9-57）计算。

$$E_{\mathrm{t}} = \left(\frac{E_x}{E_0}\right)^{\alpha} E_0 \tag{9-57}$$

$$\alpha = 0.86 + 0.26\ln h_x \tag{9-58}$$

$$E_x = \frac{\sum\limits_{i=1}^{n}(E_i h_i^2)}{\sum\limits_{i=1}^{n} h_i^2} \tag{9-59}$$

$$h_x = \sum\limits_{i=1}^{n} h_i \tag{9-60}$$

式中：E_0——路基顶面的综合回弹模量(MPa)；

$\quad\alpha$——与地基内除路基以外各层的总厚度 h_x 有关的回归系数；

$\quad E_{\mathrm{t}}$——地基顶面当量回弹模量(MPa)；

$\quad h_x$——地基内除路基以外各层的总厚度(m)；

$\quad n$——弹性地基分层数(不包括路基半空间体)；

E_i、h_i——第 i 结构层的回弹模量(MPa)和厚度(m)；

$\quad E_x$——粒料层的当量回弹模量(MPa)。

在旧沥青混凝土路面上铺装水泥混凝土面层时,地基顶面当量回弹模量可根据落锤式弯沉仪(荷载 50kN,承载板直径 30cm)的中心点弯沉的测定结果,按式(9-61)计算：

$$E_{\mathrm{t}} = \frac{18\ 621}{w_0} \tag{9-61}$$

或根据贝克曼梁(后轴重 100kN 的车辆加载)的弯沉测定结果按式(9-62)计算：

$$E_{\mathrm{t}} = \frac{13\ 739}{w_0^{1.04}} \tag{9-62}$$

$$w_0 = \overline{w} + 1.04 s_{\mathrm{w}} \tag{9-63}$$

式中：w_0——路段代表弯沉值(0.01mm)；

$\quad\overline{w}$——路段弯沉平均值(0.01mm)；

$\quad s_{\mathrm{w}}$——路段弯沉标准差(0.01mm)。

三、单层板模型的设计方法与实例

1.荷载应力

1)混凝土面层板荷载疲劳应力计算

(1)设计轴载在四边自由板的临界荷位处产生的荷载应力 σ_{ps}

$$\sigma_{\mathrm{ps}} = 1.47 \times 10^{-3} r^{0.70} h_{\mathrm{c}}^{-2} P_{\mathrm{s}}^{0.94} \tag{9-64}$$

$$r = 1.21\sqrt[3]{\frac{D_{\mathrm{c}}}{E_{\mathrm{t}}}} \tag{9-65}$$

$$D_{\mathrm{c}} = \frac{E_{\mathrm{c}} h_{\mathrm{c}}^3}{12(1 - \nu_{\mathrm{c}}^2)} \tag{9-66}$$

式中：P_s——设计轴载的单轴重（kN）；

h_c、E_c、ν_c——分别为混凝土面层板的厚度（m）、弯拉弹性模量（MPa）和泊松比；

r——混凝土面层板的相对刚度半径（m）；

D_c——混凝土面层板的截面弯曲刚度（MN·m）；

E_t——板底地基当量回弹模量（MPa）。

（2）确定三个修正系数 k_r、k_c、k_f

应力折减系数 k_r，因接缝的传荷能力对板的应力降低有正面效果，取值小于或等于1。因临界荷位在纵缝边缘，因此 k_r 主要由路肩情况决定：采用混凝土路肩时，取 $0.87 \sim 0.92$（路肩面层与路面面层等厚时取低值，减薄时取高值）；采用柔性路肩或土路肩时取1。

考虑理论与实际差异及动载等因素影响的综合系数 k_c，按公路等级查表9-18确定。

综合系数 k_c 表9-18

公路等级	高速公路	一级公路	二级公路	三、四级公路
k_c	1.15	1.10	1.05	1.00

荷载疲劳应力系数 k_f 与累计轴次 N_e 有关，由式（9-67）确定：

$$k_f = N_e^{\lambda} \tag{9-67}$$

式中：N_e——设计基准期内设计轴载累计作用次数；

λ——材料疲劳指数，普通混凝土、钢筋混凝土、连续配筋混凝土采用0.057；碾压混凝土和贫混凝土采用0.065；钢纤维混凝土按式（9-68）计算：

$$\lambda = 0.053 - 0.017 \rho_f \frac{l_f}{d_f} \tag{9-68}$$

ρ_f——钢纤维的体积率（%）；

l_f——钢纤维的长度（mm）；

d_f——钢纤维的直径（mm）。

（3）计算荷载疲劳应力 σ_{pr}

$$\sigma_{pr} = k_r k_c k_f \sigma_{ps} \tag{9-69}$$

式中符号意义同前。

2）面层板在最重轴载作用下的荷载应力计算

（1）最重轴载（或称极限荷载）在四边自由板的临界荷位处产生的荷载应力 σ_{pm}

σ_{pm} 计算公式与 σ_{ps} 相同，但要用最重轴载 P_m 代替式中的标准轴载（或设计轴载）P_s。

（2）确定修正系数 k_r、k_c

k_r、k_c 的确定方法与计算荷载疲劳应力时相同，无须重复计算。

（3）最重轴载在临界荷位处产生的最大荷载应力 $\sigma_{p,max}$ 计算

$$\sigma_{p,max} = k_r k_c \sigma_{pm} \tag{9-70}$$

式中符号意义同前。

2. 温度应力

温度应力与荷载是重复荷载还是单次最重荷载作用没有直接关系，但将荷载应力与温度应力相加时，存在与现实状态的相似性问题。温度应力在路面刚开始进入使用期时，因地基约

束较强,产生的温缩和翘曲内应力较大,后期在应力反复作用下,界面上的约束将减弱,因此温度疲劳应力减小。考虑疲劳作用时,采用荷载疲劳应力,温度应力也应采用温度疲劳应力。在考察最重轴载的作用时,因其作用是一次性的,因此无须考虑疲劳效应,选择最大温度应力。

1)面层板最大温度应力 $\sigma_{t,max}$

(1)综合温度翘曲应力和内应力的温度应力系数 B_L

$$B_L = 1.77e^{-4.48h_c}C_L - 0.131(1 - C_L) \tag{9-71}$$

$$C_L = 1 - \frac{\sinh t \cdot \cos t + \cosh t \cdot \sin t}{\cos t \cdot \sin t + \sinh t \cdot \cosh t} \tag{9-72}$$

$$t = \frac{L}{3r} \tag{9-73}$$

式中:C_L——混凝土面层板的温度翘曲应力系数;

L——面层板的横缝间距,即板长(m);

r——面层板的相对刚度半径(m)。

(2)最大温度应力

$$\sigma_{t,max} = \frac{\alpha_c E_c h_c T_g}{2}B_L \tag{9-74}$$

式中:α_c——混凝土的线膨胀系数,根据粗集料的岩性按表9-19取用;

T_g——公路所在地50年一遇的最大温度梯度,按表9-6取用;

其他符号意义同前。

得出最大温度应力后,可与最大荷载应力相加,代入最重轴载作用下极限状态表达式(9-43)中。

水泥混凝土线膨胀系数经验参考值 表9-19

粗集料类型	石英岩	砂岩	砾石	花岗岩	玄武岩	石灰岩
水泥混凝土线膨胀系数($10^{-6}/℃$)	12	12	11	10	9	7

2)面层板温度疲劳应力 σ_{tr}

(1)确定温度疲劳应力系数 k_t

$$k_t = \frac{f_r}{\sigma_{t,max}}\left[a_t\left(\frac{\sigma_{t,max}}{f_r}\right)^{b_t} - c_t\right] \tag{9-75}$$

式中:a_t、b_t、c_t——回归系数,按所在地区的公路自然区划查表9-20确定;

其他符号意义同前。

回归系数 a_t、b_t 和 c_t 表9-20

系数	公路自然区划					
	II	III	IV	V	VI	VII
a_t	0.828	0.855	0.841	0.871	0.837	0.834
b_t	1.323	1.355	1.323	1.287	1.382	1.270
c_t	0.041	0.041	0.058	0.071	0.038	0.052

（2）温度疲劳应力 σ_{tr}

$$\sigma_{tr} = k_t \sigma_{t,max} \tag{9-76}$$

式中符号意义同前。

得到温度疲劳应力后，与荷载疲劳应力相加，代入重复荷载作用下极限状态表达式(9-42)中。

3. 单层板设计实例

[例9-2] 水泥路面单层板设计实例

某地拟新建的省道是一条连接两个地级市的二级公路，路线总长58km，双向四车道，路面宽度为16m。该地属公路自然区划Ⅳ区，路基为低液限黏土，路床顶距地下水位平均高度1.8m。本地石料以花岗岩为主。拟采用普通水泥混凝土路面，根据表9-9查得设计基准期为20年。

解：其设计过程如下

1）交通量调查分析与预测

（1）交通量调查与分析

因是新建公路，所以无直接调查数据。通过两个地级市过去10年的经济发展状况(GDP)分析、人口增长率分析及机动车总量分析，综合确定其交通量发展趋势。确定20年设计基准期内，年平均增长率为5%；根据邻近区域公路网交通流星分析，及本路线建成后对路网的分流情况分析，确定初始年平均日混合交通量为17 517辆/日。

对已建成公路收费站调查数据分析及现场抽样调查发现，最重轴载为150kN。

（2）交通量数据处理

确定设计车道的初始年平均日交通量。先查表6-7确定车道系数为0.50～0.75，查表6-10确定轮迹横向分布系数 η 为0.34～0.39，根据行车道宽度和交通量大小情况，取0.36。双向交通量基本相当，根据现场调查情况取0.65。

$$N = 17\ 517 \times 0.5(双向转单向) \times 0.65(车道系数) = 5\ 693(辆/日)$$

根据轴型构成调查情况，剔除2轴4轮及其以下的客货车后，按比例将 N 经轴载换算后得到设计车道初始年平均日标准轴载作用次数 N_s 为164次(过程略)，则 N_e 为：

$$N_e = \frac{N_s \times [(1+g_r)^t - 1] \times 365}{g_r} \times \eta = \frac{164 \times [(1+0.05)^{20} - 1] \times 365}{0.05} \times 0.36 = 712\ 588(次)$$

参考表6-16，属"中等"交通荷载等级。

2）可靠度系数的确定

通过调研发现，本地类似工程及可能的投标施工企业资质较好，机械化施工水平高、管理水平也普遍较高，且本工程所在地区原材料丰富，所用材料均为甲方供应，类似工程中检测数据分析表明，变异水平等级可控制到"低"级别范围内的中等水平。

查表9-11，二级公路安全等级为"二级"，目标可靠度为85%，结合调研的安全水平等级为"低"，查表9-13确定可靠度系数范围为1.04～1.08，按中等水平取中值，$\gamma_r = 1.06$。

3）路基参数的确定

根据低液限黏土土质查表，得到其路基回弹模量范围为50～100MPa，代表值为70MPa，根据本地工程资料，回弹模量取80MPa。根据地下水位距路基顶面平均高度为1.8m，查表内插得到其湿度调整系数范围，取0.8，路基综合回弹模量最终为64MPa。

4)结构组合初拟与设计参数确定

因本路段属中交通荷载等级,参考表7-2,适宜的基层材料为:级配碎石、水泥稳定碎石、二灰碎石等。中等交通可不设底基层,或设置未筛分碎石、级配碎石等底基层。

初步拟定的结构组合:普通水泥混凝土路面板(h_c) + 级配碎石基层(20cm) + 路基(综合回弹模量为64MPa),见表9-21。

表9-21

初步拟定的结构组合

层位	材料	厚度(mm)	弯拉强度(MPa)	弹性模量(MPa)
1	普通水泥混凝土	?	4.5	29 000
2	级配碎石	200	—	300
3	低液限黏土路基	—	—	80(标准状态)

预估水泥混凝土板厚度 h_c。二级公路、"中"变异水平的面层厚度为 $210 \sim 240$mm,本路段变异水平为"低",初定板厚为22cm。弯拉强度标准值查表6-26,取为4.5MPa,弯拉模量查表6-26取为29GPa,泊松比取为0.15,采用花岗岩质粗集料,其线膨胀系数为 $1.0 \times 10^{-5}/℃$。

查表得级配碎石回弹模量为300MPa。

5)平面尺寸、接缝及路肩形式选择

平面尺寸:长5m,宽4m。

接缝:缩缝为不设传力杆的假缝,纵缝为带拉杆的平头缝。

路肩:与路面板间设拉杆连接,面层采用水泥混凝土。

6)计算地基综合同弹模量

根据规范的有关规定,本项目初拟的水泥混凝土路面结构计算模型为弹性地基单层板模型,计算模型见表9-22。

表9-22

初拟水泥混凝土路面结构计算模型

普通水泥混凝土面层	单层板
级配碎石	地基
路基	

因除路基外只有单层基层,所以,$E_x = 300$MPa,$h_x = 0.20$m,$\alpha = 0.86 + 0.26 \cdot \ln 0.20 = 0.86 - 0.26 \times 1.61 = 0.442$,地基综合回弹模量:

$$E_t = \left(\frac{E_x}{E_0}\right)^{\alpha} E_0 = \left(\frac{300}{64}\right)^{0.442} \times 64 = 126.6(\text{MPa})$$

7)荷载应力计算

(1)设计轴载(100kN)在临界荷位处产生的荷载应力 σ_{ps}

板的弯曲刚度:

$$D_c = \frac{E_c h_c^3}{12(1 - v_c^2)} = \frac{29\,000 \times 0.22^3}{12(1 - 0.15^2)} = 26.32(\text{MN} \cdot \text{m})$$

面板的相对刚度半径:

$$r = 1.21 \sqrt[3]{\frac{D_c}{E_t}} = 1.21 \sqrt[3]{\frac{26.32}{126.6}} = 0.717(\text{m})$$

荷载应力:

$$\sigma_{ps} = 1.47 \times 10^{-3} r^{0.70} h_c^{-2} P_s^{0.94}$$
$$= 1.47 \times 10^{-3} \times 0.717^{0.70} \times 0.22^{-2} \times 100^{0.94}$$
$$= 1.825(\text{MPa})$$

(2)确定三个修正系数 k_r、k_c、k_f

应力折减系数 k_r，由路肩情况确定：采用混凝土路肩时取 0.87（路肩面层与路面面层等厚）。

考虑理论与实际差异及动载等因素影响的综合系数 k_c，查表 9-18，二级公路 k_c 为 1.05。

荷载疲劳应力系数 k_f 与累计轴次 N_e 有关，由下面的公式确定：

$$k_f = N_e^\lambda = 712\,558^{0.057} = 2.156$$

(3)计算荷载疲劳应力

$$\sigma_{pr} = k_r k_c k_f \sigma_{ps} = 0.87 \times 1.05 \times 2.156 \times 1.825 = 3.594(\text{MPa})$$

(4)面层板在最重轴载作用下的荷载应力计算

最重轴载（或称极限荷载）在四边自由板的临界荷位处产生的荷载应力 σ_{pm}：

$$\sigma_{pm} = 1.47 \times 10^{-3} r^{0.70} h_c^{-2} P_m^{0.94} = 1.47 \times 10^{-3} \times 0.717^{0.70} \times 0.22^{-2} \times 150^{0.94} = 2.672(\text{MPa})$$

最重轴载在临界荷位产生的最大荷载应力 $\sigma_{p,max}$：

$$\sigma_{p,max} = k_r k_c \sigma_{pm} = 0.87 \times 1.05 \times 2.672 = 2.441(\text{MPa})$$

8)温度应力计算

(1)面层板最大温度应力 $\sigma_{t,max}$

$$t = \frac{L}{3r} = \frac{5}{3 \times 0.717} = 2.325$$

面层板的温度翘曲应力系数 C_L：

$$C_L = 1 - \frac{\sinh t \cdot \cos t + \cosh t \cdot \sin t}{\cos t \cdot \sin t + \sinh t \cdot \cosh t}$$
$$= 1 - \frac{\sinh 2.325 \times \cos 2.325 + \cosh 2.325 \times \sin 2.325}{\cos 2.325 \times \sin 2.325 + \sinh 2.325 \times \cosh 2.325}$$
$$= 1 - \frac{-3.469 + 3.762}{0.499 + 26.150}$$
$$= 0.9885$$

计算综合温度翘曲应力和内应力的温度应力系数 B_L：

$$B_L = 1.77e^{-4.48h_c} C_L - 0.131(1 - C_L)$$
$$= 1.77e^{-4.48 \times 0.22} \times 0.9885 - 0.131 \times (1 - 0.9885)$$
$$= 1.77 \times 0.3732 \times 0.9885 - 0.131 \times 0.0115$$
$$= 0.651$$

Ⅳ区最大温度梯度范围为 86～92℃/m，取中值 88℃/m，则最大温度应力：

$$\sigma_{t,max} = \frac{\alpha_c E_c h_c T_g}{2} B_L = \frac{1 \times 10^{-5} \times 29\,000 \times 0.22 \times 88}{2} \times 0.651 = 1.829(\text{MPa})$$

(2)面层板温度疲劳应力 σ_{tr}

①确定温度疲劳应力系数 k_t。

因为项目所在地属公路自然区划Ⅳ区，查表 9-20 得 a_t、b_t 和 c_t 分别为 0.841、1.323、0.058，

计算温度疲劳应力系数：

$$k_t = \frac{f_r}{\sigma_{t,max}} \left[a_t \left(\frac{\sigma_{t,max}}{f_r} \right)^{b_t} - c_t \right] = \frac{4.5}{1.829} \times \left[0.841 \times \left(\frac{1.829}{4.5} \right)^{1.323} - 0.058 \right] = 0.486$$

②计算温度疲劳应力 σ_{tr}。

$$\sigma_{tr} = k_t \sigma_{t,max} = 0.486 \times 1.829 = 0.889(MPa)$$

9）设计极限状态验证

弹性地基上单层板模型，按式（9-54）和式（9-55）检验单层板的极限状态：

$$\gamma_r = (\sigma_{pr} + \sigma_{tr}) = 1.06 \times (3.594 + 0.889) = 4.75(MPa) > f_r = 4.5MPa \Big\}$$
$$\gamma_r = (\sigma_{p,max} + \sigma_{t,max}) = 1.06 \times (2.441 + 1.829) = 4.53(MPa) > f_r = 4.5MPa$$

10）设计方案优化

假设板厚为 23cm 时，疲劳极限状态的综合疲劳应力达 4.475MPa，与材料的弯拉强度标准值相差 0.6% 左右，取计算值为 23cm。

根据规范规定：水泥混凝土面层的设计厚度应依据计算厚度加 6mm 磨耗层，并按 10mm 向上取整作为设计厚度。因此，最后确定的普通水泥混凝土面板设计厚度为 230mm + 6mm = 236mm，取 240mm，最终水泥混凝土路面结构见表 9-23。

最终水泥混凝土路面结构 表 9-23

层位	材料	厚度（mm）
1	普通水泥混凝土	240
2	级配碎石	200
3	低液限黏土路基	—

11）排水设计

本路段大部分路段为填方，且路堤高度不大，排水条件相对较好，加之级配碎石基层的排水效果较好，可起到结构层内排水作用，为进一步保证排水安全，设置路面内部排水管道，并与路基排水沟管衔接，具体排水设计略。

四、分离式双层板模型设计方法与实例

采用碾压混凝土或贫混凝土作基层时，需验算基层的荷载疲劳应力是否超过其抗弯拉强度，因此，需计算碾压混凝土或贫混凝土基层板或下面层板的荷载疲劳应力。采用其他材料作基层时，与前述弹性地基上单层板理论相比，虽在计算公式中考虑了基层刚度大时的影响，但无须考虑基层的极限状态，也就无须针对基层计算其各应力，在选用公式进行实际计算时需加以注意。

1. 荷载应力

1）荷载作用在四边自由板上的临界荷位处产生的荷载应力

上层板的荷载疲劳应力计算与单层板模型类似，但与在设计轴载 P_s 作用下的荷载应力计算公式不同。

（1）设计轴载 P_s 在上层板临界荷位处产生的荷载应力

$$\sigma_{ps} = \frac{1.45 \times 10^{-3}}{1 + \dfrac{D_b}{D_c}} r_g^{0.65} h_c^{-2} P_s^{0.94} \qquad (9-77)$$

$$D_b = \frac{E_b h_b^3}{12(1 - \nu_b^2)} \tag{9-78}$$

$$r_g = 1.21 \sqrt[3]{\frac{D_c + D_b}{E_t}} \tag{9-79}$$

式中：σ_{ps}——设计轴载 P_s 在上层板临界荷位处产生的荷载应力(MPa)；

D_b——下层板的截面弯曲刚度(MN·m)；

h_b、E_b、ν_b——分别为下层板的厚度(m)、弯拉弹性模量(MPa)和泊松比；

r_g——分别为双层板的总相对刚度半径(m)；

h_c、D_c——分别为上层板的厚度(m)和截面弯曲刚度(MN·m)。

（2）上层板在最重轴载作用下的荷载应力

采用的公式同上，但用最重轴载 P_m 代替设计轴载 P_s。

（3）设计轴载 P_s 在下层板临界荷位处产生的荷载应力

$$\sigma_{bps} = \frac{1.41 \times 10^{-3}}{1 + \dfrac{D_c}{D_b}} r_g^{0.68} h_b^{-2} P_s^{0.94} \tag{9-80}$$

式中：σ_{bps}——设计轴载 P_s 在下层板临界荷位处产生的荷载应力(MPa)；

式中其他符号意义同上。

2）荷载疲劳应力与最大荷载应力

（1）荷载疲劳应力的修正系数 k_r、k_c、k_f

上层板的荷载疲劳应力计算公式与弹性地基上单层板相同，三个修正系数的确定方法也相同。

（2）上层板在最重轴载作用下的最大荷载应力

上层板在最重轴载作用下的最大荷载应力计算公式与弹性地基上单层板相同，两个修正系数 k_r、k_c 的确定方法也相同。

（3）下层板考虑修正系数的荷载疲劳应力

$$\sigma_{bpr} = k_c k_f \sigma_{bps}$$

2. 温度应力

下层板不考虑温度应力，下面仅介绍上层板温度应力。

（1）上层板的最大温度翘曲应力

与弹性地基单层板模型相比，除温度翘曲应力系数 C_L 计算公式不同外，其他计算公式都相同：

$$C_L = 1 - \left(\frac{1}{1 + \xi}\right) \frac{\sinh t \cdot \cos t + \cosh t \cdot \sin t}{\cos t \cdot \sin t + \sinh t \cdot \cosh t} \tag{9-81}$$

$$t = \frac{L}{3r_g} \tag{9-82}$$

$$\xi = -\frac{(k_n r_g^4 - D_c) r_\beta^3}{(k_n r_\beta^4 - D_c) r_g^3} \tag{9-83}$$

$$r_\beta = \sqrt[4]{\frac{D_c D_b}{(D_c + D_b) k_n}} \tag{9-84}$$

$$k_n = \frac{1}{2} \left(\frac{h_c}{E_c} + \frac{h_b}{E_b} \right)^{-1} \tag{9-85}$$

式中:ξ——与双层板结构有关的参数;

r_β——层间接触状况参数(m);

k_n——面层与基层之间的竖向接触刚度,上下层之间不设沥青混凝土夹层或隔离层时,按式(9-85)计算,若设隔离层,则取为 3 000MPa/m。

(2)上层板的温度疲劳应力

温度疲劳应力计算中,除 C_L 不同、计算出的最大温度翘曲应力 $\sigma_{t,max}$ 不同外,其他修正系数及公式与弹性地基单层板模型相同。

3.设计实例

[例9-3] 水泥路面分离式双层板设计实例

其他条件与例9-2相同,但 N_e 增大到 1 020 万次。试进行普通水泥混凝土路面结构设计。

解:其设计过程如下

1)交通量调查分析与预测

$N_e = 1 020$ 万次,参考表6-16,属重交通荷载等级。设计轴载仍采用100kN,最重轴载与前例相同,为150kN。

2)可靠度系数的确定

与例9-2相同,确定可靠度系数 $\gamma_f = 1.06$。

3)路基参数的确定

重及以上交通荷载等级要求路基综合回弹模量大于80MPa,取该值为80MPa。

4)结构组合初拟与设计参数确定

因本路段属重交通荷载等级,参考表7-2,适宜的基层材料为:水泥稳定碎石、密级配沥青稳定碎石等;必须设置底基层,适宜材料类型为:级配碎石、水泥稳定碎石、二灰碎石等。

初步拟定的结构组合见表9-24。

初步拟定的结构组合 表9-24

层位	材料	厚度(mm)	弯拉强度(MPa)	弹性模量(MPa)
1	普通水泥混凝土	—	5.0	31 000
2	水泥稳定碎石基层	200	—	10 000
3	水泥稳定碎石底基层	200	—	8 000
4	低液限黏土路基	—	—	80(标准状态)

与例9-2类似,初估板厚为22cm。但从水泥混凝土材料角度,重及以上交通荷载等级要求弯拉强度标准值为5.0MPa,弯拉模量为31GPa,泊松比仍取0.15,线膨胀系数仍为 $1.0 \times 10^{-5}/℃$。

上下两层水泥稳定碎石在水泥用量上和集料方面有差异,上层要优于下层,经初步材料试验,7d浸水抗压强度分别为5.5MPa 和2.5MPa,参考规范中的经验参考值表,取上层水泥稳定碎石回弹模量为 10 000MPa,下层水泥稳定碎石回弹模量为 8 000MPa,泊松比取为 0.20。

5)平面尺寸、接缝及路肩形式选择

平面尺寸:长 5m、宽 4m

接缝:规范规定,重及以上交通荷载等级,缩缝必须为设传力杆的假缝,纵缝为带拉杆的平头缝。

路肩的基层材料与路面相同,采用与面层同厚度的水泥混凝土,与路面板间设拉杆连接。

6)计算地基综合回弹模量

根据本项目初拟的水泥混凝土路面结构类型,计算模型应为弹性地基双层板模型:普通水泥混凝土面层为上层板,水泥稳定碎石基层为下层板,水泥稳定碎石底基层 + 路基为地基。

因除路基外只有单层底基层,所以,$E_x = 8\ 000\text{MPa}$,$h_x = 0.20\text{m}$,$\alpha = 0.86 + 0.26 \cdot \ln 0.20 = 0.86 + 0.26 \times 1.61 = 0.442$,地基综合回弹模量:

$$E_t = \left(\frac{E_x}{E_0}\right)^{\alpha} E_0 = \left(\frac{8\ 000}{80}\right)^{0.442} \times 80 = 611.2(\text{MPa})$$

7)荷载应力计算

(1)上层板在设计荷载作用下的荷载应力

上层板弯曲刚度:

$$D_c = \frac{E_c h_c^3}{12(1 - v_c^2)} = \frac{31\ 000 \times 0.22^3}{12 \times (1 - 0.15^2)} = 28.14(\text{MN} \cdot \text{m})$$

下层板弯曲刚度:

$$D_b = \frac{E_b h_b^3}{12(1 - v_b^2)} = \frac{10\ 000 \times 0.20^3}{12 \times (1 - 0.20^2)} = 6.94(\text{MN} \cdot \text{m})$$

双层板总相对刚度半径:

$$r_g = 1.21 \sqrt[3]{\frac{D_c + D_b}{E_t}} = 1.21 \times \sqrt[3]{\frac{28.14 + 6.94}{611.2}} = 0.467(\text{m})$$

100kN 轴载作用下的荷载应力:

$$\sigma_{ps} = \frac{1.45 \times 10^{-3}}{1 + \dfrac{D_b}{D_c}} r_g^{0.65} h_c^{-2} P_s^{0.94} = \frac{1.45 \times 10^{-3}}{1 + \dfrac{6.94}{28.14}} \times 0.467^{0.65} \times 0.22^{-2} \times 100^{0.94} = 1.111(\text{MPa})$$

下层板材料为水泥稳定碎石,无须计算其荷载应力。

(2)确定三个修正系数 k_r、k_c、k_f

与前例相同,应力折减系数 $k_r = 0.87$。

考虑理论与实际差异及动载等因素影响的综合系数 $k_c = 1.05$。

荷载疲劳应力系数 k_f:

$$k_f = N_e^{\lambda} = 10\ 200\ 000^{0.057} = 2.509$$

(3)计算荷载疲劳应力

$$\sigma_{pr} = k_r k_c k_f \sigma_{ps} = 0.87 \times 1.05 \times 2.509 \times 1.111 = 2.546(\text{MPa})$$

(4)面层板在最重轴载作用下的荷载应力计算

最重轴载(或称极限荷载)在四边自由板的临界荷位处产生的荷载应力 σ_{pm}:

$$\sigma_{pm} = \frac{1.45 \times 10^{-3}}{1 + \dfrac{D_b}{D_c}} r_g^{0.65} h_c^{-2} P_s^{0.94} = \frac{1.45 \times 10^{-3}}{1 + \dfrac{6.94}{28.14}} \times 0.467^{0.65} \times 0.22^{-2} \times 150^{0.94} = 1.626(\text{MPa})$$

最重轴载在临界荷位产生的最大荷载应力 $\sigma_{p,max}$：

$$\sigma_{p,max} = k_r k_c \sigma_{pm} = 0.87 \times 1.05 \times 1.626 = 1.486(\text{MPa})$$

8）温度应力计算

（1）面层板最大温度应力 $\sigma_{t,max}$

计算综合温度翘曲应力和内应力的温度应力系数 B_L，下层板不考虑其温度应力，面板计算与弹性地基单层板模型相比，温度翘曲应力系数 C_L 计算公式不同，其他都相同：

$$k_n = \frac{1}{2}\left(\frac{h_c}{E_c} + \frac{h_b}{E_b}\right)^{-1} = \frac{1}{2} \times \left(\frac{0.22}{31\,000} + \frac{0.20}{10\,000}\right)^{-1} = 18\,452(\text{MPa/m})$$

$$r_\beta = \sqrt[4]{\frac{D_c D_b}{(D_c + D_b)k_n}} = \sqrt[4]{\frac{28.14 \times 6.94}{(28.14 + 6.94) \times 18\,452}} = 0.132(\text{m})$$

$$\xi = -\frac{(k_n r_g^4 - D_c)r_\beta^3}{(k_n r_\beta^4 - D_c)r_g^3} = -\frac{(18\,452 \times 0.467^4 - 28.14) \times 0.132^3}{(18\,452 \times 0.132^4 - 28.14) \times 0.467^3} = 0.846$$

$$t = \frac{L}{3r_g} = \frac{5}{3 \times 0.467} = 3.571(\text{rad})$$

$$C_L = 1 - \left(\frac{1}{1+\xi}\right)\frac{\sinh t \cdot \cos t + \cosh t \cdot \sin t}{\cos t \cdot \sin t + \sinh t \cdot \cosh t}$$

$$= 1 - \left(\frac{1}{1 + 0.846}\right)\frac{\sinh 3.571 \times \cos 3.571 + \cosh 3.571 \times \sin 3.571}{\cos 3.571 \times \sin 3.571 + \sinh 3.571 \times \cosh 3.571}$$

$$= 1.04$$

$$B_L = 1.77e^{-4.48h_c}C_L - 0.131(1 - C_L)$$

$$= 1.77e^{-4.48 \times 0.22} \times 1.04 - 0.131 \times (1 - 1.04)$$

$$= 0.693$$

Ⅳ区最大温度梯度取 88℃/m，计算最大温度应力：

$$\sigma_{t,max} = \frac{\alpha_c E_c h_c T_g}{2}B_L = \frac{1 \times 10^{-5} \times 31\,000 \times 0.22 \times 88}{2} \times 0.693 = 2.078(\text{MPa})$$

（2）面层板温度疲劳应力 σ_{tr}

①确定温度疲劳应力系数 k_t

Ⅳ区，查表 9-20 得 a_t、b_t 和 c_t 分别为 0.841、1.323、0.058，计算温度疲劳应力系数：

$$k_t = \frac{f_r}{\sigma_{t,max}}\left[a_t\left(\frac{\sigma_{t,max}}{f_r}\right)^{b_t} - c_t\right] = \frac{5.0}{2.078} \times \left[0.841 \times \left(\frac{2.078}{5.0}\right)^{1.323} - 0.058\right] = 0.494$$

②计算温度疲劳应力 σ_{tr}

$$\sigma_{tr} = k_t \sigma_{t,max} = 0.494 \times 2.078 = 1.026(\text{MPa})$$

9）设计极限状态验证

弹性地基上单层板模型，按式（9-54）和式（9-55）检验单层板的极限状态：

$$\left.\begin{array}{l}\gamma_r = (\sigma_{pr} + \sigma_{tr}) = 1.06 \times (2.546 + 1.026) = 3.79(\text{MPa}) \leqslant f_r = 5.0\text{MPa} \\ \gamma_r = (\sigma_{p,max} + \sigma_{t,max}) = 1.06 \times (1.486 + 2.078) = 3.78(\text{MPa}) \leqslant f_r = 5.0\text{MPa}\end{array}\right\}$$

10）设计方案优化

22cm 板厚时，疲劳极限状态的综合疲劳应力达 3.79MPa，与材料的弯拉强度标准值相差较多，结构厚度可进一步优化，考虑到面板厚度最小为20cm。经计算：

$$\gamma_r = (\sigma_{pr} + \sigma_{tr}) = 1.06 \times (3.98 + 0.78) = 5.05(MPa) \approx f_r = 5.0MPa$$

$$\gamma_r = (\sigma_{p,max} + \sigma_{t,max}) = 1.06 \times (1.95 + 1.78) = 3.95(MPa) \leqslant f_r = 5.0MPa$$

根据规范要求：水泥混凝土面层的设计厚度应依据计算厚度加 6mm 磨耗层，并按 10mm 向上取整作为设计厚度。因此，最后确定的普通水泥混凝土面板设计厚度为 200mm + 6mm = 206mm，取 210mm，最终水泥混凝土路面结构见表 9-25。

最终水泥混凝土路面结构　　　　　　　　　　　　　　　　　表 9-25

层位	材料	厚度（mm）
1	普通水泥混凝土	210
2	水泥稳定碎石基层	200
3	水泥稳定碎石底基层	200
4	低液限黏土路基	—

11）

略。

五、复合板模型设计方法

1. 面层复合板

面层复合板可将结合在一起的两层板当作一层看待，基于单层板设计计算方法分析，但其单层板或上层板的弯曲刚度 D_c 和厚度 h_c 指标要修正，其他计算参数与公式用修正后的复合板的截面弯曲刚度 $\widetilde{D}_c$ 和厚度 $\widetilde{h}_c$ 计算，所作修正如下。

（1）对 D_c 和 h_c 的修正

$$\widetilde{D}_c = \frac{E_{c1}h_{c1}^3 + E_{c2}h_{c2}^3}{12(1 - \nu_{c2}^2)} + \frac{(h_{c1} + h_{c2})^2}{4(1 - \nu_{c2}^2)} \left(\frac{1}{E_{c1}h_{c1}} + \frac{1}{E_{c2}h_{c2}} \right)^{-1} \tag{9-86}$$

$$\widetilde{h}_c = 2.42 \sqrt{\frac{\widetilde{D}_c}{E_{c2}d_x}} \tag{9-87}$$

$$d_x = \frac{1}{2} \left[h_{c2} + \frac{E_{c1}h_{c1}(h_{c1} + h_{c2})}{E_{c1}h_{c1} + E_{c2}h_{c2}} \right] \tag{9-88}$$

式中：E_{c1}、h_{c1}——分别为面层复合板上层的弯拉弹性模量（MPa）和厚度（m）；

E_{c2}、ν_{c2}、h_{c2}——分别为面层复合板下层的弯拉弹性模量（MPa）、泊松比和厚度（m）；

d_x——面层复合板中性轴至下层底部的距离（m）。

（2）面层复合板的最大温度应力修正

$$\sigma_{t,max} = \frac{\alpha_c T_g E_{c2}(h_{c1} + h_{c2})}{2} B_L \zeta \tag{9-89}$$

$$\zeta = 1.77 - 0.27\ln\left(\frac{h_{c1}E_{c1}}{h_{c2}E_{c2}} + 18\frac{E_{c1}}{E_{c2}} - 2\frac{h_{c1}}{h_{c2}}\right) \tag{9-90}$$

式中：B_L——面层复合板的温度应力系数，计算方法与单层板模型相同，其中，面层板厚度 h_c 取复合板总厚度 $(h_{c1} + h_{c2})$，温度翘曲应力系数 C_L，单层板时按单层板模型公式计算，双层板时按分离式双层板模型公式计算；

ζ——面层复合板的最大温度应力修正系数。

面层复合板的疲劳温度应力计算和疲劳温度应力系数与单层板相同。

2. 基层复合板

基层为复合板时，相当于有三层刚性层的情况，类似于碾压混凝土或贫混凝土基层用结合式双层板代替的情况。要应用分离式双层板模型前，基层（复合板）弯曲刚度需修正：

$$D_{b0} = D_{b1} + D_{b2} \tag{9-91}$$

$$\sigma_{bpr} = \frac{\tilde{\sigma}_{bps}}{1 + \dfrac{D_{b2}}{D_{b1}}} \tag{9-92}$$

式中：D_{b0}——基层复合板的弯曲刚度（MN·m）；

D_{b1}、D_{b2}——基层和底基层的弯曲刚度（MN·m），分别按基层和底基层的厚度 h_{b1} 和 h_{b2} 以及弹性模量 E_{b1} 和 E_{b2} 计算得到；

$\tilde{\sigma}_{bps}$——按分离式双层板计算得到的基层复合板的名义荷载应力，其中，以基层厚度 h_{b1} 替代式中基层厚度 h_b，以复合板弯曲刚度 D_{b0} 替代式中基层板弯曲刚度 D_b。

将以上基层复合板的弯曲刚度代替分离式双层板模型计算公式中的基层弯曲刚度，计算双层板的荷载应力和温度应力。

基层为贫混凝土或碾压混凝土时，复合板中基层的荷载疲劳应力 σ_{bpr} 应按式（9-92）计算，其他类型基层不需进行荷载疲劳应力计算。

※第九节　特殊水泥混凝土路面设计

一、钢筋混凝土面板配筋设计

1）钢筋混凝土面层板配筋设计

钢筋混凝土面层板的钢筋配筋量按下式计算确定。

$$A_s = \frac{16L_s h \mu}{f_{sy}} \tag{9-93}$$

式中：A_s——每延米混凝土面层宽（或长）所需的钢筋面积（mm²）；

L_s——计算纵向配筋量时，为横缝间距；计算横向配筋量时，为无拉杆的纵缝或自由边之间的距离（m）；

h——面层板厚度（mm）；

μ——面层与基层之间的摩阻系数，见表9-26；

f_{sy}——钢筋的屈服强度（MPa）。

混凝土面层与基层间摩阻系数（μ）经验参考值　　　　　　　表 9-26

基层材料	取值范围	代表值	基层材料	取值范围	代表值
级配碎石、级配砾石或碎砾石	0.5～4.0	2.5	无机结合料稳定粒料	3.5～13	8.9
沥青混凝土、沥青碎石	2.5～15	7.5	贫混凝土、碾压混凝土	3.0～20	8.5

注：当基层不是沥青混合料，但基层与面层间设置沥青混合料隔层时，摩阻系数按照沥青混合料为基层时选取。

纵向和横向钢筋宜采用相同或相近的直径，直径差不应大于 4mm。钢筋的最小值和最大间距应符合表 9-27 规定。钢筋的最小间距宜为集料最大粒径的 2 倍。

混凝土面板钢筋最小直径和最大间距（单位：mm）　　　　　　表 9-27

钢筋类型	最小直径	纵向钢筋最大间距	横向钢筋最大间距
光面钢筋	8	150	300
螺纹钢筋	12	350	600

2）钢筋布置要求

（1）纵向钢筋设在面层顶面 1/3～1/2 厚度范围内，在不影响施工的情况下，最好设置在接近面层顶面下 1/3 厚度处。

（2）横向钢筋应位于纵向钢筋之下。

（3）纵向钢筋的搭接长度宜大于 35 倍钢筋直径，搭接位置应错开，搭接端的连线与纵向钢筋夹角应小于 60°。

（4）边缘钢筋至纵缝或自由边的距离宜为 100～150mm。

二、连续配筋混凝土面层配筋设计

连续配筋混凝土路面板的纵向配筋率按允许的裂缝间距（≤1.8m）、缝隙宽度（≤0.5mm）和钢筋屈服强度确定，通常中等交通荷载等级宜为 0.6%～0.7%，重交通荷载等级宜为 0.7%～0.8%，特重交通荷载等级宜为 0.8%～0.9%，极重交通荷载等级宜为 0.9%～1.0%。冰冻地区路面的配筋率增加 0.1%，用于复合式面层的下面层时，可减少 0.1%。具体计算方法如下。

配筋设计前应先完成水泥混凝土板厚计算，然后初步选择水泥混凝土材料和钢筋直径等参数，假定初始纵向配筋率，作为试算的基本参数。

1）确定设计参数

（1）气候环境相关参数

水泥混凝土板顶面和底面间最大负温度梯度 T_g（℃/m），是与工程所处公路自然区划有关的值，按其绝对值计算，参照该地区最大正温度梯度的 1/4～1/3 取用；与气候区和最小空气湿度有关的系数 k_1，道路位于公路自然区划 Ⅱ、Ⅳ 和 Ⅴ 区取 0.4，Ⅲ、Ⅵ 和 Ⅶ 区取 0.68；年平均空气相对湿度 φ_a（%）；钢筋埋置处混凝土温度与硬化时温度的最大温差 ΔT_ξ（℃），近似取路面施工月份日最高气温的月平均值与一年中最冷月份日最低气温的月平均值之差。

（2）混凝土板相关参数

混凝土的重度 γ_c（MN/m³），可取 0.024MN/m³；混凝土抗拉强度 f_t（MPa）、抗压强度

f_c(MPa)、混凝土弹性模量 E_c(MPa)、混凝土泊松比 ν_c、混凝土用水量 W_0(N/m³);养生条件系数 a_1,水中或盖麻袋养生时取 1.0,养生剂养生时取 1.2;板厚 h_c(m)、混凝土线胀系数 α_c(1/℃)。以上参数在设计时均按混凝土配合比经验,参考规范推荐范围取值。

（3）钢筋相关参数

纵向配筋率 ρ(路面横断面上钢筋截面积与水泥混凝土路面截面积之比,小数形式代入计算,如 0.007 5)、直径 d_s(mm)、钢筋埋置深度 ζ(cm)、线膨胀系数 α_s(1/℃)、弹性模量 E_s(MPa)、屈服强度 f_{sy}(MPa)。

（4）基层顶面相关参数

基层顶面当量回弹模量 E_t(MPa)。

2）计算横向裂缝间距

无约束条件下混凝土的最大干缩应变:

$$\varepsilon_\infty = a_1 \times (1.51 \times 10^{-4} w_0^{2.1} f_c^{-0.28} + 270) \times 10^{-6} \tag{9-94}$$

无约束条件下钢筋埋置深度处混凝土的干缩应变:

$$\varepsilon_{sh} = \varepsilon_\infty \times (1 - \varphi_a^3) \tag{9-95}$$

钢筋埋置深度处混凝土的最大总应变:

$$\varepsilon_{t\xi} = \alpha_c \Delta t_\xi + \varepsilon_{sh} \tag{9-96}$$

混凝土与钢筋间的最大黏结应力:

$$\sigma_{cg} = 0.234 f_c \tag{9-97}$$

混凝土面层厚度不等于 0.22m 时的温度梯度厚度修正系数:

$$\beta_h = 4.81 h_c^2 - 5.42 h_c + 1.96 \tag{9-98}$$

板的抗弯刚度:

$$D_c = \frac{E_c h_c^3}{12(1 - \nu_c^2)} \tag{9-99}$$

板的相对刚度半径:

$$r = 1.21 \left(\frac{D_c}{E_t}\right)^{1/3} \tag{9-100}$$

翘曲应力系数:

$$C = 1 - \frac{\sinh t \cdot \cos t + \cosh t \cdot \sin t}{\cos t \cdot \sin t + \sinh t \cdot \cosh t}, t = 1.29/r \tag{9-101}$$

无约束时混凝土面层顶面与底面间的最大当量应变差:

$$\varepsilon_{td} = \alpha_c h_c \beta_h T_g + \varepsilon_\infty (0.245 e^{-5.3 k_1 h_c}) \tag{9-102}$$

温度和湿度变形完全约束时的翘曲应力:

$$\sigma_0 = \frac{E_c \varepsilon_{td}}{2(1 - \nu_c)} \qquad (9\text{-}103)$$

假定一个平均裂缝间距初始值 L_d，代入下式：

$$c_1 = 0.577 - 9.50 \times 10^{-9} \frac{\ln \varepsilon_{t\xi}}{\varepsilon_{t\xi}} + 0.198 L_d \times (\ln L_d + 3.67) \qquad (9\text{-}104)$$

迭代计算得到 c_1，再代入下式计算评价横缝裂缝间距 L_d：

$$L_d = \frac{f_t - C\sigma_0 \left(1 - \dfrac{2\xi}{h_c}\right)}{\dfrac{\mu r_c}{2} + \dfrac{\sigma_{cg}\rho}{c_1 d_s}} \qquad (9\text{-}105)$$

满足 $L_d \leqslant 1.80\text{m}$ 的要求。

3）计算横向裂缝平均缝隙宽度

先计算中间变量 a、b、c：

$$a = 0.761 + 1\,770 \times \varepsilon_{t\xi} - 2 \times 10^6 \times \varepsilon_{t\xi}^2 \qquad (9\text{-}106a)$$

$$b = 9 \times 10^8 \varepsilon_{t\xi} + 149\,000 \qquad (9\text{-}106b)$$

$$c = 3 \times 10^9 \varepsilon_{t\xi}^2 - 5 \times 10^6 \varepsilon_{t\xi} + 2\,020 \qquad (9\text{-}106c)$$

与水泥混凝土和钢筋之间的黏结-滑移特性有关的系数：

$$c_2 = a + \frac{b}{17\,000 f_c} + 6.45 \times 10^{-4} \frac{c}{L_d^2} \qquad (9\text{-}107)$$

钢筋埋置深度处的横向裂缝缝隙宽度：

$$b_j = 1\,000 L_d \left(\varepsilon_{sh} + \alpha_c \Delta T_\xi - \frac{c_2 f_t}{E_c}\right) \qquad (9\text{-}108)$$

满足 $b_j \leqslant 0.50\text{mm}$ 的要求。

4）计算裂缝处纵向钢筋应力

裂缝处纵向钢筋应力：

$$\sigma_s = 2 f_t \frac{E_s}{E_c} - E_s \left[\Delta T_\xi(\alpha_c - \alpha_s) + \varepsilon_{sh}\right] + \frac{0.234 f_c L_d}{d_s c_1} \qquad (9\text{-}109)$$

要求满足小于钢筋屈服强度 f_{sy}。

计算结果满足裂缝间距、裂缝宽度、裂缝处钢筋应力三方面的要求，确定初拟纵向钢筋的配筋率是否合适。继续调整配筋率优化设计。

5）计算钢筋间距或根数

钢筋间距为：

$$d_z = \frac{\pi d_s^2}{4 \rho h_c} \quad (\text{m}) \qquad (9\text{-}110)$$

每延米纵向钢筋根数为：

$$n = \frac{1}{d_z} \tag{9-111}$$

6）配置横向钢筋

横向钢筋配筋率按纵向钢筋的1/8～1/5配筋，按照构造要求进行设计。

连续配筋混凝土路面的钢筋布置应符合下列要求：

（1）纵向钢筋距面层顶面不应小于90mm，最大深度不应大于1/2面层厚度，在不影响施工的情况下宜接近90mm。

（2）纵向钢筋的间距不应大于250mm，不小于集料最大粒径的2.5倍。

（3）纵向钢筋的焊接长度宜不小于10倍（单面焊）或5倍（双面焊）钢筋直径，焊接位置应错开，各焊接端连线与纵向钢筋的夹角应小于60°。

（4）边缘钢筋至纵缝或自由边的距离宜为100～150mm。

（5）横向钢筋应位于纵向钢筋之下；横向钢筋间距宜为300～600mm，直径大时取大值。

（6）横向钢筋宜斜向设置，其与纵向钢筋的夹角可取60°。

三、连续配筋混凝土路面板配筋设计算例

公路自然区划Ⅳ区新建一条四车道一级公路。路基土为低液限黏土，路床顶距地下水位1.8m，当地的粗集料主要为砾石。面层采用连续配筋混凝土面层，基层采用水泥稳定碎石。经交通调查得知，设计轴载 $P_s = 100$kN，最重轴载 $P_m = 150$kN，设计车道临界荷位设计基准期设计轴载累计当量作用次数为1 020万次。初拟路面结构见表9-28。

某四车道一级公路的初拟路面结构 表9-28

层位	材料	厚度（mm）	弯拉强度（MPa）	弹性模量（MPa）
1	连续配筋水泥混凝土面板	?	5.0	31 000
2	水泥稳定碎石	200	—	2 500
3	级配碎石	150	—	210
4	低液限黏土	—	—	80（标准状态）

设计车道普通混凝土板的平面尺寸5.0m×3.75m，纵缝为设拉杆平缝，横缝为设传力杆的假缝，硬路肩面层采用与行车道等厚的水泥混凝土。施工质量变异水平为低级。

面层混凝土抗压强度 $f_c = 42$MPa，抗拉强度 $f_t = 3.22$MPa，重度 $\gamma_c = 24$kN/m³，混凝土面层与无机结合料基层间摩阻系数 $\mu = 7.5$。混凝土水灰比 $W/C = 0.4$，混凝土用水量 $w_0 = 1400$N/m³，采用盖麻袋养生。

最大正温度梯度为92℃/m，最大负温度梯度按1/3正温度梯度取值，$T_g = -92/3 = -30.7$（℃/m），年平均空气相对湿度 $\varphi_a = 40\%$，与气候区和最小空气湿度有关的系数 $k_1 = 0.40$。路面施工月份日最高气温的月平均值为42℃，一年中最冷月份日最低气温的月平均值为7℃。

纵向钢筋选用HRB 335钢筋，钢筋的埋置深度 $\xi = 0.1$m，钢筋直径 $d_s = 16$mm，钢筋的弹性模量 $E_s = 200\,000$MPa，屈服强度 $f_{sy} = 335$MPa，线膨胀系数 $\alpha_s = 9 \times 10^{-6}$/℃。初设纵向配筋率 $\rho = 0.75\%$。

1. 连续配筋水泥混凝土面板厚度计算

（1）交通分析

设计基准期内设计车道水泥混凝土板临界荷位处所承受的设计轴载累计作用次数 N_e 为 1020 万次。由表 6-16，属重交通荷载等级。

（2）路基计算参数确定

路基填土为低液限黏土，标准状态下回弹模量为 80MPa。路床顶距地下水位平均 1.8m，路基回弹模量湿度调整系数取 0.75。由此计算获得的路床顶面综合回弹模量：

$$E_0 = 0.75 \times 80 = 60(\text{MPa})$$

满足重交通等级路床顶面综合回弹模量不得低于 60MPa 的要求。

（3）水泥混凝土路面结构计算分析模型

本项目初拟的水泥混凝土路面结构计算模型为弹性地基双层板模型，计算模型如下：连续配筋水泥混凝土面板为上层板、水泥稳定碎石为下层板、级配碎石 + 路基为地基。

（4）板底地基当量回弹模量 E_t 计算

根据上表确定的水泥混凝土路面结构计算模型，级配碎石顶部以下作为板底地基，级配碎石结构层的模量与厚度分别为 $E_1 = 210\text{MPa}$、$h_1 = 0.15\text{m}$。根据式（9-57）~式（9-60）计算板底地基当量回弹模量如下：

$$E_x = \sum_{i=1}^{n} (h_i^2 E_i) / \sum_{i=1}^{n} (h_i^2) = \frac{h_1^2 E_1}{h_1^2} = E_1 = 210(\text{MPa})$$

$$h_x = \sum_{i=1}^{n} (h_i) = h_1 = 0.15(\text{m})$$

$$\alpha = 0.86 + 0.26\ln h_x = 0.86 + 0.26\ln 0.15 = 0.367$$

$$E_t = \left(\frac{E_x}{E_0}\right)^{\alpha} E_0 = \left(\frac{210}{60}\right)^{0.367} \times 60 = 95.02(\text{MPa})$$

因此，板底地基当量回弹模量 E_t 取整为 95MPa。

（5）荷载应力计算

连续配筋水泥混凝土面层板初拟厚度 $h_c = 0.28\text{m}$，则面层板弯曲刚度 D_c 按式（9-66）计算，下层板弯曲刚度 D_b 按式（9-78）计算，双层板的总相对刚度半径 r_g 按式（9-79）计算：

$$D_c = \frac{E_c h_c^3}{12(1 - v_c^2)} = \frac{31\,000 \times 0.28^3}{12 \times (1 - 0.15^2)} = 58.015(\text{MN} \cdot \text{m})$$

$$D_b = \frac{E_b h_b^3}{12(1 - v_b^2)} = \frac{2\,500 \times 0.2^3}{12 \times (1 - 0.2^2)} = 1.736(\text{MN} \cdot \text{m})$$

$$r_g = 1.21 \left(\frac{D_c + D_b}{E_t}\right)^{1/3} = 1.21 \times \left(\frac{58.015 + 1.736}{95}\right)^{1/3} = 1.037(\text{m})$$

据交通调查确定的设计轴载 $P_s = 100\text{kN}$，则按式（9-77）计算设计轴载在上层板临界荷位处产生的荷载应力为：

$$\sigma_{ps} = \frac{1.45 \times 10^{-3}}{1 + \frac{D_b}{D_c}} r_g^{0.65} h_c^{-2} p_s^{0.94} = \frac{1.45 \times 10^{-3}}{1 + \frac{1.736}{58.015}} \times 1.037^{0.65} \times 0.28^{-2} \times 100^{0.94} = 1.395(\text{MPa})$$

据交通调查确定的最重轴载 $P_m = 150\text{kN}$，则按式（9-77）计算最重轴载在上层板临界荷位处产生的荷载应力为：

$$\sigma_{pm} = \frac{1.45 \times 10^{-3}}{1 + \frac{D_b}{D_c}} r_g^{0.65} h_c^{-2} p_m^{0.94} = \frac{1.45 \times 10^{-3}}{1 + \frac{1.736}{58.015}} \times 1.037^{0.65} \times 0.28^{-2} \times 150^{0.94} = 2.042 (\text{MPa})$$

设计基准期内的荷载疲劳应力系数 k_f 按式(9-67)计算。面板材料为连续配筋混凝土，材料疲劳指数 $\lambda = 0.057$，则有：

$$k_f = N_e^\lambda = (1.02 \times 10^7)^{0.057} = 2.509$$

根据规范要求，本项目设计车道外为混凝土路肩，且路肩面层与路面面层等厚，故考虑接缝传荷能力的应力折减系数 k_r 取 0.87。查表9-18，一级公路考虑计算理论与实际差异以及动载等因素影响的综合系数 k_c 取为 1.10。因此，设计轴载在面层板临界荷位处产生的荷载疲劳应力 σ_{pr} 按式(9-69)计算如下：

$$\sigma_{pr} = k_r k_f k_c \sigma_{ps} = 0.87 \times 2.509 \times 1.10 \times 1.395 = 3.350 (\text{MPa})$$

最重轴载在面层板临界荷位处产生的最大荷载应力 $\sigma_{p,max}$ 按式(9-70)计算如下：

$$\sigma_{p,max} = k_r k_c \sigma_{pm} = 0.87 \times 1.10 \times 2.042 = 1.954 (\text{MPa})$$

(6) 温度应力计算

本项目水泥混凝土路面板长 $L = 5\text{m}$，由式(9-85)计算面层与基层之间竖向接触刚度，由式(9-81)～式(9-84)计算混凝土面层板温度翘曲应力系数 C_L，由式(9-71)计算综合温度翘曲应力和内应力的温度应力系数 B_L：

$$k_n = \frac{1}{2}\left(\frac{h_c}{E_c} + \frac{h_b}{E_b}\right)^{-1} = \frac{1}{2}\left(\frac{0.28}{31\,000} + \frac{0.20}{2\,500}\right)^{-1} = 5\,616 (\text{MPa})$$

$$r_\beta = \sqrt[4]{\frac{D_c D_b}{(D_c + D_b) k_n}} = \sqrt[4]{\frac{58.015 \times 1.736}{(58.015 + 1.736) \times 5\,616}} = 0.132 (\text{m})$$

$$\xi = -\frac{(k_n r_g^4 - D_c) r_\beta^3}{(k_n r_\beta^4 - D_c) r_g^3} = -\frac{(5\,616 \times 1.037^4 - 49.447) \times 0.132^3}{(5\,616 \times 0.132^4 - 49.447) \times 1.037^3} = 0.236$$

$$t = \frac{L}{3 r_g} = \frac{5}{3 \times 1.037} = 1.607$$

$$C_L = 1 - \left(\frac{1}{1+\xi}\right) \frac{\sinh t \cdot \cos t + \cosh t \cdot \sin t}{\cos t \cdot \sin t + \sinh t \cdot \cosh t}$$

$$= 1 - \left(\frac{1}{1+0.236}\right) \times \frac{\sinh 1.607 \cdot \cos 1.607 + \cosh 1.607 \cdot \sin 1.607}{\cos 1.607 \cdot \sin 1.607 + \sinh 1.607 \cdot \cosh 1.607} = 0.672$$

$$B_L = 1.77 e^{-4.48 h_c} C_L - 0.131(1 - C_L) = 1.77 \times e^{-4.48 \times 0.280} \times 0.672 - 0.131 \times (1 - 0.672)$$
$$= 0.296$$

本项目所在地的公路自然区划为Ⅳ区，由规范表9-6可查得水泥混凝土面层的最大温度梯度标准值 T_g 取 92℃/m。水泥混凝土面层粗集料为砾石，查表9-19得水泥混凝土线膨胀系数 α_c 为 11×10^{-6}/℃。按式(9-74)计算最大温度梯度时混凝土面层板临界荷位处产生的最大温度应力 $\sigma_{t,max}$ 如下：

$$\sigma_{t,max} = \frac{\alpha_c E_c h_c T_g}{2} B_L = \frac{1.1 \times 10^{-5} \times 31\,000 \times 0.280 \times 92}{2} \times 0.296 = 1.300 (\text{MPa})$$

查表9-20，公路自然区划Ⅳ区的温度疲劳应力计算公式的回归系数 a_t、b_t、c_t 分别为 0.841、1.323、0.058。水泥混凝土面层板的弯拉强度 f_r 为 5.0MPa，按式(9-75)计算水泥混凝土面层板温度疲劳应力系数 k_t 如下：

$$k_t = \frac{f_r}{\sigma_{t,max}}\left[a_t\left(\frac{\sigma_{t,max}}{f_r}\right)^{b_t} - c_t\right] = \frac{5}{1.300}\times\left[0.841\times\left(\frac{1.300}{5}\right)^{1.323} - 0.058\right] = 0.321$$

因此，按式(9-76)计算最大温度梯度时混凝土面层板临界荷位处产生的温度疲劳应力如下：

$$\sigma_{tr} = k_t\sigma_{t,max} = 0.321\times1.300 = 0.417(MPa)$$

（7）路面结构设计极限状态校核

本项目为一级公路，安全等级为一级，目标可靠度为90%。由表9-13，在施工技术和质量控制管理低级变异水平等级下，目标可靠度系数 γ_r 取1.250。按式(9-54)和式(9-55)校核路面结构设计极限状态：

$$\gamma_r(\sigma_{pr} + \sigma_{tr}) = 1.25\times(3.35 + 0.417) = 4.71(MPa) < f_r = 5.0MPa$$

$$\gamma_r(\sigma_{p,max} + \sigma_{t,max}) = 1.25\times(1.954 + 1.300) = 4.07(MPa) < f_r = 5.0MPa$$

满足路面结构设计极限状态要求，表明初拟的普通水泥混凝土路面板厚度0.28m可以承受设计基准期内设计轴载与温度梯度的综合疲劳作用以及最重轴载在最大温度梯度时一次极限荷载作用。

2. 连续配筋混凝土面层纵向配筋计算

（1）计算横向裂缝间距

混凝土水灰比 $W/C = 0.4$；混凝土用水量 $w_0 = 1400N/m^3$。采用盖麻布养生，$a_1 = 1.0$。混凝土最大干缩应变 ε_∞ 按式(9-94)计算如下：

$$\varepsilon_\infty = a_1\times(1.51\times10^{-4}w_0^{2.1}f_c^{-0.28} + 270)\times10^{-6}$$
$$= 1.0\times(1.51\times10^{-4}\times1400^{2.1}\times42^{-0.28} + 270)\times10^{-6} = 4.845\times10^{-4}$$

年平均空气相对湿度 $\varphi_a = 40\%$，钢筋埋置深度处混凝土干缩应变 ε_{sh} 按式(9-95)计算如下：

$$\varepsilon_{sh} = \varepsilon_\infty(1 - \varphi_a^3) = 4.845\times10^{-4}\times(1 - 0.40^3) = 4.535\times10^{-4}$$

水泥混凝土面层粗集料为砾石，查附录E表E.0.3-2得水泥混凝土线膨胀系数 α_c 为 $11\times10^{-6}/℃$。路面施工月份日最高气温的月平均值为42℃，一年中最冷月份日最低气温的月平均值为7℃。钢筋埋置深度处混凝土最大总应变 $\varepsilon_{t\zeta}$ 式(9-96)计算如下：

$$\varepsilon_{t\zeta} = \alpha_c\Delta T_\zeta + \varepsilon_{sh} = 1.1\times10^{-5}\times35 + 4.435\times10^{-4} = 8.385\times10^{-4}$$

初拟混凝土面板厚度为0.28m，温度梯度厚度修正系数 β_h 按式(9-98)计算如下：

$$\beta_h = 4.81h_c^2 - 5.42h_c + 1.96 = 4.81\times0.28^2 - 5.42\times0.28 + 1.96 = 0.82$$

本项目位于Ⅳ区，查得与气候区和最小空气湿度有关的系数 $k = 0.4$，混凝土面层顶面与底面间的最大当量应变差 ε_{td} 按式(9-102)计算，温度和湿度变形完全受约束时的翘曲应力 σ_0 按式(9-103)计算。

$$\varepsilon_{td} = -\alpha_c h_c \beta_h T_g + \varepsilon_\infty(0.245e^{-5.3k_1h_c})$$
$$= -1.1\times10^{-5}\times0.28\times0.82\times(-30.7) + 4.845\times10^{-4}(0.245e^{-5.3\times0.4\times0.28})$$
$$= 1.431\times10^{-4}$$

$$\sigma_0 = \frac{E_c\varepsilon_{td}}{2(1-\nu_c)} = \frac{31000\times1.431\times10^{-4}}{2\times(1-0.15)} = 2.609(MPa)$$

混凝土面层板的温度翘曲应力系数 C 按式(9-71)计算,其中 t 按式(9-73)计算:

$$t = \frac{1.29}{r} = \frac{1.29}{1.037} = 1.244$$

$$C = 1 - \frac{\sinh t \cdot \cos t + \cosh t \cdot \sin t}{\cos t \cdot \sin t + \sinh t \cdot \cosh t} = 1 - \frac{\sinh 1.244 \cdot \cos 1.244 + \cosh 1.244 \cdot \sin 1.244}{\cos 1.244 \cdot \sin 1.244 + \sinh 1.244 \cdot \cosh 1.244} = 0.304$$

面层混凝土抗压强度 $f_c = 42\text{MPa}$,混凝土与钢筋间的最大黏结应力 σ_{cg} 可近似按式(9-97)计算:

$$\sigma_{cg} = 0.234 f_c = 0.234 \times 42 = 9.828$$

设平均裂缝间距初始值为 0.7m,经迭代由式(9-104)计算得到混凝土和钢筋之间的黏结-滑移系数 $c_1 = 1.168$。由式(9-105)计算 L_d:

$$L_d = \frac{f_t - C \times \sigma_0 \times \left(1 - \frac{2\zeta}{h_c}\right)}{\frac{\mu \gamma_c}{2} + \frac{\sigma_{cg} \rho}{c_1 d_s}} = \frac{3.22 - 0.304 \times 2.609 \times \left(1 - \frac{2 \times 0.1}{0.28}\right)}{\frac{7.5 \times 0.024}{2} + \frac{9.828 \times 0.0075}{1.168 \times 0.016}} = 0.742$$

满足横向裂缝的平均间距不大于 1.8m 的要求。

(2)计算横向裂缝平均缝隙宽度

纵向钢筋埋置深度处横向裂缝缝隙平均宽度 b_j 按式(9-106)~式(9-107)计算:

$$a = 0.761 + 1770\varepsilon_{t\zeta} - 2 \times 10^6 \varepsilon_{t\zeta}^2 = 0.761 + 1770 \times 8.835 \times 10^{-4} - 2 \times 10^6 \times (8.835 \times 10^{-4})^2 = 0.839$$

$$b = 9 \times 10^8 \varepsilon_{t\zeta} + 149\,000 = 9 \times 10^8 \times 8.835 \times 10^{-4} + 149\,000 = 903\,650$$

$$c = 3 \times 10^9 \varepsilon_{t\zeta}^2 - 5 \times 10^6 \varepsilon_{t\zeta} + 2\,020 = 3 \times 10^9 \times (8.835 \times 10^{-4})^2 - 5 \times 10^6 \times 8.835 \times 10^{-4} + 2\,020 = -63.253$$

$$c_2 = a + \frac{b}{17\,000 f_c} + 6.45 \times 10^{-4} \frac{c}{L_d^2} = 0.839 + \frac{903\,650}{17\,000 \times 42} + 6.45 \times 10^{-4} \times \frac{-63.253}{0.742^2} = 2.030\,5$$

$$b_j = 1\,000 L_d \left(\varepsilon_{sh} + \alpha_c \Delta T_\zeta - \frac{c_2 f_t}{E_c}\right)$$

$$= 1\,000 \times 0.742 \times \left(4.535 \times 10^{-4} + 1.1 \times 10^{-5} \times 35 - \frac{2.030\,5 \times 3.22}{31\,000}\right) = 0.466\,(\text{mm})$$

满足纵向钢筋埋置深度处的裂缝缝隙平均宽度不大于 0.5mm 的要求。

(3)计算裂缝处纵向钢筋应力

面层混凝土抗压强度 $f_c = 42\text{MPa}$,抗拉强度 $f_t = 3.22\text{MPa}$,弹性模量为 31 000MPa;纵向钢筋选用 HRB 335 钢筋,钢筋直径 $d_s = 16\text{mm}$,钢筋的弹性模量 $E_s = 200\,000\text{MPa}$,屈服强度 $f_{sy} = 335\text{MPa}$,线膨胀系数 $\alpha_s = 9 \times 10^{-6}/\text{℃}$。纵向钢筋应力 σ_s 由式(9-109)计算:

$$\sigma_s = 2 f_t \frac{E_s}{E_c} - E_s \left[\Delta T_\zeta (\alpha_c - \alpha_s) + \varepsilon_{sh}\right] + \frac{0.234 f_c L_d}{d_s c_1}$$

$$= 2 \times 3.22 \times \frac{200\,000}{31\,000} - 200\,000 \times \left[35 \times (1.1 \times 10^{-5} - 9 \times 10^{-6}) + 4.535 \times 10^{-4}\right] +$$

$$\frac{0.234 \times 42 \times 0.742}{0.016 \times 1.168}$$

$$= 327.1\,(\text{MPa})$$

满足纵向钢筋所承受的拉应力（327.1MPa）不超过其屈服强度（335MPa）的要求。

（4）钢筋间距或根数计算

钢筋间距 d_z 按式（9-110）为：$\dfrac{\pi d_s^2}{4\rho h_c} = \dfrac{\pi \times 0.016^2}{4 \times 0.007\,5 \times 0.28} = 0.096\,(\text{m})$

集料最大粒径的 2.5 倍 $\leqslant$ 纵向钢筋的间距 $d_z \leqslant 250\text{mm}$。

每延米纵向钢筋根数按式（9-111）为：$1/0.096 = 10.4 \approx 11$ 根

横向配筋率按纵向配筋率的 $1/8 \sim 1/5$ 配制，位于纵向钢筋之下，横向钢筋间距为 350mm。横向钢筋斜向设置，其与纵向钢筋的夹角取 60°。

综上所述，初拟的板厚和配筋率计算结果满足裂缝宽度、裂缝间距和裂缝处钢筋的应力方面的要求，因此初拟的纵向钢筋配筋率满足要求。

※第十节　美国水泥混凝土路面设计方法概述

一、美国 AASHTO 混凝土路面设计方法简介

美国各州公路及运输工作者协会（AASHTO）在 AASHTO 试验路的基础上，以现时耐用性指数（PSI）作为衡量路面使用性能的指标，制定了 AASHTO 路面结构设计方法。

1. 设计标准

路面结构从开始使用到需要采取重大修复措施时所经历的时段，称为使用性能期。水泥混凝土路面刚修好时的初始耐用性指数 PSI_0 约为 4.5，到达需采取重大修复措施时的终端耐用性指数，可取 $\geqslant 2.5$ 或 3.0（主要公路）或 2.0（轻交通公路）。在使用性能期内路面耐用性指数的总变化量：

$$\Delta PSI = PSI_0 - PSI_t \tag{9-112}$$

即作为路面的设计标准。

所设计的路面结构必须能承受使用性能期内行车荷载的累计作用和环境因素的影响，使路面耐用性指标数的下降量不超过上述预定值。

设计使用性能在低限和高限之间选择。低限是路面结构从初期使用到需要采取重大修复措施时的最低可接受年限，它取决于公众的可接受程度，可筹集的初期投资量、寿命周期费用分析和其他工程考虑。而高限则是依据当地使用经验，该种路面结构实际能达到的使用年限。

2. 设计参数

1）交通分析

选用 80kN 的轴载作为标准轴载。

使用性能期内标准轴载累计作用次数的计算方法，与沥青路面厚度设计方法相同。

2）可靠度水平（目标可靠度）P_s 和总标准差 s_z

依据设计道路的类型，参照表 9-29 选定路面的可靠度水平，并参照表 9-30，选定与可靠度水平相对应的可靠指标 β。

美国各州混凝土路面设计的隐含可靠度和 AASHTO 的

目标可靠度建议值 P_s（单位:%）　　　　　　表 9-29

道路等级		城市			乡村		
		范围	中间	建议值	范围	中间	建议值
州际公路		56～99	87～90	85～99.9	56～95	82～86	80～99.9
主干道		58～99	82.5～89	80～99	52～98	81～86	75～95
次要道路	集散道路	58～99	82～96	80～95	58～99	82～86	75～95
	地方道路			50～80			50～80

可靠度 P_s 与可靠指标 β 的对应关系　　　　　　表 9-30

P_s(%)	99	98	97	96	95	93	90	85	80	75	70	60	50
β	2.32	2.07	1.89	1.75	1.65	1.48	1.28	1.04	0.84	0.67	0.52	0.25	0

总标准差 s_z 按具体情况选用,由 AASHTO 设计方法按 AASHTO 试验路的误差分析结果,建议采用 0.30～0.40。

3）地基设计反应模量

在选用这一设计参数时,AASHTO 设计方法作了以下 5 方面的考虑:

（1）按年内各月的湿度和温度状况确定路基土和基层材料相应的回弹模量值。

（2）利用弹性双层体系理论解,将回弹模量转换成地基综合反应模量值。

（3）考虑基岩在路基顶面下的深度（3m 以内）,对综合反应模量值进行相应的修正。

（4）按照各个月的综合模量值对路面的相对损害程度确定地基等效反应模量值。

（5）按所选基层的耐冲刷能力,考虑板底脱空情况,对等效反应模量进行修正,得到设计反应模量值 K。

4）混凝土抗弯拉强度 f_r 和弹性模量 E_c

以 28d 龄期测定结果的平均值作为混凝土的设计抗弯拉强度 f_r。

混凝土弹性模量按下述经验关系式,由抗压强度估算得到:

$$E_c = 4733 \times f_c^{0.5} \tag{9-113}$$

5）路面排水系数 C_d

AASHTO 试验路的混凝土路面采用横贯路基（黏土）全宽的粒料基层,渗入路面结构内的自由水可以在基层内向路基边坡横向排流,排水时间估计需 1 周,属于中等排水状况。

对于其他设置不同内部排水设施或者排水状况更差的路面结构,引入一排水系数 C_d 来考虑排水状况的影响。按渗入水在路面结构内排除的时间（排水质量）和一年内路面结构处于接近饱水状态的时间（与年降水量和降水系数有关）,分别建议不同的排水系数 C_d 值,见表 9-31。AASHTO 试验路的 C_d 为 1.0。

排水系数 C_d 建议值　　　　　　表 9-31

排水质量 （排水时间）	路面结构处于接近饱水状态的时间百分率（%）			
	<1	1～5	5～25	>25
优（≤2h）	1.25～1.20	1.20～1.15	1.15～1.10	1.10
良（≤1d）	1.20～1.15	1.15～1.10	1.10～1.00	1.00
中（≤1 周）	1.15～1.00	1.10～1.00	1.00～0.90	0.90

排水质量 （排水时间）	路面结构处于接近饱水状态的时间百分率（%）			
	<1	1~5	5~25	>25
差（≤1月）	1.10~1.00	1.00~0.90	0.90~0.80	0.80
很差（不排水）	1.00~0.90	0.90~0.80	0.80~0.70	0.70

6）接缝传荷系数 C_j

AASHTO 试验路的混凝土路面，其横缝设置传力杆。因而，板角应力公式中的传荷系数采用了 3.2。而对于其他情况，如横缝不设传力杆，路肩选用设拉杆的混凝土路面，则传荷系数应按板角应力值的差异作相应的变更。表 9-32 中列出了不同情况下的传荷系数值。

接缝传荷系数 C_j 建议值 表 9-32

路肩类型	沥青		设拉杆混凝土	
横缝设传力杆	设	不设	设	不设
C_j	3.2	3.8~4.4	2.5~3.1	3.6~4.2

3. 设计步骤

AASHTO 设计方法确定混凝土面层厚度的步骤如下：

1）确定各项设计参数

（1）选定使用性能期，分析使用性能期内标准轴载的累计作用次数 N_{18}。

（2）选定目标可靠度（目标可靠度指数 β），确定总标准偏差 s_z。

（3）确定使用性能下降量 ΔPSI。

（4）确定混凝土弯拉强度 f_r 和弹性模量值 E_c。

（5）选取接缝传荷系数 C_j 和路面排水系数 C_d。

2）确定地基的设计反应模量 K

地基设计反应模量 K 的分析计算过程，列于表 9-33。

确定地基设计反应模量汇总计算表 表 9-33

月	路基土回弹模量 E_s （MPa）	基层回弹模量 E_{sb} （MPa）	地基综合反应模量 K_∞（MN/m³）	刚性基础影响修正后的地基综合反应模量 K_c （MN/m³）	相对损坏 U_r
1	138	345	304.7	374.0	0.35
2	138	345	304.7	374.0	0.35
3	17	103	44.0	63.7	0.86
4	17	103	63.7	83.1	0.78
5	28	103	63.7	83.1	0.78
6	28	138	113.6	149.6	0.60
7	48	138	113.6	149.6	0.60
8	48	138	113.6	149.6	0.60
9	48	138	113.6	149.6	0.60
10	48	138	113.6	149.6	0.60

月	路基土回弹模量 E_s（MPa）	基层回弹模量 E_{sb}（MPa）	地基综合反应模量 K_∞（MN/m³）	刚性基础影响修正后的地基综合反应模量 K_c（MN/m³）	相对损坏 U_r
11	28	103	63.7	83.1	0.78
12	138	345	304.7	374.0	0.35
合计 $\sum U_r$					7.25

注：基层类型为粒料，厚度为15cm，脱空为1.0；刚性基础深度为150cm，预计板厚22.9cm。

（1）路基土回弹模量 E_s。由路基土湿度和温度的季节变化以及湿度—回弹模量关系，确定各月的回弹模量值，列于表9-33第2栏。

（2）基层回弹模量 E_{sb}。如果基层模量对湿度敏感，应按路基湿度变化相应地变化其模量值；如果不敏感，则统一采用一个值；模量值列于表9-33第3栏。

（3）地基综合反应模量值 K_∞。利用图9-29，按路基和基层的模量及基层厚度，转换成地基综合反应模量，列于表9-33第4栏。

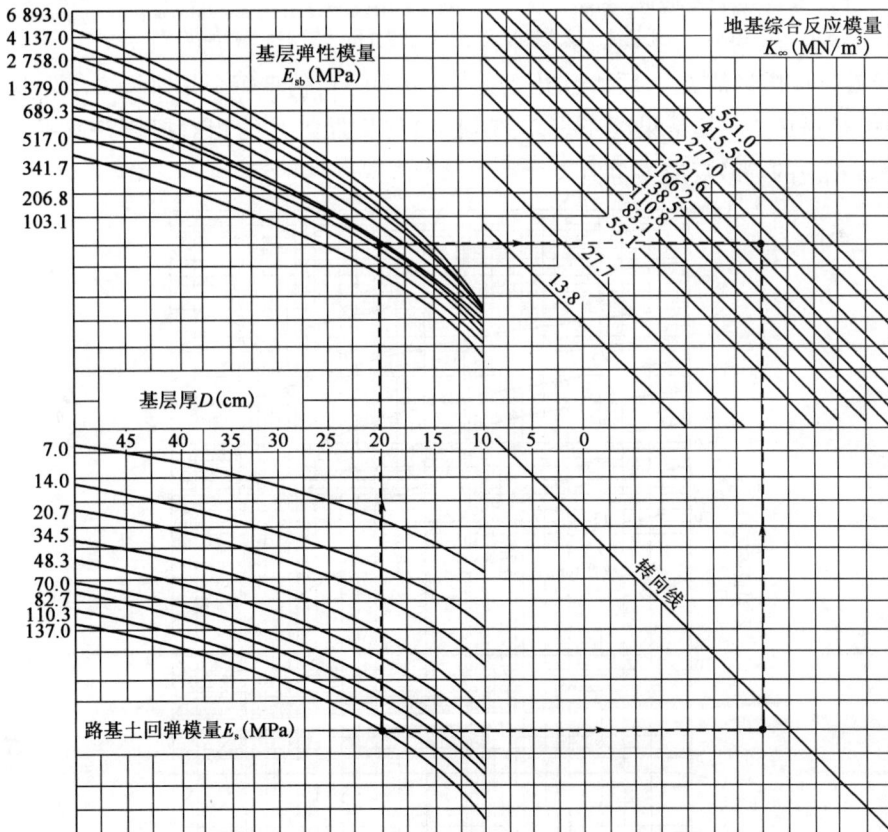

图9-29　地基综合反应模量 K_∞ 的估算（假设地基为半无限体）

（4）进行刚性基础影响的修正 K_c。路基顶面下3.0m范围内有基岩或其他刚性基础时，利用图9-30对上述地基反应模量进行修正，得到修正后的综合反应模量值，列于表9-33第5栏。

平均：$\bar{U}_r=\Sigma U_r/n=7.25/12=0.60$　　　　地基等效反应模量K_e(MN/m³)=149.6

脱空修正后的K(MN/m³)=47.1　　　修正后的地基综合反应模量(半无限路基)K_c(MN/m³)

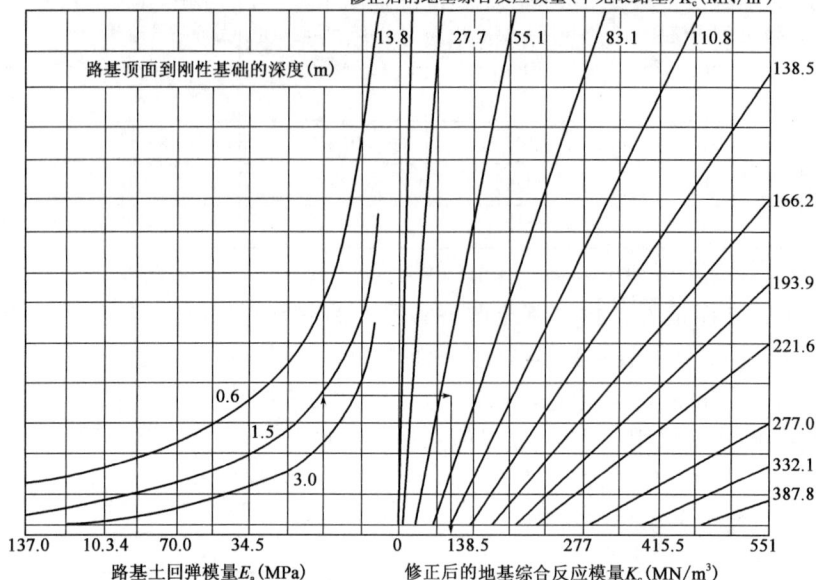

图9-30　地基综合反应模量的修正(考虑3m内有刚性基础的影响)

（5）等效反应模量值K_e。预估面层厚度,利用图9-31,估算每个月地基综合反应模量对路面结构的相对损坏U_r,其结果列于表9-33第6栏;累加各月的相对损坏并取平均值,再由图9-31确定相应的等效反应模量值K_e。

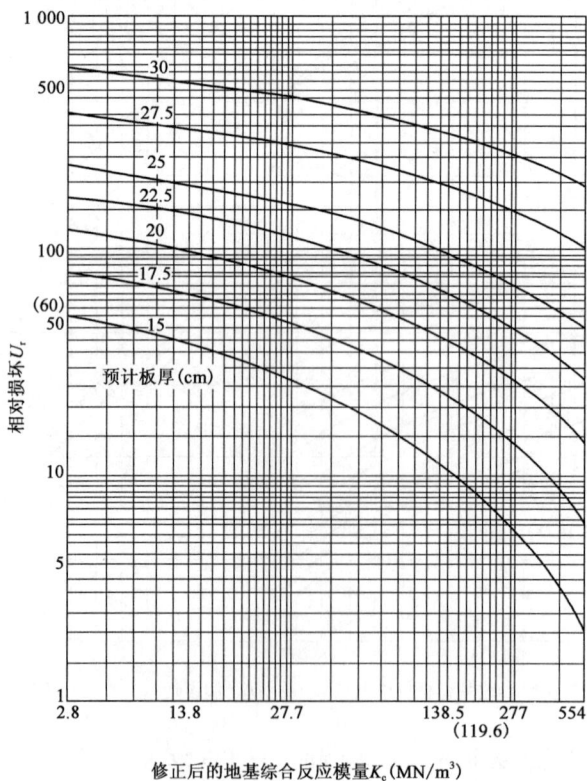

图9-31　对混凝土路面相对损害的估算

440

(6)板底脱空修正。按基层材料类型,由表9-34选取相应的板底脱空系数 LS,再利用图9-32对等效反应模量进行修正,得到地基设计反应模量 K。

不同基层类型混凝土板底脱空系数 LS 表9-34

基层材料类型	LS
水泥稳定粒料($E = 6\ 895 \sim 13\ 790$MPa),水泥-集料混合料($E = 3\ 447 \sim 6\ 895$MPa)	$0 \sim 1.0$
沥青处治层($E = 2\ 413 \sim 6\ 895$MPa),沥青稳定结合料($E = 276 \sim 2\ 068$MPa)	$0 \sim 1.0$
石灰稳定($E = 138 \sim 483$MPa)	$1.0 \sim 3.0$
粒料($E = 103 \sim 310$MPa)	$1.0 \sim 3.0$
细粒料或天然路基($E = 21 \sim 276$MPa)	$2.0 \sim 3.0$

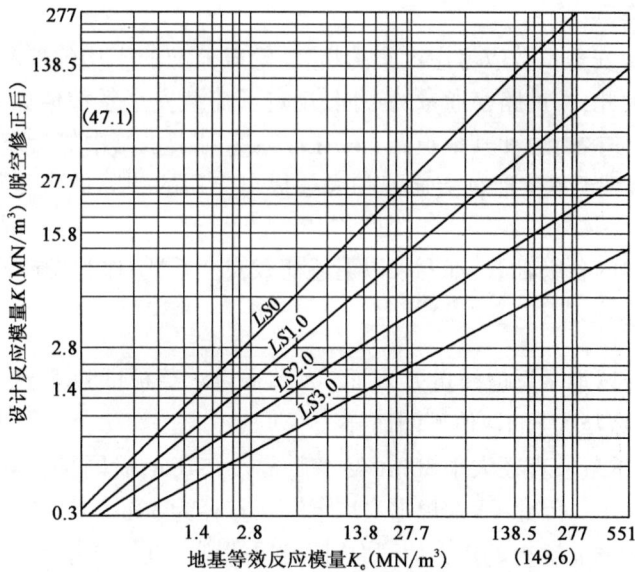

图9-32 按板底脱空情况(板底脱空系数 LS)修正等效反应模量

3)确定所需面层厚度 h

利用下述路面结构、服务能力指数下降值 ΔPSI 与标准轴载作用次数 N_{18} 的经验关系式或者由此关系式绘制的诺谟图,将前面(1)和(2)两步得到的各项设计参数代入,计算确定所需的混凝土面层厚度 h。

$$\lg N_{18} = 7.35\lg(h+1) - 0.06 + \frac{\lg\left(\frac{1}{3}\Delta PSI\right)}{1 + \frac{1.624 \times 10^7}{(h+1)^{8.46}}} + (4.22 - 0.32PSI_t) \times$$

$$\lg\left(\frac{f_r C_d}{215.63 k_j} \cdot \frac{h^{0.75} - 1.132}{h^{0.75} - \frac{18.42 K^{0.25}}{E_c^{0.25}}}\right) - \beta s_z \tag{9-114}$$

AASHTO 路面结构设计方法(包括厚度和其他设计内容),可应用计算机软件 DARWin™
进行。

二、美国波特兰水泥协会(PCA)混凝土路面设计方法

PCA 法以温克勒地基上弹性薄板理论为基础,考虑了水泥混凝土路面的使用年限、疲劳
强度等多种因素,是一种比较完善的方法。

1. 设计使用年限与交通分析

PCA 法取混凝土路面设计使用年限为 40 年。按当前道路上交通量统计资料,确定当前的
年平均日交通量,其中包括货车数、单轴和双轴各级荷载的分配,然后根据交通量的年增长率,
预估使用年限内各级单双轴载的作用次数。

2. 荷载安全系数

PCA 法采用荷载安全系数以考虑汽车的超载、轮载分配的不均匀性和冲击作用等因素所
引起的荷载增大。为此,按道路交通量的不同,规定了荷载安全系数值如下:①对于承受少量
货车交通的道路、居住区街道和其他道路,采用 1.0;②对于承受中等货车交通量的道路和主
要街道,采用 1.1;③对于承受连续交通流和大量货车交通的州际道路和其他多车道路面,采
用 1.2。

按交通分析得出的各级轴载,都要乘以上述荷载安全系数,作为设计轴载。

3. 基础强度特征

基础的强度特征以地基反应模量 K 表征。K 值通过承载板试验确定,它随材料的性状、承
载板的直径和挠度(或压力)的取值不同而异。

由试验得知,当承载板直径大于 30in(英寸,1in = 2.54cm,后同)时,则直径大小对荷载挠
度曲线的影响就不大了。因此,通常规定采用承载板直径为 30in。测定地基反应模量时,统一
规定取用挠度 $W = 0.05in$ 测得的压力值,如挠度难以达到 0.05in 时,则按压力 $q = 0.071lbf/in^2$
(磅力,$1lbf/in^2 = 6894.757Pa$,后同)时测得的挠度来确定地基反应模量,即 $K = q/W$。

按上述测定方法,挠度值中包含了塑性变形,因而 K 值偏小,由此算得的板底应力偏大。
如果采用重复加载—卸载试验,取回弹的挠度值计算 K 值,则所得的 K 值要大得多。AASHTO
试验路的资料表明,黏土路基和粒料基层上的 K 值要比通常方法得到的 K 值大 77%。

路基上铺筑了粒料或稳定类基层后,基层顶面的 K 值将提高,提高后的数值可由承载板
试验实测确定。不可能试验时,可参照图 9-33 确定。

4. 荷载应力

公路和城市道路路面,通常采用 3.6m 宽的车道,由实测到的车流沿此车道横向分布的频
率可知,在车道的纵向边缘和角隅处荷载重复作用的概率均很小,而轴载位于横缝边缘时,恰
好是荷载重复性最大处。故采用横缝边缘作为计算应力的临界荷载位置。

根据横缝边缘这一临界荷载位置,应用威斯特卡德理论,编绘了单轴与双轴荷载应力计算
图,如图 9-34 和图 9-35 所示。由于混凝土的弹性模量变化对板厚计算影响很小,在编绘计算
图时,统一采用 $E_c = 28 \times 10^3 MPa(3\ 981\ 600lbf/in^2)$,$\mu_c = 0.15$。

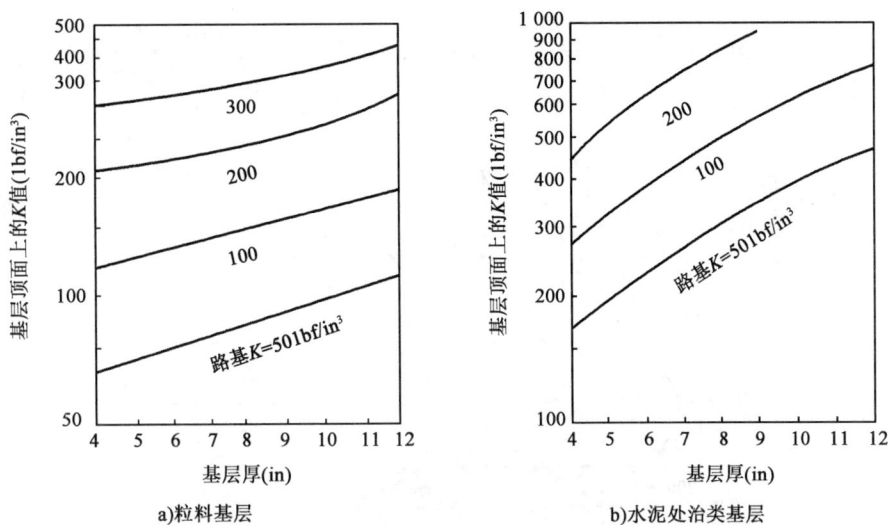

图 9-33　基层厚度对 K 值的影响

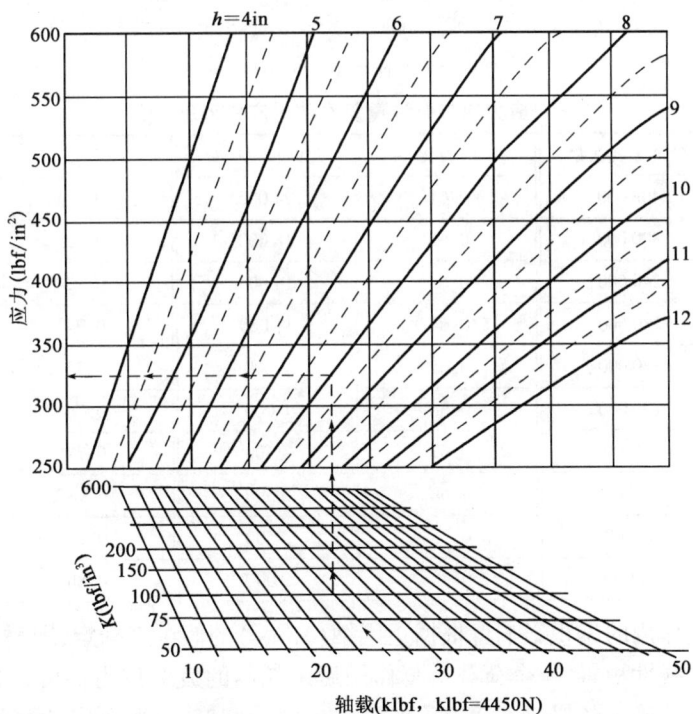

图 9-34　单轴荷载的应力计算图

5. 疲劳与安全系数

根据野外和室内试验资料,PCA 法规定了混凝土板的应力比(重复弯曲应力与抗弯拉强度之比)与允许重复次数的对应关系,见表 9-35。

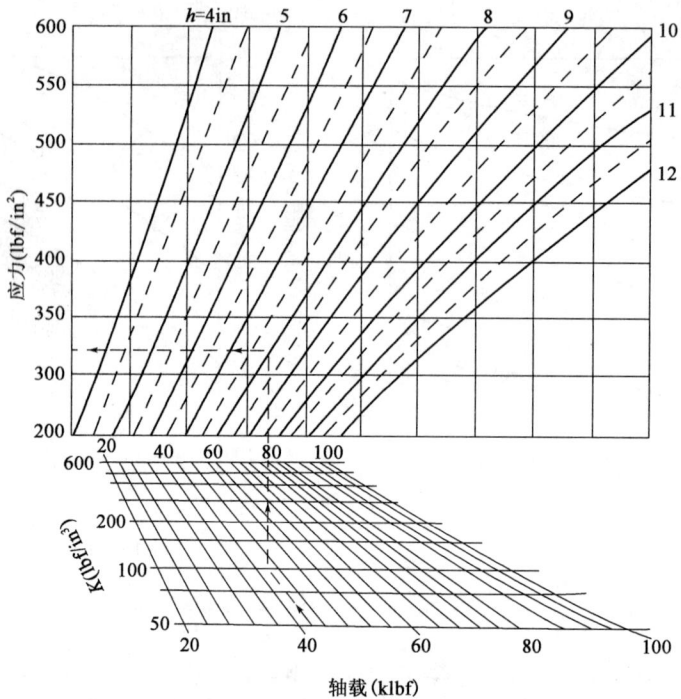

图9-35 双轴荷载的应力计算图

应力比与允许重复次数对应关系表   表 9-35

应力比	允许重复次数	应力比	允许重复次数	应力比	允许重复次数
0.51	400 000	0.61	24 000	0.71	1 500
0.52	300 000	0.62	18 000	0.72	1 100
0.53	240 000	0.63	14 000	0.73	850
0.54	180 000	0.64	11 000	0.74	650
0.55	130 000	0.65	8 000	0.75	490
0.56	100 000	0.66	6 000	0.76	360
0.57	75 000	0.67	4 500	0.77	270
0.58	57 000	0.68	3 500	0.78	210
0.59	42 000	0.69	2 500	0.79	160
0.60	32 000	0.70	2 000	0.80	120

  各级轴载重复作用的累积影响可根据迈因纳（Miner）的假说来确定，即材料在重复荷载作用下产生的疲劳呈线性积累，一个荷载重复作用后未耗尽的疲劳抗力仍可被另一个荷载重复作用时所利用。据此确定各级轴载产生的应力比，由表 9-35 查得相应的允许重复作用次数 N_i'，此 N_i' 同实际的重复作用次数 N_i（由交通量分析获得）相比，即得各级轴载对疲劳抗力的利用率。叠加各级轴载的利用率，得总的疲劳利用率。理论上，利用率总和不能大于 1，但考虑到水泥混凝土强度在 28d 龄期后还要增长，所以根据 28d 抗弯强度设计时，疲劳的总和允许增大到 1.25。用公式表示即为：

$$\sum_{i=1}^{n} \frac{N_i}{N_i'} \leqslant 1 \sim 1.25 \tag{9-115}$$

如果按所选定的路面厚度计算得到的疲劳累积总和大于 1.25 或太小时,则应调整路面板厚,重新计算。

[**例 9-4**]　交通量与交通组成:年平均日双向交通量 400 辆/日,货车占 20%,年平均增长率 2%。货车轴载分配见表 9-36。

货车轴载分配表　　　　　　　　　　表 9-36

轴载等级	路上每 100 辆货车的轴数		轴载等级	路上每 100 辆货车的轴数	
（klbf）	单轴	双轴	（klbf）	单轴	双轴
16~18	6.1		36~38		0.9
18~20	5.4		38~40		1.0
20~22	3.2	5.2	40~42		0.1
30~32		9.4	42~44		0.1
32~34		1.8	44~46		0.1
34~36		1.4			

解:混凝土的抗弯拉强度 $\sigma_{w1} = 650 \text{lbf/in}^2$,地基反应模量 $K = 150 \text{lbf/in}^2$。交通量的年增长率平均为 2%,40 年内货车的单向平均日交通量为:

$$\frac{0.2 \times 400}{2} \frac{\sum_{i=1}^{n}(1 + 0.02)^{i-1}}{40} = 60(\text{辆} / \text{日})$$

设板厚为 7in,全部计算列于表 9-37。

混凝土路面设计计算汇总表　　　　　　表 9-37

轴载（klbf）	40 年大概重复作用次数	设计轴载（klbf）	应力（lbf/in²）	应力比	允许重复次数	疲劳利用率（%）
1	2	3	4	5	6	7
45（双）	876	54.0	435	0.67	4 500	19
43（双）	876	51.6	415	0.64	11 000	8
41（双）	876	49.2	410	0.63	14 000	6
39（双）	8 760	46.8	390	0.60	32 000	27
37（双）	7 884	44.4	375	0.58	57 000	14
35（双）	12 250	42.0	350	0.54	180 000	7
33（双）	15 800	39.6	325	0.50	无限	—
31（双）	82 400	37.2	310	0.48	无限	—
21（单）	28 100	25.2	350	0.54	180 000	16
19（单）	47 400	22.8	325	0.50	无限	—
17（单）	53 500	20.4	290	0.45	无限	—
总的疲劳利用率 =0.97						

表 9-37 中第 2 栏 N_i =（每 100 辆货车中的轴数）×0.60×365×40,第 3 栏 = 第 1 栏轴载 × 荷载安全系数 1.2;第 4 栏是按单轴或双轴分别查图 9-34 和图 9-35 而得;第 5 栏是第 4 栏中的应力除以 σ_{w1};第 6 栏 N'_f 是按第 5 栏的应力比值查表 9-37 得到;第 7 栏是第 2 栏除以第 6 栏。

本设计总的疲劳利用率为 0.97,接近 1。初设板厚 7in 符合安全要求,故确定用 7in 板厚。

【练习与讨论】

1. 小挠度弹性薄板理论的基本假定是什么? 这些假定的合理性在何处?

2. 威斯卡特荷载应力计算的车轮荷载布置有哪几种主要形式? 请自己设定参数计算对应的荷载应力。

3. 不同形式的水泥混凝土路面有不同的配筋规定,这些配筋的主要作用是什么?

4. 我国规范中为何要增加"最重轴载"的极限状态? 它对应真实路面的哪种具体破坏形式?

5. 水泥混凝土路面设计与沥青路面设计中的疲劳破坏的考虑方式各是什么? 有什么区别或联系?

6. 可靠度指标的意义何在? 其理论基础是什么?

7. 普通水泥混凝土路面的路肩如何设置? 有什么具体要求? 对设计计算参数有何影响?

8. 传力杆和拉杆有何不同? 传力杆的设置有什么要求?

9. 请说明温克勒地基和弹性半空间体地基的内涵。

10. 请说明临界荷位的内涵和意义。

AI 辅助讨论

请采用 AI 工具(如 DeepSeek、Kimi 等),根据要求生成讨论提纲和 PPT,提交讨论报告和汇报文件(PPT)。

讨论题:我国高速公路、一级公路工程中,水泥混凝土路面的应用比例越来越低。国内的主要路面结构类型是沥青路面,请结合我国近 50 年路面结构类型变迁的实际,分析讨论水泥混凝土路面延长使用寿命、提升使用性能的基本对策。

要求:结合个人理解,给出由 5~10 个关键词组成的提问句,然后利用 AI 工具完成"请分析我国水泥混凝土路面延长使用寿命、提升使用性能的基本对策"的讨论报告和汇报文件(PPT)。

第 十 章

路基路面排水设计

【本章提要】

本章主要介绍路基排水设计(包括路基地面排水设施设计和路基地下排水设施设计)和路面排水设计(包括路面表面排水设计、中央分隔带排水设计、路面内部排水设计、道路边缘排水设计和排水基层设计)。

【学习要求】

了解路基路面排水设计的任务和基本原则;了解路基地面排水设施设计和路基地下排水设施设计要求;了解路面表面排水设计、中央分隔带排水设计、路面内部排水设计、道路边缘排水设计和排水基层设计的方法及要求。

第一节 概 述

路基路面的强度和稳定性与水的关系十分密切。路基路面的病害有多种,形成病害的因素亦很多,但水的作用是主要因素之一,因此在路基路面设计、施工和养护中,必须十分重视排水工程。

路基沉陷、冲刷、坍塌、翻浆,沥青路面松散、剥落、龟裂,水泥混凝土路面唧泥、错台、断裂等病害,都不同程度地与地表水和地下水的侵蚀有关。水的作用加剧了路基和路面结构的损坏,加快了路面使用性能的变坏,缩短了它们的使用寿命。因而,路基路面排水系统是路基路面工程的重要组成部分,对保证路基路面的使用性能和使用寿命具有十分重要的作用。

一、水的来源及其影响

根据水的来源(图 10-1)的不同,影响路基路面的水流可分为地表水和地下水两大类,与此相适应的路基排水工程,则分为地表排水和地下排水。

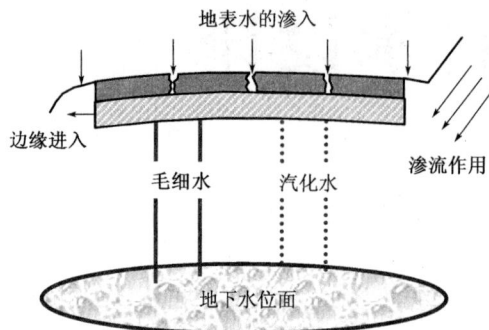

图 10-1　水的来源示意图

地表水包括大气降水(雨和雪)和海、河、湖、水渠及水库水。地表水对路基产生冲刷和渗透,冲刷可能导致路基整体稳定性受损害,形成水毁现象。渗入路基土体的水分,使土体过湿而降低路基强度。同时,降落在路基路面表面的水,会通过路面裂缝、接缝或面层空隙下渗到路面结构内部,对路面结构产生不利影响。

地下水包括上层滞水、潜水及层间水等,它们对路基的危害程度,因条件不同而异。轻者能使路基湿软,降低路基强度;重者会引起冻胀、翻浆或边坡滑塌,其至整个路基沿倾斜基底滑动。水还可能造成掺有膨胀土的路基发生毁灭性的破坏。地下水位高时,地下水会通过毛细管上升进入路面结构内部。此外,中央分隔带及道路两侧有临时滞水时,水分也有可能进入路面结构内部,同样对路面结构内部产生不利影响。

路基路面结构中水产生的有害影响可归纳如下:

(1)使无黏结粒状材料和地基土的强度降低。

(2)使水泥混凝土路面产生唧泥,随之出现错台、开裂和整个路肩破坏。

(3)由于移动车辆产生高动水压力,也会引起沥青路面基层的细颗粒产生唧泥,从而失去支承。

(4)水使冻(膨)胀土产生不均匀冻(膨)胀。

(5)与水经常接触将使沥青剥落,影响沥青混凝土的耐久性。

二、路基路面排水设计的目的

路基路面排水设计的目的,就是将路基范围内的土基湿度降低到一定的限度以内;保持路基常年处于干燥或中湿状态,确保路基及路面具有足够的强度与稳定性。其主要目的包括以下 4 个方面:

(1)把降落在路界范围内的表面水有效汇集并迅速排除出路界;

(2)把路界外可能流向路基的地表水拦截在路界范围以外以减小其对路基路面的危害;

(3)隔断、疏干和降低影响路基稳定性的地下水,并将其引导到路基范围以外;

（4）排除路面结构层内的雨水，并将其引导到路面结构范围以外。

路基设计时，必须考虑将影响路基稳定性的地面水，排除或拦截于路基用地范围以外，并防止表面水漫流、滞积或下渗。对于影响路基路面稳定性的地下水，则应予以隔断、疏干或降低其水位，并引导至路基范围以外的适当地点。

路基路面施工中，首先应校核全线路基排水系统的设计是否完备和妥善，必要时应予以补充或修改，以确保排水工程的质量和使用效果。此外，应根据实际情况与需要，设置施工现场的临时性排水措施，以保证路基土石方及附属结构物正常施工作业，消除路基基底和土体内由水导致的隐患，保证路基路面工程质量，提高施工效率。

路基路面养护时，对排水设施应定期检查与维修，以保证排水设施正常使用，水流畅通，并根据实际情况不断改善路基路面排水条件。

三、路基路面排水设计的主要内容

路基路面排水设计主要内容包括：路界地表排水；路面内部排水；路界地下排水；公路构造物、下穿道路及沿线设施排水；特殊地区及特殊路段排水等。因此，路基路面排水设计主要包括排水系统总体设计、水文调查与计算、排水设施结构形式和材料选择、水利计算等内容。

路界地表排水可包括路（桥）面表面、中央分隔带、坡面和由公路毗邻地带或交叉道路流入路界内的表面水的排除。

路面内部排水系统可由路面边缘排水系统、排水基层或排水垫层单独或组合构成。

路界地下排水设施包括暗沟、渗沟、渗井、渗水隧道或仰斜排水管等地下排水设施，拦截、引排含水层中的地下水，降低地下水位或疏干坡体内地下水。

公路构造物、下穿道路及沿线设施排水包括桥面排水、桥（涵）台和支挡构造物排水、隧道排水、下穿道路排水、沿线设施排水等。

特殊地区及特殊路段排水包括多年冻土区排水、膨胀土区排水、黄土地区排水、盐渍土地区排水、滑坡路段排水和水环境敏感路段排水等。

四、路基路面排水设计的一般原则

路基路面排水设计的一般原则有：

（1）排水设施要因地制宜、全面规划、合理布局、综合治理、讲究实效、注意经济，并充分利用有利地形和自然水系。一般情况下，地表和地下设置的排水沟渠宜短不宜长，以使水流不过于集中，应实现及时疏散、就近分流。

（2）各种道路排水沟渠的设置，应注意与农田水利相配合，必要时可适当地增设涵管或加大涵管孔径，以防农业用水影响路基稳定。路基边沟一般不应用作农田灌溉渠道，两者必须合并使用时，边沟的断面应加大，并予以加固，以防水流漫溢和渗透危害路基。

（3）设计前必须进行调查研究，查明水源与地质条件，重点路段要进行排水系统的全面规划，考虑路基路面排水与桥涵布置相配合，地下排水与地表排水相配合，各种排水沟渠的平面布置与竖向布置相配合，做到路基路面综合设计和分期修建。对于排水困难和地质不良的路段，还应与路基防护加固相配合，并进行特殊设计。

（4）路基路面排水要注意防止附近山坡的水土流失，尽量不破坏天然水系，不轻易合并天然沟溪和改变水流性质，尽量选择有利地质条件布设人工沟渠，减少排水沟渠的防护与加固工程。对于重点路段的主要排水设施,以及土质松软和纵坡较陡地段的排水沟渠,应注意必要的防护与加固。

(5)路基路面排水要结合当地水文条件和道路等级等具体情况,注意就地取材,以防为主,既要稳固适用,又必须讲究经济性。

(6)路基路面排水的水力与水文计算参见现行《公路排水设计规范》(JTG/T D33)。

第二节 路界地表排水

一、坡面排水

常用的坡面排水设施包括边沟、截水沟、排水沟、跌水与急流槽等,必要时还有渡槽、倒虹吸及积水池等。这些排水设施,分别设在坡面的不同部位,各自的排水功能、布置要求和构造形式,均有所差异。各类地表水沟沟顶应高出设计水位0.2m以上。

(1)边沟(Side ditch)

边沟设置在挖方路基的路肩外侧或低路堤的坡脚外侧,多与路中线平行,用以汇集和排除路基范围内和流向路基的少量地面水。平坦地面填方路段的路旁取土坑,常与路基排水设计综合考虑,使之起到边沟的排水作用。

边沟的排水量不大,一般不需要进行水文和水力计算,依据沿线具体条件,选用标准横断面形式。边沟紧靠路基,通常不允许其他排水沟渠的水流引入,亦不能与其他人工沟渠合并使用。

边沟不宜过长,尽量使沟内水流就近排至路旁自然水沟或低洼地带,必要时设置涵洞,将边沟水横穿路基从另一侧排出。

边沟的纵坡坡度宜与路线纵坡坡度一致,且不宜小于0.3%,困难情况下,不应小于0.1%。在边沟出口附近以及排水困难路段,如回头曲线和路基超高较大的平曲线等处,边沟应进行特殊设计。

边沟的横断面形式,有梯形、矩形、三角形及流线型等,如图10-2所示。边沟横断面一般采用梯形,梯形边沟内侧边坡为1:1.0～1:1.5,外侧边坡坡度与挖方边坡坡度相同。石方路段的边沟宜采用矩形横断面,其内侧边坡直立,坡面应采用浆砌片石防护,外侧边坡坡度与挖方边坡坡度相同。少雨浅挖地段的土质边沟可采用三角形横断面,其内侧边坡坡率宜采用1:2～1:3,外侧边坡坡率与挖方边坡坡率相同。三角形边坡的水流条件较差,流量较大时沟深宜适当加大。

梯形边沟的底宽与深度0.4～0.6m,水流少的地区或路段,取低限或更小,但不宜小于0.3m;降水量集中或地势偏低的路段,取高限或更大一些。流线型边沟是将路堤横断面的边角整修圆滑,以防止路基旁侧积沙或堆雪,适用于沙漠或积雪地区的路基。

边沟可采用浆砌片石、浆砌卵石和水泥混凝土预制块防护。砌筑用的砂浆强度,对于高速公路、一级公路采用M7.5,其他等级公路采用M5。边沟出水口附近,水流冲刷比较严重,必须慎重布置和采取相应措施。

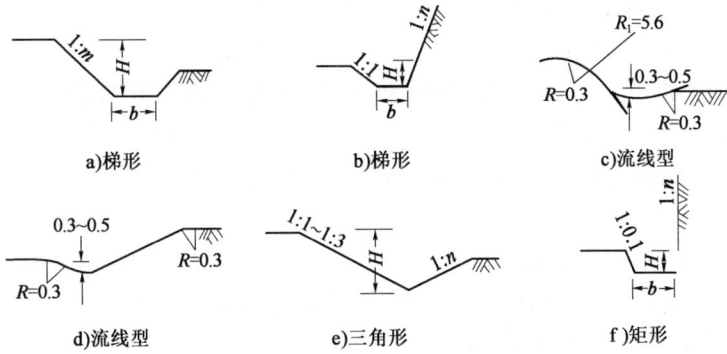

图 10-2 边沟的横断面形式示意图(尺寸单位:m)

  图 10-3 是路堑与高路堤衔接处的边沟排水布置图,由于边沟泄出水流流向路堤坡脚处,两处高差大,必须因地制宜,根据地形与地质等具体条件,将出水口延伸至坡脚以外,以免边沟水冲刷填方坡脚。

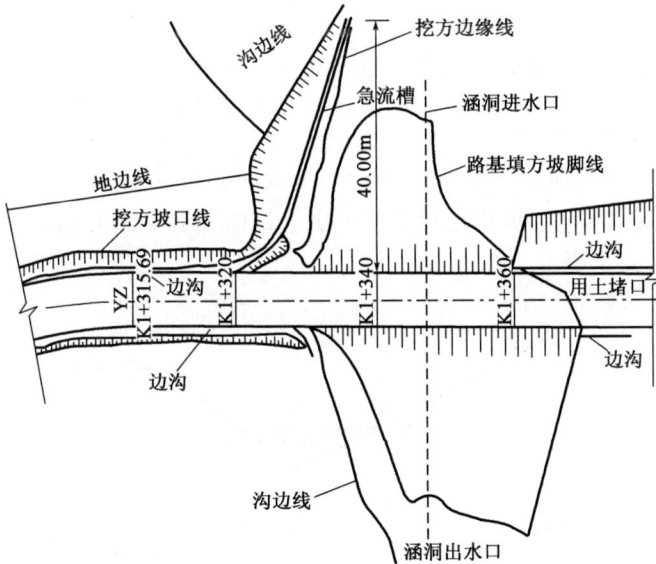

图 10-3 路堑与高路堤的边沟出口布置图

  边沟水流流向桥涵进水口时,为避免边沟流水产生冲刷,应作适当处治,图 10-4 是涵洞进口设置窨井示例。此外还应根据地形等条件,在桥涵进口前或在其他水流落差较大处,设置急流槽与跌水等结构物,将水流引入桥涵或其他指定地点。

  当边沟水流流至回头曲线处,一般边沟水较满,且流速较大,此时宜顺着边沟方向沿山坡设置引水沟,将水引至路基范围以外的自然沟中或设急流槽、涵洞等结构物,将水引下山坡或路基另一侧,以免对回头曲线路段造成冲刷。

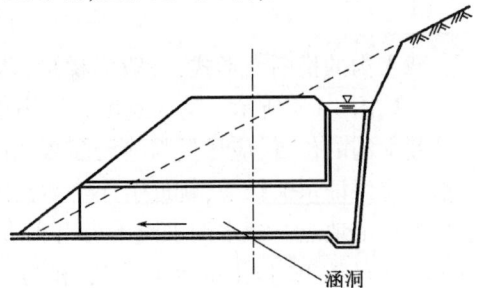

图 10-4 边沟泄水流入涵前窨井剖面图(单级跌水)

（2）截水沟（Intercepting ditch）

截水沟应结合地形和地质条件设置，宜设置在路堑坡顶5m以外或路堤坡脚2m以外，用以拦截并排除路基上方流向路基的地面径流，减轻边沟的水流负担，保证挖方边坡和填方坡脚不受水流冲刷。挖方路段或斜坡路堤上方流入路界的地表径流量大时，应设截水沟；反之，可不设。深路堑或高路堤坡面径流量大时，可在边坡中部设置平台排水沟，减少坡面冲刷。

图10-5是路堑段挖方边坡上方设置的截水沟示例，图中距离 d 一般应大于5.0m，地质不良地段可取10.0m或更大。截水沟下方一侧，可堆置挖沟的土方，要求做成顶部向沟倾斜2%的土台。路堑上方设置弃土堆时，截水沟的位置及断面尺寸，如图10-6所示。

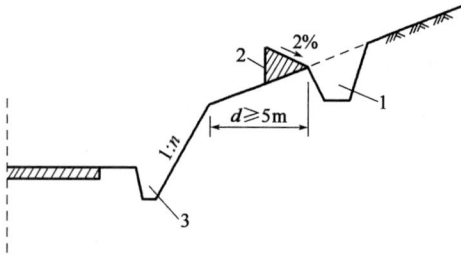

图10-5 挖方路段截水沟示意图
1-截水沟；2-土台；3-边沟

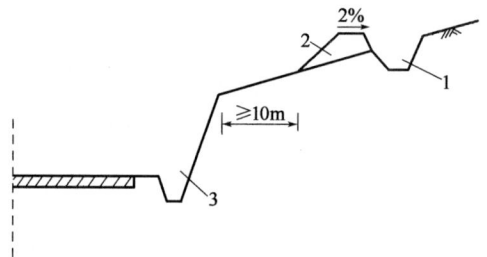

图10-6 挖方路段弃土堆与截水沟关系图
1-截水沟；2-弃土堆；3-边沟

山坡填方路段可能遭到上方水流的破坏作用，此时必须设截水沟，以拦截山坡水流保护路堤。如图10-7所示，截水沟与坡脚之间要有不小于2.0m的间距，并做成2%的向截水沟倾斜的横坡，确保路堤不受水害。

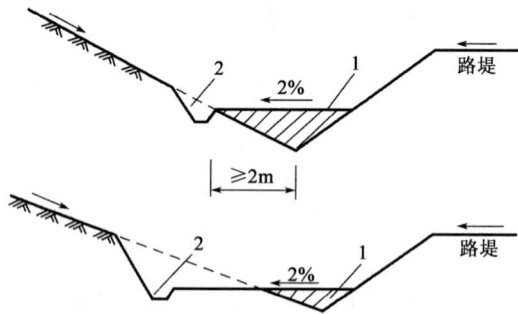

图10-7 填方路段上的截水沟示意图
1-土台；2-截水沟

截水沟的横断面形式，一般为梯形，沟的边坡坡率，因岩土条件而定，一般采用1:1.0～1:1.5，如图10-8所示。沟底宽度 b 不小于0.5m，沟深 h 按设计流量而定，亦不应小于0.5m。

截水沟的位置，应尽量与绝大多数地面水流方向垂直，以提高截水效能和缩短沟的长度。截水沟应保证水流畅通，就近引入自然沟内排出，必要时配以急流槽或涵洞等泄水结构物将水流引入指定地点。截水沟水流不应引入边沟，当必须引入时，应增大边沟横断面，并进行防护。沟底应具有0.3%以上的纵坡，沟底和沟壁要求平整密实，不滞流、不渗水，必要时予以加固和铺砌。截水沟的长度以200～500m为宜。

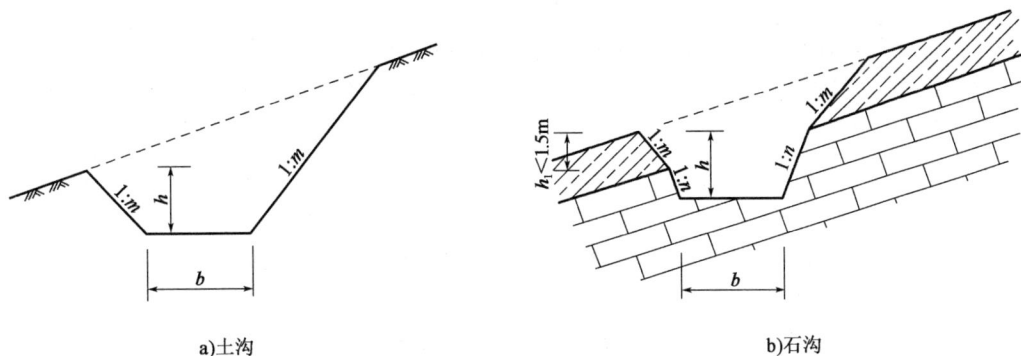

a)土沟   b)石沟

图 10-8 截水沟的横断面图

（3）排水沟（Drainage ditch）

排水沟的主要用途在于引水,将路基范围内各种水源的水流(如边沟、截水沟、取土坑和路基附近低洼处汇集的水),引至桥涵或路基范围以外的指定地点。当路线受到多段沟渠或水道影响时,为保护路基不受水害,可以设置排水沟或改移渠道,以调节水流,整治水道。

排水沟的横断面一般采用梯形,尺寸大小应经过水力水文计算选定。用于边沟、截水沟及取土坑出水口的排水沟,横断面尺寸应根据设计流量确定,底宽与深度不宜小于 0.5m,土沟的边坡坡率为 1:1 ~ 1:1.5。

排水沟的位置可根据需要并结合当地地形等条件而定,离路基尽可能远些,距路基坡脚不宜小于 2m。平面上应力求直捷,需要转弯时亦应尽量圆顺,做成弧形,其半径不宜小于 10 ~ 20m,连续长度宜短,一般不超过 500m。

排水沟水流注入其他沟渠或水道时,应使原水道不产生冲刷或淤积。通常应使排水沟与原水道两者以锐角相交,即交角不大于 45°,有条件时可采用半径 $R = 10b$(b 为沟顶宽)的圆曲线朝下游与其他水道相接,如图 10-9 所示。

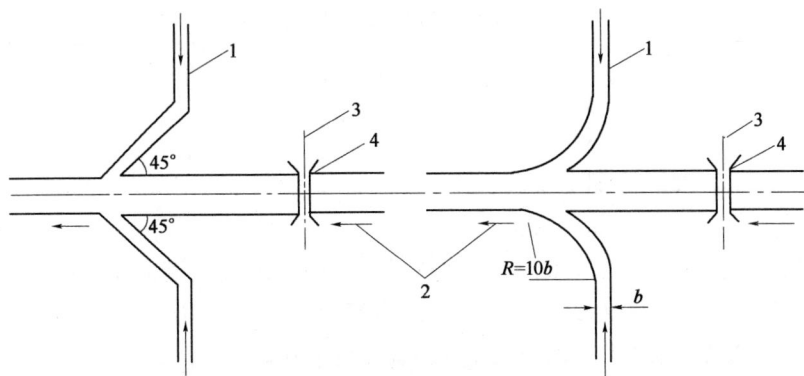

图 10-9 排水沟与水道衔接示意图
1-排水沟;2-其他渠道;3-桥涵中心线;4-桥涵

排水沟应具有合适的纵坡,以保证水流畅通,不致因流速太大而产生冲刷,亦不可因流速太小而形成淤积,为此宜通过水文水力计算择优选定。一般情况下,沟底纵坡坡度可取 0.5% ~ 1.0%,不小于 0.3%,亦不宜大于 3%。若纵坡坡度大于 3%,应采取相应的加固措施。

路基排水沟渠的加固类型有多种,设计时可结合当地条件,根据沟渠土质、水流速度、沟底纵坡坡度和使用要求等而定。表 10-1 为土质沟渠各种加固类型,图 10-10 为沟渠加固横断面图。

沟渠加固类型 表 10-1

形式	名称	铺砌厚度（cm）	形式	名称	铺砌厚度（cm）
简易式	平铺草皮	单层	干砌式	干砌片石	15～25
	竖铺草皮	叠铺		干砌片石砂浆勾缝	15～25
	水泥砂浆抹平层	2～3		干砌片石砂浆抹平	20～25
	石灰三合土抹平层	3～5	浆砌式	浆砌片石	20～25
	黏土碎（砾）石加固层	10～15		混凝土预制块	
	石灰三合土碎（砾）石加固层	10～15		砖砌水槽	

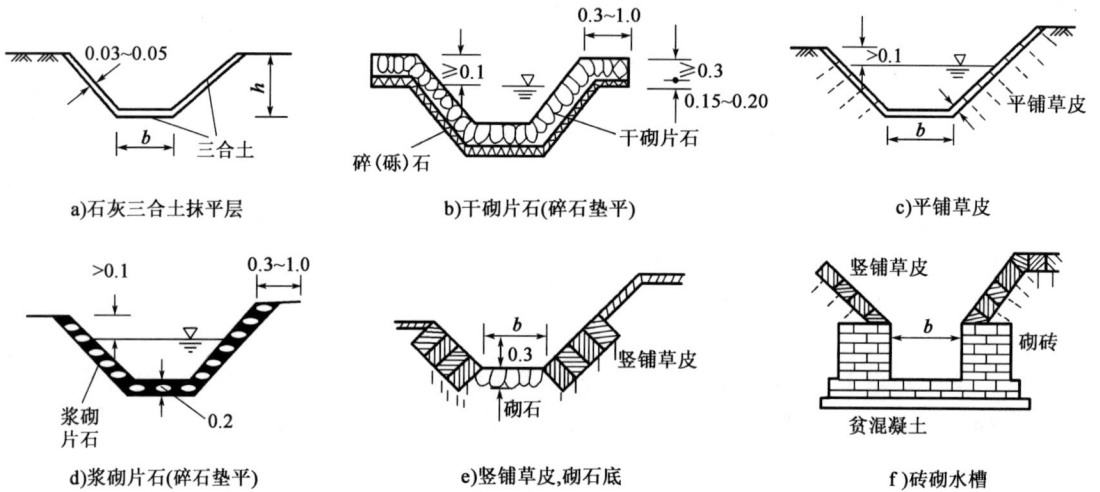

图 10-10　沟渠加固断面图（尺寸单位:m）

沟渠加固类型与沟底纵坡有关,表 10-2 所列可供设计时参照使用。

加固类型与沟底纵坡关系 表 10-2

纵坡坡度（%）	<1	1～3	3～5	5～7	>7
加固类型	不加固	土质好,不加固;土质不好,简易加固	简易加固或干砌式加固	干砌式或浆砌式加固	浆砌式加固或改用跌水

（4）跌水与急流槽（Drop and Chute）

跌水与急流槽是路基地面排水沟渠的特殊形式,用于纵坡坡度大于10%,水头高差大于1.0m 的陡坡地段或特殊陡坎地段。由于纵坡陡、水流速度快、冲刷力大,要求跌水与急流槽的结构必须稳固耐久,通常应采用浆砌块石或水泥混凝土预制块砌筑,并采取相应的防护加固措施。

跌水的构造,有单级和多级之分,沟底有等宽和变宽之别。单级跌水适用于排水沟渠连接处,由于水位落差较大,需要消能或改变水流方向。图 10-11 为路基边沟水流通过涵洞排泄时,采用单级跌水（相当于雨水井）的示例之一。较长陡坡地段的沟渠,为减缓水流速度,并予以消能,可采用多级跌水,图 10-12 为示例之一。多级跌水底宽和每级长度,可以采用各自相等的对称形,亦可根据实地需要,做成变宽或不等长度与高度。

按照水力计算特点,跌水的基本构造可分为进水口、消力池和出水口三个部分,如图 10-13所示。各个组成部分的尺寸,由水力计算而定。一般情况下,如果地质条件良好,地下水位较低,设计流量小于 $1.0 \sim 2.0 \mathrm{m}^3/\mathrm{s}$,跌水台阶(护墙)高度 p 最大不超过 $2.0\mathrm{m}$。常用的简易多级跌水,台高 $0.4 \sim 0.5\mathrm{m}$,护墙用石砌或混凝土结构,墙基埋置深度为水深 a 的 $1.0 \sim 1.2$ 倍,并不小于 $1.0\mathrm{m}$,且应深入冰冻线以下,石砌墙厚约 $0.25 \sim 0.30\mathrm{m}$。消力池起消能作用,要求坚固稳定,底部具有 1% 的纵坡坡度,底厚约 $0.30 \sim 0.35\mathrm{m}$,壁高应比计算水深至少大 $0.20\mathrm{m}$,壁厚与护墙厚度相仿。消力池末端设有消力槛,槛高 c 依计算而定,要求低于池内水深,为护墙高度的 $1/5 \sim 1/4$,即 $c = (0.2 \sim 0.25)p$,一般取 $c = 15 \sim 20\mathrm{cm}$。消力槛顶部厚度约为 $0.3 \sim 0.4\mathrm{m}$,底部预留孔径为 $5 \sim 10\mathrm{cm}$ 的泄水孔,以利水流中断时排泄池内的积水。

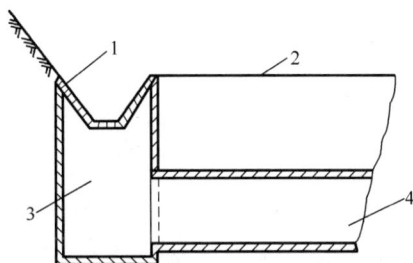

图 10-11 边沟与涵洞单级跌水连接图
1-边沟;2-路基;3-跌水井;4-涵洞

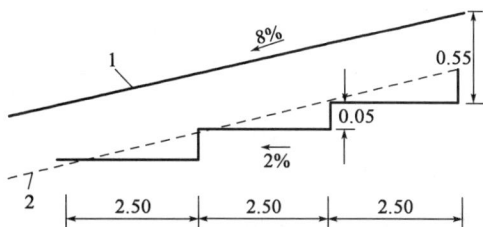

图 10-12 多级跌水纵剖面图(尺寸单位:m)
1-沟顶线;2-沟底线

跌水两端的土质沟渠应注意加固,保持水流畅通,不致产生水流冲刷或淤积,以充分发挥跌水的排水效能。

急流槽是山区公路回头曲线沟通上下线路基排水及沟渠出水口的一种常见排水设施,其纵坡比跌水的平均纵坡更陡,结构的坚固稳定性要求更高。急流槽主体部分的纵坡坡率依地形而定,一般可达 67%($1:1.5$),如果地质条件良好,需要时还可更陡,但结构要求更严,造价亦相应提高,设计时应通过比较而定。

急流槽多用砌石(抹面)和水泥混凝土结构,亦可利用岩石坡面挖槽。

急流槽的构造如图 10-14 所示。按水力计算特点,由进口、主槽(槽身)和出口三部分组成。

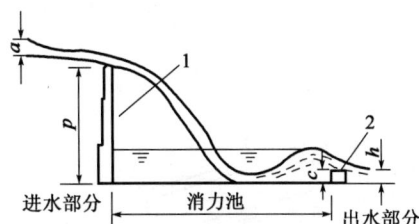

图 10-13 跌水构造示意图
1-护墙;2-消力槛

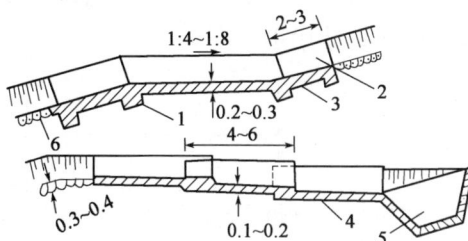

图 10-14 急流槽构造示意图(尺寸单位:m)
1-耳墙;2-消力池;3-混凝土槽底;4-钢筋混凝土槽底;5-横向沟渠;6-砌石护底

急流槽的进出口与主槽连接处,沟槽横断面不同,为了能平顺衔接,可设过渡段,出口部分设有消力池。各个部分的尺寸依水力计算而定。对于设计流量不超过 $1.0\mathrm{m}^3/\mathrm{s}$、槽底坡度为 $1:1 \sim 1:1.5$ 的小型结构,急流槽的基础必须稳固,端部及槽身每隔 $2 \sim 5\mathrm{m}$,在槽底设耳墙并埋入地面以下。槽身较长时,宜分节砌筑,每节长 $5 \sim 10\mathrm{m}$,预留伸缩缝,并用防水材料填缝。

（5）倒虹吸与渡水槽（Invert siphon and aqueduct）

当水流需要横跨路基,同时受到设计高程的限制时,可以采用管道或沟槽,从路基底部或上部架空跨越,前者称为倒虹吸,后者称为渡水槽,分别相当于涵洞和渡水桥。两者属于地面排水的特殊结构物,并且大都是配合农田水利所需而设置的。

倒虹吸的设置往往是因路基横跨原有沟渠,且沟渠水位高于路基设计高程,不能按正常条件设置涵洞,此时采用倒虹吸是可行的方案之一。图 10-15 是竖井式倒虹吸布置图。

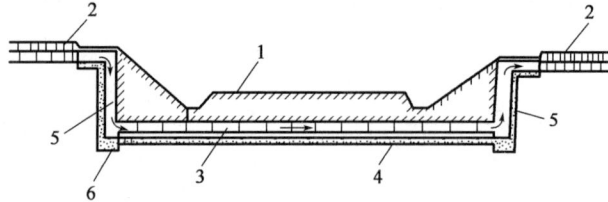

图 10-15　竖井式倒虹吸布置图
1-路基;2-原沟渠;3-洞身;4-垫层;5-竖井;6-沉淀池

倒虹吸是借助上下游沟渠水位差,利用势能迫使水流降落,经路基下部管道流向路基另一侧,再复升流入下游水渠。由于所设管道为有压管道,竖井式倒虹吸的水流多次垂直改变方向,水流条件较差,结构要求较高,容易漏水和淤塞,且难以清理和修复,应尽量不用或少用。使用时需合理设计,进行水力计算,选择最佳设计方案,并要求施工保证质量,使用时要经常检查维修。

倒虹吸管道有箱形和圆形两种,以水泥混凝土和钢筋混凝土结构为主,临时性简易管道可用砖石结构,永久性或急需时亦可改用钢铁管道。管道的孔径为 0.5~1.5m,管道附近的路基上覆填土厚度一般不小于 1.0m,以免行车荷载压力过于集中,严寒地区亦可防冻。考虑到倒虹吸的泄水能力有限,且为了施工和养护方便,管道不宜埋置过深,以填土高度不超过 3.0m 为宜。

倒虹吸管道两端设竖井,井底高程低于管道,起沉淀泥沙与杂物的作用。亦可改用斜管式或缓坡式,以代替竖井式升降管,此时水流条件有所改善,但路基用地宽度增大,管道长度增加。为减少堵塞现象,设计时要求管道内水流的速度不小于 1.5m/s,并在进口处设置沉沙池和拦泥栅,如图 10-16 所示。

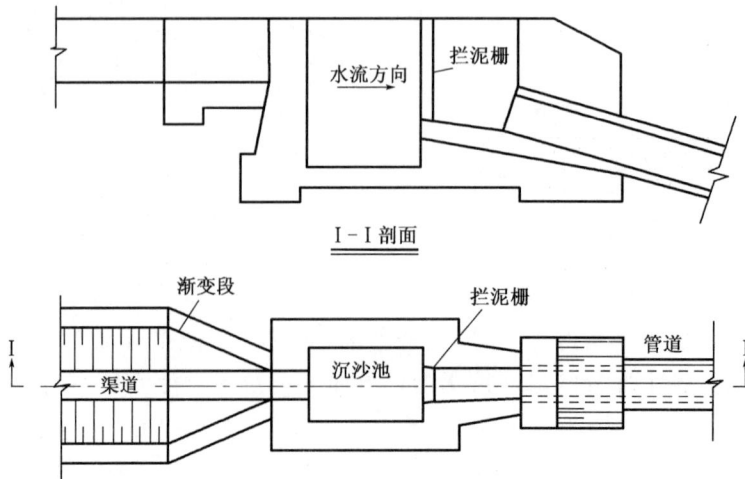

图 10-16　倒虹吸图

倒虹吸管进口处所设的沉沙池,位于原沟渠与管道之间的过渡段,池底和池壁采用砌石抹面或混凝土,厚度0.3~0.4m(砌石)或0.25~0.30m(混凝土),池的容量以不溢水为度。水流经过沉沙池后,水中仍含有细粒泥沙或轻质漂浮物,可设网状拦泥栅予以清除,确保虹吸管道不致堵塞。但拦泥栅本身容易被堵塞,需经常清理,以保证水流畅通,避免沉沙池和沟渠溢水而危害路基。倒虹吸的出口,亦应设过渡段与下游沟渠平顺衔接,并对原有土质沟渠进行适当加固。

渡水槽相当于渡水桥,如图10-17所示。原水道与路基设计高程相差较大,如果路基两侧地形有利,或当地确有必要,可设简易桥梁,架设水槽或管道,从路基上部跨越,以沟通路基两侧的水流。

渡水槽的架设应满足道路对净空与美化的要求,其构造与桥梁相似,但主要作用是沟通水流,故除应在结构上具有足够强度外,在效能上应适合排水的要求,其中包括进出口的衔接,以及防止冲刷和渗漏等。

渡水槽由进出水口、槽身和下部支承三部分组成,其中进(出)口段的布置参见图10-18。

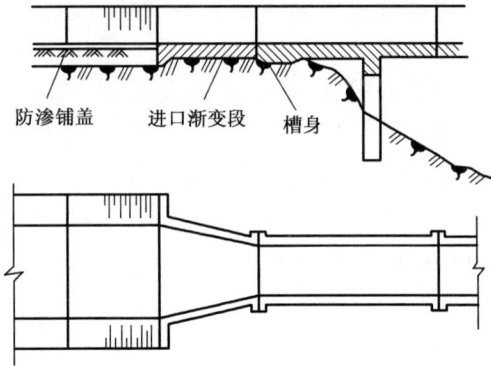

图10-17 渡水槽上游进口构造图

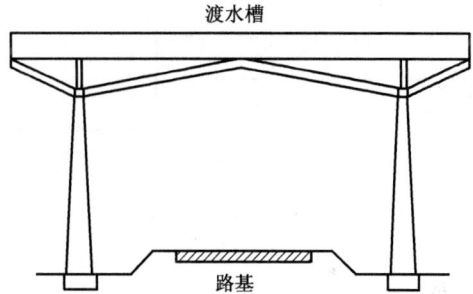

图10-18 渡水槽进(出)口段布置图

为降低工程造价,槽身过水横断面一般均较两端的沟渠横断面为小,槽中水流速度相应有所提高,因此进出口段应注意防止冲刷和渗漏。进出水口处设置过渡段,根据土质情况,分别将槽身两端伸入路基两侧地面2~5m,而且进出水口过渡段宜长一些,以防淤积。如果主槽较短,可取槽身与沟渠的横断面相同,沟槽直接衔接,可不设过渡段。水流横断面不同时,过渡段的平面收缩角为10°~15°,据此可确定过渡段的有关尺寸。与槽身连接的土质沟渠,应予以防护加固,其长度至少是沟渠水深的4倍。

(6)蒸发池(Evaporation pond)

气候干旱、排水困难地段,可利用沿线的集中取土坑或专门设置蒸发池排除地表水。

蒸发池与路基边沟(或排水沟)间应设排水沟连接。蒸发池边缘与路基边沟距离不应小于5m,面积较大的蒸发池不得小于20m。池中水位应低于排水沟的沟底。

蒸发池的容量应以一个月内路基汇流入池中的雨水能及时完成渗透与蒸发作为设计依据。每个蒸发池的容水量不宜超过300m³,蓄水深度不应大于2.0m。

蒸发池的设置不应使附近地面形成盐渍化或沼泽化。

二、路面表面排水

路面表面排水的主要任务是迅速把降落在路面和路肩表面的降水排走,以免造成路面积水而影响行车安全。路面表面排水设计应遵循下列原则：

（1）降落在路面上的雨水，应通过路面横向坡度向两侧排流，避免行车道路路面范围内出现积水。

（2）在路线纵坡平缓、汇水量不大、路堤较低且边坡坡面不会受到冲刷的情况下，应采用在路堤边坡上横向漫流的方式排除地面水。

（3）在路堤较高，边坡坡面未做防护而易遭受地面水流冲刷，或者坡面虽已采取防护措施但仍有可能受到冲刷时，应沿路肩外侧边缘设置拦水带，汇集地面水，然后通过泄水口和急流槽排离路堤。

（4）设置拦水带汇集地面水时，拦水带过水断面内的水面，在高速公路及一级公路上不得漫过右侧车道外边缘，在二级及二级以下公路上不得漫过右侧车道中心线。

由于修筑拦水带和急流槽需增加工程投资，因而，须对其修建的经济性进行分析和比较，分析是采用有效的坡面防护措施而不设拦水带和急流槽经济，还是修筑拦水带和急流槽而降低对坡面防护工程的要求合算。

拦水带可由沥青混合料现场铺筑，或者由水泥混凝土预制块铺砌而成。采用水泥混凝土预制块拦水带时，应避免预制块影响路面内部水的排泄。拦水带的横断面尺寸可参考图10-19，拦水带的顶面应略高于过水断面的设计水面高（水深）h，设计水深按设计流量公式（10-1）计算确定。

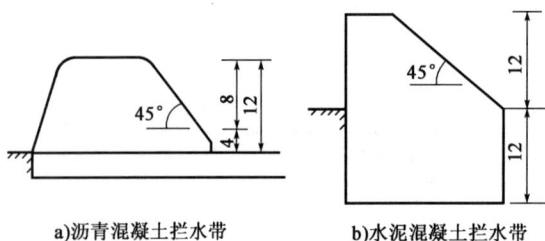

a)沥青混凝土拦水带　　　　b)水泥混凝土拦水带

图10-19　拦水带横断面参考尺寸(尺寸单位:cm)

$$Q_c = 0.377 \frac{1}{i_h n} h^{\frac{8}{3}} I^{\frac{1}{2}} \tag{10-1}$$

式中：Q_c——沟或管的泄水能力（$\mathrm{m^3/s}$）；

　　　i_h——沟或过水断面的横向坡度；

　　　n——沟壁或管壁的粗糙系数，按表10-3选用；

　　　h——设计水深（m）；

　　　I——水力坡度，取用沟或管的坡度。

沟壁或管壁的粗糙系数（n）　　　　　　　　　　　表10-3

沟或管类别	n	沟或管类别	n
塑料管（聚氯乙烯）	0.010	岩石质明沟	0.035
石棉水泥管	0.012	植草皮明沟（流速0.6m/s）	0.050 ~ 0.090
水泥混凝土管	0.013	植坡明沟（流速1.8m/s）	0.035 ~ 0.050
陶土管	0.013	浆砌石明沟	0.025
铸铁管	0.015	干砌石明沟	0.032
波纹管	0.027	水泥混凝土明沟（镘抹面）	0.015
沥青路面（光滑）	0.013	水泥混凝土明沟（预制）	0.012
沥青路面（粗糙）	0.016	土质明沟	0.022
水泥混凝土路面（镘抹面）	0.014	带杂草土质明沟	0.027
水泥混凝土路面（拉毛）	0.016	砂砾质明沟	0.025

　　拦水带的泄水口可设置成开口(喇叭口)式。为提高泄水能力设在纵坡坡段上的泄水口,宜做成不对称的喇叭口,并在硬路肩边缘的外侧设置逐渐变宽的低凹区。其平面布置可参照图 10-20。泄水口的泄水量以及开口长度、低凹区宽度和下凹深度等尺寸应按泄水口水力计算确定。

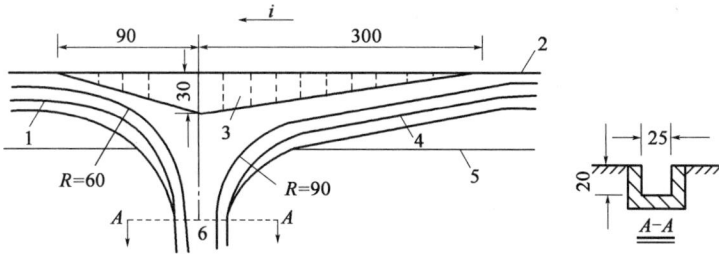

图 10-20　纵坡坡段上拦水带不对称泄水口的平面布置(尺寸单位:cm)

1-水流流向;2-硬路肩边缘;3-低凹区;4-拦水带顶;5-路堤边坡坡顶;6-急流槽

　　在纵坡坡段上的开口式泄水口,其泄水量随开口长度 L_i、低凹区的宽度 B_w 和下凹深度 h_a 以及过水断面的纵向坡度 i_z 和横向坡度 i_h 变化而变化(图 10-21),可利用图 10-22 查取截流率 (Q_0/Q_c),按过水断面泄水能力 Q_c 确定其泄水量 Q_0。

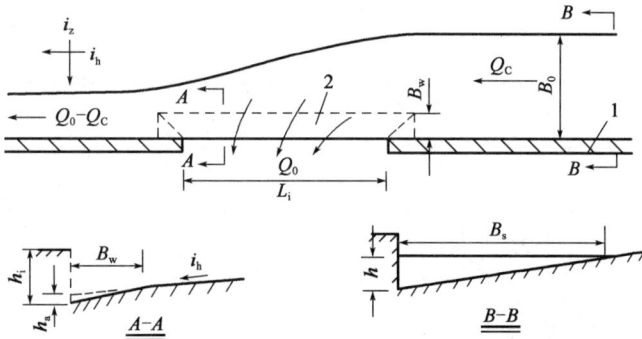

图 10-21　开口式泄水口周围的水流状况

1-拦水带或缘石;2-低凹区

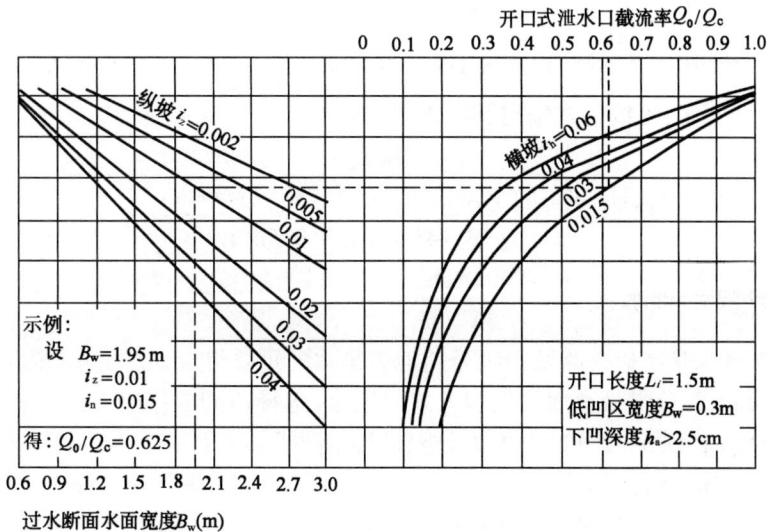

图 10-22　开口式泄水口截流率计算诺谟图

在凹形竖曲线底部的开口式泄水口,应按泄水口处的水深和泄水口的尺寸确定其泄水量。

(1)如开口处设有低凹区,当开口处的净高 h_0 不小于由图 10-23 确定的满足堰流要求的最小高度 h_m 时,可利用图 10-24 确定开口的泄水量或最大水流 h_i。

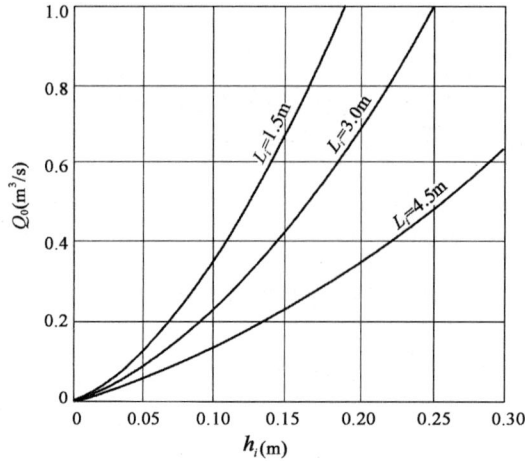

图 10-23　开口式泄水口满足堰流的最小开口高度 h_m 计算图

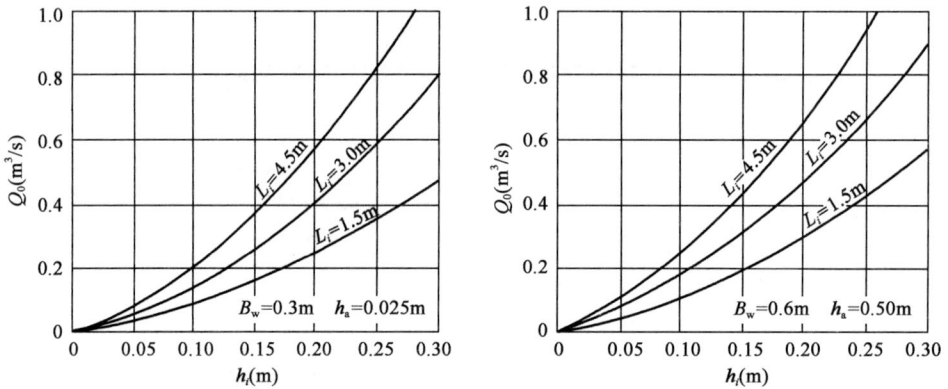

图 10-24　开口处净高 h_0 不小于 h_m 时开口的泄水量 Q_0 或最大水深 h_i 计算图

(2)如不设低凹区,可按下式确定其泄水量:

$$Q_0 = 166 L_i\, h_i^{1.5} \tag{10-2}$$

(3)当开口处水深 h_i 超过净高的 1.4 倍时,按下式确定其泄水量:

$$Q_0 = 13.14 h_0 L_i (h_i - 0.5 h_0) \tag{10-3}$$

三、中央分隔带排水

中央分隔带排水是高速公路及一级公路地表排水的重要组成,应根据分隔带宽度、绿化和交通安全设施的形式、分隔带表面的处理方式等因素,选择不同的排水方式。我国的《公路排水设计规范》(JTG/T D33—2012)对中央分隔带排水要求如下:

(1)宽度小于 3m 且表面采用铺面封闭的中央分隔带排水,降落在分隔带上的表面水排向两侧行车道,其坡度与路面的横坡度相同;在超高路段上,可在分隔带上侧边缘处设置缘石或泄水口,或者在分隔带内设置缝隙式圆形集水管或碟形混凝土浅沟和泄水口(图 10-25),以拦截和排泄上侧半幅路面的表面水。缘石过水断面的泄水口可采用开口式、格栅式或组合式;碟形混凝土浅沟的泄水口采用格栅式。格栅铁条应平行于水流方向,孔口的净泄水面积应占格栅面积的一半以上,泄水口间距和截流量计算以及断面尺寸等可通过计算选取。

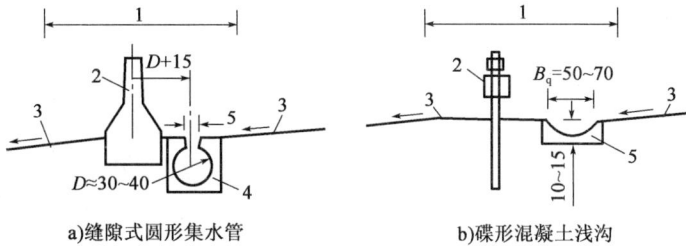

图10-25　超高路段上设置缝隙式圆形集水管或碟形混凝土浅沟(尺寸单位:cm)

1-中央分隔带;2-护栏;3-铺面;4-缝隙式圆形集水管;5-碟形混凝土浅沟

在纵坡坡段上的格栅式泄水口,其泄水量为过水断面中格栅宽度 B_q 所截流的部分,可利用式(10-3)确定。格栅孔口所需的最小净长度按式(10-4)确定:

$$L_g = 0.91 v_g (h_i + d)^{0.5} \tag{10-4}$$

式中:L_g——格栅孔口的最小净长度(cm);

v_g——格栅宽度范围内水流的平均流速(m/s);

d——格栅栅条的厚度(m)。

(2)宽度大于3m且表面未采用铺面封闭的中央分隔带排水,降落在分隔带上的地面水汇集在分隔带中央的低洼处,并通过纵坡排流到泄水口或横穿路界的桥涵水道中。分隔带的横向坡度宜为 1:4 ~ 1:6;分隔带的纵向排水坡度,在过水断面无铺面时不得缓于0.25%,有铺面时不得缓于0.12%。当水流速度超过地面土的最大允许流速时,应在过水断面宽度范围内对地面土进行防冲刷处理,做成三角形或 U 形断面的水沟。防冲刷层可采用石灰或水泥稳定土,或者采用浆砌片石铺砌,层厚 10 ~ 15cm。当中央分隔带内的水流流量过大或流速超过允许范围处,或者在分隔带低凹区的流水汇集处,应设置格栅或泄水口,并通过排水管引排到桥涵或路界处。格栅可以同周围地面齐平,也可适当降低,并在其周围一定宽度范围内做成低凹区(图10-26),以增加泄水能力。泄水口的泄水量在纵坡坡段上可按式(10-1)计算。在凹形竖曲线底部的格栅式泄水口,其泄水量按式(10-5)和式(10-6)计算:

①当格栅上面的水深 h_i 小于 0.12m 时:

$$Q_0 = 1.66 p_g h_i^{1.5} \tag{10-5}$$

式中:p_g——格栅的有效周边长,为格栅进水周边边长之和的一半(m)。

②当格栅上面的水深 h_i 大于 0.43m 时:

$$Q_0 = 2.96 S_i h_i^{0.5} \tag{10-6}$$

式中:S_i——格栅孔口净泄水面积的一半(m²)。

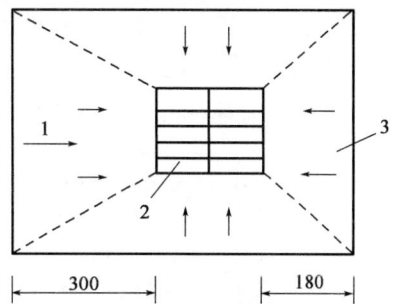

图10-26　中央分隔带格栅式泄水口布置

(尺寸单位:cm)

1-上游;2-隔栅;3-低凹区

③当格栅上的水深处于 0.12 ~ 0.43m 时,其泄水量介于按式(10-5)和式(10-6)计算的结果之间,可按水深通过直线内插得到。

（3）表面无铺面且未采用表面排水措施的中央分隔带，降落在分隔带上的地面水下渗，由分隔带内的地下排水设施排除。常用的纵向排水渗沟见图10-27，应隔一定间距通过横向排水管将渗沟内的水排引出界外。渗沟周围包裹反滤织物（土工布），以免渗入水携带的细粒将渗沟堵塞。渗沟上的回填料与路面结构的交界面铺设涂双层沥青的土工布隔渗层。排水管可采用直径70～150mm的塑料管。

在我国，通常采用较窄的中央分隔带，仅在中间设预留车道时才采用宽的中央分隔带。各地在选用排水设施类型时，并未拘泥于以分隔带宽度限值作为唯一的依据，而是结合地区和工程需要确定，形式是多样的。因而，上述分类中的宽度标准并不是绝对的。

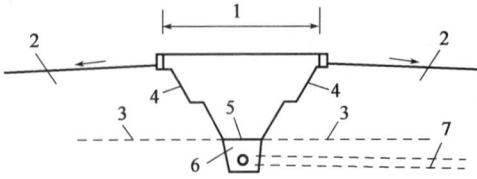

图10-27　中央分隔带下设排水沟示意
1-中央分隔带；2-路面；3-路床顶面；4-隔渗层；
5-反滤织物；6-渗沟；7-横向排水管

第三节　路界地下排水

路基及边坡土体中的上层滞水，或埋藏很浅的潜水称为地下水。当地下水影响路基强度或边坡稳定时，应设置暗沟、渗沟、渗井、渗水隧道或仰斜式排水管等地下排水设施。这些排水设施的特点是排水量不大，主要是以渗流方式汇集水流，并就近排出路基范围以外。对于流量较大的地下水，应设置专用地下管道予以排除。

由于地下排水设施埋置在地面以下，不易维修，在路基建成后又难以查明失效情况，因此要求地下排水设施牢固有效。

（1）暗沟（Blind drain）

相对于地表排水的明沟而言，暗沟又称盲沟，属隐蔽工程。从盲沟的构造特点出发，由于沟内分层填以大小不同的颗粒材料，利用渗水材料透水性将地下水汇集于沟内，并沿沟引排至指定地点。此种构造相对于管道流水而言，在水力特性上属紊流。

图10-28为一侧边沟下面所设的盲沟，用以拦截流向路基的层间水，防止路基边坡滑塌和毛细水上升危及路基的强度和稳定性。

图10-29是路基两侧边沟下面均设盲沟，用以降低地下水位，防止毛细水上升至路基工作区范围内，形成水分积聚而造成冻胀和翻浆或土基过湿而降低强度等。

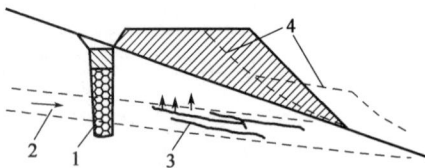

图10-28　一侧边沟下设盲沟
1-盲沟；2-层间水；3-毛细水；4-可能滑坡线

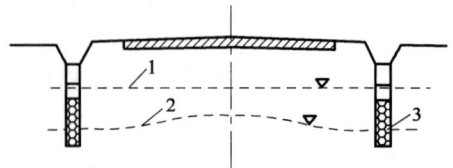

图10-29　两侧边沟下设盲沟
1-原地下水位；2-降低后地下水位；3-盲沟

图10-30是设在路基挖方与填方交界处的横向盲沟，用以拦截和排除路堑下面层间水或小股泉水，保持路堤填土不受水害。

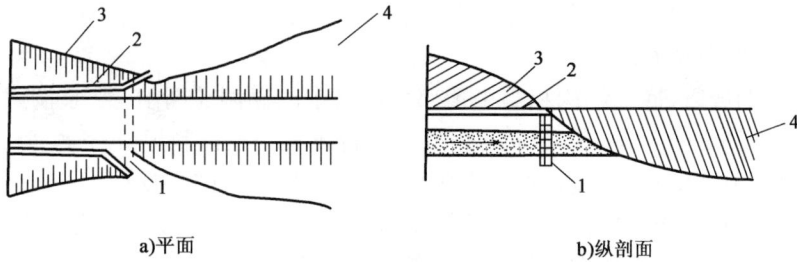

a)平面   b)纵剖面

图 10-30 挖填交界处横向盲沟

1-盲沟;2-边沟;3-路堑;4-路堤

以上所述的盲沟,沟槽内全部填满颗粒材料,可以理解为简易盲沟,其构造比较简单,横断面呈矩形,亦可做成上宽下窄的梯形,沟壁倾斜度约 1:0.2,底宽 b 与深度 h 之比大致为 1:3,深度为 1.0~1.5m,底宽为 0.3~0.5m。盲沟的底部中间填以粒径较大(3~5cm)的碎石,其空隙较大,水可在空隙中流动。粗粒碎石两侧和上部,按一定比例分层(层厚约 10cm)填以较细粒径的粒料,逐层粒径比例大致按 6 倍递减。盲沟顶部和底面,一般设有厚 30cm 以上的不透水层或顶部设有双层反铺草皮。

简易盲沟的排水能力较小,不宜过长,沟底具有 1%~2% 的纵坡坡度,出水口底面高程应高出沟外最高水位 20cm,以防水流倒渗。

寒冷地区的暗沟,应做防冻保温处理或将暗沟设在冻结深度以下。

(2)渗沟(Under drains)

采用渗透方式将地下水汇集于沟内,并通过沟底通道将水排至指定地点,此种地下排水设施统称为渗沟。它的作用是降低地下水位或拦截地下水,其水力特性是紊流,但在构造上与上述简易盲沟有所不同。

渗沟有三种结构形式,如图 10-31 所示。

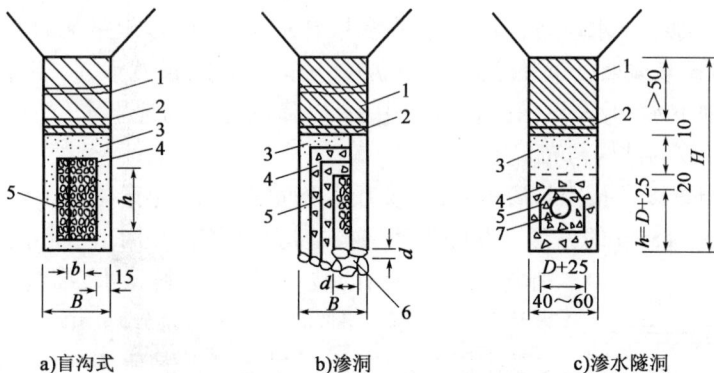

a)盲沟式   b)渗洞   c)渗水隧洞

图 10-31 渗沟结构形式(尺寸单位:cm)

1-黏土夯实;2-双层反铺草皮;3-粗砂;4-石屑;5-碎石;6-浆砌片石沟洞;7-预制混凝土管

盲沟式渗沟与上述简易盲沟相似,但构造更为完善,当地下水流量较大,要求埋置更深时,可在沟底设洞或管,前者称为渗洞,后者称为渗水隧洞。

渗沟的位置与作用,视地下排水的需要而定,大致与图 10-28~图 10-30 所示的简易盲沟相仿,但沟的尺寸更大,埋置更深,而且要进行水力计算确定尺寸。公路路基中,浅埋的渗沟在 2~3m 以内,深埋时可达 6m 以上。

渗沟底部设洞或管,底部结构相当于顶部可以渗水的涵洞。图 10-32 是洞式渗沟结构图例之一,其洞宽 b 约 20cm,高 20~30cm;盖板用条石或混凝土预制板;板长约为 $2b$,板厚 $P >$ 15cm,并预留渗水孔,以便渗入沟内的水汇集于洞内排出。洞身要求埋入不透水层内,如果地基软弱还应铺设砂石基础;洞身埋在透水层中时,必要时在两侧和底部加设隔水层,以达到排水的目的。洞底设置不小于 0.5% 的纵坡,使集水通畅排出。

当排除地下水的流量更大或排水距离较长,可考虑采用管式渗沟。渗沟底部埋设的管道,一般为陶土或混凝土的预制管,管壁上半部留有渗水孔,渗水孔交错排列。设于边沟下的管式渗沟如图 10-33 所示。管的内径 D 由水力计算而定,一般为 0.4~0.6m,管底设基座。对于冰冻地区,为防止冻结阻塞,除管道埋在冰冻线以下外,必要时应采取保温措施,管径亦宜较大一些。

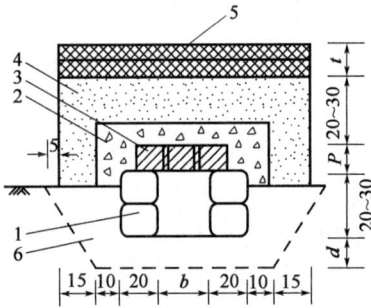

图 10-32　洞式渗沟结构示意图(尺寸单位:cm)
1-浆砌块石;2-碎砾石;3-盖板;4-砂;5-双层反
铺草皮或土工布;6-基础

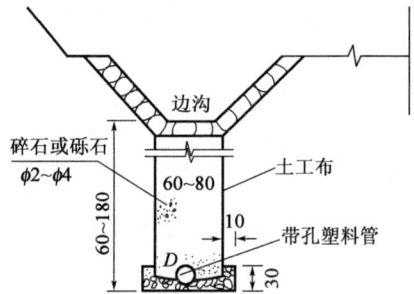

图 10-33　管式渗沟(尺寸单位:cm)

(3)渗井(Percolation well)

渗井属于立式地下排水设备,当地下存在多层含水层,其中影响路基的上部含水层较薄,排水量不大,且平式渗沟难以布置时,可采用立式(竖向)排水,设置渗井,穿过不透水层,将路基范围内的上层地下水,引入更深的含水层中去,以降低上层的地下水位或全部予以排除。图 10-34 为圆形渗井的结构与布置图。

渗井的平面布置以及孔径与渗水量,按水力计算而定,一般为直径 1.0~1.5m 的圆柱形,亦可是边长为 1.0~1.5m 的方形。井深视地层构造情况而定,井内由中心向四周,按层次分别填入由粗到细的砂石材料,粗料渗水,细料反滤。填充料要求筛分冲洗,施工时需用铁皮套筒分隔,填入不同粒径的材料,并要求层次分明,不得粗细材料混杂,以保证渗井达到预期排水效果。

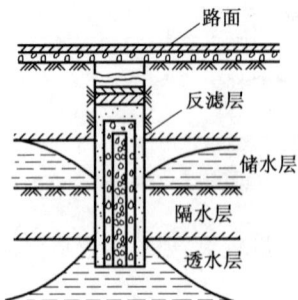

图 10-34　渗井结构与布置图

鉴于渗井施工不易,单位渗水面积的造价高于渗沟,一般尽量少用。有时,因土基含水率较大,严重影响路基、路面的强度,其他地下排水设备不易布置,其他技术措施如隔离层的造价较高,此时渗井可作为技术措施之一进行设计比选,合适时有条件地选用。

第四节 路面内部排水设计

降落在路面表面的雨水,会通过路面裂缝、松散等病害处或者沥青路面面层孔隙渗入路面结构内部。此外,道路两侧有滞水时,水分也可能侧向渗入路面结构内部。因此,必须重视路面结构内部排水设计。路面内部排水系统的设计通常需满足三方面的要求:一是各项设施应具有足够的泄水能力,排除渗入路面结构内的自由水;二是自由水在路面结构内的渗流路径和渗流时间不能太长;三是排水设施要有较好的耐久性。

一、路面内部排水

水可以通过路面裂缝、路面表面和路肩渗入路面,或是由高水位地下水、截断的含水层和泉水进入路面结构,被围封在路面结构内的水分产生的不利影响可归纳如下:

(1)浸湿各结构层材料和路基土,易造成无黏结粒状材料和地基土的强度降低。

(2)使混凝土路面产生唧泥,随之出现错台、开裂和整个路肩破坏。

(3)进入空隙的自由水在行车荷载的作用下,会形成高孔隙水压力和高流速的水流,引起路面基层的细颗粒产生唧泥,结果使其失去支承。

(4)冰冻深度大于路面厚度时,高地下水位会造成冻胀,并在冻融期间使路面结构降低承载能力。

(5)水使冻胀土产生不均匀冻胀。

(6)与水经常接触将使沥青剥落,影响沥青路面耐久性,并使沥青路面产生龟裂。

表 10-4 所列即为每延米双车道路面(7.5m)下各种路基土排除 $0.1m^3$ 路面结构内自由水所需时间的计算结果(表中,H 为路面结构底面到地下水位的距离,H_0 为到不透水层的距离)。由表列数值可知,当路基土为低透水性时(渗透系数不大于 $10^{-5}cm/s$),排除 $0.1m^3$ 路面结构内自由水约需 1d 以上时间;而当路基土的渗透系数不大于 $10^{-7}cm/s$ 时,排除这些水分所需时间达数个月,即实际上是不透水的。当路基为低透水性(渗透系数不大于 $10^{-5}cm/s$),而两侧路肩外也由这种土填筑时,路面结构便类似于被安置在封闭的槽式"浴盆"内,进入路面结构内的水分,无法向下或向两侧迅速渗漏,而被长时间积滞在路面结构内部。特别是位于凹形竖曲线底部、低洼河谷地、曲线超高断面内侧,或者立体交叉的下穿路段的路面结构,由于地表径流或地下水汇集,进入结构内的自由水不仅数量大,而且停滞时间久。

不同渗透性路基土排除 0.1m³ 路面结构内自由水所需的渗流时间 表 10-4

H/H_0	渗透系数(cm/s)				
	10^{-3}(min)	10^{-4}(h)	10^{-5}(d)	10^{-6}(7d)	10^{-7}(30d)
0.2	111	18.52	7.72	11.02	25.72
0.4	56	9.62	3.86	5.51	12.86
0.6	37	6.17	2.57	3.67	8.57
0.8	28	4.63	1.93	2.75	6.43
1.0	22	3.71	1.54	2.20	5.14

大量的路面损坏状况调查和路面使用经验表明,进入路面结构内的自由水是造成或加速路面损坏的重要原因。国外的一些对比分析和试验段观察结果表明,设有排水基层的路面,其使用寿命要比未设的提高30%(沥青路面)和50%(水泥混凝土路面)左右。因而,采用内部排水设施所增加的资金投入,可以很快从路面使用性能的提高、使用寿命的增加和养护工作的减少中得到补偿。

美国在20世纪60年代末和70年代初通过调查和经验总结,认识到了路面内部排水的重要性,在1973年便由联邦公路局组织制订了路面结构内部排水系统设计指南,以引导和推动公路部门采用路面内部排水措施。到1996年,经过10余年的使用经验和研究成果的积累,又进一步在AASHTO路面结构设计指南中,把排除渗入路面结构内水分所需的时间和一年内路面结构处于水饱和状态的时间比例作为指标,在路面设计中作为一项设计因素予以考虑。目前,在美国路面内部排水系统已成为一项常用的措施,一些州的路面通用结构断面中也做了相应的规定。

我国《公路排水设计规范》(JTG/T D33—2012)建议遇有下列情况时,宜设置路面内部排水系统:

(1)年降水量为600mm以上的湿润和多雨地区,路床由渗透系数不大于10^{-4}m/s的细粒土填筑的高速公路、一级公路或重要的二级公路。

(2)路基两侧有滞水,可能渗入路面结构内。

(3)重冰冻地区,路床为粉性土的潮湿路段。

(4)现有路面改建或路基改善工程,需排除积滞在路面结构内的水分。

同时规定,路面内部排水系统设计应符合下列规定:

(1)路面内部排水系统中各种排水设施的设计排泄量均应不小于路面表面水渗入量的2倍,下游排水设施的泄水能力应超过上游排水设施的泄水能力。

(2)系统的排水功能不应随时间很快降低。

(3)排水设施应能避免被渗流从路面结构、路基或路肩中带来的细料堵塞。

路面表面水渗入路面结构的量,按路面类型分别由式(10-7)和式(10-8)计算。

水泥混凝土路面:

$$Q_P = K_c \left(n_Z + n_h \frac{B}{L_c} \right) \tag{10-7}$$

沥青路面:

$$Q_P = K_a B \tag{10-8}$$

上述式中:Q_P——纵向每延米行车道路面表面水渗入量[$m^3/(d \cdot m)$];

K_c——每延米水泥混凝土路面接缝或裂缝的表面水设计渗入率[$m^3/(d \cdot m)$],可按$0.36m^3/(d \cdot m)$取用;

K_a——每平方米沥青路面的表面水设计渗入率[$m^3/(d \cdot m^2)$],可取为$0.15m^3/(d \cdot m^2)$;

B——单向坡度路面的宽度(m);

L_c——水泥混凝土路面的横缝间距(即板长)(m);

n_Z——B范围内纵向接缝的条数(包括路面与路肩之间的接缝);对不设置中央分

隔带的双向横坡路段,公路路脊处的接缝(全幅中间接缝)按 0.5 条计;对设置中央分隔带的非超高路段,路面与中央分隔带的接缝按 1 条计;

n_h——L_c 长度范围内横向接缝和裂缝的条数。

二、路面边缘排水系统

路面边缘排水系统应沿路面结构外侧边缘设置,宜由透水性填料集水沟、纵向排水沟、横向出水管和过滤织物等组成。该系统将渗入路面结构内的自由水,先沿路面结构层间空隙或某一透水层横向流入纵向集水沟和排水管,再由横向出水管排引出路基。这种排水系统常用于基层透水性小的水泥混凝土路面,特别是用于改善排水状况不良的旧水泥混凝土路面。水泥混凝土面层板的边缘和角隅处,由于温度和湿度梯度引起的翘曲变形作用以及地基的沉降变形,常出现板底面同基层顶面脱空的现象。下渗的路表水易积聚在这些脱空内,促使唧泥和错台等损坏的出现。设置边缘排水系统,便于将面层—基层—路肩界面处积滞的自由水排离路面结构。而对于排水状况不良的旧水泥混凝土路面,采用边缘排水设施方案,可以在不改变原路面结构的情况下改善其排水状况,从而提高原路面的使用性能和使用寿命。然而,自由水在路面结构层内沿层间渗流的速率要比向下渗流的速率慢许多倍,并且部分自由水仍有可能被阻封在路面结构内,因而,边缘排水系统的渗流时间较长,路面结构处于潮湿状态的时间要比下面将要介绍的排水基层排水系统长许多。路面边缘排水系统的常用形式见图 10-35。

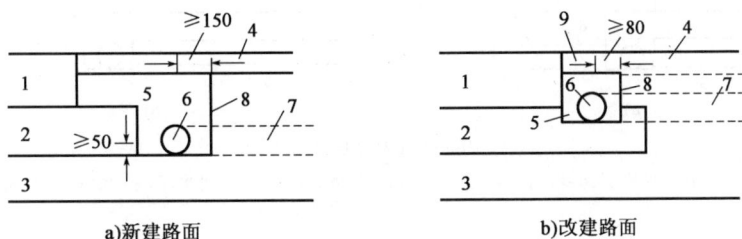

图 10-35 路面边缘排水系统示意图(尺寸单位:mm)

1-面层;2-基层;3-功能层;4-路肩面层;5-集水沟;6-排水管;7-出水管;8-反滤织物;9-回填路肩面层

纵向排水管宜选用聚氯乙烯(PVC)或聚乙烯(PE)塑料管。排水管设 3 排槽口或孔口,其开口总面积不小于 $42cm^2$/延米。管径按设计流量由水力计算确定,通常在 70~150mm 范围内选用。排水管的埋设深度,应保证不被车辆或施工机械压裂,并应超过当地的冰冻深度。在非冰冻地区,新建路面时,排水管管底通常与基层底面齐平;改建路面时,管中心应低于基层顶面。排水管的纵向坡度宜与路线纵坡相同,但不宜小于 0.3%。

横向出水管选用不带槽或孔的聚氯乙烯塑料管,管径不小于纵向排水管。其间距和安全位置由水力计算并考虑邻近地面高程和公路纵横断面情况确定。出水管的横向坡度不宜小于 5%。埋设出水管应采用反开槽法,用低透水材料回填。出水管的外露端头应采取用镀锌铁丝网或格栅罩住等措施。出水口的下方应铺设水泥混凝土防冲刷垫板或者对泄水道的坡面进行浆砌片石防护等措施,以防止水流冲刷路基边坡。出水水流应尽可能排引至排水沟或涵洞内。

透水性填料由水泥处治开级配粗集料组成,其孔隙率为 15%~20%。粗集料最大粒径不大于 40mm,粒径 4.75mm 以下的细粒含量不应超过 16%,2.36mm 以下的细粒含量不应超过 6%。为避免带孔排水管被堵塞,透水性填料在通过率为 85% 时的粒径应比排水管槽口宽或孔口直径大 1.0 ~ 1.2 倍。水泥处治集料的配合比,应按透水性要求和施工要求通过试配确定。

集水沟底面的最小宽度,对新建路面,不应小于 30cm;对改建路面,应能保证排水管两侧各有至少 5cm 宽的透水填料。透水填料的底面和外侧用反滤织物(土工布)包裹,以防垫层、基层和路肩内的细粒侵入而堵塞填料空隙或管孔。反滤织物可选用由聚酯类、尼龙或聚丙烯材料制成的无纺织物,能透水,但细粒土不能随水透过。

三、排水基层的排水系统

根据路基路面排水系统设计需要,可以设计排水基层或排水垫层。排水基层位于路面结构面层以下,排水垫层位于路基顶面。

(1)排水基层

基层排水系统是直接在面层下设置透水性排水基层,在其边缘设置纵向集水沟和排水管以及横向出水管等,组成排水基层排水系统(图 10-36),采用透水性材料做基层,使渗入路面结构内的水分,先通过竖向渗流进入排水层,然后通过横向渗流进入纵向集水和排水管,再由横向出水管排引出路基。这种排水系统,由于自由水进入排水层的渗流路径短,在透水性材料中渗流的速率快,其排水效果要比边缘排水系统好得多。一般在新建路面时采用此方案。排水基层设在面层下,作为路面结构的基层或基层的一部分,共同承受车辆荷载的作用。

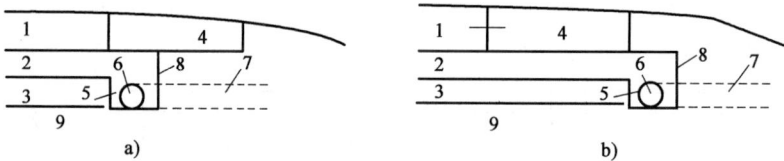

图 10-36　排水基层排水系统

1-面层;2-排水基层;3-不透水垫层;4-路肩面层或水泥混凝土路肩面层;5-集水沟;6-排水管;7-出水管;8-反滤织物;9-路基

排水基层也可采用横贯路基整个宽度的形式,不设纵向集水沟和排水管以及横向出水管。渗入排水层内的自由水横向渗流,直接排泄到路基坡面外。这种形式便于施工,但其主要缺点是,排水基层在坡面出口处易生长杂草或被其他杂物堵塞,从而在使用几年后便不再能排泄渗入水,而集中积滞在排水层内的自由水反而使路面结构特别是路肩部分,更易出现损坏。

在一些特殊地段,如连续长纵坡坡段、曲线超高过渡段和凹形竖曲线段等,排水层内渗流的自由水有可能被堵封或者渗流路径超过 45 ~ 60m。在这些地段,应增设横向排水管以拦截水流,缩短渗流长度。

排水基层的透水性材料可以采用经水泥或沥青处治,或者未经处治的开级配碎石材料。未处治碎石集料的透水性一般比水泥或沥青处治的要低,其渗透系数大致变动于 60 ~ 1000m/d 范围内。而水泥或沥青处治碎石集料的渗透系数则大致在 1000 ~ 6000m/d 范围内,其中沥青处治碎石的透水性略高于水泥处治碎石。未经水泥或沥青处治的碎石集料,在施工摊铺时易出现离析,在碾压时不易压实稳定,并且易在施工机械行驶下出现推移变形,因而一般情况下不建议作为排水基层。用作水泥混凝土面层的排水基层时,宜采用水泥处治开级配碎石集料,其最大公称粒径宜为 19mm。而用作沥青混凝土面层的排水基层时,则宜采用沥青处治碎石集料,最大公称粒径宜为 16mm。材料的透水性同集料的颗粒组成情况有关,空隙率大的组成材料,其渗透系数也大,需通过透水试验确定。表10-5列出了一些未处治和水泥、沥青处治集料排水基层的集料级配情况及相应的渗透系数。

未处治和水泥、沥青处治集料排水基层的集料级配与渗透系数 表10-5

材料类型		通过下列方筛孔(mm)百分率(%)										渗透系数
		37.5	25	19	12.5	9.5	4.75	2.36	1.18	0.3	0.075	(m/d)
未处治集料	①	100	95~100	—	25~60	—	0~10	0~5	—	—	0~2	6 000
	②		100	90~100	—	20~55	0~10	0~5				5 400
	③		95~100	—	60~80	—	40~55	5~25				600
	④		—		0~90		0~8					300
水泥处治	①	100	88~100	52~85	—	15~38	0~16	0~6				1 200
	②	100	95~100		25~60		0~10	0~5	—	—	0~2	6 000
沥青处治	①	100	90~100	35~65	20~45	0~10	0~5	—		0~2	0~2	4 500
	②	100	50~100		15~85	0~5						

纵向集水沟布置在路面横坡的下方。行车道路面采用双向坡路拱时,在路面两侧都设置纵向集水沟。集水沟的内侧边缘可设在行车道面层边缘处,但有时为了避免排水管被面层施工机械压裂,或者避免路肩铺面受集水沟沉降变形的影响,将集水沟向外侧移出 60~90cm。路肩采用水泥混凝土铺面时,集水沟内侧边缘可外移到路肩面层边缘处。

排水基层下必须设置不透水垫层或反滤层,以防止表面水渗入垫层,浸湿垫层和路基,同时防止垫层或路基土中的细粒进入排水基层而造成堵塞。

排水基层厚度 H_b 应根据所需排放的水量和基层材料的渗透系数,通过式(10-9)计算确定,并满足最小厚度的要求。采用沥青处治碎石时,最小厚度不得小于60mm;采用水泥处治碎石时,最小厚度不得小于80mm;采用级配碎石时,最小厚度不得小于120mm。排水基层的宽度 H_b 应根据面层施工需要确定,宜超出面层宽度 300~900mm。

$$H_b \geqslant \frac{Q_{cb}}{k_b i_h} \tag{10-9}$$

式中:Q_{cb}——纵向每延米排水基层的泄水能力$[\mathrm{m^3/(d \cdot m)}]$;

k_b——排水基层设计渗透系数(m/d);

i_h——基层横坡。

渗入水在路面结构内的最大渗流时间,冰冻地区不应超过 1h,其他地区不应超过 2h。渗入水在排水基层内的渗流时间可按式(10-10)计算确定:

$$T \approx 0.69 \frac{n_e L_t}{k_b J_0} \tag{10-10}$$

$$L_t = B \sqrt{1 + \frac{i_z^2}{i_h^2}} \tag{10-11}$$

上述式中:T——渗流时间(h);

n_e——排水基层的有效空隙率;

L_t——渗流路径长(m);

k_b——排水路径的渗透系数(m/s);

J_0——路面合成坡度;

i_z——基层纵坡;

其余符号意义同前。

(2)排水垫层

位于路基顶面的排水垫层按路基全宽设在其顶面,厚度不宜小于15cm。路基中的自由水上移到排水垫层内后,向两侧横向渗流。路基为路堤时,水向路基坡面外排流;路基为路堑或半路堑时,挖方坡脚处须设置纵向集水沟、排水管和横向排水管。排水垫层排水系统示意图见图10-37。

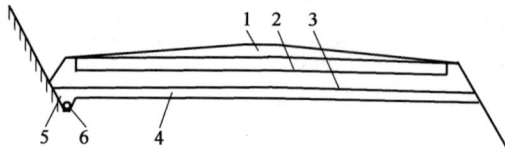

图10-37 排水垫层排水系统示意图
1-面层;2-基层;3-垫层;4-排水垫层;5-集水沟;6-排水管

排水垫层宜选用开级配集料(砂或砂砾石),其级配应满足式(10-12)要求:

$$\left. \begin{array}{l} 5d_{15} \leqslant D_{15} \leqslant 5d_{85} \\ D_{50} \leqslant 25d_{50} \\ D_{60}/D_{10} \leqslant 20 \end{array} \right\} \qquad (10\text{-}12)$$

式中:D_{60}、D_{50}、D_{10}——开级配集料在通过率为60%、50%、10%时的粒径(mm);

d_{85}、d_{50}、d_{15}——路基土级配在通过率为85%、50%、15%时的粒径(mm)。

同时排水垫层一方面要能渗水,另一方面要防止渗流带来的细粒堵塞透水材料。为此,在材料级配组成上要满足关于透水和反滤的要求。这些要求的应用示于图10-38。图中,5为路基土的级配曲线;所示的阴影部分6,即为符合这些要求的排水垫层级配范围。

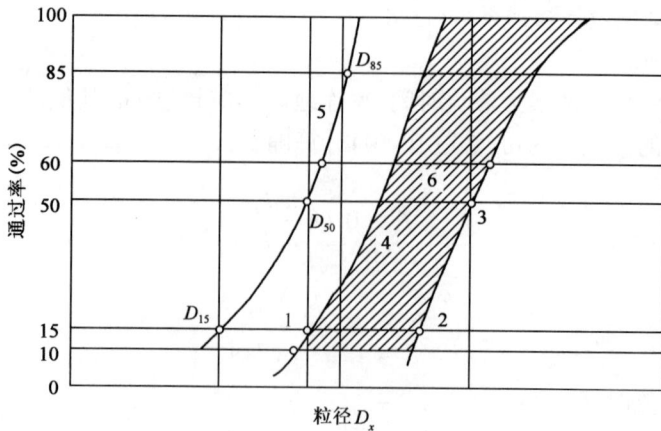

图10-38 符合渗透和反滤要求的材料设计标准
1-不小于$5D_{15}$;2-不大于$5D_{85}$;3-不大于$25D_{50}$;4-(D_{60}/D_{10})≤20;5-路基土级配曲线;6-符合上述要求的排水垫层级配范围

【练习与讨论】

1. 水的来源主要有哪些？它们将对路基路面造成哪些不利影响？
2. 请简述路基路面排水设计的一般原则。
3. 路界地表坡面排水有哪些措施？各自有何作用？
4. 路界地表路面排水的设计原则是什么？
5. 路界地下排水有哪些措施？各自有何作用？
6. 为什么要进行路面内部排水？主要有哪些措施？
7. 简要说明排水基层的设置要求。
8. 名称解释：边沟、截水沟、倒虹吸、暗沟、渗沟、渗井。
9. 请说明设计重现期、设计径流量、汇流历时、降雨历时、平均降雨强度。

AI 辅助讨论

请采用 AI 工具（如 DeepSeek、Kimi 等），根据要求生成讨论提纲和 PPT，提交讨论报告和汇报文件（PPT）。

讨论题：极端气候环境影响造成的道路基础设施地质灾害更加频繁和严重，其中强降雨的影响更加突出。强降雨引起的路基失稳和桥梁倒塌对道路行驶安全性形成了严重的威胁。请结合我国极端气候环境的实际，针对路基排水设计，提出道路韧性提升的对策建议。

要求：结合个人理解，形成 10~20 个提示词，然后利用 AI 工具完成"请结合我国极端气候环境的实际，针对路基排水设计，提出道路韧性提升的对策建议"的讨论报告和汇报文件（PPT）。

第十一章

路面施工

【本章提要】

路面施工是影响路面质量的重要环节,包括施工组织设计、材料控制、设备优选、施工过程控制等。本章重点介绍了路面级配碎石层、无机结合料稳定材料、沥青路面和水泥混凝土路面的施工工艺。

【学习要求】

通过学习路面施工的过程、施工设备、检测设备和方法,掌握路面基层、沥青面层和水泥混凝土面层施工的关键节点和控制技术,了解级配碎石基层的组成设计与质量控制,了解无机结合料稳定材料基层、沥青路面和水泥混凝土路面的质量控制要求。

路面施工是影响路面使用质量与寿命的重要环节之一。良好的路面结构组合设计、材料设计和厚度设计为路面使用寿命的延长提供了技术保障,而路面施工则是实现这些技术的最后环节。路面施工是一个系统工程,路面施工的最终质量与施工过程的各个环节有关。路面施工必须进行合理的施工组织设计,路面设计、管理、监理和施工单位之间必须协调配合,各司其职,做到精心设计、认真施工、严格监理。路面施工中必须层层把关,严格要求,尽可能优化施工工艺,提高施工质量。在路面施工中要保证原材料质量合格、配合比准确、拌和均匀、摊铺平整、碾压密实、接缝平整等,确保路面的工程质量。

第一节　路面施工机械

随着交通事业的发展和人们出行需求的提高,对公路建设也提出了更高的要求,主要表现为:一是对公路功能的要求越来越高,如通行能力、承载能力及行车的安全性和舒适性等;二是对公路整体线形、路容、路况的要求越来越高,特别是山区公路及旅游区道路,其路线与周围环境的协调性成为重要的评定标准;三是对公路的环保要求越来越高,如对行车噪声污染的限制等;四是对公路的施工速度、施工质量和施工管理水平要求越来越高。

针对上述要求,公路施工必将向着机械化、自动化、标准化和工厂化方向发展,将普遍采用自动化机械设备快速施工作业。

路面施工包括基层施工、沥青面层施工、水泥混凝土面层施工,以及封层、黏层、透层施工等,不同的施工内容需要的施工机械也不同。基层施工、沥青面层施工所用的压实设备基本相同,但是两者使用的摊铺及平整设备不完全相同,拌和设备则完全不同。下面介绍路面施工的主要设备类型。

一、拌和设备

(1)基层拌和机械

基层拌和机械通常分为路拌机械和集中厂拌设备两大类。

①路拌机械。稳定土拌和机可以把土、无机结合料、细集料、粗集料等材料按施工配合比在路上直接拌和。按照行走方式的不同,稳定土拌和机可分为履带式和轮胎式两种。履带式稳定土拌和机的特点是附着力大,整机稳定性好,但是机动性差,不便于运输。轮胎式稳定土拌和机在应用了低压宽基轮胎后,整机稳定性和附着力都有很大的提高,机动性好,在施工中应用较为广泛。

稳定土拌和机根据轮胎位置的不同可分为前置式、后置式和中置式三种。前置式稳定土拌和机会在作业面上产生轮迹,目前已逐渐被淘汰;后置式稳定土拌和机的特点是不产生轮迹,维修、保养方便,转弯半径小,目前应用较为广泛;中置式稳定土拌和机的特点是稳定性好,但维修、保养不方便,转弯半径较大。

按转子旋转方向的不同,稳定土拌和机可分为正转和反转两种。前者的切削方向是转子由上向下切削(即顺切),拌和阻力小,拌和宽度和深度较大,但只适用于拌和松散的稳定材料。后者的切削方向是转子由下向上切削(即逆切),其拌和质量较好,但由于拌和阻力大,消耗的功率也大。

国产稳定土拌和机功率为 220 ~ 300kW,拌和宽度为 2.0 ~ 2.4m,拌和深度为 200 ~ 400mm,工作速度为 0 ~ 35m/h。

②厂拌设备。稳定土厂拌设备是将土、碎石、砾石、水泥、石灰、粉煤灰、水等材料按施工配合比在固定地点拌和均匀的专用生产设备。

稳定土厂拌设备一般由供料系统(包括各种料斗)、拌和系统、控制系统(包括各种计量器和操纵系统)、输送系统和成品储存系统五大部分组成,如图 11-1 所示。

稳定土厂拌设备生产作业时,所用的无机结合料通过皮带给料机、垂直提升机输送到粉料筒仓中,再经螺旋输送机送入粉料仓中。此时,小仓中的无机结合料通过叶轮给料机被送到斜皮带输送机上。同时,各料斗中的其他物料经料门卸出并经皮带给料机送至水平集料皮带输送机上,水平集料皮带输送机再将各种材料送至斜置集料皮带输送机上,这样就通过斜置集料皮带输送机将按设计要求配比的各种材料送入到搅拌机内,同时水箱中的水也被泵入搅拌机内。搅拌机中的螺旋搅拌器将各种料搅拌均匀后强制送至混合料储仓,拌和好的成品料通过混合料储仓的溢料管送到堆料皮带输送机上或直接卸到运输车上送至施工现场。

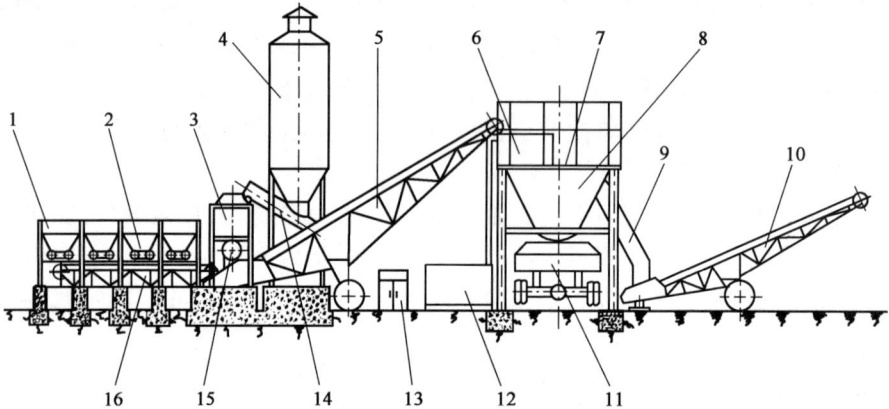

图 11-1   稳定土厂拌设备总体布置示意图

1-配料料斗;2-皮带给料机;3-粉料仓;4-粉料筒仓;5-斜置集料皮带输送机;6-搅拌机;7-平台;8-混合料储仓;9-溢料管;
10-堆料皮带输送机;11-自卸汽车;12-供水系统;13-控制柜;14-螺旋输送机;15-叶轮给料机;16-水平集料皮带输送机

稳定土厂拌设备的优点是级配精度高,拌和质量好。在公路路面施工中,为保证工程质量,应尽可能采用厂拌设备施工。

(2)水泥混凝土搅拌设备

水泥混凝土搅拌机一般由搅拌筒、进料装置、卸料装置、传动装置和配水系统等主要部分组成。按搅拌原理可分为自落式和强制式两类。

①自落式搅拌机。

自落式搅拌机按搅拌筒的形状和出料方式的不同,可分为鼓筒式搅拌机、锥形反转出料式搅拌机和双锥形倾翻出料式搅拌机。

a.鼓筒式搅拌机。鼓筒式搅拌机的搅拌筒呈鼓形。由于它只靠物料的自落作用进行拌和,搅拌作用不甚强烈,对于坍落度小于3cm的混凝土不易搅拌均匀,且易产生黏罐和出料困难现象,故一般只适用于搅拌流动性较大的混凝土。鼓筒式搅拌机工作时,物料一般要提到相当的高度(约为筒径的0.7倍处)才落下,所以搅拌筒筒径不能太大,否则物料下落时,大粒径集料易将叶片、筒壁砸坏。因此,鼓筒式搅拌机不能做成大型的,也不宜用它来搅拌含有大集料(粒径大于80mm)的混凝土。此外,它还存在卸料时间长、搅拌筒利用系数低(一般仅0.22~0.25)等缺点。但由于它结构简单、耐用可靠、制造与维修容易,在我国公路施工现场仍得到广泛应用。

b.锥形反转出料式搅拌机。如图11-2所示,锥形反转出料式搅拌机的搅拌筒为双锥形,搅拌叶片按一定的角度交叉布置。搅拌时,物料一方面被叶片提升自落作垂直位移,另一方面又被叶片迫使沿轴向左右窜动,故搅拌作用比较强烈。它不但能搅拌流动性较大的混凝土,也能搅拌低流动性混凝土。搅拌筒正转时进行搅拌,反转时靠搅拌筒出料筒出料端的螺旋出料叶片将混凝土推出进行卸料。由于搅拌筒正、反转交替进行,叶片正反面都能受到物料地撞击,因而不易产生黏罐现象。这种搅拌机构造简单,质量轻,搅拌效率较高,出料干净、方便。但搅拌筒利用系数低,反转出料时,是在负载的情况下启动,功率消耗大,故这种机型一般只适用于中、小容量的搅拌机。

c. 双锥形倾翻出料式搅拌机。搅拌筒由两个截头圆锥组成,两圆锥筒内装有向内倾斜的叶片。搅拌筒转动时,由于叶片向内倾斜,故物料被左右两圆锥筒上的叶片提升不甚高时便沿叶片滑下。从左右叶片上滑下的物料相向运动,在搅拌筒中部形成交叉料流。搅拌筒每转一周,物料的搅拌可循环多次。因此,这种搅拌机搅拌效率高,可以搅拌高流动性和低流动性混凝土。由于物料在搅拌筒内提升的高度不大,所以,叶片不易撞坏,可以制成大容量的搅拌机,搅拌含有大粒径集料的混凝土。卸料时依靠使搅拌筒倾翻的装置,使搅拌筒倾斜,将料卸出。

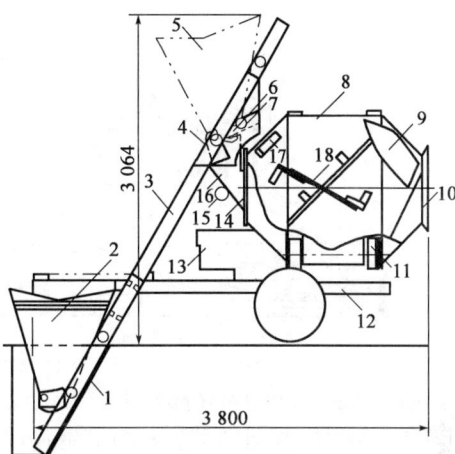

图 11-2　锥形反转出料式混凝土搅拌机(尺寸单位:mm)
1-斜轨下伸部分;2-上料斗;3-斜轨;4-上料斗的底门;5-上料斗处于顶部时的情况;6-斜轨的岔道;7-上料斗底部轮子;8-鼓筒;9-螺旋出料叶片;10-出料口;11-驱动轮;12-底盘;13-动力装置及传动机构;14-进料口;15-进料振动器;16-固定进料斗;17-旋转叶挡板;18-旋转叶

②强制式搅拌机。

强制式搅拌机按其构造特征可分为立轴式和卧轴式两类。

a. 立轴式强制搅拌机。搅拌筒是一个水平放置的圆盘,搅拌叶片绕立轴旋转,强迫搅拌盘内物料颗粒做多方向运动,形成复杂的交叉料流,将物料搅拌均匀。这类搅拌机按搅拌盘和叶片旋转方式的不同可分为涡桨式和行星式。涡桨式搅拌机的搅拌盘固定,叶片绕盘中心的立轴旋转。行星式搅拌机又分为定盘式和转盘式。定盘式搅拌机是搅拌盘固定,搅拌叶片除绕位于盘中心的主立轴旋转外,还绕它本身的立轴旋转。转盘式搅拌机则是搅拌盘绕中心旋转,而搅拌叶片立轴的位置固定,叶片的旋转方向与搅拌盘的旋转方向或者相反,或者同向。

b. 卧轴式强制搅拌机。可分为单卧轴式和双卧轴式。单卧轴式搅拌机的水平搅拌轴通过机壳中心,轴上装有螺旋搅拌叶片和铲刮叶片。工作时两种叶片迫使物料做强烈的对流运动,使物料在短时间内便搅拌均匀。

双卧轴式搅拌机有两个相连的圆槽形搅拌筒,两根水平搅拌轴作反向旋转。两轴上的叶片搅拌作用半径相互交叉,叶片与轴中心线呈一定的角度。故当叶片转动时,它不仅使物料在两个搅拌筒内轮番地做圆周运动,而且还使它们沿轴向作往返窜动,因而有很好的搅拌效果。

强制式搅拌机与自落式相比,搅拌作用强烈、搅拌时间短、生产效率高,适宜于搅拌坍落度在 3cm 以下的普通混凝土与轻集料混凝土。所以,在大面积的路面施工中应用较为广泛。

（3）沥青混凝土拌和设备

沥青混凝土拌和设备按其作业特点可分为循环作业式(间隙式)拌和机(图11-3)、连续作业式(连续式)拌和机(图11-4)和综合作业式拌和机三种类型。

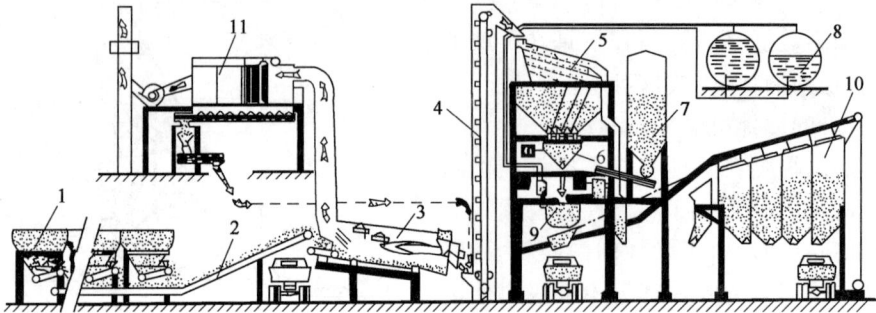

图 11-3　间隙式拌和机

1-冷矿料储存及配料装置;2-冷矿料输送机;3-冷矿料烘干、加热系统;4-热矿料提升机;5-热矿料筛分及储料装置;6-热矿料计量装置;7-矿料供给及计量装置;8-沥青供给系统;9-搅拌器;10-成品料储存仓;11-集尘装置

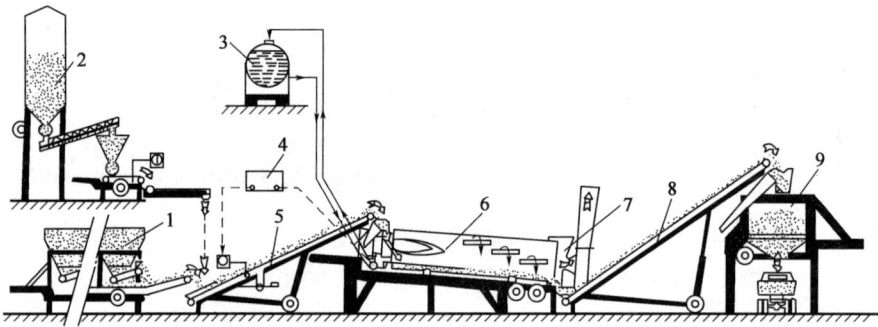

图 11-4　滚筒式连续搅拌设备简图

1-储存和配料装置;2-矿料供给系统;3-沥青供给系统;4-操作、控制中心;5-冷矿料称重皮带输送机;6-烘干—拌和滚筒;7-集尘装置;8-成品料输送机;9-成品料储存仓

①循环作业式沥青混凝土拌和机。沥青混合料中各类材料的称量、烘干与加热、拌和等工艺过程都是按一定的间隔周期进行的,也就是按份数拌制的。

②连续作业式沥青混凝土拌和机。沥青混合料中各种配料的定量加料、烘干与加热、拌和与出料等工艺都是连续进行的。

③综合作业式沥青混凝土拌和机。沥青混合料中各砂石料的供给与烘干加热过程是连续进行的,而砂石料与沥青的称量、拌和以及成品的出料则分周期进行。

二、摊铺设备

（1）水泥混凝土路面摊铺机械

水泥混凝土路面用滑模摊铺机摊铺。

滑模摊铺机安装在履带底盘上,行走装置在模板外侧移动,支撑侧边的滑动模板沿机器长度方向安装。在机器的宽度以内,机器的方向和水平位置靠固定在路面两侧桩上拉紧的导向钢丝或高强尼龙绳来控制。机器底盘的水平位置靠与导向钢丝相接触的传感装置来自动控制。附设的传感器也同时促动摊铺机的转向装置,以使导向钢丝和滑模之间保持一定的距离。滑模摊铺机作业时,不需要另架设轨道和模板,就能按照要求使路面板挤压成型。这种摊铺机可实现多种功能的摊铺(图 11-5),如路肩、路缘石等。

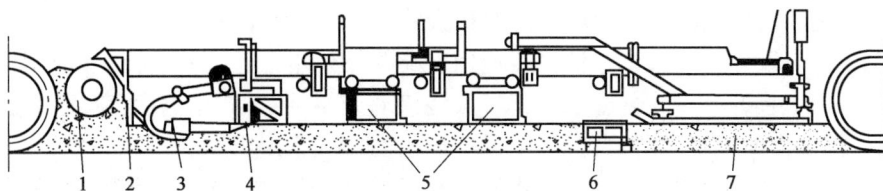

图 11-5 滑模摊铺机摊铺过程示意图

1-螺旋摊铺器;2-刮平器;3-振捣器;4-刮平板;5-搓动式振捣板;6-光面带;7-混凝土面层

(2)沥青混合料摊铺机械

沥青混合料摊铺机是用来将拌制好的沥青混合料均匀地摊铺在已整修好的路面基层上的专用设备。按行走方式可分为自行式和拖式两种。高等级公路路面施工中常用前者。自行式摊铺机又可分为轮胎式、履带式及复合式三种。

①轮胎式沥青混合料摊铺机。轮胎式摊铺机的前轮为一对或两对实心小胶轮,可以起到增强承载能力、避免因其受荷载变化而变形的作用,后轮大多为大尺寸的充气轮胎。轮胎式摊铺机的优点是:行驶速度快(可达 20km/h);可自驶转移工地;机动性和操纵性能好;对单独的小面积高堆或深坑适应性较好,不致过分影响铺层的平整度;弯道摊铺质量好,结构简单,造价低。其缺点是:对路面平整度的敏感性较强;受料斗内的材料多少影响会改变后驱动轮胎的变形量,从而影响铺层的质量。为了避免这种现象,自卸汽车应分次卸料,但这又会影响汽车的周转。

②履带式沥青混合料摊铺机(图 11-6)。履带式摊铺机的履带大多加装有橡胶垫块,以免刺履对地面造成压痕,同时也可借此降低对地面的压力。履带式摊铺机的优点是:牵引力与接地面积都较大,减少对下层的作用力,对下层的平整度不太敏感。其缺点是:行驶速度低,不能很快地自行转移工地;对地面较高的凸起点适应能力差;机械传动式摊铺机在弯道上作业时会使铺层边缘不整齐;此外,其制造成本较高。

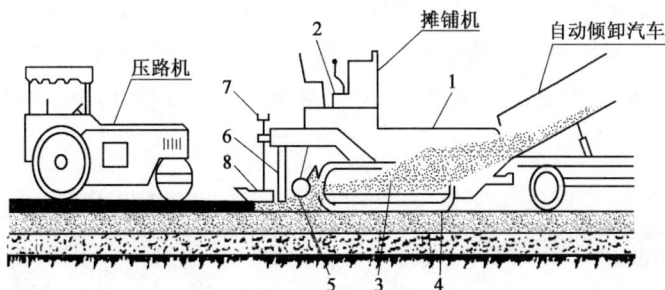

图 11-6 履带式沥青混合料摊铺机

1-料斗;2-驾驶台;3-送料器;4-履带;5-螺旋摊铺器;6-振捣器;7-厚度调节螺杆;8-摊平板

③复合式沥青混合料摊铺机。作业时,利用履带行走装置;运输时,采用充气轮胎装置。广泛应用于小规模沥青混合料摊铺施工。

（3）沥青及碎石洒布机

在采用沥青透层、封层、表面处治式、乳化沥青稀浆混合料、贯入式施工工艺铺筑沥青路面时，是用沥青及碎石洒布机将碎石或沥青洒布到碾压好的碎石基层、沥青层等路面结构上的设备。

沥青路面施工时使用的沥青及碎石洒布机大致可分为手动式和自动式两种。

①手动式沥青及碎石洒布机。该机器适用于高等级公路岔道、辅道等中小型贯入式路面和沥青表面处治工程的半机械化施工。其特点是移动方便，洒布效率高，可降低劳动强度，喷洒均匀，可根据工作面大小，配备多台用以平行作业，加快施工进度。

②自动式沥青及碎石洒布机。自动式沥青及碎石洒布机主要包括沥青箱、加热系统、传动机构、洒布机构和操纵机构五部分装置。该机器是将沥青箱和洒布系统等工作设备装在汽车底盘上，可以做远距离移动；并可根据路面宽度、作业要求调节排管长度及各阀门操作位置，进行自动洒。它具有机动性能好、洒布速度快、工效高、作业能力大、洒布质量也较易掌握等优点，在高等级公路贯入式路面和沥青表面处治路面施工中应用广泛。

三、碾压（捣实）设备

（1）水泥混凝土捣实机械

水泥混凝土捣实机械的类型按其工作方法的不同可分为插入式振动器、附着式振动器及平板式振动器和台式振捣器。

①插入式振动器。插入式振动器又称内部振动器，由电动机、软轴和振动棒三部分组成（图11-7）。振动棒是工作部分，它是一个棒状空心圆柱体，内部安装着偏心振子，在动力源驱动下，由于偏心振子的振动，使整个棒体产生高频微幅的机械振动。工作时，将它插入混凝土中，通过棒体将振动能量直接传给混凝土，因此，振动密实，效率高。

按振动棒激振原理的不同，插入式振动器可分为偏心轴式和行星滚锥式（简称行星式）两种。由于行星式振动器在不提高软轴转速的情况下，利用振子的行星运动，即可使振动棒获得较高的振动率，与偏心式振动器比较，具有振动效果好、机械磨损少等优点，因而得到普遍应用。

②附着式振动器及平板式振动器。附着式振动器又称外部振动器。它在电动机两侧伸出的悬臂轴上安装有偏心块，故当电动机回转时，偏心块便产生振动力，并通过轴承基座传给模板，通过模板将振动能量传递给混凝土，达到使混凝土密实的目的。

将附着式振动器固定在一块底板上则称为平板振动器，又称为表面振动器，如图11-8所示。它的振动力是通过底板传递给混凝土的，故在使用时，振动器的底部应与混凝土面保持接触。在一个位置振动、捣实到混凝土不再下沉、表面出浆时，即可移至下一位置继续进行振动、捣实。

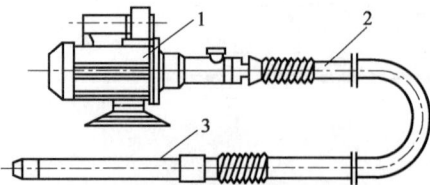

图11-7 插入式振动器示意图
1-电动机；2-软轴；3-振动棒

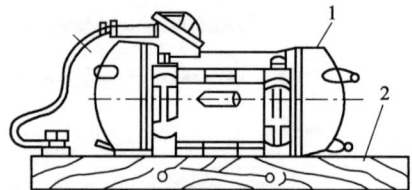

图11-8 平板式振动器示意图
1-电子振子；2-振捣底板

③台式振捣器。台式振捣器也是外部振捣器,它的激振原理是由两行频率相等、转向相反的偏心锤装置产生振动,因此只有上下的单向振动而无前后左右的振动。振动台的构造如图11-9所示。它主要由支承架、消振弹簧、工作台、偏心装置以及传动轴等组成,并由电动机驱动,通过配置不同数量的偏心锤,可得到不同大小的振幅,以适应各种不同的振捣需要。它的最大优点是产生的振动与混凝土的重力方向正好一致,振波正好通过颗粒的直接接触由下向上传递,能量损失很少。而插入式的内部振捣器只能产生水平振波,与混凝土重力方向不一致,振波只能通过颗粒间的摩擦传递。

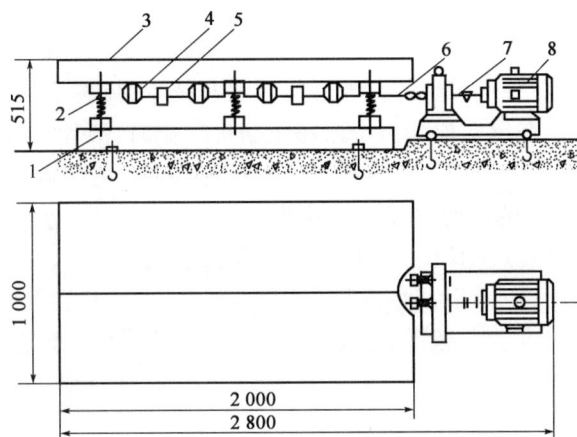

图11-9 振动台的构造示意图(尺寸单位:mm)
1-支承架;2-消振弹簧;3-工作台;4-偏心锤;5-偏心盘;6-传动轴;7-离合器;8-电动机

(2)水泥混凝土浇筑的配套机械

水泥混凝土浇筑的配套机械有真空混凝土机组(包括真空泵、真空吸垫)、抹光机、振动梁、压纹机、锯缝机。

(3)压实机械

①静作用光轮压路机。静作用光轮压路机可分为双轴双轮式、双轴三轮式和三轴三轮式三种。根据整机质量不同,又可分为轻型(5~8t)、中型(8~10t)和重型(10~15t、18~20t)三种。

双轴双轮式压路机前后各一个轮子,双轴三轮式后面有两个较大的驱动轮,前面是一个较小的从动轮。双轮式压路机的结构与三轮式压路机的结构比较,具有更好的压实适应性,能在摊铺层上横向碾压,产生更均匀的密实度。

三轴三轮式压路机有三个等宽的碾压滚轮,分装在刚性机架的前、中、后三根轴上,后轮为驱动轮,直径较大,中、前轮均为从动轮,直径较小,也有制成三个均为驱动轮的形式。该种压路机大多为重型,适用于压实沥青混凝土路面,且在作用时可以随被压层表面的不平度自动重新分配各滚轮上的负荷,压平料层的凸起部分。

②轮胎压路机(图11-10)。轮胎压路机根据其大小,可装5~11个光面橡胶轮(这些橡胶轮通常具有改变轮胎压力的功能,其工作质量一般为12~28t)。轮胎压路机可用来进行接缝处的预压、沥青路面复压、弯道预压、消除裂纹及薄摊铺层的压实作业。

③振动压路机。振动压路机分为自行式单轮振动压路机、串联振动压路机及组合式振动压路机三种。

自行式单轮振动压路机。前面有一个振动轮,后面是两个橡胶驱动轮。有些机型前轮也是驱动轮。为了压实沥青混合料,振动轮有不同振幅和频率可供选用。这种压路机的工作质量为12～16t。自行式单轮振动压路机,常常用于平整度要求不高的辅道、匝道、岔道等路面的压实作业。

串联振动压路机。沥青混合料的压实度要求较高时,常使用这种类型的压路机。它分为单轮振动和双轮振动,并且大型串联振动压路机有较多的频率和振幅。驱动轮是一个或两个,工作质量为14～16t。串联振动压路机的转向系统有:铰接转向、前轮转向及前、后轮偏移铰接转向。

四、振荡压路机

振荡压实是20世纪80年代出现的一种压实方法和技术,振荡压实的优点主要表现为压实效果好,压实力集中作用在压实层。由于振荡压路机工作时,滚轮不离开地面,自身重量始终作用在压实层上,因此,不会使被压材料层产生不稳定结构,防止碾碎筑路材料。此外,由于振荡压路机工作时不会产生过大的振动,故不会压碎填铺材料和使地基中空隙水压上升,也不会使已压实的材料重新产生疏松现象。振荡压实不仅减小机器本身的振动,可以延长机器寿命,而且对周围环境干扰小,改善驾驶员的工作环境,并节省了能量。同时,振荡压实提供的横向"揉搓作用"持续作用于被压材料,从而大大提高了压实工作效率。振动与振荡压实示意见图11-11。

图 11-10　16t 轮胎压路机

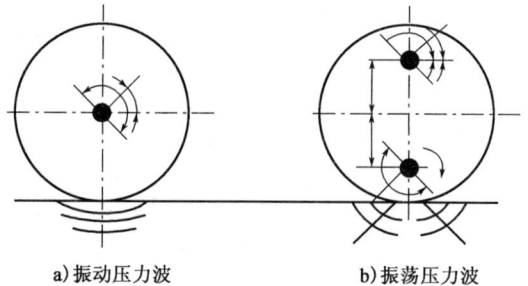

a)振动压力波　　　　　b)振荡压力波

图 11-11　振动与振荡压实示意图

第二节　级配碎石层的施工

一、设计要求

国内外研究表明,以级配碎石基层作为上基层,半刚性基层作为下基层的沥青路面结构,级配碎石基层的非线性特征在刚度较大的下卧层上得到发挥,具有较高的模量。虽然这种结构有利于克服级配碎石模量小的缺陷,但级配碎石在这种路面结构中的材料组成设计和工艺仍然是决定路面结构模量与变形特性的主要因素。级配是影响级配碎石强度和刚度最重要的因素。一般来说,密实的级配易于获得高密度,从而使级配碎石获得高的 CBR 值、回弹模量及抗永久变形能力。

二、施工要求

在优质级配碎石基层材料、级配及结构组合确定后,碎石基层能否正常发挥其良好的特性,关键在于施工。只有将级配碎石基层铺筑成高密实度、均匀,并具有良好透水性的高质量结构层,才能保证其减缓裂缝、排水和抗疲劳等功能的发挥。为此,对于级配碎石基层的施工应严格遵循以下三个要求。

①严格控制碎石原材料的质量。严格控制碎石原材料强度、压碎值、集料中小于0.5mm细料的塑性指数、集料中针片状颗粒含量等指标在规定范围内,这是级配碎石基层获得较高强度和刚度的基本保证,同时集料应洁净。

②严格控制级配碎石基层材料的级配组成。严格的级配是碎石基层取得良好嵌锁力,从而获得高密实度、高强度及保证具有良好透水性的关键因素。因而在级配碎石基层的施工中必须始终保持其级配处于规定范围内。

③高密实度级配碎石基层。高密实度(压实度≥100%)是保证碎石基层具有高强度(CBR值)和良好抗永久性变形性能的重要保证。由于碎石基层具有刚性较高的下卧半刚性基层为其提供良好支承,因此容易达到高密实度。

以上要求是高质量级配碎石的基本保证,是路面结构功能正常发挥的基础,因而在整个级配碎石基层的施工工序中必须严格贯彻执行。施工过程的具体要求如下:

(1)配料

严格控制料场碎石质量,使其完全符合要求。配料前,对各档集料进行严格筛分分析,各级料应隔离,分别堆放;细集料应有覆盖,防止雨淋。再根据级配碎石最终采用的级配严格确定各级碎石所占比例,并换算为体积比以便用装载机配料。配料拌和后应定期抽检所出混合料级配,以便实时控制和调整各规格配料比例。

(2)拌和

拌和均匀是优质级配碎石形成强度和具有良好功能的关键,对于优质级配碎石施工,要求采用厂拌。实践证明,混合料集中厂拌比路拌更为均匀而不易离析。此外,拌和中含水率宜高于最佳含水率1%~2%,以抵消运输和摊铺过程中水分散失及利于碾压。级配碎石可在较大含水率下碾压,含水率稍大会降低集料间摩擦力,利于达到高密度。拌和机应该保持良好的工作状态,应根据级配碎石材料最大粒径情况适当调整叶片,使其具有适当的尺度及净空。同时调整各料仓的开度,使拌和成的混合料满足级配碎石的级配要求。

(3)现场施工前的准备工作

在摊铺前,应该检查底基层的施工情况,底基层的坡度、高程、横断面应该满足要求。同时,在摊铺前视现场情况,在底基层上洒水,使底基层顶面保持适宜的湿度。在正式摊铺前,应该通过试铺来确定松铺系数,试铺时可以按照松铺系数1.35进行。

(4)摊铺

对优质级配碎石的摊铺应采用摊铺机进行,以便使摊铺出的级配碎石充分均匀和平整,压实以后的基层厚度均匀一致。如不具备用摊铺机摊铺级配碎石这一条件,应采用平地机摊铺,但此时应严格检查并消除混合料的离析。

用摊铺机进行摊铺时,采用一台或两台摊铺机梯队形作业,并进行全幅摊铺。对梯队作业要求两台摊铺机一前一后相隔5~8m同步向前摊铺。

摊铺时应该注意材料离析情况,应设专人随时消除粗细集料离析现象并查明原因。对于消除粗集料"窝"和粗集料"带",应添加细集料,并拌和均匀;对于消除细集料"窝",应添加粗集料,并拌和均匀。

（5）碾压

级配碎石摊铺后，应该立即用压路机碾压。碾压时，根据情况用喷雾式洒水车适当洒水，使级配碎石在最佳含水率下进行碾压，使其达到要求的压实度。如果含水率过大，待其干到接近最佳含水率时，再用压路机进行碾压。

直线和不设超高的平曲线段，由两侧路肩开始向路中心碾压；在设超高的平曲线段，由内侧路肩向外侧路肩进行碾压。

对于作为上基层的优质级配碎石，压实度要求较高（≥99%），此时，建议采用振动压实。对于12~15cm厚优质级配碎石基层，建议采用激振力≥30t的振动压路机碾压4~6遍，且第一遍初压和最后一遍终压采用12t左右的两轮或三轮钢轮压路机碾压1~2遍，整个过程共碾压6~8遍。

此外，碾压过程中，后轮应重叠1/2，后轮压完全宽时为一遍。碾压头两遍宜用Ⅰ挡（1.5~1.7km/h），以后用Ⅱ挡（2.0~2.5km/h）。严禁压路机在已完成的或正在碾压的路段上掉头或紧急制动。碾压不平之处，应耙松补充材料，或移除多余部分，然后碾压整平。

施工后的级配碎石层坡度、高程及横断面必须达到设计要求。施工后的级配碎石应马上洒透层沥青或铺封层，在没洒透层沥青或铺封层时，禁止开放交通，以避免表层在车辆的行驶作用下松散，保证级配碎石的强度和整体性。

（6）接缝处理

第一天完成的级配碎石接缝处的混合料，可以留5~8m不碾压，第二天洒水后和新摊铺的混合料一起碾压，必须补充洒水，使其含水率达到规定的要求。

（7）现场检测

压实后的级配碎石必须进行现场压实度试验，并测弯沉值、回弹模量，要求见表11-1。

级配碎石的现场检测频率 表11-1

试验内容	质量要求		极限低值	检查数量
颗粒组成	符合规定级配范围			2~3个点
现场压实度	基层98%		94%	6~10处
	底基层96%		92%	
弯沉值	参考现行《公路路面基层施工技术细则》（JTG/T F20）的规定		—	每车道40~50测点

第三节　无机结合料稳定材料层的施工

一、准备工作

1. 施工机械

必须配备齐全的施工机械和配件，做好开工前的保养、试机工作，并保证在施工期间一般不发生有碍施工进度和质量的故障。路面基层施工，一律要求采用集中厂拌、摊铺机摊铺，按层次施工，要求各施工单位配备足够的拌和、运输、摊铺、压实机械，每层最大压实厚度不大于

20cm,以确保基层施工质量。

(1)拌和机的配套设备根据不同公路等级的技术要求和摊铺日进度配备拌和设备。对高速公路,宜配置产量大于500t/h的拌和机,要保证其实际出料(生产量的80%)能力超过实际摊铺能力的10%~15%。拌和机必须采用定型产品,并已在多个工程中应用,且用户反映良好。为使混合料拌和均匀,拌缸要满足一定长度,至少要有四个进料斗,料斗口必须安装钢筋网盖,筛除超出粒径规格的集料及杂物。拌和机的用水应配有大容量的储水箱。所有料斗、水箱、罐仓都要求装配高精度电子动态计量器,所有电子动态计量器应经有资质的计量部门进行计量标定后方可使用。

(2)摊铺机的选用应根据路面基层的宽度、厚度,参考摊铺机的参数确定。基层施工应采用一台或两台摊铺机梯队作业,对梯队作业要求两台摊铺机要功能一致,最好为同类机型,而且机型较新,功能较全,以保证路面基层厚度一致,完整无缝,平整度好。

(3)压路机至少应配备1~2台12t左右轻型压路机、2~3台18~20t的稳压用压路机、2~3台振动压路机和2台轮胎压路机。压路机的吨位和台数必须与拌和机及摊铺机生产能力相匹配,使从加水拌和到碾压终了的时间不超过2h,保证施工正常进行。

(4)自卸汽车、装载机、洒水车。

(5)水泥和其他填料钢制罐仓可视摊铺能力决定其容量,可用两个50t的,也可用一个80~100t的。罐仓内应配有水泥破拱器,以免水泥起拱停流。

2. 质量检测仪器

质量检测仪器包括水泥质量测定设备、水泥剂量测定设备、重型击实仪、水泥稳定碎石抗压试件制备与抗压强度测定设备、标准养护室、基层密度测定设备、标准筛(方孔)和土壤液、塑限联合测定仪、压碎值仪等。

二、试铺段

高速公路和一级公路在正式开工之前,应铺筑试铺段。试铺段应选择在经验收合格的层位上进行,其长度为300~600m,每一种方案各试铺100~200m。

试铺路段的拌和、摊铺、碾压各道工序应符合现行《公路路面基层施工技术细则》(JTG/T F20)。试铺段要决定的主要内容如下:

(1)验证用于施工的集料配合比例。①调试拌和机,分别称出拌缸中不同规格的土、无机结合料、水的质量,测量其计量的准确性;②调整拌和时间,保证混合料均匀性;③检查混合料含水率、集料级配、无机结合料剂量、7d无侧限抗压强度。

(2)确定一次铺筑的合适厚度和松铺系数。

(3)确定标准施工方法。①混合料配合比的控制;②混合料摊铺方法和适用机具[包括摊铺机的行进速度、摊铺厚度的控制方式、梯队作业时摊铺机的间隔距离(一般5~8m)];③含水率的增加和控制方法;④压实机械的选择和组合,压实的顺序、速度和遍数;⑤拌和、运输、摊铺和碾压机械的协调和配合。

(4)确定每一作业段的合适长度(一般建议50~80m)。

(5)严密组织拌和、运输、碾压等工序,缩短延迟时间。

当使用的原材料和混合料、施工机械、施工方法及试铺路面各检验项目的检测结果都符合规定时,即可按以上内容编写试铺总结,作为申报正式路面施工开工的依据。

三、施工

1. 一般要求

开始摊铺的前一天要进行测量放样,按摊铺机宽度与传感器间距,并打好导向控制线支架(一般在直线上为10m,在平曲线上为5m),根据松铺系数算出松铺厚度,决定导向控制线高度,挂好导向控制线。用于控制摊铺机摊铺厚度的控制线的钢丝拉力应≥800N。

2. 混合料的拌和

开始拌和前,拌和场的备料应能满足3~5d的摊铺用料。每天开始搅拌前,应检查场内各处集料的含水率,计算当天的配合比,外加水与天然含水率的总和要比最佳含水率略高。每天开始搅拌之后,出料时要取样检查是否符合设计的配合比,进行正式生产之后,每1~2h检查一次拌和情况,抽检其配合比、含水率是否变化。高温作业时,早晚与中午的含水率要有区别,要按温度变化及时调整。

拌和机出料不允许采取自由跌落式的落地成堆、装载机装料运输的办法。一定要配备带活门漏斗的料仓,由漏斗出料直接装车运输,装车时车辆应前后移动,分三次装料,避免混合料离析。

3. 混合料的运输

运输车辆数一定要满足拌和出料与摊铺数量需要,并略有富余。拌成的混合料应尽快运送到铺筑现场。车上的混合料应覆盖,减少水分损失。如运输车辆中途出现故障,必须立即以最短时间排除。当排除故障有困难,车内混合料不能在初凝时间内运到工地,且碾压完成最终时间超过2h时,必须予以转车或废弃。

4. 混合料的摊铺

调整好传感器臂与导向控制线的关系;严格控制基层厚度和高程,保证路拱横坡度满足设计要求。要求摊铺机连续摊铺。如拌和机生产能力较小,在用摊铺机摊铺混合料时,应采用最低速度摊铺,减少摊铺机停机待料的次数。根据经验,摊铺机的摊铺速度一般宜在1m/min左右。基层混合料摊铺要求采用一台或两台摊铺机梯队作业,对梯队作业要求一前一后应保证速度、摊铺厚度、松铺系数、路拱坡度、摊铺平整度、振动频率等一致,两机摊铺接缝平整。

5. 混合料的碾压

每台摊铺机后面,应紧跟有三轮或双钢轮压路机、振动压路机和轮胎压路机进行碾压,一次碾压长度一般为50~80m。碾压段落必须层次分明,设置明显的分界标志,有监理工程师旁站。要求稳压要充分,振压不起浪、不推移。压实时,可以先稳压(遍数适中,压实度达到90%),然后开始轻振动碾压,再重振动碾压,最后用轮胎压路机稳压,压至无轮迹为止。可用核子仪初检压实度,不合格时,重复再压(注意检测压实时间)。

压路机倒车换挡要轻且平顺,不要拉动基层。在第一遍初步稳压时,倒车后尽量原路返回,换挡位置应在已压好的段落上,在未碾压的一头换挡倒车位置错开,要成齿状,出现个别拥包时,应专配工人进行铲平处理。压路机碾压时的行驶速度,第1~2遍为1.5~1.7km/h,以后各遍应为 1.8~2.2km/h。

碾压宜在水泥终凝前及试验确定的延迟时间内完成,并达到要求的压实度,同时没有明显的轮迹。为保证水泥碎石基层边缘强度,应有一定的超宽。

6. 横缝设置

无机结合料混合料摊铺时,必须连续作业不中断,如因故中断时间超过 2h,则应设横缝;每天收工之后,第二天开工的接头断面也要设置横缝;每当通过桥涵,特别是明涵、明洞,在其两边需要设置横缝,基层的横缝最好与桥头搭板尾端吻合。

7. 养护及交通管制

每一段碾压完成并经压实度检查合格后,应立即洒水,用草袋或麻布湿润覆盖开始养护。养护结束后,必须将覆盖物清除干净,同时注意养护车辆对路面的影响。

第四节 沥青路面施工

一、材料和设备的准备

1. 沥青材料的准备

沥青材料应采用导热油加热。普通沥青加热温度应符合《公路沥青路面施工技术规范》(JTG F40—2004)的要求(表 11-2),改性沥青加热温度为 160~165℃,并保证把沥青材料源源不断地从储料器输送到拌和机内。

确定沥青混合料拌和及压实的适宜温度   表 11-2

黏度	适宜于拌和的沥青结合料黏度	适宜于压实的沥青结合料黏度	测定方法
表观黏度(Pa·s)	0.17±0.02	0.28±0.03	T 0625
运动黏度(mm²/s)	170±20	280±30	T 0619
赛波特黏度(s)	85±10	140±15	T 0623

2. 集料准备

为了保证集料清洁,集料堆场地面应用水泥混凝土硬化,进入拌和厂和集料堆场的道路也应用水泥混凝土硬化。为了保证集料之间不相互混杂,要求不同规格集料之间应隔离。集料堆场宜搭棚,至少应将细集料用油布覆盖,以避免集料淋湿。集料技术要求应符合现行《公路沥青路面施工技术规范》(JTG F40)的要求。集料在送进拌和设备时的含水率不应超过 1%。

3. 沥青混合料拌和设备

沥青混合料的拌和设备宜采用自动控制的间歇式拌和机,拌和机应满足下列要求:

(1)自动控制。自动控制的拌和设备应能利用计算机等设备便捷调整配合比,并配备装有温度计及具有保温功能的成品储料仓和二次除尘设备。拌和设备应由计算机控制,逐盘打印集料和沥青的加热温度、混合料的拌和温度、材料用量和每盘混合料的产量等。拌和设备的产量应和生产进度相匹配,在安装完成后应按批准的配合比进行试拌调试,直到符合要求。

(2)集尘器。拌和机应配备集尘器,其构造应能把按规定要收集的全部或部分材料消解掉,不让有害粉尘逸散至空气中去。为防止粉尘排放到空气中,需要给滤尘网盖上防尘密封罩。

(3)拌和场地布置应远离居民区,其距离不少于1km。

二、沥青混合料的拌和

(1)沥青应采用导热油加热,沥青与矿料的加热温度应调节到能使拌和的沥青混合料出厂温度满足要求,集料温度应比沥青温度高10~20℃,严格掌握沥青和集料的加热温度以及沥青混合料的出场温度。当混合料出厂温度过高,已影响沥青与集料的黏结力时,不得使用,已铺筑的沥青路面也应予铲除。

(2)拌和时间由试拌确定,必须使所用集料颗粒均匀裹覆沥青结合料,并以沥青混合料拌和均匀为度。间歇式拌和机每锅拌和时间宜为30~50s(其中干拌时间不得少于5s)。热矿料二次筛分用的振动筛筛孔应根据矿料级配选用,其安装角度应根据材料的可筛分性、振动能力等由试验确定。

(3)拌和厂拌和的沥青混合料应均匀一致、无花白料、无结团成块或严重的粗细料分离现象,不符合要求时不得使用,并应及时调整。拌和好的热拌沥青混合料不立即铺筑时,可放入成品储料仓储存。热混凝土成品在储料仓储存后,其温度下降不应超过5℃,储料仓的储料时间一般不宜超过24h,最多不得超过48h。

(4)拌和楼控制室要逐盘打印沥青及各种矿料的用量和温度,并定期对拌和楼的计量和测温系统进行校核;没有材料计量和温度自动计量装置的拌和机不得使用。每天应用拌和总量检验矿料的配合比和沥青混合料的油石比的误差。

(5)沥青混合料应符合批准的工地配合比的要求,并应在目标值的容许偏差范围内,集料级配目标值的容许偏差应满足表11-3要求。

集料级配目标值的容许偏差　　　　表11-3

项目		检查频度及单点检验评价方法	质量要求或允许偏差		试验方法
			高速公路、一级公路	其他等级公路	
矿料级配（筛孔）	0.075mm	逐盘在线检测	±2%（2%）	—	计算机采集数据计算
	≤2.36mm		±5%（4%）	—	
	≥4.75mm		±6%（5%）	—	
	0.075mm	逐盘检查,每天汇总1次取平均值评定	±1%		JTG F40附录G总量检验
	≤2.36mm		±2%		
	≥4.75mm		±2%		
	0.075mm	每台拌和机每天检测1~2次,以2个试样的平均值评定	±2%（2%）	±2%	T 0725抽提筛分与标准级配比较的差
	≤2.36mm		±5%（3%）	±6%	
	≥4.75mm		±6%（4%）	±7%	

三、沥青混合料的运输

(1)运送沥青混合料的汽车应有紧密、清洁、光滑的金属底板,底板应涂一薄层油水(柴油和水的比例可为1:3)混合液,以防止混合料黏到底板上,但不得有余液积聚在车厢底部。不允许用石油衍生剂来做汽车底板的涂料。装卸前,汽车底板应排干积水。每辆汽车都应有一个帆布篷或棉被等其他材料做的篷,其大小应能保护混合料不受天气的影响,混合料装入车厢后由专人覆盖缚牢,以免在汽车行驶途中吹落。为使混合料按规定温度运到筑路工地,必要时汽车底板应采取保温措施,帆布篷也应扣牢。

(2)施工前应对全体驾驶员进行培训,加强汽车保养,避免运料途中汽车抛锚造成混合料冷却受损;装料时汽车应前后移动,避免混合料离析;运料汽车应在摊铺机前10~30cm处停住,不得撞击摊铺机;卸料过程中运料汽车应挂空挡,靠摊铺机推动前进,以确保摊铺层的平整度。

(3)沥青混合料运输车的运量应较拌和能力或摊铺能力有所富余,施工过程中摊铺机前方应有运料车等候卸料。对高速公路和一级公路,开始摊铺时在施工现场等候卸料的运料车不宜少于5辆。沥青混合料运至摊铺地点后应凭运料单接收,并检查拌和质量,若不符合现行《公路沥青路面施工技术规范》(JTG F40)对温度的要求,或已经结成团块、已遭雨淋湿的混合料不得铺筑在道路上。

四、沥青混合料的摊铺

1. 沥青混合料的摊铺

热拌沥青混合料应采用摊铺机摊铺,在喷洒有黏层油的路面上铺筑改性沥青混合料或SMA时,宜使用履带式摊铺机。铺筑高速公路、一级公路沥青混合料时,一台摊铺机的摊铺宽度不宜超过6m,单向双车道或三车道以上高速公路宜采用两台或更多台摊铺机前后错开10~20m呈梯队方式同步摊铺。摊铺机必须连续、缓慢、不间断地摊铺,以提高平整度,减少混合料的离析。摊铺速度宜控制在2~6m/min的范围内,对改性沥青混合料及SMA宜控制在1~3m/min的范围内。摊铺机应采用自动找平方式。

2. 温度控制

沥青混合料的摊铺温度应符合《公路沥青路面施工技术规范》(JTG F40—2004)的要求(表11-4),并应根据沥青标号、黏度、气温、摊铺层厚度选用。

热拌沥青混合料的施工温度(单位:℃)　　　　　　　　　　表11-4

施工工序		石油沥青的标号			
		50 号	70 号	90 号	110 号
沥青加热温度		160~170	155~165	150~160	145~155
矿料加热温度	间隙式拌和机	集料加热温度比沥青温度高10~30			
	连续式拌和机	矿料加热温度比沥青温度高5~10			
沥青混合料出料温度		150~170	145~165	140~160	135~155
混合料储料仓储存温度		储料过程中温度降低不超过10℃			
混合料废弃温度,高于		200	195	190	185
运输到现场温度,不低于		150	145	140	135
混合料摊铺温度,不低于	正常施工	140	135	130	125
	低温施工	160	150	140	135
开始碾压的混合料内部温度,不低于	正常施工	135	130	125	120
	低温施工	150	145	135	130

续上表

施工工序		石油沥青的标号			
		50 号	70 号	90 号	110 号
碾压终了的表面温度,不低于	钢轮压路机	80	70	65	60
	轮胎压路机	85	80	75	70
	振动压路机	75	70	60	55
开放交通的路表温度,不高于		50	50	50	45

注:1. 沥青混合料的施工温度采用具有金属探测针的插入式数显温度计测量。表面温度可采用表面接触式温度计测定。当采用红外线温度计测量表面温度时,应进行标定。

2. 表中未列入的 130 号、160 号及 30 号沥青的施工温度由试验确定。

聚合物改性沥青混合料的施工温度根据实践经验并参照表 11-5 选择。通常宜较普通沥青混合料的施工温度提高 10 ~ 20℃。对采用冷态胶乳直接喷入法制作的改性沥青混合料,集料烘干温度应进一步提高。

聚合物改性沥青混合料的正常施工温度范围(单位:℃)　　表 11-5

工序	聚合物改性沥青品种		
	SBS 类	SBR 胶乳类	EVA、PE 类
沥青加热温度	160 ~ 165		
改性沥青现场制作温度	165 ~ 170	—	165 ~ 170
成品改性沥青加热温度,不大于	175	—	175
集料加热温度	190 ~ 220	200 ~ 210	185 ~ 195
改性沥青 SMA 混合料出厂温度	170 ~ 185	160 ~ 180	165 ~ 180
混合料最高温度(废弃温度)	195		
混合料储存温度	拌和出料后降低不超过 10		
摊铺温度,不低于	160		
初压开始温度,不低于	150		
碾压终了的表面温度,不低于	90		
开放交通时的路表温度,不高于	50		

注:当采用列表以外的聚合物或天然沥青改性沥青时,施工温度由试验确定。

五、沥青混合料的碾压

(1)应选择合理的压路机组合方式及碾压步骤,以达到最佳效果。沥青混合料压实宜采用钢筒式静态压路机与轮胎压路机或振动压路机组合的方法,初压不宜使用轮胎压路机,以确保面层平整。压路机的数量应根据路面宽度等决定。

(2)沥青混凝土的压实层最大厚度不宜大于 100mm,沥青稳定碎石混合料的压实层厚度不宜大于 120mm,但当采用大功率压路机且经试验证明能达到压实度时,允许增大到 150mm。

(3)沥青路面施工应配备足够数量的压路机,选择合理的压路机组合方式及初压、复压、终压(包括成型)的碾压步骤,以达到最佳碾压效果。高速公路铺筑双车道沥青路面的压路机数量不宜少于 5 台。施工气温低、风大、碾压层薄时,压路机数量应适当增加。

压路机的碾压速度应符合表 11-6 的规定。

压路机碾压速度（单位：km/h） 表 11-6

压路机类型	初压		复压		终压	
	适宜	最大	适宜	最大	适宜	最大
钢筒式压路机	2～3	4	3～5	6	3～6	6
轮胎压路机	2～3	4	3～5	6	4～6	8
振动压路机	2～3 （静压或振动）	3 （静压或振动）	3～4.5 （振动）	5 （振动）	3～6 （静压）	6 （静压）

六、施工接缝的处理

采用两台或多台摊铺机梯队作业时摊铺的混合料应留下 10～20cm 宽暂时不碾压，作为后高程基准面，并有 5～10cm 专用的摊铺层重叠，以热接缝形式在最后做跨缝碾压以消除缝迹。上下层纵缝应错开 15cm 以上。

横向施工缝采用平接缝。将 3m 直尺沿纵向放置，使摊铺段端部的直尺呈悬臂状，以摊铺层与直尺脱离接触处定出接缝位置，用锯缝机割齐后铲除；继续摊铺时，应将接缝锯切时留下的灰浆擦洗干净，涂上黏层沥青，摊铺机熨平板从接缝后起步摊铺；碾压时用钢轮压路机进行横向压实，从先铺路面上跨缝逐渐移向新铺路面。横向施工缝应远离桥梁伸缩缝 20cm 以外，不许设在伸缩缝处，以确保伸缩缝两边路面表面的平顺。

第五节 水泥混凝土路面的施工

一、施工准备

1. 设备要求

一般施工技术水平下，不同等级的公路水泥混凝土路面的施工应满足表 11-7 的要求。

不同等级的公路水泥混凝土路面施工的设备要求 表 11-7

摊铺工艺机械装备	高速公路	一级公路	二级公路	三级公路	四级公路
滑模摊铺机	√	√	√	⊙	○
三辊轴机组	○	○	√	√	√
小型机具	×	×	⊙	√	√
碾压混凝土	⊙	⊙	√	√	√
自动计量强制搅拌楼（站）	√	√	√	⊙	○
强制搅拌楼（站）	×	○	⊙	√	√

注：1. 符号含义：√应使用；⊙有条件使用；○不宜使用；×不得使用。
　　2. 各等级公路均不得使用体积计量、小型自落滚筒式搅拌机，严禁使用人工控制加水量。

2. 设置模板

模板由钢模或其他材料制成，并符合路面平、纵、横设计的要求，保证模板连接牢固可靠、支立稳固,使在浇注混凝土时能经受捣实和饰面设备的冲击和振动而不产生位移,模板的高度与混凝土路面厚度相同。

施工缝处的模板应根据传力杆或拉杆的设计位置放样钻孔,模板接头处应有牢固拼接装置,拼装简单、拆卸方便。

3.设置传力杆

在横向缩缝及胀缝处设置的传力杆应与中线及路面表面平行,传力杆长度的一半再加5cm涂一层沥青以确保面板自由伸缩。胀缝处的传力杆在涂沥青的一端加一个预制盖套,内留30mm空隙,填以纱头或泡沫塑料。

拉杆要求在混凝土摊铺之前就装设好,或者用一台拉杆振动器把它装入接缝边缘内,或者用混凝土摊铺机上的拉杆自动穿杆器来装设。

二、水泥混凝土路面的施工

1.混凝土拌和物的搅拌

搅拌场配置的混凝土总拌和设备的生产能力要求保证满足实际的摊铺能力,并按总拌和能力确定需要的搅拌楼数量和型号,混凝土路面不同摊铺方式的搅拌楼最小配置容量见表11-8。

混凝土路面不同摊铺方式的搅拌楼最小配置容量(单位:m³/h)   表11-8

摊铺宽度	滑模摊铺	碾压混凝土	三辊轴机组摊铺	小型机具摊铺
单车道3.75~4.5m	≥150	≥100	≥75	≥50
双车道7.5~9m	≥300	≥200	≥100	≥75
整幅宽≥12.5m	≥400	≥300	—	—

每台搅拌楼在投入生产前,必须进行标定和试拌。在标定有效期满或搅拌楼搬迁安装后,均应重新标定。施工中应每15d校验一次搅拌楼计量精确度。采用自动计量强制搅拌楼时,应使用自动配料生产,并按需要打印每天(周、旬、月)对应路面摊铺桩号的混凝土配料统计数据及偏差。

搅拌过程中,拌和物质量检验与控制应符合表11-9的规定。低温或高温天气施工时,拌和物出料温度宜控制在10~35℃,并应测定原材料温度、拌和物的温度、坍落度损失率和凝结时间等。

混凝土拌和物的质量检验项目和频率   表11-9

检查项目	检查频率	
	高速公路、一级公路	其他等级公路
水灰比及其稳定性	每5 000m³抽检1次,有变化随时测	每5 000m³抽检1次,有变化随时测
坍落度及其损失率	每工班测3次,有变化随时测	每工班测3次,有变化随时测
振动黏度系数	试拌、原材料和配合比有变化时测	试拌、原材料和配合比有变化时测
纤维体积率	每工班测2次,有变化随时测	每工班测1次,有变化随时测
含气量	每工班测2次,有抗冻要求不少于3次	每工班测1次,有抗冻要求不少于3次

检查项目	检查频率	
	高速公路、一级公路	其他等级公路
泌水率	每工班测 2 次	每工班测 2 次
表观密度	每工班测 1 次	每工班测 1 次
温度、凝结时间、水化发热量	冬、夏季施工,气温最高、最低时,每工班至少测 1~2 次	冬、夏季施工,气温最高、最低时,每工班至少测 1 次
改进 VC 值	每工班测 3 次,有变化随时测	每工班测 3 次,有变化随时测
离析	随时观察	随时观察
压实度、松铺系数	每工班测 3 次,有变化随时测	每工班测 3 次,有变化随时测

2. 混凝土拌和物的运输

水泥混凝土材料的运输应根据施工进度、运量、运距及路况,选配车型和车辆总数,总运力应比总拌和能力略有富余,确保新拌水泥混凝土在规定时间内运到摊铺现场。不同摊铺工艺的混凝土拌和物从搅拌机出料到运输、铺筑完毕的允许最长时间应符合表 11-10 的要求。不满足时应通过试验,加大缓凝剂或保塑剂的剂量。

混凝土拌和物出料到运抵现场允许最长时间 表 11-10

施工气温 (℃)	滑模摊铺 (h)	三辊轴机组摊铺、 小型机具摊铺(h)	碾压铺筑 (h)
5~9	1.5	1.20	1.0
10~19	1.25	1.0	0.8
20~29	1.0	0.75	0.6
30~35	0.75	0.40	0.4

3. 水泥混凝土拌和物的铺筑

水泥混凝土在铺筑时,将倾卸在基层或摊铺机箱内的水泥混凝土按摊铺厚度均匀地充满模板范围之内。主要设备有以下两种。

(1)滑模摊铺机

高速公路、一级公路施工,宜选配能一次摊铺 2~3 个车道宽度(7.5~12.5m)的滑模摊铺机;二级及二级以下公路路面的最小摊铺宽度不得小于单车道设计宽度。硬路肩的摊铺宜选配中、小型多功能滑模摊铺机,并宜整体一次摊铺路缘石。滑模摊铺机的基本技术参数选择见表 11-11。

滑模摊铺机的基本技术参数表 表 11-11

项目	发动机功率 (kW)≥	摊铺宽度 范围 (m)	摊铺最大 厚度 (mm)≤	摊铺速度 范围 (m/min)	最大空驶 速度 (m/min)≤	最大行走 速度 (m/min)≤	履带数 (个)
三车道 滑模摊铺机	200	12.5~16.0	500	0.75~0.30	5.0	15	4
双车道 滑模摊铺机	150	3.6~9.7	500	0.75~0.30	5.0	18	2~4

续上表

项目	发动机功率（kW）≥	摊铺宽度范围（m）	摊铺最大厚度（mm）≤	摊铺速度范围（m/min）	最大空驶速度（m/min）≤	最大行走速度（m/min）≤	履带数（个）
多功能单车道滑模摊铺机	70	2.5～6.0	400 护栏最大高度≤1 900	0.75～0.30	9.0	15	2～4
小型路缘石滑模摊铺机	60	0.50～2.5	<450	0.75～2.0	9.0	10	2～3

（2）三辊轴机组

三辊轴整平机的主要技术参数见表11-12。板厚200mm以上宜采用直径168mm的辊轴；桥面铺装或厚度较小的路面可采用直径为219mm的辊轴。轴长宜比路面宽度长出600～1 200mm。

三辊轴整平机的主要技术参数 表11-12

轴直径（mm）	轴速（r/min）	轴长（m）	轴质量（kg/m）	行走速度（m/min）	整平轴距（mm）	振动功率（kW）	驱动功率（kW）	适宜整平路面厚度（mm）
168	300	5～9	65±0.5	13.5	504	7.5	6	200～260
219	380	5～12	77±0.7	13.5	657	17	9	160～240

4. 水泥混凝土拌和物的捣实

滑模摊铺机的振捣棒下缘位置应在挤压板最低点以上，振捣棒宜均匀排列，间距宜为300～450mm；两侧最边缘振捣棒与摊铺边缘距离不宜大于200mm，保证整幅范围内的水泥混凝土振捣密实和均匀。挤压底板前倾角宜设置为3°左右。提浆夯板位置宜在挤压底板前缘以下5～10mm，两边缘超铺高程根据拌和物稠度确定，宜为3～8mm。搓平梁前沿宜调整到与挤压板后沿高程相同，搓平梁的后沿比挤压底板后沿低1～2mm，并与路面高程相同。

三辊轴机组铺筑混凝土面板时，振捣棒组间歇插入振实时，每次移动距离不宜超过振捣棒有效作用半径的1.5倍，并不得大于500mm，振捣时间宜为15～30s。排式振捣机连续拖行振实时，作业速度宜控制在4m/min以内。排式振捣机应匀速缓慢、连续不间断地振捣行进。其作业速度以拌和物表面不露粗集料，液化表面不再冒气泡并不再泛出水泥浆为准。单车道摊铺的混凝土路面，在侧模预留孔中应按设计要求插入拉杆；一次摊铺双车道路面时，除应在侧模孔中插入拉杆外，还应在中间纵缝部位，使用拉杆插入机在1/2板厚处插入拉杆，插入机每次移动的距离应与拉杆间距相同。

5. 终饰、整修、锯缝及养护

经振捣密实的水泥混凝土表面应保持其路拱准确、平整度符合要求。表面整修前应做好清边整缝，清除黏浆，修补掉边、缺角。

当混凝土硬化到足以承受锯缝设备时，即可开始锯缝作业。锯缝作业完成后，应立即把所有锯屑和杂物彻底清除干净。

混凝土板表面修整完毕后，应及时采用湿润养护和塑料薄膜养护14～21d。

6. 开放交通

混凝土板达到设计强度时，可允许开放交通。当遇特殊情况需要提前开放交通时，则应根据规定的试验方法测定与混凝土面板同样条件养护的试块强度，应达到设计强度80%以上，其车辆荷载不得大于设计荷载。在开放交通之前，路面应清扫干净，所有接缝均应封闭好。

【练习与讨论】

1. 沥青路面和水泥混凝土路面的主要施工机械有哪些？

2. 为什么沥青混凝土路面、无机结合料稳定基层、级配碎石基层首先要进行试铺段施工？

3. 桥面沥青混凝土铺装为什么建议用振荡压路机碾压？请分别说明振荡压路机和振动压路机的振动原理。

4. 离析是级配碎石、无机结合料稳定材料、沥青混凝土和水泥混凝土施工中均会出现的问题，查阅资料，讨论如何在施工中避免离析的产生。

5. 复述沥青混合料配合比设计的内容和流程。

6. 水泥混凝土配合比和施工中采用引气剂的原因是什么？

7. 浅谈砂率对水泥混凝土性能的影响。

AI 辅助讨论

请采用 AI 工具（如 DeepSeek、Kimi 等），根据要求生成讨论提纲和 PPT，提交讨论报告和汇报文件（PPT）。

讨论题：路面施工主要涉及拌和、运输、摊铺、碾压、检测等装备，装备性能的提升对施工质量保证发挥着重要作用。请结合路面施工装备的现状，讨论路面施工装备的技术要求与发展趋势。

要求：结合个人理解，给出由 5~10 个关键词组成的提问句，然后利用 AI 工具完成"请分析路面施工装备的技术要求与发展趋势"的讨论报告和汇报文件（PPT）。

第十二章

路基路面养护与管理

【本章提要】

本章介绍了路面日常养护及大中修养护的基本概念和养护技术,重点讲述了路基和路面技术状况调查和评价的指标和方法,概述了路面管理系统的基本概念和内容。

【学习要求】

熟悉我国现行养护规范中的路基路面状况评价与养护决策体系;了解路面管理系统的基本概念、基本内容,以及路面管理系统的基本构成及其作用。

第一节 概 述

道路建成通车后,要经历很长一段时间的使用过程,而在这段时间内,道路使用功能不断下降,同时各种病害也日益严重。为保证道路的行驶功能,合理和及时的养护工作显得十分重要。如何采用科学合理的养护技术,优化道路养护管理,延长道路的使用寿命,已引起人们的重视。道路建设时间一般不超过 3 年,如果路面结构能够按设计使用年限正常发挥作用,养护与管理工作要长达 10 ~ 20 年,甚至更久。因此,养护与管理工作是公路工程中一项重要内容,在公路管理部门的工作中也占有重要地位。

一般情况下,在路面建成后早期,路面状况良好,随时间增长,病害逐渐出现,并呈加速发展的趋势。早期养护工作主要以日常养护为主,而病害发展到一定阶段或路面结构承载能力下降到一定程度后,就要考虑采取大、中修养护手段来恢复路面的行驶功能。

日常养护主要指路面清扫、维持排水系统运作(如边沟清理)、局部路基加固与砌护、绿化、植物维护、标志标线等路面结构辅助设施维护工作及路面局部病害修补工作等。这些工作都是在路面结构仍具有较高强度、稳定性与较好的行驶性能,可继续承担车辆荷载的情况下进行的。大、中修养护特指路面病害进入迅速发展阶段、行驶性能降低时或路面结构已丧失承载能力、达到设计标准轴载累计作用次数的情况下,为防止路面病害的进一步发展、提升路面表面行驶性能、提高结构承载能力而采取的铣刨(或移除)、加铺(包括补强)、重建等工程措施。显然,养护工作性质应根据路面状况来确定,即在决定养护对策前,重要的前期工作就是确定路面目前状况,从路面病害、行驶性能及承载能力状况三个方面界定养护的工作内容和程度,决定养护对策。

道路养护一般通过开展养护调查、建立管理数据库和有效的道路、桥隧等评价预测系统,为高速公路的运营管理提供完整、科学的技术数据,并将数据分析处理后为决策服务。养护对策制订则采用最新的技术和工艺,以最经济的方式保证道路平整、畅通,各种设施完好,提高道路的耐久性和抗灾能力,使道路养护维修达到高标准、高质量、高效率、高机动性的要求,保持道路经常处于完好状态,防止其使用质量下降,并向道路使用者提供良好的服务。道路养护遵循"预防为主,防治结合"的原则,采取适当的工程技术措施,坚持日常保养,及时修复,保持公路完好、畅通、整洁、美观,延长公路的使用年限。其目的是能够经常保证公路上的各种设施,如路基、路面、桥涵、隧道、挡土墙、防护坡、绿化以及护栏、照明、标志等处于完好状态。

由于道路尤其是高速公路具有高车速、重交通、大流量的特点,因而通过早期养护可以防止微小病害的进一步扩大,使道路经常保持原有技术状态和标准,减少或杜绝由于道路及设施维护不当给使用者带来的意外损害,提高道路使用的社会效益和经济效益。

一、公路养护管理

1. 公路养护及其基本任务

公路建成投入使用后,相应地要承受行车荷载的作用以及遭受风吹、雨淋、冰雪、冻融、日晒等自然力的侵蚀,这样必然造成其使用功能和行车服务质量的下降。为延长公路的使用周期,使其保持完好的使用状况,就必须适时地采取适当的工程技术措施:一方面坚持日常保养,及时修复损坏部分,经常保持公路完好、畅通、整洁、美观;另一方面周期性地进行预防性大中修,并逐步改善公路的技术状况,提高公路的使用质量和抗灾能力。这种保持和改善公路使用状况的工作就是我们所指的公路养护。

公路养护工作的基本任务归纳起来有以下四点:

(1)坚持日常保养,及时修复损坏部分,使公路及其沿线设施的各部分均保持完好、整洁、美观,保障行车安全、舒适、畅通。

(2)采取正确的工程技术措施,周期性地进行大中修,延长公路的使用年限,以节约资金。

(3)防治结合,治理公路存在的病害和隐患,逐步提高公路的抗灾能力。

(4)对原标准过低或留有缺陷的路线、构造物、路面结构、沿线设施进行改善和增建,逐步提高公路的使用质量和服务水平。

2.我国公路养护管理的技术内容

公路养护工作必须贯彻"预防为主、防治结合"的方针，不断积累技术经济资料，通过应用先进的养护技术和科学的管理方法提高养护技术水平，及时消除导致公路损毁的因素，及时治理病害，应用和推广先进管理系统，实行病害监控，实现决策科学化，使有限的资金发挥最大的经济效益。

公路养护技术管理包括以下内容：

（1）贯彻执行国家有关公路技术法规和公路养护、修建技术政策及规章制度，制订适合当地公路养护技术管理的有关规定和办法。

（2）检查公路各项工程设施的技术状况，制订各类养护工程的技术措施和方案，并进行竣工验收或养护质量评定。

（3）组织公路交通情况调查，系统观测公路使用情况，掌握各项技术经济指标，充实和修订公路路况技术档案，逐步建立数据库系统，为有限资金下的养护维修方案决策和道路网系统的规划研究提供依据。

（4）掌握国内外公路科技发展动态，积极引进、开发、推广公路养护新技术、新材料、新工艺，组织科技交流和培训专业人才，使养护管理工作规范化、科学化。

3.我国公路养护的工程分类及其管理

我国的公路养护按其工程性质、规模大小、技术难易程度划分为路面预防性养护、小修保养、中修、大修和改善五类，各类养护工程分别包括下列内容：

（1）路面预防性养护（Pavement Preventive Maintenance，PPM）是指在不增加路面结构承载力的前提下，对结构完好的路面或附属设施有计划地采取雾封层、碎石封层、微表处等措施，以达到保养路面系统、延缓损坏、保持或改进路面功能状况的目的。

（2）小修保养工程：对管养范围内的公路及其工程设施进行预防性保养并修补其轻微损坏部分，使之经常保持完好状态。它通常是由工区（站）在年度小修保养定额经费内，按月（或旬）安排计划，经常进行的工作。

（3）中修工程：对管养范围内的公路及其工程设施的一般性磨损和局部损坏进行定期的修理加固，以恢复原状的小型工程项目。它通常是由基层公路管理机构按年（或季度）安排计划并组织实施的工作。

（4）大修工程：对管养范围内的公路及工程设施的较大损坏进行周期性的综合修理，以全面恢复到原设计标准，或在原技术等级范围内进行局部改善和个别增建，以逐步提高公路通行能力的工程项目。它通常是由基层公路管理机构或在其上级机构的帮助下，根据批准的年度计划和工程预算来组织实施的工作。

（5）改善工程：对公路及其工程设施因不适应交通量和载重需要而分期逐段提高技术等级，或通过改善显著提高其通行能力的较大工程项目。它通常是由省级公路管理机构或地（市）级公路管理机构根据批准的计划和设计预算来组织实施或招标完成的工作。

除了上述的分类外，对于当年发生的较大水毁等自然灾害的公路抢修和修复工程，可另列为专项工程办理。对当年不能修复的项目，视其规模大小，列入下年度的中修、大修或改善工程，计划内完成。

二、公路养护措施

在总结国内外养护技术经验和材料开发的基础上,公路养护、大修与改建技术措施主要包括以下几类。

1. 填缝与灌缝

(1)灌缝(Cracking filling):向非工作裂缝填充材料以尽可能减少水的渗入或加强裂缝两侧的结合。工作裂缝是指路面经受显著的横向移动产生的裂缝,宽度一般大于2mm。灌缝和填缝有明确的区别。

(2)填缝(Cracking seal):采用规定的材料,将其填入工作裂缝内,以防止不可压缩物进入裂缝内和防止水渗入裂缝和下层结构内。

2. 冷铣刨

冷铣刨(Cold milling):一种铲除面层全部或部分材料的工艺,其目的是铲除车辙或表面不平整部分以整平,其后铺筑加铺层恢复路面路拱或纵断面,并恢复路面防滑能力。

密级配沥青混凝土加铺层(Dense-grade asphalt overlay):使用沥青作结合料的混合料铺筑的加铺层,混合料集料级配为密级配。

3. 封层

(1)封层(Cape seal):包含应用稀浆封层、新铺面层处治或碎石封层等的表面处治技术,表面处治用来提供防水表面并改善防滑性能。

(2)碎石封层(Chip seal):是一种表面处治技术,首先在面层表面喷洒沥青(通常使用乳化沥青),之后立即用集料覆盖和碾压。尽管碎石封层经常用作低交通量路面的防滑磨耗层,但石屑罩面主要用来作为无荷载型裂缝的路面的封层或改善防滑性能。

(3)雾封层(Fog seal):使用少量水稀释的慢凝乳化沥青等材料,用于处治旧沥青面层小裂缝和表面空隙。

(4)改性沥青微表处(Micro-surfacing):用聚合物改性乳化沥青作结合料,矿质集料、矿粉、水和其他添加剂按适当比例组成,拌和并撒铺在沥青混凝土铺面上。

(5)橡胶改性沥青石屑封层(Rubberized asphalt chip seal):传统石屑封层的一种改进形封层技术,使用轮胎橡胶或胶乳橡胶改性沥青替代沥青作为结合料,目的在于增加沥青的韧性和黏结性。橡胶改性沥青石屑封层通常作为防止反射裂缝的应力吸收层。

(6)砂封层(Sand seal):使用细集料制作的沥青混合料,可用于改善路面的抗滑能力和防止空气与水侵入路面。

(7)层铺法表处(Sandwich seal):一种表面处治措施,先铺一层较大粒径的集料,之后在其上洒铺乳化沥青,再用小一级的集料洒铺封盖。层铺法表处常用来封住面层改善抗滑性能。

(8)稀浆封层(Slurry seal):使用慢凝乳化沥青、良好级配的细集料、矿粉和水拌制的混合料。用来填封裂缝和旧路面表面,以恢复均匀的表面纹理、防止水与空气侵入路面并提供抗滑阻力。

4. 再生

(1)现场冷再生(Cold-in-Place recycling)和厂拌冷再生(Cold-in-Plant recycling):是路面再生利用的两种方法,对既有沥青路面进行破碎回收,回收的材料与新结合料拌和,厂拌冷再生添加一些新集料。再生利用层一般作为新加铺层的基层(下层)。一般采用乳化沥青和泡沫沥青冷再生,必要时可使用软化剂。

(2)现场热再生(Hot-in-Place recycling)和厂拌热再生(Hot-in-Plant recycling):将既有沥青面层就地加热或铣刨运送到拌和厂加热,之后用机械将松散的既有面层材料与再生剂拌和,拌和时加入适当的新集料,把拌和好的再生沥青混合料摊铺碾压成型。

5. 大修、改建与加铺

(1)改建(Pavement reconstruction):铺筑与新建路面结构等效的路面,通常包括使用新材料和(或)再生材料,彻底清除或更换既有路面结构。

(2)大修(Pavement rehabilitation):为了延长既有路面的寿命而采取的措施,包括恢复、加铺或其他能恢复既有路面结构应具备的结构和使用功能的处治措施。

(3)沥青玛琋脂碎石与热拌沥青混合料加铺层(SMA,Asphalt Concrete Overlay):一种使用沥青碎石玛琋脂材料或热拌沥青混合料做的加铺层。沥青碎石玛琋脂是用沥青、稳定剂、矿粉、间断级配集料配制的沥青混合料,热拌沥青混合料则用连续级配。

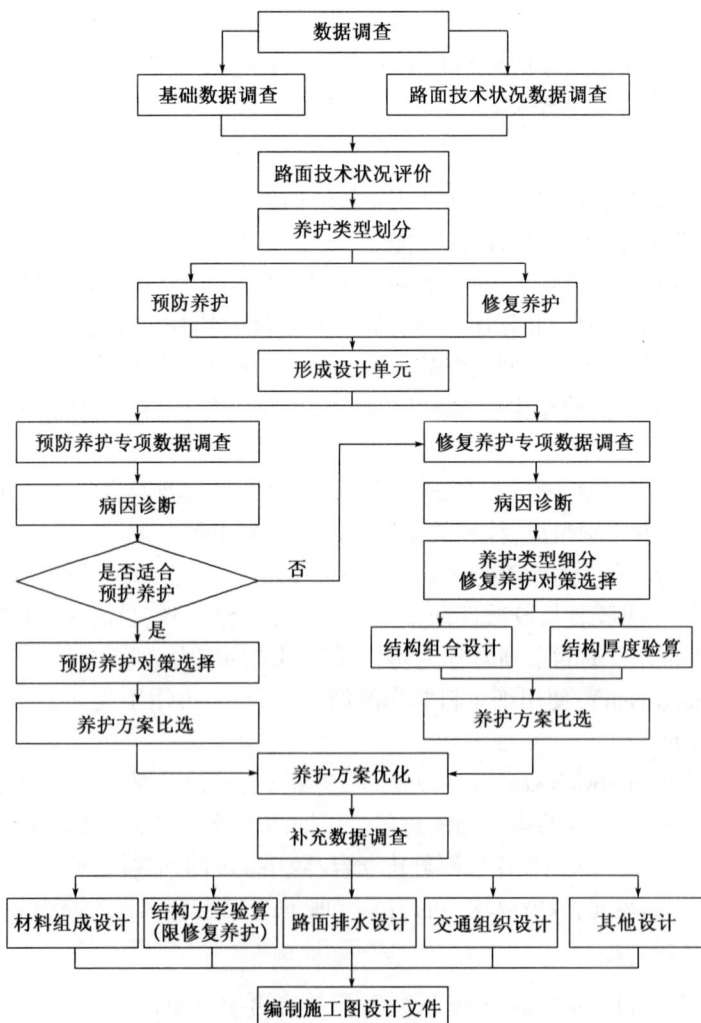

图 12-1　公路路面养护设计流程图

三、公路养护设计

公路路面养护设计应遵循分段设计和分类处理的基本要求,同时应考虑路面状况、结构、材料、交通荷载、环境因素、经济条件、安全等因素,要按照动态设计方针跟踪路面病害发展。

公路路面养护设计应按照调查与评价、病害诊断与养护对策选择、技术评价和施工图设计等流程进行(图 12-1),并参照相关规范确定路面结构性修复和功能性修复设计年限。

第二节　路基技术状况评定与养护

路基是公路工程的重要组成部分,是路面的基础。它承受由路面结构层传递下来的行车荷载和自然因素的作用。路基的强度和稳定性直接影响路面的平整度和强度,是保证路面稳定的先决条件。路基质量的好坏,将直接影响到路面的使用性能,从而对道路使用者的行车安全性、舒适性以及行驶速度产生极大的影响。路面的损坏,往往与路基的排水不畅、路基构造物的缺损有直接关系。随着我国公路建设里程的不断增加,公路建设对于路基性能的要求也逐步提高,但由于公路建设环境复杂,路基工程受雨水温度等外部环境的破坏严重,往往不能满足高等级公路对于路基强度和稳定性的严格要求,因此有必要进行路基工作性能的评价,从而为路基养护工作提供决策依据。

一、路基病害调查

在进行路基病害调查时,一般将路基病害可分为路肩病害、路堤与路床病害、边坡病害、既有防护及支挡结构物病害、排水设施病害五类。路肩病害分为路肩或路缘石缺损、阻挡路面排水、路肩不洁三类,路堤与路床病害分为杂物堆积、不均匀沉降、开裂滑移、冻胀翻浆四类,边坡病害分为坡面冲刷、碎落崩塌、局部坍塌、滑坡四类,既有防护及支挡结构物病害分为表观破损、排(泄)水孔淤塞、局部损坏、结构失稳四类,排水设施病害可分为排水设施堵塞、排水设施损坏、排水设施不完善三类。

路基病害调查一般以 1000m 路段长度为一个基本单元,不足 1000m 按一个基本单元计,并对上、下行方向分别调查,与路面病害调查的基本单元划分相一致。路基病害调查采用人工调查与设备检测相结合的方式,采集路基病害信息,并根据路基病害调查结果进行扣分,其扣分标准见表 12-1。

路基技术状况等级划分标准 表 12-1

序号	分项	病害名称	扣分标准	备注
1	路肩	路肩或路缘石缺损	5	每20m 为一处,不足 20m 按一处计
2		阻挡路面排水	10	
3		路肩不洁	2	
4	路堤与路床	杂物堆积	5	每20m 为一处,不足 20m 按一处计
5		不均匀沉降	20	
6		*开裂滑移	50	
7		冻胀翻浆	20	

序号	分项	病害名称	扣分标准	备注
8	边坡	坡面冲刷	5	每20m为一处，不足20m按一处计，当边坡高度超过20m时，扣分加倍。当岩质边坡或黄土路基边坡出现局部碎落崩塌后，坡面形成坑洞、缺陷等，但不影响路基边坡整体稳定和通行安全的，可不扣分
9		碎落崩塌	20	
10		*局部坍塌	50	有滑塌或有明显安全隐患的计为一处，当边坡高度超过20m时，扣分加倍
11		*滑坡	100	—
12	既有防护及支挡结构物	表观破损	10	每20m为一处，不足20m按一处计
13		排(泄)水孔淤塞	20	以构造物伸缩缝(含沉降缝)为自然段落，30%及以上排水孔出现排水不畅计为一处
14		局部损坏	20	每20m为一处，不足20m按一处计
15		*结构失稳	100	按既有防护及支挡结构物单独评价
16	排水设施	排水设施堵塞(含涵洞)	5	每20m为一处，不足20m按一处计，独立涵洞计为一处
17		排水设施损坏(不含涵洞)	10	
18		排水设施不完善	0	—

注：1. 按照表中每种病害的单项扣分，扣完100分为止。

2. 若路基结构物缺少分项，不扣分。

3. 表中长度是指沿路线方向的长度，"每20m为一处，不足20m按一处计"是指若某种病害在一处计量单元中存在若干不连续的现象，统一按一处计。

4. 同一位置同时存在两种及两种以上病害时，按各自病害分项分别扣分。

5. 对于标"*"的病害，按《公路路基养护技术规范》(JTG 5150—2020)第4.4.9条的有关规定执行。

6. 病害为排水设施不完善，在进行路基技术状况评定时不扣分，仅作为安排路基养护计划的依据。

二、路基技术状况评定

根据路基病害调查结果，路基技术状况 SCI 评定应以 1000m 路段长度为一个基本单元，不足 1000m 按一个基本单元计，与路基病害调查的基本单元划分相一致。路基技术状况指数 SCI 应按式(12-1)计算。

$$SCI = VSCI \times \omega_V + ESCI \times \omega_E + SSCI \times \omega_S + RSCI \times \omega_R + DSCI \times \omega_D \quad (12-1)$$

式中：VSCI——路肩技术状况指数；

ESCI——路堤与路床技术状况指数；

SSCI——边坡技术状况指数；

RSCI——既有防护及支挡结构物技术状况指数；

DSCI——排水设施技术状况指数；

ω_V——VSCI 在 SCI 中的权重，取值为 0.1；

ω_E——ESCI 在 SCI 中的权重，取值为 0.2；

ω_S——SSCI 在 SCI 中的权重，取值为 0.25；

ω_R——RSCI 在 SCI 中的权重，取值为 0.25；

ω_D——DSCI 在 SCI 中的权重，取值为 0.2。

路肩技术状况指数 VSCI 应按式(12-2)计算。

$$VSCI = 100 - \sum (GD_{iV} \times \omega_{iV}) \quad (12-2)$$

式中：GD_{iV}——第 i 类路肩病害的总扣分，按表 12-1 取值；

　　ω_{iV}——第 i 类路肩病害的权重，按表 12-2 取值。

路肩病害权重　　　　　　　　　　　　　　　　表 12-2

病害名称	路肩或路缘石缺损	阻挡路面排水	路肩不洁
权重	0.4	0.4	0.2

路堤与路床技术状况指数 ESCI 应按式（12-3）计算。

$$ESCI = 100 - \sum (GD_{iE} \times \omega_{iE}) \tag{12-3}$$

式中：GD_{iE}——第 i 类路堤与路床病害的总扣分，按表 12-1 取值；

　　ω_{iE}——第 i 类路堤与路床病害的权重，按表 12-3 取值。

路堤与路床病害权重　　　　　　　　　　　　　　表 12-3

病害名称	杂物堆积	不均匀沉降	开裂滑移	冻胀翻浆
权重	0.2	0.3	0.3	0.2

边坡技术状况指数 SSCI 应按式（12-4）计算。

$$SSCI = 100 - \sum (GD_{iS} \times \omega_{iS}) \tag{12-4}$$

式中：GD_{iS}——第 i 类边坡病害的总扣分，按表 12-1 取值；

　　ω_{iS}——第 i 类边坡病害的权重，按表 12-4 取值。

边坡病害权重　　　　　　　　　　　　　　　　表 12-4

病害名称	坡面冲刷	碎落崩塌	局部坍塌	滑坡
权重	0.2	0.25	0.25	0.3

既有防护及支挡结构物技术状况指数 RSCI 应按式（12-5）计算。

$$RSCI = 100 - \sum (GD_{iR} \times \omega_{iR}) \tag{12-5}$$

式中：GD_{iR}——第 i 类既有防护及支挡结构物病害的总扣分，按表 12-1 取值；

　　ω_{iR}——第 i 类既有防护及支挡结构物病害的权重，按表 12-5 取值。

既有防护及支挡结构物病害权重　　　　　　　　表 12-5

病害名称	表观破损	排（泄）水孔淤塞	局部损坏	结构失稳
权重	0.1	0.2	0.3	0.4

排水设施技术状况指数 DSCI 应按式（12-6）计算。

$$DSCI = 100 - \sum (GD_{iD} \times \omega_{iD}) \tag{12-6}$$

式中：GD_{iD}——第 i 类排水设施病害的总扣分，按表 12-1 取值；

　　ω_{iD}——第 i 类排水设施病害的权重，按表 12-6 取值。

排水设施病害权重　　　　　　　　　　　　　　　表 12-6

病害名称	排水设施不完善	排水设施堵塞	排水设施损坏
权重	0	0.5	0.5

根据以上计算结果，公路路基技术状况按表 12-7 分为"优、良、中、次、差"五个等级。

公路路基技术状况等级划分标准　　　　　　表 12-7

评价指标	评定等级				
	优	良	中	次	差
SCI	≥90	≥80，＜90	≥70，＜80	≥60，＜70	＜60
VSCI、ESCI、SSCI、RSCI、DSCI	≥90	≥80，＜90	≥70，＜80	≥60，＜70	＜60

三、路基养护

1. 路基养护的主要内容

为了保证路基的坚实和稳定，保证排水性能良好，使各部分尺寸和坡度符合规定，及时消除不稳定的因素，并尽可能地提高路基的技术状况，必须对路基进行及时的养护、维修与改善，路基养护工作的主要内容包括以下几个方面。

（1）维修、加固路肩及边坡。

（2）疏通、改善、铺砌排水系统。对边沟、截水沟、排水沟以及暗沟（管）等排水设施，应及时排除堵塞，疏导水流，保持水流畅通，并结合地形、地质、纵坡、流速等情况，综合考虑铺砌加固。

（3）维护、修理各种防护构造物及透水路堤，管理保护好公路两旁用地。

（4）清除塌方、积雪，处理塌陷，检查险情，预防水毁。

（5）观察、预防、处理滑坡、翻浆、泥石流、崩塌、塌方及其他路基病害，及时检查各种路基的险情并向上级报告，加强对水毁的预防与治理。

（6）有计划地局部加宽、加高路基，改善急弯、陡坡和视距，以逐步提高其技术标准和服务水平。

2. 路基养护的基本要求

《公路路基养护技术规范》（JTG 5150—2020）对公路路基养护的质量要求是：路肩整洁，边坡稳定，排水通畅；构造物完好；沿线设施完善；绿化协调美观，力争构成畅、洁、绿、美的公路交通环境。必须保持路基土的密实，排水性能良好，各部尺寸和坡度符合要求，及时消除不稳定因素。路基养护工作应符合下列基本要求：

（1）通过日常巡查，发现病害及时处治，保持良好稳定的技术状况。

（2）路肩无病害，边坡稳定。

（3）排水设施无淤塞、无损坏，排水畅通。

（4）挡土墙等附属设施良好。

（5）加强不良地质路基边坡崩塌、滑坡、泥石流等灾（病）害的巡查、防治、抢修工作。

3. 路基养护对象与措施

结合路基养护的基本要求，确定路基养护的主要对象为路肩、路堤与路床、边坡、排水设施和既有防护及挡土墙。

（1）路肩是保证道路路基、路面整体稳定性和排除路面水的重要结构，同时也是为确保临时停车所需两侧余宽的重要组成部分。路肩养护的好坏直接关系到路基路面强度、稳定性和行车的安全畅通。其主要功能是侧向支撑路面的基层和垫层，稳定路面各层次的结构，排出路面积水，使路面免受雨水侵蚀。路肩分为硬路肩和土路肩两大类。

路肩养护与维修工作的重点是减少或消除水对路肩的危害，方法如下：

①设置截水明槽；

②用粒料加固土路肩或有计划地铺筑硬路肩；

③在陡坡路段的路肩和边坡上全范围人工植草，以防冲刷。

（2）边坡防护的主要功能是保护路基边坡表面免受雨水冲刷，防治路基病害，保证路基稳定，改善环境景观，保护生态平衡。边坡包括路堑边坡和路堤边坡，边坡防护主要包括植物防护和工程防护。边坡养护与维修的重点是确保边坡的排水和稳定性，方法如下：

石质边坡——清除、抹面、喷浆、勾缝、嵌补、锚固等，避免危及行车、行人安全和堵塞边沟，影响排水。

土质边坡——采取种草、铺草皮、栽灌木林、投放石笼、干砌或浆砌片石护坡等措施，进行防护和加固。

（3）排水设施的主要功能是排除路基、路面范围内的地表水和地下水，将路基范围内的土基湿度降低到一定限度以内，保持路基常年处于干燥状态，保证路基和路面的稳定，防止路面积水影响行车安全。排水设施包括边沟、泄水槽、截水沟、排水沟、跌水、急流槽、拦水带等。路基排水系统能否正常工作，直接影响到路基的稳定性。具体养护措施是：疏通、加固、增建排水系统。

（4）挡土墙是为防止路基填土或山坡岩土坍塌而修筑的承受土体侧压力的墙式构造物，用来支撑天然边坡或人工填土边坡以保证土体的稳定。挡土墙包括重力式挡土墙、悬臂式挡土墙、扶臂式挡土墙、锚杆式挡土墙、加筋土挡土墙等不同结构形式。

挡土墙的日常养护除经常检查其有否损坏外，每年应在春秋两季进行定期检查。当挡土墙表面出现风化剥落时，应喷涂水泥砂浆保护层。对于挡土墙出现的轻微裂缝、断裂病害，可将缝隙凿毛，清除碎渣和杂物，然后用水泥砂浆填塞，水泥混凝土或钢筋混凝土挡土墙的裂缝也可用环氧树脂黏合；当挡土墙发生倾斜、鼓肚、滑动或下沉时，可采用锚固、套墙加固以及增建支撑墙等方法来进行加固（图12-2）；当原挡墙损坏严重时，应拆除重建。此外，挡土墙的泄水孔应保持畅通。

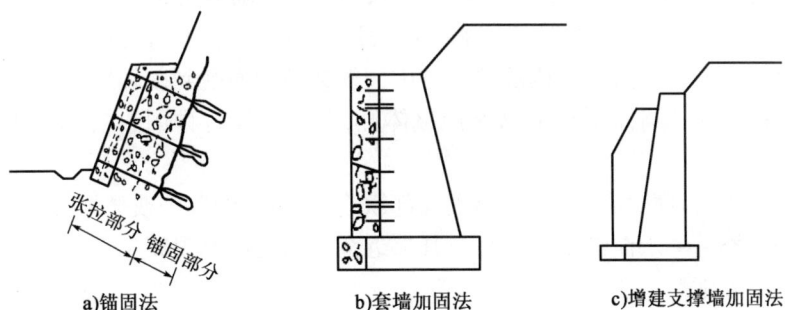

a)锚固法   b)套墙加固法   c)增建支撑墙加固法

图12-2 挡土墙加固维修方法

第三节 路面技术状况评价

一、路面使用性能及其评价

路面结构在汽车和自然因素的反复作用下，其使用性能会发生改变，由此路面结构逐渐出现破坏,并最终不能满足使用性能的要求。在路面使用过程中,必须采取相应的养护、补强和改建措施,使路面的使用性能得到部分恢复,甚至提高。

为了了解和掌握路面使用性能的变化情况,以便及时采取各种养护和改建措施,延缓其衰变或恢复其性能,必须定期对路面的使用性能进行评定。路面使用性能包括功能、结构和安全三方面。

路面的功能性是指路面为道路使用者提供的舒适程度。路面的结构性是指路面的物理状况,包括路面损坏状况和结构承载能力。路面的安全性是指路面的抗滑能力。功能和安全方面的使用性能是道路使用者所关心的,道路管理部门则更注重结构方面的使用性能。路面使用性能的三个方面既有区别又有一定的联系。

二、路面破损状况评价

路面结构的损坏状况,反映了路面结构在行车和自然因素作用下保持完整性或完好的程度。

新建或改建的路面,都需采取日常养护措施进行保养,以延缓路面损坏的出现;而在路面结构出现损坏后,应及时采取相应的维修措施以减缓损坏的发展速度;当路面损坏状况恶化到一定限度后,便需采取改建或重建措施以恢复或提高其结构完好程度。因而,路面结构损坏的发生和发展同路面养护和改建工作密切相关。

路面结构的破损状况,须从三方面进行描述:损坏类型;损坏严重程度;出现损坏的范围或密度。综合这三方面,才能对路面结构的损坏状况做出全面的估计。

1. 损坏类型

促使路面出现损坏的原因是多方面的(荷载、环境、施工、养护等),结构损坏所表现出的形态和特征也多种多样。各种损坏对路面结构完好程度和路面使用性能都有不同程度的影响,需相应采取不同的养护或改建对策。因此,进行路面结构损坏状况调查前,要依据损坏的形态、特征和原因,对损坏进行分类,并对每一类损坏规定明确的定义。

路面的主要损坏类型,可按损坏模式和影响程度的不同而分为四大类:

(1)裂缝或断裂类——路面结构的整体性因裂缝或断裂而受到破坏。

(2)永久变形类——路面结构虽仍保持整体性,但形状在各种因素的作用下产生较大的变化。

(3)表面损坏类——路面表层部分出现局部缺陷,如材料的散失或磨损等。

(4)接缝损坏类——水泥混凝土接缝及其邻近范围出现局部损坏。

其他类,例如修补。

2. 损坏分级

各种路面损坏都有其产生和发展的过程。在这个过程中,处于不同阶段的损坏,对于路面使用性能有不同程度的影响。例如,水泥混凝土路面裂缝初现时,缝隙细微,边缘处材料完整,因而对行车舒适性的影响极小,裂缝间也尚有较高的传荷能力;而发展到后期,缝隙变得很宽,边缘处严重碎裂,行车出现较大颠簸,而裂缝间已几乎无传荷能力。因而,为了区别同一种损坏对路面使用性能的不同影响程度,对各种损坏须按其影响的严重程度划分为几个等级(一般 2~3 个等级)。

对于断裂或裂缝类损坏,分级时主要考虑对结构整体性影响的程度,可采用缝隙宽度、边缘碎裂程度、裂缝发展情况等指标表征。对于变形类损坏,主要考虑对行车舒适性的影响程度,可采用平整度作为指标进行分级。对于表面损坏类,往往不分级。具体指标和分级标准,可根据各地区的特点和其他考虑,经过调查分析后确定。损坏严重程度分级的调查,往往通过目测进行。为了使不同调查人员得到大致相同的判别,对分级的标准要有明确的定义和规定。

各种损坏出现的范围,对于沥青路面和砂石路面,通常按面积、长度或条数量测,除以被调查子路段的面积或长度后,以损坏密度计(以%或 Z 条数/子路段长表示)。而对于水泥混凝土路面,则调查出现该种损坏的板块数,以损坏板块数占该子路段总板块数的百分率计。

3. 损坏调查

损坏调查通常由 2 人调查小组沿线通过目测进行。调查人员鉴别调查路段上出现的损坏类型和严重程度并丈量损坏范围后,记录在调查表格上。同一个调查路段上如出现多种损坏或多种严重程度,应分别计量和记录。

目测调查很费时。如果调查的目的不是为了确定养护对策和编制养护计划,则可采用抽样调查的方法,不必对整个路网的每一延米的各种损坏都进行调查。通常,可采取每千米抽取 100m 长的路段代表该千米的方法,但每次调查都要在同一路段上进行,以减少调查结果的变异性,保证各次调查结果的可比性。近年来,路况综合调查设备逐步发展,可利用车载设备自动连续观测路面破损情况,可大幅度提高效率。

4. 损坏状况评价

每个路段的路面可能出现各种不同类型、严重程度和范围的损坏。为了使各路段的破损状况或程度可以进行定量比较,需采用一项综合评价指标,把这三方面的状况和影响综合起来。通常采用的是扣分法,选择一项损坏状况度量指标,例如路面状况指数 PCI,以百分制或十分制计量。对于不同的损坏类型、严重程度和范围规定不同的扣分值,按路段的损坏状况累计其扣分值后,以剩余的数值表征或评价路面结构的完好程度。

各种损坏类型和严重程度对路面完好程度及其衰变速率有不同程度的影响,对路面使用要求的满足程度有不同影响,对养护和改建措施有不同的需要。其间很难建立明确的定量关系。因而,只能采用主客观相结合的方法,确定不同损坏类型、严重程度和范围的扣分值。

首先制订一个统一的分级和评分标准表。例如,将路面状况划分为优、良、中、次、差 5 个等级,采用百分制,为每一等级规定相应的级差范围和相应的养护对策类型。

选择一些仅具有单一损坏类型的路段,组织由道路管理部门人员组成的评分小组,按上述评价标准对路段进行评分。整理这些评分结果,可以为每种损坏类型确定扣分曲线或扣分表。

路段上有时常出现几种损坏类型或严重程度等级。如果分别按单项扣分值累加得到多种损坏(或严重程度)路段的扣分值,则有时会出现超过初始评分值 C 的情况,或者超过对多种损坏路段进行评分的结果。为此,对多种损坏的情况需进行修正。利用评分小组对多种损坏路段的评分结果和各项单项扣分值,经过多次反复试算和调整,可得到多种损坏时的修正(权)函数 W_{ij}。

三、路面结构承载能力评价

路面结构承载能力是指路面在达到预定的损坏状况之前还能承受的行车荷载作用次数,

或者还能使用的年数。

路面结构的承载能力同损坏状况有着内在联系。在使用过程中,路面的承载能力逐渐下降,与此同时损坏逐步发展。承载能力低的路面结构,其损坏的发展速度迅速;承载能力接近于临界状态时,路面的损坏达严重状态,此时必须采取改建措施(设置加铺层等)以恢复或提高其承载能力。

路面结构承载能力的测定,从路面各结构层内钻取试样,试验确定其各项计算参数,通过同设计标准相比较,估算其结构承载能力。路面结构抗变形能力的测定则通过路表的无破损弯沉测定,估算路面结构抗变形能力。

1. 弯沉测定

路表面在荷载作用下的弯沉量,可以反映路面结构层的刚度特性。路面的结构破坏可能是由于过量的竖向变形造成,也可能是由于某一结构层的断裂破坏造成。弯沉测定包含最大弯沉值和弯沉盆两种。

目前使用的弯沉测定系统有4种:贝克曼梁(Benkelman beam)弯沉仪;自动弯沉仪;稳态动弯沉仪;脉冲弯沉仪。前两种为静态测定,可得到路表最大弯沉值。后两种为动态测定,可得到最大弯沉值和弯沉盆。

1)静态弯沉测定

最常用的是贝克曼梁弯沉仪,测定时梁的端头穿过测定车后轴双轮轮隙,置于车轮前方5~10cm的路面测点上,梁在后三分点处通过支点支承于底座上。梁的另一端处架设一百分表,以测定端头的升降量。车辆以爬行速度向前行驶,车轮经过梁的端头时读取百分表的最大读数,车辆驶离后再读取百分表的读数,两者差值的两倍即为路表面的回弹弯沉值。

自动弯沉仪将弯沉测定梁连接到测定车后轴之间的底盘上。测定时,梁支承于地面保持不动,车辆向前移动,当后轮驶过梁端头时,弯沉值被自动记录下来,达最大弯沉值时测定梁被提起,并拉到车辆底盘的前端,到下一测点处测定梁再被放下。自动弯沉仪可连续进行弯沉测定,并自动记录测定结果。车辆行驶速度为3~5km/h,每天约可测定30km。

贝克曼梁弯沉仪量测到的是最大回弹弯沉值,而自动弯沉仪测到的是最大总弯沉值。轮载、轮压和加载时间(行驶速度)是影响测定结果的三项加载条件。在测定前和测定过程中,必须认真检查是否符合规定要求。

测定时,测试车辆沿轮迹带行驶。如仅使用一台贝克曼梁弯沉仪,测点沿外侧轮迹带布置。测点间隔可为20~50m,视测定路段长度要求而定。

测定结果可点绘成弯沉断面图。由于影响路表抗变形能力的变量众多,可以预料各测点的弯沉值会有较大的变异。因而,通常采用统计方法对每一路段的弯沉值进行统计处理,以路段的代表弯沉值表征该路段的承载能力。

路段的代表弯沉值 l 可按下式确定:

$$l = (\bar{l} + \lambda\sigma)K_1K_2K_3 \tag{12-7}$$

$$\bar{l} = \sum_{i=1}^{n} \frac{l_i}{n} \tag{12-8}$$

$$\sigma = \sqrt{\frac{\sum_{i=1}^{n}(l_i - \bar{l})^2}{n-1}} \tag{12-9}$$

上述式中:$\bar{l}$——路段各测点弯沉的平均值;

σ——该路段弯沉值测定标准偏差;

λ——控制保证率的系数,保证率为50%时,$\lambda = 0$,保证率为90%时,$\lambda = 1.282$,保证率为95%时,$\lambda = 1.64$,保证率为97.7%时,$\lambda = 2.00$;

n——该路段的测点数;

K_1——季节影响系数;

K_2——湿度影响系数;

K_3——温度影响系数。

沥青面层的劲度随温度而变,路基的模量随湿度而变。因而,弯沉测定结果同测定时路面结构的温度和湿度状况有关。通常以20℃作为沥青路面的标准测定温度,以最不利潮湿或春融季节作为测定时期。对于在其他环境条件下测定的结果,应做温度和湿度修正。

温度影响系数 K_3 可按经验公式确定。

由于气候、水文和土质条件的不同,各地区路基湿度和季节性变化规律不尽相同;并且,路面结构不同,路基温度变化对路表弯沉值的影响程度也不一样。因而,考虑湿度变化和季节修正系数 K_1、K_2 随地区、土质、路基潮湿类型、路面结构等因素而变,应依据当地具体条件建立的弯沉湿度、季节变化曲线,结合经验确定。

测定路段的弯沉值如果变化范围很大,需进行分段,分别确定其代表弯沉值。分段可通过目估并结合路况进行。也可按统计方法,对划分的相邻路段进行显著性检验,依据是否有显著差别决定是否分段。

2)动态弯沉测定

稳态动弯沉仪系利用振动力发生器在路表面作用一固定频率的正弦动荷载,通过沿荷载轴线间隔布置的速度传感器(检波器)量测路表面的动弯沉曲线。

脉冲弯沉仪又称落锤弯沉仪(FWD),它以50~300kg质量从4~40cm高度落下,作用于弹簧和橡皮垫上,通过30cm直径承载板传给路面半正弦脉冲力。通过改变质量和落高,可以施加不同级位的荷载,从15kN到125kN。脉冲力作用持续时间约为0.028s。利用沿荷载轴线间隔布置的速度传感器,量测到路表面的弯沉曲线。由于仪器本身质量轻,路面受到的预加荷载的影响比稳态动弯沉仪小得多。

动态弯沉测定可以得到路表弯沉曲线。作用于路表的动荷载向路面结构内的应力扩散类似圆锥形。应力锥同各结构层次界面的交点具有特定的含义:在交点以外的路表弯沉值仅受到此交点所在界面以下各结构层模量的影响。利用这一特性,可以依据应力锥、结构层次和传感器的布设位置,并按量测得到的弯沉值应用层状体系理论解分别确定各结构层的弹性模量值。弯沉测定时,所施加的动荷载大小应尽可能接近于路上的车辆荷载。此外,为了解材料的非线性特征,施加的动荷载需变换级位。

2. 结构强度等级评价

不同路面结构具有不同的路表弯沉值。因而,不能单独从最大弯沉值大小来判断路面结构的剩余寿命。同时,路面结构的承载能力会在使用过程中逐渐下降,它反映了路面结构层材料特性的变化。路面结构的承载力评价可通过测定各结构层的材料特性(如抗压强度、抗弯拉强度、疲劳强度),计算各结构层实际的受力状态(应力、应变),与材料的极限强度或极限应变之比判别路面结构承载力。

《公路技术状况评定标准》(JTG 5210—2018)利用沥青路面的弯沉值同标准轴载累计作用次数和路面损坏临界状态间的关系曲线,可按路段的代表弯沉值和路面已承受的标准轴载累计作用次数,确定现有路面结构的强度系数。

现有规范采用强度系数 SSR 作为沥青路面结构强度评价指标,并提出了标准弯沉 l_0 的计算公式[式(12-10)]。

路面弯沉标准值应根据公路技术等级、累计标准当量轴次、路面面层类型和路面结构类型等因素确定,按式(12-10)计算:

$$l_0 = 600N_e^{-0.2}A_cA_sA_b \tag{12-10}$$

式中:l_0——路面弯沉标准值(0.01mm);

　　　N_e——新改建沥青路面结构设计使用年限或沥青路面结构性修复设计年限内设计车道上的当量设计轴载累计作用次数(次);

　　　A_c——公路技术等级系数,高速公路和一级公路取 1.0,二级公路取 1.1,三级和四级公路取 1.2;

　　　A_s——路面面层类型系数,沥青混凝土面层取 1.0,热拌和冷拌沥青碎石、沥青贯入式路面(含上拌下贯式路面)及沥青表面处治取 1.1;

　　　A_b——路面结构类型系数,半刚性基层沥青路面取 1.0,柔性基层沥青路面取 1.6。

四、路面平整度和抗滑性能综合评价

1.路面平整度评价

路面的基本功能是为车辆提供快速、安全、舒适和经济的行驶表面。路面行驶质量反映路面满足这一基本功能的能力。

路面行驶质量的好坏,同路面表面的平整度特性、车辆悬挂系统的振动特性和人对振动的反应或接受能力三方面因素有关。从路面状况的角度,影响路面行驶质量的主要因素是路面平整度。

路面平整度可定义为路面表面诱使行驶车辆出现振动的高程变化。路面不平整所引起的车辆振动,会对车辆磨损、燃油消耗、行驶舒适、行车速度、路面损坏和交通安全等多方面产生直接影响。因此,平整度是度量路面行驶质量的一项性能指标。

1)平整度测定方法

平整度测定可划分为两大类型:断面类平整度测定;反应类平整度测定。

(1)断面类平整度测定

断面类平整度测定是直接沿行驶车辆的轮迹量测路表面的高程,得到路表纵断面,通过数学分析后采用综合统计量作为其平整度指标。

属于这一类的方法,主要有:

①水准测量:采用水准仪和水准尺沿轮迹测路面表面的高程,由此得到精确的路表纵断面。这是一种测定结果较稳定的简便方法,但测量速度很慢。

②梁式断面仪:用 3m 长的梁(或直尺)连续量测轮迹处路表同梁底的高程差,由此得到路表纵断面。这种方法较水准测量的测定速度快。

③惯性断面仪:在测试车车身上安置竖向加速度计,以测定行驶车辆的竖向位置变化。

车身同路表面之间的距离,利用激光、超声等传感器进行测定。两种测定结果叠加后,便可得到路表面纵断面。

断面类平整度测定方法的主要优点是可直接得到轮迹带路表面的实际断面,依据它可以对路面平整度的特性进行分析。而其主要缺点是,对于前两种方法来说,测定速度太慢,不宜用于大范围的平整度数据采集;对于惯性断面仪来说,仪器精密度高,操作和维修技术要求高,因而限制了惯性断面仪的广泛应用。

(2)反应类平整度测定

反应类平整度测定系统是在主车或拖车上安装由传感器和显示器组成的仪器。可以传感和累计车辆以一定速度驶经不平路表面时悬挂系统的竖向位移量。显示器记下的测定值,通常是一个计数数值,每计一个数相应于一定的悬挂系统位移量。反应类平整度测定系统的优点是价格低廉,操作简便,可用于大范围路面平整度快速测定。然而,由于这类测定系统是对路面平整度的一个间接度量,其测定结果同测试车辆的动态反应状况有关,即随测试车辆机械系统的振动特性和车辆行驶的速度变化。因而,它存在三项主要缺点:①时间稳定性差——同一台仪器在不同时期测定的结果,会因车辆振动特性随时间的变化而不一致;②转换性差——不同部门测定的结果,由于所用测试车辆振动特性的差异而难以进行对比;③不能给出路表的纵断面。

为克服上述第一项缺点,需经常对测定仪器进行标定。标定路段的平整度采用断面类平整度测定方法测定。建立测定仪器在标定路段上的测定结果与标准结果的回归关系,即为标定曲线。利用此曲线,可将不同时期的测定结果进行转换。

为克服上述第二项缺点,需寻找一个通用的平整度指标,以便把不同仪器或不同部门测定的结果,统一转换成以这个通用指标表示的平整度值。这样,它们就能够进行相互比较。

2)国际平整度指数

反应类平整度仪测定的结果,通常以车辆行驶一段距离后的累积计数值表示。如果把每一种反应类平整度仪的计数以相应的悬挂系统单位千米竖向位移量表示,则测定结果的单位为 m/km,它反映了单位行驶距离内悬挂系统的累积竖向行程。这是一个类似于坡度的单位,称作平均调整坡(ARS)。

以 ARS 作为指标表示测定结果时,不同反应类平整度仪测定之间可以建立良好的相关关系,但这种关系只在测定速度相同的条件下才能成立。因而,必须按速度分别建立回归方程。

国际平整度指数(International Roughness Index,IRI)是一项标准化的平整度指标。它同反应类平整度测定系统类似,但是采用数学模型模拟 1/4 车(即单轮,类似于拖车)以规定速度(80km/h)行驶在路面上,分析具有特定特征参数的悬挂系统在行驶距离内由于动态反应而产生的累积竖向位移量。分析结果也以 m/km 表示。因而,这一指标与反应类仪器的 ARS 相似,称作参照平均调整坡(RARS30)。

上述分析过程已编成电算程序,在量测到路表纵断面的高程资料后,便可利用此程序计算该段路面平整度的国际平整度指数 IRI 值。对标定路段的平整度,按上述方法用国际平整度指数表征,而后同反应类平整度仪的测定结果建立标定曲线,则使用此类标定曲线便可克服反应类平整度仪转换性差的缺点。

3)行驶质量评价

如前面所述,路面行驶质量同路表面的不平整度、车辆的动态响应和人的感受能力三方面因素有关。因而,不同的乘客乘坐同一辆车行驶在同一个路段上,由于各人对行驶舒适性的要求和对颠簸的接受能力不同,对该路段的行驶质量会作出不同的评价。

由于评价带有个人主观性,为了避免随意性,提出了主客观相结合的评价方法。一方面邀请具有不同代表性的乘客,分别按各人的主观意见进行评分,而后汇总大家的评价,以平均评分值代表众人的评价。另一方面对各评价路段进行平整度量测,通过回归分析建立主观评分同客观量测结果的相关关系。由此建立的评价模型,便可用来对路面行驶质量进行较统一的评价。

对行驶质量的评价可以采用5分或10分评分制。评分小组的成员应能覆盖对行驶舒适性有不同反应的各类人员(不同职业、年龄、社会经济和文化背景等)。所选择的评分路段,其平整度和路面类型应能覆盖可能遇到的范围和情况。评分时所乘坐的车辆,应选择其振动特性具有代表性的试验车。整个评分过程中,采用相同的试验车和行驶速度。

整理各评分路段的主观评分和客观量测结果后,通过回归分析可建立线性或非线性的评价模型,利用评价模型可以对路面行驶质量的好坏做出相对的评价。然而,还需要建立行驶质量的标准,以衡量该评价对使用性能最低要求的满足程度。

行驶质量标准的制定,一方面依赖于乘客对行驶舒适性的要求,另一方面在很大程度上受经济因素的制约。标准定得过高,会使路网内许多路段的路面需采取改建措施,从而提高所需的投资额。

2. 抗滑性能评价

路面抗滑性能是指车辆轮胎受到制动时沿路面滑移所产生的抗滑能力。通常,抗滑性能被看作是路面的表面特性,并定义为:

$$f = \frac{F}{W} \tag{12-11}$$

式中:f——摩阻系数;

F——作用于路表面的摩阻力(N);

W——垂直于路表面的荷载(N)。

然而,笼统地说路面具有某一摩阻系数值是不确切的,应该对轮胎在路面上的滑移条件给予规定。不同的条件和测定方法,可以得到不同的摩阻系数值。因此,需规定标准的测定方法和条件。

1)测定方法

路面抗滑性能可采用以下4种方法进行测定:制动距离法、锁轮拖车法、偏转轮拖车法、摆式仪法。

(1)制动距离法

以一定速度在潮湿路面上行驶的4轮小客车或轻型车,当4个车轮被制动时,车辆减速滑移到停止的距离,可用来表征非稳态的抗滑性能,以制动距离数SDN表示。

$$SDN = \frac{v^2}{225L_s} \tag{12-12}$$

式中:v——制动开始作用时车辆的速度(km/h);

L_s——滑移到停车的距离(m)。

测试路段应为材料组成均匀、磨耗均匀和龄期相同的平直路段。测试前和每次测定之间,先洒水润湿路表面到完全饱和。制动速度以64.4km/h为标准速度。也可采用其他速度,但不宜低于32km/h。

(2)锁轮拖车法

装有标准试验轮胎的单轮拖车,由汽车拖拉,以要求的测定速度在洒水润湿的路面上行驶。抱锁测试轮,通过测定牵引力确定在载重和速度不变的状态下,拖拉测试轮时作用在轮胎和路面间的摩阻力。以滑移指数 SN 表征路面的抗滑性能。

$$SN = \frac{F}{W} \times 100 \qquad (12-13)$$

式中:F——作用在试验轮胎上的摩阻力(N);

W——作用在轮上的垂直荷载(N)。

轮上的载重为 4 826N,标准测试速度为 64.4km/h,牵引力由力传感器量测,速度由第五轮仪量测。

(3)偏转轮拖车法

拖车上安装有两只标准试验轮胎,它们对车辆行驶方向偏转一定的角度(7.5°~20°)。汽车拖拉以一定速度在潮湿路面上行驶时,试验轮胎受到侧向摩阻力的作用。记下此侧向摩阻力,除以作用在试验轮上的载重,可得到以侧向力系数 SFC 表征的路面抗滑性能。

$$SFC = \frac{F_s}{W} \qquad (12-14)$$

式中:F_s——作用在试验轮胎上的侧向摩阻力(N);

W——作用在轮胎上的垂直荷载(N)。

锁轮拖车法和偏转轮拖车法都具有测定时不影响路上交通,可连续并快速进行的优点。

(4)可携式摆式仪法

这是一种主要在室内量测路面材料表面摩阻特性的仪器,也可用于野外量测局部路面范围的抗滑性能。摆式仪的摆锤底面装一橡胶滑块,当摆锤从一定高度自由下落时,滑动面同试验表面接触。由于两者间的摩擦会损耗部分能量,摆锤只能回摆到一定高度。表面摩阻力越大,回摆高度越小。通过量测回摆高度,可以评定表面的摩阻力。回摆高度直接从仪器上读取,以抗滑值 SRV 表示。

2)抗滑性能影响因素

影响路面抗滑性能的因素主要有路面表面特性(微观纹理和宏观纹理)、路面潮湿程度和行车速度。

路表面的微观纹理是指集料表面的纹理构造,它随车轮的反复磨耗作用而逐渐被磨光。通常采用石料磨光值(PSV)表征其抗滑性能。微观纹理在低速(30~50km/h 以下)时对路表抗滑性能起决定作用,而高速时起主要作用的是宏观纹理,宏观纹理是由路表外露集料间形成的构造,其功能是使车轮下的路表水迅速排除,以避免形成水膜。宏观纹理由纹理深度表征其性能。

路表面应具有的最低抗滑性能,视道路状况、测定方法和行车速度等条件而定。各国根据对交通事故率的调查和分析,以及同路面实测抗滑性能间建立的对应关系,制定有关抗滑指标的规定。有的国家除了规定抗滑性能的最低标准外,还对石料磨光值和构造深度的最低标准作出了规定。

第四节 路面状况调查评定与一般养护对策

路面养护与维修对策要根据路面的实际状况确定,养护策略的确定既有客观标准也有主观因素,是这些因素的综合反映。路面养护决策中最重要的内容就是决定何时进行大、中修。下面结合我国现行规范介绍沥青路面和水泥混凝土路面的养护对策。

一、路面状况调查方法、频率及综合评定

根据我国《公路技术状况评定标准》(JTG 5210—2018)的规定,沥青路面技术状况评定分为:路面损坏调查、路面平整度、路面抗滑性能、路面车辙、路面跳车、路面磨耗和路面结构强度七项。水泥混凝土路面技术状况评定应包括路面损坏、路面平整度、路面跳车、路面磨耗和路面抗滑性能五项内容。各项数据最低检测与调查频率见表12-8。相应的调查指标和方法见表12-9。

公路技术状况检测与调查频率 表 12-8

检测与调查内容		沥青路面		水泥混凝土路面	
		高速、一级公路	二、三、四级公路	高速、一级公路	二、三、四级公路
路面 PQI	路面损坏	1 年 1 次	1 年 1 次	1 年 1 次	1 年 1 次
	路面平整度	1 年 1 次	1 年 1 次	1 年 1 次	1 年 1 次
	路面车辙	1 年 1 次			
	路面跳车	1 年 1 次		1 年 1 次	
	路面磨耗	1 年 1 次		1 年 1 次	
	路面抗滑性能	2 年 1 次		2 年 1 次	
	路面结构强度	抽样检测	抽样检测		

注:1. 路面结构强度为抽样检测指标,抽样检测的路线或路段应按路面养护管理需要确定,最低抽样比例不得低于公路网列养里程的 20%。

2. 路面磨耗和路面抗滑性能为二选一指标,在检测与调查中可二选一。

调查指标表及设备与方法表 表 12-9

评价指标	破损	平整度	车辙	跳车	磨耗	抗滑	强度
调查指标	路面损坏状况指数 PCI	路面行驶质量指数 RQI	路面车辙深度指数 RDI	路面跳车指数 PBI	路面磨耗指数 PWI	路面抗滑性能指数 SRI	路面结构强度指数 PSSI
调查方法	自动调查车、人工调查	车载设备(全国)、高精度断面设备(抽样)、3m 直尺(三、四级公路)	断面类检测设备	断面类检测设备	断面类检测设备	横向力系数检测设备	自动弯沉仪贝克曼梁

路面技术状况指数(PQI)用分项指标加权计算,其范围为 0～100。其值越大,表明路况越好。

$$PQI = w_{PCI}PCI + w_{RQI}RQI + w_{RDI}RDI + w_{PBI}PBI + w_{PWI}PWI + w_{SRI}SRI + w_{PSSI}PSSI \quad (12\text{-}15)$$

式中,w_{PCI}、w_{RQI}、w_{RDI}、w_{PBI}、w_{PWI}、w_{SRI}、w_{PSSI} 均按表12-10取值。

PQI 分项指标权重 表 12-10

路面类型	权重	高速公路、一级公路	二、三、四级公路
沥青路面	w_{PCI}	0.35	0.6
	w_{RQI}	0.30	0.4
	w_{RDI}	0.15	—
	w_{PBI}	0.10	—
	$w_{SRI(PWI)}$	0.10	—
	w_{PSSI}	—	

续上表

路面类型	权重	高速公路、一级公路	二、三、四级公路
水泥混凝土路面	w_{PCI}	0.50	0.60
	w_{RQI}	0.30	0.40
	w_{PBI}	0.10	—
	$w_{SRI(PWI)}$	0.10	—

注:采用式(12-15)计算 PQI 时,路面抗滑性能指数 SRI 和路面磨耗指数 PWI 应二者取一。

根据 PQI 及各分项的不同大小,可进行路面综合评价,其评价标准见表 12-11。

公路技术状况分项指标等级划分标准   表 12-11

评定指标	优	良	中	次	差
PCI、RQI、RDI、PBI、PWI、SRI、PSSI	≥90	≥80,<90	≥70,<80	≥60,<70	<60

注:1. 高速公路路面状况指数 PCI 等级划分标准,"优"应为 PCI≥92,"良"应为 80≤PCI<92,其他保持不变。

2. 水泥混凝土路面行驶质量指数 RQI 等级划分标准,"优"应为 RQI≥88,"良"应为 80≤RQI<88,其他保持不变。

二、各分项评价指标的计算与单项评价标准

1. 路面损坏状况指数 PCI

PCI 指标是根据路面损坏情况调查数据进行综合计算与评定得到的单一指标,是对路面上可能出现的多种不同程度病害及其对路面使用性能的影响大小的综合反映,其原始数据来源于病害调查。

表 12-12 是沥青路面病害的分类分级及其权重表,根据现场调查中发现的病害情况,确定其病害发生的严重程度和计量值大小。

沥青路面损坏类型和权重   表 12-12

类型 i	损坏名称	损坏程度	权重 w_i	计量单位(m^2)
1	龟裂	轻	0.6	面积
2		中	0.8	
3		重	1.0	
4	块状裂缝	轻	0.6	面积
5		重	0.8	
6	纵向裂缝	轻	0.6	长度×0.2m
7		重	1.0	
8	横向裂缝	轻	0.6	长度×0.2m
9		重	1.0	
10	坑槽	轻	0.8	面积
11		重	1.0	
12	松散	轻	0.6	面积
13		重	1.0	
14	沉陷	轻	0.6	面积
15		重	1.0	

类型 i	损坏名称	损坏程度	权重 w_i	计量单位(m^2)
16	车辙	轻	0.6	长度×0.4m
17		重	1.0	
18	波浪拥包	轻	0.6	面积
19		重	1.0	
20	泛油		0.2	面积
21	修补		0.1	面积或长度×0.2m

表12-13是水泥混凝土路面病害调查的分级分类及其权重表。

水泥混凝土路面损坏类型和权重 表12-13

类型 i	损坏名称	损坏程度	权重 w_i	计量单位(m^2)
1	破碎板	轻	0.8	面积
2		重	1.0	
3	裂缝	轻	0.6	长度×1.0m
4		中	0.8	
5		重	1.0	
6	板角断裂	轻	0.6	面积
7		中	0.8	
8		重	1.0	
9	错台	轻	0.6	长度×1.0m
10		重	1.0	
11	唧泥		1.0	长度×1.0m
12	边角剥落	轻	0.6	长度×1.0m
13		中	0.8	
14		重	1.0	
15	接缝料损坏	轻	0.4	长度×1.0m
16		重	0.6	
17	坑洞		1.0	面积
18	拱起		1.0	面积
19	露骨		0.3	面积
20	修补		0.1	面积或长度×0.2m

调查结束后,需要根据各种病害及其程度与数量的全面调查结果计算(路面综合破损率 Pavement Distress Ratio,DR):

$$DR = 100 \times \frac{\sum_{i=1}^{i_0} w_i A_i}{A}$$

(12-16)

式中:DR——路面破损率,为各种损坏的折合损坏面积之和与路面调查面积之百分比(%);

A_i——第 i 类路面损坏的面积(m^2);

A——调查的路面面积(调查长度与有效路面宽度之积(m^2);

w_i——第 i 类路面损坏的权重,沥青路面按表 12-12 取值,水泥路面按表 12-13 取值;

i——考虑损坏程度(轻、中、重)的第 i 项路面损坏类型;

i_0——包含损坏程度(轻、中、重)的损坏类型总数,沥青路面取 21,水泥混凝土路面取 20,砂石路面取 6。

然后根据 DR 值计算路面损坏状况指数(PCI)。路面状况指数(PCI)的数值范围为 0 ~ 100。其值越大,路况越好。计算公式为:

$$PCI = 100 - a_0 DR^{a_1} \tag{12-17}$$

式中:a_0——沥青路面采用 15.00,水泥混凝土路面采用 10.66,砂石路面采用 10.10;

a_1——沥青路面采用 0.412,水泥混凝土路面采用 0.461,砂石路面采用 0.487。

根据路面破损情况,可将路面质量分为优、良、中、次、差五个等级。路面破损状况评价标准见表 12-14。

路面破损状况评价标准　　　　表 12-14

评价等级	优	良	中	次	差
路面损坏状况指数 PCI	≥90	≥80, <90	≥70, <80	≥60, <70	<60

2. 路面行驶质量指数 RQI

路面的行驶质量采用路面行驶质量指数(RQI)作为评价指标,行驶质量指数由国际平整度指数(International Roughness Index,IRI)计算,其关系式如下:

$$RQI = \frac{100}{1 + a_0 e^{a_1 IRI}} \tag{12-18}$$

式中:IRI——国际平整度指数(m/km);

a_0——高速公路和一级公路采用 0.026,其他等级公路采用 0.018 5;

a_1——高速公路和一级公路采用 0.65,其他等级公路采用 0.58。

路面行驶质量评价标准见表 12-15。

路面行驶质量评价标准　　　　表 12-15

评价等级	优	良	中	次	差
路面行驶质量指数 RQI	≥90	≥80, <90	≥70, <80	≥60, <70	<60

3. 车辙深度指数 RDI

路面车辙用路面车辙深度指数(RDI)评价,按下式计算:

$$RDI = \begin{cases} 100 - a_0 RD & (RD \le RD_a) \\ 60 - a_1(RD - RD_b) & (RD_a < RD \le RD_b) \\ 0 & (RD > RD_b) \end{cases} \tag{12-19}$$

式中:RD——车辙深度(Rutting Depth,mm);

RD_a——车辙深度参数,采用10.0;

RD_b——车辙深度限值,采用40.0;

a_0——模型参数,采用1.0;

a_1——模型参数,采用3.0。

4. 路面磨耗指数 PWI

路面磨耗指数 PWI 应按式(12-20)计算:

$$PWI = 100 - a_0 WR^{a_1} \qquad (12\text{-}20)$$

$$WR = 100 \times \frac{MPD_c - \min\{MPD_L, MPD_R\}}{MPD_c}$$

式中:WR——路面磨耗率(%);

a_0——模型参数,采用1.696;

a_1——模型参数,采用0.785;

MPD_c——路面构造深度基准值,采用无磨损的车道中线路面构造深度(mm);

MPD_L——左轮迹带的路面构造深度(mm);

MPD_R——右轮迹带的路面构造深度(mm)。

5. 路面结构强度指数 PSSI

路面结构强度采用路面结构强度指数 PSSI 来表征,按下式计算:

$$PSSI = \frac{100}{1 + a_0 e^{a_1 SSR}} \qquad (12\text{-}21)$$

$$SSR = \frac{l_0}{l}$$

式中:a_0——模型参数,采用15.71;

a_1——模型参数,采用 -5.19;

SSR——路面结构强度系数(Structure Strength Ratio),为路面弯沉标准值与实测弯沉代表值之比;

l_0——路面弯沉标准值(0.01mm),由式(12-10)确定;

l——实测弯沉代表值(mm),由式(12-7)确定。

路面结构强度的评价标准见表12-16。

路面结构强度的评价标准 表 12-16

评价等级	优	良	中	次	差
路面结构强度 指数 PSSI	≥90	≥80, <90	≥70, <80	≥60, <70	<60

6. 路面跳车指数 PBI

路面跳车指数 PBI 应按式(12-22)计算:

$$PBI = 100 - \sum_{i=1}^{i_0} a_i PB_i \qquad (12\text{-}22)$$

式中:PB_i——第 i 类程度的路面跳车;

a_i——第 i 类程度的路面跳车单位扣分,按表 12-17 的规定取值;

i——路面跳车类型;

i_0——路面跳车类型总数,取 3。

路面跳车扣分标准 表 12-17

类型 i	跳车程度	计量单位	单位扣分
1	轻度		0
2	中度	处	25
3	重度		50

农村公路的技术状况评定可以参阅《农村公路技术状况评定标准》(JTG 5211—2024)。

三、路面一般养护对策

1.沥青路面养护一般对策

沥青路面养护对策,应根据公路等级、交通量、分项路况评价结果确定。分项路况评价包括路面破损状况、行驶质量、路面强度和抗滑性能等方面。

公路养护管理部门需结合路面管理系统的使用,根据路面分项评价结果和养护资金的情况,统筹安排本地区公路网的资金需求计划和资金分配方案,确定公路养护的优先次序。

公路沥青路面养护可根据公路等级、交通量、分项路况的评价结果,结合养护资金情况,采取如下维修养护对策:

(1)在满足强度要求的前提下(路面的结构强度系数为中等以上时),若高速公路及一级公路的路面状况指数(PCI)评价为优、良,或者二级及二级以下公路的路面状况指数评价为优、良、中时,以日常养护为主,并对局部破损进行小修;若高速公路及一级公路的路面状况指数(PCI)评价为中及中以下,或者二级或二级以下公路的路面状况指数评价为次及次以下,应采取中修罩面措施。

(2)在不满足强度要求的前提下(路面的结构强度系数为中等以下时),应采取大修补强措施以提高其承载能力。

(3)若高速公路及一级公路的行驶质量指数(RQI)评价为优、良,或者二级及二级以下公路的行驶质量指数评价为优、良、中时,以日常养护为主;若高速公路及一级公路的行驶质量指数(RQI)评价为中及中以下,或者二级及二级以下公路的行驶质量指数评价为次及次以下时,应采取罩面等措施改善路面的平整度。

(4)高速公路及一级公路的抗滑能力不足(SFC 小于 40)的路段,或二级及二级以下公路抗滑能力不足(SFC 小于 30 或 BPN 小于 32)的路段,应采取加铺罩面层等措施提高路表面的抗滑能力。

(5)因路面不适应现有交通量或载重的需要,应通过提高现有路面的等级,或通过加宽等改建措施提高道路的通行能力和服务质量。

2.水泥混凝土路面养护一般对策

高速公路及一级公路的路面破损状况等级为优和良,或者二级及二级以下公路的路面破损状况等级为中及中以上时,可采用日常养护和局部或个别板块修补措施。各种病害的养护或修补措施,可参考表 12-18。

各种病害的养护或修补措施

表 12-18

病害	措施										
	可暂不修	填封裂缝	填封接缝	部分深度修补	全深修补	换板	沥青混合料修补	板底堵封	板顶研磨	刻槽	边缘排水
纵、横、斜向裂缝和角隅断裂	L	L,M,H			H						
交叉裂缝和断裂板		L,M				M,H					
沉陷、胀起	L,M						M,H	H	M,H		
唧泥、错台	L		L,M					H	H		M,H
接缝碎裂	L			M,H			M,H				
拱起	L			M,H	H						
纵缝张开			L,H								
填缝料损坏	L		M,H								
纹裂或网裂和起皮	L,M			M,H			M,H				
磨损和露骨	磨损						露骨			磨光	
活性集料反应	L					H	M				
集料冻融裂纹	L			M,H	H						

注：表中 L、M、H 表示病害轻重程度等级，L-轻度，M-中等，H-严重。

水泥混凝土路面维修养护对策如下：

（1）高速公路及一级公路的路面破损状况等级为中及中以下，或者二级及二级以下公路的路面破损状况等级为次及次以下时，应采取全路段修复或改善措施，包括沥青混合料修补、板块破碎和碾压稳定、铺筑沥青混凝土或水泥混凝土加铺层以及修建纵向边缘排水设施等。

（2）高速公路及一级公路的路面行驶质量等级为中及中以下，或者二级及二级以下公路的行驶质量等级为次及次以下时，应采取刻槽、罩面或加铺层等措施改善路面的平整度。

（3）高速公路及一级公路的路面抗滑能力等级为中及中以下，或者二级及二级以下公路的抗滑能力等级为次及次以下时，应采取刻槽、罩面等措施提高路表面的抗滑能力。

（4）路面结构承载能力不满足现有交通的要求时，应采取铺筑沥青混凝土或水泥混凝土加铺层措施提高其承载能力。

※第五节　路面主要病害与防治

一、沥青路面主要病害及防治

1.沥青路面的病害分类

路面的病害可分为：一类是结构性破坏，它是路面结构的整体或其某一个或几个组成部分的破坏，严重时已不能承受车辆的荷载；另一类是功能性破坏，如由于路面的不平整或太光滑，使其不再具有预期的功能。这两类破坏不一定同时发生，但都是逐渐积累起来的。对于功能性破坏,可以通过修整、养护来恢复路面的平整性或抗滑性,以满足行车使用要求。但对结构性破坏,一般均需进行彻底的翻修。沥青路面病害具体可分为裂缝类、变形类和表面损坏类(表12-19)。

沥青路面主要病害类型及其成因

表 12-19

路面主要病害类型		常见的病害成因
裂缝类	龟裂	(1)沥青老化或沥青标号过低; (2)沥青混合料抗剪强度不足; (3)路基路面结构强度不足; (4)施工压实不足; (5)荷载疲劳
	块状裂缝	(1)横向裂缝与纵向裂缝发展交织; (2)路面基层的块状开裂产生的反射裂缝; (3)温度疲劳以及沥青老化; (4)沥青品质不佳或等级不适宜
	纵向裂缝	(1)路面结构强度不足; (2)地基不良、路基不均匀沉降; (3)基层反射裂缝; (4)相对方向交通荷载的显著不平衡; (5)施工原因
	横向裂缝	(1)温度缩裂; (2)基层开裂反射; (3)温度和荷载疲劳
变形类	车辙	(1)结构性车辙,路基路面结构强度不足引起的结构层永久性变形; (2)失稳性车辙,沥青材料层在高温和交通荷载作用下产生塑性流动; (3)施工性车辙,施工期压实不足,行车作用下产生二次压密
	沉陷、波浪、拥包	(1)沥青材料层抗剪强度不足; (2)沥青层与下承层黏结强度不足; (3)路基冻胀,或路基局部结构强度不足
表面损坏类	坑槽	(1)沥青面层龟裂、松散病害发展而成; (2)路面水损坏
	松散	(1)沥青老化,或沥青品质不佳;矿料级配不良,或集料品质不佳;沥青与石料黏附性差; (2)基层强度不足; (3)压实不足、混合料离析等施工原因
	泛油	(1)沥青混合料中沥青用量偏多; (2)沥青稠度偏低

2. 沥青路面的病害种类与防治

沥青路面各种病害的成因比较复杂,由于环境、气候条件的不同,病害的情况不一。现将沥青路面的几种主要病害与防治方法介绍如下:

(1)泛油

泛油大多是由于混合料中沥青用量偏多、沥青稠度太低等原因引起,但有时也可能由于低温季节施工时表面嵌缝料散失过多，待气温变暖之后，在行车作用下矿料下挤，沥青上泛，表面形成油层而引起泛油。沥青表面处治和沥青贯入式路面最易产生此类病害。可以根据泛油的轻重程度，采取铺撒较粗粒径的矿料予以处治。

（2）波浪

波浪是路面上形成的有规则的低洼和凸起变形。波浪的产生，主要是由于沥青混合料路面在水平荷载作用下抗剪强度不足所引起的。导致此类沥青混合料抗剪强度不足的内在原因主要有：混合料沥青用量过大、细集料或填料过多、沥青标号选择不合适、夏季高温时间长、交通量大、车速慢。特别是制动较多的路段，易产生波浪。实际上，波浪的产生是其中一种或数种原因共同作用的结果。交叉口、停车站、陡坡路段等行车水平力作用较大的地方，最易产生波浪变形。波浪变形处治较为困难，严重时需用热拌沥青混合料填平。

（3）拥包

在行车水平力作用下，沥青面层材料的抗剪强度不足则易产生推挤拥包。这类病害大多是由于所用的沥青稠度偏低，用量偏多，或因混合料中矿料级配不好，细料偏多而产生。此外，面层较薄，以及面层与基层的黏结较差，也易产生推挤、拥包。这种病害一般只能采取铲平的办法来处治。

（4）滑溜

沥青路面滑溜，主要是由于行车作用造成。矿料磨光，沥青面层中多余的沥青在行车荷载重复作用下泛油，也易形成表面滑溜。这类病害通常采用加铺防滑封层来处治。

（5）裂缝

沥青路面裂缝的形式有纵向裂缝、横向裂缝、龟裂与网裂几种。

沥青路面沿路线纵向产生开裂的原因，一种是填土未压实，路基产生不均匀沉陷或冻胀作用；另一种是沥青混合料摊铺时间过长，或接缝处理不当，接缝处压实未达到要求，在行车作用下形成纵向裂缝。

冬季气温下降，沥青路面或基层收缩而形成的裂缝，一般为与道路中线垂直的横缝。土基干缩或冻缩产生的裂缝，亦以横缝居多。

路面整体强度不足，沥青面层老化，往往形成闭合图形的龟裂、网裂。对较小的纵缝和横缝，一般用灌入热沥青材料加以封闭处理。对较大的裂缝，则用填塞沥青石屑混合料方法处理。对于大面积的龟裂、网裂，通常采用加铺封层或沥青表面处治。网裂、龟裂严重的路段，则应进行补强或彻底翻修。

（6）坑槽

沥青路面产生坑槽的原因是面层的网裂、龟裂未及时养护。基层局部强度不足，在行车作用下也易产生坑槽。坑槽处治的方法是将坑槽范围挖成矩形，槽壁应垂直，在四周涂刷热沥青后，从基层到面层用与原结构相同的材料填补，并予夯实。

（7）松散

松散大多发生在沥青路面使用的初期。松散的原因是采用的沥青稠度偏低，黏结力差，用量偏少；或所用矿料过湿、铺撒不匀；或所用嵌缝料不合规格而未能被沥青黏牢。基层湿软时，应清除松散的沥青面层后重新压实，待基层干燥后再铺面层。

（8）啃边

在行车作用和自然因素影响下，沥青路面边缘不断缺损，参差不齐，路面宽度减小，这种现象称为啃边。路面过窄,行车压到路面边缘而造成缺损,边缘强度不足,路肩太高或太低,雨水冲刷路面边缘都会造成啃边。对啃边病害的处治方法是设置路缘石、加宽路面、加固路肩。有条件时设法加宽路面基层到面层宽度外 20~30cm。

二、水泥混凝土路面主要病害及防治

1. 水泥混凝土路面的病害

水泥混凝土路面的使用性能在行车和自然因素的不断作用下逐渐变坏,以至出现各种类型的损坏现象,大体分为接缝破坏和混凝土面板损坏两个方面,损坏性质也可分为功能性损坏与结构性损坏两个范畴。

(1)接缝的破坏

①挤碎:出现于横向接缝(主要是胀缝)两侧数十厘米宽度内。这是由于胀缝内的滑动传力杆位置不正确,或滑动端的滑动功能失效,或施工时胀缝内局部有混凝土搭连,或胀缝内落入坚硬的杂屑等原因,阻碍了板的伸长,使混凝土在膨胀时受到较高的挤压应力,当其超过混凝土的抗剪强度时,板即发生剪切挤碎。

②拱起:混凝土面板在受热膨胀受阻时,某一接缝两侧的板突然向上拱起。这是由于板收缩时缝隙张开,填缝料失效,坚硬碎屑等不可压缩的材料塞满缝隙,使板在膨胀时产生较大的热压应力,从而出现纵向压曲失稳。

③错台:横向接缝两侧路面板出现的竖向相对位移。当胀缝下部嵌缝板与上部缝隙未能对齐,或胀缝两侧混凝土壁面不垂直时,缝旁两板在伸胀挤压过程中,会上下错开而形成错台。地面水通过接缝渗入基础使其软化,或者接缝传荷能力不足,或传力效果降低时,都会导致错台的产生。当交通量或基础承载力在横向各幅板上分布不均匀,各幅板沉陷不一致时,纵缝也会产生错台现象。

④唧泥:汽车行经接缝时,由缝内喷溅出稀泥浆的现象。在轮载的频繁作用下,基层由于塑性变形累积同面层板脱空,地面水沿接缝下渗积聚在脱空的空隙内,在轮载作用下积水变成有压水,同基层内浸湿的细料混搅成泥浆,并沿接缝缝隙喷溅出来。唧泥的出现,使面板边缘部分失去支承,因而往往在离接缝 1.5~1.8m 以内导致路面横向断裂。此外,纵缝两侧的横缝前后错开、纵缝缝隙拉宽、填缝料丧失和脱落等也都属于接缝的破坏。

(2)混凝土板本身的破坏

混凝土板的破坏,主要是断裂和裂缝。面板由于所受内应力超过了混凝土的强度而出现横向或纵向以及板角的断裂和裂缝。其原因是多方面的:板太薄或轮载太重;行车荷载的渠化作用(荷载次数超过允许值);板的平面尺寸太大,使温度翘曲应力过大;地基过量塑性变形使板底脱空失去支承;养护期间收缩应力过大;由于材料或施工质量不良,混凝土未能达到设计要求等。断裂裂缝,破坏了板的结构整体性,使板丧失应有的承载能力。因而,断裂裂缝可视为混凝土面层结构破坏的临界状态。

2. 水泥混凝土路面的养护与维修

(1)填缝料的填补:填缝料常因高温被挤出而掉落,日久老化而失去弹性。因此,一般需在冬季缝隙增宽时增补或更新填缝料,使缝隙填料保持饱满不渗水,避免屑杂物等不可压缩的材料混入。

（2）裂缝的修补：对较小裂缝,应及时将裂缝内的尘土清除干净,再灌填沥青砂或沥青玛瑅脂封缝;或用环氧树脂胶结。对严重的裂缝,宜先将松动部分凿掉并清除干净后,在干燥情况下,用液体沥青涂刷缝壁,再填入沥青砂捣实、烫平,并以细砂覆盖。裂缝的修补工作宜在秋末冬初缝隙较宽时进行。

（3）麻孔、剥落、局部磨损和坑洞的修补：先将尘土碎屑清除干净,再用1:2水泥砂浆(水灰比0.4~0.5)或硫黄水泥填补。硫黄水泥强度高,能与多种材料黏结,快硬、不需养护,并有耐酸抗渗作用。有时也可用掺有50%浓度聚乙酸乙烯乳液的水泥砂浆进行修补,或先涂敷环氧树脂或水泥浆,然后用掺有早强剂的混凝土填补。

（4）大面积磨耗的处理：当磨损、剥落面积较大时,可用坚硬集料进行双层沥青表面处治。黏层油应用较稠的沥青,用量应稍多,以免剥落。对已磨光的路面,国外常铺上防滑沥青砂封层,或者用割槽机将路面割出小横槽,以恢复抗滑力。

（5）断裂的修理：根据断裂位置把混凝土板凿成深0.05~0.07m的长方形槽,刷洗干净后,用水泥砂浆涂抹槽壁和底面,然后以混凝土填补。较彻底的办法是将凹槽壁凿至贯通整个板厚,并在凹槽边缘板厚中央打孔插入钢筋,钢筋一半伸出洞外,用最大粒径为5~10mm的细石混凝土填孔并捣实。待细石混凝土硬结后,再将凹槽边壁润湿,涂刷水泥浆一道,然后将与原来相同的混凝土浇入槽中夯捣密实。

（6）整仓修复：当裂缝分布遍及全板时,可将该板块击破翻除,必要时还应重做基层,再另浇筑新混凝土板。

（7）罩面：混凝土路面损坏后,可在其上以新混凝土罩面。为加强新旧混凝土的结合,加铺前除清除旧面层表面并凿毛外,有时还可在旧路面上先涂敷环氧树脂,然后铺筑新混凝土层,以使新旧层之间达到完全结合。若在旧面层清扫后直接铺筑新混凝土罩面,则属于部分结合的情况。若在铺筑新混凝土罩面之前,先加上一层油毛毡或其他材料作隔离层,这属于分离式的情况。当用沥青混合料进行罩面时,应有一定的罩面厚度,常用的厚度为0.09~0.15m,否则容易剥落,而且旧混凝土路面接缝和裂缝易反射到沥青层上。

3. 水泥混凝土路面的加铺

水泥混凝土路面经过一段时间使用之后,行车轴载和轴次大大增加,可能会出现某些损坏,从而不能满足使用要求,这种情况下需要对路面进行加强。为了使混凝土路面加铺设计符合实际,既能适应结构强度要求,又不造成浪费,对旧混凝土路面强度特性和力学参数应进行必要的测试和评定,以便获取旧水泥混凝土路面的有关力学参数,包括基础回弹模量、混凝土面板的抗折强度和抗折弹性模量。旧水泥混凝土路面的强度和模量的评定简称为强度评定。

加铺层与原路面层间结合形式选择与原路面板的完好状况、接缝类型和状况、路拱坡度以及施工条件和造价有关。常用的结合形式有以下几种：

（1）结合式加铺层,适用于旧混凝土板完好,或虽有损坏但已修复,加铺层与原路面板路拱坡度一致的情况。铺加铺层时,先将原面板表面凿毛,除掉碎屑,清洗干净,涂刷高分子黏结材料或掺有黏结剂的水泥浆,之后浇筑混凝土加铺层。加铺层筑缝与原面板接缝对齐,且缝的类型应相同。目前修筑结合式加铺层费工费时,造价较高,限制了在工程中的广泛应用。

（2）直接式加铺层,适用于旧混凝土面板完好,没有或只有少量裂缝,加铺层与原路面板路拱大体相同的情况。施工时将原面板表面清洗干净,直接在其上浇筑混凝土加铺层。加铺层接缝的位置和类型应与路面板一致。这种加铺层施工方便,造价不高,为工程单位大量采用。

(3)分离式加铺层,适用于旧混凝土面板裂缝较多的情况。施工时,应将原面板上的碎屑杂物清扫干净,对严重损坏板块,查清原因,予以处理。在旧路面上铺沥青混凝土或油毛毡卷材,使之与加铺层分离。沥青混凝土常用厚 $2\sim3cm$ 的沥青砂或细粒式沥青混凝土。油毛毡需铺一至二层,相接处搭接至少 $5cm$。加铺层的接缝宜与原面板接缝对齐,接缝类型可不相同。

当因纵坡调整或防冻要求在原混凝土路面板与加铺层之间设置较厚的隔离层时,可用沥青混凝土或水泥稳定粒料等材料修筑。

旧混凝土路面上修筑混凝土加铺层后成为双层混凝土路面,其力学模型属于弹性地基上双层板。研究表明,这种结构可采用弹性地基上不同层间接触假设的双层弹性薄板理论进行计算,也可利用等刚度原则将弹性地基双层板问题转换为弹性地基单层板,利用现行水泥混凝土路面设计规范的方法进行计算。

4.水泥混凝土路面的快速修补

水泥混凝土路面一般都承担较繁重的运输任务,如果用普通水泥混凝土材料修补,需要较长的养护期才能开放交通,不能适应繁重交通量的要求。为了应用快速修补技术,修补材料宜具备以下性质:

(1)有快硬高强的特性,以便能满足在较短时间内开放通车的强度要求,由于快速修补材料初期强度增长较快,故混凝土的强度应达到设计强度的 70% ,即抗折强度达 3MPa 时可开放通车。

(2)初凝时间不少于 45min,以利于施工操作。

(3)具有便于施工的和易性。

(4)与旧混凝土与砂浆有较高的黏结力,黏结抗折及黏结抗剪强度不少于修补材料自身强度的 50% 。

(5)硬化过程中收缩小,其收缩值宜小于 3‰。

(6)28d 龄期模量值与一般混凝土模量接近。

(7)与旧混凝土颜色接近,以满足美观要求。

三、水泥混凝土路面破碎技术

在水泥混凝土路面使用期末,病害严重阶段,采用其他养护措施已不能保证路面使用性能时,必须进行破碎。水泥混凝土破碎后,可能的处理方式有两种:一是从原位移除,二是原位利用。

移除的成本很高,而且往往会对环境造成不利影响。从原位移除的破碎后的水泥混凝土板块的颗粒尺寸不适宜作为新路面结构的基层或底基层。原位利用则可解决以上问题,一方面降低成本,另一方面也不会对环境造成不良影响,是进行水泥混凝土路面重建的最佳手段。但其应用受到施工设备等条件的限制。无论采取上述两种措施中的哪一种,进行水泥混凝土破碎都是必须进行的先期工作。

破碎会降低水泥混凝土路面的平均强度,使加铺成为必然的后续工作。在破碎后结构层上进行加铺可有效消除差异沉降、防止反射裂缝的发生。水泥混凝土路面破碎后可采用沥青路面也可采用水泥路面,从国内外工程情况看,加铺沥青路面是主流。

1. 水泥混凝土路面破碎设备

目前国内外常用的水泥混凝土路面破碎的施工机械种类不少,在进行水泥混凝土路面破碎施工过程中有着不同的工艺特点和施工效果。目前我国最常用的水泥混凝土破损设备有以下几种:

(1)冲击压实设备

修复方案中打碎并稳固旧水泥混凝土面板的直接目的是消除原有水泥混凝土面板由于脱空所产生的额外竖向变形或差异沉降,使面板与基层紧密结合,冲击压实设备如图 12-3 所示。

(2)共振破碎设备

共振破碎设备(图 12-4)的施工效率比较高,可以达到 1.6 千米车道/天。它所施加的振动是高频低幅的,所以产生的破碎颗粒粒径较小,这种破碎机械产生的冲击能量传播范围较小,对附近构造物的影响较小。但其破碎宽度也较小,需往返多次,这样破碎后板块要受到机械胶轮作用,产生不利影响。

图 12-3　冲击压实设备

图 12-4　共振破碎设备

图 12-5　MHB 类设备

(3)MHB 类设备

MHB(Multiple-Head Breaker)是一种多锤头破碎设备,如图 12-5 所示。它利用设备所带的多个重锤的重力下落对水泥混凝土路面板进行锤击。

(4)打裂压稳设备和打碎压稳设备

打裂压稳设备和打碎压稳设备也是国外常用的水泥混凝土板块破碎设备,一般是门架式设备,通过钢梁的下落达到破碎的目的,其破碎后颗粒粒径相对于 MHB 类设备破碎效果而言更大,其中打裂压稳设备的破碎效果类似于冲击压实后的板块破碎效果。

(5)凿眼穿孔设备

在水泥板块破碎移除过程中,还经常使用凿眼穿孔等石方施工设备,它一般用于替代小型柴油破碎机,提高水泥混凝土板块破碎效率。

2.破碎设备分类

破碎设备按其处治后原水泥混凝土路面的利用程度可分为：

（1）专门用于移除的破碎设备。

（2）主要用于破碎稳固且原板块可原位利用的设备。

（3）既可用于移除,也可用于破碎稳固原位利用的设备。

破碎稳固可使破碎后原水泥混凝土面板作为路面结构的一层,其强度还未完全丧失,仍具有一定承载能力。

移除设备包括凿眼穿孔设备;主要用于破碎原位利用的稳固设备包括 MHB 类设备和共振式设备等;两用设备包括冲击压实设备、打裂压稳设备、打碎压稳设备等。

以上设备分类在很大程度上取决于破碎后板块层状态和粒径大小。一般情况下,单纯移除设备破碎后,颗粒尺寸单一,裂缝以竖向贯穿裂缝为主。而主要用于破碎稳固原位利用的设备,其破碎后颗粒粒径较小,具有一定的粒径分布范围,且裂缝形式多样,某些设备破碎后能形成较好的嵌挤效果。两用设备的粒径和板块层状态处于以上两种设备之间。

国外技术资料中,水泥混凝土路面破碎与碎石化的含义不同,破碎包含碎石化,而碎石化（Rubblization）则是颗粒粒径最小的一种破碎方式。根据美国相关资料,其碎石化主要指的是应用共振式设备或 MHB 类设备进行破碎的情况。因其颗粒粒径小,力学模式更趋向于级配碎石,而将其命名为碎石化。碎石化设备是专门用于破碎稳固原位利用的设备。这两种设备相比,共振式碎石化设备破碎程度较高,破碎后颗粒粒径更小,从而板块强度损失程度也较大,需要加铺的路面结构要求更高。

破碎工艺还包括:打裂压稳、打碎压稳、冲击压实等。根据不同的病害程度、交通量状况与设计使用寿命选用不同的破碎方式。在我国,冲击压实设备用于水泥混凝土路面破碎已有一定的工程经验,但它不是一种碎石化设备,其破碎后粒径偏大,相当于减小了水泥混凝土板块尺寸,在这一点上,它与打裂压稳技术最相似。

四、旧沥青路面再生利用

为了节约能源、减少环境污染、堆放废旧料少占用地和降低路面造价,近年来,许多国家都非常重视旧沥青路面的再生利用。旧沥青路面再生利用就是将旧沥青路面材料经过回收、破碎、加热、掺配新料和再生剂、拌和等处理后,恢复原有沥青路面材料的性能,然后在路面中再次使用。

按照再生路面组成材料的拌和温度及拌和地点,可将沥青路面再生方法分为厂拌热再生、就地热再生、厂拌冷再生和就地冷再生四类。

1.厂拌热再生（图 12-6）

厂拌热再生,是将旧沥青路面沥青面层,经过翻挖、铣刨,回收集中到再生拌和厂,根据需要进行破碎筛分预处理,再掺入一定比例的新集料、新沥青、再生剂等,用改装的或特制的再生沥青混凝土搅拌设备进行加热拌和后,运至施工现场,热铺成为新的沥青路面结构层。

2.就地热再生（图 12-7）

就地热再生,是将旧沥青路面上面层,经过表面加热、翻松铣刨,并掺入一定比例的新集料、新沥青、再生剂等，利用移动式现场拌和设备进行加热拌和，热铺成为新的沥青路面面层。

图 12-6　厂拌热再生拌和设备

图 12-7　就地热再生

就地热再生针对的是沥青路面表面层，对表面层进行性能恢复、整形，改善沥青路面的服务性功能。

3.厂拌冷再生（图 12-8）

厂拌冷再生，是将旧沥青路面面层或基层，经过翻挖、回收、破碎、筛分，再掺入一定比例的新黏结剂（乳化沥青、泡沫沥青、水泥等）、新集料等，利用工厂拌和设备进行冷态拌和，铺筑成为新的沥青路面结构层。

沥青路面的冷再生是在自然环境温度下完成沥青路面的翻挖、破碎、新材料的添加、拌和、摊铺及压实成型，重新形成路面结构层的一种工艺方法。由于黏结剂是在冷态状态下拌和形成，其分布均匀性和黏附性并不理想，与粒料的黏结性也相对较差。所以，厂拌冷再生混合料主要用于沥青混凝土路面基层、底基层的铺筑，也可用于已铺好碎石和喷好油的低等级路面面层。

4.就地冷再生（图 12-9）

就地冷再生，是将旧沥青路面面层或部分基层，经过冷破碎、翻松，掺入一定比例的新黏结剂（乳化沥青、水泥、泡沫沥青等）、新集料（当路面的沥青含量太高或是需要改善集料的级配时），利用现场移动式拌和设备在再生的路面上进行冷态拌和施工，铺筑成为新的沥青路面结构层。

图 12-8　厂拌冷再生设备

图 12-9　就地冷再生

沥青路面的就地冷再生也是在自然环境温度下完成沥青路面的翻挖、破碎、新材料的添加、拌和、摊铺及压实成型等工艺。同样的原因，就地冷再生混合料也主要用于沥青混凝土路面基层、底基层的铺筑，其上面一般要进行沥青混合料面层的铺筑。利用就地冷再生方法，可100%利用路面旧料，可以看出，针对较低等级沥青路面，就地冷再生方法较为适合。

五、预防性养护基本概念

路面养护方法，主要可以分为矫正性养护和预防性养护两大类。矫正性养护是指当路面出现破坏时，根据病害类型采取相应的措施，改善路面的使用性能。矫正性养护是一种被动的养护方式，它虽然能在一定程度上恢复路面的使用水平，但往往成本较高而效果不佳，并不能显著地延长路面的使用寿命。而预防性养护是一种积极主动的养护方式，它不仅是指在严重的破坏可能产生之前进行处理，还含有三重选择性含义，即适宜的时机、适宜的方法和适宜的路段。

矫正性养护，就是传统意义上的修补路面的局部损害或对某些特定病害进行的养护作业，适用于路面已经发生局部的结构性破损，但还没有波及全局的情况。显然这是一种事后、被动的养护方式，治标不治本，各种局部病害积累起来将形成全局性的结构性破坏，最终导致昂贵的修复(大修)工程。采取预防性养护将彻底改变上述情形，如果在路面使用过程的某个最佳时机，采取若干预防性养护措施，可以使路面状况一直保持在较高水平。如果等到路面状况衰减到无法使用时再进行干预(大修)，不仅严重影响使用功能，加剧道路的破坏，而且将需要较高的成本投入。

预防性养护是维护现有道路系统及其附属设施，延缓未来病害发展，保持或改善系统未来的功能状况(但并没有增强结构能力)的一种成本效益最优化的养护计划策略。从这个角度出发，预防性养护更多的是一种理念和方法。

预防性养护作为一个完整的概念于20世纪80年代提出，是一种周期性的强制保养措施，是在路面结构强度充足，仅表面功能衰减的情况下，为恢复路面表面服务功能而采取的一种养护措施。预防性养护虽然需要更早投入，但却是一种费用效益比最优的养护措施。美国道路业曾通过对几十万千米不同等级道路的跟踪，发现这些道路的使用性能和寿命有一个共同的变化特征：一条质量合格的道路，在使用寿命前75%的时间内性能下降40%(这一阶段称之为预防性养护阶段)，如不能及时养护，在随后12%的使用寿命时间内，性能再次下降40%，从而造成养护成本大幅度的增加，这一阶段称之为矫正性养护阶段。通过调查统计得出矫正性养护比预防性养护将多投入3~4倍的费用。1987年美国战略公路研究项目(SHRP)中养护费用效益研究表明：在整个路面寿命周期内进行3~4次的预防性养护可以延长使用寿命10~15年，节约养护费用45%~50%，其带来的收益——延长道路使用寿命，大大超过实施预防性养护的成本。

不同的养护方法需要的养护资金差别很大，对路面的使用寿命和使用性能也有很大的影响，因此选择一种经济有效的养护措施十分必要。国外的研究表明，有计划地进行预防性养护的总费用比使用20年后再重修的费用要低63%，比每10年加铺一次的费用低55%，且能将路面性能维持在较高的水平。对于沥青路面不同损坏类型适宜的预防性养护维修对策见表12-20，来自《公路沥青路面预防性养护技术规范》(JTG/T 5142-01—2021)。

不同损坏类型适宜的预防性养护维修对策表　　表 12-20

场合		预防养护技术								
		雾封层[a]	碎石封层、纤维封层	稀浆封层	微表处	复合封层[b]	薄层罩面	超薄罩面	封层罩面	就地热再生
公路技术等级	高速公路	√	×	×	√	√	√	√	√	√
	一级公路	√	×	×	√	√	√	√	√	√
	二级公路	√	√	√	√	√	√	△	√	√
	三级公路	√	√	△	√	√	√	△	√	×
	四级公路	√	√	√	△	√	√	△	√	×
交通荷载等级	极重	△	△	×	√	√	√	√	√	√
	特重	△	△	×	√	√	√	√	√	√
	重	△	△	△	√	√	√	√	√	√
	中	√	√	√	√	√	√	√	√	√
	轻	√	√	√	√	√	√	√	√	√

注：√-适用；△-可用；×-不适用。

[a] 不含砂雾封层不适用于高速公路和一级公路。

[b] 复合封层中，碎石封层或纤维封层加铺微表处适用于二级及二级以上公路，适用于各交通荷载等级情况；碎石封层加铺稀浆封层适用于二级及二级以下公路，适用于重及以下交通荷载等级情况。

※第六节　路面养护管理系统(PMS)

一、路面管理系统的基本概念

路面管理系统的概念，最早起源于 20 世纪 70 年代加拿大的路面养护管理工作。自 20 世纪 70 年代以来，美国、西欧、日本以及一些发展中国家和地区也根据各自的实际情况相继开发和实施了路面管理系统。我国对路面管理系统的研究开始于 20 世纪 80 年代中期，许多单位对路面管理系统进行了较广泛的研究和推广应用工作。

路面在使用过程中，其使用性能会因行车荷载和环境因素的不断作用而逐渐变坏。路面使用性能的恶化，将增加车辆的运行费用，包括耗油、轮胎和保修材料的消耗及行程时间等费用。因而，在路面使用期内，还需继续投入大量资金用于养护或改建，使之保持一定的使用性能。

路面管理是应用系统分析的方法，综合考虑技术、经济、社会和政治等方面的因素，协调各项路面管理活动，从道路有关数据的采集、整理和分析到根据具体情况建立相关的数学模型，最后提出和编制相应的道路维修、养护乃至改建计划，并使计划得以实施的整个过程。

路面管理系统则是以路面管理为目的，运用计算机和现代管理科学等先进技术来实现管理的目标。其中，道路工程学是道路管理系统的基础，但整个系统则是道路工程学、管理科学、计算机科学三者有机的结合。它综合考虑了技术、经济、政治、环境等多方面的因素，使得整个管理过程系统化、科学化和现代化,为管理部门的决策人员提供了分析的方法和工具,并为管理部门提供了可靠的依据,积累了管理经验。系统的核心在于研究如何在有限的资源(资金、劳动力、材料、能源等)下以最低的消耗,提供并维持路面在预定使用期内具有足够的服务水平,也即在预定的标准和约束条件下,选用费用效益最佳的方案。

路面管理系统可划分为网级管理和项目级管理两个层次,以分别适应不同管理层次的需求,两者具有不同的结构和功能。网级管理系统的范围,适用于一个地区(省、市)的公路网或一大批工程项目,主要任务是为管理部门在进行关键性的行政决策时提供相应的对策。网级管理的主要内容如下:

(1)分析路况——对路网内路面的使用性能的评价及对未来路况的发展变化的预估。

(2)规划路网——根据路况分析,确定路网内要进行养护和维修、改建的项目。

(3)优化排序——根据预定标准、约束条件决定项目的优先排序,制订维修计划。

(4)经济分析——分析路网达到不同预定的服务水平时,各年度所需要的养护管理资金。

(5)计划实施——根据上述分析结果,将资源进行分配,并积累实施计划后反馈回来的信息。

网级管理系统对路网进行系统的优化决策后,将提出路面养护项目清单。对于养护项目段再进行更详细的设计分析,提出各种可能的设计方案,优化比较后得到一个技术可行、经济合理的最优方案。这便是路面管理系统项目管理的主要工作。

项目级管理系统仅针对一个工程项目,它的主要任务是为管理部门,对某一工程进行技术决策时提供对策,以选择费用效益最佳的方案。项目级管理的主要内容如下:

(1)路面结构分析。对路面结构损坏情况进行分析以及对路面使用性能进行预估。

(2)寿命周期费用分析。针对各项目在路面寿命周期内所有费用(包括初建、养护、改建、用户费用等)进行分析。

(3)经济评价。根据实际需要,在现值法、年费用法、收益率法、效益费用比法等诸多经济分析方法中选择合适的方法对各项目的分析结果进行评价。

(4)优化排序。把由网级管理系统得到的三方面目标:行动目标(采取哪一类养护、改建措施)、费用目标(可分配到的最高投资额)和使用性能目标(预定期限内应具有的使用性能指标)作为约束条件,选择合适的优化模型以费用最少为目标进行优化,并选择最佳的方案。

(5)方案实施。实施最佳方案,并利用使用性能监测系统,收集方案实施后的反馈信息。

由上述分析可知,路面管理系统,无论是网级还是项目级,均包含以下要素:

(1)道路使用性能状况日常检查和数据库管理系统。采集、存储、处理、检索路面管理系统所需的各种数据,包括路面、桥梁结构设计数据,施工数据,养护改建历史数据,使用性能状况数据,费用数据,交通环境数据等。数据的准确程度直接影响到路面管理系统的运行质量,因此,它是路面管理系统的基础。

(2)使用性能评价模型。依据采集来的数据,选择能反映道路设计结构特点、功能特点、服务特点、管理特点的指标,按照一定的标准进行评定,其结果是进行道路设施养护对策分析、需求分析以及项目优化排序的重要依据。

(3)养护对策模型。依据技术状况,综合考虑技术、材料、环境、经济等因素,选择技术上先进、经济上合理的对策方案。

(4)设施使用性能预估模型。从资源合理分配的角度出发,结合上述的各个模型考虑道路设施在寿命周期内的费用与效益情况,采用多目标决策和数学规划原理,将有限的道路养护维修资金合理分配到道路中去,以尽可能提供最好服务水平的道路设施。它是进行项目规划和排序的重要依据之一。

实施路面管理系统的重要意义在于它可以帮助管理部门改善所要做出的决策,扩大决策范围,为决策的效果及时提供反馈信息,以积累管理经验,并保证管理部门内部的协调一致。需要强调的是,路面管理系统只是一种辅助决策工具,它是专门为相关管理部门的决策提供依据和进行项目分析的工具,其本身并不进行决策。它的功能主要体现在以下几个方面:

(1)可通过采集到的客观资料说明路面现状,以便及时采取相应的措施解决存在的问题。

(2)可迅速、及时查询有关管理信息、数据、资料等,利用客观数据分析解决日常管理工作中所遇到的问题,提高决策的科学性和效率。

(3)可以利用具有一定可靠性的预估模型,预测未来路面状况的发展变化以及可能采取的养护、改建对策。

(4)申请投资时,可以以客观的数据为依据,论证不同投资水平对路段、路网状况和服务水平的影响。

(5)为合理、有效、科学地分配有限的资金和资源提供费用—效益最佳方案。

(6)可合理评价各种设计方案,为选择费用效益最佳方案打下基础。

(7)利用采集到的数据,考察、评价设计、施工乃至养护、改建工作的效果,为改善和更新不合理的设计、施工、养护方法提供客观、科学的依据。

(8)实施管理系统将带来管理方式和观念上的更新。

二、路面管理系统的数据库

路面管理系统涉及路面的规划、设计、施工、评价和相关研究工作。因此,与上述工作相关的数据库就成为路面管理系统的核心(图12-10)。表12-21简要表示数据库所包含的各类数据以及其在养护和修复中的应用。

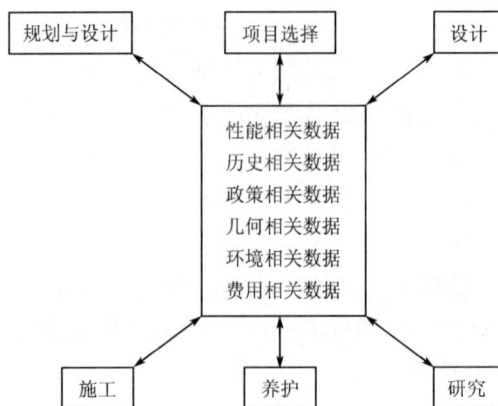

图12-10 路面管理系统的核心——数据库

路面数据类型及其内容 表 12-21

性能相关数据		几何相关数据	
⊙不平整度	R	⊙断面尺寸	R
⊙表面破损	$R+M$	⊙曲率	R
⊙弯沉	R	⊙横坡	R
⊙摩擦系数	$R+M$	⊙坡度	R
⊙各层材料特性	R	⊙路肩	$R+M$
历史相关数据		环境相关数据	
⊙养护历史	$R+M$	⊙排水	$R+M$
⊙施工历史	$R+M$	⊙气候(温度、降雨量、冰冻)	R
⊙交通量	$R+M$		
⊙事故	$R+M$		
		费用相关数据	
政策相关数据		⊙造价	
⊙财政预算	$R+M$	⊙养护费用	
⊙可供选择的养护和修复方案	$R+M$	⊙修复费用	
		⊙用户费用	

注:R 表示修复需求数据;M 表示养护需求数据;$R+M$ 表示修复和养护需求数据。

为了实现路面管理系统的目标,为路面养护和修复对策提供支持,施工和养护历史数据对于路面模型的开发至关重要。不断收集起来的路面资料为开发、更新、评价在规划和设计中使用的路面模型提供了基础。路面施工资料包括材料的质量信息,例如混凝土的抗弯强度、沥青混凝土的密实度等。路面养护资料包含所有影响使用的养护工作,例如封缝、补坑、封层等。高效的养护将使得使用周期大于设计周期成为可能。

使用性能评价的主要目的是确定路面结构现有状况。常用的下列四项关键测试可以用来确定路面状况。

(1)不平整度(与行车舒适性有关)。

(2)表面破损。

(3)弯沉(与结构承载能力有关)。

(4)表面摩擦(与安全有关)。

上述四项指标和养护、用户费用一起被看作路面的管理系统的输出参数,即它们是确定路面是否令人满意的变量。这些输出变量多数在设计阶段就应预测,并且在路面服务期间予以结束。如果有足够的资金进行修复,则一个新的服务周期又重新开始。

三、路面损坏的预测模型

为了估计路网中某些路段的服务年限,有必要预测路面评价指标的变化规律,从而进行维护需求的分析和评价。图 12-11 表明损坏预测模型的预测过程以及修复方案的必选。

为了建立路面损坏预测模型,必须具备以下基本条件:

(1)满足要求的数据库。

(2)包含影响路面损坏的所有重要因素。

(3)认真选择能代表实际情况的预测模型的形式。

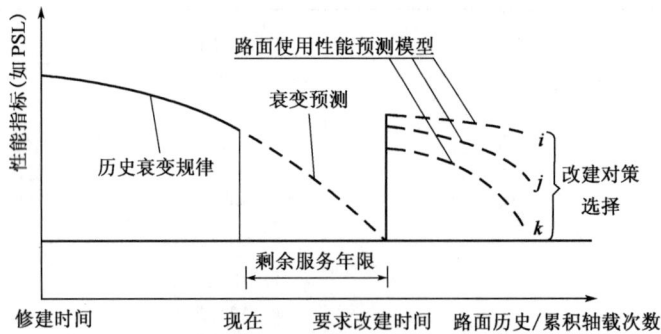

图 12-11　路面使用性能预测模型及改建对策选择

(4)合理评价模型精度的标准。

路面预测模型可分为确定型和概率型两种基本类型。确定型模型可以用于结构基本响应的确定等。根据不同的工作目的,常用的模型又可分为以下四类:

(1)纯力学模型,通常是结构响应类模型,如应力、应变和弯沉等。

(2)力学经验模型,如通过回归方程建立路面响应参数与实测的结构性或功能性损坏(如弯沉和不平整度)的关系。

(3)回归模型,由观察或实测得到的结构性或功能性的相关变量与一个或多个独立变量,如路基强度、轴载分布、路面厚度及其材料特性和环境因素以及它们之间的相互作用的关系。

(4)主观模型,用转移过程模型"捕捉"经验,如开发损坏预测模型。

式(12-23)是力学经验模型用于预测路面开裂百分率的一个示例。该方程研究了 63 个沥青路面试验段,把线弹性作为路面材料的本构关系,计算了包括路表弯沉、沥青层底部的水平张力、应变,路基上部的承载压力和应变。通过回归分析建立了这些响应与路面开裂的关系。该方程的相关系数 $R^2 = 0.54$,标准误差为 15.4。

$$CR = -8.70 - 0.258 HST \cdot \lg N + 1.006 \times 10^{-7} HST \tag{12-23}$$

式中:CR——路面开裂的百分比;

　　HST——沥青层底部水平拉应力($10 N/cm^2$);

　　　N——累积当量单轴荷载(ESAL)。

直接回归模型适合于需要长期数据库的情况(如超过 25 年),用于开发路面损坏模型的相关数据,包括路面的不平整度、表面破损、交通、弯沉等各项因素。

式(12-24)是美国有关部门利用直接回归方法,以常规粒料基层为研究对象得到的乘车舒适性指数(RCI)的回归方程。回归方程的相关系数 $R^2 = 0.84$,标准误差为 0.38。

$$RCI = -5.998 + 6.780 \cdot \ln(RCI_B) - 0.162 \cdot \ln(AGE^2 + 1) +$$

$$0.185 \cdot AGE - 0.084 \cdot AGE \cdot \ln(RCI_B) - 0.093 \cdot \Delta AGE \tag{12-24}$$

式中:RCI——某年的乘车舒适性指数;

　　RCI_B——先前的 RCI;

AGE——龄期(年);

ΔAGE——分段龄期,可分别取 1、2、3、4。

四、决定需求维修年和实施维修年

在拥有足够资金的前提下,改建已达到最大容许破坏程度的路段的年份就是实施维修年,此时维修需求年和实施维修年是一致的。但是如果资金不足,特别是路网中其他路段享有更高的优先权时,实施维修年将被推迟。相反,某些特殊路段,如交通荷载较重的路段,将需要提前实施维修年,这能产生显著的经济效益。图 12-12 简要给出实施维修年随需求维修年而变化的概念。

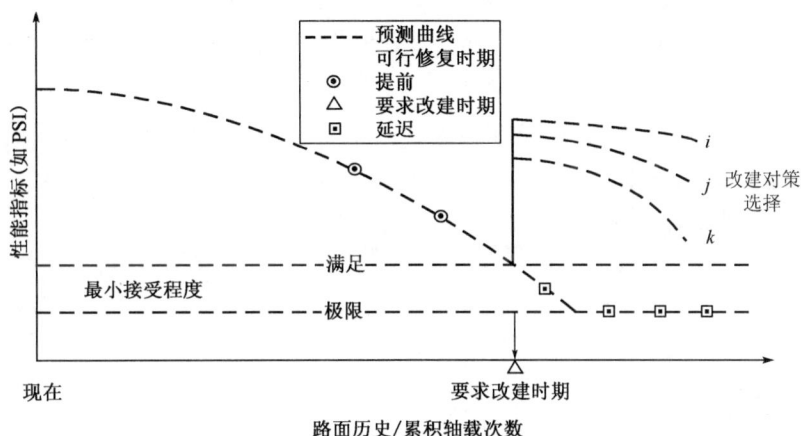

图 12-12 路面改建的预测时间及实施时间

另一种改变需求维修年及可能的实施维修年的方法是改变最低容许路面损坏程度标准,目的是把实施维修年限制在一个比较实用和经济的范围内。例如,边疆地区提前实施维修年对于已经出现某些破坏的路面可以起到预防性养护的作用。另一方面,过分推迟实施维修年将可能耗费日益增长的过量的维修费用,同样,它也会限制原本可行的设加铺层或重建的方案。

损坏预测模型的可靠性会影响到对需求年和实施维修年的正确确定。因此,损坏预测模型应根据实际情况进行定期修正。预测年限也应控制在一定的时间范围内,以便预测模型能与交通量等相关变量保持较好的一致性。

【练习与讨论】

1.路基病害调查的主要内容有哪些?简述路基技术状况评价的方法。

2.我国规范中沥青路面和水泥混凝土路面调查与评定的基本内容是什么?有何异同点?

3.沥青路面与水泥混凝土路面的主要病害有哪些?原因是什么?

4.谈谈你对路面管理系统的认识。

AI 辅助讨论

请采用 AI 工具(如 DeepSeek、Kimi 等)，根据要求生成讨论提纲和 PPT，提交讨论报告和汇报文件(PPT)。

讨论题：预防性养护需要针对不同的路面类型，在合适的时间采取合理的措施。保证路面的使用性能，而预防性养护的措施多样，解决的问题也各不相同。请结合我国沥青路面结构实际，分析讨论预防性养护的发展对策。

要求：结合个人理解，给出由 5~10 个关键词组成的提问句，然后利用 AI 工具完成"请分析我国预防性养护的现状及对策"的讨论报告和汇报文件(PPT)。

参 考 文 献

[1] 方福森.路面工程[M].2版.北京:人民交通出版社,1990.

[2] 方左英.路基工程[M].北京:人民交通出版社,1987.

[3] 邓学钧.路基路面工程[M].北京:人民交通出版社,2000.

[4] 邓学钧.路基路面工程[M].2版.北京:人民交通出版社,2005.

[5] 邓学钧.路基路面工程[M].3版.北京:人民交通出版社,2008.

[6] 黄晓明.路基路面工程[M].4版.北京:人民交通出版社股份有限公司,2014.

[7] 黄晓明.路基路面工程[M].5版.北京:人民交通出版社股份有限公司,2017.

[8] 黄晓明.路基路面工程[M].6版.北京:人民交通出版社股份有限公司,2019.

[9] 黄晓明.路基路面工程[M].7版.北京:人民交通出版社股份有限公司,2023.

[10] 中华人民共和国交通运输部.公路沥青路面预防养护技术规范:JTG/T 5142-01—2021[S].北京:人民交通出版社股份有限公司,2021.

[11] 中华人民共和国交通运输部.公路工程利用建筑垃圾技术规范:JTG/T 2321—2021[S].北京:人民交通出版社股份有限公司,2021.

[12] 中华人民共和国交通运输部.小交通量农村公路工程设计规范:JTG/T 3311—2021[S].北京:人民交通出版社股份有限公司,2021.

[13] 中华人民共和国交通运输部.公路工程水泥及水泥混凝土试验规程:JTG 3420—2020[S].北京:人民交通出版社股份有限公司,2020.

[14] 中华人民共和国交通运输部.公路路基养护技术规范:JTG 5150—2020[S].北京:人民交通出版社股份有限公司,2020.

[15] 中华人民共和国交通运输部.公路路基路面现场测试规程:JTG 3450—2019[S].北京:人民交通出版社股份有限公司,2020.

[16] 中华人民共和国交通运输部.排水沥青路面设计与施工技术规范:JTG/T 3350-03—2020[S].北京:人民交通出版社股份有限公司,2020.

[17] 中华人民共和国交通运输部.公路工程结构可靠性设计统一标准:JTG 2120—2020[S].北京:人民交通出版社股份有限公司,2020.

[18] 中华人民共和国交通运输部.小交通量农村公路工程技术标准:JTG 2111—2019[S].北京:人民交通出版社股份有限公司,2019.

[19] 中华人民共和国交通运输部.公路路基施工技术规范:JTG/T 3610—2019[S].北京:人民交通出版社股份有限公司,2019.

[20] 中华人民共和国交通运输部.公路沥青路面再生技术规范:JTG/T 5521—2019[S].北京:人民交通出版社股份有限公司,2019.

[21] 中华人民共和国交通运输部.公路沥青路面养护技术规范:JTG 5142—2019[S].北京:人民交通出版社股份有限公司,2019.

[22] 中华人民共和国交通运输部.农村公路养护技术规范:JTG/T 5190—2019[S].北京:人民交通出版社股份有限公司,2019.

［23］ 中华人民共和国交通运输部. 公路路线设计规范:JTG D20—2017[S]. 北京:人民交通出版社股份有限公司,2017.

［24］ 中华人民共和国交通运输部. 公路路基设计规范:JTG D30—2015[S]. 北京:人民交通出版社股份有限公司,2015.

［25］ 中华人民共和国交通运输部. 沙漠地区公路设计与施工指南:JTG/T D31—2008[S]. 北京:人民交通出版社,2008.

［26］ 中华人民共和国交通运输部. 公路软土地基路堤设计与施工技术细则:JTG/T D31-02—2013[S]. 北京:人民交通出版社,2013.

［27］ 中华人民共和国交通运输部. 多年冻土地区公路设计与施工技术细则:JTG/T D31-04—2012[S]. 北京:人民交通出版社,2013.

［28］ 中华人民共和国交通运输部. 公路土工合成材料应用技术规范:JTG/T D32—2012[S]. 北京:人民交通出版社,2012.

［29］ 中华人民共和国交通运输部. 公路排水设计规范:JTG/T D33—2012[S]. 北京:人民交通出版社,2013.

［30］ 中华人民共和国交通运输部. 公路水泥混凝土路面设计规范:JTG D40—2011[S]. 北京:人民交通出版社,2011.

［31］ 中华人民共和国交通运输部. 公路沥青路面设计规范:JTG D50—2017[S]. 北京:人民交通出版社股份有限公司,2017.

［32］ 中华人民共和国交通运输部. 公路路面基层施工技术规范:JTG/T F20—2015[S]. 北京:人民交通出版社股份有限公司,2015.

［33］ 中华人民共和国交通运输部. 公路水泥混凝土路面施工技术细则:JTG/T F30—2014[S]. 北京:人民交通出版社股份有限公司,2014.

［34］ 中华人民共和国交通部. 公路沥青路面施工技术规范:JTG F40—2004[S]. 北京:人民交通出版社,2004.

［35］ 中华人民共和国交通运输部. 公路技术状况评定标准:JTG 5210—2018[S]. 北京:人民交通出版社股份有限公司,2019.

［36］ 中华人民共和国交通运输部. 公路沥青路面养护设计规范:JTG 5421—2018[S]. 北京:人民交通出版社股份有限公司,2019.

［37］ 中华人民共和国交通运输部. 公路工程技术标准:JTG B01—2014[S]. 北京:人民交通出版社股份有限公司,2014.

［38］ 中华人民共和国交通运输部. 公路工程抗震规范:JTG B02—2013[S]. 北京:人民交通出版社,2013.

［39］ 中华人民共和国交通运输部. 公路桥梁抗震设计规范:JTG/T 2231-01—2020[S]. 北京:人民交通出版社股份有限公司,2020.

［40］ 中华人民共和国交通部. 公路建设项目环境影响评价规范:JTG B03—2006[S]. 北京:人民交通出版社,2006.

［41］ 中华人民共和国交通运输部. 公路环境保护设计规范:JTG B04—2010[S]. 北京:人民交通出版社,2010.

［42］ 中华人民共和国交通运输部. 公路项目安全性评价规范:JTG B05—2015[S]. 北京:人民

交通出版社股份有限公司,2015.

[43] 中华人民共和国交通部.公路工程名词术语:JTJ 002—1987[S].北京:人民交通出版社,1987.

[44] 中华人民共和国交通部.公路自然区划标准:JTJ 003—1986[S].北京:人民交通出版社,1986.

[45] 中华人民共和国交通运输部.公路工程地质勘察规范:JTG C20—2011[S].北京:人民交通出版社,2011.

[46] 中华人民共和国交通部.公路工程地质遥感勘察规范:JTG C21-01—2005[S].北京:人民交通出版社,2005.

[47] 中华人民共和国交通运输部.公路工程物探规程:JTG/T 3222—2020[S].北京:人民交通出版社股份有限公司,2020.

[48] 中华人民共和国交通运输部.公路工程水文勘测设计规范:JTG C30—2015[S].北京:人民交通出版社股份有限公司,2015.

[49] 中华人民共和国交通运输部.公路工程沥青及沥青混合料试验规程:JTG E20—2011[S].北京:人民交通出版社,2011.

[50] 中华人民共和国交通运输部.公路工程水泥及水泥混凝土试验规程:JTG 3420—2020[S].北京:人民交通出版社股份有限公司,2020.

[51] 中华人民共和国交通运输部.公路土工试验规程:JTG 3430—2020[S].北京:人民交通出版社股份有限公司,2020.

[52] 中华人民共和国交通运输部.公路工程岩石试验规程:JTG 3431—2024[S].北京:人民交通出版社,2024.

[53] 中华人民共和国交通运输部.公路工程集料试验规程:JTG 3432—2024[S].北京:人民交通出版社,2024.

[54] 中华人民共和国交通运输部.公路工程无机结合料稳定材料试验规程:JTG 3441—2024[S].北京:人民交通出版社,2024.

[55] 中华人民共和国交通运输部.公路沥青路面再生技术规范:JTG/T 5521—2019[S].北京:人民交通出版社股份有限公司,2019.

[56] 中华人民共和国交通运输部.公路工程质量检验评定标准(土建工程):JTG F80/1—2017[S].北京:人民交通出版社股份有限公司,2017.

[57] 中华人民共和国交通运输部.公路工程施工监理规范:JTG G10—2016[S].北京:人民交通出版社股份有限公司,2016.

[58] 中华人民共和国交通运输部.公路养护技术标准:JTG 5110—2023[S].北京:人民交通出版社股份有限公司,2023.

[59] 中华人民共和国交通运输部.公路技术状况评定标准:JTG 5210—2018[S].北京:人民交通出版社股份有限公司,2018.

[60] 中华人民共和国工业和信息化部.通用硅酸盐水泥:GB 175—2023[S].北京:中国标准出版社,2023.

[61] 全国汽车标准化技术委员会(SAC/TC 114).汽车、挂车及汽车列车外廓尺寸、轴荷及质量限值:GB 1589—2016[S].北京:中国标准出版社,2016.

［62］ 中华人民共和国建设部. 土的工程分类标准:GB/T 50145—2007［S］. 北京:中国计划出版社,2008.

［63］ 全国汽车标准化技术委员会(SAC/TC 114). 汽车和挂车类型的术语和定义:GB/T 3730.1—2022［S］. 北京:中国标准出版社,2022.

［64］ 汪双杰,黄晓明. 冻土地区道路设计理论与实践［M］. 北京:科学技术出版社,2012.

［65］ 黄晓明,汪双杰. 现代沥青路面设计理论与实践［M］. 北京:科学技术出版社,2013.

［66］ 黄晓明,赵永利. 沥青路面再生利用理论与实践［M］. 北京:科学技术出版社,2014.

［67］ 姚祖康. 道路路基和路面工程［M］. 上海:同济大学出版社,1994.

［68］ 邓学钧,陈荣生. 刚性路面设计［M］. 2 版. 北京:人民交通出版社,2005.

［69］ 邓学钧,黄晓明. 路面设计原理与方法［M］. 北京:人民交通出版社,2001.

［70］ 沈金安. 沥青及沥青路用性能［M］. 北京:人民交通出版社,2001.

［71］ 沈金安. 高速公路沥青路面早期破坏现象及预防［M］. 北京:人民交通出版社,2001.

［72］ 张登良. 沥青路面［M］. 北京:人民交通出版社,1998.

［73］ 张登良. 沥青路面工程手册［M］. 北京:人民交通出版社,2003.

［74］ 胡长顺. 高等级公路路基路面施工技术［M］. 北京:人民交通出版社,1994.

［75］ 王秉纲. 路面力学数值计算［M］. 北京:人民交通出版社,1992.

［76］ 王秉纲. 水泥混凝土路面设计与施工［M］. 北京:人民交通出版社,2004.

［77］ 沙爱民. 半刚性路面材料结构与性能［M］. 北京:人民交通出版社,1998.

［78］ 陆鼎中. 路基路面工程［M］. 上海:同济大学出版社,1992.

［79］ 王明怀. 高等级公路施工技术与管理［M］. 北京:人民交通出版社,1999.

［80］ 张润. 路基路面施工及组织管理［M］. 北京:人民交通出版社,2002.

［81］ 何兆益. 路基路面工程［M］. 重庆:重庆大学出版社,2001.

［82］ 林绣贤. 柔性路面结构设计方法［M］. 北京:人民交通出版社,1988.

［83］ 黄仰贤. 路面分析与设计［M］. 北京:人民交通出版社,1998.

［84］ 沙庆林. 沥青路面［M］. 北京:人民交通出版社,1988.

［85］ 沙庆林. 高等级公路半刚性基层沥青路面［M］. 北京:人民交通出版社,1999.

［86］ 沈金安. 改性沥青与 SMA 路面［M］. 北京:人民交通出版社,1999.

［87］ 沈金安. 国外沥青路面设计方法总汇［M］. 北京:人民交通出版社,2004.

［88］ 沈金安. 高速公路沥青路面早期损坏分析与防治对策［M］. 北京:人民交通出版社,2004.

［89］ 潘玉利. 路面管理系统原理［M］. 北京:人民交通出版社,1998.

［90］ 刘中林,田文,史建方,等. 高等级公路沥青混凝土路面新技术［M］. 北京:人民交通出版社,2002.

［91］ 徐培华,陈忠达. 路基路面试验检测技术［M］. 北京:人民交通出版社,2000.

［92］ 于书翰. 道路工程［M］. 武汉:武汉工业大学出版社,2000.

［93］ 杨春风. 道路工程［M］. 北京:中国建材工业出版社,2000.

［94］ 夏连学,赵卫平. 路基路面工程［M］. 北京:人民交通出版社,1998.

［95］ 交通部第二公路勘察设计院. 公路设计手册:路基［M］. 2 版. 北京:人民交通出版社,1996.

［96］ CHEN Jiaying, HUANG Xiaoming, ZHENG Binshuang, et al. Real-time identification system of asphalt pavement texture based on the close-range photogrammetry［J］. Construction and Building Materials, 2019, 226.

［97］ LIU Xiuyu, CAO Qingqing, HUANG Xiaoming, et al. Evaluation of vehicle braking performance on wet pavement surface using an integrated Tire-Vehicle Modeling Approach［J］. Transportation Research Record, 2019, 2673 (3) : 295-307.

［98］ KARASAHIN M, DAWSON A R. Anisotropic characteristics of granular material［C］// Dawson A R. Unbound aggregates in road construction : proceedings of the fifith international symposium on unbound aggregates in roads. Rotterdam : CRC Press/Balkema, 2000 : 139-142.

［99］ DAVITT S. Irish experience in the use of unbound aggregates in roads 1970-2000［C］// Dawson A R. Unbound Aggregates in Road Construction : proceedings of the fifith international symposium on unbound aggregates in roads. Rotterdam : CRC Press/Balkema, 2000 : 307-316.

［100］ MILBERGER L J, DUNLOP W A. A gyratory compactor for molding large diameter triaxial specimens of granular materials［R］. Texas : Texas Transportation Institute Report, 1966 (99-2).

［101］ MOORE W M, MILBERGER L J. Evaluation of the TTI gyratory compactor［R］. Texas : Texas Transportation Institute Report, 1968 (99-3).

［102］ Tutumluer E, Seyhan U. Effects of fines content on the anisotropic response and characterization of unbound aggregate bases［C］// Proceedings of the Unbound Aggregates in Roads (UNBAR5) Symposium, University of Nottingham, England, 2000.

［103］ ADU-OSEI A. Characterization of unbound granular layers in flexible pavements［M］. Texas Aggregate Foundation for Technology, 2000.

［104］ LEKARP F, ISAACSON U, DAWSON A. State of the Art. I : Resilient Response of Unbound Aggregates［J］. Journal of Transportation Engineering, ASCE, 2000, 126 (1) : 66-75.

［105］ SEED H B, CHAN C K, MONISMITH C L. Effects of repeated loading on the strength and deformation of compacted clay［J］. Highway Research Board, Washington DC, 1955 : 541-558.

［106］ ALLEN J J. The effects of non-constant lateral pressures on resilient response of granular materials［M］. Urbana-Champaign : University of Illinois at Urbana-Champaign, 1973.